조선민주주의인민공화국 기업소법 독해

INTERPRETATION
OF THE ENTERPRISE LAW
OF DPRK

조선민주주의인민공화국 기업소법 독해

초판 1쇄 인쇄 2025년 12월 04일
초판 1쇄 발행 2025년 12월 15일

지은이 유재석
펴낸이 윤관백
펴낸곳 선인
등록 제5-77호(1998.11.4)
주소 서울시 양천구 남부순환로 48길 1, 1층
전화 02)718-6252/6257
팩스 02)718-6253
이메일 suninbook@naver.com

ISBN 979-11-6068-995-2 93300
값 41,000원

일러두기

- 이 책은 논문 "「조선민주주의인민공화국 기업소법」 독해"를 바탕으로 집필되었습니다.
- 인용문의 경우 " "로 표기하고, 북한 인용문의 경우 북한식 표기법을 따랐습니다.
- 본문에서 필자가 강조한 내용은 고딕 서체를 써서 구별했습니다.
- 표에서 강조한 내용은 굵은 고딕 서체를 써서 구별했습니다.
- 자세한 설명이 필요한 경우 각주를 달았습니다.

조선민주주의인민공화국 기업소법 독해

유재석 지음

INTERPRETATION
OF THE ENTERPRISE LAW
OF DPRK

책을 내면서

이 책은 북한(조선민주주의인민공화국)의 「기업소법」에 대한 해석을 통해 또 하나의 우리, 한반도 북쪽 지역에 살고 있는 동포들에 대한 좀 더 진전된 이해를 하고자 하는 고민으로부터 출발했다. 북측의 경제에 관한 연구와 저서는 이미 오랜 기간 축적되었고, 지금도 많은 연구자들의 성과를 어렵지 않게 찾아 볼 수 있다. 이러한 현실에서 부정확할 수도 있는 글을 보태는 것이 어리석인 일임을 알지만, 혹여 유사한 고민을 하는 이들에게 작은 도움이 되기를 희망한다.

책의 제목인 『조선민주주의인민공화국 기업소법 독해』가 북한학 전공자가 아닌 일반독자들에게는 생경한 제목임이 분명하다. 여기에 약간의 해명을 덧붙이자면, 첫째, '조선민주주의인민공화국'을 명시한 것은 연구 대상의 존재를 명확히 하는 것이 이해의 출발이라는 생각이다. 둘째, '독해'가 의미하는 바는 북한의 경제에 대한 이해에서 그들의 공식 자료를 분석하는 것이 가장 기본적이며 일반적인 접근이기 때문이다. 다만 필자는 북한의 경제 자료를 분석할 때 경계해야 할 몇 가지 요소가 있다고 생각한다. 같은 '한글'로 쓰여진 문헌이라도 남과 북의 오랜 문화적 단절에 따른 언어해석의 문제가 그 하나이고, 다른 경제체제의 운영 과정의 누적에 따른 북한 문헌의 맥락적 해석에 대한 차이, 그리고 경제발전의 격차에서 오는 일부

남한(한국) 연구자들이 갖는 '우월적' 태도는 북의 경제문헌에 대한 적확한 해석의 장애물로 작용하고 있다는 생각이다. 이러한 필자의 생각이 이 책의 제목이 다소 생경하게 된 연유이자 변명이다. 아울러 상대를 보다 잘 이해하기 위한 태도의 하나가 역지사지(易地思之)의 자세라는 것이 필자의 소견이며, 이 책이 갖는 문제의식의 배경이다.

청년기의 고민을 망각의 강에 던져버리지 않게 해준 것은 필자를 포함한 많은 동년배들에게 철학적 세례를 준 1980년 '오월의 영령들'이다. 그 동년배는 50대의 나이, 80년대 대학 학번, 1960년대 출생으로서 한국사회에서 이른바 '586세대'로 호칭되는 이들이다. 사회과학에서는 유의미한 연구 범주로서 '세대'에 대한 작은 논쟁이 있다. 필자는 논쟁의 쟁점을 떠나 '586세대'라는 용어는 적확해 보이지 않다는 생각이다. 범주로서의 특징을 전혀 읽어낼 수 없는 용어이기 때문이다. 오히려 '5월 세대'가 사회과학적 범주를 보다 더 명료하게 특정해내는 것으로 생각한다. 변화에 대해 민감한 감수성을 가지는 청소년기, 청년기 시절에 닥쳐 온 현실로서 '5월 광주'는 그 세대들에게는 충격이고 분노이고 그리고 철학적 세례였다. 그 '5월 세대' 중에는 여전히 청년인 이들이 있다. 20대의 젊은 나이에 국가적, 사회적 폭력에 대항하던 과정에서 아까운 생명이 희생된 분들이 바로 그들이다. 그 청년들중에는 개인적인 인연의 이름이 있다. 한반도의 평화염원을 담아 '반전반핵 양키고홈(反戰反核 Yankee Go Home)'을 외치며 영원한 청년이 된 '김세진과 이재호'이다. 1980년 5월에 벌어진 전남 광주의 민간인 학살과 관련되어 미국의 역할에 대한 '오월의 영령들'의 질문, 그리고 한반도에서 전쟁을 반대하며 미군의 핵무기 철수를 주장하고, 민족의 통일에 대해 염원했던 청년들의 고민은 필자에게도 여전히 질문의 출발점이다. 영원한 청년 '김세진과 이재호'가 1986년에 고민했던 그 문제는 여전히 진행형으로 보인다. 이제 약 보름 후가 되면 '김세진과 이재호'가 여전한 청년으로 남은지 마흔 해가 된다. 이제부터 다시 그 고민에 천착하려는 필자의 용렬함에 대해 느끼는 한없는 부끄러움을 무릅쓰고 '김세진과 이재호', 여전한 청년의 염원 앞에 이 책을 헌정하고자 한다.

이 책은 많은 분들의 도움을 통해 출판되었다. 먼저 필자의 모든 활동에 대한 유력한 후원자이며 인생의 반려자인 아내 현미숙과 (사)새로운사회를여는연구원의 식구들에게 감사드린다. 특히 지난해 겨울 탄핵정국에서 탄핵찬성집회에 참석하길 주저하던 사람에게 현장의 호흡을 다시 일깨워준 아내에게 깊은 고마움을 전한다.

그리고 조악했던 글이 그나마 읽어볼 수 있을만한 최소한의 꼴을 갖출수 있도록 진심어린 조언을 해주신 이석기 박사님, 권은민 박사님, 양문수 교수님, 박후건 교수님께 초보 연구자로서 머리숙여 감사드리며, 열정적으로 지도를 해주신 구갑우 교수님께도 고마움의 인사를 드린다. 또한 어지러운 글이 책으로 출간될 수 있도록 도움을 주신 故 김광윤 교수님과 선인출판사의 윤관백 사장님, 그리고 임예은 선생님께도 감사를 드린다.

더하여 글의 준비과정에서 많은 도움을 준 통일뉴스의 이승현 기자님과 평화경제연구소 정창현 소장님께 아울러 감사를 드린다. 그러나 많은 분들의 큰 도움에도 불구하고 책에 남아있을 조악함은 앞으로 해결해야할 과제로 남겨둔다.

청년 김세진·이재호 기념비 앞에 머리숙여

2025년 12월 유재석

목차

제1장

서론

1

연구의 배경과 목적

북한(조선민주주의인민공화국)[01] 은 2010년 「기업소법」을 제정하고, 2014년 기업소에 경영상 독자성을 확대하는 경영권과 하위 권리를 규정하는 대폭적인 법 개정을 하였다.[02] 「기업소법」이 규정하고 있는 내용이 무엇을 의미하는가? 그리고 조선의 경제지도집단은 왜 기업소의 경영활동에 대한 일반적 규정을 담은 「기업소법」을 제정하였는가? 왜 기업소에게 경영상 독자성을 확대하였는가? 기업소가 행사

01 이 책은 한국의 국회와 유사한 지위를 가지고 있는 북한의 최고인민위원회가 정령을 통하여 제정 및 수정한 법령을 다루고 있다. 따라서 권력기관의 공식적인 문헌을 다루고 있으므로 이후 줄여서 북한의 공식적인 명칭인 '조선민주주의인민공화국'을 표기하며, 본문에서 서술할 때 혼란의 여지를 줄이는 것이 필요하다. 이후 인용되는 문헌에 표현된 '조선민주주의인민공화국'을 약칭하여 '조선'으로 표현한다. 또한 남북의 언어표기에서 차이가 있는 부분에 대해 인용문인 경우에 인용부호 내에서, 고유명사, 법령의 조문 등은 '조선말'의 표현을 최대한 유지하는 방향으로 서술한다. 다만 한국의 문헌을 인용하는 경우 인용문헌의 표기에 따른다.

02 기업소법의 제정이 처음 한국에 알려진 것은 제정이후 약 1년 2개월 후 인터넷신문 『통일뉴스』의 2012년 1월 3일 기사이다. 필자가 확인한 범위에서 북한에서 공식 보도매체가 기업소법에 대한 보도는 내각의 기관지인 『민주조선』 2011년 8월 3일자가 처음의 보도이고, 2011년 11월 12일과 20일에 기업소법에 대한 법규해설을 보도한다, "기업소법시행규정이 채택되였다," 『민주조선』 2011년 8월 3일; "<법규해설> 기업소법에 대하여(1)," 『민주조선』 2011년 11월 12일; "<법규해설> 기업소법에 대하여(2)," 『민주조선』 2011년 11월 20일.

하는 경영권의 요소 권리들은 다른 경제규범들과 어떤 관계를 맺고 있는가? 이 책의 문제의식 출발점은 이것이다.

「기업소법」에서 규정된 요소권리별로, 계획권에서 기업소지표와 중앙지표, 재정권에서 주민유휴화폐자금과 상업은행의 대부와 대비하여 기업소자금, 가격제정권에서 기업소가격, 판매권에서 주문계약, 품질관리권에서 품질감독전략과 기업소 규격 등이 작동하는 연관 제도들을 살펴보면 진행되는 기업소 경영활동의 현실을 규명하기는 어렵지만 변화된 기업소의 경영활동 방향을 유추해 볼 수 있다. 최소한 조선의 경제지도집단이 「기업소법」을 통해 문제를 어떻게 인식하고 있고, 그 문제를 해결하려는 방향은 무엇인가를 확인할 수 있을 것으로 판단한다.

2014년 개정된 「기업소법」은 김정은 시기의 기업관리정책인 '사회주의기업책임관리제'에 대한 집약적인 법률표현이다.[03] 조선은 '사회주의기업책임관리제'에 대해 "주체사상을 구현한 우리 식 경제관리방법을 확립할데 대한 경제발전의 현실적 요구를 반영하는 독특한 기업관리방법"으로 표현한다.[04] 조선의 최고지도자 김정은은 제7차 당대회의 보고에서 기업소에게 "사회주의기업책임관리제의 요구에 맞게 경영전략을 잘" 수립하고, "기업활동을 주동적으로, 창발적으로" 수행하여 "생산을 정상화하고 확대발전시"킬 것을 주문

03 북한에서는 법제정활동을 "본질에 있어서 인민대중제일주의를 자기 활동의 최고원칙으로 내세우는 우리 당의 로선과 정책을 법화하는 활동"으로 본다.(최홍락, "우리 나라는 법이 인민을 지키고 인민이 법을 지키는 참다운 인민의 나라," 『사회과학원학보』 2020년 4호). 여기서 '법화'는 법으로 전환시키는 것 또는 법적인 효력을 가지게 하는 것을 의미한다.(『조선말대사전 2』(평양: 사회과학출판사, 2017), 618쪽).

04 리창하, "사회주의기업책임관리제는 우리 식의 독특한 기업관리방법," 『김일성종합대학학보(철학, 경제)』 2018년 2호.

한다.[05] 조선의 '기업관리'는 '기업관리형태'로도 표현하고 "공장, 기업소 또는 독립채산제기관을 운영하는 관리체계와 관리방법의 총체"로 정의한다.[06][07] 조선에서 일반적으로 '경제, 기업'의 단어와 결합한 복합어로서 '관리체계'는 '관리기구와 기능의 총체'로, '관리방법'은 '수단과 수법을 적용하여 사람들을 움직이는 방법'으로 사용한다. 기업관리체계는 김일성, 김정일 집권 시기에는 '대안의 사업체계'로 대표되며, 핵심적 내용으로 "당위원회의 집체적지도 아래 기업을 관리운영하는 체계"로 정의한다. 기업관리체계는 거시적인 경제관리체계의 한 부분이다. 북한에서 정의하는 경제관리체계는 국가의 "경제생활을 조직지도하기 위한 사업체계와 관리기구체계"를 의미하며, 사회주의 경제관리체계에는 그 범위에 따라 "인민경제적 관리체계, 경제부문별 관리체계, 기업소관리체계로 구분"하고 있다.[08]

특히 조선은 2014년 「기업소법」 개정에서 '경영권'을 신설하고 여러 조항에 걸쳐 경영권 하위 '권리'와 유사한 활동'권'을 기업소에 부여한다. 이는 '김정은 시기'의 중요한 '경제개혁조치'로 평가되면서 조선경제의 외부관찰자들에게 주목을 받게 되었다. 2014년 개정

05 김정은, 『조선로동당 제7차대회에서 한 중앙위원회사업총화보고: 전당과 온 사회를 김일성-김정일주의화하자! 주체105(2016)년 5월 6~7일』(평양: 조선로동당출판사, 2016), 57쪽.

06 사회주의사회에서, 기업소들에서의 생산 및 경영활동에 대한 조직지휘로 사회주의기업관리내용에는 계획작성, 생산조직, 기술발전, 자재보장, 로동행정, 재정활동, 후방공급 등 기업활동을 조직하며 지휘하는 모든 과정이 속한다, 『조선말대사전 1』(평양: 사회과학출판사, 2017), 798쪽.

07 『조선대백과사전 프로그람』(평양: 백과사전출판사·삼일포정보센터, 2001), 올림말: 기업관리체계.

08 『조선대백과사전 프로그람』(2001), 올림말: 경제관리체계.

「기업소법」에는 '우리 식 경제관리방법'과 '사회주의기업책임관리제'를 추가하여 조선의 경제관리방법과 기업관리제도에서 변화의 진폭에 대한 외부관찰자들의 관심을 집중시켰다.[09] 북한경제에 대한 외부관찰자들에게는 「기업소법」의 '실제적인 경영권'의 범위, 즉 개별 기업소에게 주는 '경영상 자율성'의 범위가 어디까지 되는지가 관심의 초점이다. 기업소의 자율성은 조선의 경제관리, 기업관리 영역에서 발생하는 변화의 진폭이 얼마나 클 지에 대한 판단기준이며, 그 진폭은 조선이 이른바 '개혁과 개방'으로 변화하는 것에 대한 중요한 판단요소로 상정되고 있기 때문이다. 조선경제가 '고난의 행군, 강행군' 시기를 지나면서 외부관찰자들에게 관찰된 이른바 '시장화'현상에 대한 해석과 결합되어 더욱 증폭된 기대감을 준 것으로 보인다. 기업소의 경영활동 자율성 증대에 대해 외부관찰자들에게 관심과 여러 측면에서 해결과제를 제기하게 되었다. 이 책은 「조선민주주의인민공화국 기업소법」(이하 「기업소법」)과 연관 경제법이라는 창(窓)을 통해 김정은 시기의 기업관리제도인 '사회주의기업책임관리제'에 대한 해석을 재구성하고자 한다.[10]

09 "… 김정은 위원장 집권 이후 북한의 경제관리제도 개혁에 주목하고 있습니다. 김정은 위원장은 집권 이후에 대내외적으로 대대적인 개혁·개방을 선언하지는 않았지만 상당히 의미 있는 제도개혁을 추진해 왔으며, 이런 제도개혁이 남북경협의 제도적 환경을 크게 변화시킬 것으로 평가되기 때문 …", 이석기 외, 『김정은 시대 북한 경제개혁 연구: '우리식 경제관리방법'을 중심으로』(세종: 산업연구원, 2018), 머리말 중에서; "김정은 위원장이 제시한 '우리식 경제관리방법'은 김일성·김정일 시대의 경제관리 체계와 방법을 계승하면서도 '우리식'이라는 표현에서 전환과 혁신의 가능성을 암시하고 있다.", 유영구, 『김정은의 경제발전전략 1』(파주: 경인문화사, 2020), 21쪽.

10 이 문장은 "이 글의 목적은 기업이라는 창(窓)을 통해 최근 북한의 경제정책 동향을 관찰, 정리하는 것이다."에서 차용하였다, 양문수, "기업을 통해 본 북한의 변화: 최근의 경제정책에 대한 평가를 중심으로," 『국제지역연구』 제8권 제1호(2004), 305쪽.

고전적 사회주의 경제이론에서 사회주의 기업소는 독립채산제로 운영하는 것이 기본이며 이런 기업소 운영방법은 "사회주의 하에서 객관적으로 필연적인 경제적범주"로 상정하였다. 레닌은 사회주의 경제발전은 "(개인적)정열에 직접적으로 의거할 것이 아니라 위대한 혁명이 산생한 정열의 힘을 빌어 개인적리해 관계와 개인적관심과 독립 채산제에 의거"하는 것으로 생각했다.[11] 즉, "독립채산제라는 것은 매개 공장들과 기업소들이 자기에게 맡겨진 인민 경제계획을 수행 및 초과 수행함에 있어서 자체의 수입으로 지출을 보상하면서 수지를 맞추어 나갈 뿐만 아니라 가장 적은 비용으로써 물건을 만들어 내여 더 많은 이익을 얻는 사회주의적 기업관리 운영 방법"이다.[12]

코르나이는 사회주의 기업소를 고전적 사회주의 체제의 "첫 번째이자 가장 중요한 재산형태"로서 '관료적 국유기업(bureaucratic state-owned firm)'으로 이해했다. 관료적 국유기업이 국가로부터 위임받은 재산을 활용하여 얻은 순소득에 대한 처분권이 관료기구에 의해 행사되고, 관료적 국유기업은 "구매와 판매의 대상이 아니"며, "국유기업의 활동은 국유기업 내의 위계적 관료기구에 의해서 통제

11 쏘련과학원 경제학연구소, 『정치경제학 교과서』(평양: 조선로동당출판사, 1960), 569쪽에서 재인용, 문헌에서는 『레닌전집 4권』 조선문판에서 인용하였다. 러시아어판 『레닌 전집』을 조선말로 번역한 것으로 보인다. 이 내용의 영어식 표현은 다음과 같다. "Not directly relying on enthusiasm, but aided by the enthusiasm engendered by the great revolution, and on the basis of personal interest, personal incentive and business principles, we must first set to work in this small peasant country to build solid gangways to socialism by way of state capitalism."

12 조선로동당출판사, 『독립채산제와 수익성, 원가와 가격』(평양: 조선로동당출판사, 1960), 2쪽.

되며, 이 관료기구는 전 사회를 포괄하는 위계제에서 낮은 위치를 차지"하고 있다. 고전적 사회주의의 관료기구는 국유기업을 포함한 모든 통제권을 행사하기 위해서 위계적인 책임의 분할을 이용하는 집중화되고 획일적인 사회적 구성체인 것이다.[13] 코르나이는 사회주의 경제계획 측면에서도 하나의 집단적 조직 또는 조직적 유기체로서 기업소의 설립과 청산은 자본주의의 시장 경쟁의 자연선택이 아니라 관료기구에 의해 결정되어, 건강한 경제발전의 배후로, 슘페터가 생각하는 가장 중요한 추진력이 전무(全無)하다고 이해했다.[14]

코르나이는 불완전경쟁 하의 자본주의 사적 기업과 고전적 사회주의의 국유기업을 비교하면서 국유기업의 단기적 행동에 대해 몇 가지 특징을 정리한다. 먼저 고전적 사회주의의 국유기업은 일차적으로 상급기관으로부터의 인정이 중요하고 가장 중요한 기준은 상급기관의 지시에 대한 수행이다. 이윤의 증대가 기업행동의 기준이 아니다. 또한 사적기업에 비하여 생산을 위한 예산제약이 연성(soft)적이며, 가격당국에 의하여 상품가격결정이 이뤄지고 기업은 부분적인 영향을 주기만 한다. 또한 기업은 가격 당국이 정한 가격에 자신의 생산한계라고 생각하는 양보다 많이 판매하려고 하지 않는다고 분석하고 있다. 이런 국유기업의 단기 행동에서 나타나는 현상의 원인으로 국유기업에 대한 관료기구의 통제로 설명한다.[15]

장기적 기업행동에서도 투자와 관련하여 자기통제 없이 국유기업 내의 의사결정은 재정실패를 두려워하지 않는다고 생각한다. 그

13 야노쉬 코르나이 저, 차문석·박순성 역, 『사회주의 체제의 정치경제학 1』(파주: 나남, 2019), 148-155쪽.

14 야노쉬 코르나이 저, 『사회주의 체제의 정치경제학 1』(2019), 221쪽.

15 야노쉬 코르나이 저, 『사회주의 체제의 정치경제학 1』(2019), 456-457쪽.

이유를 예산제약의 연성으로 설명하고 투자실패의 책임은 상부기관들(궁극적으로 국가와 책임을 나눈다)과 나눈다고 생각하기 때문으로 해석한다. 또한 국유기업은 생산물의 판매에 대한 전망에 대해서도 마찬가지로 무엇이 생산되든 간에 수요가 공급에 적응하고 만성적 부족이 안전한 판매기회를 보장하는 것으로 해석한다.[16]

코르나이는 고전적 사회주의의 국유기업이 보이는 기업행동에 대해서 다층적인 인과관계로 분석의 결론을 내리는 듯하다. 코르나이에 의하면 국유기업의 행동에서 보이는 관료기구와의 계획흥정, 관료기구의 양적 드라이브, 관료기구가 국유기업에 보이는 가부장주의와 연성예산제약, 국유기업의 가격에 대한 약한 반응 등은 가장 포괄적으로는 사상적 측면에서 마르크스-레닌주의당의 독점적 권력과 공식이데올로기의 지배적인 영향력이 원인이 되고, 소유권 측면에서 국가소유 또는 준국가 소유의 지배적 지위체계가 두 번째 원인그룹이 된다. 1차적이고 직접적으로 관료적 조정의 우위 체계가 그 원인을 제공한다고 분석한다. 이런 원인들에 의한 기업행동은 사회주의 계획경제 정책에서 강행성장, 만성적 공급부족과 일자리 부족, 체제특수적 상황과 해외투자의 역할 확대 현상들을 발생시킨다.[17]

코르나이의 분석을 조선경제에 즉자적으로 대입하여 보면, 강력한 조선로동당과 김일성-김정일주의가 포괄적 원인으로, 국가소유와 협동소유를 중심으로 소유권을 인정하는 법률체계, 당의 정치적 지도와 내각의 기술실무적 지도에 근거한 기업관리정책 등으로

16 야노쉬 코르나이 저, 『사회주의 체제의 정치경제학 1』(2019), 466-467쪽.

17 야노쉬 코르나이 저, 『사회주의 체제의 정치경제학 1』(2019), 607쪽.

저(중진)개발국의 경제발전 성과, 중요 공업부문의 낮은 생산성 문제, 시장화현상 등으로 나타나는 것으로 보인다. 또한 미국을 중심으로 한 국제사회의 제재는 해외투자의 역할도 극히 제한된 상태가 되는 현상은 코로나이의 분석틀이 조선경제를 해석하는데 매우 유의미하게 보이는 듯 하다.

1984년 조선의 합영법 제정은 중국의 영향을 받았다는 견해가 있다.[18] 중국은 1979년 9월「중외합작경영법」을 제정하여 외자를 유치하고 경제건설에서 의미있는 성과를 거두었다. 이에 대해 조선은 1983년 경제대표단을 파견해 중국의 경제특구를 고찰하고, 그 해 10월「세관법」을 제정하고, 다음해 1984년에「합영법」을 제정, 공포한다. 또한 "조선은 외국인투자법을 구성할 때 중국의 입법형태를 모델로 하고, 구체적인 법령의 구조와 내용"도 중국의 법을 참조하였다는 견해도 있다.[19] 중국은 "1993년 12월 중화인민공화국 제8차 전국인민대표대회 상무위원회 제5회의에서 회사법을 제정하여 1994년 7월부터 시행"하였다.[20] 현재 중국의 회사법[21]은 총15개 장, 266개 조항의 구성으로, "회사의 조직과 행위를 규범화"하고, "회사·주

18 이정희, "북한합영법제정의 배경과 전망," 『논문집』(대구: 경북대학교 교육대학원, 1984) 제16권, 7쪽; 박헌목, "북한의 합영법 및 경제 관련 법령의 검토," 『사회과학연구』(부산: 경성대학교, 1993) 제9집, 71쪽.

19 만연교, 『중국과 북한의 외국인직접투자제도에 관한 비교법적연구』(서울: 경희대학교, 2021) 머리말.

20 『中华人民共和国公司法: 中华人民共和国主席令(八届第16号)』(중화인민공화국 회사법의 원문본), http://www.people.com.cn/item/flfgk/rdlf/1993/111701199342.html, 검색일: 2024년 9월 24일.

21 2023년 12월29일 개정된「중화인민공화국 회사법」의 한글번역본, 법제처 세계법제정보센터, https://world.moleg.go.kr/web/wli/lgslInfoListPage.do?searchNtnlCls=1&searchNtnl=CN, 검색일: 2024년 9월 24일.

주·직원·채권자의 합법적인 권익을 보호"하며, "중국 특색의 현대적인 기업제도"의 마련과 "사회주의 시장 경제의 발전"의 촉진을 목적으로 법을 제정하였다고 제1조에서 밝힌다. 이 법에서 사용되는 '회사'는 "중화인민공화국 국내에 설립한 유한책임회사와 유한주식회사"(제2조)를 의미하고, "기업법인이며 독립적인 법인재산을 보유하고 법인재산권"(제3조)을 소유하고 있다. 중국의 회사법은 총칙(제1장), 회사등기(제2장), 유한책임회사의 설립과 조직기구(제3장), 지분양도(제4장), 유한주식회사의 설립과 조직기구(제5장), 주식 발행 및 양도(제6장), 국가출자회사의 조직기구 관련 특별규정(제7장) 등 회사 유형별로 설립, 조직, 권리(지분과 주식)에 대해 규정하고 있다. 회사 경영활동 일반에 대해서는 회사의 이사·감사·고위관리자의 자격 및 의무(제8장), 회사채(제9장), 회사의 재무·회계(제10장), 회사의 합병·분할·증자·감자(제11장), 회사의 해산·청산(제12장)을 규정하고 있다. 그 외에 외국회사의 지사(제13장), 법적책임(제14장)과 부칙(제15장) 등을 규정하고 있다.

국유기업에 대한 중국의 경제지도집단들이 가지고 있는 문제의식은 1999년 9월에 있었던 중국공산당 제15기 중앙위원회 제4차 전체회의에서 채택한 결정문에서 엿볼수 있다. 결정문에서는 국유기업의 개혁과 발전을 추동하는 일이 중요하고 시급한 과제임을 확인하고 "적자를 내는 대다수 대중견 국유기업을 약 3년 안에 곤경에서 벗어나게 할 것을 제의"하였다. 그리고 20세기말까지 "대다수의 중견 국유기업을 위한 현대적인 기업제도"확립 노력을 촉구한다. 국유기업의 개혁과 발전 촉진을 위한 기본 원칙 10개항[22]을 제시하고 국

22 기본 원칙 10개항은 다음과 같다. ①공공소유를 주축으로 다양한 소유형태 하의 경제가 함

유경제의 배치를 전략적으로 재조정한다. 이 전략적 재조정 방침에는 "국유경제의 역할은 완전한 국유기업을 통해서만 실현되는 것이 아니라 주식제도를 적극적으로 발전시키고 국유지주기업을 통해 실현할 수 있는 방안을 모색"하려했고 그 정책의 결과물이 회사법에 규정된 것으로 보인다.[23] 중국의 경제지도집단은 지속적으로 국유기업에 대한 정책을 발전시킨다. 2015년 8월 신화사통신이 보도한 『중국공산당 중앙위원회와 국무원의 국유기업 개혁 심화에 관한 지도의견』을 보면 "기본경제제도를 견지하고 개선하며 사회주의 시장경제 개혁방향을 견지"하면서 "시장화, 현대화, 국제화의 새로운 상황에 적응"하고, "과학적인 관리를 통한 현대적인 기업 제도"에 대해 "법률에 따라 기업관리를 전면적으로 추진"하는 방향을 설정한다. 이런 방향에 따라 "국유기업 개혁을 카테고리별로 추진"하는데 "국유기업을 여러 범주로 나누"어 "상업 국유기업의 개혁", "공익 국유기업의 개혁" 등을 추진한다. 중국의 회사법에 서술된 "현대적인 기업제도"의 개혁을 위해 "회사제도와 주식제도의 개혁", "기업 지배 구조의 개선", "국유기업의 리더를 위한 기밀적이고 위계적인 관리체계의 구축", "기업급여분배체계 실시", "기업내부 고용제도의

께 발전해야 한다. ② 국유경제의 배치를 전략적으로 재조정하고 국유기업을 재편한다. ③ 개혁과 조직 개편, 변혁 및 경영 강화를 결합합니다. ④ 현대적인 기업 시스템을 구축한다. ⑤ 기업의 과학 기술 진보를 촉진한다. ⑥ 기업 관리를 전면적으로 강화한다. ⑦ 적자생존을 위한 경쟁기구를 구축한다. ⑧ 다양한 지원 개혁을 조정하고 추진한다. ⑨ 노동계급을 전폭적으로 의지하고 기업에서 당 조직의 역할을 정치적 핵심으로 발휘한다. ⑩ 기업의 정신적 문명 건설을 촉진한다.

23 『국유기업의 개혁과 발전에 관한 몇 가지 주요 문제에 대한 중국공산당 중앙위원회 결정』(중국공산당 제15기 중앙위원회 제4차 전체회의, 1999년 9월 22일), 『中共中央关于国有企业改革和发展若干重大问题的决定』(1999年9月22日中国共产党第十五届中央委员会第四次全体会议通过).

개혁심화" 등을 제시한다.[24]

위의 내용을 보면 중국은 국유기업의 소유권 이전을 전제조건으로, 국유기업을 유한회사와 주식회사로 개혁하는 방향으로 문제해결을 하고 있다. 이에 반해 조선은 국유기업의 소유권에는 전혀 변화없이 기업소의 경영활동 활성화에 초점을 맞추고 있는 것으로 보인다. 중국의 「회사법」 제·개정 방향과 조선의 「기업소법」 제·개정 방향은 많은 차이를 보이고 있어, 두 법을 비교, 분석하여 조선의 「기업소법」의 재·개정 방향에 담긴 경제지도집단의 문제해결 방향을 유추하기에는 용이하지 않다.

조선의 「기업소법」과 관련법, 그리고 연관된 조선 자체 문헌의 독해를 통하여 조선의 경제지도집단이 생각하는 기업소와 관련한 문제해결의 방향과 정책을 유추해 볼 수밖에 없다는 판단이다. 이런 판단에는 몇 가지 한계가 존재한다는 점을 인정하고 출발한다. 첫째로는 조선의 경제자료들 중에는 정량적 자료가 한정적이라 경제현실을 정량화하기 어렵다는 한계가 존재한다. 둘째로는 조선의 원전자료 중 일부만 한국에 유입되어 있다는 한계이다. 마지막으로 유입된 조선 자료도 조선의 공식 기관들의 출판물이 대부분임으로 조선의 경제현실, 특히 기업소들이 직면하고 있는 현실을 보여주기보다는 보여주고 싶은 것들이 대부분이라는 한계이다. 따라서 이런 조선 원전의 문헌독해에 대한 한계를 인정하고 최대한 문헌의 행간을 읽어보려는 문제의식을 유지하려고 한다.

24 "中共中央、国务院关于深化国有企业改革的指导意见,"『新华社北京』, 2015年9月13日电.

2
선행연구의 검토

「조선민주주의인민공화국 기업소법」에 대한 선행 연구는 크게 두 가지 접근방향을 보이고 있다. 하나는 조선의 법제연구 측면에서 「기업소법」을 해석하는 방향이 있다. 이는 '기업소'를 대상으로 입법한 「기업소법」에 초점을 맞추고 있다고 이해된다. 다른 경향은 경제정책, 경제제도라는 측면에서 「기업소법」을 해석하는 흐름이 있다. 이는 '기업소의 정책'을 법제도화한 「기업소법」에 초점을 맞추고 있다고 이해된다. 두 경향의 연구대상이 「기업소법」이라는 동일한 대상이라는 점에서 유사성을 가지나 접근방식의 출발점에서 차이가 있다고 이해된다. 전자에는 신현윤(2000), 박형준(2013), 박훤일(2012, 2013), 박찬홍(2014), 안석호(2019), 박서화(2020, 2021), 송현욱(2021), 최정욱(2024), 황주희(2024) 등이 있다.[25] 「기업소법」을 법제적 측면에서 접

25 신현윤, "북한(北韓)의 기업소제도(企業所制度)," 『법조협회』(2000), 신현윤은 논문에서 북한 기업소의 제도적 기초로 되는 사회주의 계획경제의 특성과 북한 기업소의 법적 지위 및 적용규범을 고찰하고 북한의 사회주의 계획경제체제의 특성이 실제 기업소의 내부·외부관계에 있어서 어떻게 작용하는지에 관하여 사회주의헌법과 민법을 인용하여 해석한다; 박형준, "북한의 외국인투자 관련법 연구," 『북한학연구』 제9권 제2호(2013), 박형준은 논문에서 북한의 대외적 개혁과 개방정책 관련 원칙과 방향이 구체적으로 반영되어, 북한에 대한 외국투자자들의 투자전체를 포함하여 다루고 있는 '외국인투자 관련법' 검토를 통해 북한이 관련 법령의 개정을 통해 대외개혁·개방에 대한 적극적인 의지 및 개선 노력을 평가하나 법률체계상의 구조 문제, 구체성의 결여, 분쟁해결 제도의 미비 등 여러 문제로 인해 외국자본의 투자 유치는 저조한 실정으로 해석한다; 박훤일, "북한의 기업소법

근하는 이 연구방향에서 박서화(2020, 2021)는 「기업소법」 상의 경영권에 대해 '경영상 상대적 독자성' 개념과 민법상의 '경영상 관리권'의 비교를 통해 「기업소법」 상의 경영권이 재산상의 권리가 아닌 책임과 권한이라는 이중적 개념으로, 즉 '사회주의적 권리' 개념으로 해석하고, 「기업소법」 상의 경영권에 대해 국가의 경제관리 차원에

제정의 의미," 『경희법학』 제47권 2호(2012); "북한의 기업소법과 상업회의소법의 제정 의미와 평가," 『북한법연구』 제15권(2013), 박훤일은 논문에서 2010년 제정된 기업소법의 조항을 개괄하고, 기업소법의 한계와 대안의 사업체계의 퇴조를 설명하고 성급한 결론임을 한정하면서 시장경제체제 방향으로 변화로 평가한다(2012). 또한 2013년 논문에서 기업소법과 상업회의소법 제정을 함께 다루면서 현재 국제적으로 고립되어 있는 북한의 경제가 조만간 대외적으로 무역과 투자, 지재권 거래가 활발히 일어날 것 같은 전망을 하면서도 법의 현실적용에 대한 평가는 유보하고 있다(2013); 박찬홍, "북한의 법제 동향과 기업법제의 개편방향," 『통일정책연구』 제23권 2호(2014), 박찬홍은 논문에서 기업소법과 외국인투자 관계법을 검토하여 북한의 기업법제 개편방향을 전망하고 있다; 안석호, "김정은 정권에서의 북한 기업소법 정비 동향," 『비교법연구』 제19권 2호(2019), 안석호는 논문에서 기업소법의 2014년, 2015년 개정과 관련하여 2019년 사회주의헌법 개정에서 사회주의책임관리제 도입 등의 경제조항 변화를 검토하고 헌법상의 경제조항의 개정이 경제현실을 반영하여 규범과 차이를 줄이려는 노력으로 해석한다; 박서화, "북한 기업소법상 경영권의 법적 성격,"『북한법연구 24』(2020); 박서화, 『김정은 체제 경제관리의 법: 사회주의기업책임관리제와 기업소법상 경영권』(서울: 경남대학교 극동문제연구, 2021); 송현욱, "북한 기업의 노동력관리운용제도: 기업소법의 경영권상 노력조절권을 중심으로," 『홍익법학』 제22권 제2호(2021); 최정욱, "북한의 사유화 현상과 법제 변화: 대부투자, 자산임대 및 무역거래를 중심으로," 『북한법연구』 제32권(2024), 최정욱은 논문에서 2014년 수정보충 「기업소법」상에 주민유휴화폐자금의 동원·이용하는 근거 규정이 추가되고, 2024년 수정보충된 「민법」에 기관·기업소·단체가 공민들의 유휴화폐자금을 받아 은행에 입금시키고 '기업채권'의 형태로의 직접적인 대부투자 규정의 신설을 검토하고, 2022년 수정보충 「무역법」상으로 '무역권'을 받은 기관·기업소·단체만 무역거래의 당사자가 될 수 있지만, 공민의 경우 취업을 통해 기관·기업소·단체 명의를 활용하여 외견상 합법적인 형식으로 무역거래가 가능하고, 무역권이 없는 기관·기업소·단체는 기 부여받은 무역권을 대여받아서 무역거래를 할 수 있는 등의 사례를 통해 사실상의 사유화 현상이 법제에 반영되는 과정으로 해석한다; 황주희, "김정은 시대 기업경영 질서 변화에 관한 연구: 법제도를 중심으로," 『한국보훈논총』 제23권 제1호(2024).

서 대안의 사업체계와 우리식 경제관리방법, 사회주의기업책임관리제를 비교, 검토하고 그 안에서 「기업소법」 상의 경영권을 한국의 '경영권'과 북한 민법의 '경영상 관리권'을 비교, 검토하여 '사회주의적 경영권'을 도출한다. 그리고 「기업소법」의 제 조항을 법제적 측면에서 서술하고 있다. 또한 송현욱(2021)은 「기업소법」의 노력조절권 행사의 범위에 대해 노동력 관리운용측면에서 실제 현황과 결부시켜 고찰하여 제한적이기는 하지만 약간의 자율성이 부여된 것으로 파악하고, 그 이유에 대해 당국의 개혁의지에서가 아니라 그동안의 비공식적인 노동력관리운용 방식의 일부를 뒤늦게나마 합법화하는 현실 정당화 논리로 해석한다. 또한 이런 현상에 대해 '사회주의 노동법'과의 법제적 측면의 충돌에 대해 지적하고 있다. 황주희(2024)는 기업경영의 관행이 사회주의기업책임관리제의 법제화로 나타난 「기업소법」을 전제로 하고, 다른 북한법에서 「기업소법」 상 경영권과 하위 요소권리 관련 조항을 검토하여 자율성 확대 측면과 통제적 측면을 함께 검토한다. 자율성 확대 측면에서는 사회주의상업법, 시·군발전법, 영수증법, 상품식별부호관리법, 재자원화법 등의 관련 조항 검토를 통해 기업소에 경영권을 이관하고 기업이 주체적으로 경영할 수있는 환경을 조성한 것으로 해석한다. 통제적 측면에서는 인민경제계획법, 형법, 세관법, 회계법, 제품생산허가법, 허풍방지법 등의 관련 조항 검토를 통해 확대된 경영권에 대한 감독과 통제를 법으로 조절하려는 시도로 해석한다.

후자는 경제제도의 하나로서 「기업소법」을 해석하여 기업관리차원에서 '사회주의기업책임관리제', 경제관리차원에서 '우리 식 경제관리방법'의 법적 표현으로 보고 경제제도 일반이라는 포괄적 측면에서 접근하는 경향이다. 후자의 범위는 북한경제 연구의 많은 부분을 차지하고 있고 여러 측면에서 연구하는 경향이다. 범위를 확장하면 북한의 기업 일반을 연구하는 경향으로 볼 수 있다. 이에는 북한의 경제관리정책 변화와 시장화 연구 등과 병행하여 초점이 맞추어져 있다. 첫번째는 김정일 시기의 '7·1 경제관리개선조치와 기업'으로 분류해 보면 박형중(2003, 2004), 양문수(2004, 2006), 이석기(2004), 이무철(2005), 권오윤(2005) 등은 7·1 경제관리개선조치에 따른 북한경제의 변화에 대해 내부의 기업행태, 기업지배구조, 분권화, 노동동원수단 등의 변화연구에 대해 초점을 맞추고 있다.[26] 이 연구방향

26 박형중, "최근 북한의 경제개혁에 대한 평가와 전망," 『사회연구』 2003년 2호(2003), 박형중은 논문에서 이른바 최고지도자의 10·3담화와 7·1 경제관리개선조치의 내용을 분류하여 장마당에 대한 통제와 수용, 노임 및 물가의 인상, 경제관리개선 조치 부분으로 해석하고, 경제관리개선조치를 세분화하여 ① 번수입 지표의 도입, ② 계획화 체계와 방법의 개선, ③ 지방예산편성 개편, ④ 지역별 수납체계의 부활 ⑤ 기업소들 사이의 물자교류 시장 등으로 분석하여 계획중앙과 지방 및 기업소간에 새로운 관계를 설정함으로써 생산증대와 국가재정 수입의 강화를 지향하고 있는 것으로 해석한다; "비교사회주의 관점에서 본 '실리사회주의'론의 위치와 전망," 『김정일 정권 10년: 변화와 전망』 (통일연구원 학술세미나 자료집, 2004), 논문에서 과거 소련·동유럽 및 중국에서 사회주의 경제 개혁의 경험과 역사를 1) 스탈린적 고전체제, 2) 부분개혁체제, 3) 사회주의 상품경제, 4) 사회주의 시장경제의 4단계에 걸친 변화로 보면서, 7·1 경제관리개선조치를 계획경제의 기본틀을 유지하면서 그 효율성과 채산성을 증가시키고자 하는 부분개혁체제로 파악하여 특히 1979-1984년 간의 중국개혁과 비교한다. 7·1 경제관리개선조치 중에서 번수입지표, 종합시장 설치, 무역권의 확대 등을 중심으로 중국의 개혁정책과 비교를 통해 '실리사회주의' 관점으로 '적응과 개편'이라는 개념을 통해 더 잘 이해될 수 있을 것으로 해석한다; 양문수, "기업을 통해 본 북한의 변화: 최근의 경제정책에 대한 평가를 중심으로," 『국제지역연구』 제8권 제1호(2004); "1990년대 이후 북한의 기업지배구조 변화: 제도경제학적 접근," 『통일정책연구』 15권 1호(2006); 이석기, "북한의 1990년대 경제위기와 기업지배구조의 변화," 『비교경제연구』 제11권 1호(2004), 이석기는 1990년대 북한의 기업지배구조 변화를 살펴보기 위해 탈북자의 인터뷰 자료를 활용하여, 1990년대 극심한 경제침체로 중앙집중적 물자공급 체계가 사실상 붕괴하고 계획화 체계가 형해화되어 현물계획의 '사실상' 포기와 액상계획 위주의 계획실행으로 변화되었으며, 기업경영의 여러 측면에서 통제권이 중앙당국으로부터 기업으로 이전되고 이 기업의 통제권을 통해 자발적인 시장화 참여로 발

에서 양문수(2004)는 기업관리운영의 현실 변화를 통해 7·1 경제관리 조치와 종합시장 신설정책 등의 경제정책에 대한 해석을 한다. 기업관리측면에서 보면 계획부문에서 국가적으로 덜 중요한 지표에 대한 기업소 계획화 분담, 자재공급부문에서 '사회주의 물자교류시장'의 운영, 경영실적 평가방법에서 '번 수입 지표' 도입, 기업내부 권한 배분에서는 상대적인 지배인 권한 강화 등의 변화를 검토한다.

종합시장 정책측면에서 종합시장의 거래가격 변동, 종합시장거래에서 기업소 참여와 시장에서의 기업소 자금 조달 등을 변화 사례로 검토한다. 그리고 기업소에 대한 보다 철저한 독립채산제 실시, 국가보조를 폐지하는 가격체계의 조정, 현물임금에서 화폐임금으로의 변화, 주민들에 대한 소비재의 무상공급 제도 '사실상' 폐지 등을 추가적으로 검토하여 북한의 경제정책 변화를 시장적 조정 메커니즘 도입, 종합시장 설치, 자금조달 경로의 확대로 요약하고, 이런 기

현되었다고 해석한다. 이 과정에서 사회전반의 당적 통제의 약화는 기업내부의 지배구조에서 기업소의 공장당위원회 역할 저하를 초래하고, 기업소 당비서와 지배인 사이의 의사결정 배분 변화 등이 발생한 것으로 해석한다; 이무철, "북한의 중앙, 지방관계: 경제관리방식을 중심으로," 『북한연구학회보』 제9권 1호(2005), 이무철은 1980년대 말부터 시작된 경제위기로 당·국가의 경제적 통제능력 상실화로 현실에서 경제적 분권화 현상이 확대되고 결과로 7·1 경제관리개선조치는 경제적 분권화 현상의 일부를 수용하고 제도화하고 있다고 해석한다. 이런 제도적 변화 속에서 지방에 대한 제도적 분권화는 지방에 대한 강요된 자력갱생으로 보고 있다. 정치적 측면에서 근본적인 제도 변화를 추구하지 않은 채 이루어진 분권화 조치들은 재중앙집중화와 분권화 사이에서 왜곡되고, 관료적 조정을 대신하는 시장에 의한 조정을 요구하기 시작하는 것으로 해석한다; 권오윤, "노동 동원수단의 변화를 통한 북한 김정일체제의 변화 분석," 『21세기정치학회보』 제15집 1호, 권오윤은 노동동수단의 변화라는 관점에서 김일성 집권시기와 김정일 집권시기의 (경제)체제를 비교하여 7·1 경제관리개선조치가 아직 초보적이지만 시장과 점포, 상품, 경쟁, 광고 등의 요소들이 급증하는 정도에서 볼 때 초보단계의 '시장 사회주의'적 맹아가 보이는 것으로 해석한다.

업소의 자율성 확대정책을 계획과 시장의 병존에 대한 실험으로 해석한다. 또한 양문수(2006)는 제도경제학적 방법중에서 '주인-대리인 이론'을 통해 7·1 경제관리개선조치 이후 북한 기업소의 지배구조를 해석한다. 문헌조사와 탈북자 면담과 설문조사를 병행하여 7·1 경제관리개선조치 이후 기업의 자율성이 계획작성, 가격제정, 자재공급의 영역에서 확대되었고, 그 원인으로 1990년대 마비된 주인(국가기관)과 대리인(기업, 중간관리기관) 사이의 감시와 유인체계의 변화로 해석한다. 7·1 조치가 감시체계는 후퇴로, 유인체계는 종전보다 진전된 요소로 변화한 결과, 경제 시스템이 작용할 수 있는 제도적 기반을 구축한 것으로 해석한다.

두 번째로는 김정은 시기의 '우리 식 경제관리방법, 사회주의기업책임관리제와 기업'으로 분류하면 양문수(2014), 이창희(2016), 강희찬(2018), 이석기 외(2018), 임을출(2019) 등은 거시적 차원에서 경제정책 변화연구에 초점을 맞추고 있다.[27]

27 양문수, "북한 국영기업의 관리·운영 실태와 평가," 『캠코리뷰』 제1권 제3호(2014), 양문수는 시장이 북한 경제 전체에서 매우 중요한 존재, 특히 일반 주민들의 생활에서는 핵심적인 존재로 되고 있는 상황으로 인식하고, 2014년의 조선신보 보도내용을 분석하여 '우리 식 경제관리방법' 이후 경영권의 현장부여, 계획지표의 자율성 확대, 가격적용의 변화 등을 사례로 기업지배구조의 변화를 전제하고, 기업의 운영이 계획과 시장, 공식과 비공식, 합법과 불법이 혼재된 것으로 해석한다; 이창희, "제7차 조선로동당 대회로 살펴본 북한 경제정책의 변화," (2016), 이창희는 제7차 당대회의 경제정책을 과거 선군경제노선과 7·1조치가 동전의 양면처럼 존재하면서 계획과 시장의 공존전략을 추구하였듯이, 국방공업과 기초적인 중공업 등 전략적 부문에 대해 계획적 관리에 집중하나, 시장과 무역에 대한 기업의 자율성을 대폭 확대 등의 시도로 예전보다 더욱 심화된 경제개혁 조치로 해석한다; 강희찬, "북한 기업 운영방식 변화에 관한 연구: 사회조정양식(계층제, 시장, 거버넌스) 관점에서," (2018), 강희찬은 북한기업이 여전히 국가가 요구하는 각종 역할수행 과정에서 강한 '계층제(정부) 조정' 영향 아래 있고, 한편 필요 물품(원자재) 구매 및 판매, 개인자본의 수용, 합작 투자 그리고 각종 수익사업 형태로 나타나는 '시장 조정'이 확대되

이 연구방향에서는 이석기 외(2018)는 거시적 차원에서 북한경제를 분석하는 '김정은 시대 경제관리방식의 개혁'에 대해 법·제도적 측면에서 인민경제계획화 체계, 가격관리체계, 기업수입 분배체계에 대해 설명을 하고, 부문별로 기업관리체계, 대외무역 체계, 농업관리체계, 재정·금융체계의 개혁과 실태에 대해 설명하고 있다. 특히 2014년, 2015년「기업소법」변화에 대한 특징을 ①기업의 경영상 업무에 대한 재량권 확대, ②기업들의 생산 및 거래에 대한 당국의 관리감독 지속, ③생산된 제품에 대한 사후적 책임 강화, ④생산재의 부분적인 거래 허용 등으로 요약한다.

한편으로 경제정책의 변화 일부가 규범화되어 경제법령에 반영된다. 경제법령은 기업활동에 환경조건을 만드는데 '북한 경제법령과 기업' 부분으로 분류하면 양문수(2017, 2023), 최은석(2018), 박준호(2020), 김지영(2021) 등이「기업소법」, 외국인투자관련법, 재정관련 경제법령의 변화가 국가와 기업소 관계변화에 주는 영향에 대한 연구를 포함하고 있다.[28]

고 있으며, 또한 수평적 관계를 바탕으로 상급기관, 타 기관·기업과의 협업의 형태로 국가의 요구에 대응하는 '거버넌스 조정'이 이루어지고 있는 것으로 해석한다; 이석기 외, 『김정은 시대 북한 경제개혁 연구: '우리식 경제관리방법'을 중심으로』(세종: 산업연구원, 2018); 임을출, "김정은 시대의 기업관리방식과 역할 변화에 관한 연구," 『세계지역연구논총』 제37집 제1호(2019), 임을출은 논문에서 기술혁신을 강조하는 지식경제시대 아래에서 북한기업들의 변화의 특징을 5가지 중시 정책, 즉 과학연구와 기술연구개발에 대한 중시, 지적 경쟁력, 지능노동 및 지적재산 중시 등과 함께 생산과 경영의 정보화, 첨단산업에 대한 중시, 최대한의 실리 확보와 경쟁의 중시, 전략적인 관리능력의 중시로 해석한다.

28 양문수, "김정은 집권 이후 개정 법령을 통해 본 '우리식경제관리방법'," 『통일정책연구』 제26권 2호(2017); "제재·코로나 시기 제·개정 법령을 통해 본 북한의 경제정책," 『국가안보와 전략』 제23권 3호(2023); 최은석, "북한의 사회주의 강성국가 건설과 국가재정법의 개정 의미," 『통일과 법률』 제35호(2018), 최은석은 2015년 개정된 재정법의 의미와 내용, 관련한 여러 법과 연관성을 검토하고 북한의 조세 및 재정체계에 대해 국가재정의

이 연구방향에서 양문수(2017)는 2012~2015년 사이에 제·개정된 법령 중 경제분야의 핵심 법령(인민경제계획법, 재정법, 농장법, 기업소법, 무역법, 자재관리법, 중앙은행법, 상업은행법)의 개정 내용을 통해 북한의 '우리식 경제관리방법'을 계획화 체계의 개편, 시장의 계획화 체계 편입, 기업과 농장의 자율성·권한 그리고 인센티브 확대, 국민경제 운영에서 정부역할 축소 및 기업 역할 확대, 법령을 통한 현실의 사후적 추인 등으로 분석하고 제도개편의 포괄범위 및 내용에서의 한계성, 정부 차원의 약속 이행 여부, 민관 자금의 동원 가능성 여부와 관련한 현실적 한계를 지적한다. 이어서 양문수(2023)는 2022년 10월 국가정보원이 발간한 『북한법령집』에 게재된 경제분야의 법령 중에서 제·개정된 인민경제계획계획법(2021년 9월), 「기업소법」(2020년 5월), 농장법(2021년 3월), 양정법(2021년 3월), 사회주의상업법(2020년 7월, 2021년 8월), 재정법(2021년 8월), 무역법(2020년 3월) 외에 외화관리법, 세외부담 방지

기관별 분열, 재정자원의 분권적 존재, 전근대 국가의 재정체계 유사성 등으로 해석한다; 박준호, "경제위기 이후 북한 재정제도에 대한 연구: 예산수입체노를 중심으로," 북한대학원대학교 박사학위논문(2020), 박준호는 1990년대부터 2010년대까지의 북한 재정제도 중 예산수입제도 변화와 기업관리, 가격, 금융 등 경제 전반을 규율하는 제도적 환경을 통시적으로 분석하여 국가 재정기능의 회복 과정을 재구성하고, 기업소법을 중심으로 한 '우리식 경제관리방법'과 '사회주의기업책임관리제' 하의 기업소 자율성 확대 속에서 경제주체 상호간의 이해관계 일치와 정보 비대칭성 감소를 통해 예산수입증대라는 정책 목표에 순응했다고 해석한다; 김지영, "북한 재정법제의 현황과 전망," 『한양법학』 제32권 제4집(2021), 김지영은 북한의 재정법제로서 사회주의헌법을 근간으로 인민경제계획법, 재정법, 국가예산수입법이 재정법체계를 구성하고 있고, 인민경제계획법은 국가 예산의 편성과 집행 기준으로 기능하며, 법적 구속력이 있는 계획으로 채택되고, 재정법은 중앙 예산과 지방 예산, 그리고 기관과 기업의 재정을 포괄하고 있는 것으로 파악한다. 또한 한국의 법제적 관점에서 각각 자원의 비효율적 분배와 경직성 문제를 야기하는 한계와 예산 편성 및 집행 과정 속에서의 구체적인 절차가 미비 그리고 결산 체계에 대한 독립적인 감사 기관이 부재, 현실적으로 재정권한의 집중 현상이 진행되고 있다는 한계를 지적한다.

법, 단위특수화·본위주의 반대법, 재자원화법, 영수증법 등을 검토하여 제재·코로나 시기의 경제정책의 특징을 해석한다. 이 시기 경제정책의 특징으로 경제관리측면에서 중앙의 관리와 통제 강화 그리고 재집권화 현상으로 ① 정보 획득능력 확대·강화, ② 의사결정권한 확대, ③ 자원 장악력 확대·강화 등으로 해석한다. 중앙집권적 측면과 다른 측면에서 분권화·시장화의 진전 현상을 지적하고 지방 및 부분의 자력갱생 강화, 경제주체들의 원활한 경제활동을 보장하는 방향으로 합리적 제도개선 진전을 설명한다. 결론으로 법개정의 방향이 거시적 틀에서는 "'경제관리 개선' 사업의 일환"이며, "목적은 '경제사업 체계·질서의 정비와 보강'이며", "국가의 통일적 지도·관리의 복원과 강화"[29]로 해석한다.

네 번째로는 '북한의 시장화와 기업'으로 분류하면 양문수·윤인주(2016), 이용희(2020), 박희진(2021) 등이 북한 시장화에 따른 기업소 변화에 초점을 맞춘 연구를 진행했다.[30]

이 연구방향에서 양문수·윤인주(2016)은 탈북자의 설문조사를

29 양문수, "제재·코로나 시기 제·개정 법령을 통해 본 북한의 경제정책," 『국가안보와 전략』 제23권 3호(2023), 140-141쪽.

30 양문수, 윤인주, "북한 기업의 사실상의 사유화: 수준과 추세에 관한 정량적 분석," 『통일연구』 20권 2호(2016); 이용희, "장마당 활성화가 북한 기업소에 미친 영향: 탈북민의 인식을 바탕으로," 『통일전략』 20권 3호(2020), 이용희는 논문에서 북한에서 민간시장과 장마당의 변화, 기업소의 변천, 그리고 활성화된 장마당이 기업소에 준 영향에 대해 탈북자 설문을 통해 분석하여 장마당의 활성화가 ① 몰락해가는 기업소를 소생케 하는 요인으로, ② 기업소 노동자들에게 임금 지불도 가능하게, ③ 장마당과 기업소에서 벌어들이는 수입으로 인하여 국가경제가 유지되고 있다고 해석한다; 박희진, "북한 '우리식 경제관리 방법'의 모순과 사회의 혼종," 『북한학연구』 17권 1호(2021), 박희진은 논문에서 국가가 의도하는 대외무역과 과학기술의 발전, 그리고 사회주의기업책임관리제를 통한 국가개혁 조치를 '현대화'로 개념화하고 기업활동의 정상화 관계 분석을 통해 소외된 개인 사업자들의 문제와 국가 중심의 개혁 조치로 인한 사회의 격차를 발생하고 있다고 해석한다.

2003년부터 2015년까지 13년을 대상으로 4~6년의 간격을 두고 3개의 시기로 나누어서 관찰한 결과를 정량적으로 분석하여 북한 기업에 대한 '사실상의 사유화'의 추세와 수준을 도출한다. 개념차원에서 사유화의 유형으로 대부투자, 공공자산 임차(명의 대여, 명의와 생산수단 대여, 생산수단 대여), 개인기업 등으로 분류하여 사유화 수준과 추세에 대한 정량적 분석을 통해 ①북한에서는 사실상의 사유화가 진행되는 가운데 서비스업이 제조업보다 훨씬 빠른 속도로 진행된다는 것, ②개인기업의 경우 세분 유형화 범주 모두에서 사실상의 사유화 증가가 뚜렷하다는 것, ③북한의 시장화는 1990년대뿐만 아니라 2000년대에도 계속 확대된 것 등으로 결과 도출한다. 이런 기업의 '사실상 사유화'의 원인으로 ①국가의 운영예산 지급부족에 따른 기업소의 자구적 방법으로 부족예산 충당 필요성, ②시장화 과정에서 축적된 자금의 보유자(돈주)들이 제도적 보호막 필요성 절감, ③북한정부가 '사실상 사기업'에 대해 반(半)합법성을 부여하는 정책방향 유지로 해석한다.

이 책은 「기업소법」 그리고 확대하여 기업관리제도로서 '사회주의기업책임관리제'와 관련한 선행연구의 문제의식과 연구성과, 특히 박서화(2020, 2021), 송현욱(2021), 황주희(2024)의 「기업소법」에 대한 법제적 접근과 이석기 외(2018), 양문수(2004, 2006, 2017, 2023)의 경제관리정책 측면의 접근에 대한 연구성과를 참고하여 「기업소법」을 좀더 상세히 해석하고자 한다. 「기업소법」상의 경영권 일반(박서화, 2020·2021)과 노력조절권(송현욱, 2021)을 포함하여 「기업소법」상의 주요한 경영권 하위요소인 계획권, 재정권, 가격제정권, 판매권, 품질관리권, 관리기구 및 로력조절권, 무역권, 합영·합작권 등에 대해 관련 경제법을 통해 구체적으로 살펴보고 요소권리의 재구성을 통해

‘실제적인 경영권’을 해석하고자 한다.

경영권의 요소권리를 분석하는 시점을 국가의 전반적인 경제관리정책 수준(이석기 외, 2018)에서 미시적인 기업소 수준으로 구체화하여 실무적 측면의 해석을 추가하고, 주요시기의 관련법 변화(양문수, 2017·2023)에 대한 분석 범위를 넓혀 한국에 유입된 관련법 전체로 확대하여 분석대상 법령의 시계열적인 변화를 살펴보고자 한다. 경제법령의 조문이 상징적, 압축적 표현으로 서술되어 있는 경우가 많아 조문의 독해 과정에서 세심한 주의가 필요하다. 특히 조선의 문헌에 서술된 용어의 경우는 다의적 표현으로 사용되거나 시기적 상황에 따라 해석이 다른 의미로 표현되는 경우가 있다. 이런 상황에 대한 독해의 오류를 줄이는 노력으로 법령의 조문에 나온 용어해석 과정에서 북한의 경제관련 사전들을 시계열적으로 검토하는 방법을 선택하였다.

3
연구방법

'독해'에 대하여

외부관찰자의 입장에서 보면 조선의 불안정적으로 보이는 경제현상이 장기적인 현상으로 보이고, 또한 때로는 해석하기 어려운 현상들을 보여주고 있는 듯 하다. 현상에 대한 인지는 외부관찰자나 내부행위자들 모두 대동소이하게 인식하고 있다고 추정할 수 있다. 내부행위자들은 경제문제 해결에 대해 어떻게 접근하고 무엇을 대책으로 실행하고 있는가라는 문제의식이 대두된다. 경제문제에 대해 "지도집단의 로선과 정책을 법화하는 활동이 법제정활동"[31] 이고, 법제정 활동의 결과물이 조선의 경제법이며, 국유기업관리에 대한 노선과 정책을 법제화한 것이 「기업소법」이라고 한다면, 「기업소법」의 독해를 통해 조선의 경제지도집단이 경제문제를 해결하려는 방향과 의도, 정책과 노선을 해석해 볼 수 있을 것이다. 조선의 경제정보에 대한 높은 제한성에도 불구하고, 적어도 조선의 경제지도집단이 인식하는 기업관리부문에 대한 문제인식과 해결방향에 대해서 제한적

31 최홍락, "우리 나라는 법이 인민을 지키고 인민이 법을 지키는 참다운 인민의 나라," 『사회과학원학보』 2020년 4호.

이지만 의미있는 이해결과를 찾아볼 수 있다고 추정한다. 특히 조선법은 남한에 유입된 조선원전[32] 중에서도 권력기관이 발행한 1차 자료이다. 한국에 유입된 조선의 원전중에서 권력기관이 발행하는 1차 자료는 조선법전과 지도자의 저작집류 정도 등이다. 이전에는 조선로동당의 당 대회 결정문 등과 같은 1차 자료들이 남한에 유입되었다.[33] 그러나 최근에는 당 대회의 결정문 등 권력기관이 발행한 1차 자료의 유입이 매우 적어진 것으로 보인다. 부문법 측면에서도 법은 포괄적으로 규율하고 하위에 상세한 규범에 대해서는 규정과 세칙이 존재하는 것으로 알려져 있지만 한국에 유입된 것은 대외경제활동과 관련된 사항만 있다. 다만 노동신문, 민주조선 등 당과 내각이 발행하는 보도매체의 보도문을 통해 유추해석에 한정되고 있는 것으로 이해하고 있다.

조선의 문헌을 해석할 때 유의할 점, 특히 경제관련 문헌을 읽을 때 필요한 몇 가지 유의할 사항이 있다. 조선의 문헌들은 공식적인 제도와 괴리되는 현실을 직접적으로 보여주는 경우는 많지 않다. 따라서 당위적 표현으로부터 경제현실을 유추할 수 있는 '행간의 의미'를 찾는 것이 필요하다. 또한 문헌에서 나타나는 "다양한 차원의 모순성"과 만나게 된다. 이런 '모순성'과 직면하게 될 때는 모순이 발생하게 된 원인에 대한 파악이 객관적 해석의 전제가 된다. 그리고 조선의 문헌에 나타난 용어들에 대해 '북한적' 맥락에서 해석하여야 한다.[34]

32 북한원전은 북한의 출판사에서 발행된 자료를 표현하는 용어로 이해하고 있다.

33 국토통일원에서 발행한 『조선로동당대회자료집』 1-4집에는 당대회의 결정문과 당대회 진행과정에서 생산한 문헌들이 수록되어 있다.

34 양문수, "북한 문헌, 어떻게 읽을 것인가: 『경제연구』의 사례," 『현대북한연구』 2009년 12권, 2호, 10-19쪽.

이런 문제의식에 기초하여 이 책에서 사용된 '독해'의 의미는 조선문헌을 해석할 때 유의해야 할 태도를 강조하기 위한 표현으로 사용하였다. 조선의 문헌을 읽고 해석할 때 첫째로, 조선의 공간문헌은 현실을 제대로 반영되지 않을 수 있고, 조선의 경제지도집단의 생각이 주로 반영된 것이다. 다만 행간의 의미를 정확히 읽어낸다면 현실을 추론해낼 수 있는 여지가 적지 않다고 생각한다. 둘째로, 한국에 유입된 조선의 공간문헌은 조선에서 발간한 문헌들에서 매우 한정된 부분이라는 것이다. 이는 조선경제지도집단의 생각에 대한 일부만을 반영할 수도 있고, 전체를 반영하는 일부일 수도 있다는 전제를 염두에 두어야 한다. 셋째로는 문헌이 한글로 되어 있어서 의미해석에서 오독 가능성이 적지 않다는 것이다. 한국에서 사용하지 않거나 특별한 전문용어에 대한 의미는 정확한 해석을 통해 독해하지만 형태소가 같지만 다른 의미로 사용되는 용어도 적지 않다. 무의식적으로 이런 부분에 대해 간과할 가능성이 높다고 생각한다. 이런 독해의 오류 발생에 대해 '민감성'을 유지하면서 조선 문헌에 대한 해석 노력을 할 것이다.

독해에 인용된 법령집

법은 최고인민회의 또는 최고인민회의 상임위원회에서 제정과 개정을 한다. 조선의 법 조문은 압축적 표현으로 서술되어 있다. 조선의 법은 조선로동당의 정책과 노선을 법화한 결과물로 공식 권력기관에서 발간한 1차 자료이다. 문헌독해에서 매우 중요한 자료로 볼 수 있다. 이에 비하여 당의 행사에 관련한 조선의 보도매체 보도는 2차

자료로 볼 수 있다. 매체의 보도를 보면 지도자의 담화나 중요 문헌인 경우 원문을 인용하는 경우도 있으나 당 전원회의 결정서나 최고인민회의 결정서는 원문이 보도되는 경우가 극히 드물다. 따라서 경제정책과 관련한 보도는 2차 자료로 보아야한다. 2차 자료를 통한 맥락적 분석은 가능하나 원문을 통한 분석보다는 적확한 이해라는 측면에서는 불충분하다고 본다. 법이 가지는 특성상 압축된 용어의 서술로 인해 해석의 폭이 넓어지는 단점이 있다. 그러나 원문으로서 가지는 서술상의 정확성은 문헌독해에서 장점으로 작용할 수 있다. 이런 관점에서 이 책에서는 법의 조문을 하나의 데이터로 취급하였다. 특히 법 개정의 비교에서 조문의 문장단위를 하나의 데이터로 보고 비교하여 독해하려는 방향으로 진행하였다.

「기업소법」 독해를 위해 함께 검토한 관련 법규는 기업소법을 포함하여 사회주의헌법, 인민경제계획법, 국가예산수입법, 재정법, 가격법, 사회주의상업법, 기구법, 노동정량법, 노동보수법, 품질감독법, 무역법, 가공무역법, 외국인투자법, 합영법, 합작법 등 경제관련법이다. 각 법의 채택과 수정보충 과정을 검토하기 위해 참조한 법령집은 먼저 조선에서 출판한 법령집들이다. 그러나 제정된 법과 개정법들이 모두 수록되지 않은 한계로, 한국에서 발행한 조선법령집을 대조하여 추가로 참조하였다. 다음 표1-1는 한국에 유입된 『조선민주주의인민공화국 법전』에 수록된 법들 중에서 참조한 법률의 요약표이다.[35]

35 이 책의 서술과정에서 매번 인용된 법조문의 인용출처를 밝히기 위한 각주의 번잡함을 고려하여 일괄 요약정리로 법조문의 인용출처 각주를 대체하고자 한다. 요약표의 법과 연도 표시는 000법(제정, 수정연도: 수록 쪽수)로 하였다.

표 1-1 조선민주주의인민공화국 법전(출판사: 법률출판사)

서명	출판 년도	수록 법령
조선민주주의 인민공화국 법전 (대중용)	2004	사회주의헌법(1998: 6-33) 가공무역법(2000: 34-40) 규격법(1999: 159-164) 과학기술법(1999: 169-178) 무역법(1999: 324-332) 민법(1999: 347-386) 상표법(1999: 511-519) 재정법(2004: 664-672) 품질감독법(2003: 748-756) 합작법(1999: 764-766) 합영법(2001: 767-773) 인민경제계획법(2001: 1006-1013) 외국인기업법(1999: 1028-1031)
조선민주주의 인민공화국 법전 (대중용) 증보판	2006	국가예산수입법(2005: 19-33) 중앙은행법(2004: 92-99) 규격법(2005: 204-210) 과학기술법(2005: 211-224) 무역법(2004: 280-290) 상표법(2005: 377-388) 합작법(2004: 439-444) 합영법(2004: 445-457)
조선민주주의 인민공화국 법전 (대중용)	2012	사회주의헌법(2012: 15-33) 민법(2007: 179-209) 인민경제계획법(2010: 323-329) 기업소법(2010: 366-372) 농장법(2009: 603-610) 품질감독법(2011: 665-671) 재정법(2011.12: 877-883) 국가예산수입법(2011: 884-894) 상업은행법(2006: 917-923) 과학기술법(2011.12: 945-952) 상표법(2011.12: 989-995) 무역법(2012: 1217-1223) 상업회의소법(2010: 1249-1251) 합영법(2011: 1260-1265) 합작법(2011: 1266-1268) 외국인투자법(2011: 1257-1259)
조선민주주의 인민공화국 법규집 (대외경제)	2012	가공무역법 영문(2000: 473-483)
조선민주주의 인민공화국 법전 (대중용) 증보판	2016	사회주의헌법(2016: 6-24) 상표법(2012: 92) 법제정법(2012: 65-74) 과학기술법(2013: 149) 종합무역장관리법(2014: 249-253) 기업소법(2014: 286-293) 합작법(2014: 336) 합영법(2014: 336) 규격법(2015: 393) 기업소법(2015: 396) 무역법(2015: 407) 중앙은행법(2015: 473) 재정법(2015: 475) 인민경제계획법(2015: 532)

누락된 법을 확인하기 위하여 국가정보원과 북한법연구회(장명봉 저)의 법령집을 비교, 참조하였다. 위에 언급한 법률의 수정된 법들이 모두 수록되어 있지 않아 누락된 일부 법률은 독해대상에 포함하지 못했다. 다음 표1-2는 이 책에서 검토한 법률이 수록되어 있는 한국에서 출판된 조선의 법령집 목록이다.

표 1-2 한국에서 발행한 조선의 법령집

서명	저자	출판 년도	수록 법령
북한의 외자유치 관련 법령집	국가안전기획부	1994	사회주의헌법(1992: 487-518) 합영법(1994: 7-13) 외국인기업법(1992: 43-47)
북한법령집	국가정보원	2004	사회주의헌법(1998: 3-26) 민법(1999: 178-212) 인민경제계획법(1999: 303-308) 재정법(1999: 721-727) 상표법(1999: 783-790) 무역법(1999: 804-810) 합작법(1999: 826-825) 합영법(1999: 829-835) 외국인기업법(1999: 836-839) 가공무역법(2000: 885-891)
(김정일체제 하의 최근) 북한법령집	장명봉	2005	사회주의헌법(1972: 31-40) 인민경제계획법(2001: 100-106) 재정법(2004: 293-297) 합영법(2001: 343-345) 쏘프트웨어산업법(2004: 629-632)
최신 북한법령집	장명봉	2006	합영법(2004: 384-388) 합작법(2004: 389-391)
최신 북한법령집	장명봉	2008	무역법(2004: 395-399) 국가예산수입법(2005: 109-115)
북한법령집: 2008.10. 하	국가정보원	2008	품질감독법(2003: 487-495) 로동당규약(1946, 1980: 747-769) 로동당규약 서문(2010: 770-773)
북한법령집: 2010.10. 상	국가정보원	2010	사회주의헌법(2010: 3-29) 민법(2007: 216-261) 인민경제계획법(2010: 556-562)
북한법령집: 2010.10. 하	국가정보원	2010	국가예산수입법(2008: 377-391) 상업은행법(2006: 413-422) 재정법(2007: 436-445) 상표법(498-506) 무역법(2007: 593-602) 상업회의소법(2010: 608-611) 합영법(2007: 719-726) 합작법(2007: 727-730)
(2011)최신 북한법령집: 북한법.통일법 연구 자료집	장명봉	2011	사회주의헌법(2009,2010: 58-71) 인민경제계획법(2010: 106-109) 국가예산수입법(2008: 112-120) 민법(2007: 287-311) 재정법(2007: 353-358) 무역법(2007: 417-421) 합영법(2007: 432-437) 합작법(2007: 438-440) 품질감독법(2006: 559-563) 농장법(2009: 701-706)

(2013)최신 북한법령집: 북한법연구회 창립 20주년 기념 자료집	장명봉	2013	사회주의헌법(2012,2013: 73-88) 기업소법(2010: 384-388) 무역법(2012: 472-476) 합작법(2011: 495-497) 합영법(2011: 498-503)
(2015)최신 북한법령집: 북한법, 통일법 연구 기초자료집	장명봉	2015	국가예산수입법(2011: 413-422) 재정법(2011: 432-437) 경제개발구법(2013: 1203-1208)
북한법령집: 2017.10. 상	국가정보원	2017	사회주의헌법(2017: 26-45) 법제정법(2012: 97-104) 인민경제계획법(2015: 484-491) 기업소법(2015: 531-539) 품질감독법(2015: 961-967)
북한법령집: 2017.10. 하	국가정보원	2017	재정법(2015: 284-291) 쏘프트웨어산업법(2013: 396-403) 상표법(2012: 436-443) 무역법(2015: 738-744) 합영법(2014: 784-790) 합작법(2014: 791-794) 종합무역장관리법(2014: 873-878) 로동당 규약(2016: 948-972)
북한법령집: 2019.11. 상	국가정보원	2019	사회주의헌법(2019: 30-49) 기구법(2004: 139-144)
북한법령집: 2020.10. 하	국가정보원	2020	무역법(2018: 794-803)
북한법령집: 2022.10. 상	국가정보원	2022	기업소법(2020: 612-621) 인민경제계획법(2021: 685-695) 금속공업법(2021: 728-735) 기계공업법(2021: 736-744) 화학공업법(2021: 849-857) 품질감독법(2020: 1233-1240)
북한법령집: 2022.10. 하	국가정보원	2022	재정법(2021: 433-441) 무역법(2020: 1044-1052)
북한법령집: 2024.8. 상	국가정보원	2024	사회주의헌법(2023: 34-53) 민법(2024: 262-337)
북한법령집: 2024.8. 하	국가정보원	2024	무역법(2022: 1143-1153) 외국인투자법(2022: 1212-1215)

이후 이 책에서 사용되는 부문법의 출처에 대한 인용은 각주의 번잡함을 피하기 위해 위의 표로 갈음하고자 한다.

독해에 인용된 사전

이 책에서 독해의 출발점으로 문헌에 사용된 용어에 대한 가능한 적확한 이해로부터 시작한다. 경제관련 법에 사용된 용어는 경제관련 전문용어가 다수 포함되어 있어 특히 그 독해에 주의가 필요하다. 한국과 조선 사이 오랜 단절로 일반 언어생활에서의 차이뿐 아니라 전문용어인 경제용어에 있어서도 많은 간격이 존재한다. 이런 간격으로 형성된 단어들의 차이형태는 다른 형태의 같은 의미, 같은 형태의 다른 의미, 새로 생긴 말로 나타난다.[36] 이런 간격을 줄이려는 노력의 결과물로 전문용어의 비교사전이 여럿 발간되어 있다. 그 중의 하나가 기획재정부가 발간한 『남북한 경제용어 비교 사전』이다.

「기업소법」에 사용된 용어에 대한 적확한 이해를 위해 조선에서 출간한 경제관련 사전을 활용하는 방법을 선택한다. 현재 조선에서 발행되어 남측에 유입된 경제관련 사전은 여러 문헌이 있다. 이중 1970년 발행된 경제사전 1판[37]과 1985년 발행된 경제사전 2판[38]이 국내 연구자들에게 가장 널리 이용되고 있다.

『경제사전』 1판은 1,869개의 용어가 수록되어 있고 『경제사전』 2판는 3,116개의 용어가 수록되어 있다. 두 사전에 수록된 용어의 형태소만을 비교해보았다. 형태소 비교 결과 동일한 형태소로 중복 수록된 수는 1,173개이다. 그러나 중복 수록된 용어에 대한 서술은 동일하지 않다. 경제사전 1판에 수록되어 있지만 경제사전 2판에 수록

36 최효정, 『남북한 경제 용어에 대한 언어사회학적 연구』(서울: 동국대학교, 2024), 64쪽.
37 이후 두 사전의 구분을 위해 『경제사전』(1970)로 표기한다.
38 이후 『경제사전』(1985)로 표기한다.

되지 않은 용어의 수는 696개이다. 약 38%의 용어가 2판에는 빠져 있다. 또한 1판에 수록되지 않았지만 2판에 새로 추가된 용어는 1,942개로 2판 전체 수록된 용어 중에서 절반이 훨씬 넘는 약 62%가 신규로 추가된 것이다. 유사용어의 사용을 감안하면 한자리수의 수준에서 정확성을 보장하기는 어려우나 백분율의 차이에서는 크게 영향을 주지 않는다고 판단된다. 용어사전이 경제현실을 직접적으로 반영한다고 할 수 없으나 현실을 일정정도 반영한다고 볼 수 있다. 경제사전 1판과 2판에 수록된 용어의 차이를 보면 1970년에서 1985년 사이 15년간의 조선경제현실은 매우 크게 변했다고 추론해 볼 여지가 크다.

「기업소법」의 제1조에 서술된 용어인 '사회주의기업관리체계'와 연관된 용어를 살펴보면 경제사전 1판과 2판에 공통으로 수록된 용어는 '기업관리', '기업소관리규범', '공업관리체계', '경제관리', '경제관리에서 사람과의 사업' 등이다. 용어의 형태소는 다르지만 유사한 의미로 사용한 것은 다음과 같다. '경제관리에서 군중로선(1판)'과 '경제관리에서 군중로선을 관철(2판)', '경제관리에서 당의 령도(1판)'와 '경제관리에서 당적지도(2판)', '유일관리제(1판)'와 '지배인유일관리제(2판)' 등이다. 2판에서 새로 수록된 용어사례를 보면 중심용어를 세분화하여 파생된 용어를 추가 서술하고 있다. 이런 사례 중에 하나로 '기업관리'의 세분화를 통해 '기업관리방법', '기업관리운영원칙', '기업관리의 정규화, 규범화', '기업관리체계', '기업관리형태' 등을 새로 수록하고 있다. 이는 경제현실이 좀 더 복잡해졌다는 것을 반영하는 것으로 볼 수 있다. 또한 새로 수록한 용어에는 1판 발행 이후 2판 발행 사이에 진행된 경제관련한 주요한 회의, 정책, 사건 등과 지도자의 노작에 대한 해설 등이 있다.

「기업소법」 독해를 위해 이용하는 문헌은 먼저 『경제사전』 1판과 2판을 중심으로 한다. 추가하여 오랜동안 조선의 공식적인 기업관리형태인 '대안의 사업체계' 이전인 1960년 로동당출판사에서 발행된 『경제학 소사전』을 함께 비교한다. 그러나 경제사전 2판이 발행된 1985년과 「기업소법」이 채택된 2010년은 25년의 시간 차이가 있어 그 기간 용어의 의미변화를 비교하기 위해 1995년 발행된 『재정금융사전』과 1997년 발행된 『민사법 사전』으로 보완한다. 두 사전은 특정부문에 한정된 목적으로 발행된 사전이기는 하지만 「기업소법」에 서술된 용어와 의미를 분석하기 위한 파생용어를 수록하고 있어 분석에 일정정도 보완을 할 수 있다고 보았다. 또한 북한이 발행한 백과사전류에도 상당수의 경제용어가 수록되어 있다. 1982년 발행된 '백과전서', 2001년 발행된 '조선대백과사전', 2010년 '광명백과사전 5. 경제'를 참조한다. 보조적으로 2017년 발행한 조선말대사전(증보판)으로 일반 용어 서술분석에 활용한다. 독해에 이용하는 사전의 발행연도를 시계열로 나열하면 1960년, 1970년, 1982년, 1985년, 1995년, 1997년, 2000년, 2010년으로 약 10년 간격으로 50년을 포괄하고 있다.

『경제학 소사전』(1960)은 "1958년에 쏘련 국립정치 도서출판사가 발행한《경제학 소사전》을 번역한 것"으로 "권두에 조선문 목차를 첨부하고 권말에 원문 색인을 첨부"하여 발행당시 "1원 17전"의 가격으로 "100,000부"를 발행하였음을 사전의 머리말과 권말에 밝히고 있다.[39] 당해에 조선로동당출판사는 소련판 『정치 경제학 교과서』 제3판도 조선말로 번역하여 함께 발행하였다.

39 『경제학 소사전』(1960), 3쪽.

『경제사전』 1판(1970년) 사회과학원 경제연구소에서 발행하였다. 사전의 머리말에서 사전발행의 의미를 “간부들과 근로자들속에서 혁명적인 학풍을 세우고 그들을 과학적인 경제지식으로 튼튼히 무장시키는것은 중요한 의의”를 가지는 것으로 나타낸다. 사전편찬의 목적으로 “경제관리일군들과 광범한 근로자들에게 우리 당의 유일사상을 해석선전하며 과학적인 경제지식을 보급함으로써 그들의 사상리론 수준과 경제관리운영수준을 높이는데 이바지하기 위”함이고, “주체를 튼튼히 세우며 당성과 과학성의 원칙을 정확히 관철하는데 힘을 기울”였고, “1,800여개의 올림말을 담고 있으며 1, 2권으로 나누어 출판”하였다고 밝힌다. 이 머리말은 발행 전해인 1969년 12월 20일에 쓰여진 것으로 나오는데 약 4개월 후인 1970년 4월 15일에 발행한다. ‘4월 15일’은 김일성 수상의 생일이다. 발행기관인 사회과학원은 “사회과학분야의 연구사업전반을 맡아 보는 중앙기관이며 사회과학의 모든 부문과학들의 종합적인 연구기지이며 중심거점”으로 1952년 12월 1일 전쟁기간 중에 창설되었다. 김정일은 사회과학원의 역할을 상화하여 “1960년대 전반기에 사회과학분야에서 나타나고 있던 사대주의, 교조주의를 극복하기 위하여 선행고전의 시대적 제한성을 전면적으로 밝히”게 하였으며 “고전의 명제를 기계적으로 받아 들이는 경향을 철저히 뿌리 빼고 주체를 튼튼히 세우도록” 주문하였다. 2000년 당시 사회과학원에는 “주체사상연구소를 비롯하여 혁명력사연구소, 철학연구소, 주체경제학연구소, 사회주의경제관리연구소, 세계경제연구소, 법학연구소, 주체문학연구소, 언어학연구소, 력사연구소, 고고학연구소, 민족고전연구소, 사회과학통보연구소 등 여러 연구소들이 있다.” 경제사전 1판의 발행기관인 사회과학원 경제연구소는 2판 발행기관인 사회과학원 주체

경제(학)연구소로 개명한 것으로 보인다.[40]

1982년 발행된 『백과전서』는 '과학, 백과사전출판사'가 발행기관으로 되어 있고 머리말에는 제2판으로 설명되어 있다. 머리말의 설명에는 "《백과전서》(제1판)가 발행된 때로부터 오늘에 이르는 10여 년 사이에 우리 나라에서는 위대한 수령님과 영광스러운 당중앙의 현명한 령도밑에 혁명투쟁과 건설사업, 정치와 경제, 과학과 문화 등 모든 분야에서 커다란 성과가 이룩되었다"고 서술되어 있다. 『백과전서』 제1판은 "1971년과 1972년사이에 편찬한 작은 규모의 종합백과사전"으로 김일성의 "1964년 4월 22일 백과사전편찬에 대한 교시"로 시작되었다. 『백과전서』(2판)의 발행일인 10월 10일은 조선로동당 창건기념일이다. 1판에서는 상, 중, 하 3권으로 발행하였다가 2판 증보판에서는 "약 3만개의 올림말로 총 6권"으로 발행하였다.[41] 발행기관인 과학백과사전출판사는 "사회과학, 자연과학, 의학과학분야의 과학리론 및 기술도서들과 잡지들, 백과사전과 과학부문별 사전들을 편집발행하는 종합적인 출판기관"[42]으로 1953년 9월 15일 창립되였다. 『조선대백과사전 프로그람』에 따르면 '과학원출판부'로 시작하여 여러번의 개편을 통해 1974년 과학, 백과사전출판사로 확대발전하고, 다시 1987년 과학백과사전종합출판사로 통합개편되였다. 이후 2001년 과학백과사전출판사로 개명하면서 산하에 부문 출판국들을 두게 되었다. 『조선대백과사전』, 『광명백과사전』과 『경제연구』를 비롯한 여러 학술이론잡지들도 출판하고 있다.

40 『조선대백과사전 프로그람』(2001), 올림말: 사회과학원.

41 『조선대백과사전 프로그람』(2001), 올림말: 백과전서.

42 『조선대백과사전 프로그람』(2001), 올림말: 백과사전출판사.

1985년 발행된 경제사전(제2판)은 발행기관이 '사회과학원 주체경제연구소'로 되어 있다. 제1판 발행기관인 '사회과학원 경제연구소'가 개명한 것으로 보인다. 제2판은 "《경제사전》 초판에 올라있는 올림말들을 정리하고 내용을 보충하면서 주체의 경제리론 연구에서 달성한 새로운 성과물과 경제관리를 높은 수준에서 과학화하는 것을 비롯하여 경제생활이 절박하게 제기하는 리론실천적 문제들을 폭넓게 반영하"였다고 머리말에 설명하고 있다. 제1판의 차이는 "3,100여 개 (초판 2,000여개)의 올림말을 두권에 나누어 수록"하였다고 설명한다. 제2판의 원고는 "사회과학원 주체경제학연구소 연구집단이 주로 집필하였으며 이밖에 김일성종합대학, 김일성고급당학교, 인민경제대학, 김책공업대학, 원산경제대학을 비롯한 광범위한 과학, 교육, 행정경제 기관의 수많은 우수한 일군들이 집필과 심사에 참가"하였고 편찬사업을 과학, 백과사전출판사 경제사전편찬 집단이 수행하였음을 밝히고 있다. 제1판은 '21cm' 1권 780쪽, 2권 909쪽으로 총 1,689쪽으로 발행하였고 제2판은 수록 용어의 증가로 '27cm' 1권 755쪽, 2권 735쪽으로 총 1,490쪽으로 발행하였다.

1995년 발행된 『재정금융사전』은 사회과학출판사가 발행하였다. 머리말에는 "3천여 개의 올림말을 담은 《재정금융사전》을 영광스러운 조선로동당 창건 50돐에 즈음하여 충성의 로력적선물"로 서술하고 있다. 1997년 사회안전부에서 발행한 『민사법사전』은 "사회주의법무생활을 강화하며 나라의 경제건설 실천에 적극 이바지할 목적"으로 1990년 채택되고 1993년에 1차 수정보충된 '조선민주주의인민공화국 민법'을 포함하여 "민사소송법, 가족법, 중재법, 해운법을 비롯한 대외경제관계법, 자본주의 민·상법 등 민사관계법술어 3,000여개가 수록"되었다고 한다.

『조선대백과사전』은 백과사전출판사가 1995년부터 2001년까지 전 30권을 발행하였다. 사전의 머리말에서 "우리 인민이 정치와 경제, 과학과 문화를 비롯한 사회생활의 모든 분야에서 이룩한 성과들이 전면적으로 반영되었으며 인간의 리상과 념원을 마음껏 꽃피울수 있는 가장 우월한 사회인 우리 식 사회주의의 위력과 불패성에 대한 사상리론적 문제들과 실천적경험들도 풍부히 서술"되어 있다고 설명하고 있다. 사전의 용어(올림말)은 "약 10만개이며 중항목을 위주로 하면서 소항목과 대항목을 적절히 배합"하여 "조선말자모순에 따라 총배렬"하였다. 특히 편찬에 조선의 "과학자, 기술자, 전문가 1,500여명이 참가하였으며 과학, 교육, 문화, 보건 기관을 비롯한 여러 기관들과 단체들에서 사전에 넣을 자료들을 제공"하였을 뿐 아니라 "재일조선인총련합회와 세계의 많은 나라들에서 보내준 원고와 직판물자료들도 참작"함을 밝히고 있다. 『조선대백과사전』은 컴퓨터 프로그램으로도 보급되고 있다. 이 책에서는 컴퓨터 프로그램용으로 제작한 『조선대백과사전 프로그람』을 이용한다.

2010년 발행된 『광명백과사전』은 총 20권으로 출판되었다. 자모순으로 배열되어 출판된 『조선대백과사전 프로그람』과는 다르게 편, 장, 절 체계의 백과사전으로 편찬되었다. 「기업소법」 독해에 이용되는 내용은 제5권(경제)이다. 제5권은 7개 편, 40개 장으로 되어있다. 사전의 내용은 로동당의 "주체적인 경제사상과 리론에 기초하여 경제에 대한 일반적리해와 자본주의 경제, 사회주의 경제, 조선경제사, 경제학설사, 국제경제관계, 경제 조종학 및 경영정보체계로 편을 구성하고 경제에 대한 폭넓은 지식을 체계화하여 종합적으로 서술"하고 있다. 특히 사전 제목인 '광명'은 김정일선집 15권, 101쪽에 나오는 "지식은 광명이고 무식은 암흑입니다"에서 작명하였다고 밝히고 있다. 『조선말대사전(증보판)』은 2017년에 4권으로 발행되었다. 2006년에 40만여 개의 올림말을 실은 전편에 비해 약 4만여 개가 늘은 44만여 개의 올림말을 수록하여 발행했다.

앞에서 살펴보았듯이 조선은 사전편찬에 많은 노력을 들였고 발행기관 또한 경제관련 전문성과 권위를 인정받을 수 있는 기관으로서, 용어내용에 대해 조선의 공식적인 견해로 해석할 수 있다고 본다. 사전은 용어를 풍부하게 설명하기보다 요약형으로 설명한다는 한계가 있다. 이런 사전 서술의 한계를 보충하기 위해 당해 용어를 설명할 때 사용하는 조선 특유의 인용방식인 '지도자'의 저작 원문을 추가 검토하여 맥락상 이해를 보완한다. 또한 용어작성이 해당 분야 학자들의 요약정리라는 점을 고려하여 선택된 용어와 관련한 경제학교과서, 경제학연구론문집 단행본, 『경제연구』를 비롯한 정기간행물과 신문의 관련 내용으로 보완하고자 한다.

표 1-3 독해에 인용된 사전 개요

사전명	발행 기관	발행 연도	기타
경제학소사전	조선로동당 출판사	1960	경제학 사전, 1958년 소련판본 번역
경제사전	사회과학원 경제연구소	1970	경제사전 1판
백과전서	과학, 백과사전출판사	1982	백과사전류 총 6권
경제사전	사회과학원 주체경제연구소	1985	경제사전 2판
재정금융사전	사회과학원 사회주의경제 관리연구소	1995	재정금융분야 전문사전
민사법사전	사회안전부	1997	부문법 용어해설 사전
조선대백과사전	백과사전출판사	1995~2001	백과사전류, 전 30권
광명백과사전	백과사전출판사	2010	백과사전류, 전 20권중 제5권 경제

현대재정금융사전	사회과학출판사	2015	재정금융분야 전문사전 수정판
조선말대사전(증보판)	사회과학출판사	2017	어학사전, 전 4권

사전의 발간 시기는 그 당시의 경제적 상황에 영향을 크게 받는다고 추정된다. 사전에 수록된 용어 또한 발간 시기 이전에 발생한 사건과 경험을 기초로 하여 서술됨으로써 편집자의 의도가 포함되어 있지만 경제사회적 현상을 일정정도 반영하고 있다고 본다. 사전의 내용을 해석할 때 발간시기의 경제적 맥락에 대한 고려가 필요하다고 본다. 표 1-4는 각 사전이 발행된 전후의 당대회와 경제발전계획을 비교 정리한 표이다.

표 1-4 사전발행시기의 주요 상황

사전명	발행 연도	당대회	경제발전계획 외
경제학소사전	1960	제1차 당대회표자회(1958)	경제발전 5개년계획(1957~1960)
경제사전	1970	제5차 당대회(1970)	1차 7개년 계획(1961~1970)
백과전서	1982	제6차 당대회(1980)	2차 7개년 계획(1978~1984)
경제사전	1985		2차 7개년 계획 완충기
재정금융사전	1995		고난의 행군시기
민사법사전	1997		고난의 행군시기
조선대백과사전	1995~2001		7·1 조치
광명백과사전	2010	제3차 당대표자회(2010)	기업소법 제정
현대재정금융사전	2015	제4차 당대표자회(2012)	기업소법의 경영권 신설
조선말대사전(증보판)	2017	제7차 당대회(2016)	5개년 경제발전전략

4
연구의 구성

이 책의 구성은 먼저 제2장에서는 「기업소법」에 대한 개괄을 시도한다. 1절에서는 「기업소법」의 제정과 변화를 살펴본다. 2절부터 5절까지는 「기업소법」의 각 장별로 조문의 변하지 않은 조항과 수정조항 등을 나누어, 조선에서 발간한 기업소실무와 관련한 지침서 등을 통해 실무 수준의 독해를 진행한다. 6절에서는 제2장의 내용을 요약한다.

제3장에서는 「기업소법」의 상위규범인 헌법의 경제원칙에 대해 개괄하여 본다. 헌법은 경제원칙과 경제관리기구와 관련한 조문의 변화를 살펴본다. 3절에서는 「기업소법」의 원칙과 사회주의헌법의 관계를 요약한다.

제4장에서는 기업소의 생산계획과 생산자금, 기업소득분배와 관련하여 분석하고자 한다. 1절에서 기업소의 계획권에 대한 경제관련자들의 주장을 살펴보고, 인민경제계획법의 내용변화를 검토하고, 국가의 인민경제정책과 기업소의 계획권의 관계를 요약한다. 2절에서는 기업소의 재정관리권을 재정법, 중앙은행법, 상업은행법과 연관하여 검토하고 재정권의 의미를 해석한다. 3절에서는 기업소에서 창조된 소득의 분배를 검토한다. 재정법의 국가수입예산 부분과 국가예산수입법의 변화를 통해 소득분배의 체계를 분석한다.

제5장에서는 기업소의 경영활동에서 상품의 유통부문을 살펴본다. 1절에서는 가격제정권과 관련하여 가격법의 변화를 검토하고, 가격제정권의 의미를 해석한다. 제2절에서는 판매권과 관련하여 사회주의상업법을 검토하고, 판매권의 의미를 해석한다. 3절 소결에서는 가격제정권·판매권과 가격법과 사회주의상업법의 연관관계를 요약한다.

제6장에서는 기업소의 생산공정에서 상품품질관리와 노동 부문을 살펴본다. 1절에서는 품질관리권과 관련하여 품질감독법의 내용을 검토하고 품질관리권을 해석하고, 상관관계를 분석한다. 2절에서는 관리기구 및 노력조절권과 관련하여 기구법, 사회주의노동법, 로동보호법 등의 내용을 검토하고, 기업소의 관리기구 및 노력조절권와 국가의 기구관리·노력 조절정책의 상관관계를 요약한다.

제7장에서는 기업소의 무역권과 합영·합작권을 살펴본다. 1절에서는 무역권과 관련하여 무역법, 가공무역법을 검토하고 무역권과 무역현황을 해석한다. 2절에서는 합영·합작권과 관련하여 외국인투자법, 합영법, 합작법을 검토하고 합영·합작권의 의미를 해석한다. 3절에서는 기업소의 무역권과 합영·합작권과 국가의 대외경제정책의 상관관계를 요약한다.

제8장에서는 앞에서 살펴본 관련법들의 변화, 개념적 접근의 내용을 취합하여「기업소법」에 대한 필자의 이해를 결론에 갈음하여 서술하고자 한다. 더불어 서술된「기업소법」독해의 한계를 밝히고자 한다.

제2장

「기업소법」의 개괄

1
「기업소법」의 연혁

기업소법은 제정 당시 "현실발전의 요구에 맞게 사회주의경제를 합리적으로 관리운영해나갈수 있게 하는데서 중요한 의의"를 가지는 것으로 평가하고 있다.[01] 「기업소법」(2020)은 "기업소의 조직과 경영활동에서 제도와 질서를 엄격히" 수립하여 "사회주의기업관리체계를 공고히 하고 인민경제를 발전시키는데 이바지"(제1조)하는 것을 법의 사명으로 정하고 있다. 「기업소법」은 2010년 11월 당시에는 5개 장, 54개 조항으로 제정되었다가 2014년 개정 때 5개 장, 57개 조항으로 변경되어 2020년까지 유지되고 있다.

기업소법(2020)의 제1장은 '기업소법의 기본'에 대한 내용들을 10개 조항으로 규제하고 있다. 제1조에 '기업소법의 사명'을 포함하여 기업소의 정의(제2조), 조직 원칙(제3조), 경영 원칙(제4조), 물질기술적 토대강화 원칙(5조), 경영활동의 주체화, 현대화, 과학화 원칙(제6조), 김정일 애국주의교양 원칙(제7조)[02], 기업소사업에 대한 지도 원칙(제8조), 기업소의 합법적 권리와 이익보호 원칙(제9조), 법의 적용

01 "기업소법시행규정이 채택되였다," 『민주조선』 2011년 8월 3일.

02 2010년 제정당시에는 제7조의 조항 명칭이 '사회주의애국주의교양원칙'이였다. 사회주의헌법의 개정에 따른 변경으로 보인다.

제외대상(제10조) 등이다. 제2장은 '기업소의 조직'과 관련한 절차적 내용을 9개 조항으로 규제한다. 제3장은 '기업소의 관리기구'의 역할과 임무에 대하여 8개 조항으로 규제하였다. 제4장은 '기업소의 경영'에 대해 14개 조항으로 규제하고 있다. 제4장은 '기업소의 경영권'과 제반의 기업소의 경영활동에 대해 서술하고 있다. 제5장은 기업소사업에 대한 기업소관리기구의 지도통제 내용에 대해 5개 조항으로 규제하고 있다.

기업소법의 연혁을 정리하면, 「기업소법」은 2010년 채택되어 2014년, 2015년, 2020년 총 세 차례 개정하였다. 이 개정 중에서 가장 주목을 받는 것은 2014년 개정이다. 주목을 받는 이유는 개정내용에 이전에 없었던 '기업소의 경영권' 조항을 신설하고, 이전에는 기업소(또는 기업소의 지배인)의 의무적 역할로 이해되었던 여러 개의 조항들을 '경영권의 요소 권리'로 서술하여 조문을 개정하였기 때문이다. 이런 개정의 내용은 김정은 시기의 '경제개혁조치'로 인식되는 '우리식 사회주의경제관리방법'과 '사회주의기업책임관리제'의 핵심 내용으로 이해되고 있다.

표 2-1 2014년 1차 개정(1장, 2장, 3장, 5장)

수정보충	변경된 조항(2014년 조항을 기준으로)
제1장 기업소법의 기본	제4조, 제5조, 제7조, 제10조
제2장 기업소의 조직	
제3장 기업소의 관리기구	제25조, 제27조
제5장 기업소사업에 대한 지도통제	제53조, 제54조, 제55조

1차 개정인 2014년 「기업소법」은 4개 조항(제29조 기업의 경영권행사, 제34조 제품개발, 제37조 무역과 합영·합작, 제40조 종업원들의 책임성과 창조력 발양대책)을 신설하고 구법의 2개 조항(제37조 설비관리, 제46조 건물, 시설물 관리)을 병합하여 제50조 고정재산의 관리로 통합하였다. 2014년 수정된 조항의 수는 신설과 병합을 포함하여 22개 조항이다. 「기업소법」 채택 4년만에 법구조와 조문을 크게 수정하였다.

개정의 가장 큰 특징은 '우리 식 경제관리방법'(제53조, 제54조)과 '사회주의기업책임제'(제4조, 제25조, 제27조, 제29조)를 언급하고 기업의 '경영권'을 신설하고, 그 경영권을 구체적으로 계획권, 생산조직권, 재정관리권, 가격제정(권) 및 판매권 관리기구와 로력조절권, 제품개발권, 품질관리권, 인재관리권, 무역과 합영, 합작권 등을 조문에 명시하였다. 주요 개정내용은 '제4장 기업소의 경영'에 집중되어 있다. 2014년 「기업소법」은 김정은 집권 시기 조선의 가장 큰 경제정책변화로 평가받고 있다. 2015년 개정은 연관법들의 제정, 개정의 연관으로 보인다. 2020년 개정은 관리부문에 집중되어 있다.

기업소법의 개정은 연관법의 변화에 영향을 받을 수도 있다. 이 영향은 경영권 요소권리의 해석에서 같이 다룰 것이다. 2014년 1차 개정은 '실제적인 경영권'과 '경영권 요소권리'를 부여함으로써 기업소의 자율성을 확대했다는 평가를 할 수 있는 개정이다.

표 2-2 2014년 1차 개정 조항변경(제4장)

2014년 기업소법	2010년 기업소법	2014년 기업소법 조항 기준
제4장 기업소의 경영	제4장 기업소의 경영활동	
제29조**(기업소의 경영권행사)**	제29조(경영전략, 기업전략의 작성)	**제29조 신설**
제30조(경영전략, 기업전략의 작성)	제30조(인민경제계획의 실행)	
	제31조(생산공정관리)	제31조 수정
제31조(인민경제계획의 실행)	제43조(로력관리)	제32조 수정
제32조(생산조직 및 생산공정관리)		제33조 수정
제33조(관리기구와 로력조절)	제36조(품질관리)	**제34조 신설**
제34조**(제품개발)**	제35조(기술자, 전문가, 기능양성)	제35조 수정
제35조(품질관리)		제36조 수정
제36조(인재관리)	제48조(재정관리)	**제37조 신설**
제37조**(무역과 합영, 합작)**	제42조(제품판매)	제38조 수정
제38조(재정관리)		제39조 수정
제39조(생산물의 가격제정 및 판매)	제32조(과학기술발전사업)	**제40조 신설**
	제33조(기술개건)	
제40조**(종업원들의 책임성과 창조력 발양대책)**	제34조(기술관리)	
	제38조(동력관리)	
제41조(과학기술발전사업)	제39조(전력리용)	
제42조(기술개건)	제40조(자재관리)	
제43조(기술관리)	제41조(재산실사)	
제44조(동력관리)	제44조(로동정량의 제정과 적용, 로동보수)	
제45조(전력리용)		
제46조(자재관리)	제45조(로동보호, 사회보험 및 사회보장)	
제47조(재산실사)		
제48조(로동정량의 제정과 적용, 로동보수)	제37조(설비관리)	제48조 수정 (② 추가)
	제46조(건물, 시설물관리)	
제49조(로동보호, 사회보험 및 사회보장)	제47조(종업원생활조건의 보장)	
	제49조(경영총화)	제50조 병합 (구법 제37조와 제46조 병합)
제50조(고정재산의 관리)		
제51조(종업원생활조건의 보장)		
제52조(경영총화)		

기업소법의 2014년 개정에서 가장 큰 변화를 보인다. 조항의 신설뿐 아니라 가장 중요한 것은 경영권의 부여와 경영권의 하위요소들에 대한 조문 수정이다.

표 2-3 기업소법 2, 3차 수정보충 현황

수정보충	수정보충된 조항
2차 수정보충 (2015년 5월 21일 최고인민회의 상임위원회 정령 제517호)	제27조(비상설위원회의 조직운영), 제28조(기업소의 기구변경), 제32조(생산조직 및 생산공정관리), 제33조(관리기구와 로력조절), 제35조(품질관리), 제37조(무역과 합영, 합작), 제50조(고정재산의 관리) 이상 7개항
3차 수정보충 (2020년 11월 4일 최고인민회의 상임위원회 정령 제457호)	제4조(기업소의 경영원칙), 제6조(경영활동의 주체화, 현대화, 정보화, 과학화원칙), 제16조(기업소등록증의 발급), 제19조(기업소등록증의 반납), 제25조(기업소의 사업준칙작성), 제30조(경영전략, 기업전략의 작성), 제31조(인민경제계획의 실행), 제34조(제품개발), 제35조(품질관리), 제36조(인재관리), 제40조(종업원들의 책임성과 창조력 발양대책), 제43조(기술관리), 제44조(동력관리), **제45조(재자원화사업)**, 제46조(자재관리), 제48조(로동정량의 제정과 적용, 로동보수), 제50조(고정재산의 관리), 제52조(경영총화 및 평가) 이상 18개항

구법과 신법의 비교에서 형태적으로 4가지 분류가 가능하다. 첫 번째는 수정없이 유지된 조항이 있다. 두 번째, 신법에서 삭제된 조항과 세 번째, 신법에서 신설된 조항이다. 삭제나 신설은 병합 또는 분리된 형태도 있다. 이런 형태는 넷째 조항의 수정형태에 포함하여 분류가 가능하다. 신구법의 비교 서술에서 이런 형태분류 기준으로 서술하였다.

2

「기업소법」의 기본

「기업소법」의 제1장

기업소법의 기본내용을 규제하고 있는 제1장에서는 「기업소법」(2010)의 10개조항 중에서 4개의 조항만 수정없이 「기업소법」(2020)에 유지되고 6개 조항이 수정된다. 기초적인 내용인 법의 사명, 기업소의 정의, 조직원칙, 법적권리와 이익보호 원칙만 유지되고, 기업소 운영과 관련한 기본 원칙들의 변화가 보인다. 이는 사회주의헌법의 변화, 그리고 김정은 시기의 기업소 운영 정책들의 변화와 조응하는 것으로 보인다. 다음 표2-4는 「기업소법」 제1장에서 수정이 없는 조항들을 정리한 표이다.

표 2-4 제1장(기업소법의 기본) 불변조항

조항	조문 내용
제1조 (기업소법의 사명)	조선민주주의인민공화국 기업소법은 기업소의 조직과 경영활동에서 제도와 질서를 엄격히 세워 **사회주의기업관리체계**를 공고히 하고 인민경제를 발전시키는데 이바지한다.
제2조 (기업소의 정의)	① 이 법에서 기업소란 **일정한 로력, 설비, 자재, 자금을 가지고 생산 또는 봉사활동을 직접 조직진행하는 경제단위**이다.
	② 기업소에는 **인민경제계획을 실행**하는 생산, 건설, 교통운수, 봉사단위 같은 것이 속한다.
제3조 (기업소의 조직원칙)	① 기업소의 조직은 기업소를 신설하거나 축소, 통합, 분리, 변경하는 중요한 사업이다.
	② 국가는 기업소의 조직기준을 바로 정하고 그것을 엄격히 지키도록 한다.

제9조 (기업소의 법적권리와 리익보호원칙)	국가는 **기업소의 합법적권리와 리익**을 보호한다.

기업소법의 기본에는 기업관리의 기본원칙, 노선, 정책을 규정하고 있다. 이의 변화에는 중요한 의미로 해석할 수 있다. 이 변화는 거시적인 경제관리정책의 변화를 반영하고 있다고 추정해 볼 수 있다. 즉, 헌법 상의 변화 또는 당대회 등에서 경제관리정책 변화에 수정의 원인을 찾아 볼 수 있다. 조문의 주요 변화를 보면, 경영원칙(제4조)에서 '경제적 공간'(2010)의 활용에서 '객관적경제법칙의 요구에 맞게 경제적공간'(2014)의 활용으로 수정하였다. '사회주의기업책임관제'(2014)와 기업소를 '노력절약형, 에네르기절약형, 원가절약형, 부지절약형으로 전환'(2020)하여 최대한의 실리를 내야한다. 기업소 사업에 대한 지도원칙(제8조)에서 '통일적지도'(2010)에서 '통일적지도와 전략적관리'(2014)의 변화에 주목한다.

표 2-5 제1장(기업소법의 기본)의 변화

기업소법(2010)		수정내용과 시기
제4조 (기업소의 경영원칙)	① 기업소의 경영은 경제적공간[03]들을 능숙하게 활용하여 국가에 더 많은 리익을 주기 위한 경제활동이다.	① 기업소의 경영은 **객관적경제법칙의 요구에 맞게** 경제적공간들을 능숙하게 활용하여 국가에 더 많은 리익을 주기 위한 경제활동이다.(2014)
	② 국가는 기업소들이 경영전략, 기업전략을 정확히 세워 경영활동에서 **사회주의원칙을 지키면서도 최대한의 실리**를 내도록 한다.	② 국가는 기업소들이 경영전략, 기업전략을 정확히 세우고 **사회주의기업책임관리제**를 바로 실시하여 경영활동에서 사회주의원칙을 지키면서도 최대한의 실리를 내도록 한다.(2014) ② 국가는 기업소들이 경영전략, 기업전략을 정확히 세우고 사회주의기업책임관리제를 바로 실시하여 경영활동에서 사회주의원칙을 지키며 **기업소를 로력절약형, 에네르기절약형, 원가절약형, 부지절약형으로 전환**시켜 최대한의 실리를 내도록 한다.(2020)
제5조 (기업소의 물질기술적토대 강화 원칙)	국가는 인민경제의 규모가 커지고 부문간, 지역간련계가 밀접해지는데 맞게 기업소들에 대한 투자를 계통적으로 늘여 그 물질기술적토대를 부단히 강화하도록 한다.	국가는 인민경제의 규모가 커지고 부문간, 지역간련계가 밀접해지는데 맞게 기업소들에 대한 투자를 계통적으로 늘이며 **기업소들에서 생산을 계통적으로 확대**하여 물질기술적토대를 부단히 강화하도록 한다.(2014)
제6조 (경영활동의 주체화, 현대화, 정보화, 과학 원칙)	국가는 기업소들에서 첨단과학기술의 성과를 적극 받아들여 **경영활동의 주체화, 현대화, 과학화 수준**을 끊임없이 높여나가도록 한다.	국가는 기업소들에서 첨단과학기술의 성과를 적극 받아들여 **경영활동의 주체화, 현대화, 정보화, 과학화수준**을 끊임없이 높여나가도록 한다.(2020)

03 공간(槓杆)은 ①지레, ②<일정한 활동이나 사업을 추진시키는데 작용을 하게 되는 수단이나 힘>을 비겨 이르는 말, 『조선말대사전 1』(2017), 478쪽.; 가격공간(槓杆)은 경제 관리를 위한 수단이라는 관점에서 본 가격으로 북한에서는 "사람들의 경제생활과 활동을 자극, 통제하는 경제적 공간의 하나"로 정의, 『남북한 경제용어 비교사전』(2021), 1쪽; 한국에서는 수단이나 방법정도로 이해하고 있다.

제7조 (김정일 애국주의 교양원칙 (2014- 2020))	국가는 **사회주의애국주의교양**을 강화하여 종업원들이 기업소에 대한 애착을 가지고 생산과 관리에서 주인으로서의 책임과 역할을 다하도록 한다.	국가는 **김정일애국주의교양**을 강화하여 종업원들이 기업소에 대한 애착을 가지고 생산과 관리에서 주인으로서의 책임과 역할을 다하도록 한다.(2014)
제8조 (기업소 사업에 대한 지도원칙)	국가는 사회주의경제관리원칙에 맞게 기업소에 대한 국가의 **통일적 지도**를 확고히 보장하면서 기업소의 창발성을 높이 발양시키도록 한다.	국가는 사회주의경제관리원칙에 맞게 기업소에 대한 국가의 **통일적지도와 전략적 관리**를 확고히 보장하면서 기업소가 **생산과 경영활동을 원활하게 조직진행해나갈수** 있도록 한다.(2020)
제10조 (법의 적용 제외대상)	**특수경제지대에 창설한 기업**과 외국투자기업에는 이 법을 적용하지 않는다.	외국투자기업에는 이 법을 적용하지 않는다.(2014)

제4조 ①에서 '경제적공간' 앞에 "객관적경제법칙의 요구에 맞게"라는 조문이 추가된다. 먼저, 경제적공간은 "경제활동을 계산, 통제, 자극할 목적밑에 리용되는 경제적수단"으로서 "경제범주들가운데서 사람들과 경제단위들의 경제활동을 반영하는 범주들인 가격, 리윤, 원가, 상금 등"을 경제적공간으로 이용한다.[04] 「기업소법」 제정을 전후로 하여 '경제적공간'의 이용에 대한 여러 해석들이 나타난다. 박사 심은심은 "경제관리에서 사회주의원칙을 확고히 지키고 집단주의적방법을 옳게 구현하기 위하여서는 또한 실리보장문제에 대한 옳바른 인식을 가져야 하며 화폐와 가격, 재정과 같은 경제적공간들을" 올바르게 이용할 것을 주장하고, "경제적공간들가운데는 사회주의제도의 본성을 반영한것도 있고 사회주의사회의 과도적특성을 반영한것도 있"어서, "특히 인민경제계획적균형적발전법칙과 가치법칙, 계획과 가치의 호상관계를 옳게 처리하고 합리적으

04 『조선대백과사전 프로그람』(2001), 올림말: 경제적 공간.

로 결합시켜" 이용할 것을 주장하고 있다.[05] 이 조문의 개정취지는 이런 주장의 연장선에서 있는 것으로 보인다. 경제적공간에 대한 여기 '객관적경제법칙'은 무엇인가? 사회주의경제법칙 일반을 의미하는 것으로 추정된다. 사회주의경제법칙 일반에는 사회주의기본경제법칙, 인민경제의 계획적균형적발전법칙, 노동생산능률의 끊임없는 장성의 법칙, 가치법칙 등을 의미한다.[06] 즉 기업소의 경영원칙이 원가, 가격, 이윤과 같은 경제적공간을 활용하더라도 사회주의경제법칙을 지키는 원칙에서 기업소를 경영하라는 상징적 또는 정치경제적 제한을 규정한 것으로 보인다. 그러나 사회주의 과도적 특성에 따르는 '경제적 공간의 이용'을 적극적으로 해석할 수도 있다. 이용되는 경제적 공간이 사회주의 본성을 반영하는 것인가 사회주의과도적 특성을 반영하는 것인가에 따라 구분될 것이며, 특정의 경제적 공간(경제적 수단)이 고정적일 것으로 보이지는 않아 보인다. 김정일이 1990년 제2차 전국재정은행일군대회에 보낸 서한에는 '원가, 가격, 수익성 같은 경제적 공간'에 대한 적극적 이용을 제시하고 그 내용

05 심은심, "경제관리에서 사회주의원칙을 고수하고 집단주의적방법을 옳게 구현하기 위하여 나서는 몇가지 문제," 『경제연구』 2009년 4호.

06 <사회주의경제법칙>은 사회주의하에서 근로인민대중의 경제활동과 경제생활을 규제하는 법칙이다; <사회주의기본경제법칙>은 사회주의하에서 경제활동의 근본목적과 그를 실현하기 위한 수단을 규정하는 경제법칙으로서 사회주의적 생산의 목적은 끊임없이 늘어 나는 인민들의 물질적 및 문화적수요를 원만히 충족시키는것이고, 사회주의적생산의 목적달성 수단은 근로자들의 높은 혁명적열의, 과학기술의 발전과 기술장비의 현대화, 사람들의 경제활동에서 통일성과 계획성의 실현이다; <인민경제의 계획적균형적발전법칙>은 인민경제발전에서 계획성과 균형성을 보장할것을 요구하는 사회주의경제법칙이다 ; <로동생산능률의 끊임 없는 장성의 법칙>은 사회주의사회에서 단위생산물당 사회적로동지출의 체계적인 감소 또는 단위로동시간에 생산되는 생산물량의 끊임 없는 장성의 법칙이다, 『조선대백과사전』(2001), 각 올림말.

이 1998년 사회주의헌법의 개정에 반영된다.

기업소사업에 대한 지도원칙이 '통일적지도'에서 '통일적지도와 전략적관리'로 변화한다. 사회주의계획경제에서 국가가 기업소사업에 대해 '통일적지도'를 하는 것은 전통적인 원칙으로 보인다. 그러나 기업소사업에 대한 '전략적 관리'는 무엇을 의미하는가? 국가의 전략적 경제관리는 ①나라의 전반적인 경제를 인민대중의 의사와 요구에 맞게 통일적으로 발전시키고, ②내각의 기능과 역할을 높이고, 그리고 ③사회주의기업책임관리제를 정확히 실현하는 것으로 설명한다. 여기서 사회주의기업책임관리제에 대해 "공장, 기업소, 협동단체들이 생산수단에 대한 사회주의적소유에 기초"한 "실제적인 경영권을 행사하면서 당과 국가앞에 지닌" 기업소의 "사명과 임무에 맞게 경영활동을 완전히 책임지고 독자적으로, 주동적으로 하며" 종업원들이 생산과 기업관리에서 "주인으로서의 책임과 역할을 다하게 하는 사회주의기업관리방법"으로 설명한다.[07] 리영남은 '경제에 대한 국가의 통일적 지도와 전략적 관리의 올바른 실현'에 대해 내각의 역할을 강조하면서 ①경제사업에서 제기되는 모든 문제를 내각으로 집중시키고 내각의 통일적인 지휘, ②내각이 당의 로선과 정책을 철저히 구현하여 경제발전목표와 전략을 지도와 관리하기 위한 사업을 주동적으로 밀고나가는 것, ③내각이 중요한 부문과 단위, 지표들을 틀어쥐고 그에 대한 지도를 강화하는 것, ④국가적인 경제계산체계를 정연하게 세우고 그에 기초하여 경제사업에 대한 평가와 총화사업을 진행하는 것으로 설명한다.[08]

07 최성봉, "전략적경제관리방법의 필요성," 『경제연구』 2016년 1호.

08 리영남, "경제에 대한 국가의 통일적지도와 전략적관리를 바로 실현하는데서 나서는 중요요구," 『김일성종합대학학보(철학,경제)』 2016년 2호.

3
기업소의 조직과 관리기구

「기업소법」의 제2장, 제3장

기업소의 조직과 관련한 내용을 규제하고 있는 제2장은 수정이 많지 않다. 19개의 조항 중에서 「기업소법」(2020)에서 기업소등록신청문건을 접수한 인민위원회의 심의, 등록(제16조 1항)기간을 구법(2015)의 "30일안"에서 "7일안"으로 단축되고, 기업소가 등록증을 발급 후 "5일안"으로 "통계기관의 경유를 받으며 은행기관에 돈자리를 개설"(제16조 2항)하는 내용으로 수정하였다. 기업소가 통합, 분리되거나 기타 사유로 기업소등록증을 반납하는 경우 구법(2015)의 인민보안기관에 대한 통보 의무를 신법(2020)에서는 사회안전기관과 통계기관, 은행기관에 통보하도록 규제한 내용이다. 지난 15년간 기업소를 조직하는 절차의 규정이 거의 바뀌지 않았다는 것을 의미하며, 오히려 절차와 관련한 행정이 보다 단축되고 생산자금과 관련하여 은행과의 연계를 구체화했다고 추정할 수 있다.

표 2-6 제2장(기업소의 조직)의 불변조항

조항	조문 내용
제11조 (기업소의 조직기관)	기업소의 조직은 기업소의 급수와 중요성에 따라 해당 기업소조직기관이 한다.
	기업소조직기관에는 내각과 중앙로동행정지도기관, 도(직할시)인민위원회, 시(구역), 군인민위원회, 해당 기관이 속한다.

第12조 (기업소의 조직근거)	기업소의 조직은 국가적조치에 따라 한다.
	기관, 기업소, 단체의 요구에 따라 기업소를 조직할수도 있다.
第13조 (기업소조직신청)	기업소를 조직하려는 기관, 기업소, 단체는 신청문건을 만들어 해당 기업소조직기관에 내야 한다.
	신청문건에는 기업소명, 조직목적과 근거, 소재지, 급수, 종업원수, 업종과 지표, 규모 같은것을 밝힌다.
第14조 (기업소조직신청 문건의심의와 결과통지)	기업소조직기관은 기업소조직신청문건을 접수한 날부터 30일안으로 그것을 심의하고 승인하거나 부결하는 결정을 하여야 한다.
	심의결과는 신청기관, 기업소, 단체에 문건으로 통지한다.
第15조 (기업소의 등록)	새로 조직되는 기업소는 기업소조직이 승인된 날부터 30일안으로 기업소등록신청문건을 해당 인민보안기관의 경유를 받아 인민위원회에 내야 한다.
第16조 (기업소등록증의 발급)	기업소등록증이 없이 경영활동을 할수 없다.
第17조 (기업소의 변경등록)	기업소는 기업소등록내용을 변경하려는 경우 10일안으로 해당 기업소조직기관의 승인을 받은 다음 기업소변경등록신청문건을 해당 인민보안기관의 경유를 받아 인민위원회에 내여 다시 등록하여야 한다.
	기업소변경등록신청문건에는 기업소의 명칭과 주소, 변경리유를 밝히고 해당 기업소조직기관이 승인한 변경승인문건을 첨부한다.
第18조 (기업소의 정리)	기업소조직기관은 국가의 정책과 현실의 요구에 비추어보아 **불합리하거나 전망성이 없는 기업소를 정리할수 있다.**
	기업소정리와 관련한 절차와 방법은 따로 정한데 따른다.
第19조 (기업소등록증의 반납)	기업소는 통합, 분리되거나 기타 사유로 없어졌을 경우 10일안으로 해당 인민위원회에 기업소등록증을 바쳐야 한다.

제3장은 기업소 내의 관리기구에 대한 내용을 규제하고 있다. 제3장 역시 「기업소법」(2010)에서 9개 조항을 제정하여 조항 수와 조문 내용에서 큰 변화가 없다. 다만 2014년 추가된 '사회주의기업책임관리제실시위원회'와 관련한 사항이 수정된 것외에는 기업소 내의 관리기구에 대한 정책도 지난 15년간 변화가 거의 없었다고 추정할 수 있다.

표 2-7 제3장(기업소의 관리기구)의 불변조항

조항	조문 내용
제20조 (기업소의 관리일군)	기업소에는 정해진 관리기구에 따라 지배인, 기사장, 부지배인 같은 필요한 관리일군을 둔다.
	관리일군은 기업소의 사업을 책임진 지휘성원이다.
제21조 (지배인)	지배인은 기업소를 대표하며 기업소전반사업을 책임진다.
	지배인이 없을 경우에는 기사장 또는 정해진 관리일군이 지배인의 사업을 대리한다.
제22조 (기사장)	기사장은 기업소의 계획작성, 생산지도, 기술관리, 품질관리, 설비관리 같은 사업을 책임진다.
	기사장은 자기 사업정형을 지배인에게 정상적으로 보고하여야 한다.
제23조 (부지배인)	부지배인은 기업소의 자재공급, 제품판매, 로동행정, 운수, 후방경리 같은 사업을 책임진다.
	부지배인은 자기 사업정형을 지배인 또는 지배인이 없을 경우 기사장에게 보고하여야 한다.
제24조 (관리부서)	기업소는 기업관리를 과학적으로, 합리적으로 할수 있게 부서를 꾸리고 사업분담을 구체적으로 하여야 한다.
	관리일군은 자기의 직무를 책임적으로 수행하여야 한다.
제25조 (기업소의 사업준칙작성)	기업소는 국가의 통일적인 기업소관리규범에 따라 자체실정에 맞게 사업준칙 같은것을 작성하고 엄격히 준수하여야 한다.
제26조 (기업소의 회의 운영)	기업소는 경영활동에서 집체적협의를 강화하고 필요한 대책을 세우기 위하여 행정간부회의, 참모회의, 종업원총회 같은것을 정상적으로 운영하여야 한다.
	회의운영절차는 기업소사업준칙으로 정한다.

기업소를 대표하며 기업소전반사업을 책임지는 지배인을 조선에서는 "기업관리에서 당비서가 공장의 정치위원이라면 지배인은 공장의 사령관"이라고 표현하고 있다.[09] 즉, "지배인은 당위원회의 집체적지도밑에 국가가 기업소앞에 제시한 생산과제집행을 위한 작

09 박제동 외, 『지배인의 벗』(평양: 공업출판사, 2012), 90쪽.

전을 직접 책임지고 진행하며 작전수행을 위한 조직사업과 장악통제사업을 지휘하는 생산과 경영의 기본단위 지휘관"이라는 뜻에서 사용하고 있다.[10] 생산과 경영의 기본단위 지휘관인 "지배인의 기본임무는 어디까지나 생산지도를 잘하는 것"으로 규정하고 있다.[11] 「기업소법」 제정 이후 지배인의 기본임무인 생산지도를 원활한 수행을 위해 지배인의 실무지침서의 성격을 띤 『지배인의 벗』에서는 아래와 같이 지배인이 수행해야 할 사업을 서술하고 있다.[12]

① 위대한 령도자 김정일동지의 선군혁명사상을 확고한 신념으로 간직하고 그 요구대로 사업하고 생활하여야 한다.

② 우리 당의 경제정책, 경제전략에 기초하여 기업소의 경영전략, 기업전략을 세우고 집행하는 사업을 조직하여야 한다.

③ 기업소적인 경영활동계획의 작성과 그 실현을 위한 조직지도, 총화사업을 짜고들어 기업소앞에 나선 국가계획을 시기별, 지표별로 어김없이 수행하여야 한다.

④ 군사선행의 원칙에서 국방과제를 무조건 수행하여야 한다.

⑤ 생산과 과학기술을 하나로 밀착시켜 생산을 과학기술적으로, 종합적으로 지도하여야 한다.

⑥ 자재를 생산에 앞세워 마련하고 생산현장에 내려다주는 질서를 세우며 제품을 계획대로 생산하는 사업을 조직지도하여야 한다.

⑦ 정보산업시대의 요구에 맞게 적은 로력으로 생산과 경영활동을 보

10 박제동 외, 『지배인의 벗』(2012), 91쪽.
11 『김정일선집 5』, 182쪽.
12 박제동 외, 『지배인의 벗』(2012), 95쪽.

장하는 방향에서 로동행정사업을 조직지도하여야 한다.

⑧ 발전하는 현실적 요구에 맞게 독립채산제를 바로 실시하며 재정회계사업을 조직지도하여야 한다.

⑨ 선군시대 혁명적군인문화의 요구대로 생산문화, 생활문화를 철저히 확립하도록 조직지도하여야 한다.

⑩ 종업원들의 물질문화생활조건을 원만히 보장하기 위한 사업을 책임적으로 조직지도하여야 한다.

⑪ 기업관리정규화의 요구에 맞게 국가의 법규범과 규정을 구체화한 기업소규정세칙의 작성과 집행을 조직지도하여야 한다.

⑫ 기업소자위경비를 강화하기 위한 사업을 조직지도하여야 한다.

이런 지배인이 해야할 사업수행의 지침은 대체적으로「기업소법」의 내용에 반영되어 있다. 이런 실무적 측면에서 보면「기업소법」은 '기업소 지배인의 사업수행지침'의 주요 내용을 법화한 것으로도 볼 수도 있다. 위의 ⑪항에 보면 "국가의 법규범과 규정을 구체화한 기업소규정세칙의 작성과 집행을 조직지도"함을 규제하고 있는 바, 기업소법의 하위에 국가가 작성한 '기업소사업에 대한 규정'이 있으며, 각 기업소별로 기업소규정세칙이 있는 것으로 추정할 수 있다.[13]

다음 표2-8은 지배인의 관리일군들 사이의 사업내용지침을 요약한 것이다. 이를 통해 각 관리일군들의 역할을 개괄적으로 추정할 수 있다.

13 「법제정법」(2021)에 의하면 부문법의 하위 규정에 대한 제정 권한은 내각에 있다. 규정은 부문법이 새로 제정되였을 경우 그것이 공포된 날부터 3개월안에 해당 부문법집행을 위한 규정을 제정하여야 한다고 규제하고 있다. 한국에는 이런 부문법의 하위 규정에 대해 잘 알려져 있지 않아 상세한 내용을 분석하는데 제약이 크다.

표 2-8 지배인 이외의 관리일군 역할[14]

관리일군	사업 내용	기업소법 조항 (2010년 기준)
기사장	※ 참모장이 되어 생산을 통일적으로 지도하여야 하며 **지배인의 제1대리인의 역할 담당** ① 통일적이며 집중적인 생산지도체계의 우월성을 남김없이 발휘하도록 하는 것 ② 참모부서일군들과 기술력량을 튼튼히 꾸리고 과학기술사업과 생산활동을 철저히 결합시켜나가는 것 ③ 기사장이 자기 사업을 철저히 정규화, 규범화하도록 하는 것	제31조(생산공정관리) 제32조(과학기술발전사업) 제33조(기술개건) 제34조(기술관리) 제35조(기술자, 전문가, 기능양성)
업무 부지배인	※ 자재공급, 제품판매 및 운수부문 사업을 책임지도 조직지도 ① 생산에 필요한 원료, 자재, 설비를 제때에 확보하고 공급하도록 하는 것 ② 제품판매사업을 책임적으로 하도록 조직지도하는 것 ③ 운수사업을 통일적으로 장악하고 조직지도하도록 하는것	제37조(설비관리) 제38조(동력관리) 제39조(전력리용) 제40조(자재관리) 제41조(재산실사) 제42조(제품판매)
행정 부지배인	※ 기업소의 로동행정사업, 재정회계사업, 경비사업을 직접 조직하며 이 사업에 대하여 전적으로 책임 ① 로동행정사업을 전반적으로 장악하고 지도하도록 하는 것 ② 로동보호사업을 직접 틀어쥐고 조직지도하도록 하는 것 ③ 기업소의 보위사업을 책임적으로 조직지도하도록 하는 것	제43조(로력관리) 제44조(로동정량의 제정과 적용, 로동보수) 제45조(로동보호, 사회보험 및 사회보장) 제46조(건물, 시설물관리) 제48조(재정관리)
후방 부지배인	※ 경리부서를 비롯한 후방부서들을 틀어쥐고 부식물과 로동보호물자의 공급, 주택과 편의봉사시설의 관리 등 종업원들과 그 가족들의 생활조건을 보장하기 위한 사업을 직접 조직하고 지도하며 이 사업에 대하여 전적으로 책임 ① 후방공급사업을 개선하기 위한 뚜렷한 목표와 계획을 가지고 일하도록 하는 것 ② 후방물자공급을 위한 생산기지를 튼튼히 꾸리도록 하는 것	제47조(종업원생활조건의 보장)

14 박제동 외, 『지배인의 벗』(2012), 263-274쪽.

직장장	※ 자기 직장에 속한 설비, 노력을 가지고 생산을 직접 조직하며 지휘 ① 생산조직과 지휘를 자기 사업의 기본으로 틀어쥐고 나가도록 하는 것 ② 작업반장과 로동자들과의 사업을 능숙하게 하도록 하는 것 ③ 생산과정을 구체적으로 장악하고 나타난 정황을 기동적으로 처리하는 능력을 가지도록 하는 것

제26조에는 기업소의 회의운영과 관련하여 경영활동에서 집체적인 협의 강화와 필요한 대책의 수립을 위해 "행정간부회의, 참모회의, 종업원총회 같은것을 정상적으로 운영"하며, "운영절차는 기업소사업준칙으로 정"하는 것으로 규정하고 있다. 행정간부회의는 "기업소앞에 제기된 문제들을 행정적으로 조직집행하기 위한 행정책임일군들의 모임"으로, 회의의 중요 특징으로 "기업소 행정간부들의 **집체적협의기관**"[15]이며, "행정책임자인 지배인들의 통일적지휘체계를 실현하는 행정조직적 수단"이고, "행정적인 지시집행적성격이 보다 강한 협의제"이다.[16] 다음과 같은 내용을 행정간부회의에서 토론한다.

※ 위대한 수령님과 경애하는 장군님의 유훈, 그 구현인 당정책을 집행하기 위한 조직사업 및 그 집행에 대한 총화

※ 국방건설과 직접 관련되여있는 과제의 수행대책과 그 집행에 대한 총화

※ 국가의 법과 규정의 집행대책과 기업소에서 만든 규정, 세칙, 관리부

15 특히, 행정간부회의는 집체적 지도기관이 아니라 집체적 협의기관임을 강조하고 있다, 박제동 외, 『지배인의 벗』(2012), 276쪽.

16 박제동 외, 『지배인의 벗』(2012), 276쪽.

서직능에 대한 검토심의

※ 년간, 월계획초안심의 및 순, 월, 분기, 반년, 년간계획수행에 대한 총화

※ 년간 및 월행정사업계획의 토의 및 총화

※ 항목별, 직장별계획 수행대책의 수립

※ 기업관리를 개선하기 위한 대책토의

※ 로동재해를 개선하기 위한 대책토의

※ 기업소내부검열조직과 그 결과에 대한 총화[17]

행정간부회의는 보통 "매주 한번씩 정기적으로" 진행할 것을 권고하고 있고, "상급기관으로부터 중요한 과업을 받았거나 긴급한 문제가 제기되는 경우에는 지체없이 행정간부회의를 소집"하도록 강조한다.

참모회의는 "기사장의 직접적인 지도밑에 생산조직과 지휘에서 통일성과 집중성, 신속성을 보장하기 위한 사업을 협의하는 공장참모성원들의 모임"으로, "정기회의, 비상회의, 이동참모회의와 같은 형식으로" 진행된다.[18] 참모회의의 참가대상자들은 "공장참모성원들과 직장담당 참모성원들, 그밖에 공장의 일부 관리부서책임자들이다." "참모회의 주관부서는 일반적으로 생산지도부서이고 회의준비는 원칙적으로 기사장이 하며 문제의 성격에 따라 참모부서장들에

17 박제동 외, 『지배인의 벗』(2012), 277쪽.

18 박제동 외, 『지배인의 벗』(2012), 279쪽. 정기회의는 주에 한번씩 정상적으로 진행하는 회의이며 비상회의는 긴급하게 해결할 문제가 제기될 때 진행하는 회의이다. 이동참모회의는 필요에 따라 생산현장에 내려가 진행하는 회의이다.

게 맡길 수" 있다.[19] 참모회의에서 토의되는 문제들은 아래와 같다.

※ 위대한 수령님과 경애하는 장군님의 유훈, 그 구현인 당정책을 집행하기 위한 조직사업 및 그 집행에 대한 총화

※ 국방건설과 직접 관련되여있는 과제의 수행대책과 그 집행에 대한 총화

※ 생산일정 초안토의 및 순별생산일정 실행정형총화

※ 생산공정을 추진하며 생산을 정상화하기 위한 대책

※ 기술준비를 앞세우기 위한 대책

※ 과학기술발전계획의 수행대책과 생산과정에서 걸린 기술적 문제들을 풀기 위한 대책

※ 품종을 늘이고 제품의 질을 높이기 위한 대책

※ 설비관리를 개선하며 설비리용률을 높이기 위한 대책

※ 로동보호조건을 개선하기 위한 기술적 대책

※ 전번 참모회의에서 분공을 준 과업의 실행정형[20]

다음으로 「기업소법」에서는 서술되어 있지 않지만 주요한 회의로 책임일군협의회가 있다. 책임일군협의회는 '3위1체'를 강조한다. 여기서 '3위'는 지배인, 기업소의 당비서, 기사장을 지칭하는 것이다. 각각을 군사적 용어로 그 지위를 표현하면 " … 기업소에서 지배

19 박제동 외, 『지배인의 벗』(2012), 279-280쪽. 공장참모성원들은 참모부서장(계획,생산,기술, 기술발전, 공무, 설비과 등)들이며 직장담당 참모성원들에는 생산과 담당지령원, 담당계획부원, 노동정량원, 자재공급원 등이 속한다. 일부 관리부서책임자들에는 자재, 노동행정, 운수 등의 책임자들이 속한다.

20 박제동 외, 『지배인의 벗』(2012), 279-280쪽.

인은 사령관이고 당비서는 정치위원이며 기사장은 참모장"[21]으로 서술한다. 기업관리에서 '3위1체'를 강조하는 것은 "독단과 관료주의, 행정대행과 같은 편향이 철저히 극복되고 일군들이 자기의 임무와 본분을 깊이 자각하고 높은 책임성을 발휘하여 일할수"[22] 있다고 보기 때문이다. 기업소의 행정지휘관인 지배인의 '주관과 독단'적인 지휘활동을 경계하는 것으로 보인다.

종업원총회(종업원회의)는 기업소에서 종업원의 힘을 총동원하여 제기된 과업을 수행하기 위해 필요가 있을 때마다 진행하며, 토의안건으로는 최고지도자의 유훈과 그 구현인 당정책을 관철하기 위한 대책, 국가의 인민경제계획 수행정형의 총화, 계획을 조기 완수하기 위한 대책, 각종 사업의 성과적 집행을 위한 대책 등을 설정할 수 있다.[23] 종업원회의는 기업소 경영활동에서의 역할 외에도 국가기구에서 최고인민회의를 비롯한 각급 인민회의 대의원을 구성하는 데 있어서 기초단위 역할을 하고 있다.[24]

21 박제동 외, 『지배인의 벗』(2012), 281쪽.
22 박제동 외, 『지배인의 벗』(2012), 282쪽.
23 박제동 외, 『지배인의 벗』(2012), 275-276쪽.
24 리명일, "공화국 인민회의의 강화발전과 그 우월성," 『김일성종합대학학보(력사, 법학)』 2006년 1호.

표 2-9 기업소법(제2장, 제3장)의 변화

기업소법(2010)		수정내용과 시기
제16조 (기업소등록증의 발급)	기업소등록신청문건을 접수한 인민위원회는 30일 안으로 심의하고 해당 기업소를 등록하여야 한다.	기업소등록신청문건을 접수한 인민위원회는 **7일안으로 검토**하고 해당 기업소를 등록하여야 한다.(2020)
	이 경우 등록된 기업소에 기업소등록증을 발급하여 준다.	기업소는 등록증을 발급받은 날부터 **5일안으로 해당 통계기관의 경유를 받으며 은행기관에 돈자리를 개설**하여야 한다.(2020)
제19조 (기업소등록증의 반납)	이 경우 해당 인민보안 기관에 알려주어야 한다.	이 경우 해당 사회안전기관과 **통계기관, 은행기관**에 알려주어야 한다.(2020)
제25조 (기업소의 사업 준칙작성)	기업소사업준칙은 종업원 총회에서 결정한다.	기업소사업준칙은 **사회주의기업책임관리제실시위원회** 또는 종업원총회에서 결정한다.(2020)
제27조 (비상설위원회의 조직운영)	기업소는 독립채산제실시위원회, 과학기술심의도입위원회, 재정검열위원회, 설비점검검열위원회 같은 비상설위원회를 실정에 맞게 조직하고 정상적으로 운영하여야 한다.	기업소는 **사회주의기업책임관리제실시위원회**, 독립채산제실시위원회, 과학기술심의도입위원회, 재정검열위원회, 설비점검검열위원회 같은 비상설위원회를 실정에 맞게 조직하고 정상적으로 운영하여야 한다.(2014) 기업소는 **사회주의기업책임관리제실시위원회**를 비롯하여 기업관리에 필요한 비상설위원회를 실정에 맞게 조직하고 정상적으로 운영하여야 한다.(2015)
제28조 (기업소의 기구 변경)	기업소는 기구를 변경하려 할 경우 해당 기업소조직기관의 승인을 받아야 한다.	기업소는 정해진데 따라 기구를 합리적으로 변경할수 있다.(2015)

2002년에 제정되어 2004년에 1차 개정된 「기구법」에는 "중앙로동행정지도기관은 인민경제계획로력으로 조직하는 위원회, 성, 중앙기관의 아래단위, 도(직할시)지방경제부문의 3급이상 기관, 기업소, 단체의 기구를 조직"(제22조)하고, "도(직할시)인민위원회는 인민경제계획로력으로 조직하는 지방경제부문 3급아래 기관, 기업소, 단체의 기구를 조직"(제23조 ①)하고, "시(구역), 군인민위원회는 해당 지방경제부문의 6급과 7급기관, 기업소, 단체의 기구를 조직"(제23조 ③)하

는 것으로 규정하고 있다. 기업소의 급수기준은 "인민경제적의의와 중요성, 사업량, 생산액, 실리보장수준 같은것을 고려하여 제정"(제16조 ①)하고, "급수기준은 특급, 1급, 2급, 3급, 4급, 5급, 6급, 7급"(제16조 ②)으로 규정하고 있다. 기구신청문건에는 "기구의 조직근거, 임무, 명칭, 소속관계, 조직구조, 정원수, 사업분담 같은 것"(제26조 ②)을 기재하도록 되어 있다. 기구신청문건의 심의기간은 문건 접수로부터 "30일안으로 심의"하고, 비준된 기구는 10일안으로 기업소에 통보하도록 규정하고 있으나, 「기업소법」(2020)에는 심의기간은 7일 이내, 등록증은 5일 이내로 수정한다. 이는 기업소의 조직과 관련하여 심의와 등록증 교부기간을 대폭 단축하여 기업소의 신설을 용이하게 한 것으로 볼 수 있다.[25]

조선의 기업소에는 제25조, 제27조에 나오는 사회주의기업책임관리제실시위원회를 포함하여 비상설위원회들이 여러 개 조직되어 있다. 조선에서 '위원회'라는 용어는 "어떤 조직이나 단체 등의 구성성원가운데서 선거된 일정한 수의 위원들로 구성된 집체적협의기관"[26]으로 정의하고 있다. 즉, 기업소 내의 위원회들은 구성원들에 의한 선거를 통해 위원회를 구성한다는 것으로 이해된다. 다만, 위원장과 부위원장에 대해서는 지배인, 기사장, 부지배인 등으로 확정되어 기술되어 있고, 위원들에 대하여 선거에 의해 구성되는 것으로 추정된다. 기업소 내의 비상설위원회에는 「기업소법」에 언급되어 있는 독립채산실시위원회, 과학기술도입심의위원회, 재정검열위원회, 설비점검검열위원회 외에도 자재실사위원회, 노동정량, 생활비 및

25 「기구법」(2004), 제30조.

26 『조선말대사전(증보판) 4권』(2017), 1589쪽.

기능급수사정위원회, 준공검사위원회, 사고방지대책위원회 등 다양한 위원회가 조직되어 기업소의 경영에 참여하고 있는 것으로 보인다. 각 위원회의 역할과 활동 내용에 따라 「기업소법」의 각 조항과 관련이 있고, 이런 활동지침은 「기업소법」의 하위 규범의 내용을 규정하고 있다고 추정된다. 「기업소법」(2010)에서는 독립채산제실시위원회가 가장 중요한 역할을 담당하고 있었으나, 「기업소법」(2014) 이후에는 사회주의기업책임관리제실시위원회[27]가 독립채산제실시위원회에 맡고 있던 중요한 경영활동 점검과 총화 역할을 대신하는 것으로 보인다. 다만 사회주의기업책임관리제실시위원회와 독립채산제실시위원회가 동시에 존재할 때 각 위원회의 역할분담에 대한 상세 내역을 확정하는 데는 정보가 부족하여 특정하기 어렵다. 비상설위원회에 대한 조직내용 중에서 특이한 사항이 발견된다. 다른 비상설 위원회의 위원장은 지배인이 담당하고 있는데 '설비점검검열위원회'만은 위원장을 기업소의 당비서가 맡고 부위원장으로 지배인과 직맹위원장이 맡고 있다.

독립채산제실시위원회는 기업소의 경영과 관련한 전반적인 내용을 다루고 있다. 특히, 「기업소법」(2010)의 조항과 관련하여 경영전략, 기업전략의 작성(제29조), 인민경제계획의 실행(제30조)과 관련한 규정을 직접적으로 담당하고 있다고 추정된다. 다음 표2-10는 독립

27 남흥청년화학련합기업소는 사회주의기업책임관리제실시위원회에 지배인, 기사장을 비롯하여 과장이상의 일군들로 구성하고 기업소 내의 경제사업과 관련하여 총괄하는 기구로 보인다, "<12개 중요고지점령을 위한 투쟁의 앞장에서 내달리는 단위들> 주인다운 기풍의 확립, 이것이 단위발전의 가장 큰 힘이다: 남흥청년화학련합기업소 당위원회 사업경험," 『로동신문』 2023년 7월 11일.

채산실시위원회의 역할, 조직, 임무, 권한 등을 요약한 표이다.[28]

표 2-10 독립채산실시위원회

분류	내용	
위원회의 역할	경영활동에서 지출된 비용을 자체의 수입으로 보상하고 실리를 보장하도록 하는데서 나서는 모든 문제를 토의결정	
조직	위원장 및 부위원장	위원장은 지배인 부위원장은 행정부지배인, 행정부지배인이 없는 경우에는 재정회계 부서장
	위원	재정회계부서(행정부지배인이 있는 경우), 계획부서, 생산지도부서, 기술지도부서, 노동행정부서, 자재공급부서의 부서장들과 주요부문의 직장장, 작업반장들과 재정회계부서 독립채산제부원(상무부원)
토의내용	① 독립채산제와 관련한 지도자의 유훈과 당정책 해설 ② 공장, 기업소의 경영활동에서 제기되는 문제: 계획작성과 그 실행에 대한 평가에서 제기되는 문제, 고정재산의 인계, 인수처리에서 제기되는 문제, 설비이용과 관련한 평가에서 제기되는 문제, 직장, 작업반들에 대한 자재절약과제의 시달과 평가에서 제기되는 문제, 생활비의 계산지불에서 제기되는 문제, 기업소기금을 세우고 이용하는 과정에서 제기되는 문제 등 ③ 독립채산제와 관련한 국가규정의 집행대책을 세우기 위한 문제: 독립채산제와 관련한 국가규정과 지시를 집행하기 위한 대책적 문제, 독립채산제와 관련한 국가규정을 기업소의 실정에 맞게 적용하기 위한 내부세칙의 작성 및 그것을 수정 보충하기 위한 문제 등 ④ 기업소내부계산체계를 바로세우고 경영활동결과에 대한 총화와 공개 및 공시를 경상적으로 하기 위한 사업 ⑤ 독립채산제를 바로 실시하기 위한 본보기단위를 꾸리고 일반화하기 위한 사업	
권한	① 해당 단위와 직장, 작업반들에서 독립채산제원칙을 바로 적용하도록 하기 위한 사업내용을 독립채산제에 관한 규정범위안에서 비준례: 직장, 작업반 생산계획실행과 절약과제에 대한 평가지표와 기준 및 평가방법 같은것을 독립채산제실시위원회에서 집체적으로 토의하고 합의하여 비준 ② 독립채산제규정, 세칙의 요구를 어긴데 대하여 통제 ③ 공장, 기업소에서 만든 세칙을 집행하는 과정에 세칙내용이 현실발전의 요구에 맞지 않을 때에는 그 집행을 중지	
운영회의	매달 1차례 이상 정기적 운영	

28 박제동 외, 『지배인의 벗』(2012), 285-287쪽.

기업소법(2010)의 제32조는 기업소에서 '과학기술발전사업'에 대한 내용을 규제하고 있다. 이와 관련하여 기업소의 과학기술도입심위원회에서 담당하고 있는 것으로 파악되고 있다.[29]

표 2-11 과학기술도입심의위원회

분류	내용	
위원회의 역할	기업소에서 이룩한 과학기술성과를 구체적으로 심의하고 생산에 도입하기 위한 문제를 광범히 협의함으로써 과학기술과 생산을 밀착시키기 위한 비상설적 조직	
조직	위원장 및 부위원장	지배인이며 부위원장은 기사장
	위원	기술부서, 계획부서, 생산지도부서, 설비부서, 자재부서, 재정회계부서 부서장들과 기술자, 설계가들, 고급기능공들로 해당 단위의 실정에 맞게 10~15명 정도의 인원들
토의내용	① 공장, 기업소 과학기술발전계획과제의 심의와 그 수행을 위한 대책 및 총화 ② 공장, 기업소에서 제기된 새 기술, 발명, 창의 고안 등 과학기술적 내용들을 심의하고 도입하기 위한 대책 ③ 다른 기관, 기업소와 현상모집, 발표회, 토론회, 축전, 전시회들을 조직하기 위한 대책 ④ 공장, 기업소 과학기술심의도입위원회 운영계획토의 등	
운영회의	매달 1회 이상 하는 것을 원칙	

재정검열위원회의 업무는 「기업소법」(2010)의 제48조(재정관리)와 제54조(행정적 또는 형사적책임)의 내용을 독립채산제실시위원회와 분담하여 함께 구체화하고 있는 것으로 추정된다.[30]

29 박제동 외, 『지배인의 벗』(2012), 294-296쪽.

30 박제동 외, 『지배인의 벗』(2012), 298-299쪽.

표 2-12 재정검열위원회

분류	내용	
위원회의 역할	국가재산과 재정관리를 감독하고 검열통제하는 비상설적인 조직	
조직	위원장 및 부위원장	위원장은 지배인이며 부위원장은 행정부지배인 또는 재정회계부서 책임자
	위원	계획, 기술, 로동행정부서장들과 정책부원, 오랜 경험을 가진 핵심적인 로동자들로 구성하며 위원수는 부문의 특성과 기업소의 규모에 따라 정함
임무	① 지도자 유훈과 그 구현인 당의 재정정책을 일상적으로 해설선전 ② 재정법과 기업소독립채산제규정세칙을 종업원들에게 알려주고 그것을 지키도록 사상교양과 대중적인 감독통제사업을 진행 ③ 재산 및 재정검열을 진행한 정형과 실리 보장의 원칙에서 기업관리정형을 한달에 1회 이상 검열하고 대책 수립 ④ 자체 검열과 자기 웃단위 및 그밖의 재정통제기관이 검열하고 준 과업집행정형을 정상적으로 장악하고 집행되지 않은것은 제때에 집행 ⑤ 자기 사업을 웃기관과 지방정권기관에 정상적으로 보고	
권한	① 자기 기업소의 재정관리활동전반과 경리단위들의 사업정형 검열 ② 재정검열을 받을 부서와 단위일군들에게 필요한 자료를 요구 ③ 계획에 없는 제품을 생산하거나 건설을 할 때, 생산과 건설에서 기술규정과 표준조작법을 지키지 않거나 오작시공을 하여 불합격품을 낼 때, 고정재산과 물자재산 관리규정을 지키지 않아서 국가에 손실을 줄 위험성이 있을 때 그것을 중지 ④ 국가사회재산에 손해를 끼친 일군에게 손해액을 변상시키거나 엄중성정도에 따라 법무생활위원회, 법기관에 제기	
운영	매달 1회이상 지배인이 책임지고 운영	

설비점검검열위원회의 위원장은 당 비서가 맡고 부위원장은 지배인과 직맹위원장이 담당하도록 하고 있다.[31] 설비점검검열위원회의 조직은 5급기업소 이상, 주설비대수가 15대 이상인 기업소들에 조직한다는 것은 중앙노동행정지도기관과 도(직할시)인민위원회가 조직하는 중대형 기업소에 해당하는 것으로 보인다. 또한 '기업소의 사령관'인 지배인이 위원장이 아니라 기업소 내의 당비서가 위원장

31 박제동 외, 『지배인의 벗』(2012), 289쪽.

을 맡는 것은 다른 비상설 위원회와 달리 당적 지도를 중심으로 설비관리를 한다는 것으로 추정할 수 있다. 설비점검검열위원회의 임무는 「기업소법」(2010)의 제37조(설비관리)와 제46조(건물, 시설물관리), 「기업소법」(2020)의 제50조(고정재산의 관리)의 규정과 관련하여 역할이 주어지는 것으로 보인다. 기업소의 설비는 국가투자고정재산과 자체투자고정재산으로 구분하여 '고정재산등록대장'에 등록, 관리하게 되어 있다. 기업소에서 관리하는 설비는 "사용년한이 1년이 넘는 여러가지 원동기, 작업기계, 운수수단, 측정기구, 실험기구, 공업로, 탕크 등 설비들"이지만, "류동재산으로 되여있는 설비, 건설대상설비로서 조업을 하지 않은 설비, 기업소 기본 임무수행과 관련이 없는 TV, 사진기, 시계 등 설비들과 쓰이는 목적에 관계없이 자전거, 손수레, 전화기 등은 설비등록대장에 등록하지" 않는다.[32] 기업소의 설비는 사용과정에서 보수가 필요한데 보수형태는 작업내용에 따라 "일상적정비와 계획적점검, 소보수, 중보수, 대보수" 등으로 나누어 보수작업을 진행한다.[33]

표 2-13 설비점검 검열위원회[34]

분류	내용
위원회의 역할	설비관리사업을 개선하기 위하여 설비관리정형을 정기적으로 점검검열하고 대책을 세워나가는 비상설적인 조직
조직 기준	5급기업소이상, 주설비대수가 15대 이상인 기업소들에 조직

32 박명길 외, 『경제일군참고수첩(재판)』(2014), 53쪽.
33 박명길 외, 『경제일군참고수첩(재판)』(2014), 58쪽.
34 박제동 외, 『지배인의 벗』(2012), 289-291쪽.

조직	위원장 및 부위원장	**위원장은 당비서, 부위원장은 지배인과 직맹위원장**
	위원	기업소의 부직간부들과 당 및 근로단체일군들, 관리부서 장들중에 설비에 대하여 잘 아는 일군들과 기술일군들
운영	매주 하루(목요일)를 설비점검검열의 날로 정하고 설비점검검열을 집중적으로 진행	
검열 내용	① 최고지도자 유훈 인식정형의 료해 ② 기대공들이 자기 맡은 기대에 정통하고있는 정형 ③ 기계설비의 기술상태와 자검자수정형 ④ 전주 설비점검검열시 나타난 불량개소의 퇴치정형과 노동보호안전상태	

자재실사위원회의 역할은 「기업소법」(2020)의 제46조(자재관리)와 연관되어 있다. 자재관리 역할은 자재소비기준의 작성과 자재실사를 정확히 하는 것이 중요 임무로 보인다. 자재실사실사위원회는 매년 2회에 시행하는 정기실사와 필요에 따라 진행하는 비정기실사를 실행하여 부족분에 대해 책임이 있는 일군들에게 변상하도록 행정적 지도를 하는 것이 주요 임무로 추정된다.

표 2-14 자재실사위원회[35]

분류	내용	
위원회의 역할	보관되여있는 자재의 현물재고와 장부재고를 대조확인하고 등록하는 사업 조직지도	
자재실사의 형식	포괄범위에 따라	일체실사, 부분실사, 선택실사
	시기에 따라	정기실사: 월말, 분기말, 반년, 년말에 조직하며 전국적인 범위에서는 매해 1월 1일, 7월 1일 0시 현재로 실사 비정기실사: 해당 단위의 지도사업을 조직하거나 물자관리 일군들과 기업소책임일군이 바뀔 때, 자재관리사업에서 결함이 나타나 해당한 대책을 세우려 할 때

35 박제동 외, 『지배인의 벗』(2012), 287-289쪽.

조직	위원장 및 부위원장	위원장은 지배인이며 부위원장은 업무부지배인
	위원	관리부서 부서장들과 자재공급부서, 재정회계부원들, 직장장, 직장 자재공급원, 작업반장, 핵심노동자들
실사 과정	① 실사준비: 현물정리, 장부정리, 실사문건준비 ② 실사포치: 지도자 유훈과 당 정책적 요구 해설, 실사대상지 공지, 현물과 장부상 재고 대조, 대조상 차이에 대한 원인과 책임, 대책에 대한 의견 청취 및 기록 ③ 실사정형 총화: 실사상 나타난 공부정자료 통보, 실사결과 부족분에 대해 책임 일군에게 변상 조치	

4
기업소의 경영활동

「기업소법」의 제4장

기업소법의 개정에서 가장 큰 변화를 보이는 부분이 제4장(기업소의 경영활동)의 조항들이다. 따라서 「기업소법」의 제정 이후 가장 변화를 많이 보인 부문은 기업소의 경영과 관련한 내용이다. 조항 전체의 조문 변경이 없이 「기업소법」(2020)까지 유지된 조항은 과학기술발전사업(제32조), 기술개건(제33조), 재산실사(제41조), 로동보호, 사회보호 및 사회보장(제49조), 종업원생활조건의 보장(제51조)과 관련하여 규제한 5개 조항이다. 「기업소법」(2010)이 제정될 때 21개의 조항으로 출발하여 「기업소법」(2020)에서는 24개 조항으로 증가하였다. 법구조 측면에서 살펴보면 「기업소법」(2010)의 설비관리(제37조)와 건물, 시설물관리(제38조)가 「기업소법」(2020)에서는 '고정자산의 관리'(제50조)로 병합되고 4개 조항이 신설되었다. 이 책의 제3장부터 제6장까지 기업소의 경영(경영권)과 관련한 사항에 대해 주목하여 연관법과 함께 「기업소법」을 이해하고자 한다.

기업소법(2014) 이후로 신설된 조항으로 2014년 개정 시에 '기업소의 경영권행사(제29조)', '제품개발(34조)', '무역과 합영, 합작(제37조)', '종업원들의 책임성과 창조력발양대책(제40조)' 4개 조항이 신설되고, 2020년 개정 시에 '재자원사업(제45조)'[36]이 신설되었다.

제4장에서는 먼저 변화된 부분을 먼저 살펴보자. 제29조(기업소의 경영권행사)는 2014년 신설된 조항이다. 기업소의 '경영권'을 부여하고 '사회주의기업책임관리제'의 올바른 실시를 주문하였다. '경영권'에 대해 '사회주의적 소유에 기초'한 '실제적인 경영권'으로 설명한다. 이 실제적인 경영권을 통해 주동적으로, 창발적인 기업 활동을 통해 자기 임무, 즉 생산 또는 봉사활동을 조직하여 '국가에 더 많은 이익'을 제공하며, 종업원들을 '생산과 관리에서 주인으로서의 책임과 역할', 즉 '주체형의 근로자'가 되도록 하라는 것으로 해석된다.

표 2-15 기업소의 경영권행사(제29조)

2010 조항	수정내용과 시기	2014-2020 조항
신설 조항	① **기업소의 경영권**을 바로 행사하는것은 **사회주의기업책임관리제**를 정확히 실시하기 위한 중요요구이다.(2014)	제29조 (기업소의 경영권행사)
	② 기업소는 사회주의적소유에 기초한 실제적인 경영권을 가지고 기업활동을 주동적으로, 창발적으로 하여 자기의 임무를 원만히 수행하며 종업원들이 생산과 관리에서 주인으로서의 책임과 역할을 다하도록 하여야 한다.(2014)	

2014년 개정된 「기업소법」에서 '기업소의 경영권 행사' 조항을 신설한다. 이외에 경영권의 하위 권리를 조문에 추가하여 기업소의

36 2020년 4월 12일 최고인민회의 법령 제4호로 「조선민주주의인민공화국 재자원화법」이 채택되고 2022년 1차례 수정보충을 거친다. 조선은 재자원화를 경제발전의 중요한 동력(제3조 ①)로 설정하고, '재자원화'를 "생산과 건설, 봉사활동과정에 나오는 페기페설물과 사람들의 생활 과정에 나오는 오물들을 여러 가지 방법으로 가공처리하여 새로운 생산자원으로 리용하는 것"(제2조 ①)로 정의하고 있다.

경영상 '자율성'을 강조하는 것으로 보이는 법률 개정을 한다. 경영권과 사회주의기업책임관리제와 관련하여 조선의 최고지도자가 언급하였다고 인용되는 문장은 "사회주의기업책임관리제는 공장, 기업소, 협동단체들이 생산수단에 대한 사회주의적소유에 기초하여 실제적인 경영권을 가지고 기업활동을 창발적으로 하여 당과 국가앞에 지닌 임무를 수행하며 근로자들이 생산과 관리에서 주인으로서의 책임과 역할을 다하게 하는 기업관리방법입니다"[37] 라고 한다. 이 문장은 신설된 제29조 ② 항의 내용과 많은 일치를 보여주고 있다.

표 2-16 경영전략, 기업전략의 작성과 기업소의 계획권 변화

2010 조항	기업소법(2010)	수정내용과 시기	2014-2020 조항
제29조 (경영전략, 기업전략의 작성)	기업소는 현실발전의 요구에 맞게 경영전략, 기업전략을 바로세우고 그에 따라 경영활동을 진행하여야 한다.	기업소는 **국가의 경제발전전략에 기초하여 과학적이며 합리적인** 경영전략, 기업전략을 세우고 그에 따라 경영활동을 진행하여야 한다.(2020)	제30조 (경영전략, 기업전략의 작성)
	경영전략, 기업전략은 기업소의 로력과 기술장비상태, 원료, 자재의 보장과 리용정형, 련관단위의 경영실태, 과학기술 및 경제발전추세 같은것을 고려하여 세운다.	경영전략, 기업전략은 기업소의 로력과 기술장비상태, 원료, 자재의 보장과 리용정형, 련관단위의 경영실태, 과학기술 및 경제발전추세 같은것을 고려하여 **기업경영의 목적을 실현하기 위한 전망목표를 규정하고 그 실현의 총적방향과 근본방도를 확정하는 방법**으로 세운다.(2020)	

37 박승갑, 『협동농장에서 사회주의기업책임관리제 실시와 실현방도』(평양: 농업출판사, 2016), 5쪽.; 그러나 여러 경제관련 정기간행물에 이 표현이 많이 등장하지만 최고지도자의 인용구로 표시되고 있지는 않다. 예를 들면 강남철, "사회주의경제건설에서 법의 역할," 『김일성종합대학학보(법률학』 2023년 1호; 김영흥, "사회주의기업책임관리제를 현실성있게 실시하는데서 나서는 중요한 문제," 『경제연구』 2020년 4호 등에도 이 표현은 사용되나 인용구 표시는 없다.

第30조 (인민경제계획의 실행)	기업소는 해마다 국가의 경제정책과 인민경제계획서작성방향, 기업소의 경영전략에 따라 세우고 인민경제계획초안을 정확히 작성하여 해당 기관에 제출하여야 한다.	기업소는 **계획권**을 가지고 자체의 실정에 맞게 현실적인 계획을 세우고 인민경제계획을 일별, 월별, 분기별, 지표별로 어김없이 실행하며 수요가 높은 제품생산을 계획적으로 늘여나가야 한다.(2015) 기업소는 계획권을 가지고 객관적조건과 가능성, 잠재력을 타산하여 과학적이며 현실적인 계획을 세우고 인민경제계획을 일별, 월별, 분기별, 지표별로 어김없이 실행하며 수요가 높은 제품생산을 계획적으로 늘여나가야 한다.(2020)	第31조 (인민경제계획의 실행)
	시달된 인민경제계획은 일별, 월별, 분기별, 지표별로 어김없이 실행하여야 한다.	기업소지표는 기업소가 수요자기관, 기업소, 단체와 주문계약을 맺은데 따라 자체로 계획화하고 실행한다.(2015) 기업소는 지표분담과 주문계약방법, 계획화사업분담에 따라 계획을 정확히 맞물리며 해당 통계기관에 제때에 등록하고 실행하여야 한다. 이 경우 해당 지역 통계기관에 등록한다.(2020)	

사회주의사회에서 기업전략은 "사회주의경제의 본성적요구에 맞게 당의 경제정책과 과학적인 타산에 기초하여 국가경제지도기관의 혁명적인 경제지도와 기업소들의 기업관리방법을 본질적내용"이라고 규정하고 있다.[38] 또한 "기업소들이 경영상 상대적독자성을 가지고 나라의 부강발전과 인민들의 복리증진에 복무하며 최대의 실리를 보장할것을 목적으로 **과학적인 방법론과 묘술**에 의거하여 경제적목표를 설정하고 그에 도달하기 위한 기본방향과 방도, 보장대책들을 규정하는 기업관리방법"이라고 설명하고 있다.[39] 또한 기업전략

38 박제동 외, 『지배인의 벗』(2012), 193쪽.

39 박제동 외, 『지배인의 벗』(2012), 194쪽.

은 "경제분야에서 기업경영활동을 중심으로 세우는 전략"으로, "본질에 있어서 경제발전을 힘있게 다그치며 가장 큰 실리를 보장할 수 있게 하는" 기업관리방법이라고 이해하고 있다.[40] 기업전략의 역할로 기업소의 경영활동을 ① 목적지향성 있게, ② 큰 실리를 보장할수 있게, ③ 환경과 조건에 능동적으로 할 수 있도록 해주는 것으로 보고 있다.[41] 기업소의 계획권과 관련하여서는 제4장에서 조금 더 상세히 검토할 것이다.

표 2-17 생산조직권 및 생산공정관리 변화(제32조)

2010 조항	기업소법(2010)	수정내용과 시기	2014-2020 조항
제31조 (생산공정 관리)	기업소는 생산일정계획의 작성과 생산지령, 생산공정 추진사업을 통하여 월생산 계획을 일별, 지표별로 어김없이 수행하기 위한 생산공정관리를 짜고 들어야 한다.	기업소는 생산조직권을 바로 행사하여 생산조직을 합리적으로 하고 생산공정관리를 짜고들며 종업원들의 창조력을 적극 발동시켜 맡겨진 과제를 어김없이 수행하여야 한다.(2014)	제32조 (생산조직 및 생산 공정관리)
		이 경우 수요와 공급간의 균형을 보장하는 원칙에서 **협동생산조직과 전문화생산조직, 결합화생산조직, 대규모생산조직** 같은 여러가지 생산조직형태를 받아들일수 있다.(2015)	
	생산일정계획의 실행정형은 교대별, 일별, 순별로 총화한다.	원료, 자재를 비롯한 필요한 조건을 보장받고도 생산조직을 바로하지 못하여 **생산계획을 미달하였을 경우에는 기업소가 책임진다.**(2014)	

40 박제동 외, 『지배인의 벗』(2012), 193쪽.

41 박제동 외, 『지배인의 벗』(2012), 195-196쪽.

「기업소법」은 생산조직권을 통해 생산의 성장을 위해 '여러 가지 생산조직형태'를 받아들일 수 있다고 강조하고 있다. 여러 가지 생산조직[42]의 형태로서 협동생산조직[43], 전문화생산조직, 결합화생산조직, 대규모생산조직을 예로 들고 있다. 이는 기업소생산의 범위를 넘어서 생산을 위한 기업소간의 결합형태를 의미한다. 또한 기업체들이 생산조직권 행사와 관련하여 "지식경제시대의 요구에 맞게 과학기술과 생산을 밀착"[44]시키는 것을 강조하고 있다. 이는 과학기술법의 '과학기술과 생산의 일체화'로 발전되고 있다.

42 생산의 요소들을 합리적으로 결합하여 효과적으로 리용하기 위한 대책의 총체를 말한다. 생산조직은 포괄범위에 따라 기업소생산조직과 생산의 전문화, 협동화, 결합화 등을 기본내용으로 하는 사회적생산조직으로 구분, 『경제사전 2』(1985), 173쪽.

43 여러 부문 또는 기업소들사이, 기업소안의 여러 직장들사이에 생산적련계를 맺고 일정한 제품을 만들어 내는 생산조직형태을 말한다, 『조선대백과사전 프로그람』(2001)

44 박제동 외, 『지배인의 벗』(2012), 197쪽.

표 2-18 관리기구와 로력조절권 변화(제33조)

2010 조항	기업소법(2010)	수정내용과 시기	2014-2020 조항
제43조 (로력관리)	기업소는 로력을 합리적으로 배치하고 로력관리를 정해진 규정대로 하여야 한다.	기업소는 관리기구와 로력조절권을 가지고 로력자원을 합리적으로, 효과적으로 리용하며 기술경제적지표들을 갱신하고 종업원들의 기술기능수준을 높여 로동생산능률을 끊임없이 장성시켜야 한다.(2014)	제33조 (관리기구와 로력조절)
		종업원들의 기술기능급수를 사정할 경우에는 국가가 정한 기준에서 정확히 하여야 한다.(2015)	제33조 (관리기구와 로력조절)
	로력은 최대한 고착시키며 류동로력을 없애고 로력을 절약하여야 한다.	기업소는 정해진 표준관리기구와 비생산로력배치기준에 기초하여 자체의 실정에 맞게 관리부서들을 능동적으로 통합, 정리하거나 관리기구정원수를 정하며 개별적일군들의 직능과 책임한계를 명백하게 정해주고 생산부문의 로력비중을 늘여나가야 한다.(2014)	제33조 (관리기구와 로력조절)
		로력을 내보내거나 받아들이거나 기업소사이에 주고받을 경우에는 정해진 등록질서를 지켜야 한다.(2015)	제33조 (관리기구와 로력조절)

사회주의책임관리제를 설명하는 지침에서는 관리기구와 로력조절권을 국가가 기업체들에게 부여한 기본목적은 "기업체들이 이 권한을 옳게 행사하면서 기술경제적지표를 갱신"하는 것에 있다고 설명한다. 기술경제적 지표[45]란 생산요소 이용의 효과성을 반영하는 질적지표를 의미한다.[46] 노동력 배치에 있어서 생산성 향상을 위해 기업소의 자율성을 강화하는 것으로 읽혀진다.

45 기술경제적지표는 모든 경제단위들에서 로력, 설비, 자재를 합리적으로 리용하며 경영활동을 과학화하고 그것을 끊임없이 개선하여 나가는데서 중요한 의의를 가지며, 이 지표는 로동대상, 로동수단, 로동력, 생산물 등에 대한 지표들이 속한다. 기술경제적지표는 인민경제계획화사업에서와 통계사업에서 중요하게 이용된다, 『조선대백과사전 프로그람』(2001)

46 『협동농장에서 사회주의기업책임관리제 실시와 실현방도』(2016), 41쪽.

표 2-19 제품개발권 변화(제34조)

2010 조항	수정내용과 시기	2020 조항
신설 조항	기업소는 **제품개발권**을 가지고 바로 행사하여 세계를 압도할수 있는 **새 기술, 새 제품개발**을 적극 추진함으로써 **과학기술과 생산이 일체화된** 기업, 기술집약형기업으로 전환하여야 한다.(2014) 기업소는 제품개발권을 가지고 **세계적인 발전추세와 규격화, 표준화의 요구에 맞게 생산확대와 경영관리개선에 이바지하는 새 기술, 새 제품개발전략**을 세우고 적극 추진하여 과학기술과 생산이 일체화된 기업, 기술집약형기업으로 전환하여야 한다.(2020)	제34조 (제품개발)
	기업소는 새 기술, 새 제품개발을 위한 **전문기술개발단위를 실정에 맞게 조직운영**하고 필요한 설비, 자재, 자금을 수요대로 보장하며 심의등록된 새 기술, 새 제품을 생산에 제때에 도입하여야 한다.(2020)	

제34조(제품개발권)는 2014년에 신설된 조항이다. 제품개발권을 통해 기업소가 기술집약형으로 전환할 것을 주문하고 있다. 조선에서는 오랜 동안 제품의 질제고에 대해 기업소에 주문해왔다. 제품의 질 제고를 현재 제품생산에서 ①1등품의 비중을 높이기 위한 문제, ②현존제품에서 색갈이나 형태 같은것을 인민들의 요구에 맞게 개선하기 위한 문제, ③제품의 일부 기술적 특성지표들을 개선하기 위한 문제, ④같은 기능을 수행하면서도 완전히 새롭게 설계하여 전반적인 질특성지표들을 동시에 개선하기 위한 문제 등으로 구분하여, 이 중에서 ②, ③, ④를 새 제품개발의 영역으로 보고 있다.[47]

2020년에 '전문기술개발단위'의 운영에 대해서도 추가한다. 조선의 경제지도집단들은 기업소들의 기술개발능력, 제품개발능력을 발전시키는 것은 지식경제시대인 현실발전의 절박한 요구이며 과학기술을 생산과 밀착(일체화)시키는 가장 합리적인 방법으로 이해하고

47 지영희, "새 기술, 새 제품의 개발은 지식경제시대 공장, 기업소생산조직에서 나서는 중요한 문제," 『경제연구』 2018년 4호.

있는 것으로 보인다. 그 방법의 하나로 전문기술개발단위의 조직을 제시하고 있다.[48]

표 2-20 품질관리권 변화(제35조)

2010 조항	기업소법(2010)	수정내용과 시기	2014-2020 조항
제36조 (품질관리)	기업소는 품질관리질서를 엄격히 세워 제품의 질을 끊임없이 개선하여야 한다.	기업소는 품질관리권을 바로 행사하여 제품에 대한 수요자의 요구, 과학기술발전추세, 해당 제품의 질을 높이는데서 대외적으로 이룩된 성과, 기업소의 기술적가능성에 대한 연구분석에 기초하여 자체의 실정에 맞는 품질감독전략과 제품의 질제고목표를 규정하고 집행해나가야 한다.(2014) 기업소는 품질관리권을 바로 행사하여 제품에 대한 수요자의 요구, 과학기술발전추세, 해당 제품의 질을 높이는데서 대외적으로 이룩된 성과, 기업소의 기술적가능성에 대한 연구분석에 기초하여 자체의 실정에 맞는 품질제고전략을 세우고 집행해나가야 한다.(2015) 기업소는 품질관리권을 바로 행사하여 선질후량의 원칙에서 자체의 실정에 맞는 품질제고전략을 세우고 생산물의 질과 생산공정의 품질관리수준을 끊임없이 개선하여야 한다.(2020)	제35조 (품질관리)
제36조 (품질관리)	생산한 제품은 품질검사를 하고 합격되여야 판매할 수 있다.	기업소는 생산판매한 제품의 질과 신뢰성을 일정한 기간 의무적으로 보증하는 사업, 품질인증제도에 맞게 품질관리체계인증과 개별적제품에 대한 품질인증을 받기 위한 사업을 짜고들어야 한다.(2014)	제35조 (품질관리)
제36조 (품질관리)		제품생산에서 국가규격을 엄격히 지키면서 제품의 구체적인 형태나 색갈 같은것은 자체로 제정하여 적용할수 있다.(2014)	제35조 (품질관리)

48 조광수, “공업기업소들에서 제품의 경쟁력을 높이는것은 경제강국건설의 절실한 요구,” 『경제연구』 2016년 1호.

「기업소법」 개정에서 크게 강조되는 부분이 품질관리(제35조)와 관련한 내용이다. 기업소 지배인은 품질관리체계를 세우고, 제품의 개발 및 설계단계부터 품질관리에 힘써야 하며, 생산단계, 판매단계에서까지 품질관리를 잘 하도록 지도하고, 특히 품질인증을 도입하기 위한 행정적 대책을 수립하도록 강조하고 있다.[49]

표 2-21 인재관리권 변화(제36조)

2010 조항	기업소법(2010)	수정내용과 시기	2014-2020 조항
제35조 (기술자, 전문가, 기능양성)	기업소는 공장대학, 공장고등기술전문학교, 통신 및 야간교육망 같은 일하면서 배우는 교육체계를 정연하게 세우고 필요한 조건을 충분히 보장해주어 쓸모있는 기술자, 전문가, 기능공들을 체계적으로 양성하여야 한다.	기업소는 **인재관리권**을 바로 행사하여 높은 창조적자질과 실천능력을 가진 인재들을 기술대학을 비롯한 해당 대학들에 보내여 공부시키는 한편 공장대학, 공장고등기술전문학교, 통신 및 야간교육망 같은 일하면서 배우는 교육체계를 정연하게 세우고 쓸모있는 기술자, 전문가, 기능공들을 체계적으로 양성하여야 한다.(2014) 기업소는 **전민과학기술인재화**의 요구에 맞게 인재관리권을 바로 행사하여 높은 창조적자질과 실천능력을 가진 인재들을 기술대학을 비롯한 해당 대학들에 보내여 공부시키는 한편 공장대학과 원격교육망 같은 일하면서 배우는 교육체계와 재교육체계를 통하여 쓸모있는 기술자, 전문가, 기능공들을 체계적으로 양성하여야 한다.(2020)	제36조 (인재관리)
		기업소는 **과학기술보급실**을 잘 꾸리고 운영을 정상화하며 인재를 선발하고 적재적소에 배치하기 위한 사업과 인재의 역할을 높이기 위한 사업을 바로하여야 한다.(2020)	

인재관리(제36조)는 「기업소법」(2010)에서는 기술자, 전문가, 기능양성이라는 상대적으로 좁은 범위를 지칭하는 경영관리의 내용이

49 박제동 외, 『지배인의 벗』(2012), 143-145쪽.

었다면 '전민과학기술인재화'라는 과학기술교육 부문의 전략적 노선을 통해 매우 포괄적 범위로 확장한 것으로 추정된다. 조선의 최고지도자 김정은은 2013년 선군절을 맞이한 담화에서 "과학기술을 빨리 발전시키고 전민과학기술인재화를 실현하여 지식경제시대의 요구에 맞게 인민경제의 현대화, CNC화수준을 높이고 나라의 경제구조를 완비하여야 합니다"[50] 라고 전한다.

이후 전민과학기술인재화는 김정은 집권시기의 주요 정책노선으로 수립되었다. 조선은 현재를 정보화시대, 지식경제의 시대라고 규정하고 있다. 이 시기의 정책으로 전민과학기술인재화를 제시하고 있다. 전민과학기술인재화 정책의 본질을 "사회의 모든 성원들을 대학졸업정도의 지식을 소유하고 능숙하게 활용해나가는 지식형근로자로"[51] 전환시키는 것과 "사회의 모든 성원들을 과학기술의 참다운 주인, 과학기술발전의 담당자들로"[52] 전환시키는 것으로 보고 있다.

조문의 내용에 주요하게 추가되는 원격교육망과 과학기술보급실에 관련하여 최고지도자의 행적을 통해 소개하며 '전민과학기술인재화' 노선을 설명한다. 전민과학기술인재화 정책에 대해, 2013년 6월 평양기초식품공장을 방문하여 공장 노동자들이 원격강의실에서 컴퓨터망을 통해 김책공업종합대학의 강의를 수강하는 것을 보고

50 김정은, "경애하는 김정은동지의 담화 <김정일동지의 위대한 선군혁명사상과 업적을 길이 빛내여나가자> 선군절에 즈음하여 당보 《로동신문》, 군보 《조선인민군》에 준 담화," 『로동신문』 2013년 8월 25일자.

51 리광삼, 『경애하는 최고령도자 김정은동지께서 밝히신 전민과학기술인재화에 관한 주체의 리론』(평양: 사회과학출판사, 2017) 51쪽, 이후 각주에서는 『전민과학기술인재화에 관한 주체의 리론』으로 줄여서 표현.

52 리광삼, 『전민과학기술인재화에 관한 주체의 리론』(2017), 55쪽.

만족해 하면서 원격교육 수강을 '전민학습체계'라고 명명하였다든지, 2014년 5월 기계공장의 과학기술보급실을 방문하여 '일하면서 배우는 교육체계'를 강조하였다는 것을 소개하고 있다.[53]

표 2-22 무역과 합영, 합작권(제37조)

2010 조항	수정내용과 시기	2014-2020 조항
신설조항	기업소는 무역과 합영, 합작권을 가지고 가능한 범위에서 대외경제활동을 능동적으로 벌려 생산에 필요한 원료, 자재, 설비를 자체로 해결하면서 설비와 생산기술공정의 현대화를 적극 실현하여야한다.(2014) 기업소는 무역과 합영, 합작권을 가지고 가능한 범위에서 대외경제활동을 능동적으로 벌려 생산에 필요한 원료, 자재, 설비를 자체로 해결하면서 설비와 생산기술공정의 현대화를 적극 실현하며 **수출품생산을 위한 단위를 실정에 맞게 조직하고 세계적으로 경쟁력이 있는 제품을 생산**하여야 한다.(2015)	제37조 (무역과 합영, 합작)

조선에서 대외무역을 "무역상품이 움직이는 방향, 무역거래 당사자들사이에 맺어지는 관계, 무역거래의 기본내용 그리고 기타 여러가지 기준에 의하여 규정"하고 있다. "상품들이 움직이는 방향에 따라 수출무역, 수입무역, 통과무역[54] 등"으로, "거래당사자들사이의 관계에 따라 직접무역, 간접무역, 쌍무무역[55], 다각무역"으로, "무역거래내용에 따라 상품무역, 기술무역, 봉사무역" 등으로 분류한다. 대표적인 무역방식인 상품무역은 "진행방식에 따라 대체로 직접

53 리광삼, 『전민과학기술인재화에 관한 주체의 리론』(2017), 42쪽.

54 다른 나라들사이에 거래되는 무역화물이 자기 나라를 거쳐서 수송되는 무역, 『조선대백과사전 프로그람』(2001)

55 모든 관계와 부담이 두 나라사이에서만 이루어지는 무역, 박명길 외, 『경제일군참고수첩(재판)』(2014), 194쪽.

무역, 위탁판매 무역, 대리판매 무역, 가공무역, 되거리 무역[56], 맞바꿈무역[57], 변강무역[58], 국제입찰, 국제경매 등으로 구분"하고 있다.[59] 조선에서는 특히 2000년 「가공무역법」을 제정하면서 가공무역을 장려하였다. 가공무역의 특수형태로 "위탁가공무역, 보세가공무역, 삯가공무역"으로 분류하고 있다. 가공무역은 특수경제지대와도 관련이 깊다. 최근에는 봉사무역과 기술무역을 장려하는 방향을 추진하는 것으로 보인다. 봉사무역은 "여러가지 형태의 봉사를 제공한 대가로 외화를 받아들이는 무역형태", 즉 "봉사를 하는 사람과 받는 사람들 사이에서 여러가지 봉사(국제보험, 국제금융, 건설, 의료, 교육, 관광 등)를 통하여 이루어지는 무역형태"로 정의하고 있다. 최근 조선의 무역과 관련하여 러시아 파견의 '건설봉사무역'과 같은 보도를 볼 수 있다. 기술무역의 내용으로 특허무역, 기술비결무역, 일반기술무역, 상표무역의 형태로 구분하며, 특히 포괄적으로 기술무역에 포함되는 지적 소유권 무역(또는 지적 소유권 제품무역)과 관련한 강조를 하고 있는 것으로 보인다.

'경제일군'들의 지침서 역할을 하는 것으로 추정되는 『경제일군참고수첩(재판)』에서는 무역과 관련하여 '대외시장을 민감하게 장악하기 위한 방도' 12가지를 제시한다. 이 '방도'는 조선의 정책당국이

56 한 나라의 상품을 사서 다른 나라에 되파는 무역의 한 형태, 『조선대백과사전 프로그람』(2001), 올림말: 되거리무역.

57 무역거래쌍방사이에 같은 액수에 해당한 상품을 직접적으로 서로 교환하는 무역방식, 『조선대백과사전 프로그람』(2001), 올림말: 맞바꿈무역.

58 국경지대들사이의 무역으로 관세가 적용되지 않으며 국제결제를 통한 외화의 이동이 없이 직접적인 물물교환의 형식으로 무역을 진행, 『조선대백과사전 프로그람』(2001), 올림말: 국경무역.

59 박명길 외, 『경제일군참고수첩(재판)』(2014), 194-195쪽.

무역과 관련하여 실무적 접근 방식을 '어떻게 하는지' 잘 보여주고 있다고 본다. 그 내용은 아래와 같다.

① 대외시장정보를 빨리 접수하고 처리해야 한다.

② 결심채택과정[60]기간이 짧아야 한다.

③ 생산과 경영원가를 극력 낮추어야 한다.

④ 자금을 빨리 원활하게 회전시켜야 한다.

⑤ 제품의 질도 좋고 봉사의 질도 좋아야 한다.

⑥ 생산되는 제품은 각종 규격이 다있어야 한다.

⑦ 제품의 기능은 실제적으로 리용가치가 있어야 한다.

⑧ 판매되는 제품의 가격이 눅어야 한다.

⑨ 판매경로를 많이 늘여야 한다.

⑩ 제품사용자들에게 봉사를 성실히 해주어야 한다.

⑪ 제품을 만드는 기술이 부단히 새로와야 한다.

⑫ 경영전략은 고정적인것이 아니라 령활하게 변화시켜야 한다.[61]

상기 지침은 한국에서 경영, 판매 또는 기업의 구성원이라면 당연한 태도와 과정임에도 조선의 대외무역 종사자들에게는 지침으로 알려주어야 할 정도로 상품판매에 대해 익숙하지 않다는 것을 보여주는 것으로 보인다.

60 결심은 목적달성을 위한 실천활동에 넘어 갈수 있게 담보해 주는 심리현상으로, 인간의 의지행동에서 중요한 심리적작용을 한다. 인간의 의지행동은 옳바른 목적을 세우는 심리적고리, 결심채택의 심리적고리 그리고 채택한 결심을 집행하는 심리적고리로 구성된다, 『조선대백과사전 프로그람』(2001), 올림말: 결심.

61 박명길 외, 『경제일군참고수첩(재판)』(2014), 202-203쪽.

표 2-23 재정관리권 변화(제38조)

2010 조항	기업소법(2010)	수정내용과 시기	2014-2020 조항
제48조 (재정 관리)	기업소는 정해진 재정관리질서에 따라 재정관리를 엄격히 하여야 한다.	기업소는 **재정관리권을 가지고 경영자금을 주동적으로 마련**하고 효과적으로 리용하며 확대재생산을 실현하며 경영활동을 원만히 실현해 나가야 한다.(2014) 기업소는 재정관리권을 가지고 **재정관리사업을 전망성있게 설계**하고 경영활동에 필요한 자금을 주동적으로 마련하며 효과적으로 리용하여야 한다.(2020)	제38조 (재정관리)
	기업소는 독립채산제실시위원회를 정상적으로 운영하며 수입과 지출을 자체로 맞추고 국가예산납부의무를 어김없이 수행하여야 한다.	(2014년 삭제)	
	조문 추가	이 경우 번 자금과 생산물은 정해진 경제계산체계에 정확히 반영하여야 한다.(2020)	
		기업소는 생산자대중의 요구와 현실적조건을 반영하여 **재정관리세칙**을 잘 만들고 그 집행에서 엄격한 규률을 세워야 한다.(2020)	
		기업소는 생산계획수행정형과 재정관리정형을 결부하여 일생산 및 개정총화를 정상적으로 실속있게 진행하고 그 결과를 제때에 공시하여야 한다.(2020)	
		기업소는 정해진데 따라 부족되는 경영활동자금을 **은행으로부터 대부받거나 주민유휴화폐자금을 동원리용**할수 있다.(2014)	

기업소에서 재정관리(제38조)는 "생산에 필요한 자금을 계획적으로 마련하고 그것을 합리적으로" 이용하여 "국가예산수입을 원만히 보장하기 위한 사업"으로 규정하고 있다.[62] 기업소에서 재정계획

62 박제동 외, 『지배인의 벗』(2012), 258쪽.

은 "인민경제계획과 맞물려진 구체적인 계획항목들로 구성"되어, "판매수입 및 소득계획, 소득분배계획, 감가상각금계획, 류동자금계획, 일반비계획, 인민경제사업비 등의 항목"들이 있다. 기업소에서 재정관리에서 출발점은 "경영자금을 제때에 확보하는 것"으로, 경영자금의 기본은 "류동자금, 기본건설자금, 대보수자금, 자체충당금" 등이다. 2014년 개정에서 기업소는 부족되는 경영활동자금을 은행으로부터 대부하거나 주민유휴화폐자금을 동원할 수 있도록 개정되었다. 적어도 2014년 9월 즈음까지는 은행에서 제공하는 대부금에 대해 기간이 1년이하에 대한 대부의 이자율은 1.8%이고, 기한이 2년인 대부의 이자율은 2.7~3.6%가 통상적인 것으로 보인다.[63] 은행대부 외에 주민유휴화폐를 이용하도록 하는 법조문의 개정은 경영자금 확보 방법의 중요한 변화로 보여진다.

63 박명길 외, 『경제일군참고수첩(재판)』(2014), 133-134쪽.

표 2-24　가격제정권과 판매권의 변화(제39조)

2010 조항	기업소법(2010)	수정내용과 시기	2014-2020 조항
제42조(제품판매)	기업소는 생산한 제품을 **공급계획과 계약에 따라 판매**하여야 한다.	기업소는 정해진 범위안에서 생산물의 가격제정권과 판매권을 가지고 **생산물류통을 자체로 실현하여 원가를 보상하고 생산을 끊임없이 늘여나가야 한다.**(2014)	제39조(생산물의 가격제정 및 판매)
	계획과 계약에 따르지 않은 제품판매는 할수 없다.	기업소가 수요자와 주문계약하여 생산하였거나 자체로 지표를 찾아 생산한 제품은 생산물의 가격을 원가를 보상하고 생산확대를 실현할수 있게 정해진 **가격제정원칙과 방법**에 따라 구매자의 수요와 합의조건을 고려하여 자체로 정하고 판매할수 있다.(2014)	
		기업소는 정해진데 따라 **기업소지표로 생산한 생산물**을 수요자기관, 기업소, 단체와 계약을 맺고 직접 거래하며 **소비품, 생활필수품, 소농기구와 같은 상품들**은 도매기관, 소매기관, 직매점과 직접 계약하고 판매할수 있다.(2014)	
		질이 낮아 체화되거나 퇴송되는 상품에 대하여서는 해당 기업소가 책임진다.(2014)	

기업소에서 생산한 제품의 판매와 가격제정(제39조) 관련한 조항은 큰 변화를 보인다. 「기업소법」(2010)에서는 '계획과 계약'에 의해서만 판매를 할 수 있고 '가격'에 대한 언급은 없다. 「기업소법」(2014)은 기업소가 "정해진 범위안에서 생산물의 가격제정권과 판매권"을 통해 "생산물류통을 자체로 실현"하도록 규정하고 있다. 그러면 2010년과 2014년 사이에 제품의 가격제정과 관련한 다른 규범이 변화하였는지를 살펴보자. 가격제정과 관련한 사항을 규제하고 있는 가격법의 변화를 살펴보면, 가격법(1999)의 제11조는 "①가격제정은 중앙과 지방의 가격제정기관의 기본임무이다 ②내각 또는 중앙 가격제정기관이 정한데 따라 해당 기관, 기업소, 단체도 가격을 제정할 수 있다"고 규제하고 있다. 가격법(2022)의 제10조(가격제정권한)는

"①가격제정은 국가가격기관과 해당 기관, 기업소, 단체가 한다 ②국가가격기관과 해당 기관, 기업소, 단체는 가격제정지표목록에 따라 가격을 제정하여야 한다"고 규제하고 있다. 가격제정권한의 변화에서 보면, 기업소의 가격제정이 1999년에도 부분적으로 가능했었지만 2022년의 가격법에서는 기업소도 가격제정권한이 국가가격기관과 유사한 것처럼 해석된다. 다만 이때도 가격을 기업소가 자의적으로 정하는 것이 아니라 '가격제정지표목록'에 준하여 가격을 제정하도록 한정하여 규제하고 있다. 가격법은 1997년 제정되어, 1999년, 2003년, 2008년, 2011년, 2019년 그리고 2022년 총 6차례 개정되었다. 필자가 확인할 수 있는 가격법은 가격법(1999)[64]와 가격법(2022)[65]에 한정되어 이런 가격제정권한의 변화가 정확히 언제 이루어졌는지 특정할 수는 없다. 다만 「기업소법」의 조문 변화를 보면, 2011년 가격법 개정시에 수정되었을 가능성이 높다고 추정된다.

가격제정에서 지켜야 할 원칙으로 ①사회적필요노동지출에 근거하고 ②가격을 가치로부터 능동적으로 배리시키는 것[66]이며 특히 중요한 것은 대중소비품의 값을 싸게 정하여야 한다고 설명한다.[67] 가격법(2022)에서 정하는 가격의 종류(제2조)로는 도매가격, 소매가격, 수매가격, 운임, 요금 같은 기본 종류의 가격 그리고 일부 보충적

64 국가정보원, 『북한법령집(상)』(2022), 602-605쪽.

65 국가정보원, 『북한법령집(상)』(2024), 694-701쪽.

66 가치와 가격의 배리는 상품의 가격이 상품의 가치를 중심으로 하여 오르거나 내리는 경제적현상으로, 사회주의사회에서는 모든 근로자들을 골고루 먹이고 입히며 다같이 잘살게 하는 사회주의제도의 본질적요구를 관철하기 위하여 상품의 가치와 가격을 능동적으로 배리시킨다, 정광영 외, 『경제일군들을 위한 재정상식』(평양: 공업출판사, 2016), 226-227쪽.

67 정광영 외, 『경제일군들을 위한 재정상식』(2016), 228쪽.

인 가격 등이 있다. 도매가격은 국가 및 협동단체기관, 기업소들사이에 생산물을 주고받을 때 적용하는 가격이고, 소매가격은 소비상품을 소비자들에게 직접 팔 때 적용되는 가격이며, 수매가격은 국가가 농업생산물과 농부업생산물, 고자재[68]를 협동농장들과 주민들로부터 사들일 때 쓰이는 가격이다.[69]

그외 기업소와 관련하여 기업소가격이란 것이 있다. 기업소가격은 "생산기업소들의 경영활동결과를 계산평가하는데 사용되는 가격"으로, "도매가격을 보충하는 가격형태"이다. 기업소가격은 "기업소가격은 공장, 기업소들에서 제품의 판매수입을 규정하고 거래수입금을 계산하는 기준가격으로서 원가와 순소득(리윤)으로 구성"되며, "생산물의 도매가격이 원가, 순소득(리윤)과 거래수입금으로 구성되는 조건에서 도매가격으로 기업소의 경영활동결과를 계산평가하게 되면 기업소의 생산활동과는 직접적으로 련관이 없는 거래수입금이 경영활동결과에 영향을 주게"되어, "도매가격만을 제정하고 적용하는 경우에는 자체의 수입으로 지출을 보상하고 일정한 수익성을 보상하도록 가격공간"을 사용하는데 한계가 있다. 또한 여러 가지 이유로 하여 원가에서 심한 차이가 나는 경우 기업소집단별 또는 개별적기업소별로 가격을 정할 수 있다.[70]

기업소에서 사용하는 원가공간에는 두 가지 경우의 이용 방식이 있다. 하나는 기업소사업의 질을 평가하는 방식과 가격제정의 기초로 이용하는 방식이다. 기업소사업의 성과를 평가할 때 사용되는

68 낡았거나 오래된 자재, 『조선말대사전 1권』(2017), 411쪽.

69 정광영 외, 『경제일군들을 위한 재정상식』(2016), 228-230쪽.

70 정광영 외, 『경제일군들을 위한 재정상식』(2016), 232쪽.

실적원가, 공장원가, 공장총원가 등이고, 가격을 제정할 때 사용하는 계획원가, 부문평가원가, 개별적제품별원가 등이다.[71]

생산물의 '가격제정'에 대해서는 사회주의경제의 지도집단과 이론가들에게는 오랜 고민거리이다. 조선의 최고지도자는 '인민생활'의 안정적인 보장을 위해 생활필수품, 대중소비품에 대해 낮은 가격을 유지하도록 '지도'한다. 그러나 생산력수준의 제약 때문에 대중소비품에 대해 가격을 한없이 낮게 제정할 수 없다. 이론적으로 "상품의 가격은 가치를 고려하여" 제정하되, 상품의 가치와 가격을 배리시킬수 있으며, 이는 사회주의의 당과 국가는 상품의 가치와 가격을 능동적으로 배리[72]시켜 대중소비품의 가격을 낮추어 제정해야 함을 지도하고 있다.[73] 그러나 이런 '가치와 가격의 능동적 배리'에 대한 자의적 해석이 초래하는 위험적 상황에 대해 이전에 소련의 스탈린이 지적한 사례도 있다.[74]

71 김재서, 『주체정치경제학문답』(평양: 김일성종합대학출판사, 2013), 210-211쪽.

72 배리(背離), (사물현상의 관계가) 반대되게 떨어져나가거나 상반되게 변하는 것, 『조선말대사전 2』, 1016쪽.

73 "사회주의경제의 몇가지 리론문제에 대하여: 과학교육부문일군들이 제기한 질문에 대한 답변, 1969년 3월 1일," 『김일성전집 43』(평양: 조선로동당출판사, 2002), 19-20쪽.

74 스탈린 지음, 서중건 옮김, "U. S. S. R.에서의 사회주의의 경제적 문제들: 경제 토론 참가자들에게," 『스탈린 선집. 2 1932-1952』(서울: 전진, 1990), 241-242쪽, 스탈린의 표현으로는 '가격조작 정책'이며, 가격조작 정책의 영역에서 발생하는 혼란을 지적하면서, 가격관련 업무 집행원들과 입안자들이 중앙위원회에 제출한 '곡물 1톤의 가격을 실제로 면화 1톤의 가격과 동일한 수준으로 고정시키고 더 나아가 곡물 1톤의 가격이 구운 빵 1톤의 가격과 동등하게 책정되어야 한다는' 제안서에 대한 평가로 '이 동지들의 제안서가 합법적인 효력을 발휘했다면 무엇이 일어났는가? 우리는 면화 재배자들을 파멸시켰을 것이며 면화 없는 우리 자신을 발견했을 것'이라고 질타한다.

표 2-25 종업원들의 책임성과 창조력발양대책(제40조)

2010 조항	수정내용과 시기	2014-2020 조항
신설 조항	기업소는 직장, 작업반안에서 사회주의경쟁을 활발히 조직하고 **담당책임제를 실정에 맞게 실시**하여 모든 종업원들이 주인된 자각을 가지고 설비와 시설물, 건물을 비롯한 국가재산을 적극 애호관리하며 그 리용률과 생산성을 높이도록 하여야 한다.(2014) 기업소는 직장, 작업반, 종업원별 사회주의경쟁을 활발히 조직하고 그 총화와 평가사업을 잘하며 담당책임제를 실정에 맞게 실시하여 모든 종업원들이 주인된 자각을 가지고 설비와 시설물, 건설물을 비롯한 국가재산을 적극 애호관리하며 그 리용률과 생산성을 높이도록 하여야 한다.(2020)	제40조(종업원들의 책임성과 창조력발양대책)

제40조의 조문내용은 조선의 전통적인 '군중노선'의 강조로 해석된다. '담당책임제 실시'와 관련하여서는 협동농장관리에서도 강조하고 있다. "작업반, 분조안에서 농장원들의 담당책임제실시가 농장원들의 책임성과 창조적적극성"[75]을 강화하는 방법으로 제시하고 있다.

표 2-26 기술관리, 동력관리, 자재관리 변화(43조)

2010 조항	기업소법(2010)	수정내용과 시기	2014-2020 조항
제34조(기술관리)	기업소는 기술관리를 짜고들어 기술경제적지표를 개선하며 기술공정관리를 기술규정과 표준조작법의 요구대로 하여야 한다.	기업소는 기술관리를 짜고들어 기술경제적지표를 개선하고 기술공정관리를 기술규정과 표준조작법의 요구대로 하며 **과학기술성과의 교류와 공유를 통하여 최신성과들을 생산에 적극 도입**하여야 한다.(2020)	제43조(기술관리)

75 박승갑, 『협동농장에서 사회주의기업책임관리제 실시와 실현방도』(평양: 농업출판사, 2016), 74쪽.

제38조 (동력관리)	기업소는 석탄을 비롯한 연료를 잘 보관하고 효과있게 리용하며 열설비에 대한 기술관리를 짜고들어 사고를 없애고 열효률을 높이며 열을 랑비하지 말아야 한다.	기업소는 석탄을 비롯한 연료를 잘 보관하고 효과있게 리용하며 열설비에 대한 기술관리를 짜고들어 연료소비기준을 부단히 낮추고 열효률을 높이며 **자연열과 폐열을 효과적으로 리용**하여야 한다.(2020)	제44조 (동력관리)
제39조 (전력리용)	기업소는 전력사용한도를 지키며 공급된 전력을 정해진 대상에만 써야 한다.	기업소는 정해진 전력소비기준을 지키고 체계적으로 낮추며 교차생산조직에 따르는 전력리용질서와 전력시설관리질서를 엄격히 지켜야 한다.(2020)	
	기업소는 전력소비기준을 체계적으로 낮추며 교차생산조직에 따르는 전력리용질서를 엄격히 지켜야 한다.		
제40조 (자재관리)	기업소는 자재소요량을 정확히 타산하여 자재공급계획을 세우며 그에 따라 필요한 자재를 제때에 보장하여 생산을 정상화하여야 한다.	기업소는 **자재를 계획적으로 확보**하고 자재소요량을 정확히 타산하여 자재공급계획을 세우며 그에 따라 필요한 자재를 제때에 보장하여 생산을 정상화하여야 한다.(2020)	제46조 (자재관리)

제43조(기술관리)의 조문에 나오는 용어를 살펴보면, 기술관리는 "기계설비를 비롯한 기술수단과 기술공정을 기술공학적요구에 맞게 관리하는 사업"이고, 기술경제적지표란 "인민경제부문 또는 기업소들에서 생산요소리용의 효과성을 반영하는 질적지표"를 의미하고, 기술공정은 "기술수단을 생산에 적용하는 방법과 기술공학적요구가 실현되는 생산행정"을 말한다. 기술규정은 "생산공정에서 반드시 지켜야 할 기술공학적요구와 기준들을 규정한 기술문건"이고, "기술규정의 요구에 맞게 제품을 생산하거나 기술수단을 다루는데서 지켜야 할 작업순서와 작업동작을 정해 놓은 표준적인 규범"이라고 한다.[76] 2020년의 개정에서 추가된 내용인 "과학기술성과의

76 『조선대백과사전 프로그람』(2001), 올림말: 기술관리.

교류와 공유를 통하여 최신 성과들을 생산에 적극 도입"은 과학기술과 경제의 결합을 강조하는 것으로 보인다. 제44조(동력관리)는 「기업소법」(2010)의 동력관리(제38조)과 전력관리(제39조)의 병합으로 조항이 통합되었다. 조문의 내용을 보면 조선의 기업소들에서 사용되는 주된 동력원은 석탄이라고 추정되고, 변경사항에 반영된 조문인 "자연열과 폐열을 효과적으로 리용"하라는 내용은 국가재자원화발전전략이 반영된 내용으로 추정된다. 제46조(자재관리)에서 "자재를 계획적으로 확보"하라는 내용의 추가는 기업소가 자체적으로 자재확보에 대한 노력을 해야한다는 의미로도 읽힐 수도 있다.

표 2-27 재자원화사업 신설(제45조)

2010 조항	수정내용과 시기	2020 조항
신설 조항	기업소는 국가재자원화발전전략에 따라 재자원화계획을 현실성 있게 세우고 실행하여야 한다.(2020)	제45조 (재자원화사업)
	기업소는 재처리기술공정과 설비를 현대과학기술의 성과와 환경보호의 요구에 맞게 갖추고 생산과정에 나오는 페기페설물과 수집한 생활오물을 제때에 가공처리하여 새로운 생산자원으로 리용하여야 한다.(2020)	

조선에서 2020년 4월 최고인민회의 법령 제4호로 「재자원화법」을 제정한다. 법의 사명으로 "재자원화사업에서 제도와 질서를 엄격히 세워 경제의 지속적발전을 보장하고 생태환경을 보호"(제1조)를 목적으로 제정되었다. 재자원화는 "생산과 건설, 경영활동과정" 등에서 나오는 "페기페설물과 사람들의 생활과정에 나오는 오물들"과 같은 것을 여러 "방법으로 가공처리하여 새로운 생산자원"을 이용하는 것으로 정의하고 있다. 법에서 정의된 기관은 "중앙재자원화지도기관이란 국가계획위원회", "재자원화기관이란 내각 위원회, 성

과 그밖의 중앙기관, 도(직할시), 시(구역), 군인민위원회"를 지칭한다.[77] 제45조(재자원화사업) 조항은 「재자원화법」 제정으로 신설된다. 새로운 정책노선으로 국가재자원전략에 따라 중앙재자원화지도기관인 국가계획위원회는 "국가적으로 생산과 건설, 경영활동과 사람들의 생활과정에 나오는 페기페설물과 부산물 등 재자원화할수 있는 원천들을 량적으로, 종류별로 정상적으로 장악리용하기 위한 대책을 세우고 넌차별계획에 따라 이 사업을 강하게" 실행할 것으로 예상된다. 또한 이 국가재자원화전략에 근거하여 해당한 재자원화기관은 "실정에 맞게 재자원화를 전문으로 하는 연구단위를 내오고 페기페설물과 부산물들을 재자원화하기 위한 넌차별, 단계별 연구계획을 세우고 집행"할 계획으로 보인다.[78]

77 「재자원화법」(2020) 제2조(정의).

78 "재자원화를 전망성있게 밀고나가는데서 나서는 몇가지 문제: 국가계획위원회 국장 리정임동무와 나눈 이야기," 『민주조선』, 2020년 10월 23일.

표 2-28 노동정량 및 노동보호 변화(제48조, 제49조)

2010 조항	기업소법(2010)	수정내용과 시기	2014-2020 조항
제44조 (로동정량의 제정과 적용, 로동보수)	기업소는 로동정량을 과학적으로 적용하며 사회주의배분원칙의 요구에 맞게 사회주의로동보수제를 정확히 실시하여야 한다.	기업소는 로동정량을 과학적으로 **제정, 적용, 갱신하며** 사회주의분배원칙의 요구에 맞게 **사회주의적로동보수제**를 정확히 실시하여야 한다.(2014) 기업소는 **국가표준로동정량에 기초**하여 자체로 제정한 종합 및 세부로동정량을 해당 로동정량제정기관에 등록하고 적용하며 기술집약형, 로력절약형의 원칙에서 로동정량을 끊임없이 갱신하여야 한다.(2020)	제48조 (로동정량의 제정과 적용, 로동보수)
	2014년 조문 추가	기업소는 **로동보수자금을 소득에서 분배하는것을 기본으로 하면서** 경영수입과 소득을 끊임없이 늘여 로동보수자금의 분배규모를 종업원들의 생활을 원만히 보장할수 있는 수준으로 끌어올려야 한다.(2014) 기업소는 사회주의분배원칙의 요구에 맞게 사회주의적로동보수제를 정확히 실시하여 로동보수원천을 늘이고 로동보수수준을 체계적으로 높이며 조성된 **로동보수원천범위에서 종업원들에게 일한것만큼, 번것만큼 계산지불**하여야 한다.(2020)	
제45조 (로동보호, 사회보험 및 사회보장)	기업소는 로동보호시설을 충분히 갖추고 로동보호사업을 생산에 확고히 앞세워야 한다.	기업소는 **종업원들에 대한 로동안전교양과 로동조건보장을 바로하며** 로동보호시설을 충분히 갖추고 로동보호사업을 생산에 확고히 앞세워야 한다.(2020)	제49조 (로동보호, 사회보험 및 사회보장)

제48조(로동정량의 제정과 적용, 로동보수)는 「기업소법」(2010)의 내용을 노동정량과 노동보수 두 부분으로 나누어 조문을 보다 상세히 규정하였다. 노동정량은 "일정한 작업조건에서 제정된 로동시간에 생산하여야 할 제품(작업)량 또는 단위제품(작업)을 생산하는데 필요

한 로동시간소비기준"[79]으로 정의하고 있다. 노동정량은 "표현형식에 따라 시간로동정량과 현물로동정량으로, 사명과 역할에 따라 국가표준로동정량과 기업소로동정량으로, 로동지출의 포괄범위와 내용에 따라 세부로동정량과 종합로동정량으로" 구분하고, 이중에서 국가표준노동정량은 "국가가 제정하는 로동정량으로서 기업관리가 정규화, 규범화되고 생산이 정상화된 표준공장에서 측정한 자료를 기초로 하여 과학적으로 제정한 로동정량"을 의미한다.[80] 2020년에 「기업소법」은 국가표준노동정량에 기초하여 기업소가 자체로 기업소노동정량을 제정, 등록하여 적용하는 것으로 변경되었다.

기업소의 노동자들에게 지불하는 노동보수의 지불형태는 기본형태와 추가적형태로 구분되며, 기본형태는 생활비이고 추가적 형태는 상금제, 장려금제, 가급금제 등이다. 생활비는 "사회주의국가가 로동자, 사무원들에게 로동과정에서 소모된 육체적, 정신적 힘을 보상하고 그들의 생활을 보장하기 위하여 사회총생산액의 일부를 그들이 지출한 로동의 량과 질에 따라 분배하는 몫의 화폐적표현"으로 설명한다. 다음의 표2-29, 표2-30는 기업소의 노동보수지불형태의 유형을 요약한 표이다.[81]

79 『경제사전 1』(1985), 500쪽.
80 박명길 외, 『경제일군수첩(재판)』(2014), 103-104쪽.
81 박명길 외, 『경제일군수첩(재판)』(2014), 109-113쪽.

표 2-29　생활비(노동보수 기본형태)의 정의와 종류

종류와 분류기준		내용
생활비 정의		사회주의 국가가 노동자와 사무원들에게 노동과정에서 소모한 육체적 및 정신적힘을 보상하고 그들의 생활을 보장하기 위하여 사회총생산액의 일부를 그들이 지출한 노동의 량과 질에 따라 분배하는 몫의 화폐적 표현
도급지불제	정의	노동정량의 수행정도에 따라 계산지불하는 생활비지불의 기본형태
노동결과의 평가와 생활비계산지불 방법에 따른 도급지불제	단일 도급지불제	· 생산한 제품 또는 수행한 작업의 량과 고정된 도급단가에 의하여 생활비를 계산지불 · 작업이 고정되여 정상적으로 진행되며 노동의 결과를 정확히 평가할수 있는 부문에 적용
	루진 도급지불제	· 노동정량을 넘쳐 수행한 정도에 따라 루진적으로 높아지는 도급단가를 적용하여 생활비를 계산 · 채취공업부문을 비롯한 제한된 범위에서 적용
	질 도급지불제	· 제품의 등급별 노동정량과 도급단가를 적용하여 생산한 제품을 등급에 따라 생활비를 서로 다르게 계산 · 제품의 질이 기술규정에 의하여 등급별로 갈라져있으며 등급별 생산량을 정확히 계산평가할수 있는 부문에 적용
	기술지표 도급지불제	· 노동자들로 하여금 거둠률[82], 품위, 효률과 같은 기술지표를 개선하도록 자극을 주기 위한 목적으로 적용 · 식료, 금속, 화학, 세멘트공업부문 등 기술지표를 개선하는것이 중요한 부문들에 적용
	긴접 도급지불제	· 긴접노동자들에게 그가 봉사하는 직접도급노동자들의 노동정량 수행정도에 따라 생활비를 계산 · 수리공, 기중기 운전공,공구보장공과 같이 독자적인 책임량을 주기 어렵고 노동의 결과를 직접 평가계산하기 어려우나 직접 도급노동자들의 생산과정에 크게 영향을 주는 작업부문에서 일하는 노동자들에게 적용
	공수 도급지불제	· 노동자들에게 작업대상을 떠맡기고 실지 투하된 공수에는 관계없이 미리 정해준 도급생활비를 다 지불하는 형태 · 건설, 운수, 중요설비 또는 구축물보수 등 한 대상에 력량을 집중하여 작업능률을 높이고 작업시간을 앞당겨야 할 작업에 적용

82　얻어진 일정한 생산물의 량을 그것을 생산하기 위하여 소비한 원료, 자재의 규모에 대비한 비률, 생산과정에서 원료자재를 얼마나 효과적으로 리용하였는가를 가리키는 중요한 지표의 하나, 『조선말대사전 1권』(2017), 210쪽.; 동의어로 「실수률」이 있다, 기획재정부, 『남북한경제용어 비교사전』(서울: 기획재정부, 2021), 12쪽.

노동정량을 주는 단위에 따른 도급지불제	개인 도급지불제	노동정량이 매 노동자들에게 주어지고 생활비도 매 노동자들의 작업실적에 따라 계산지불
	반 도급지불제	노동정량이 작업반 또는 작업조단위로 주어지고 생활비도 작업반의 생산실적에 따라 지불
작업(사업)량과 일한 시간에 따르는 지불제		보조, 봉사, 관리부문 근로자들에게 작업량과 사업량과제를 주고 그 수행결과와 일한 시간에 기초하여 계산지불
기타 생활비지불제		근로자들이 직제, 직종의 일을 하지 않았을 때 지불하는 생활비의 한 형태로서 휴가기간과 훈련기간, 대의원으로서 의무수행기간, 증인, 인민참심원, 감정인, 군급이상 강습과 회의를 비롯한 국가적의무를 수행한데 대하여 계산지불

표 2-30 노동보수의 추가적 형태(상금제, 장려금제, 가급금제)

종류와 분류기준		내용
상금제	상금제의 정의	· 국가가 설정한 일정한 지표를 질량적으로 넘쳐 수행한 모범적인 집단과 개별적일군들에게 생활비외에 추가적으로 지불
	생산계획을 넘쳐 수행한데 따르는 상금	· 월을 주기로 인민경제계획을 110%이상 수행하면서 국가예산납부계획을 수행하였을 때 계산지불 · 상금원천은 조성된 노동보수자금원천 · 상금규모는 계산된 실적생활비의 100%까지 범위
	인민소비품을 생산한데 따르는 상금	· 월생활필수품생산액계획을 넘쳐 수행하였을 때 계산지불 · 상금원천은 조성된 노동보수자금원천 · 계산된 실적생활비의 100%까지, 봉사, 관리일군들에게는 계산된 실적생활비의 50%까지 범위
	노력혁신자들에게 주는 상금	· 원단위소비기준을 체계적으로 낮추고 질을 보장하면서 계획을 넘쳐 수행한것을 비롯하여 노력혁신자로 추천된 근로자들에게 지불 · 상금원천은 기업소기금
	사회주의경쟁표창금	· 사회주의경쟁에서 우승한 단위와 개별적일군들에게 해당 우승기와 함께 지불 · 상금원천은 국가예산 · 월생활비기준액의 100%범위
	노동정량을 높인데 따르는 상금	· 노동정량을 높인 도급노동자와 노동정량을 높이는데 특별히 기여한 일군들에게 주는 상금

장려금제	장려금제의 정의, 본질, 특징	· 노동의 효과성을 높여 제정된 기술경제적기준을 넘쳐 수행하고 국가에 리익을 준 근로자들에게 생활비외에 더 주는 추가적노동보수지불의 한 형태 · 생산의 질적지표개선을 직접 자극하고 추동하는 추가적노동보수형태 · 본질에서 근로자들이 생산의 질적지표를 개선하는데 이바지한 노동의 결과를 평가하여 그들에게 직접 해당한 노동보수 지불 · 특징은 사회적노동의 효과성을 척도로 하고 장려적성격을 가지며 유상유벌제가 함께 적용
	장려금제의 종류	· 생산정상화에 따르는 장려금 · 제품의 질을 높인데 따르는 장려금 · 설비리용시간을 보장한데 따르는 장려금 · 원가 및 자재절약에 따르는 장려금 · 노동정량을 높인데 따르는 장려금 · 여러 기대를 다루는 노동자들에게 주는 장려금
가급금제	가급금제의 정의	· 기본생활비만으로는 일률적으로 해결할수 없는 특수한 조건을 고려하여 기본생활비 외에 더 지불
	가급금제의 종류	· 생산공장, 기업소노동자들에게 업종년한에 따라 주는 가급금 · 지하에서 일하는 노동자들에게 주는 가급금 · 야간작업을 하는 노동자들에게 주는 가급금 · 생산공장, 기업소에서 정상적으로 3교대작업을 하는 가정부인들에게 주는 가급금 · 생산공장, 기업소의 고급기능공들에게 주는 가급금 · 생산공장, 기업소에 새로 배치된 제대군인들에게 주는 가급금 · 생산공장, 기업소의 작업반장들에게 주는 가급금

'노동정량의 제정과 적용, 노동보수' 산정과 관련 임무를 하는 비상설 위원회가 '노동정량, 생활비 및 기능급수사정위원회'로 보인다. 이 위원회의 조직은 3급 이상의 대형 기업소에 한정하고 그 이하의 기업소에서는 행정간부회의가 사정하는 것으로 규정하고 있다. 노동자의 입장에서는 가장 중요한 이해관계 위원회라고 할 수 있다. 노동의 정량은 "개별적로동자 또는 로동자집단이 일정한 조건에서 단위제품(또는 작업)을 생산하는데서 필요되는 로동시간소비기준 또는 일정한 로동시간에 생산하여야 할 제품량(또는 작업량)기준"을 의미한다. 노동정량은 "표현형식, 사명과 역할, 로동지출의 포괄범위

와 내용에 따라" 여러 가지로 구분한다.[83] 기업소에서 노동자들의 기술기능을 향상시키는 사업은 매우 중요한 사업으로 간주되고 있다. 이를 위해 기술기능학습반, 기능공양성반 등을 기업소단위로 운영하고 있다. 그리고 향상된 기술기능 수준에 맞춰 기술기능급수사정을 하는 것은 노동보수와도 밀접한 관계가 있다. 노동보수지불형태는 "기본형태와 추가적형태"로 나누고, 기본형태는 '생활비'이며, 추가적 형태에는 '상금제, 장려금제, 가급금제' 등이 있다. 생활비지불형태에는 "도급지불제와 작업(사업)량과 일한 시간에 따르는 지불제, 기타 생활비지불제" 등이 있다.[84] 표2-31, 표2-32, 표2-33는 각각 로동정량, 생활비 및 기능급수사정위원회[85], 준공검사위원회[86], 사고방지대책위원회[87] 등 비상설 위원회의 역할, 조직, 임무, 권한 등을 요약한 표이다.

표 2-31 로동정량, 생활비 및 기능급수사정위원회

분류	내용
위원회의 역할	생산자들의 노동정량과 생활비, 기능급수를 정확히 사정하여 노동에 의한 분배를 잘하고 노동자들의 생산의욕을 높여주기 위한 비상설적인 조직

83 박명길 외, 『경제일군참고수첩(재판)』(2014), 103쪽.
84 박명길 외, 『경제일군참고수첩(재판)』(2014), 109쪽.
85 박제동 외, 『지배인의 벗』(2012), 291-293쪽.
86 박제동 외, 『지배인의 벗』(2012), 293-294쪽의 내용을 필자 요약.
87 박제동 외, 『지배인의 벗』(2012), 296-297쪽의 내용을 필자 요약.

조직 기준	**3급기업소이상에서만 조직, 그 이하 기업소들에서는 행정간부회의서 사정**	
	위원장 및 부위원장	위원장은 지배인이며 부위원장은 행정부지배인(없을 때에는 노동행정부서 부서장)
	위원	노동행정부서, 기술부서, 생산지도부서, 재정회계부서 부서장들과 노동행정부서의 정량기사, 노동보수부원, 양성부원들은 자기가 맡은 해당한 내용을 취급할 때 참가하며 이밖에 직장장, 기술자, 고급기능공들도 참가 가능
노동정량	① 정기 사정: 매해 한번씩 정기적으로 하는데 7~8월 새 기준, 새 기록창조월간이 끝난 다음 9월에 진행 ② 비정기 사정: 기술혁신을 하여 노동정량이 현실과 맞지 않거나 설비 또는 원자재가 바뀌여졌을 때, 새 제품을 생산할 때 등 노동정량을 바꾸어야 할 경우	
생활비사정	① 정기 사정: 매해 광명성절을 맞으며 정기적으로 진행 ② 비정기 사정: 종업원이 새로 입직했을 때, 노동자, 기술자들의 기능급수 및 기사급수가 달라졌을 때, 관리일군들의 직제가 달라졌을 때, 가급금을 재사정할 때에는 해당한 시기에 진행	
기능급수사정	① 정기 사정: 매해 1.4분기 안에 진행 ② 비정기 사정: 기능공학교, 기능강습, 개별기능전습이 끝났거나 대학 및 전문학교졸업생들이 기능급수를 적용하는 부문에 배치되였을 때, 직종이 바뀌였을 때에는 임의의 시기 진행	

표 2-32 준공검사위원회

분류	내용	
위원회의 역할	공사대상물이 질적으로 준공검사에서 완전히 통과된 다음에 넘겨받도록 하기 위하여 조직 운영	
위원회 조직	위원장 및 부위원장	위원장은 지배인이며 부위원장은 기사장 또는 건설부문을 맡은 부서장
	위원	생산지도부서, 기술부서, 설비부서, 동력부서, 노동안전부서, 자재부서, 재정회계부서 부서장들과 설계일군들
준공검사 과정	① 준공검사 전 준비: 분공조직과 준공검사문건 작성 ② 검사진행: 해당 검사 진행 후 검사내용을 검사대장에 등록 ③ 검사 후: 검사결과를 가지고 합평을 조직하며 검사에서 미진된 내용이 있는 경우에는 언제까지 퇴치할데 대한 과업을 주고 다시 검사	

표 2-33 사고방지대책위원회

분류	내용	
위원회의 역할	기업소에서 노동재해사고, 설비사고, 오작사고 등 각종 사고를 미연에 방지하고 사고가 발생하였을 때 그에 대한 심의를 조직하고 해당한 대책을 세우도록 하는 비상설적인 조직	
조직	위원장 및 부위원장	위원장은 지배인이며 부위원장은 기사장
	위원	생산지도부서, 노동행정부서, 기술부서, 재정회계부서, 자재부서, 설비부서, 노동안전부서 부서장 등 일군들과 기술자, 고급기능공들을 포함
토의 내용	각종 사고 사전 방지 대책 토의 발생된 사고에 대한 심의와 대책 마련	
사고내용에 따른 주관부서	① 노동재해사고: 노동안전부서 ② 설비사고: 설비관리부서 ③ 오작, 불합격품 발생: 기술부서 ④ 재산사고: 자재공급부서	

기업소의 노동보호사업에서 "근로자들에 대한 로동안전교양사업을 강화하고, 로동보호조건을 원만히 보장하며, 로동안전규률과 질서를 철저히 세우고 집행에 대한 통제를 강화하는 것"을 강조하고 있다.[88]

88 박명길 외,『경제일군수첩(재판)』(2014), 114-115쪽.

표 2-34 '고정재산의 관리' 변화(제50조)

2010 조항	기업소법(2010)	수정내용과 시기	2014-2020 조항
제37조 (설비관리)	기업소는 설비를 빠짐없이 등록하고 계획적으로 보수정비하여야 한다.	2014년에는 조항 삭제 2015년 제50조(고정재산의 관리) 조항으로 병합하여 일부 조문 유지	제50조 (고정재산의 관리)
	기업소는 <26호선반을 따라배우는 충성의 모범기대창조운동> 같은 대중적관리운동을 힘있게 벌려 설비를 언제나 알뜰히 관리하여야 한다.		
제46조 (건물, 시설물 관리) [제50조 (고정재산의 관리) (2014)]	기업소는 건물, 시설물을 현대적으로 꾸리고 위생문화적으로 관리하여야 한다.	기업소는 건물, 시설물을 현대적으로 꾸리고 위생문화적으로 관리하여야 한다.(2014) 기업소는 부동산, 설비를 비롯한 고정재산을 빠짐없이 등록하고 그 관리를 책임적으로 하여야 한다.(2015) 기업소는 부동산, 설비를 비롯한 고정재산을 빠짐없이 등록하고 그 관리와 리용을 기술적요구에 맞게 하여야 한다.(2020)	
	건물, 시설물을 비롯한 부동산은 빠짐없이 등록하여야 한다.	기업소는 고정재산의 특성과 사용년한을 고려하여 자체로 갱신주기를 정하고 여러가지 감가상각방법을 적용하여 개건현대화에 필요한 자금을 마련하여야 한다.(2015)	
		남거나 사장되여 있는 부동산, 설비를 비롯한 고정재산은 합의가격에 의한 자금담보를 세우고 해당 기관에 등록한 조건에서 다른 기업소에 이관, 임대하며 이 과정에 이루어진 자금은 경영활동에 리용할수 있다.(2015)	

다음은 기업소의 경영활동(제4장)에서 제정이후 2020년 개정때까지 수정이 없는 조항을 정리하였다.

표 2-35 제4장(기업소의 경영활동)의 불변조항

2010년 조항	조문 내용	2014-2020 조항
제32조 (과학기술발전사업)	① 기업소는 국가의 과학기술발전방향과 과업, 과학기술발전추세, 기업소의 현실태와 생산발전전망을 깊이 연구분석한데 기초하여 과학기술발전계획을 현실성있게 과학적으로 세우며 기술자, 로동자들의 창조적협조를 강화하고 대중적기술혁신운동을 힘있게 벌려 그것을 어김없이 실행하여야 한다.	제41조 (과학기술발전사업)
	② 발명과 창의고안을 비롯한 기술혁신을 하여 국가에 리익을 준 일군과 종업원에게는 해당한 평가를 한다.	
제33조 (기술개건)	① 기업소는 과학기술과 생산을 밀착시키며 현대적기술에 기초한 자력갱생의 원칙을 구현할수 있게 기술개건목적과 목표, 방향을 제시하고 기술개건사업을 적극적으로 밀고나가야 한다.	제42조 (기술개건)
	② 기술개건은 그 단계와 대상, 선후차와 방도 같은것을 정확히 정하고 경제적실리가 나게 하여야 한다.	
제34조 (기술관리)	낡은 기술규정과 표준조작법은 제때에 갱신하여야 한다.	제43조 (기술관리)
제40조 (자재관리)	① 기업소는 자재관리체계를 정연하게 세우고 자재소비기준을 정확히 지키며 자재를 극력 절약하여야 한다.	제46조 (자재관리)
제41조 (재산실사)	① 기업소는 기업소재산에 대한 실사를 정해진대로 하여야 한다.	제47조 (재산실사)
	② 재산실사정형은 제때에 상급기관과 해당 기관에 보고하여야 한다.	
제45조 (로동보호, 사회보험 및 사회보장)	기업소는 국가사회보험 및 사회보장제도를 정확히 실시하여 종업원들에게 국가의 인민적시책이 골고루 차례지도록 하여야 한다.	제49조 (로동보호, 사회보험 및 사회보장)
제47조 (종업원생활조건의보장)	① 기업소는 종업원들의 살림집문제, 부식물공급문제, 땔감문제 같은 생활상문제를 책임적으로 풀어주어야 한다.	제51조 (종업원생활조건의 보장)
	② 기업소는 탁아소와 유치원, 어린이병동, 정양소, 료양소 같은 것을 잘 꾸리고 정상적으로 관리운영하여야 한다.	
제49조 (경영총화)	경영총화에서는 기업소경영활동에서 나타난 성과와 결함, 경험과 교훈을 찾고 직장, 작업반과 일군들의 활동정형을 공정하게 평가하며 기업관리를 개선하고 인민경제계획을 어김없이 수행하기 위한 대책을 세운다.	제52조 (경영총화 및 평가)

과학기술발전사업(제32조)에서 지배인이 해야할 중요내용으로 "기술개건과 새 제품연구개발, 새 기술도입사업 등"[89]으로 권고하고 있다. 기술개건사업과 관련하여 지배인에게 "기술개건방향을 정확히 제시하는 것"과 "기술개건방안을 과학적으로 작성하도록 지도하는 것"을 강조하고 있다.[90] 새 제품개발사업과 관련하여 "새 제품연구개발목표를 정확히 설정하는 것", "새 제품연구개발집단과 연구개발과정을 합리적으로 조직하는 것", "제품설계를 잘하도록 하는 것" 그리고 "기술공정준비사업을 잘 조직하는 것"을 지배인의 임무로 설정하고 있다.[91] 또한 새 기술도입과 대중적기술혁신운동의 전개와 관련하여서는 "①새 기술도입 사업을 책임적으로 틀어쥐고나가는 것", "②대중적기술혁신운동을 책임적으로 조직지도하는 것", 특히, 3대혁명붉은기쟁취운동과 기업소의 대중적기술혁신운동의 결합에 대하여 지배인들에게 강조하고 있다.[92] 기업소의 과학기술발전사업은 지배인과 기사장의 주요 임무로 추정된다.

자재관리(제40조)와 관련하여서는 지배인이 다음과 같은 사항을 지도해야 것으로 상소하고 있다. ①자재공급계획작성과 계약을 잘하도록 하며 그것이 철저히 집행되도록 조직지도, ②자재소비기준화사업을 틀어쥐고 끊임없이 개선강화하기 위한 대책 마련, ③자재창고를 잘 꾸리고 창고관리를 엄격히 하도록 지도 통제, ④지배인이 기업소의 수송정형을 수시로 알아보고 생산된 제품과 원료, 자재가

89 박제동 외, 『지배인의 벗』(2012), 231쪽.
90 박제동 외, 『지배인의 벗』(2012), 232-233쪽.
91 박제동 외, 『지배인의 벗』(2012), 236-243쪽.
92 박제동 외, 『지배인의 벗』(2012), 236-247쪽.

제때에 수송이 되게 지도하도록 한다.[93] 자재관리에서 중요한 내용은 '자재소비기준'을 기업소의 실정에 맞게 작성하는 것이 필요하다. 자재소비기준 작성표에 대한 '일반적 기준'을 다음과 같이 분류한다. 표2-36는 자재소비기준 분류표를 요약한 것이다.

표 2-36 일반적 자재소비기준[94]

대분류 기준	소분류 기준
생산경영활동에서 노는 역할에 따라	원료 및 기본자재 소비기준, 보조자재 소비기준, 연료 소비기준, 부속품 소비기준, 공구 및 지구소비기준
자재의 사명과 용도에 따라	생산용자재 소비기준, 건설용자재 소비기준, 보수용자재 소비기준, 노동보호용자재 소비기준, 경영용자재 소비기준
적용기간에 따라	전망 소비기준, 현행 소비기준
질적 수준에 따라	표준 소비기준, 잠정 소비기준
내용의 구체화정도에 따라	종합 소비기준, 세부 소비기준, 완전 소비기준
적용범위와 조건에 따라	유일 소비기준, 부문별 소비기준, 기업소별 소비기준
제품규격구성과 생산조건의 정도에 따라	개별 소비기준, 평균 소비기준
쓰이는 용도에 따라	계획기준, 적용기준

종업원의 생활조건보장사업(제47조), 즉 후방사업은 "근로자들의 혁명적열의와 창조적적극성을 높이 발양시키는 정치사업"으로 규정하면서 지배인이 놓쳐서는 안될 중요 사업으로 강조하고 있다. 후방사업과 관련한 사업내용은 다음과 같다.

93 박제동 외, 『지배인의 벗』(2012), 233-235쪽.

94 박명길 외, 『경제일군참고수첩(재판)』(평양: 공업출판사, 2014), 85쪽. 필자 정리.

① 종업원들의 생활을 책임지는 립장에서 부식물공급사업을 잘하도록 하는것
② 연료공급사업을 잘하도록 하는것
③ 종업원들의 살림집문제를 자체로 해결하도록 하는 것
④ 합숙생들의 생활을 책임적으로 돌보는 것
⑤ 편의시설망을 잘 꾸리고 종업원들의 생활상편의를 원만히 보장하는 것
⑥ 탁아소, 유치원, 병원을 잘 꾸리도록 하는것[95]

표 2-37 경영총화의 변화(제52조)

2010 조항	기업소법(2010)	수정내용과 시기	2014-2020 조항
제49조 (경영총화)	기업소는 경영총화를 순별, 월별, 분기별, 반년별, 년도별로 정상적으로 지어야 한다.	기업소는 경영총화를 **일별**, 순별, 월별, 분기별, 반년별, 년별로 진행하며 **경영활동결과를 월마다 종업원들에게 공개**하여야 한다.(2020)	제52조 (경영총화 및 평가)
		기업소는 국가로부터 받은 **인민경제계획과 재정계획, 가격 같은것을 통계기관에 등록**하고 통계장악을 위한 정연한 체계를 세우며 **통계기관의 현지확인을 통하여 인민경제계획실행정형을 의무적으로 평가받아야** 한다.(2020)	

기업소의 경영총화는 순(旬)별로는 상순, 중순, 하순총화로 하며, 하순총화는 월총화와 같이 진행한다. 상순총화는 "《월초병》을 없애고 월계획의 3분의 1이상 수행하였는가 하는데 중심을 두고", 중순총화는 "남은 기간에 월계획을 수행하며 다음달 생산준비를 위

95 박제동 외, 『지배인의 벗』(2012), 260-262쪽.

한 대책을 세우는데 중심을" 두며, 하순총화는 "월총화와 같이 하되 중순총화에서 취한 대책과 분공수행정형을 중심"에 두고 진행한다. 순총화보고서는 "지배인이 준 방향에 따라 기사장의 지도밑에 생산지도부"가 작성하며, 기사장이 총화보고서를 검토한다. 완성된 "총화보고자료를 행정간부회의에서 기사장이 제기하고 토론하며 지배인이 결속하는 방법으로 회의"를 진행한다.

월경영총화도 행정간부회의서 진행하며, 연간계획총화는 행정간부회의 또는 종업원회의에서 기업소 차원에서 진행한다.[96] 이런 행정간부회의 중심의 총화진행에 대해 「기업소법」(2020)에서는 경영활동결과를 월마다 종업원들에게 공개하도록 수정하여 규제하고 있다. 종업원들의 참여, 즉 기업소 경영에서 군중노선의 강화로 읽힐 수 있다. 다른 한편으로는 기업소 경영에서 행정간부 중심의 관료주의적 행동 가능성을 제한하는 측면이 강화되는 것으로 보인다.

경영총화(제49조, 2010)를 위해 사업총화보고서를 작성하게 되는데, 중요한 보고서로 인민경제계획수행총화보고서와 재정총화보고서가 있다. 사업총화보고서는 "지난 시기의 사업을 분석총화하고 앞으로의 사업방향과 개선대책을 세우는 문건"[97]으로 지배인이 작성하거나 지배인의 지도 하에 작성하게 된다. 다음의 표 2-38, 표 2-39는 인민경제계획수행총화보고서와 재정총화보고서 작성에 대한 실무지침이다.

96 박제동 외, 『지배인의 벗』(2012), 218-221쪽.

97 박제동 외, 『지배인의 벗』(2012), 312쪽.

표 2-38 인민경제계획수행총화보고서[98]

구분	내용	
보고서 종류	총화기간에 따라 월, 분기, 상반년, 년간 계획총화보고서	
보고서 특징	① 해당 기간의 계획수행정형을 분석총화하고 거기에서 얻은 경험과 교훈에 기초하여 남은 계획수행기간 또는 다음해 계획을 원만히 수행하기 위한 대책 수립 ② 해당 기간에 수행한 계획대 실적을 정치사상적 및 경제기술적, 행정조직적 측면에서 분석 해당 기업소에서 월, 분기, 상반년, 년간별로 정기적으로 총화하는 문건	
보고서의 구성	머리글	인민경제계획수행총화 당시의 환경과 총화회의의 목적과 의의
	기본 내용	① 인민경제계획수행을 위하여 취한 대책 ② 해당 기간 계획수행결과 ③ 계획수행기간 이룩한 성과와 그 요인 ④ 인민경제계획수행에서 나타난 결함과 그 원인 ⑤ 남은 기간 또는 다음해 인민경제계획을 성과적으로 수행하기 위한 과업과 방도
	맺는글	회의참가자들에게 앞으로 계획수행에서 나서는 과업을 반드시 수행하여야 한다는 높은 책임감과 그것을 능히 수행할수 있다는 신심을 안겨주며 과업수행에 한결같이 떨쳐나서도록하는 방향에서 간단히

표 2-39 재정총화보고서[99]

구분	내용
보고서 종류	기업소들에서 일정한 기간의 재정예산집행정형을 총화하는 회의문건
보고서 특징	① 기업소들에서 총화주기에 따라 정기적으로 제기되는 보고서 ② 총화기간의 재정 예산집행결과를 주로 화폐형태로, 금액적으로 분석총화한 보고서
보고서 작성의 요구(원칙)	① 당의 재정정책에 기초하여 작성 ② 인민경제계획수행 총화와 맞물려 작성 ③ 당의 선군정치의 요구를 구현한 정형을 정확히 총화할수 있도록 작성

98 박제동 외, 『지배인의 벗』(2012), 312-314쪽, 필자 요약.

99 박제동 외, 『지배인의 벗』(2012), 314-316쪽, 필자 요약.

보고서의 구성	머리글	인민경제계획수행총화 당시의 환경과 총화회의의 목적과 의의
	기본 내용	① 총화기간 재정계획지표들의 계획수행정형에 대하여 총액적으로 총화 ② 총화기간 국가예산집행과정에 이룩된 성과 작성 ③ 총화기간 재정계획 집행에서 나타난 결함과 그 원인 ④ 다음 시기 재정계획의 성과적 수행을 위하여 나서는 과업과 방도
	맺는글	회의참가자들에게 앞으로 계획수행에서 나서는 과업을 반드시 수행하여야 한다는 높은 책임감과 그것을 능히 수행할수 있다는 신심을 안겨주며 과업수행에 한결같이 떨쳐나서도록하는 방향에서 간단히 작성

5
기업소사업에 대한 지도통제

기업소법의 제5장

국가(국가기관)의 기업소사업에 대한 지도통제(제5장)와 관련한 조항은 「기업소법」(2010)에서 5개의 조항으로 제정되어 「기업소법」(2020)에서도 5개 조항으로 유지되고 있다. 그 조항을 보면, 기업소사업에 대한 지도(제53조), 경영활동정형의 보고(제54조), 기업소의 경영활동조건보장(제55조), 기업소사업에 대한 대한 감독통제(제56조), 행정적 또는 형사적책임(제57조) 등이 규제되어 있다. 이 조항중에서 제56조와 제57조의 내용은 조항 전체의 조문 수정없이 「기업소법」(2020)까지 유지되고 있다.

표 2-40 제5장(기업소사업에 대한 감독통제)의 불변조항

2010년 조항	조문 내용	2014-2020 조항
제50조 (기업소사업에 대한 지도)	② 기업소사업에 대한 지도는 내각의 통일적인 지도밑에 해당 중앙기관, 도(직할시), 시(구역), 군인민위원회가 한다.	제53조 (기업소사업에 대한 지도)
제51조 (경영활동정형의 보고)	② 해당 지도기관은 기업소의 경영활동을 분석하고 제기되는 문제를 제때에 풀어주어야 한다.	제55조 (경영활동정형의 보고)

제53조 (기업소사업에 대한 감독통제)	① 기업소사업에 대한 감독통제는 해당 감독통제기관이 한다.	제56조 (기업소사업에 대한 감독통제)
	② 해당 감독통제기관은 기업소의 경영활동이 사회주의경제관리원칙의 요구에 맞게 진행되도록 감독통제사업을 강화하여야 한다.	
제54조 (행정적 또는 형사적책임)	이 법을 어겨 엄중한 결과를 일으킨 기관, 기업소, 단체의 책임있는 일군에게는 정상에 따라 행정적 또는 형사적책임을 지운다.	제57조 (행정적 또는 형사적책임)

기업소 사업에 대한 지도통제에서 중요한 변화는 '사회주의경제원칙요구'에서 '우리 식 경제관리방법의 요구'에 맞게 지도하겠다는 수정 내용이다. 눈에 띄는 조문은 「기업소법」(2010)의 제52조 ②항 "기업소의 로력과 설비, 자재, 자금 같은것은 경영활동과 관련이 없는 일에 돌려쓸수 없다"는 조문이다. 이는 2010년 「기업소법」 제정 당시까지 기업소에서 이런 현상이 많이 발생하였기 때문에 규제한 것으로 추정된다. 그러나 2014년 조항의 삭제가 위의 현상이 없어졌다고 추정하기에는 확실하지 않다. 「기업소법」(2010)의 '경영활동정형'과 「기업소법」(2014)의 '경영활동'은 어떤 의미상의 차이가 있는지 문헌상으로 확인하기 쉬워 보이지 않는다.

표 2-41 제5장(기업소사업에 대한 감독통제)의 변화

2010 조항	기업소법(2010)	수정내용과 시기	2014-2020 조항
제50조 (기업소사업에 대한 지도)	내각과 해당 기관은 **사회주의경제관리원칙**요구에 맞게 기업소사업을 엄격히 장악, 지도하여야 한다.	내각과 해당 기관은 사회주의원칙을 확고히 견지하면서 **우리 식 경제관리방법**의 요구에 맞게 기업소사업을 엄격히 장악, 지도하여야 한다.(2014)	제53조 (기업소사업에 대한 지도)

제52조 (기업소의 경영활동 조건보장)	국가계획기관과 로동행정기관, 자재공급기관, 재정은행기관, 해당 기관은 기업소의 경영활동에 필요한 로력과 설비, 자재, 자금 같은것을 제때에 보장해주어야 한다.	내각과 해당 기관은 **기업소가 국가로부터 부여받은 경영권을 바로 행사하여 자기의 책임과 역할을 다할수 있도록 우리 식 경제관리방법을 구현한 규정, 세칙들을 제때에 작성, 시달**하며 필요한 조건을 충분히 보장해주어야 한다.(2014)	제54조 (기업소의 경영활동조건 보장)
	기업소의 로력과 설비, 자재, 자금 같은것은 경영활동과 관련이 없는 일에 돌려쓸수 없다.	(2014 삭제)	
제51조 (경영활동 정형의 보고)	기업소는 **경영활동정형**에 대하여 정기적으로 해당 지도기관에 보고하여야 한다.	기업소는 **경영활동**에 대하여 해당 상급기관에 정기적으로 보고하여야 한다.(2014)	제55조 (경영활동정형의 보고)
	해당 지도기관은 **기업소의 경영활동**을 분석하고 제기되는 문제를 제때에 풀어주어야 한다.	상급기관은 **기업소의 경영활동정형**을 분석하고 제기되는 문제를 제때에 풀어주어야 한다.	

6
소결

앞에서 살펴본 「기업소법」의 3차례 개정과정에서 2020년 「기업소법」을 기준으로 3차례 모두 개정한 항목은 제35조(제품개발), 제50조(고정재산의 관리), 2차례의 개정항목은 제4조(기업소의 경영원칙), 제27조(비상설위원회의 조직운영), 제31조(인민경제계획의 실행), 제32조(생산조직 및 생산공정관리), 제33조(관리기구와 로력조절), 제34조(제품개발), 제36조(인재관리), 제37조(무역과 합영, 합작), 제40조(종업원들의 책임성과 창조력 발양대책) 등이다. 1차례만 개정된 조항은 19개 조항이다. 「기업소법」이 채택되고 10년 동안 많은 개정을 했다는 것은 채택할 때 법률준비 상황이 부족하였거나 현실변화가 많았거나 정책의 수정이 많이 있었다는 것을 의미한다고 볼 수 있다. 특히 3차례 모두 개정된 '제품개발' 항목이나 '고정재산의 관리'는 조선경제당국의 고민이 어디에 중점을 두고 있는지 시사해주는 측면이 있다고 본다. 이런 유사한 사례는 '인민경제계획법'과 '재정법' 등에서도 발견할 수 있다.

표 2-42 기업소법의 제정·개정 주요 내용[100]

구분	2010 제정	2014, 2015	2020
기업소의 경영원칙	경영활동에서 사회주의원칙을 지키면서도 최대한의 실리	사회주의기업책임관리제를 바로 실시(신설)	기업소를 노력절약형, 에네르기절약형, 원가절약형, 부지절약형으로 전환(신설)
경영활동의 원칙	인민경제의 주체화, 현대화, 과학화		인민경제의 정보화 추가
기업소의 경영권		기업소의 경영권 개념 신설. 기업소의 경영권을 올바로 행사하는 것은 사회주의기업책임관리제를 제대로 실시하기 위한 중요한 요구	
경영권의 요소권리	인민경제계획의 작성 및 실행, 생산공정관리, 노력관리, 품질관리, 기술자·전문가·기능양성, 재정관리, 제품판매	계획권, 관리기구 및 노력조절권, 제품개발권(신설), 품질관리권, 인재관리권, 무역과 합영·합작권(신설), 재정관리권, 가격제정권, 판매권	
노동보수	사회주의분배원칙	기업소는 노동보수자금 분배규모를 종업원 생활원만 보장 수준으로 향상	노동보수원천범위에서 종업원들에게 일한것만큼, 번것만큼 계산지불(사회주의분배원칙)
재정관리 의무			기업소의 재정관리 관련 의무 사항 대폭 확대
기타 경영 일반관리 사항	과학기술발전사업, 기술개진, 기술관리, 동력관리, 전력이용, 자재관리, 재산실사, 노동보호와 사회보험, 설비관리, 건물·시설물관리, 종업원생활조건의 보장, 경영총화	고정재산의 합의가격에 의한 자금담보 기능, 임대가능	재자원화사업 추가 동력관리와 전력이용 병합 경영총화 월마다 종업들에게 공개 통계기관의 현지확인을 통해 인민경제계획실행정형 의무적 평가

「기업소법」에 대한 심화된 이해, 특히 사회주의기업책임관리제 실시와 함께 신설된 경영권의 하위 권리와 관련된 내용을 이해하기 위해서는 연관법의 내용과 변화를 함께 살펴 보는 것이 필요하다고

100 양문수 외, 『북한경제 공식문헌 해제』(세종: 기획재정부, 2024), 350쪽의 표를 참조하여 필자 보완.

본다. 「기업소법」에서 규정하고 있는 기업소의 경영활동(제4장)과 관련한 여러 경제법에서 같이 규제를 받고 있다. 표2-43는 기업소의 경영활동과 관련한 주요 부문법을 요약한 것이다.

표 2-43 기업소 경영활동과 관련한 부문법

기업소의 경영활동 내용	관련 경제법
계획권(제31조)	인민경제계획법, 국가예산수입법, 통계법
생산조직권(제32조)	과학기술법, 개별 산업법(석탄법, 유색금속법, 전력법, 주물품 협동생산 법 등)
관리기구와 로력조절권(제33조)	기구법, 사회주의로동법
제품개발권(제34조)	과학기술법, 쏘프트웨어산업법, 발명법, 저작권법
품질관리권(제35조)	과학기술법, 품질감독법, 규격법, 계량법, 상표법
인재관리권(제36조)	교육법, 원격교육법, 사회주의로동법, 고등교육법
무역과 합영, 합작권(제37조)	무역법, 가공무역법, 외국인투자법, 합영법, 합작법 외
재정관리권(제38조)	재정법, 국가예산수입법, 회계법, 회계검증법, 중앙은행법, 상업은행법
가격재정권과 판매권(제39조)	가격법, 사회주의상업법
과학기술발전사업(제41조)	과학기술법
기술개건(제42조)	과학기술법
기술관리(제43조)	과학기술법, 기술수출입법
동력관리(제44조)	전력법, 석탄법
재자원화사업(제45조)	재자원화법, 환경보호법, 페기페설물취급법
자재관리(제46조)	자재관리법
재산실사(제47조)	사회주의재산관리법, 부동산관리법
로동정량의 제정과 적용, 로동보수(제48조)	사회주의로동법, 로동보수법, 로동정량법
로동보호, 사회보험 및 사회보장(제49조)	사회주의로동법, 로동보호법, 사회보험 및 사회보장법
고정재산의 관리(제50조)	사회주의재산관리법
종업원생활조건의 보장(제51조)	사회주의재산관리법, 살림집법, 사회급양법, 아동권리보장법

제3장

「기업소법」의 기본원칙

1
「기업소법」의 사명, 정의, 원칙

「기업소법」 제1조, 제2조, 제3조에는 「기업소법」의 사명, 기업소의 정의, 기업소의 조직원칙을 규정하고 있다. 그 조문내용을 보면 다음과 같다. 이 조항은 세 차례의 개정에도 내용이 변하지 않고 유지되고 있다.

표 3-1 제1장(기업소법의 기본)의 불변조항

조항	조문 내용
제1조 (기업소법의 사명)	조선민주주의인민공화국 기업소법은 기업소의 조직과 경영활동에서 제도와 질서를 엄격히 세워 사회주의기업관리체계를 공고히 하고 인민경제를 발전시키는데 이바지한다.
제2조 (기업소의 정의)	① 이 법에서 기업소란 일정한 로력, 설비, 자재, 자금을 가지고 생산 또는 봉사활동을 직접 조직진행하는 경제단위이다.
	② 기업소에는 인민경제계획을 실행하는 생산, 건설, 교통운수, 봉사단위 같은것이 속한다.
제3조 (기업소의 조직원칙)	① 기업소의 조직은 기업소를 신설하거나 축소, 통합, 분리, 변경하는 중요한 사업이다.
	② 국가는 기업소의 조직기준을 바로 정하고 그것을 엄격히 지키도록 한다.

기업소와 관련하여 헌법에 직접적으로 언급된 내용을 보면 두 가지 측면에서 나타난다. 하나는 법인격이라는 측면에서 기업소를 규제하고 다른 하나는 경제단위로서의 기업소를 규제하고 있다. 법

인격과 관련한 조항은 헌법(2019년 8월) 제18조 ②에 "법에 대한 존중과 엄격한 준수집행은 모든 기관, 기업소, 단체와 공민에게 있어서 의무적이다.", 제156조 ①"기관, 기업소, 단체와 공민들이 국가의 법을 정확히 지키는가를 감시한다.", 제162조 ②"모든 기관, 기업소, 단체와 공민들이 국가의 법을 정확히 지키고 계급적원쑤들과 온갖 법위반자들을 반대하여 적극 투쟁하도록 한다." 등에 규제되어 있다. 경제단위로서 규제되는 조항을 보면, 제21조 ②"나라의 모든 자연부원, 철도, 항공운수, 체신기관과 중요공장, 기업소, 항만, 은행은 국가만이 소유"이고, 제22조 ②"토지, 농기계, 배, 중소공장, 기업소 같은것은 사회협동단체가 소유할수"있다. 제36조 ①"조선민주주의 인민공화국에서 대외무역은 국가기관, 기업소, 사회협동단체가" 하며, 제37조에는 "국가는 우리 나라 기관, 기업소, 단체와 다른 나라 법인 또는 개인들과의 기업합영과 합작, 특수경제지대에서의 여러가지 기업창설운영을 장려"하는 것으로 규제되고 있다. 또한 제125조 4항 "내각직속기관, 중요행정경제기관, 기업소를 내오거나 없애며 국가관리기구를 개선하기 위한 대책을 세운다."에서 기업소의 창설과 해산에 대한 대책이 내각의 임무와 권한임을 명시하고 있다.

먼저 '기업소'에 대한 정의를 살펴보자. 「기업소법」(2010)에서는 '일정한 노력, 설비, 자재, 자금을 가지고 생산 또는 봉사활동을 직접 조직진행하는 경제단위'이며 '인민경제계획을 실행하는 생산, 건설, 교통운수, 봉사단위같은 것'이라고 정의하고 있다. 이는 「기업소법」이 제정된 2010년 현재 '기업소'에 대한 법적인 정의이다. 2017년 현재 '기업소'를 일반적으로 "경영활동을 독자적으로 직접 조직진행하는 경제단위"로서 "일정한 로력, 설비, 자재, 자금 등을 가지고 생산활동이나 봉사활동을 진행한다. 자체의 수입으로 지출을 보장

하고 채산을 맞추는데 특징이 있다"고 설명한다.[01]

정치경제학 측면에서 기업소의 정의를 보면, 1950년대 소련에서는 '사회주의적 국영기업소'에 대해 "전 인민적 소유와 착취에서 해방된 일군들의 집단적 로동에 기초하며, 제1차적 고리(경영 단위)로 되며, 유일적인 인민 경제 계획에 기초하여 자기 활동을 전개하는 기업소"[02]로 정의한다. 집단적 노동과 인민경제계획에 기초한 활동이 중요 구성 요소이다. 집단적 노동은 자본주의적 기업소의 자본가에 대한 이윤 귀속에 대비되는 것으로 이해되고 인민경제계획에 기초한 활동은 사회주의계획경제의 범위 안에서 기업활동이 보장되는 것으로 이해된다.

1970년에는 기업소를 "독자적으로 경영활동을 조직 진행하는 경영단위"이며 "공장, 광산, 탄광 등과 공통성을 가지면서도 구별되는 개념"으로 "기업소가 독립적채산에 기초하는 경영단위로서의 성격을 반영하는 것이라면 공장, 광산, 탄광, 조선소 등은 생산의 조직기술적 단위로서의 특성을 반영"하는 것으로 개념구분을 한다.[03]

1985년에는 기업소를 "독자적으로 경영활동을 직접 조직진행하는 경제단위"로서 "일정한 로력, 설비, 자재, 자금 등을 가지고 생산활동을 진행하거나 봉사활동을 진행하며 얻은 수입으로 지출을 보상하고 채산을 맞추면서 경영활동을 진행"하는 단위이다. 기업소와 공장, 광산, 탄광 등은 "인민경제의 기층단위라는 점에서는 공통성"이 있지만 경영단위와 생산의 조직기술적단위라는 차이가 있어

01 『조선말대사전 1』(2017), 798쪽.
02 『경제학 소사전』(평양; 조선로동당출판사, 1960) 159쪽.
03 『경제사전 1』(평양; 사회과학원 경제연구소, 1970) 322쪽, 이하에서 표기의 번거로움을 피하기 위해 『경제사전 1』(1970)으로 간략표시.

서 “하나의 기업소가 하나의 공장일수도 있고 몇개의 공장이 합쳐 하나의 기업소로 될수 있”다고 설명한다.[04] 2001년의 『조선대백과사전 프로그람』에서도 1985년의 기업소 정의를 그대로 따르고 있다.

조선에서는 ‘경제’를 “사회생활의 물질적기초를 이루는 요소로서 사람이 살아나가며 사회가 발전하는데 필요한 사회적생산과 분배 및 류통과 소비과정에서 맺어지는 사람들의 사회적관계 곧 생산관계의 총체 또는 사회적분업부문들의 총체”[05]로 정의한다. 비교하여 ‘경영’은 “(공장, 기업소 및 그밖의 사업을) 관리하고 운영하는 것”[06]으로 정의하며, ‘경영단위’를 “일정한 자금을 가지고 경영활동을 독자적으로 진행하는 기관, 기업소. 생산단위와는 달리 경리운영의 조직경제적측면을 반영하는데 예산제로 운영되는것과 독립채산제로 운영되는 것”[07]으로 설명하고 있다. 거시적 측면에서 설명할 때는 ‘경제단위’로, 경제실무적 차원에서 설명할 때는 ‘경영단위’를 사용하는 경향이 보이지만 때때로 혼용하여 사용하는 경우도 있어 그 의미는 단락의 맥락상 해석하는 것이 대체로 타당해 보인다.

기업소의 분류에 대해 1960년 발행된 『경제학 소사전』에는 산업과 소유 측면에서 사회주의적 국영기업소, 사회주의적 농업기업소, 협동조합기업 등으로 분류하고 지역측면에서 지방 공업기업소를 별도로 구분한다. 이런 분류는 기존 소련의 기업소 분류이다.

04 『경제사전 1』(평양: 사회과학원 주체경제연구소, 1985), 302쪽, 이하에서 표기를 『경제사전 1』(1985)로 간략표시.

05 『조선말대사전 1』, 348쪽.

06 『조선말대사전 1』, 359쪽.

07 『조선말대사전 1』, 359쪽.

1970년의 기업소에 대한 분류는 "소유형태에 따라 국영기업소와 협동단체기업소"로 구분하고, 관리기관의 소속을 기준으로 "중앙에서 관리하는 기업소와 지방에서 관리하는 기업소"로 구분한다. 또한 "사회적재생산환절[08]에서 차지하는 위치에 따라서 그것은 생산기업소와 류통기업소"로 구분한다. 생산기업소들은 "생산부문별 표식에 의하여 공업기업소, 농업기업소, 건설기업소 등으로", 공업기업소들은 세분화하여 "로동대상, 생산물의 용도, 생산과정의 공통성 등 표식에 의하여 채취공업기업소와 가공공업기업소, 중공업기업소와 경공업기업소 등으로", "생산형태에 따라서 대량생산기업소[09], 묶음식생산기업소[10], 개별생산기업소로" 나뉘어진다. 표 3-2는 1970년대의 기업소 분류를 표로 요약한 것이다.

표 3-2 기업소의 분류(1970년)

분류 기준	분류 내용
소유형태	국영기업소, 협동단체기업소
관리기관 소속	중앙기업소, 지방기업소

08 환절은 고리나 마디라는 뜻으로《서로 뗄수 없이 관련되여 이어져있는 사실들이나 현상들의 하나하나》를 이르말로 용례를 보면 경제적환절 등에 사용, 『조선말대사전 4』(평양; 사회과학출판사, 2017), 421쪽.

09 대량생산은 같은 종류의 물건을 한 기업소 또는 몇개 기업소에 집중시키고 전문화된 기계설비에 기초하여 큰 규모에서 끊임없이 생산을 반복하는 선진적인 생산조직방법으로 현대적인 자동차공장, 뜨락또르공장, 제철소, 방직공장, 화학공장의 대부분이 대량생산기업소에 속한다, 『조선대백과사전 프로그람』.

10 묶음식생산은 제품 또는 부분품을 한묶음씩 주기적으로 반복하여 생산하도록 하는 생산조직의 한 형태로 계렬생산이라고도 한다. 생산하여야 할 품종수가 비교적 많고 매개 품종의 생산규모가 큰 제품 또는 부분품들을 생산하는 기업소, 직장들에서 널리 조직된다.(『조선대백과사전 프로그람』(2001), 올림말: 계렬생산.

재생산환절의 위치	생산기업소, 유통기업소
생산부문별표식(생산기업소)	공업기업소, 농업기업소, 건설기업소
노동대상, 생산물의 용도 표식(공업기업소)	채취공업기업소와 가공공업기업소
생산과정의 공통성(공업기업소)	중공업 기업소와 경공업기업소
생산형태(공업기업소)	대량생산기업소, 묶음식생산기업소, 개별생산기업소

1985년에는 기업소의 분류기준이 좀더 다양해지고 계통화된 것으로 보여진다. 기업소분류에서 추가되는 내용을 보면, "경영방법에 따라 독립채산제기업소와 예산제기업소"로 분류하고, "공업, 농업, 건설 등 생산부문기업소들은 생산의 전문화정도에 따라 여러 전문기업소로" 분류하는 기준이 추가 된다. 또한 기업활동방식에 따라 대규모기업소를 "련합기업소, 종합기업소 등"으로 분류한다. 분류내용에서도 약간의 차이를 보이는데, 생산기업소는 "생산부문별표식에 따라 공업기업소, 농업기업소, 건설기업소, 운수기업소 등으로" 분류하고, 그 안에서 공업기업소들은 "생산형태에 따라 대량생산기업소, 계렬생산기업소[11], 개별생산기업소로" 상세 분류한다. 또한 재생산 위치에 따라 분류한 유통기업소는 "생산물(상품)실현을 맡아 하는 기업소들이 속하며 이 기업소들도 그 내부에서 여러 전문기업소들로" 상세분류한다.[12] 경영활동방식에 따라 구분된 련합기업소는 "총국, 총회사, 련합회사, 관리국과 같은 각이한 명칭으로 조직되여 있다."[13] 1985년의 기업소분류를 표로 요약하였다.

11 묶음식생산기업소와 같은 의미이다.

12 『경제사전 1』(1985), 302쪽.

13 『조선대백과사전 프로그람』(2001), 올림말: 련합기업소.

표 3-3 기업소의 분류(1985년)

분류기준	분류내용
소유형태	국영기업소, 협동단체기업소
관리소속	중앙기업소, 지방기업소
경영방법	독립채산제기업, 예산제기업
재생산 환절의 위치	생산기업소, 유통기업소
생산부문별표식(생산기업소)	공업기업소, 농업기업소, 건설기업소
노동대상, 생산물의 용도 표식(공업기업소)	채취공업기업소, 가공공업기업소
생산과정의 공통성(공업기업소)	중공업기업소, 경공업기업소
생산형태(공업기업소)	대량생산기업소, 계렬생산기업소, 개별생산기업소
전문화정도 (공업, 농업, 건설 등 생산부문)	여러 전문기업소로 분류
전문화정도(유통기업소)	여러 전문기업소로 분류
기업활동방식(대규모기업소)	련합기업소, 종합기업소
운영방식	합영회사, 공동회사, 련합회사
규모(노동자수, 고정재산과 생산능력의 크기)	대규모기업소, 중소규모기업소
규모(인민경제발전에서 노는 역할)	특급, 1급, 2급, 3급, 4급

기업소를 "그 규모(로동자수, 고정재산과 생산능력의 크기)에 따라, 인민경제발전에서 노는 역할에 의하여 규정된 급수에 따라"서 분류한다.[14] 기업소의 규모에 따른 분류가 기구법(2002, 2004)의 제16조(급수기준의 제정)에는 "기관, 기업소, 단체의 급수기준은 인민경제적의의와 중요성, 사업량, 생산액, 실리보장수준 같은것을 고려하여 제정한다. 급수기준은 특급, 1급, 2급, 3급, 4급, 5급, 6급, 7급으로 한다"고 규정되어 있다. 1985년 보다 규모에 따른 분류가 더 세분화되었다.

14 『경제사전 1』(1985), 302쪽.

다음으로 「기업소법」의 사명을 보면 "기업소의 조직과 경영활동에서 제도와 질서를 엄격히 세워 사회주의기업관리체계를 공고히 하고 인민경제를 발전시키는" 일에 기여하는 것으로 규정한다. 즉 기업소 관리의 규범을 통해서 국가경제를 발전시키는 사회주의사회에서의 기업소의 경영활동 목적을 규정하는 것으로 해석된다. 기업소의 조직과 경영활동에 대한 규정을 역사적으로 살펴보면 다음과 같다. 1950년대 소련의 사회주의기업소는 "업무-경영상 독자성을 가"지고 국가로부터 부여받은 "소정된 물자와 화폐 자금(설비, 자재), 로력 자원, 경제적 및 법적 권한 등"을 이용하여 "생산 관리에 근로자들을 최대한으로 인입하며 생산을 개선하는 데 있어서 창발성을 광범히 발휘"한다.[15] 1970년 조선의 사회주의기업소는 자본주의 기업과 다르게 "생산수단에 대한 사회적소유에 기초"하여 "인민들의 물질 문화적수요를 충족시키는데" 기업활동의 목적이 있다. 또한 "계획적관리운영방법인 독립채산제에 기초"하여 "국가의 유일적인 계획적지도 밑에 운영되며 그것은 형식상 관리운영에서 경영상 독자성을 가"지고 운영된다.[16] 1985년 조선에서는 기업소 운영에 있어서 "과학적으로, 합리적으로 관리운영하는데서 중요한것은 대안의 사업체계의 요구대로 당정치사업과 경제조직사업을 밀접히 결합시키고 집체적지도와 유일적지휘를 옳게 배합하며 계획의 일원화와 세부화를 실현하고 독립채산제를 옳바로 실시하는 것"이다.[17] 이런 "기업소들의 경영목적은 사회제도에 따라 근본적으로 다른"[18] 것으

15 『경제학 소사전』(1960), 159쪽.

16 『경제사전 1』(1970), 322쪽.

17 『경제사전 1』(1985), 302쪽.

18 『조선대백과사전 프로그람』(2001), 올림말: 경영상 상대적독자성.

로 규정하고 있다.

여기서 먼저 주목하는 것은 경영활동에서 '경영상 독자성'과 '독립채산제'에 대한 언급이다. 1950년대 소련의 사회주의기업소 설명에서 '업무-경영상 독자성'을 언급하고 독립채산제의 특징 중 하나로 "업무상 및 재산상 독자성을 가지는 것"[19]으로 설명한다. 1970년에는 독립채산제의 원칙으로 관리운영할 것을 요구하면서 "사회주의기업소들이 **경영상 독자성**을 가지고 상품화폐 범주들을 옳게 리용하여 경제거래에서 등가보상의 원칙에서 계산을 진행하고 수지균형을 맞추"[20]라고 주문한다. 1985년에는 '국영기업소의 **경영상 상대적독자성**'에 대하여 "국가적소유에 속하는 국영기업소들이 생산수단을 리용하고 관리하며 경리를 운영하는데서 마치도 서로 다른 소유에 속하는 기업소들처럼 일정한 독자적인 권한을 가지고 경영활동을 진행하는 것"[21]으로 정의한다. 그러나 "국영기업소의 경영상 독자성이 상대적이라는것은 거래되는 생산수단에 대한 국가적소유에 변화가 일어나지 않으며 그들의 모든 경영활동이 국가의 중앙집권적지도밑에 유일적계획에 의하여 진행되며 그 테두리안에서의 독자성"[22]이고 '경영상 상대적독자성'을 부여하는 것이 사회주의 사회의 과도적 특성과 관련이 있다고 설명한다. 1995년에는 "국가의 중앙집권적인 지도와 통제 밑에 사회주의국영기업소가 경영활동에서 행사할수 있는 일정한 독자성"[23]으로 좀더 구체화된 정의를 규정한다.

19 『경제학 소사전』(1960), 75쪽.
20 『경제사전 1』(1970), 515쪽.
21 『경제사전 1』(1985), 244쪽.
22 『경제사전 1』(1985), 244쪽.
23 『재정금융사전』(1995), 66쪽.

이런 정의에 기초하여 독자성의 영역을 "국가와의 관계에서 이루어지는 독자성으로서 기업소가 국가의 중앙집권적인 지도와 통제 밑에서 자기에게 부여된 권한 범위안에서 진행하는 독자성"과 "다른 기업소와의 관계에서 이루어지는 독자성으로서 국가의 중앙집권적인 지도와 통제를 받는 기업소들사이에 일정하게 부여된 권한범위안에서 창발적인 경영활동을 하는 과정에 이루어지는 독자성"으로 구분한다.[24] 또한 "생산수단에 대한 사적, 자본주의적소유에 기초한 사회에서의 절대적독자성", 즉 "물질적부의 생산과 판매 및 분배 등 기업소의 모든 기업활동이 자체의 결심에 따라 진행되는 독자성"과 구분한다.

경영상 독자성을 법적 측면에서도 유사하게 규정하고 있다. 다만 국영기업소들이 가지고 있는 경영상 독자성으로 "민사법률관계의 당사자로서 다른 국영기업소나 협동단체와 계약을 맺고 그에 기초하여 생산수단을 주고받으며 자체의 수입으로 지출을 보상하고 수익성을 보장"[25]한다고 설명한다. 이에 기초하여 법적으로 '경영상 관리권'[26]을 규정하고 있는데, 이 '경영상 관리권' 또한 경영상 상대적독자성과 마찬가지로 "개별적 국가기관, 기업소들이 가지는 이런 권리는 자기의 의사에 앞서 국가의 의사에 따르는 것이기 때문에 완전한 소유권이라고 볼수 없다."[27] 국영기업소가 상대적독자성을 가

24 『재정금융사전』(1995), 66쪽.

25 사회과학원 법학연구소, 『민사법 사전』(평양: 사회안전부출판사, 1997), 41쪽.

26 국가기관, 기업소들이 자기에게 위임된 국가재산을 국가의 중앙집권적인 계획지도밑에 부여된 권한의 범위안에서 직접 점유, 리용, 처분할 수 있는 권리, 『민사법 사전』(1997), 40쪽.

27 『민사법 사전』(1997), 40쪽.

지는 이유로 "사회주의사회에서는 아직도 수요에 의한 분배를 할수 있을 정도로 생산력이 발전하지 못하고 낡은 사상잔재로 말미암아 사람들이 다른 국가기관이나 기업소의 일을 자기 일과 같이 생각하지 않으며 로동이 생활상 제1차적요구로 되지 못하고 있는 조건"[28]을 들고 있다. 즉 사회주의 과도적 특성이 국영기업소가 가지고 있는 '경영상 상대적 독자성'의 전제조건이다.

기업소의 '경영상 상대적 독자성'은 독립채산제와 긴밀하게 연관되어 있다. 즉, 경영상 독자성이 독립채산제를 통하여 발현되고 있는 것으로 보인다. 1950년대 소련의 독립채산제는 "화폐적형태로 비용과 경영 활동 결과를 대비하며, 자체 수입으로써 기업소 지출을 보상하며, 생산의 수익성을 보장하는 데 기초한, 또 기업소와 기업소일군의 물질적 관심과 물질적 책임에 기초한 사회주의기업소의 계획적 경제 운영 방법"[29]으로 정의하고 있다. 독립채산제의 논리적 출발은 "물적 자원과 로동 자원의 막대한 랑비를 산생하는 자본주의의 모순"을 해결한 사회주의의 계획적 경제체계가 "생산 수단과 로동을 가장 많이 절약할 가능성을 주"고 "각종 형태의 절약"이 "모두 결국에 가서는 로동 시간의 절약, 산 로동과 과거 로동의 절약에 귀착"되는 것, 즉 "사회적 로동 생산능률의 장성을 의미"하는 것으로부터 시작한다. 따라서 "독립 채산제는 사회주의 하에서 객관적으로 필연적인 경제적 범주"이다.[30] 이런 독립채산제의 특징으로 ①사회적 소유 및 전 국가 계획의 범위 내에서 기업소가 업무상 및 재산

28 『조선대백과사전 프로그람』(2001), 올림말: 경영상 상대적독자성.

29 『경제학 소사전』(1960), 75쪽.

30 쏘련과학원 경제학연구소, 『정치경제학 교과서』(1960), 508쪽.

상 독자성을 가지는 것, ② 매개 기업에 고정 자금과 류동 자금을 분여하며 그것을 고정시키는 것, ③ 생산 계획을 완수하며, 기업소가 가지고 있는 자금을 절약하여 옳게 이용할데 대한 책임을 설정하는 것, ④ 일군들에게 물질적 자극을 주는 것, ⑤ 매개 일군의 개인적 물질적 관심을 전체 기업소 집단 및 전체 사회의 리익과 배합하는 것 등으로 요약한다. 독립채산제 기업소 상호간에는 '경제 계약'에 의해, 국가와 독립채산제 기업소 간에는 "루블에 의한 통제"를 통해 조절한다.[31]

1950년대 조선에서의 독립채산제는 "매개 공장들과 기업소들이 자기에게 맡겨진 인민경제계획을 수행 및 초과 수행함에 있어서 자체의 수입으로 지출을 보상하면서 수지를 맞추어 나갈 뿐만 아니라 가장 적은 비용으로써 물건을 만들어 내여 더 많은 리익을 얻는 사회주의적 기업 관리 운영 방법"[32]으로, 독립채산제의 운영원칙으로 "첫째로, 독립 채산제 기업소는 국가의 지도를 받으며 사업에서 일정한 독자성을 가지고 공장을 관리 운영"하고, "둘째로, 독립 채산제 기업소는 물자와 자금을 적게 쓰면서 생산 계획을 완수 및 초과 완수하는 원칙에서 관리 운영"되고, "세째로, 독립 채산제 기업소의 생산 경영 활동은 전체 일군들에게 물질적 관심을 높이도록 조직하"고, "네째로, 독립 채산제 기업소에서는 물질적으로나 재정적으로 손실을 가져 왔을때에는 기업소 자체가 물질적으로나 재정적으로 변상하"고, "다섯째로, 독립 채산제 기업소는 일체 생산 활동을

31 『경제학 소사전』(1960), 75쪽.

32 김전곤, 『정치경제학 해설 6, 독립채산제와 수익성, 원가와 가격』(평양: 조선로동당출판사, 1960), 1쪽.

함에 있어서 항상 자금에 대한 은행의 통제", 즉 원에 의한 통제를 받는다.[33] 표 3-4는 1950년대 소련과 조선에서 독립채산제의 특징(또는 원칙)을 요약한 것이다.

표 3-4 1960년 독립채산제의 특징(또는 원칙)

소련의 독립채산제 특징	조선의 독립채산제 원칙
사회적 소유 및 전 국가 계획의 범위 내에서 기업소가 업무상 및 재산상 독자성을 가지는 것	국가의 지도를 받으며 사업에서 일정한 독자성을 가지고 공장을 관리 운영
매개 기업에 고정 자금과 유동 자금을 분여하며 그것을 고정시키는 것	물자와 자금을 적게 쓰면서 생산 계획을 완수 및 초과 완수하는 원칙에서 관리 운영
생산 계획을 완수하며, 기업소가 가지고 있는 자금을 절약하여 옳게 이용할데 대한 책임을 설정하는 것	생산 경영 활동은 전체 일군들에게 물질적 관심을 높이도록 조직
일군들에게 물질적 자극을 주는 것	물질적으로나 재정적으로 손실을 가져 왔을때에는 기업소 자체가 물질적으로나 재정적으로 변상
매개 일군의 개인적 물질적 관심을 전체 기업소 집단 및 전체 사회의 리익과 배합하는 것	일체 생산 활동을 함에 있어서 항상 자금에 대한 은행의 통제

소련의 독립채산제는 전체 경제 측면에서 일반화된 기업소의 독자성을 서술하는 경향이 있다면 조선의 독립채산제는 개별 기업소차원의 독립채산제를 서술하면서 독자성에 대한 제한이 더 있는 것으로 이해된다.

1970년 조선은 독립채산제의 본질적 내용에 대하여 "사회주의 경제 관리에서 민주주의 중앙집권제원칙에 기초한 계획적관리 운영방법"이고 "정치사업을 앞세우고 모든 사람들의 열의를 높이 발양시켜 그들이 자각적으로 동원되여 일하게 하는 사회주의 경제 운영

33 김전곤, 『정치경제학 해설 6, 독립채산제와 수익성, 원가와 가격』(평양: 조선로동당출판사, 1960), 7-16쪽.

방법을 보충하여 경제적공간들을 합리적으로 리용함으로써 사회주의 경제법칙들의 요구를 원만히 실현하기 위한 중요한 수단"이라고 규정한다. 이때 이용되는 경제적 공간으로 "가격, 리윤, 수익성 등 가치형태들"이 있다.

기업소의 독립채산제를 정확하게 실시하기 위한 세가지의 기본원칙들을 제시한다. "첫째로 기업소들의 계획 수행에 대한 국가로부터의 중앙집권적지도를 강화하는 한편 그 기업소에 독자적활동을 높여주는 것"으로 "기업소의 독자적활동은 국가계획과제를 충실히 집행하기 위한 대책의 토의와 그 실행을 위한 한계 안에서의 경영상 창발성과 상대적독자성을 의미"하고, "둘째로 생산에 대한 지출을 자체의 수입으로 보상할뿐만아니라 필요한 수익성을 보장하"고, "셋째로 독립채산제의 원칙은 기업소경영활동의 결과에 대한 정치적책임과 함께 물질적책임을 지는 것"을 원칙으로 한다.[34] 1985년 조선에서 독립채산제에 대해서 "사회주의사회에서 기업소의 활동결과에 대한 물질적관심성의 원칙에 기초하여 경리운영에서 가치법칙의 형태적리용을 전제로 하는 경영상 상대적독자성을 가진 국영기업소의 계획적인 관리운영방법"으로 정의한다.

독립채산제의 올바른 실시 효과로 "생산자들의 생산의욕을 더욱 높이고 계획수행에 대한 기업소집단의 책임성과 관심을 높이게 하며 인민경제의 계획적발전을 다그침으로써 경제의 끊임 없는 높은 발전속도를 이룩하게"되고, "기업관리에서 경제적타산을 바로하고 생산자원의 리용을 구체적으로 계산하고 엄격히 통제함으로써 절약제도를 강화하고 나라살림살이를 알뜰하게 꾸려 나갈수 있게"

34 『경제사전 1』(1970), 516-517쪽.

되고, "기업관리운영의 전반적사업을 째이게 하며 물자의 보관관리와 인계인수로부터 제품의 처리에 이르기까지 모든 분야에서 제도와 질서를 엄격히 세우며 계획규률을 강화할수 있게" 된다. 독립채산제의 경제조직적 대책으로 "계획의 일원화, 세부화 방침을 관철하며 기업소들에 동원적이고도 현실적인 계획을 주고 계획실행에 대한 평가"를 제대로 해야 하며, "로동정량, 원단위소비기준, 설비리용기준, 류동자금보유기준 등을 비롯한 기술경제적재산체계를 정연하게 세우며 국가재산관리에 대한 질서와 제도를 엄격히 세워 그 보관과 리용에 대한 재정적통제를 강화하여야" 하며, "경제관리일군들의 정치실무수준을 끊임없이 높여야"함을 제시한다.[35]

1995년의 독립채산제에 대한 정의는 "국가의 중앙집권적지도밑에 경영상 상대적독자성을 가지고 경영활동을 하면서 자체로 수입과 지출을 맞추고 국가에 리익을 주는 사회주의국영기업소의 계획적이며 합리적인 관리운영방법, 예산제에 대응되는 개념"[36]으로 규정한다. "사회주의사회에서 독립채산제는 자본주의사회에서의 《영업채산제》나 현대사회민주주의사들이 들고나온 《완전독립채산제》는 근본적으로 다"르다고 설명하고 있다.[37] 독립채산제기업소가 하나의 형태가 아니라 "독립채산제와 2중독립채산제, 반독립채산제를 실시하는 기관, 기업소들이 있"는데 "2중독립채산제를 실시하는 기관, 기업소는 독립채산제기업소를 많이 가지고 하나의 종합적인 계획단위, 생산단위, 집행단위로서의 기능을 수행하는 련합기업소,

35 『경제사전 1』(1985), 442쪽.
36 『재정금융사전』(1995) 381쪽.
37 『재정금융사전』(1995), 382쪽.

총국, 관리국들"로서 이런 제도의 이유를 "큰 규모의 생산단위에 대한 국가의 계획적관리를 잘할 수 있게 하기때문"이다.[38]

2001년의 조선에서 독립채산제에 대한 정의는 "사회주의사회의 과도적성격으로부터 제기되는 경영활동의 상대적독자성, 물질적 자극과 가치법칙의 형태적리용과 관련되는 사회주의국영기업소의 계획적이며 합리적인 관리운영방법"[39]으로 규정한다.

독립채산제의 전제 조건으로 언급되는 '사회주의사회의 과도적 성격'이 무엇을 의미하는지 살펴보자. 사회주의사회의 과도적 성격은 '자본주의로부터 사회주의에로의 과도기'라는 시기 규정의 특징으로부터 나온다.

"근로 농민과 동맹한 로동 계급의 정권을 쟁취하고 경제의 기본 명맥을 장악하는 것으로부터 시작하여 사회주의 건설을 완성할 때까지의 특별한 력사적시기"로 규정한다. 과도기의 일반적인 과제로 "프로레타리아트는 착취자들의 반항을 진압", "전체 인민 경제의 근본적인 개조를 실시", "사회주의의 승리에 필요한 생산력을 발전", "사회주의 경제를 건설", "나라를 관리할 수 있는 력량"으로, "소부르죠아 대중을 재교양하며 사회주의를 건설"하는 것으로 설정한다.

38 『재정금융사전』(1995), 383쪽.

39 『조선대백과사전 프로그람』(2001), 올림말: 독립채산제.

과도기의 경제형태는 "사회주의[40], 소상품 생산[41], 자본주의[42]" 경제 형태이다. 과도기 시기에는 프로레타아독재가 "로동 계급의 령도 하에 근로 농민 계급의 긴밀한 동맹에 기초하여, 사회주의적 공업과 농민 경리 간의 련계에 토대하여 사회주의 건설을 위한 경제 정책을 실시"하여 "도시와 농촌에서 자본주의적 요소가 청산되고 인민 경제 모든 부문에서 사회주의가 승리함으로써 완성"된다. 레닌은 "자본주의로부터 사회주의에의 과도기 리론을 작성"하고 "신경제 정책, 사회주의적 공업화, 레닌의 협동 조합 계획, 쏘련(소련)에서의 농업 집단화"와 같은 "과도기 경제 정책의 기본 명제들을 작성"하였다. 소련의 과도기 경제건설에서 결정적 의의를 가지는 것으로 "사회주의적 공업화 즉 경제적 자립성, 나라의 방위, 전체 인민 경제의 사회주의적 개조의 토대로 되는 강력한 중공업의 창설"이며 이런 기초 위에서 "자원적 원칙에 의하여 소농민 경리를 협동화하는 방법으로 소상품 농민 경리를 대규모적 사회주의적 생산의 길로 전환시키는 사업이 준비되었고 실현"되었다.[43] 그러면 이런 과도기는 필수적인 것인가? 이전의 "착취사적 사회구성은 그 어느 것이나 생산 수단에 대한 사적 소유를 기초로 삼고 있었던만큼 새 경제 형태는 낡은 생

40 사회주의경제형태는 대규모 공업, 은행 및 운수를 국유화한 결과로 발생하며 또한 사회주의적 협동 조합적 기업들을 포괄하는 사회주의 경제 형태는 과도기 경제에서 지도적 역할을 수행한다. 『경제학 소사전』(1960) 230쪽.

41 소상품제 형태는 개인적 노동과 생산 수단에 대한 사적 소유에 기초하며 시장에 련결된 농민 경리(중농 경리)와 그리고 임금 로동을 사용하지 않는 수공업 경리를 의미한다. 『경제학 소사전』(1960) 230쪽.

42 과도기 시기의 자본주의 경제형태는 공업 및 상업에서 사자본주의적 기업들과 농촌에서의 부농 경리로 구성된다. 『경제학 소사전』(1960) 230쪽.

43 『경제학 소사전』(1960), 229-230쪽.

산 방식의 태내에서 점차적으로, 자연 발생적으로 성숙"되었으나 "생산 수단에 대한 사적 소유를 사회적 소유로 교체"하는 사회주의 혁명은 "사회주의경제의 기성 형태들을 가지지 못"하고 "자본이 지배하는 부르죠아 사회의 테두리 안에서는 발생할 수 없으므로" 여러 "나라에서 자본주의 제도를 사회주의제도로 교체하기 위하여서는 특별한 과도기가 요구"될 수 밖에 없다. "이 과도기는 프로레타리아 정권의 수립으로부터 시작하여 사회주의혁명 과업의 실현 즉 공산주의 사회의 제1계단인 사회주의의 건설로써 끝나는 시기이다."[44]

1960년 조선에서의 '과도기로서 사회주의'에 대한 이해는 '사회주의로부터 공산주의에로의 점차적 이행'에 대한 해석에서 엿볼수 있다. 사회주의 사회와 공산주의 사회의 공통점(같은 점)과 차이점을 설명하면서 사회주의 사회에 대해 규정하고 있다. 두 사회의 공통점으로 ① 생산수단의 사회적 소유, ② 생산의 목적으로서 인민의 물질문화생활 향상, ③ 인민경제의 계획적 운영과 발전 등 세가지를 나열한다. 그리고 차이점에서 공산주의 사회에 비해 사회주의 사회의 미숙성을 8가지로 나열한다. ① 생산력 발전 수준에서 현저한 차이, ② 생산수단 소유에서 국가적 소유와 협동조합적 소유 존재, ③ 노동의 성격에서 차이-"사회주의 하에서의 로동력은 자기들이 먹고 입고 살아 나가기 위한 하나의 수단", ④ "도시와 농촌간, 육체 로동과 정신 로동 간에 본질적 차이" 존재, ⑤ 사회주의 하에서의 계급 존재(노동계급과 농민계급, 그리고 인테리), ⑥ "생산된 생산물을 분배하는 방법에서 차이" 즉 노동의 량과 질에 따라서 생산물이 분배(사회주의 분배원

44 쏘련과학원 경제학연구소, 『정치경제학 교과서』(1960), 345-346쪽.

칙), ⑦"사회주의 사회에서는 상품 생산과 상품 유통이 존재하며 이와 관련된 상품, 화폐, 가치 등 경제적 범주들이 그대로 존재" ⑧국가의 존재("공산주의 사회에 가서는 국가가 없어지게" 됨) 등이다.

1970년 조선에서는 '자본주의로부터 사회주의에로의 과도기'에 대해서 "로동계급이 프로레타리아 독재정권을 세운 다음 정치, 경제, 사상, 문화 등 사회생활의 모든 영역에서 자본주의에 대한 사회주의의 완전한 승리를 이룩하고 무계급사회를 실현하는 혁명적전환의 시기"로 규정한다. 이 문제에 대해서 "로동계급이 정권을 잡은 후에 있어서 승리하는 사회주의와 죽어가는 자본주의와의 투쟁에 관한 문제이며 사회주의, 공산주의 건설의 로정에 관한 문제"로 이해하고, "과도기를 어떻게 규정하며 과도기문제를 어떻제 해결하는가 하는 것은 사회주의, 공산주의 건설의 운명과 관련되는 근본문제의 하나로" 인식하고 있다. "과도기의 임무와 계선, 과도기와 프로레타리아독재의 상호(호상)관계 등 과도기에 관한 원칙적문제들"에 대해서 1967년 5월 25일에 조선로동당 사상사업부문 당원들에게 한 연설에서 자세히 밝힌다.[45]

1985년 조선에서 '자본주의로부터 사회주의에로의 과도기'에 대한 설명은 "로동계급이 프로레타리아독재정권을 세운 다음 사회생활의 모든 분야에서 자본주의를 타승하고 사회주의의 완전한 승리를 이룩하는 력사적시기"[46]로 설명한다. 또한, '사회주의사회의 과도적성격'이란 "공산주의의 높은 단계와 구별되는 사회주의사회 발전의 미숙성"으로 "사회주의사회를 규정짓는 근본성격의 하나이

45 『경제사전 2』(1970), 381쪽.
46 『경제사전 2』(1985), 220쪽.

며 사회주의사회의 공산주의적성격과 구별되는 특성"[47]이라고 이해하고 있다. "사회주의사회의 과도적성격은 주체적력량과 객관적조건이 조성됨에 따라 점차적으로 극복된다. 생산수단에 대한 협동적 소유가 공고완성되여 전 인민적소유로 접근전환되며 노동의 량과 질에 의하여 분배하는 사회주의분배가 수요에 의하여 분배하는 공산주의분배에 점차적으로 자리를 내여 주는것은 그 실례의 하나이다. 근로인민대중의 자주성이 완전히 실현되는 공산주의사회를 건설하려면 3대혁명을 계속 힘 있게 벌려 나가야 한다."[48]

기업관리와 관련하여 최고지도자의 언급을 살펴보면 토지개혁과 중요 산업국유화를 단행한 이후 1946년 12월 3일부터 4일까지 평양에서 진행된 '각 도 인민위원회 산업부장 및 국영기업소 지배인회의'에 참석하여 "국영기업을 계획적으로 잘 관리운영하려면 무엇보다도 국유화된 산업부문에서 작용하는 경제법칙들과 기업관리운영의 원칙들을 똑똑히 알아야" 하며 "기업관리에서 엄격한 재산관리제도를 세우고 로임지불을 제대로 하여야 하며 일군들의 책임성을 높여야"[49]함을 지적한다. 조선의 경제지도집단은 "기업관리운영에서 근로자들의 주인다운 자각을 높이고 그들의 후생사업을 보장하는 문제 등을 비롯하여 과도기 첫 시기 경제건설과 경제관리에서 나서는 근본문제들을 주체사상에 기초하여 새롭게 제기하고 과학적 해답을 줌"[50]으로 해석한다.

47 『경제사전 1』(1985), 733쪽.

48 『조선대백과사전 프로그람』(2001), 올림말: 사회주의사회의 과도적성격.

49 김일성, "국영기업을 계획적으로 관리운영하기 위하여: 각 도인민위원회 산업부장 및 국영기업소지배인회의에서 한 연설, 1946년 12월 3일," 『김일성전집 4』 439쪽.

50 김일성, "국영공업을 어떻게 발전시키며 기업소를 어떻게 운영할것인가?: 국영기업소 지

"… 경제절약과 재정적통제를 강화할데 대하여 밝혀 주시였다. 위대한 수령 김일성동지께서는 먼저 국가 및 경제기관들에서 랑비현상이 생기는 원인을 밝혀 주시였다. 그것은 우선 국가 및 경제기관 일군들이 공장, 기업소를 운영할줄 모르는데 있다. 또한 국가기관들과 기업소들에 질서가 없는데 있다. 위대한 수령 김일성동지께서는 다음으로 경제절약과 재정적통제를 강화하며 반탐오, 반랑비투쟁을 강화함에 있어서 나서는 중요한 문제들을 밝혀 주시였다. 위대한 수령님께서는 첫째로, 우리의 국가 및 경제기관 지도일군들의 기업관리운영에 대한 능력을 높여야 한다고 교시하시였다. 일군들은 모르면 아는체하지 말고 허심하게 배워 모두가 공업을 운영할수 있는 지식을 충분히 소유하고 기업관리운영을 잘 하여야 한다."[51]

'기업관리'의 용어는 조선에서 통상적으로 "사회주의사회에서, 기업소들에서의 생산 및 경영활동에 대한 조직지휘"로서 "사회주의 기업관리의 내용에는 계획작성, 생산조직, 기술발전, 자재보장, 로동행정, 재정활동, 후방공급 등 기업활동을 조직하며 지휘하는 모든 과정"[52]으로 사용한다. 기업관리는 경제학 용어로서는 1960년의 기업관리체계로서 '유일 관리제'를 설명하고 있다. 유일관리제에 대해 "생산 과정서 전체 종업원 집단이 한사람 즉 지도자의 의사에 완전히 복종되고 위임된 사업에 대한 그의 개인적 책임제를 요구하는, 사

배인, 기술자들과 하신 담화, 1948년 1월 25일," 『김일성 전집 7』

51 김일성, "사회주의혁명의 현 계단에 있어서 당 및 국가사업의 몇가지 문제들에 대하여: 조선로동당 중앙위원회 전원회의에서 하신 결론, 1955년 4월 4일," 『김일성 전집 18』

52 『조선말대사전 1』(2017), 798쪽.

회주의 생산 기업소와 기관들을 관리하는 중요한 원칙 중의 하나"[53]로 정의한다.

1970년의 기업관리는 "기업소들에서 사회적생산과정에 대한 지휘기능을 실현하는" 행위로, 기업관리의 기본내용으로는 "기업소에 맡겨진 국가생산과제를 원만히 수행하기 위한 과학적이며 동원적인 계획을 세우며 계획수행을 위한 생산을 조직하고 지휘하며 생산에 대한 물질기술적보장사업을 진행하는 것"으로 "계획작성, 생산조직, 기술발전, 자재보장, 로동행정, 기업소재정활동 등 기업활동을 조직하며 지도하는" 과정이다.[54] 1982년의 기업관리는 "기업소들에서의 생산 및 경영활동에 대한 조직지휘기능"으로서 "경제관리의 중요한 구성부분"이며 "관리의 대상에 따라 로력관리. 설비관리, 자재관리, 재정관리로 나누며 관리의 경제적내용에 따라 계획작성, 생산조직과 지휘, 생산보장, 기술발전, 생산 및 재정 총화, 재정통제 등으로 구분"하고 있다.[55]

2000년대 초 기업관리는 "당위원회의 집체적지도밑에 진행되며 모든 사업에 정치사업을 앞세우고 우가 아래를 도와주는 방법으로 진행"되며, "생산지도가 통일적으로, 종합적으로 진행"되고, "생산자대중의 자각적열성과 창의창발성에 의거하여 혁명적으로, 과학적으로 진행"하는 것으로 보고 있다.[56]

사회주의경제관리이론에 의한 사회주의기업관리원칙에는 ①정치적 지도와 경제기술적 지도를 옳게 결합하는 원칙, ②국가

53 『경제학 소사전』(1960), 376쪽.
54 『경제사전 1』(1970), 320쪽.
55 『백과전서』(1982), 689-690쪽.
56 『조선대백과사전 프로그람』(2001), 올림말: 기업관리.

의 통일적 지도와 기업소의 창발성을 옳게 결합하는 원칙, ③민주주의와 유일적지휘를 옳게 결합하는 원칙, ④정치도덕적 자극과 물질적 자극을 옳게 결합하는 원칙, 그리고 ⑤실리주의원칙이 있다. 앞의 네 가지 원칙은 대립적 의미의 두 내용을 현실에 바르게 적용하여 균형적으로 결합하라고 하는 고도의 경영전략을 의미하는 것으로 읽혀진다. 먼저, 정치적 지도와 경제기술적 지도를 바르게 결합하는 것은 기업소들이 당위원회의 집체적 지도 아래 경영활동을 진행하고, 사람과의 사업을 기본으로 하여 경제기술적 지도를 실현하면서, 생산과 경영활동을 객관적인 경제법칙과 정확한 경제적 예측계산에 기초하여 조직진행하는 것이다. 국가의 통일적 지도와 기업소의 창발성을 바르게 결합하는 것은 국가의 통일적이며 계획적인 지도를 중심으로 기업소들이 기업관리를 실행하는 것과 통일적인 계획의 범위 안에서 창발성을 발휘하는 원칙이다. 민주주의와 유일적지휘를 바르게 결합하는 것은 집체적 지도원칙의 관철을 통해 군중, 즉 종업원들을 기업관리에 적극 참가시키고, 행정지휘관(지배인)이 종업원들과 함께 경영지휘활동을 하고, 행정지휘관(지배인)의 유일적인 지휘가 실현되도록 행정규율을 지키는 원칙으로 기업관리한다. 정치도덕적 자극과 물질적 자극을 바르게 결합하는 것은 정치도덕적 자극, 즉 정치사업을 최우선으로 하고, 사회주의적 집단주의원칙을 보다 잘 실현하기 위해 경제적적 수단으로 물질적 자극을 적용하며, 사회주의분배원칙인 노동의 양과 질에 따라 일한 것만큼, 번것만큼 분배하는 원칙이다. 마지막으로 실리주의원칙은 모든 생산경영활동을 국가의 이익을 최우선 보장하는 방향이며, 당면한 경제적인 이익과 전망적인 경제이익을 바르게 결합시키는 원

칙을 것을 의미한다.[57]

표 3-5 기업소법 원칙의 불변조항

조항	조문 내용
제9조(기업소의 법적권리와 리익보호원칙)	국가는 기업소의 합법적권리와 리익을 보호한다.

민법의 제1조(민법의 사명)는 '조선민주주의인민공화국 민법은 재산관계에 대한 민사적규제를 통하여 사회주의 경제제도와 물질기술적토대를 공고히 하며 기관, 기업소, 단체와 공민의 재산상권리를 보장하는데 이바지'하는 것으로 규율하고 있다.

표 3-6 기업소법 원칙의 변화조항

기업소법(2010)		수정내용과 시기	2014-2020 조항
제4조 (기업소의 경영원칙)	① 기업소의 경영은 경제적 공간[58]들을 능숙하게 활용하여 국가에 더 많은 리익을 주기 위한 경제활동이다.	① 기업소의 경영은 **객관적경제법칙의 요구에 맞게** 경제적 공간들을 능숙하게 활용하여 국가에 더 많은 리익을 주기 위한 경제활동이다. (2014)	제4조 (기업소의 경영원칙)

57 박제동 외, 『지배인의 벗』(평양: 공업출판사, 2012), 96-105쪽.

58 공간(槓杆)은 ①지레, ②<일정한 활동이나 사업을 추진시키는데 작용을 하게 되는 수단이나 힘>을 비겨 이르는 말, 『조선말대사전 1』(2017), 478쪽.; 가격공간(槓杆)은 경제 관리를 위한 수단이라는 관점에서 본 가격으로 북한에서는 "사람들의 경제생활과 활동을 자극, 통제하는 경제적 공간의 하나"로 정의, 『남북한 경제용어 비교사전』(2021), 1쪽; 한국에서는 수단이나 방법정도로 이해하고 있다.

	② 국가는 기업소들이 경영전략, 기업전략을 정확히 세워 경영활동에서 **사회주의원칙을 지키면서도 최대한의 실리**를 내도록 한다.	② 국가는 기업소들이 경영전략, 기업전략을 정확히 세우고 **사회주의기업책임관리제**를 바로 실시하여 경영활동에서 사회주의원칙을 지키면서도 최대한의 실리를 내도록 한다(2014) ② 국가는 기업소들이 경영전략, 기업전략을 정확히 세우고 사회주의기업책임관리제를 바로 실시하여 경영활동에서 사회주의원칙을 지키며 **기업소를 로력절약형, 에네르기절약형, 원가절약형, 부지절약형으로 전환**시켜 최대한의 실리를 내도록 한다.(2020)	
제5조 (기업소의 물질기술적토대 강화원칙)	국가는 인민경제의 규모가 커지고 부문간, 지역간련계가 밀접해지는데 맞게 기업소들에 대한 투자를 계통적으로 늘여 그 물질기술적토대를 부단히 강화하도록 한다.	국가는 인민경제의 규모가 커지고 부문간, 지역간련계가 밀접해지는데 맞게 기업소들에 대한 투자를 계통적으로 늘이며 **기업소들에서 생산을 계통적으로 확대**하여 물질기술적토대를 부단히 강화하도록 한다.(2014)	제5조 (기업소의 물질기술적토대 강화원칙)
제6조 (경영활동의 주체화, 현대화, 정보화, 과학화원칙)	국가는 기업소들에서 첨단과학기술의 성과를 적극 받아들여 **경영활동의 주체화, 현대화, 과학화수준**을 끊임없이 높여나가도록 한다.	국가는 기업소들에서 첨단과학기술의 성과를 적극 받아들여 **경영활동의 주체화, 현대화, 정보화, 과학화수준**을 끊임없이 높여나가도록 한다.(2020)	제6조 (경영활동의 주체화, 현대화, 정보화, 과학화원칙)
제7조 (사회주의애국주의교양원칙)	국가는 **사회주의애국주의교양**을 강화하여 종업원들이 기업소에 대한 애착을 가지고 생산과 관리에서 주인으로서의 책임과 역할을 다하도록 한다.	국가는 **김정일애국주의교양**을 강화하여 종업원들이 기업소에 대한 애착을 가지고 생산과 관리에서 주인으로서의 책임과 역할을 다하도록 한다.(2014)	제7조 (김정일애국주의교양원칙)
제8조 (기업소사업에 대한 지도원칙)	국가는 사회주의경제관리원칙에 맞게 기업소에 대한 국가의 **통일적지도**를 확고히 보장하면서 기업소의 창발성을 높이 발양시키도록 한다.	국가는 사회주의경제관리원칙에 맞게 기업소에 대한 국가의 **통일적지도와 전략적관리**를 확고히 보장하면서 기업소가 **생산과 경영활동을 원활하게 조직진행해나갈수** 있도록 한다.(2020)	제8조 (기업소사업에 대한 지도원칙)

제10조 (법의 적용 제외대상)	**특수경제지대에 창설한 기업**과 외국투자기업에는 이 법을 적용하지 않는다.	외국투자기업에는 이 법을 적용하지 않는다.(2014)	제10조 (법의 적용 제외대상)

「기업소법」의 원칙조항들의 변화는 첫째로는 사회주의기업책임관리제 실시와 관련하여 기업관리 원칙의 변화에 조응한 것이다. 이는 2014년의 개정에서 반영되었다. 둘째로는 2019년 12월에 진행된 당중앙위원회 제7기 제5차전원회의 결과를 반영한 것으로 보인다. 이는 2020년 11월의 개정에 주로 반영되었다.

「기업소법」의 제1장은 기업관리, 경제관리에 대한 포괄적 정의와 원칙에 대해 규제하고 있다. 이런 내용은 주로 사회주의헌법의 경제원칙에 규제되고 있다. 사회주의헌법에서 경제와 관련한 원칙을 어떻게 규제하고 있는지, 그리고 규제의 내용이 어떻게 변화되어 왔는지 전체적으로 살펴봄으로써 「기업소법」의 제1장에 대한 이해를 심화시킬 수 있을 것으로 본다. 이와 관련하여 2절에서는 사회주의헌법의 경제원칙에 대한 내용을 살펴보고자 한다.

2
기본법으로서 사회주의헌법

부문법의 상위규범

당국가체계인 조선은 내각의 경제정책이 로동당의 정치적 지도에 규제되어 있다고 볼수 있다. 따라서 부문법을 포괄적으로 규제하고 있는 상위규범으로 조선로동당의 당규약과 사회주의헌법이 어떻게 작용하는지를 검토하는 것이 선행되어야 한다. 로동당 규약에서는 포괄적으로 경제기관 및 경제활동에 대한 당적지도를 중심으로 서술하고 있다. 따라서 로동당 규약을 구체적으로 검토하는 것은 부문법과 관련성이 낮아 보인다. 그런데 로동당 당대회는 조선에서 가장 중요한 대회이다. 매 당대회에서 전기사업을 총화하고 차기 사업에 대한 전망계획을 토의, 결정한다. 당대회에서 채택된 경제관련 보고와 결정은 차기 당대회때까지 중요한 경제정책의 기조가 된다. 특히 김정은 시기의 제7차 당대회와 제8차 당대회는 「기업소법」과 포괄적 측면에서 연관이 있을 것으로 추정된다. 「기업소법」의 1차, 2차 개정은 2016년 제7차 당대회 전에 진행되었고, 3차 개정은 2021년 제8차 당대회 전에 진행되었다. 「기업소법」 개정이 당대회 준비와 직접적 연관성이 있다고 보기 어려우나 당대회 준비를 위한 사전작업의 하나일 수는 있을 것으로 추정해 볼 수 있다.

표 3-7 역대 당대회의 주요 경제관련 보고 및 결정

당대회	대회일정	경제관련 중요 결정
창당대회	1946.8.28~30	
제2차대회	1948.3.27~30	"반제반봉건민주주의혁명이 완수되고 사회주의에로의 과도기과업수행에 들어가 인민경제의 부흥발전을 위한 투쟁이 힘차게 벌어 지고 있던 시기"[59]로 인식
제3차대회	1956.4.23~29	인민경제발전 제1차 5개년계획(1957~1961) 제시
제1차 당대표자회	1958.3.3~6	《제1차5개년계획을 성과적으로 수행하기 위하여》 발표
제4차대회	1961.9.11~18	인민경제발전 7개년(1961-1967)계획에 대하여 발표
제2차 당대표자회		『사회주의경제건설의 당면과업에 대하여』 토의 《현 정세와 우리 당의 과업》 보고
제5차대회	1970.11.2~13	인민경제발전 6개년(1971-1976)계획
제6차대회	1980.10.10~14	"총결기간 사상, 기술, 문화의 3대혁명로선을 구현하기 위한 투쟁에서 이룩한 성과를 총화하시고 온 사회의 주체사상화를 실현할데 대한 전투적강령과 우리 혁명과 세계혁명 발전을 위한 과업을 제시하신 력사적인 대회"[60]로 인식
제7차대회	2016.5.6~9	5개년 경제발전전략
제8차대회	2021.1.5~12	5개년 경제발전계획

조선의 법규체계를 보면 부문법은 "최고주권기관이 헌법에 기초하여 일정한 부문의 사회관계를 규제하는 법문건으로서 부문기본법"이며, 부속법으로 규정, 세칙 등이 있다. 규정은 "부문법을 전국적범위에서 집행하기 위하여 그 내용을 더 구체화하거나 부문법을 제정할 조건이 아직 성숙되지 않은 부문에서 법적통제를 보장하기 위하여 실무적인 내용들을 구체적으로 규제하는 법문건"이며, 세칙은 "부문법이나 규정을 일정한 부문이나 지역의 특성에 맞게 집행

59 『경제사전 1』(1985), 643쪽.

60 『경제사전 2』(1985), 조선로동당 제6차대회.

하기 위하여 그 내용을 보다 상세하게 규제하는 법문건”이다. 법규범의 계위는 헌법 - 부문법 - 규정 - 세칙 등의 순서로 되어 있다.[61]

조선의 헌법은 역사적으로 인민민주주의헌법과 사회주의헌법으로 나뉘는 두 단계의 체계이다. 해당 시기 사회의 해결과제에 따라, 즉 혁명의 발전단계에 따라 헌법시기가 나뉜다. 건국 과정에서 반제반봉건민주주의 혁명을 실현하기 위해 ‘인민민주주의’ 헌법을 필요로 하였다. 조선은 1948년 최고인민회의 제1기 1차회의에서 인민민주주의헌법을 채택하였다. 채택된 인민민주주의헌법은 총 10개 장, 104개 조로 구성되어 있다. 조선에 “수립된 인민민주주의제도를 법적으로 확고히 고착시키고 혁명을 계속 전진시키”[62]며 “통일적인 민주주의인민공화국을 창건하기 위”[63]해 인민민주주의헌법을 제정한다. 조선은 1948년 9월 8일 최고인민회의 제1차회의에서 인민민주주의헌법를 채택한다. 인민민주주의헌법의 제정과정을 간략히 요약하여 표 3-8 로 정리하였다.[64]

표 3-8 인민민주주의헌법 제정과정

일자	내용
1947.11.18	헌법제정위원회 조직, 북조선인민회의 제3차회의에서 헌법제정문제 토의
1947.11.20	김일성「민주주의적이며 인민적인 헌법을 작성하자」발표
1948.2.7	북조선인민회의 제4차 회의에서 헌법초안과 관련한 헌법제정위원회의 보고
1948.2.12~4.25	헌법초안에 대한 토의 진행

61 「법제정법」(2021)

62 백성일,『헌법사연구』(평양: 김일성종합대학출판사, 2016), 123쪽.

63 앞의 책, 125쪽.

64 백성일,『헌법사연구』(평양: 2016) 내용 필자 요약.

1948.4.28~4.29	북조선인민회의 특별회의 진행
1948.7.9.	북조선인민회의 제5차회의에서 「조선민주주의인민공화국 헌법실시에 관하여」 보고
1948.9.8	'남북총선거'를 통해 조직된 최고인민회의 제1차회의에서 조선민주주의인민공화국 헌법 채택

인민민주주의헌법에서 "경제분야에 대한 헌법적규제의 중요한 내용의 하나는 인민민주주의제도에 맞는 생산수단에 대한 여러가지 소유형태를 규정"하고 "공화국에서의 생산수단은 국가, 협동단체, 개인자연인, 개인법인의 소유라고 규제"하였다. 또한 "경제분야에 대한 헌법적규제의 중요한 내용의 다른 하나는 국가의 새로운 인민민주주의적경제정책을 규정"하고 "대외무역을 국가 또는 국가의 감독 밑에서 진행할데 대한 국가유일무역정책과 공화국남반부에서 토지개혁을 실시할데 대하여서도 규제"하고 있다.[65] 제정된 "인민민주주의헌법은 전후시기에 와서 국가사회생활에서 일어난 중요한 사회관계를 반영하여 5차에 걸쳐 수정 보충"[66]된다. 인민민주주의헌법은 최고인민회의 제1기 제7차 회의(1953년 4월 23일)에서 처음으로 수정보충되었으며 그후 최고인민회의 제1기 제8차회의(1954년 10월 30일)와 최고인민회의 제1기 제9차 회의(1955년 3월 11일), 최고인민회의 제1기 제12차회의(1956년 11월 7일)와 최고인민회의 제3기 제1차 회의(1962년 10월 22일)에서 각각 수정하였다.[67] 표 3-9는 5차례의 수정사항을 요약

65 백성일, 『헌법사연구』(2016), 130-131쪽.

66 백성일, "우리 나라 인민민주주의헌법의 강화발전," 『김일성종합대학학보: 력사,법학』 2004년 3호.

67 백성일, "우리 나라 인민민주주의헌법의 강화발전," 『김일성종합대학학보: 력사,법학』 2004년 3호.

한 것이다.

표 3-9 인민민주주의헌법의 수정보충

회의	일자	주요 수정보충 내용
최고인민회의 제1기 제7차회의	1953년 4월 23일	지방행정단위와 행정구역의 개편 반영 내각의 부문별 중앙기관 개편신설
최고인민회의 제1기 제8차회의	1954년 10월 30일	지방의 주권기관과 집행기관 별도 분리 설정[68]
최고인민회의 제1기 제9차회의	1955년 3월 11일	내각의 권능을 높이는 방향으로 수정보충 헌법 제2조, 제3조, 제48조, 제53조, 제58조 및 제83조에 수정 및 보충
최고인민회의 제1기 제12차회의	1956년 11월 7일	지방주권기관선거에 청년들을 참가시키는 방향으로 수정보충
최고인민회의 제3기 제1차회의	1962년 10월 22일	사회주의제도가 확립된 새로운 환경에 맞게 내각사업전반에 대한 수상의 지도강화

조선은 1948년 제정된 인민민주주의헌법을 1972년 최고인민회의 제5기 제1차회의(1972년 12월 27일)에서 '사회주의헌법'의 채택을 통해 헌법을 변경하였다. 변경(새로 제정)된 "사회주의헌법은 11개 장, 149개 조로서 제1장 정치, 제2장 경제, 제3장 문화, 제4장 공민의 기본권리와 의무, 제5장 최고인민회의, 제6장 조선민주주의인민공화국 주석, 제7장 중앙인민위원회, 제8장 정무원, 제9장 지방인민회의, 인민위원회 및 행정위원회, 제10장 재판소 및 검찰소, 제11장 국장, 국기 및 수도로 구성"[69]하였다. 변경(채택)된 사회주의헌법이 이전의

68 내각의 구조변화는 17개 상에서 20개의 상으로 "보다 새롭게 개편신설하고 경제지도와 관리에서 엄격한 중앙집권제를 철저히 확립"한다고 서술하고 있다.

69 조선중앙통신사, 『조선중앙년감: 1973년』(평양: 조선중앙통신사, 1973), 1-10쪽.; 백성일, 『헌법사연구』(2016), 162-63쪽.

인민민주주의헌법과 주요한 차이점은 헌법조문 구성에서의 변화이다.

사회주의헌법 '채택'은 조선에 "수립된 사회주의제도를 더욱 공고히 하며 사회주의의 완전승리를 위한 투쟁을 힘있게 다그치기 위하여"[70]서라는 것이 주요한 목적이다. 다시 말하면, 이전의 인민민주의헌법은 반제반봉건민주주의혁명의 수행을 위한 규범으로 채택하였고, 사회주의적 토대를 완성한 시기에는 "사회주의혁명과 사회주의건설에서 우리 인민이 이룩한 위대한 성과들을 법적"으로 확인하고, 사회주의의 완전승리를 위해 "사회주의사회에서의 정치, 경제, 문화 분야의 제 원칙들을 법적으로 규제"하는 것이 사회주의헌법의 제정 취지이다.[71] 1972년 현재 조선은 사회주의 혁명과 건설에서 "개인 농민경리의 협동화", "개인 상공업의 사회주의적개조"를 통해 "도시와 농촌에서 낡은 생산관계를 사회주의적으로 개조"하고 "착취와 압박이 없는 선진적인 사회주의제도"의 수립을 성과로 들고 있다.

1972년 채택된 사회주의헌법은 1992년, 1998년, 2009년, 2010년, 2012년, 2013년, 2016년, 2019년 4월, 2019년 8월, 2024년 10월, 2025년 1월[72](수정보충의 자세한 내용은 아직 확인되지 않고 있다)등 현재까지 11번의 수정보충을 거쳤다. 1972년 채택된 사회주의헌법은 11개 장, 149개 조의 법조문 체계를 갖추고 있다. 사회주의헌법 변화(수정보충)

70 김일성, '우리 나라 사회주의제도를 더욱 강화하자: 조선민주주의인민공화국 최고인민회의 제5기 제1차회의에서 한 연설, 1972년 12월 25일,' 『김일성전집』 제50권 205쪽.

71 김일성, 『김일성전집』 제50권 180쪽.

72 "조신민주주의인민공화국 최고인민회의 제14기 제11차회의 진행," 『로동신문』 2024년 10월 9일.

에서 가장 크게 변화를 보이는 것은 1992년 수정보충 때로 보인다. 법조문 구성에서도 11개 장 149조 체계에서 7개 장, 171개 조로 변경한다. 장 구성에서 '제4장 국방'을 신설하고, 1972년 헌법에서 국가기구로서 최고인민회의(5장), 주석(6장), 중앙인민위원회(7장), 정무원(8장), 지방기구(9장), 재판소 및 검찰소(10장) 등의 6개장을 '제6장 국가기구'의 각 절로 통합한다. 또한 '제6장 제3절 조선민주주의 인민공화국 국방위원회'를 신설한다. 7개장의 체계는 2019년 8월 헌법까지 유지되고 있다. 조항의 수에서만 보면, 1992년 171개조에서 166개조(1998년)으로 변경했다가 172개조(2009년), 171개조(2019년 4월), 172개조(2019년 8월)로 변경되어 왔다.

사회주의헌법의 경제원칙

사회주의헌법(1972)에서는 제2장에 '경제부문의 원칙'을 규정하고 있다. '제2장 경제'는 제18조부터 제34조로 구성되어 있다. 2019년 8월 수정보충된 '사회주의헌법'에서는 '제2장 경제'는 제19조부터 제38조로 20개조항으로 구성되어 있다. 이 20개 조항체계는 1992년 1차 수정보충부터 변경되어 2019년 현재까지 유지되고 있다. 사회주의헌법의 조문변경은 1992년 1차 수정보충에서 경제부문에서 매우 큰 변화를 보여준다. 17개 조항에서 3개조항을 신설하여 20개 조항으로 증가하였고, 수정된 조문도 14개의 조항에 이른다. 1차 수정보충이 20년간의 경제생활 변화만을 반영하는 것만이 아니라 당시 조선이 직면한 대내외적 상황을 반영하는 것으로 해석된다.

사회주의헌법의 경제부문에서 1972년 제정되어 2019년 8월 개정때까지 조문의 자구 변화없이 유지된 조문들이 있다. 이 불변조문들은 경제원칙이 헌법상으로는 원칙이 유지되고 있다고 보아야 할 것이다. 그 내용을 서술하면, 첫째로 국가소유는 전체 인민의 소유이며, 국가소유권의 대상에는 제한이 없다. 즉, 소유권 측면에서 국가소유의 원칙이 유지되고 있다. 둘째로, 협동농장의 생산시설과 농촌문화주택 건설에 대한 국가부담의 원칙이 유지되고 있다. 셋째로, 근로자의 하루노동시간, 노동규률에 대한 원칙이 유지되고 있다. 넷째로, 인민경제는 계획경제이고, 인민경제발전계획에 따른 국가예산의 편성과 집행의 원칙이 유지되며, 증산과 절약투쟁의 강화, 엄격한 재정통제, 체제적인 국가축적과 사회주의적 소유의 확대발전 원칙이 유지되고 있다. 마지막으로 자립적 민족경제 보호를 위한 관세정책의 실시원칙이 유지되고 있다.

표 3-10 사회주의헌법 경제부문 불변조항

조항	조문
제21조	① 국가소유는 전체 인민의 소유이다.
	② 국가소유권의 대상에는 제한이 없다.
제28조	② 국가는 협동농장의 생산시설과 농촌문화주택을 국가부담으로 건설하여준다.
제30조	① 근로자들의 하루로동시간은 8시간이다.
	② 국가는 로동의 힘든 정도와 특수한 조건에 따라 하루로동시간을 이보다 짧게 정한다.
	③ 국가는 로동조직을 잘하고 로동규률을 강화하여 로동시간을 완전히 리용하도록 한다.
제34조	① 조선민주주의인민공화국의 인민경제는 계획경제이다.
제35조	① 조선민주주의인민공화국은 인민경제발전계획에 따르는 국가예산을 편성하여 집행한다.
	② 국가는 모든 부문에서 증산과 절약투쟁을 강화하고 재정통제를 엄격히 실시하여 국가축적을 체계적으로 늘이며 사회주의적소유를 확대발전시킨다.
제38조	국가는 자립적민족경제를 보호하기 위하여 관세정책을 실시한다.(조문의 변화없이 1992년 조항 분리)

1972년 사회주의헌법 제정 당시의 경제원칙 17개 조항의 38개 문장중에 28개 문장에서 발생한 변화를 조항으로 살펴보면 다음의 표 3-11 로 요약하였다.

표 3-11 사회주의헌법 경제부문 변화

수정보충 시기	'제2장 경제'의 변경조항
1차 수정보충(1992)	제18조부터 제34조 17개조항에서 제19조부터 제38조 20개조항으로 증가 제19조 신설, 제20조, 제21조, 제23조, 제24조, 제25조, 제26조, 제27조, 제28조, 제29조, 제31조, 제32조, 제33조, 제34조, 제36조, 제37조 신설, 제38조 분리신설
2차 수정보충(1998)	제20조, 제21조, 제22조, 제24조, 제25조, 제26조, 제33조, 제34조, 제36조, 제37조
3차 수정보충(2009)	제29조, 제36조
5차 수정보충(2012)	제36조
8차 수정보충(2019.4)	제26조, 제33조, 제36조

사회주의를 표방하던 소련과 동유럽 국가들이 체제전환을 진행하고 있고, 내부적으로 경제발전의 정체 또는 후퇴시기인 1992년 사회주의헌법의 개정은 제반의 상황에 영향을 받은 것으로 보인다. 신설된 제19조는 '사회주의적 생산관계와 자립적 민족경제의 토대'를 헌법조문에 서술한 것은 사회주의경제체제 고수의 의지를 명문화한 것으로 보인다. 또한 생산수산의 소유를 국가와 협동단체'만'으로 특별히 한정한 것은 생산수단의 사유화를 허용하지 않겠다는 의지적 표현으로 볼 수 있다. 이는 '국가소유를 우선적으로 보호하고 장성'시킨다는 표현으로 재확인하고 있다.

표 3-12 사회주의헌법 1차 수정보충 내용(1992)

조항	구분	조문
제19조	신설	조선민주주의인민공화국은 사회주의적생산관계와 자립적민족경제의 토대에 의거한다.
제20조	1972	제18조 조선민주주의인민공화국에서 생산수단은 **국가 및 협동단체**의 소유이다.
	1992	조선민주주의인민공화국에서 생산수단은 **국가와 협동단체만**이 소유한다.
제21조	1972	제19조 4항 국가소유는 조선민주주의인민공화국의 경제발전에서 주도적역할을 한다.
	1992	4항 국가는 나라의 경제발전에서 주도적역할을 하는 국가소유를 **우선적으로 보호하며 장성시킨다.**
제23조	1972	제21조 국가는 사회주의적협동경리제도를 공고발전시키며 협동단체에 들어있는 전체성원들의 자원적의사에 따라 협동단체소유를 점차 전인민적소유로 전환시킨다.
	1992	국가는 농민들의 사상의식과 기술문화수준을 높이고 협동적소유에 대한 전인민적소유의 지도적역할을 높이는 방향에서 두 소유를 유기적으로 결합시키며 협동경리에 대한 지도와 관리를 개선하여 사회주의적협동경리제도를 공고발전시키며 협동단체에 들어있는 전체 성원들의 자원적의사에 따라 협동단체소유를 점차 전인민적소유로 전환시킨다.
제24조	1972	제22조 ① 개인소유는 근로자들의 개인적소비를 위한 소유이다. ④ 국가는 근로자들의 개인소유를 **법적으로 보호**하며 그에 대한 상속권을 보장한다.
	1992	① 개인소유는 근로자들의 개인적이며 소비적인 목적을 위한 소유이다. ④ 국가는 근로자들의 개인소유를 보호하며 그에 대한 상속권을 법적으로 보장한다.
제25조	1972	제23조 ① 국가는 인민들의 물질문화생활을 끊임없이 높이는 것을 자기 활동의 최고원칙으로 삼는다. ② 조선민주주의인민공화국에서 끊임없이 늘어나는 사회의 물질적부는 전적으로 근로자들의 복리증진에 돌려진다. 제33조 국가는 낡은 사회의 유물인 세금제도를 완전히 없앤다.
	1992	① 조선민주주의인민공화국은 인민들의 물질문화생활을 끊임없이 높이는 것을 자기활동의 최고원칙으로 삼는다. ② 세금이 없어진 우리 나라에서 끊임없이 늘어나는 사회의 물질적부는 전적으로 근로자들의 복리증진에 돌려진다. ③ 국가는 모든 근로자들에게 먹고, 입고, 쓰고 살 수 있는 온갖 조건을 마련하여 준다.

제26조	1972	제24조 ① 조선민주주의인민공화국에 마련된 자립적민족경제의 토대는 나라의 부강발전과 인민생활 향상의 물질적담보이다. ② 조선민주주의인민공화국에서는 공업화의 력사적과업이 빛나게 실현되었다. ③ 국가는 공업화의 성과를 공고발진시키며 사회주의의 물질기술적토대를 더욱 튼튼히 하기 위하여 투쟁한다.
	1992	① 조선민주주의인민공화국에 마련된 자립적민족경제는 인민의 행복한 사회주의 생활과 조국의 자주적발전을 위한 튼튼한 밑천이다. ② 국가는 **사회주의자립적민족경제건설로선**을 틀어쥐고 인민경제의 주체화, 현대화, 과학화를 다그쳐 인민경제를 고도로 발전된 주체적인 경제로 만들며 완전한 사회주의사회에 맞는 물질기술적토대를 쌓기위하여 투쟁한다.
제27조	1972	제25조 국가는 기술혁명을 추진하여 중로동과 경로의 차이, 농업로동과 공업로동의 차이를 없애고, 근로자들을 힘든 로동에서 해방하며 육체로동과 정신로동의 차이를 점차적으로 줄인다.
	1992	① 기술혁명은 사회주의경제를 발전시키기 위한 기본고리이다. ② 국가는 언제나 기술발전문제를 첫자리에 놓고 모든 경제활동을 진행하며 과학기술발전과 인민경제의 기술개조를 다그치고 대중적기술혁신운동을 힘있게 벌려 근로자들을 어렵고 힘든 로동에서 해방하며 육체로동과 정신로동의 차이를 줄여나간다.
제28조	1972	제26조 ① 국가는 도시와 농촌의 차이, 로동계급과 농민의 계급적차이를 없애기 위하여 군의 역할을 높이며 농촌에 대한 지도와 방조를 강화한다.
	1992	① 국가는 도시와 농촌의 차이, 로동계급과 농민의 계급적차이를 없애기 위하여 **농촌기술혁명을 다그쳐 농업을 공업화하며** 군의 역할을 높이고 농촌에 대한 지도와 방조를 강화한다.
제29조	1972	제27조 ① 근로대중은 역사의 창조자이며 사회주의, 공산주의는 수백만 근로대중의 창조적로동에 의하여 건설된다. ② 우리 나라 근로자들은 모두 다 로동에 참가하며 조국과 인민과 자신을 위하여 자각적인성과 창발성을 내어 일한다. ③ 국가는 근로자들의 정치사상의식을 끊임없이 높이면서 로동의 량과 질에 의한 사회주의분배원칙을 정확히 적용한다.
	1992	① 사회주의, 공산주의는 근로대중의 창조적로동에 의하여 건설된다. ② 조선민주주의인민공화국에서 로동은 착취와 압박에서 해방된 근로자들의 자주적이며 창조적인 로동이다. ③ 국가는 실업을 모르는 우리 근로자들의 로동이 보다 즐거운 것으로, 사회의 집단과 자신을 위하여 자각적열성과 창발성을 내어 일하는 보람찬 것으로 되게 한다.

제31조	1972	제29조 조선민주주의인민공화국에서 공민이 로동하는 나이는 **만 16살부터**이다.
	1992	① 조선민주주의인민공화국에서 공민이 로동하는 나이는 **16살부터**이다. ② 국가는 로동하는 나이에 이르지 못한 소년들의 로동을 금지한다.
제32조	신설	국가는 사회주의경제에 대한 지도와 관리에서 정치적지도와 경제기술적지도, 국가의 통일적지도와 매개단위의 창발성, 유일적지휘와 민주주의, 정치도덕적자극과 물질적자극을 옳게 결합시키는 원칙을 확고히 견지한다.
제33조	1972	제30조 국가는 생산자대중의 집체적힘에 의거하여 경제를 과학적으로, 합리적으로 관리운영하는 **선진적**사회주의경제관리형태인 대안의 사업체계와 농촌경리를 기업적방법으로 지도하는 **새로운** 농업지도체계에 의하여 나라의 경제를 지도관리한다.
	1992	국가는 생산자대중의 집체적힘에 의거하여 경제를 과학적으로, 합리적으로 관리운영하는 사회주의경제관리형태인 대안의 사업체계와 농촌경리를 기업적방법으로 지도하는 농업지도체계에 의하여 경제를 지도관리한다.
제34조	1972	제31조 ② 국가는 사회주의적경제발전법칙에 따라 축적과 소비의 균형을 옳게 잡으며 경제건설을 다그치고 인민생활을 끊임없이 높이며 국방력을 강화할 수 있도록 인민경제발전계획을 작성하여 실행한다.
	1992	② 국가는 사회주의경제발전법칙에 따라 축적과 소비의 균형을 옳게 잡으며 경제건설을 다그치고 인민생활을 끊임없이 높이며 국방력을 강화할 수 있도록 인민경제 발전계획을 세우고 실행한다.
제36조	1972	제34조 ① 조선민주주의인민공화국에서 대외무역은 국가가 또는 국가의 감독 밑에서 한다.
	1992	① 조선민주주의인민공화국에서 대외무역은 국가가 하거나 국가의 감독밑에서 한다.
제37조	신설	국가는 우리나라 기관, 기업소, 단체와 다른나라 법인 또는 개인들과의 기업 합영과 합작을 장려한다.
제38조	분리 신설	(1972년 사회주의헌법 제34조 ③을 분리하여 제38조 신설) 국가는 자립적민족경제를 보호하기 위하여 관세정책을 실시한다.

경제노선으로 '사회주의자립적민족경제건설로선'(제26조)를 명확히 하고, 사회주의경제에 대한 지도와 관리에서 '정치적지도와 경제기술적지도, 국가의 통일적지도와 매개단위의 창발성, 유일적지휘와 민주주의, 정치도덕적자극과 물질적자극을 옳게 결합시키는

원칙'(제32조)을 신설한다. 대외투자유치에 대한 적극적 표현으로 합영·합작의 장려를 헌법에 신설한다.

이른바 유훈통치를 끝내고 '고난의 행군'을 마감 선언하며 '사회주의강행군'을 통해 '사회주의 강성대국론'을 주창하던 시기로, 즈음하여 1998년 9월 사회주의헌법을 개정한다. 주요한 개정내용을 보면 생산수단의 소유주체에서 '국가와 협동단체'가 '국가와 사회협동단체'로 수정된다. 사회협동단체는 사회단체와 협동단체의 합성으로 해석할 수 있다. 즉, 생산수단의 소유주체의 확대로 볼 수 있다. 또한 개인소유의 주체에 대한 표현이 변경되어 '근로자'에서 '공민'으로 수정되었다. 근로자는 계급적 성격의 표현으로 해석할 수 있고, 공민은 공화국의 인민으로서 사회주의 일반이 아닌 보편적 '국가'를 중심으로 상정되는 표현으로 해석할 수 있다. 경제발전 전망에 대한 전통적 표현인 '자주적 발전'을, 새로운 경제건설의 미래를 표현하는 것으로 보이는 '륭성번영'으로 수정한다. 또한 경제관리측면에서 대안의 사업체계의 요구에 맞춰 '독립채산제를 실시하고 원가, 가격, 수익성 등의 경제적 수단'의 이용을 추가하여 경제관리측면에서 '실리'를 강조하는 것으로 볼 수 있다.

표 3-13 사회주의헌법 2차 수정보충 내용(1998)

조항	구분	조문
제20조	1992	조선민주주의인민공화국에서 생산수단은 국가와 협동단체만이 소유한다.
	1998	조선민주주의인민공화국에서 생산수단은 국가와 **사회협동단체**가 소유한다.
제21조	1992	③ 나라의 모든 자연부원, 중요 공장과 기업소, 항만, 은행, 교통운수와 체신 기관은 국가만이 소유한다.
	1998	③ 나라의 모든 자연부원, 철도, 항공, 운수, 체신 기관과 중요 공장, 기업소, 항만, 은행은 국가만이 소유한다.

제22조	1992	① 협동단체소유는 협동경리에 들어있는 근로자들의 집단적소유이다. ② 토지, 부림짐승, 농기구, 고기배, 건물 같은 것과 중소공장, 기업소는 협동단체가 소유할 수 있다. ③ 국가는 협동단체소유를 보호한다.
	1998	① 사회협동단체소유는 해당단체에 들어있는 근로자들의 집단적소유이다. ② 토지, 농기계, 배, 중소공장, 기업소 같은것은 사회협동단체가 소유할수 있다. ③ 국가는 사회협동단체소유를 보호한다.
제24조	1992	① 개인소유는 **근로자**[73]**들**의 개인적이며 소비적인 목적을 위한 소유이다. ② 근로자들의 개인소유는 로동에 의한 사회주의 분배와 국가와 사회의 추가적 혜택으로 이루어진다. ③ 협동농장원들의 터밭경리를 비롯한 주민의 개인부업경리에서 나오는 생산물도 개인소유에 속한다. ④ 국가는 근로자들의 개인소유를 보호하며 그에 대한 상속권을 법적으로 보장한다.
	1998	① 개인소유는 공민[74]들의 개인적이며 소비적인 목적을 위한 소유이다. ② 개인소유는 로동에 의한 사회주의 분배와 국가와 사회의 추가적혜택으로 이루어진다. ③ 터밭경리를 비롯한 개인부업경리에서 나오는 생산물과 그밖의 합법적인 경리 활동을 통하여 얻은 수입도 개인소유에 속한다. ④ 국가는 개인소유를 보호하며 그에 대한 상속권을 법적으로 보장한다.
제25조	1992	② 세금이 없어진 우리 나라에서 끊임없이 늘어나는 사회의 물질적부는 전적으로 근로자들의 복리증진에 돌려진다.
	1998	② 세금이 없어진 우리 나라에서 늘어나는 사회의 물질적부는 전적으로 근로자들의 복리증진에 돌려진다.
제26조	1992	① 조선민주주의인민공화국에 마련된 자립적민족경제는 인민의 행복한 사회주의 생활과 조국의 자주적발전을 위한 튼튼한 밑천이다.
	1998	① 조선민주주의인민공화국에 마련된 자립적민족경제는 인민의 행복한 사회주의 생활과 조국의 륭성번영을 위한 튼튼한 밑천이다.
제33조	추가	② 국가는 경제관리에서 대안의 사업체계의 요구에 맞게 독립채산제를 실시하며 원가, 가격, 수익성 같은 경제적공간을 옳게 리용하도록 한다.

73 자기의 노력으로 육체노동이나 정신노동을 하는 사람. 노동자, 농민, 지식인들이 속한다, 『조선말대사전 1』(2017), 692쪽.

74 일정한 나라의 국적을 가지고 그 나라 헌법에 규정된 권리와 의무를 지닌 사람, 『조선말대사전 1』(2017), 491쪽.

제34조	1992	③ 국가는 계획의 일원화, 세부화 방침을 관철하여 생산장성의 높은 속도와 인민경제의 균형적발전을 보장한다.
	1998	③ 국가는 계획의 일원화, 세부화를 실현하여 생산장성의 높은 속도와 인민경제의 균형적발전을 보장한다.
제36조	1992	① 조선민주주의인민공화국에서 대외무역은 국가가 하거나 국가의 감독밑에서 한다.
	1998	① 조선민주주의인민공화국에서 대외무역은 국가 또는 사회협동단체가 한다.
제37조	1992	국가는 우리나라 기관, 기업소, 단체와 다른나라 법인 또는 개인들과의 기업 합영과 합작을 장려한다.
	1998	국가는 우리 나라 기관, 기업소, 단체와 다른 나라 법인 또는 개인들과의 기업 합영과 합작, 특수경제지대에서의 여러가지 기업창설운영을 장려한다.

국가적 차원의 경제관리체계인 '계획의 일원화, 세부화'에 대해 '방침의 관철'에서 보다 완화된 표현으로 해석될 수 있는 내용적 '실현'으로 수정한다. 또한 대외경제투자유치 부분에서 '특수경제지대에서 여러 가지 기업창설운영의 장려'를 추가한다. 이는 라진-선봉 자유무역지대의 창설과 연관이 있다.

표 3-14 사회주의헌법 3차 수정보충 내용(2009)

조항	구분	조문
제29조	1998	사회주의, 공산주의는 근로대중의 창조적로동에 의하여 건설된다.
	2009	사회주의는 근로대중의 창조적로동에 의하여 건설된다.

2009년 개정에서 경제부문원칙에서는 제29조에서 '공산주의'를 삭제한다. '공산주의' 삭제는 해석에 있어서 논쟁적이다. 1980년 6차 당대회에서 개정된 당규약의 서문에는 공산주의에 대한 표현이 여러 군데에서 표현되고, 다원의 규정에 대해 '당원은 당과 수령, 조국과 인민을 위하여 사회주의와 공산주의를 위하여 헌신하는 주체

형의 공산주의 혁명투자'로 명시한다. 그러나 2010년 제3차 당대표자회의에서 개정된 당 규약의 서문에는 '공산주의' 용어가 보이지 않으며, 당원의 규정에서도 '주체혁명위업, 사회주의위업'으로 대체되며 용어로서 '공산주의'는 빠져있다. '1992년 사회주의헌법 개정 시에 구헌법(1972)의 제10조는 "조선민주주의인민공화국은 프로레타리아 독재를 실시하며 계급로선과 군중로선을 관철한다."고 규정되었던 것을 신헌법(1992)의 제12조에는 "국가는 계급로선을 견지하며 인민민주주의독재를 강화하여 내외적대분자들의 파괴 책동으로부터 인민주권과 사회주의 제도를 굳건히 보위한다."고 수정하였다. 즉, '프롤레타리아 독재'에서 '인민민주주의독재'로 후퇴한 것으로 해석될 수 있다. 과도기로서의 사회주의경제 기간을 길게 상정한 것으로도 해석할 수 있다.

2019년 4월 헌법개정에서는 정보화, 집체적 지혜, 사회주의기업책임관리제, 대외무역에서의 신용회복과 무역구조 개선이 주요하게 변경된다. 인민경제의 '정보화'는 이후 경제관련법 개정에서 대부분 추가된다. '집체적 지혜'는 과학기술중시정책에 대한 강조 표현으로 보인다. 용어의 사용이 주로 '과학기술문제해결', '기술적문제'들의 해결 방법으로서 '집체적 지혜'를 사용하고 있다. 집체적 지혜는 현장 노동자와 기술자, 과학자들이 하나가 되어 문제를 해결하고 있다는 현실 표현에서 자주 인용되고 있다.[75]

75 로동신문에서 사진 설명에 자주 인용되고 있다. "제품의 질을 높이기 위하여 집체적지혜를 합쳐가고 있다: 북창은하피복공장에서," 『로동신문』 2017년 5월 28일; "현실에서 제기되는 과학기술적문제들을 풀어나가기 위해 집체적지혜를 합쳐간다: 모란봉인쇄공장에서," 『로동신문』 2017년 9월 18일; '일군들은 기술자들과 집체적지혜를 합쳐가며 제품의 질을 높이기 위한 사업을 근기있게 내밀었다.' "목재를 쓰지 않고 질좋은 제품을: 황해북도의 여러 단위에서," 『로동신문』 2019년 6월 4일.

표 3-15 사회주의헌법 8차 수정보충 내용(2019.4월)

조항	구분	조문
제26조	2016	② 국가는 사회주의자립적민족경제건설로선을 틀어쥐고 인민경제의 주체화, 현대화, 과학화를 다그쳐 인민경제를 고도로 발전된 주체적인 경제로 만들며 완전한 사회주의사회에 맞는 물질기술적토대를 쌓기 위하여 투쟁한다.
	2019	② 국가는 사회주의자립적민족경제건설로선을 틀어쥐고 인민경제의 주체화, 현대화, **정보화**, 과학화를 다그쳐 인민경제를 고도로 발전된 주체적인 경제로 만들며 완전한 사회주의사회에 맞는 물질기술적토대를 쌓기 위하여 투쟁한다.
제33조	2016	① 국가는 생산자대중의 **집체적힘**에 의거하여 경제를 과학적으로, 합리적으로 관리운영하는 사회주의경제관리형태인 대안의 사업체계와 농촌경리를 기업적방법으로 지도하는 농업지도체계에 의하여 경제를 지도관리한다. ② 국가는 경제관리에서 대안의 사업체계의 요구에 맞게 독립채산제를 실시하며 원가, 가격, 수익성 같은 경제적공간을 옳게 리용하도록 한다.
	2019	① 국가는 생산자대중의 **집체적지혜**와 힘에 의거하여 경제를 과학적으로, 합리적으로 관리운영하며 내각의 역할을 결정적으로 높인다. ② 국가는 경제관리에서 **사회주의기업책임관리제를 실시**하며 원가, 가격, 수익성같은 경제적공간을 옳게 리용하도록 한다.
제36조	2016	② 국가는 완전한 평등과 호혜의 원칙에서 대외무역을 발전시킨다.
	2019	② 국가는 **대외무역에서 신용을 지키고 무역구조를 개선**하며 평등과 호혜의 원칙에서 **대외경제관계를 확대**발전시킨다.

2014년 「기업소법」 개정에서 표현된 '사회주의기업책임관리제'가 2019년 4월 헌법개정에 서술되었다. 구 헌법의 '대안의 사업체계의 요구에 맞게'를 대체하였다. 대외무역부분에서는 '신용과 무역구조 개선'을 강조하며, 대외무역보다 포괄적인 의미로 읽혀지는 '대외경제관계'의 확대발전으로 수정한다.[76]

「기업소법」의 채택과 수정보충은 상위법인 헌법에서 경제 부분

76 2019년은 이른바 '하노이 노딜(No Deal)' 이후라는 시기상의 시점에서 보면 매우 특이한 내용으로 해석이 쉽지 않아 보인다. 기존의 '대외무역'에서 의미상 폭이 넓어진 '대외경제관계'의 표현은 더욱 해석을 어렵게 한다. 다만 5년의 시간차를 두고 '대외경제관계법'으로 해석되는 부문법 제정이 2025년 어느 정기간행물에 소개된다.

의 조문에 규제를 받을 수 밖에 없고 헌법 내에 경제관련한 내용에 대한 해석은 「기업소법」에 대한 맥락적 독해의 출발점이기도 하다. 변화한 것은 현실변화를 반영한 것이고 변화하지 않은 것은 현실변화가 없거나 현실변화가 있어도 아직 반영하지 않은 것, 또는 정책과 노선에 대한 방향의 변화가 없는 것으로 해석할 수 있다. 기본법인 헌법의 조문변화에는 보다 많은 내용을 담고 있을 것으로 추정이 되나 부문법인 「기업소법」과 연관법들에 직접적인 영향을 주는 제도변화의 측면에 한정되어 검토한다.

헌법의 수정 조항을 살펴보면 여러 차례 수정을 거치는 조항들이 있다. 제36조 무역관련 조항은 1992, 1998, 2009, 2016, 2019년 4월의 개정을 거쳐 5회 수정된다. 무역정책과 관련한 고민들이 상대적으로 많았던 것으로 추정할 수 있다. 이는 사회주의 국가간의 거래시장이 없어진 상황에서 발생되는 필연적인 상황으로 보인다.

표 3-16 사회주의헌법의 무역관련 변화

수정연도	조문 내용
1972	① 조선민주주의인민공화국에서 대외무역은 국가가 **또는** 국가의 감독 밑에서 한다.
1992	① 조선민주주의인민공화국에서 대외무역은 국가가 **하거나** 국가의 감독밑에서 한다.
1998	① 조선민주주의인민공화국에서 대외무역은 국가 또는 **사회협동단체**가 한다.
2009	**① 조선민주주의인민공화국에서 대외무역은 국가기관, 기업소, 사회협동단체가 한다.**
2016	② 국가는 완전한 평등과 호혜의 원칙에서 **대외무역**을 발전시킨다.
2019.4	② 국가는 대외무역에서 신용을 지키고 무역구조를 개선하며 평등과 호혜의 원칙에서 **대외경제관계를 확대**발전시킨다.

2009년 헌법개정에서 대외무역의 주체에 기업소를 추가하는 것은 기업소의 역할에 있어 중요한 의미를 갖는다. 이 조항의 변화는 즉각적으로 무역법과 기업소법에 반영이 되지 않는다. 이 조항변화의 반영은 「기업소법」(2014. 11월)의 개정에서 무역권 부여로 반영되며, 무역법에서는 2015년 12월 개정에서 구법의 '영업허가를 받은 무역회사'에서 '영업허가를 받은 기관, 기업소, 단체'로 수정되면서 반영된다.

第26조(자립적민족경제로선) 조항은 1992, 1998, 2019년 4월 수정보충을 통해 3회 개정된다. 이 조항의 담론적 성격이 강하여 부문법에 직접적으로 주는 영향은 크지 않다. 2019년 4월 수정된 '인민경제의 정보화'는 2019년 4월 이후 개정되는 여러 경제관련법에 추가된다.

표 3-17 자립적 민족경제노선의 변화

수정연도	조문 내용
1972	제24조 ① 조선민주주의인민공화국에 마련된 자립적민족경제의 토대는 나라의 부강발전과 인민생활 향상의 물질적담보이다. ② 조선민주주의인민공화국에서는 공업화의 력사적과업이 빛나게 실현되었다. ③ 국가는 공업화의 성과를 공고발전시키며 사회주의의 물질기술적토대를 더욱 튼튼히 하기 위하여 투쟁한다.
1992	① 조선민주주의인민공화국에 마련된 자립적민족경제는 인민의 행복한 사회주의 생활과 **조국의 자주적발전**을 위한 튼튼한 밑천이다. ② 국가는 사회주의자립적민족경제건설로선을 틀어쥐고 인민경제의 주체화, 현대화, 과학화를 다그쳐 인민경제를 고도로 발전된 주체적인 경제로 만들며 완전한 사회주의사회에 맞는 물질기술적토대를 쌓기위하여 투쟁한다.
1998	① 조선민주주의인민공화국에 마련된 자립적민족경제는 인민의 행복한 사회주의 생활과 **조국의 륭성번영**을 위한 튼튼한 밑천이다.
2019.4	② 국가는 사회주의자립적민족경제건설로선을 틀어쥐고 인민경제의 주체화, 현대화, **정보화**, 과학화를 다그쳐 인민경제를 고도로 발전된 주체적인 경제로 만들며 완전한 사회주의사회에 맞는 물질기술적토대를 쌓기 위하여 투쟁한다.

제33조 경제관리형태 조항은 1992, 1998, 2019년 4월 수정보충을 거쳐 3회 수정된다. 이 조항은 경제관련법에 많은 변화를 준다. 이 조항의 중심어 변화를 살펴보면, 경제관리운영에서 중점을 두는 기반이 '생산자대중의 집체적 힘'에서 2019년 4월 '생산자대중의 집체적 지혜와 힘'으로 수정한다. 기업소에 대한 경제관리형태는 '대안의 사업체계'에서 1998년에 '대안의 사업체계의 요구에 맞는 독립채산제'로 수정되었다가 2019년 4월 개정에서 '사회주의기업책임관리제'로 수정된다. 특히 경제에 대한 '내각의 역할 확대와 사회주의기업책임관리제'에 대한 서술은 그 동안의 실제 정책상에서 진행되고 있던 내용을 사후적으로 헌법에서 확인하는 것으로 읽혀진다.

표 3-18 경제관리형태의 변화

수정연도	조문
1972	제30조 국가는 생산자대중의 집체적힘에 의거하여 경제를 과학적으로, 합리적으로 관리운영하는 **선진적**사회주의경제관리형태인 대안의 사업체계와 농촌경리를 기업적방법으로 지도하는 **새로운** 농업지도체계에 의하여 나라의 경제를 지도관리한다.
1992	국가는 생산자대중의 집체적힘에 의거하여 경제를 과학적으로, 합리적으로 관리운영하는 사회주의경제관리형태인 대안의 사업체계와 농촌경리를 기업적방법으로 지도하는 농업지도체계에 의하여 경제를·지도관리한다.
1998	① 국가는 생산자대중의 집체적힘에 의거하여 경제를 과학적으로, 합리적으로 관리운영하는 사회주의경제관리형태인 대안의 사업체계와 농촌경리를 기업적방법으로 지도하는 농업지도체계에 의하여 경제를 지도관리한다. (항 추가) ② 국가는 경제관리에서 **대안의 사업체계의 요구에 맞게 독립채산제를 실시하며 원가, 가격, 수익성 같은 경제적공간을 옳게 리용**하도록 한다.
2019.4	① 국가는 생산자대중의 집체적지혜와 힘에 의거하여 경제를 과학적으로, 합리적으로 관리운영하며 **내각의 역할을 결정적으로 높**인다. ② 국가는 경제관리에서 **사회주의기업책임관리제를 실시하며** 원가, 가격, 수익성같은 경제적공간을 옳게 리용하도록 한다.

2회 수정보충을 거치는 조항은 제20조 생산수단 소유와 관련한 조항, 제21조 국가소유 관련 조항, 제24조 개인소유 관련 조항, 제25조 인민생활 관련 조항, 제29조 노동관련 조항, 제34조 인민경제발전계획 관련 조항, 제37조 합영과 합작 관련 조항 등 7개 조항이다.

사회주의헌법의 경제관리기구

1972년 사회주의헌법 제109조에 '정무원의 임무와 권한'은 10개항에 걸쳐 규정하고 있다.

> "1. 각 부·정무원 직속기관 지방행정위원회 사업을 지도한다 2. 정무원 직속기관을 내오거나 없앤다 3. 국가의 인민경제발전계획을 작성하며 그 실행대책을 세운다 4. 국가예산을 편성하며 그 집행대책을 세운다 5. 공업, 농업, 대내외 상업, 건설, 운수, 체신, 국토관리, 도시경영, 과학, 교육, 문화, 보건 등의 사업을 조직 집행한다 6. 화폐 및 은행 제도를 공고히 하기 위한 대책을 세운다 7. 다른 나라와 조약을 맺으며 대외사업을 한다 8. 인민무력건설에 대한 사업을 한다 9. 사회질서의 유지 국가의 리익보호 및 공민의 권리보장을 위한 대책을 세운다 10. 정무원 결정 지시에 어긋나는 국가관리기관의 결정·지시를 폐지한다"

이런 정무원(1998년부터 내각으로 명칭변경)의 '임무와 권한'은 1992년 헌법개정에서 국방위원회의 신설 영향으로 8항의 "인민무력건설에 대한 사업"이 국방위원회로 이전되고 9개항의 '임무와 권한'으로 변경되었다. 이른바 '고난의 행군'이 끝나는 시기의 헌법 개정인 사회주의헌법(1998)에는 내각의 '임무와 권한'이 12개항으로 늘어 2019년 현재의 사회주의헌법까지 유지되고 있다. 1998년에 변경된 내각의 '임무와 권한'은 아래와 같다.

> 1. 국가의 정책을 집행하기 위한 대책을 세운다 2. 헌법과 부문법에 기초하여 국가관리와 관련한 규정을 제정 또는 수정, 보충한다 3. 내각의 위원회, 성, 내각 직속기관, 지방인민위원회의 사업을 지도한다 4. 내각직속기관, 중요 행정경제기관, 기업소를 내오거나 없애며 국가관리기구를 개선하기 위한 대책을 세운다 5. 국가의 인민경제발전계획을 작성하며 그 실행대책을 세운다 6. 국가예산을 편성하며 그 집행대책을 세운다 7. 공업, 농업, 건설, 운수, 체신, 상업, 무역, 국토관리, 도시경영, 교육, 과학, 문화, 보건, 체육, 로동행정, 환경보호, 관광, 그밖의 여러 부문의 사업을 조직집행한다 8. 화폐와 은행 제도를 공고히 하기 위한 대책을 세운다 9. 국가관리 질서를 세우기 위한 검열, 통제 사업을 한다 10. 사회질서유지, 국가 및 사회협동단체의 소유와 리익의 보호, 공민의 권리보장을 위한 대책을 세운다 11. 다른 나라와 조약을 맺으며 대외사업을 한다 12. 내각 결정, 지시에 어긋나는 행정경제기관의 결정, 지시를 폐지한다.

추가된 내각의 역할은 "1. 국가의 정책을 집행하기 위한 대책을 세운다 2. 헌법과 부문법에 기초하여 국가관리와 관련한 규정을 제정 또는 수정, 보충한다 9. 국가관리 질서를 세우기 위한 검열, 통제 사업을 한다" 등 3개항이다. 이는 내각의 기능과 역할을 대폭 강화한 것으로 보인다. 지방에서 경제관리기관으로서 지방인민회의 및 지방인민위원회 앞에 책임을 지는 조직으로 지방행정위원회(1972년 헌법 제128조), 지방행정경제위원회(1992년 헌법 제7절)를 규정하였다. 그러나 1998년 헌법 개정에서 그 역할을 지방인민위원회(1998년 헌법 제141조)로 이전(통합)하고 관련 조항을 삭제한다. 인민민주주의헌법상에서 내각의 최고책임자는 수상이었고, 사회주의헌법에서는 내각총리로 변경되었다.

표 3-19 사회주의헌법의 주요 개정 내용[77]

구분	1972	1992	1998-2009	2019.4
생산수단 소유	생산수단은 국가 및 협동단체 소유(제18조) 국가소유가 주도적 역할(제19조)	국가소유를 우선적으로 보호, 장성(제21조)	생산수단 소유주체 확대: 국가와 사회협동단체(제20조)	
집단적 소유	협동단체		집단적 소유 주체 확대: 사회협동단체(제22조)	
개인 소유	근로자 개인적 소비를 위한 소유는 개인소유(제22조)	공민의 노동연령 하향: **만 16살 → 16살**(제31조)	소비목적 개인소유 주체 확대: **근로자 → 공민(국민)으로 변경**(제23조) 소비목적 개인 소유대상 확대: 일반주민의 터밭경작, 그 밖의 합법적 경리활동에 의한 수입 추가(제24조)	
경제운영 방향과 핵심 과업	자립적 민족경제 토대(제24조)와 계획경제(제31조) 계획의 일원화, 세부화(제31조)	자립적민족경제로서(제26조) 인민경제의 주체화, 현대화, 과학화 추가(제26조) **사회주의경제의 지도와 관리 원칙 신설(제32조)**		인민경제의 주체화, 현대화, **정보화**, 과학화(제26조) 실리보장 원칙 추가(제32조)
경제관리	대안의 사업체계와 새로운 농업지도체계(제30조)		대안의 사업체계 요구에 맞게 독립채산제 실시하며 원가, 가격, 수익성 경제적 공간 이용(제33조)	**내각의 역할 강조**하고 대안의 사업체계를 **사회주의기업책임관리제로 대체**(제33조)

77 양문수 외, 『북한경제 공식문헌 해제』(2024), 304쪽의 내용을 기초로 필자 일부 수정.

대외무역	국가가 또는 국가의 감독 밑(제34조)	국가가 하거나 국가의 감독 밑(제36조)	대외무역 주체 확대: 사회협동단체 추가(제36조)	대외무역 주체 확대: 기관, 기업소 추가(제36조, **2012년 수정**) 신용과 무역구조 개선 추가(제36조)
외국인 투자 및 경제 특구		**타국과의 합영, 합작 장려 조항 신설**(제37조)	특수경제지대에서의 기업창설운영 장려(제37조)	
지방 경제 관리 기구	지방행정위원회(제130조)	지방행정경제위원회(제149조)	지방인민위원회(제141조)	
기타	세금제도 폐지(제33조)			

3
소결

「기업소법」이 제정될 당시 사회주의헌법은 2010년 4월에 개정된 헌법이다. 이 시기 기업소와 관련된 사회주의헌법의 주요 내용을 살펴보면, ① 생산수단의 소유주체가 국가와 사회협동단체로 확대된 상황이고, ② 경제노선으로 '사회주의자립적민족경제로선'을 기초로 인민경제의 주체화, 현대화, 과학화를 추진하며, ③ 사회주의경제에 대한 지도와 관리 원칙으로 정치적지도와 경제기술적지도, 국가의 통일적지도와 매개 단위의 창발성, 유일적지휘와 민주주의, 정치도덕적 자극과 물질적자극을 옳게 결합시키는 원칙을 수립하며, ④ 경제관리에서 실리수의적 측면에서 '대안의 사업체계의 요구에 맞게 독립채산제를 실시하며 원가, 가격, 수익성 같은 경제적 공간'을 이용하고, ⑤ '계획의 일원화, 세부화 방침 관철'보다 완화된 것으로 보이는 '계획의 일원화, 세부화를 실현'을 통해 생산향상과 인민경제의 균형적 발전을 보장하며, ⑥ 대외무역의 주체는 국가 또는 사회협동단체이고, ⑦ 합영과 합작, 특수경제지대에서의 기업창설과 운영을 장려한다. 경제관리, 기업관리의 변화 기조에서 「기업소법」이 제정된 것으로 보인다.

사회주의헌법의 2012년 4월 개정에서 대외무역의 주체에 기업소가 포함된다. 이것은 기업소의 역할이 확대되는 방향이다. 「기업소법」의 2014년 개정에서 기업소에 무역과 합영·합작권을 부여한다. 무역권과 관련하여 사회주의헌법과 기업소법 개정에서 시간적인 선후관계가 있지만 이것이 직접적 연관관계로 보기는 어려울 듯하다. 무역권은 '실제적인 경영권'의 여러 요소중에 하나로서 사회주의헌법이 환경을 제공하기는 했으나 사회주의헌법의 변화가 「기업소법」 변화의 독립변수로 작용한 것으로 보기는 어렵다. 다만 김정일 국방위원장의 사망으로 「기업소법」의 제7조의 사회주의애국주의교양원칙은 김정일애국주주의교양원칙으로 수정되었고, 김정일 사망이후 첫 헌법 개정인 2012년에 헌법 서문의 내용에 김정일 국방위원장과 관련한 내용들이 다수 추가되며 사회주의헌법을 '김일성-김정일헌법'으로 명명한다.

사회주의헌법의 다음 개정은 2016년 6월의 최고인민회의 제13기 제4차회의에서 진행되었으나 경제원칙의 수정은 없었다. 2019년 4월 사회주의헌법의 개정에서는 경제원칙의 여러 조항이 수정된다. 수정된 조문은 ①인민경제의 정보화를 추가하고(제26조), ②'과학기술과 생산의 일체화'로 수정하고(제27조), ③사회주의경제에 대한 지도와 관리 원칙에서 '실리 보장 원칙'을 추가하고(제32조), ④'생산대중의 집체적힘'에서 '생산대중의 집체적지혜와 힘'으로 수정하고(제33조 1항), ⑤'대안의 사업체계의 요구에 맞게 독립채산제의 실시'가 '사회주의기업책임관리제의 실시'로 수정되고(제33조 2항), ⑥대외무역에서 '신용을 지키고 무역구조의 개선'을 추가하고 '대외무역'을 '대외경제관계'로 수정한다(제36조).

「기업소법」은 2014년 11월, 2015년 5월 개정하면서 '우리 식 경제관리방법과 사회주의기업책임관리제'를 추가하면서 경영권을 신설하고 경영권의 여러 하부 권리들을 조문에 추가한다. 「기업소법」

의 1차, 2차 개정내용이 2019년 4월 사회주의헌법 개정에 반영된다. 「기업소법」의 '사회주의기업책임관리제'가 헌법에 반영된 것이다. 또한 「기업소법」 제정 당시 제4조(기업소의 경영원칙)에 '사회주의원칙을 지키면서도 최대한의 실리를 내도록 한다'는 조항의 '실리원칙'이 사회주의헌법에 반영된 것으로 보인다.[78] 한편 2019년 사회주의헌법의 변화에서 ①'인민경제의 정보화 추가(제26조)'는 「기업소법」 2020년 11월 개정에 반영된다.

사회주의헌법의 변화가 선행되고 「기업소법」이 나중에 변화 경우는 '대외무역 주체의 확대'와 '인민경제의 정보화 추가'이다. 대외무역분야는 국가의 통제가 강한 영역이고 이 경우 부문법으로서 무역법보다 사회주의헌법의 변화가 선행한 것으로 보인다. '인민경제의 정보화 추가'의 경우는 사회주의경제발전노선으로서 담론적 차원으로 부문법의 영역이 아니라 전략적 측면에서 기본법인 헌법차원에 서술되는 것으로 보인다. 기본법으로서의 사회주의헌법과 부문법으로서의 「기업소법」은 변화의 상관관계에서 부문법의 변화가 일정한 기간이 경과하여 기본법에 반영되는 방향으로 진행되는 것으로 보인다. 이는 개별법이 헌법의 범위 내에서 제정되고 개정되는 한국의 경우와는 반대 방식이다. 조선에서는 당의 경제정책과 노선에 따라 필요한 경우 개별법을 제·개정하고 시행하면서 수정되고 담론화되어 정규화되면 사회주의헌법에 반영되는 관계로 보인다. 따라서 사회주의헌법의 변화가 시간상 지연되어 개별법의 규정이 사회주의헌법의 경제원칙과 다소 차이가 있게되는 기간이 존재한다.

78 1999년 제정된 인민경제계획법의 제6조 ② 인민경제계획을 세우고 계획실행규률을 강화하며 경제사업에서 '실리'를 내도록 한다고 규정되어 있다.

사회주의헌법의 변화와 관련이 없지만「기업소법」2020년 11월 개정에서 기업소의 지도원칙(제8조)에서 조문이 수정된다. 기업소에 대한 국가의 '통일적지도'가 '통일적지도와 전략적관리'로 수정되고, '기업소의 창발성'이 '기업소의 생산과 경영활동을 원활하게 조직진행'으로 수정된다. 즉, 국가의 기업소에 대한 지도원칙이 '통일적지도와 전략적관리'로 변경되었다.

국가의 '통일적지도와 전략적관리' 용어가 초기에 사용된 것은 사회과학원 경제연구소 리기성 교수가 2015년 1월 조선신보와 대담에서 나타난다. 리기성에 의하면 '우리 식 경제관리방법의 확립'에 대해 최고지도자가 제시한 원칙이 3가지로, ① 경제에 대한 국가의 통일적지도와 전략적관리의 옳바른 실현, ② 공장과 기업소, 협동단체들에서 사회주의기업책임관리제의 옳바른 실현 그리고 ③ 경제사업에 대한 당의 령도를 보장하며 정치사업을 확고히 앞세워나가는 것으로 설명한다.[79]

로동당 제7차대회 결정서에는 "경제강국건설에서 전환적국면을 열어나가기 위하여서는 국가의 경제조직자적기능을 강화하고 주체사상을 구현한 우리 식 경제관리방법을 전면적으로 확립하"기 위해 경제사업에 대한 국가의 '통일적지도와 전략적관리'를 책임적으로 할 것을 주문한다.[80] 내각 기관지 민주조선의 사설에는 경제전반

79 김지영, "병진로선에 기초한 경제건설: 사회과학원 연구사가 말하는《현장의 변화》, 조선의 지향은《평화적환경속에서의 부흥》,"『조선신보』2015년 1월 24일.

80 "<조선로동당 제7차대회 결정서> 조선로동당 중앙위원회 사업총화에 대하여,"『로동신문』2016년 5월 9일.

에 대한 국가의 '통일적지도와 전략적관리'를 옳바로 실현하기 위한 필수적요구로 내각책임제, 내각중심제를 강화를 주장한다.[81] 로동신문은 정철성의 논설을 통해 사회주의기업책임관리제의 생활력을 발양시키기 위한 사업의 성과를 내기위해서 국가경제지도기관들에게 사회주의기업체들에 대한 '통일적지도와 전략적관리'를 통하여 기업체들이 기업활동을 주동적으로, 창발적으로 진행해나가도록 적극 추동할 것을 주장한다.[82]

당중앙위원회 제7기 제5차전원회의에 이어 2020년 2월에 열린 내각전원회의 확대회의에서 내각책임제, 내각중심제를 철저히 확립하고 국가의 '통일적지도와 전략적관리'를 실현해나가기 위하여 모든 단위에서 경제토대를 효과적으로 이용하여 국가재정을 강화하고 생산을 활성화 위한 대책들로 ①국가계획위원회와 재정성, 국가자원개발성, 수산성, 중앙통계국에서 국가의 자원과 자금원천을 전반적으로 장악하고 나라의 경제를 책임적으로 관리운영할수 있는 자금력, 집행력을 확보하는데 힘을 집중하며 ②경제사업과 관련한 문제들은 철저히 내각에 집중시키고 내각과 합의하여 풀어나가는 질서를 엄격히 세워야 한다고 강조하며, ③경제관리기관들에게 객관적조건과 가능성, 잠재력을 구체적으로 타산하여 주요생산목표와 경제기술적지표들을 재확정하고 과학적인 수자에 기초한 계획을 수

81 "<사설> 내각책임제, 내각중심제를 강화하여 경제건설대진군을 다그치자," 『민주조선』 2018년 6월 6일.

82 정철성, "[론설] 사회주의기업책임관리제의 실시와 국가적지도관리의 개선," 『로동신문』 2019년 11월 21일.

립하며 중앙지표, 지방지표, 공장, 기업소지표를 정확히 구분하고 책임한계를 명백히 하여 중앙경제와 지방경제가 다같이 원활하게 움직이도록 하며 ④국가경제발전에서 전략적의의를 가지는 지하자원을 국가적으로 개발대책을 세워야 한다고 지적하고 있다.[83]

83 "당중앙위원회 제7기 제5차전원회의에서 제시된 강령적과업을 철저히 관철하자-내각전원회의 확대회의 진행," 『민주조선』 2020년 2월 1일.

제4장

기업소의 생산계획과 생산자금, 소득분배

1
기업소의 계획권과 연관법

기업소의 계획권

2014년 「기업소법」 개정에서 기업소에 계획권을 부여한다. 이 법 조항의 변화를 살펴보자.

표 4-1 기업소법 인민경제계획의 실행(제30조) 변화

연도	조문
2010. 11월	① 기업소는 해마다 국가의 경제정책과 인민경제계획서작성방향, 기업소의 경영전략에 따라 세우고 인민경제계획초안을 정확히 작성하여 해당 기관에 제출하여야 한다. ② 시달된 인민경제계획은 일별, 월별, 분기별, 지표별로 어김없이 실행하여야 한다.
2014. 11월	① 기업소는 **계획권을 가지고** 자체의 실정에 맞게 현실적인 계획을 세우고 인민경제계획을 일별, 월별, 분기별, 지표별로 어김없이 실행하며 수요가 높은 제품생산을 계획적으로 늘여나가야 한다. ② 기업소지표는 기업소가 **수요자기관, 기업소, 단체와 주문계약을 맺은데 따라 자체로 계획화**하고 실행한다. ③ 이 경우 해당 지역 통계기관에 등록한다.
2020. 11월	① 기업소는 계획권을 가지고 객관적조건과 가능성, 잠재력을 타산하여 과학적이며 현실적인 계획을 세우고 인민경제계획을 일별, 월별, 분기별, 지표별로 어김없이 실행하며 수요가 높은 제품생산을 계획적으로 늘여나가야 한다. ② 기업소는 **지표분담과 주문계약방법, 계획화사업분담에 따라 계획을 정확히 맞물리며** 해당 통계기관에 제때에 등록하고 실행하여야 한다. ③ 기업소지표는 기업소가 수요자기관, 기업소, 단체와 주문계약을 맺은데 따라 자체로 계획화하고 실행한다.

2010년 「기업소법」이 제정될 당시 인민경제계획의 실행에 대해 기업소는 인민경제계획초안을 작성하여 해당기관에 제출한다. 그리고 해당기관에서 비준되어 시달(할당)된 기업소의 인민경제계획과제를 일별, 월별, 분기별, 지표별로 어김없이 실행하도록 규율되어 있었다. 이때 인민경제계획초안 작성의 기준은 국가의 경제정책, 인민경제계획서작성방향, 기업소의 경영전략이다.

2014년 「기업소법」 개정에서 '기업소의 경영권행사'가 신설되고 기업소는 '실제적인 경영권'을 가지고 기업활동을 주동적, 창발적으로 하도록 규율한다. 이어서 기업소의 인민경제계획의 실행에 대해 기업소는 '실제적인 경영권'의 하나로 '계획권'을 가지고 자체의 실정에 맞게 현실적인 계획을 세워 실행하며, 수요가 높은 제품생산을 늘여나가도록 규율한다. 그리고 기업소지표를 신설하고 그 지표는 수요자와 주문계약을 맺은데 따라 자체로 계획, 실행하도록 하며 통계기관에 내용을 등록하기만 하면 된다. 기업소지표외에 다른 지표에 대해서는 언급이 없다. 표 4-1의 2014년 ①의 인민경제계획과 ②의 기업소지표는 동의어는 아니다. 2014년 인민경제계획의 실행 조항은 2014의 ①은 2010년의 조문과 맥락적 연결을 통해서 조문을 재구성해볼 수 있다. 즉, 기업소는 '국가의 경제정책과 인민경제계획서작성방향'(2010의 ①), 그리고 계획권을 가지고 자체의 실정에 맞게 현실적인 '인민경제계획초안'(2010의 ①)을 작성하여 해당기관에 제출을 하며, '시달된'(2010의 ②) 인민계획경제을 어김없이 실행한다. 그 과정에서 수요가 높은 제품생산은 계획적으로 늘여나간다. 2014의 ①은 2010년의 조항 (① + ②) + (계획권과 수요 높은 제품생산)으로 재구성된다. 그리고 2014년의 조항 ②와 ③이 추가된다. 기업소지표, 주문계약, 통계기관 등록과 관련한 내용은 2015년 6월 인민경제계획법의 개정에 반영된다. 인민경제계획지표를 중앙지표, 지방지표, 기업소지표로 분담하여 기업소에 시달하며, 계약을 '계획에 기초한 계약과 주문계약'으로 구분하고, 계약의 이행 시기를 규율한다. 이 내용에 대해서는 인민경제계획법의 해석에서 자세히 검토한다.

인민경제계획의 실행 조항은 2020년 11월 개정에서 한번 더 수정된다. 2014의 ①에서 '자체의 실정에 맞게 현실적인 계획'을 '객관적 조건과 가능성, 잠재력을 타산하여 과학적이며 현실적인 계획'으로 수정한다. 내용상의 의미차이를 해석하면, 2014년의 계획작성이 기업소의 실정, 기업소의 주관적 조건에 초점이 맞추어졌다면 2020년의 계획작성은 객관적, 즉 국가의 요구에 초점이 맞추어진 것으로 보인다. 2020의 ②을 추가하여 좀더 분명하게 규율하고 있다. '지표분담과 주문계약방법, 계획화사업분담에 따라 계획을 정확히 맞물리고' 통계기관에 등록도 '제때에' 할 것을 주문한다. 2020년의 인민경제계획의 실행 조항에 대한 수정으로 유추할 수 있는 것은 기업소에 자체 계획권을 부여하여 실행하여 보니, 기업소에서 작성한 인민경제계획이 기업소의 '실정'에만에 중심을 두고 소극적으로 진행되는 경향이 있었고, 그에 따라 지표분담에서 중앙지표의 이행과 계획화사업분담에도 차질이 생기고 기업소지표의 통계기관 등록에도 문제가 발생하였던 것으로 볼 수 있다. 이런 현상에 대한 시행과정의 조정으로 보인다.

2020년 개정에서 인민경제계획의 실행 조항과 관련이 있어 보이는 조항의 변화가 제30조(경영전략, 기업전략의 작성)의 수정이다. 이 조항은 2010년 제정부터 2020년 개정 전까지는 ①경영전략, 기업전략을 '현실발전의 요구에 맞게' 수립하라는 규정에서 '국가의 경제발전전략에 기초하여 과학적이며 합리적'으로 수립할 것을 규율한다. 또한 ②경영전략, 기업전략의 기준으로 '기업소의 노력과 기술장비상태, 원료, 자재의 보장과 이용정형, 연관단위의 경영실태, 과학기술 및 경제발전추세 같은 것'을 고려하여 '기업경영의 목적을 실현하기 위한 전망목표를 규정하고 그 실현의 총적방향과 근본방도를 확정하는 방법으로' 수립하도록 추가한다. 즉, 경영전략, 기업전략을 국가의 경제발전략에 기초하여 장기적인 전망목표을 규정하고 총적방향과 근본방도를 확정하는 방법을 요구함으로써 기업소의 자체 실정만 고려할 것이 아니라 국가적 수준의 발전전략에 복무할 것을 요구하는 것으로 보인다.

조선의 경제전문가는 기업체들의 확대된 계획권과 생산조직권을 행사할 때 우선 국가의 중앙지표계획을 우선적으로 수행하며 국가적 이익에 맞는 제품생산을 계획적으로 늘여나가는 것이 중요하다고 강조하고 있다.[01] 다른 법률전문가는 기업소의 계획권에 대해 기업체들의 책임성과 창발성을 높이는것을 목적으로 한것만큼 중앙지표의 계획수행에 지장을 주지 않는 이상 어떤 대상에 대해 주문계약을 체결하는가 하는데 국가가 제한을 가할 필요는 없다고 생각하고 있다. 사회주의기업책임관리제에서 핵심은 기업체들이 책임성과 창발성을 최대한 높이는것이고, 사회주의기업책임관리제에서 기업체들이 맡고있는 임무로 ①자기 단위에 맡겨진 국가적 과제를 무조건 수행하면서 수입과 지출의 균형을 맞추고 국가에 이익을 주는 것, ②종업원들의 물질문화생활을 책임지고 향상시키는 것, ③지식경제시대의 요구에 맞게 확대 발전시켜 나가는 것으로 보고 있다.

01 김경옥, "사회주의기업체들의 확대된 계획권과 생산조직권행사의 중요요구," 『경제연구』 2017년 1호.

국가에서는 기업소들의 계획권을 대폭 확대시키고 주문계약의 대상을 폭넓게 규정하여 주문계약의 대상에 지방지표, 기업소지표와 과학연구부문(교육기관의 과학연구단위 포함)의 기타지표, 추가적으로 제기되는 중앙지표와 생산경영활동보장을 위한 임가공, 수송 등을 포함하고, 국가계획위원회에서 시달한 중앙지표와 도, 시, 군인민위원회에서 시달한 지방지표들중에서 계획외에 추가적으로 제기되는 수요에 대하여서는 기업체들의 능력에 따라 지표분담에 관계없이 주문과 계약을 할수 있게 하였다고 한다.[02] 기업소의 계획권을 포함한 경영권 행사가 실효성을 갖게 하기 위해서는 '조건과 환경보장대책'의 제공이 필요하고, 그 방법으로 '경제관리체계와 질서를 세우고 경제적공간을 합리적으로 이용하도록 하는것과 함께 기업체가 자체로 해결할수 없는 원료, 자재, 자금과 과학기술적보장대책을 세워주는 것과 같은 행정조직사업을 따라세우고 그 실현을 법률적으로, 제도적으로 보장한다는 것'을 주장한다.[03] 법률적 측면에서 경영권을 이루는 구체적인 권한들인 계획권과 생산조직권, 재정관리권, 관리기구와 로력조절권, 무역 및 합영, 합작권, 제품개발권, 품질관리권, 인재관리권 등을 정확하게 행사할수 있도록 그에 대한 법적규제를 명확하게 할 것을 주장한다.[04]

「기업소법」 상의 계획권과 관련한 조문의 변화가 인민경제계획법과의 관련성을 이해하기 위해 인민경제계획법을 살펴보자.

02 강명호, "주문계약제도의 기본원칙," 『정치법률연구』 2017년 1호.

03 박윤미, "기업체경영활동에 유리한 조건과 환경을 마련하여주는것은 사회주의기업책임관리제가 은을 내도록 하기 위한 중요한 요구," 『사회과학원학보』 2020년 3호.

04 강남철, "사회주의경제건설에서 법의 역할," 『김일성종합대학학보(법률학)』 2023년 1호.

국가의 경제계획 정책: 인민경제계획법

기업소 경영권중에 하나인 '계획권'은 국가의 '인민경제계획법'에 의해 포괄적으로 규제받는 것으로 추정된다. 인민경제계획법은 조선이 이른바 '고난의 행군'을 끝내고 1999년 4월 최고인민회의 법령 제2호로 채택하고 2021년 9월 최고인민회의 법령 제12호로 수정할 때까지 총 5차례의 개정과정을 거친다. 특히 「기업소법」 채택과 개정시기가 같은 2010년, 2015년에 인민경제계획법도 개정한다. 인민경제계획 실행의 중요 주체인 기업소를 규정하는 「기업소법」과 인민경제계획법의 개정이 유사한 시기에 이루어진다는 것은 그 연관성 정도를 보여준다고 할 수 있다.

인민경제계획법은 2015년 개정될때까지는 6개 장, 48개 조의 체계를 유지하고 개정사항도 몇개 조항만 수정한다.[05] 그러나 2021년 개정에서 5개 장, 62개 조의 체계로 개정되면서 여러 조항을 신설하고 조문을 수정한다. 법 구조 변화를 보면 2014년 「기업소법」 개정과 비교될만큼 변화의 폭이 크다.

1999년 인민경제계획법은 제1조에서 "인민경제계획은 경제발전을 과학적으로 예견한 국가의 지령"이고 법의 사명으로 "인민경제계획의 작성, 비준과 시달, 실행과 그 총화에서 제도와 질서를 엄격히 세워 인민경제를 계획적으로 발전시키는" 것으로 규정되어 있다. 제1장의 내용은 "생산수단에 대한 사회주의적소유"와 "자립적 민족경제"(제2조)를 규정하고, 인민경제에 대한 국가의 "중앙집권적

05 다만 한국에 유입된 법률에서 2009년 인민경제계획법은 누락되어 있어 이 책에서 빠져 있다.

통일적지도"와 "유일적인 계획에 따른 관리, 운영"(제3조)을 언급하고 "인민경제계획의 일원화, 세부화"(제7조)를 강조한다. 제2장은 "인민경제계획의 작성"과 관련한 과정을 규정하고, 제3장은 "인민경제계획의 비준과 시달"에 대한 절차를 규정하고 있다. 제4장은 각 경제주체에 시달된 "인민경제계획의 실행"과 관련한 규범을, 제5장은 "인민경제의 실행총화"와 관련한 규범을 정하고 있다. 제6장은 다른 법규범에서도 유사한 내용으로, 해당 법이 정한 사업에 대해 지도통제의 내용을 서술하고 있다.

인민경제계획의 사명과 원칙 등을 규정하고 있는 제1장(인민경제계획법의 기본)은 2021년 개정 전까지 조문의 변화가 없이 유지되고 있다. 인민경제계획법의 개정과정을 살펴보면 매우 특이한 상황이 보여진다. 2001년 개정된 내용이 2010년에 다시 원상복구되어 2021년 개정때까지 유지되는 조항이 있다. 1999년 법을 기준하여 제16조, 제17조 예비수자와 관련한 조항, 제18조 통제수자와 관련한 조항, 제24조 계획보고시기와 관련한 사항은 2001년 개정되었다가 2010년 개성에서 1999년의 조문으로 자구 하나 바뀌지 않고 원상복구되어 인민경제계획법(2021)으로 전면수정때까지 유지된다. 2001년이 이른바 김정일 집권의 '경제개혁'으로 알려진 '7·1 조치'의 시기와 겹치는 것으로 보아 당시 경제일군들이 경제정책에서 큰 변화를 시도했던 상황과 연관된 것으로 추정된다. 2001년 개정했던 조문의 내용을 살펴보면 제16조에서 "국가계획기관과 기관, 기업소, 단체는 상반년 안으로 인민경제현행계획작성을 위한 준비사업을 하여야 한다. 이 경우 현존생산공정의 정비 및 리용안, 생산추진 및 기술개건안과 기관, 기업소단체 호상간 물자교류안 같은것을 준비하여야 한다.", 제17조 "인민경제계획은 아래로부터 맞물려 올라오는 방법으로 작성한다. 이 경우 기관, 기업소, 단체는 분담받은 계획지표에 대하여 기술합의를 하고 서로 수요를 맞물려야 한다.", 제18조 "기관, 기업소, 단체는 국가적수요를 보장하는 원칙에서 군중 토의를 진행하고 인민경제계획초안을 만들어 상급기관과 국가계획기관에 내야 한다.", 제24조 "내각과 국가계획기관, 지방정권기관은 비준된 인민경제계획을 시기별, 지표별로 대화하여 정해진 기간까지 기관, 기업소, 단체에 내려 보내야 한다." 등이다.

그러나 인민경제계획법(2001)의 개정내용이 인민경제계획법(2010)에서 전부 원상복구된다. 인민경제계획법(2001)은 2001년 5월에 개정되고, 이른바 김정일 집권시기의 경제개혁조치인 '7·1 경제관리 개선조치'에 대한 방향을 제시한 이른바 「10.3 담화」[06]는 2001년 10월 3일 발표된 것으로 알려져 있다. 최고지도자의 담화에서 경제계획 담당인 국가계획위원회를 비롯한 계획기관들에 대해 "생산계획만 위주로 보면서 로동생산능률, 설비리용률, 원단위소비기준과 같은 기술경제적지표와 계획은 매우 등한히 하고" 있음을 비판한다. 또한 경제관리에서 최대의 결함으로 "경제부문 일군들속에서 로력, 물자, 자금을 랑비하든 말든 상관하지 않고 생산과 건설만 하면 된다는 식"의 태도로 인식하고 있다.[07] 이런 인식의 반영이 인민경제계

06 김정일, "강성대국건설의 요구에 맞게 사회주의경제관리를 개선강화할데 대하여, 2001년 10월 3일" 『김정은의 경제발전전략 1』(파주: 경인문화사, 2020), 138쪽, 이 「10.3담화」가 일반인에게 공개되지 않은 이유에 대하여 박후건은 몇 가지의 이유를 들어 추정한다. 그 이유 중의 하나로 '계획의 일원화와 세부화 체계'가 조선의 사회발전 후퇴의 현실적 이유이고 "자원부족 문제를 더욱 악화시키고 사회발전단계에 걸맞지 않는 공산주의적 시책을 펴온 것 등에 있기 때문"으로 보고 있다, 박후건, 『DPRK의 경제건설과 경제관리체제의 진화』(서울: 선인, 2019), 134쪽.

07 김정일, "강성대국건설의 요구에 맞게 사회주의경제관리를 개선강화할데 대하여, 2001년 10월 3일".

획법 제16조에 서술된 것으로 볼 수 있다. 제16조에는 인민경제현행계획작성의 준비사업에서 현재 생산공정의 정비 및 이용 방안, 생산추진 및 기술개건 방안과 물자교류 방안 등 구체적 방안을 준비하도록 규정하고 있다.

표 4-2 인민경제계획법의 원상복구 조항(2001, 2010, 2015)

조항	구분	조문 내용
제16조	1999	① 인민경제현행계획의 작성은 예비수자를 묶는 것으로부터 시작한다. ② 기관, 기업소, 단체는 생산장성의 가능성을 타산하여 예비수자를 묶어야 한다.
	2001	① 국가계획기관과 기관, 기업소, 단체는 **상반년 안으로 인민경제현행계획작성을 위한 준비사업**을 하여야 한다. ② 이 경우 **현존생산공정의 정비 및 리용안, 생산추진 및 기술개건안과 기관, 기업소, 단체 호상간 물자교류안** 같은것을 준비하여야 한다.
	2010	① 인민경제현행계획의 작성은 예비수자를 묶는 것으로부터 시작한다. ② 기관, 기업소, 단체는 생산장성의 가능성을 타산하여 예비수자를 묶어야 한다.
	변경 요약	1999년 법에서 계획과 관련한 예비수자 작성 과정에 대해 규정하였으나 2001년 법은 준비사업에서 내용을 세부화하여 "현존생산공정의 정비 및 리용안, 생산추진 및 기술개건안과 기관, 기업소단체 호상간 물자교류안 같은 것"을 규정하였으나 2010년 개정에서 1999년 조무으로 워상복구함.
	2021년 제21조	① 인민경제계획의 작성은 예비수자를 묶는것으로부터 시작한다. ② 기관, 기업소, 단체는 예비수자를 작성하여 정해진 절차에 따라 국가계획기관에 내야 한다.

제17조	1999	① 국가계획기관은 예비수자를 검토하고 인민경제발전방향에 따라 통제수자를 묶어 해당기관의 비준을 받아야 한다. ② 비준받은 통제수자는 기관, 기업소, 단체에 내려보내야 한다.
	2001	① 인민경제계획은 **아래로부터 맞물려 올라오는 방법**으로 작성한다. ② 이 경우 **기관, 기업소, 단체는 분담받은 계획지표**에 대하여 **기술합의를 하고 서로 수요를 맞물려야 한다.**
	2010	① 국가계획기관은 예비수자를 검토하고 인민경제발전방향에 따라 통제수자를 묶어 해당기관의 비준을 받아야 한다. ② 비준받은 통제수자는 기관, 기업소, 단체에 내려보내야 한다.
	변경 요약	통제수자와 관련하여 2010년 법에서 원상복귀함.
	2021년 제22조	국가계획기관은 예비수자를 검토하고 **국가적요구와 원료, 자재보장가능성 같은것**을 구체적으로 타산하여 통제수자를 작성한 다음 기관, 기업소 단체에 내려보내야 한다.
제18조	1999	① 기관, 기업소, 단체는 **통제수자**를 보장하는 원칙에서 군중토의를 진행하고 인민경제계획초안을 만들어 상급기관과 국가계획기관에 내야 한다.
	2001	① 기관, 기업소, 단체는 **국가적수요**를 보장하는 원칙에서 군중 토의를 진행하고 인민경제계획초안을 만들어 상급기관과 국가계획기관에 내야 한다.
	2010	① 기관, 기업소, 단체는 **통제수자**를 보장하는 원칙에서 군중토의를 진행하고 인민경제계획초안을 만들어 상급기관과 국가계획기관에 내야 한다.
	변경 요약	1999년 법에서 "통제수자"가 2001년 법은 "국가적수요"로 변경되었다가 2010년 법에서는 원상복귀함
	2021년 20조	2010년과 동일
제24조	1999	① 내각과 국가계획기관, 지방정권기관은 비준된 인민경제계획을 시기별, 지표별로 구체화하여 **10월말까지** 기관, 기업소, 단체에 내려보내야 한다.
	2001	① 내각과 국가계획기관, 지방정권기관은 비준된 인민경제계획을 시기별, 지표별로 **대화하여 정해진 기간까지** 기관, 기업소, 단체에 내려 보내야 한다.
	2010	① 내각과 국가계획기관, 지방정권기관은 비준된 인민경제계획을 시기별, 지표별로 구체화하여 10월말까지 기관, 기업소, 단체에 내려보내야 한다.
	변경	계획제출 기한이 구법에서 "10월말까지"가 신법에서 "대화하여 정해진 기간까지"로 변경되었다가 2010년 법에서 원상복귀함
	2021년 27조	① 국가계획기관은 승인된 인민경제계획을 시기별, 지표별로 구체화하여 기관, 기업소, 단체에 **제때에** 내려보내야 한다.

인민경제계획법(2010)에서 원상복구된 조항들은 2021년 개정에서 일부 수정되된다. 통제수자와 관련한 조항은 2010년 조항을 유지하지만 다른 조항들은 2001년의 수정내용과 2010년 수정내용의 중간 수준에서 2021년에 수정되는 것으로 보인다. 즉, 2001년의 수정방향은 기업소에 자율성을 이전에 비해 대폭 보장하는 방향이고 2010년 수정방향은 보장한 자율성을 회수하는 방향이었다면 2021년 수정은 그 중간 정도에서 기업소가 인민경제계획에 수립에 있어서 약간의 자율성이 보장되는 정도로 보인다. 이는 2014년 「기업소법」에 규정된 '계획권' 변화의 최대 범위를 규정하고 있다고 본다.

표 4-3 2010, 2015년 인민경제계획법 개정 내용

2015년 조항	구분	조문 내용
제27조	2001	① 인민경제계획을 정확히 실행하는 것은 기관, 기업소, 단체에 있어서 **의무적**이다. ② 기관, 기업소, 단체는 생산을 정상화하여 인민경제계획을 일별, 월별, 분기별, 지표별로 어김없이 실행하여야 한다.
	2010	① **인민경제계획은 법적과제**이며 그것을 정확히 실행하는것은 기관, 기업소, 단체에 있어서 의무적이다. ② 국가계획기관과 해당 기관, 기업소, 단체는 **인민경제계획실행을 위한 작전과 지휘를 바로하여 생산을 정상화하며** 인민경제계획을 일별, 월별, 분기별, 지표별로 어김없이 실행하여야 한다.
	변경요약	2010년 법 ①에서 인민경제계획을 "법적과제"임을 추가하여 강조하고 ②에서 "국가계획기관과 해당 기관, 기업소, 단체는 인민경제계획실행을 위한 작전과 지휘를 바로"할 것을 추가

제13조	2010	② 인민경제계획지표의 분담은 국가적요구와 기관, 기업소, 단체의 창발성을 옳게 결합시키는 원칙에서 하여야 한다.
	2015	② 이 경우 국가적요구와 기관, 기업소, 단체의 창발성을 옳게 결합시키는 원칙에서 전략적의의를 가지는 지표, 국가적으로 반드시 틀어쥐여야 할 중요지표는 중앙지표로, 그 밖의 지표는 지방지표, 기업소지표로 분담하여야 한다.
	변경요약	2015년 법에서 "전략적의의를 가지는 지표, 국가적으로 반드시 틀어쥐여야 할 중요지표는 중앙지표로, 그 밖의 지표는 지방지표, 기업소지표로 분담"을 보충하여 계획지표를 분류하여 기업소지표를 분류, 이는 2014년 11월 5일 기업소법 제31조(인민경제계획의 실행)에 변경된 사항을 반영한 것으로 추정
제18조	2015 추가	① 인민경제계획은 기관, 기업소, 단체가 분담된 지표의 수요와 원천을 맞물리는 방법으로 세워야 한다. ② 이 경우 인민경제계획의 맞물림은 주문계약의 방법으로도 할수 있다.
	변경요약	제13조(인민경제계획지표의 분담)의 변경에 따른 여러 지표사이의 맞물림을 규정한 것으로 추정
제29조	2010	② 계약은 인민경제계획이 시달된 때부터 정해진 기간안에 맺어야 한다.
	2015	② 계획에 기초한 계약은 인민경제계획이 시달된 때부터 정해진 기간안에 맺으며 **주문계약은 년중 수시**로 맺을수 있다.
	변경요약	신법(2015)에서는 주문계약의 경우 년중 수시로 진행할 수 있도록 기업소의 재량을 확대한 것으로 추정
제46조	2010	제46조 인민경제계획에 맞물린 로력, 설비, 자재, 자금으로 계획에 없는 제품을 생산하거나 건설을 할 경우에는 그것을 중지시키며 인민경제계획 실행실적으로 평가하지 않는다. 제47조 로력과 설비, 자재, 자금을 류용, 랑비하였을 경우에는 해당한 손해를 보상시킨다.
	2015	인민경제계획에 맞물린 로력, 설비, 자재, 자금으로 계획에 없는 제품을 생산하거나 건설을 할 경우에는 인민경제계획실행실적으로 평가하지 않으며 류용, 랑비된 로력, 설비, 자재, 자금에 해당한 손해를 보상시킨다.
	변경요약	구법의 제46조와 제47조를 병합

제47조	신설	제47조(행정적책임) 다음의 경우에는 기관, 기업소, 단체의 책임있는 일군과 개별적공민에게 정상에 따라 해당한 행정처벌을 준다. 1. 분담된 계획지표를 정확히 맞물리지 않았거나 인민경제계획을 정해진 기간에 시달하지 않은 경우 2. 인민경제계획을 비준한 기관의 승인을 받지 않고 고친 경우 3. 경제조직사업을 짜고들지 않아 인민경제계획을 미달한 경우 4. 인민경제계획수행정형을 거짓보고한 경우 5. 계약규률을 어겨 인민경제계획수행에 지장을 준 경우 6. 지표별계획에는 상관없이 생산하기 쉽고 수입이 높은 제품만 생산하여 기본생산계획수행에 지장을 준 경우 7. 인민경제계획이 없이 생산, 건설을 한 경우 8. 계약을 바로 체결하지 않았거나 리행하지 못하였을 경우

인민경제계획법(2010)의 제27조에는 "의무적"과제에 더하여 "인민경제계획은 법적과제"임을 추가한다. 이는 인민경제계획화 사업을 개선강화하기 위한 조치로서 법적통제를 강화해야 하며 그것이 사회주의경제강국건설의 필수적 요구로 인식하는 것으로 보인다. 법적통제의 강화는 인민경제계획을 원만히 수행될 수 있게 하고, 사회주의경제강국건설을 추동하는 힘으로 인식하는 결과이다.[08] 이런 인식의 결과는 인민경제계획법(2015)에 행정적 책임(제47조)를 신설하여 위반사항을 구체적으로 규율하고 있다. 행정처벌 대상이 되는 행위 중에는 "6. 지표별계획에는 상관없이 생산하기 쉽고 수입이 높은 제품만 생산하여 기본생산계획수행에 지장을 준 경우"는 기업소 이기주의에 대한 경계를 보여주고 있다.

인민경제계획법(2015) 제29조는 계약을 '계획에 기초한 계약'과 '주문계약'으로 구분하고 주문계약의 경우 연중 수시로 계약할 수 있도록 규율하고 있다. '주문계약'이란 "기업체들이 기업소지표와

08 김홍철, "인민경제계획화사업에 대한 법적통제를 강화하는것은 사회주의경제강국건설의 필수적요구," 『정치법률연구』 2012년 4호.

관련하여 제기되는 주문(수요)에 대하여 유무상통의 원칙에서 호상 합의하는 방법으로 체결하는 계약"으로, "「기업소지표계획화사업표준세칙」 제5조에서는 주문계약방법은 기업체들이 기업소지표수요(주문)에 대하여 유무상통의 원칙에서 호상 합의하고 계약을 맺는 방법으로 계획을 작성하는 보충적인 계획작성방식이라고 규정하고 있다." 주문계약은 "기본상 기업소지표를 대상"으로 하지만 "중앙지표와 지방지표를 대상으로 할 수도 있"다. 이는 기업소들이 "시달된 계획분을" 초과생산할 능력과 추가 수요의 여부와 관련이 있다. 다만 "국가계획으로 공급된 중앙지표의 물자, 고정재산으로 등록된 설비와 약품, 귀금속 등 국가통제품들에 대하여서는 주문계약을 할 수 없다." 주문계약에는 "물자주문계약, 수송주문계약, 소비품주문계약, 과학연구부문의 기타 과제에 대한 주문계약, 임가공주문계약, 건설시공주문계약, 창고보관주문계약, 임대주문계약, 남는 로력주문계약 등 여러가지 형태"로 분류할 수 있다. 그리고 주문계약은 계획에 기초하지 않는 일반계약이 아니라 법적성질에 있어서 계획적계약으로 해석한다.[09] 2020년 현재 조선에서는 "민법의 계획에 기초하는

09 강명호, "주문계약의 개념과 법적성질," 『정치법률연구』 2016년 1호, 강명호가 주문계약을 계획적 계약으로 보는 이유는 주문계약이 계획에 반영되고, 체결과 이행에 대한 국가적인 지도통제에 따르고, 계약이행 과정에서 분쟁이 발생하는 경우 소송이 아닌 중재로 해결하도록 규정되어 있다는 것을 근거로 두고 있다. 즉 계약체결만 당사자들의 결심과 의사 등에 따르고 나머지는 전부 계획적 계약과 같이 취급되기 때문으로 보고 있다. 따라서 강명호의 주장은 국가가 기업소지표에 대한 계획화를 포기한 것이 아니라 '다만' 기업소자체가 계획화의 담당자로 되게 한것이라고 해석한다. 즉, 계획화의 위임으로 한정하여 보는 것이다. 『민법(2007)』 제146조는 '계획에 기초하지 않는 계약은 국가의 인민적인 시책이 공민들에게 더 잘 미치도록 하며 기관, 기업소, 단체의 정상적인 경영활동을 보장'하기 위한 목적으로 규율하고 있고, 『민법(2024)』 제261조는 '계획에 기초하지 않은 계약을 ① 기관, 기업소, 단체, 공민들이 자기 의사와 요구에 따라 체결하는 계약이고, ② 계약당사자가

계약제도나 계획에 기초하지 않는 계약제도에는 주문계약과 관련한 독립적인 조항들이 명백히 규제되여있지 않"고 "기업체들사이의 주문계약의 기초로 되는 대표적인 세칙들은 기업소지표계획화사업과 관련한 표준세칙과 기업소지표생산물류통과 관련한 표준세칙"[10]이 있지만 이에 대한 확인이 어려운 상황에서 주문계약에 대한 확대적 해석은 유의해야 할 상황으로 보인다. 다만 조선에서 주문계약이 "새로운 형태의 계약"으로 "법인들의 계획수행과 경영활동에 필요한 물자거래를 현실의 요구에 맞게 더욱 개선하기 위한 국가적조치에 따"[11]르는 새로운 정책으로, 개념을 정립하는 과정에 있다고 볼 수 있다. 다만 주문계약은 "법인들사이에 계획수행과 경영활동에 필요한 물자구입을 미리 신청하고 그것을 유무상통하기 위하여 체결하는 계약"[12]이므로 공민이 수시로 진행되는 주문계약에 참여하려면 기업소와의 이면계약(비법적 계약)을 통해 기업소에 소속되어 진행할 여지가 없는 것은 아니다.

2021년 인민경제계획법은 대폭적인 개정을 한다. 제정 이후 유지되어 온 6개장, 48개 조항체계에서 5개 장, 62개 조항으로 개정한다. 기존 6개 장에서 5개 장으로 수정한다. 법규에서 장의 변화는 대체로 행정 과정의 변화를 수반하는 것으로 보인다. 제1장(법의 기본)과 마지막 장인 사업에 대한 지도통제를 제외하고 법규의 중간에 구성되는 장들은 행정의 절차를 규제하고 있다. 인민경제계획법(2015)

국가의 인민경제계획을 시달받은데 기초하여 체결하는 계약도 계획에 기초하지 않는 계약으로 된다'고 규율하고 있다. 이는 주문계약에 대한 해석의 확장으로 볼 수 있다.

10 조용봉, "주문계약의 법적기초," 『법률연구』 2020년 2호.

11 리학철, "주문계약에 대한 법률적분석," 『김일성종합대학학보(법률학)』 2023년 1호.

12 앞의 글.

는 인민경제계획의 작성(제2장), 인민경제계획의 비준과 시달(제3장), 인민경제계획의 실행(제4장), 인민경제계획의 실행총화(제5장)으로 구성되었다. 수정된 인민경제계획법(2021)은 인민경제계획의 작성과 시달(제2장), 인민경제계획의 수행(제3장), 인민경제계획의 수행총화(제4장)로 구성하여 1개 장을 줄였다. '비준'[13] 단계를 줄이고 작성 및 시달, 수행, 총화의 3단계로 구성하였다. 그렇다고 해서 세부단계를 줄인 것으로 보긴 어렵다. 각 단계에서 구법보다 신법에서 조항이 신설, 추가되었기 때문이다. 구법(2015)의 제2장(작성)에는 11개 조항, 제3장(비준과 시달)에는 6개 조항으로 총 17개 조항인데 반하여, 신법(2021)의 제2장(작성과 시달)에는 21개의 조항으로 늘었다. 조항의 신설이 세부 행정 단계의 증가로 곧바로 이어지는지는 행정과정을 상세히 비교해보아야 하지만 규제 내용이 늘었다는 것은 추정해 볼 수 있다.

2021년 인민경제계획법 수정보충에서 신설된 조항은 제1장(인민경제계획법의 기본)에서 제2조(용어의 정의), 제7조(인민경제계획규률강화원칙), 제9조(법의 적용대상), 제2장(인민경제계획의 작성, 시달)에서 제10조(인민경제계획작성에 나서는 기본요구), 제15조(계획정보자료기지의 구축), 제19조(기업체의 몫), 제23조(군중토의), 제28조(인민경제계획의 변경금지) 등이다. 제3장(인민경제계획의 수행)에서 신설된 조항은 제35조(인민경제계획수행을 위한 사업조직), 제38조(협동생산조직), 제40조(과학기술력제고) 이고, 제4장(인민경제계획의 수행총화)에서는 제45조(인민경제계획수행총화준비), 제51조(정치적 및 물질적평가)를 신설하였다. 구법의 6장을 5장으로 변경한 제5장

13 비준(批准)은 조선에서 (공식적으로 제기된 문제에 대하여) 단위 책임자나 일정한 기관이 공식적으로 승인하거나 확인하는 것으로 사용한다, 『조선말대사전 2』(2017), 971쪽.

(인민경제계획사업에 대한 지도통제)에는 제57조(기관, 기업소, 단체와 공민이 하지 말아야 할 사항), 제58조(민사적책임), 제59조(벌금처벌), 제60조(중지처벌), 제61조(경고, 무보수로동, 로동교양, 강직, 해임, 철직처벌) 등을 신설하여 구법의 행정적책임을 삭제하고 특히 책임부분에 대해 세분화하고 상세히 규정하였다.

2021년 인민경제계획법은 구법에 있던 조항을 여러 삭제한다. 삭제된 조항은 제3조(인민경제관리에 대한 중앙집권적지도원칙), 제4조(인민경제의 높은 장성속도보장원칙), 제15조(인민경제전망계획의 작성), 제21조(인민경제계획의 비준, 시달의 기본요구) 등이다. 2021년 인민경제계획법의 변경사항에서 삭제된 조항의 의미와 신설된 조항의 의미를 먼저 분석하는 것은 변화된 조선의 경제현실을 이해하는데 중요한 실마리를 제공한다.

표 4-4 2021년 인민경제계획법 조항 변경 요약

구분	조항
삭제 조항	인민경제관리에 대한 중앙집권적지도원칙(제3조), 인민경제의 높은 장성속도보장원칙(제4조) 이상 2개 조항
신설 조항	용어의 정의(제2조), 인민경제계획규률강화원칙(제7조), 법의 적용대상(제9조), 계획정보자료기지의 구축(제15조), 기업체몫의 규정(제19조), 인민경제계획의 변경금지(제28조), 인민경제계획수행을 위한 사업조직(제35조), 과학기술력제고(제40조), 인민경제계획수행총화준비(제45조), 제51조(정치적 및 물질적평가), 중지처벌(제60조) 이상 개 조항
병합 조항	구법 제14조(인민경제계획의 구분)와 제15조(인민경제계획의 작성) → 신법 제11조(전망계획과 현행계획)으로 병합

분리 조항	· 구법 제18조(인민경제계획의 맞물림, 초안작성 및 검토) → 신법 제20조(인민경제계획의 맞물림), 제23조(군중토의), 제24조(인민경제계획초안의 작성)으로 분리 · 구법 제32조(인민경제계획실행의 선후차, 수출품과 협동생산품의 생산) → 신법 제37조(인민경제계획수행의 선후차)와 제38조(협동생산조직)으로 분리 · 구법 제39조(예비총화와 완전총화) → 신법 제46조(예비총화)와 제47조(완전총화)로 분리 · 구법 제46조(계획실행실적제외 및 손해보상) → 신법 제50조(인민경제계획수행실적제외), 제58조(민사적책임), 제59조(벌금처벌)

신법(2021)에서 삭제된 조항의 조문을 보면 인민경제관리에 대한 중앙집권적지도원칙(제3조)에는 "국가의 중앙집권적통일적지도밑에 인민경제를 관리운영하는것은 조선민주주의인민공화국의 일관한 정책이다. 국가는 인민경제를 통일적으로 장악하고 유일적인 계획에 따라 관리운영하도록 한다." 규정되어 있다. 이 조항을 삭제한 것은 인민경제에 대한 중앙집권적, 통일적인 지도와 관리를 중단하는 것인가? 그렇다고 보기 어렵다. 인민경제계획법(2021)의 '법의 사명'(제1조)에서 "인민경제계획은 경제발전을 과학적으로 예견한 당의 지령이고 국가의 법"으로 수정하면서 구법의 "국가의 지령"에서 강화된 조문으로 수정한다. 또한 신설된 용어의 정의(제2조)에서 "1. 인민경제계획화란 인민경제계획을 세우고 그 수행을 조직지도하는 사회주의국가의 중요한 경제조직자적기능과 활동이다."와 신설된 인민경제계획규률강화원칙(제7조)의 "인민경제계획규률을 강화하는것은 인민경제계획을 성과적으로 수행하기 위한 담보이다. 국가는 인민경제계획의 법적, 지령적성격을 고수하며 인민경제계획수행정형을 정상적으로 장악하고 엄격히 총화하는 강한 규률을 세우도록 한다."라고 규제하는 등 인민경제계획에 대한 관리를 강화하는 방향으로 수정하였다고 볼 수 있다.

추가로 삭제된 조항은 인민경제의 높은 장성속도보장원칙(제4

조)에는 "인민경제계획은 사회주의경제의 계획적관리를 실현하기 위한 기본수단이다. 국가는 현실발전의 요구에 맞게 인민경제의 높은 장성속도를 보장하면서 균형을 합리적으로 맞추도록 한다."로 규정되어 있다. 이 조항의 삭제가 현실 정책 측면에서 어떤 의미를 가지는지 확정하기는 쉽지 않다.

표 4-5 인민경제계획법(2021)의 신설조항

조항	조문
제2조 (용어의 정의)	이 법에서 용어의 정의는 다음과 같다. 1. **인민경제계획화란 인민경제계획을 세우고 그 수행을 조직지도하는 사회주의국가의 중요한 경제조직자적기능과 활동**이다. **인민경제계획화사업에는 계획작성과 시달, 계획수행조직과 지도, 총화 등이 포함**된다. 2. 국가계획기관이란 인민경제계획화사업을 전문으로 맡아 수행하는 기관이다. 국가계획기관에는 중앙계획지도기관과 지방계획기관이 속한다.
제7조 (인민경제계획규률강화원칙)	① **인민경제계획규률을 강화하는것**은 인민경제계획을 성과적으로 수행하기 위한 담보이다. ② 국가는 인민경제계획의 법적, 지령적성격을 고수하며 인민경제계획수행정형을 정상적으로 장악하고 엄격히 총화하는 강한 규률을 세우도록 한다.
제9조 (법의 적용대상)	이법은 인민경제계획을 세우고 수행하는 기관, 기업소, 단체에 적용한다.
제15조 (계획정보자료기지의 구축)	국가계획기관은 현대적인 정보기술수단을 받아들이고 **계획정보자료기지를 구축**하여 계획화사업에 리용하여야 한다.
제19조 (기업체몫의 규정)	중앙계획지도기관은 **기업체의 경영활동을 재정적으로 담보할수 있게** 지표별에 따르는 기업체몫을 합리적으로 정해주어야 한다.
제40조 (과학기술력제고)	기관, 기업소, 단체는 자체의 인재력량을 튼튼히 꾸리고 **과학기술과 생산의 일체화를 실현**하여 생산정상화와 개건현대화, 원료, 자재의 국산화, 재자원화, 제품의 질제고에서 나서는 과학기술적문제를 원만히 해결하여야 한다.

제45조 (인민경제계획수행총화 준비)	① 기관, 기업소, 단체는 과학적이고 객관적인 통계수자에 근거하여 책임한계를 정확히 따질수 있게 **인민경제계획수행총화를 위한 준비**를 실속있게 하여야 한다. ② 이 경우 **현물지표별생산계획과 과학기술발전계획, 재자원화계획, 수입총액계획, 수익성계획, 순소득계획 같은 항목별계획수행자료**를 생산단위별로 구체적으로 장악하고 지난 계획기간 계획수행자료와 대비적으로 분석총화할수 있게 준비하여야 한다.
제51조 (정치적 및 물질적평가)	인민경제계획수행총화결과에 따라 계획을 넘쳐 수행한 기관, 기업소, 단체와 개별적공민에게는 해당한 정치적 및 물질적평가를 한다.
제60조 (중지처벌)	인민경제계획에 없는 생산, 건설, 봉사를 하거나 계획에 맞물린 로력, 설비, 자재, 자금을 계획수행과 관련이 없는 타사업에 동원시켰을 경우 **해당 생산 또는 건설, 봉사를 중지**시킨다.

신설된 조항 제2조(용어의 정의)는 '인민경제계획화'를 "인민경제계획을 세우고 그 수행을 조직지도하는 사회주의국가의 중요한 경제조직자적기능과 활동"으로, '인민경제계획화사업'을 "계획작성과 시달, 계획수행조직과 지도, 총화 등이 포함"하는 사업으로 정의하고 있다. 2021년 개정에서 주요한 열쇠말로 읽혀진다. "~화"의 용어는 일반화, 보편화 시키는 경향으로 사용된다. 이는 이전의 '계획의 일원화, 세부화'와 대비되어 읽혀진다. 인민경제계획화사업은 "사회주의경제를 관리하고 발전시켜나가는 기본방법, 가장 위력한 수단"으로 "국가경제발전전략의 실현과 직결되"며, 즉 "국가경제발전전략에 제시된 경제발전방향과 총적목표, 기본과업, 부문별과업들은 계획화사업에 의하여 년차별계획에 구체적으로 반영되고 집행"되는 것으로 해석하고 있다.[14] 인민경제계획화는 "사회주의경제에 대한 전략적관리실현에서 중요수단으로", "재정, 금융, 가격과 같은 경제

14 리철, "국가의 통일적지도를 강화하는것은 현시기 인민경제계획화사업을 개선하는데서 나서는 중요과업," 『경제연구』 2017년 4호.

적공간들은 인민경제계획화에 의하여 그 작용범위와 규모, 기준"이 정해지는 것으로 보고 있다.[15] 2021년 개정 조문에서 "인민경제계획"은 "인민경제계획화"로 17곳에서 변경된다. 인민경제계획화의 본질을 "사회주의국가가 경제전반을 통일적으로 장악하고 인민대중의 요구에 맞는 경제발전목표를 내세우며 그 달성을 위한 생산자원들의 이용방안들을 타산하고 실현해나가는 경제조직자적기능과 활동"으로 보고 있는 듯 하다. 이전의 인민경제계획실행에 대해 비판적으로 검토하고 있다. 즉, "현재의 발전수준과 경제실태를 무시하고 수자를 맞추어놓는 식으로 작성된 경제발전계획은 실현가능성이나 구속력이 없는 빈종이장이나 다름없으며 이런 계획화사업은 벌써 자기의 고유한 의미에서 벗어난것으로서 계획경제의 우월성은 고사하고 도리여 경제건설에 혼란을 주고 막대한 손실을" 주는 것으로 비판하고 있다.[16] 이는 제8기 제2차 전원회의에서 경제계획에 대해 평가한 최고지도자의 발언과 맥락을 같이 하고 있다.[17]

15 전학선, "인민경제계획화는 사회주의경제의 전략적관리의 중요수단," 『사회과학원학보』 2021년 2호.

16 조길현, "인민경제계획화의 본질과 지위에 대하여," 『김일성종합대학학보(경제학)』 2024년 2호.

17 '내각에서 작성한 올해 인민경제계획이 그전보다 별로 달라진것이 없다고 분석하면서 보고는 금방 당대회에서 결정하고 당대회문헌에 대한 집중학습과 방향토의를 하였음에도 불구하고 제기된 올해 경제사업계획에 당대회의 사상과 방침이 정확히 반영되지 않았으며 혁신적인 안목과 똑똑한 책략이 보이지 않는다고 지적 … 주요경제부문들의 계획을 작성하는데서 내각이 주도적인 역할을 하지 않았으며 성들에서 기안한 수자들을 거의나 기계적으로 종합하다보니 어떤 부문의 계획은 현실가능성도 없이 주관적으로 높여놓고 어떤 부문들에서는 정비보강의 미명하에 능히 할수 있고 반드시 하여야 할것도 계획을 낮추 세우는 폐단 … 보고는 이런 경향들이 우심하게 나타난 여러 부문의 사업을 신랄히 비판,' 김정은, "당 제8차대회가 제시한 5개년계획의 첫해 과업을 철저히 관철할데 대하여," 『로동신문』 2021년 2월 12일.

다음의 변화는 조항의 분리 또는 통합 그리고 조문의 변경에서는 변경 전 조문의 의미와 변경 후 조문의 의미 차이를 분석하는 것도 주요한 분석내용이다. 이런 차이가 「기업소법」의 계획권 독해에 어떤 연관이 있는지 분석한다. 2021년 개정에서 단어의 변화가 있다. 구법 제5조를 보면 "인민경제계획작성에서 군중로선의 관철원칙"이 신법 제4조 "인민경제계획화사업에서 군중로선관철원칙"으로 조항 이름이 변경된다. 인민경제계획법의 2001년 개정 내용이 2010년 개정에서 원상복구되는 과정과 대비하여 인민경제계획 부문에 대한 안정화로 해석될 여지를 보여준다. 특히 인민경제계획법 개정과 7차, 8차 당대회 시기를 비교하여 보면 2015년 개정은 7차당대회의 준비로, 2021년 개정은 2020년 8차 당대회 이후 법률부문에서 후속 작업의 성격으로 읽혀진다.

표 4-6 인민경제계획법 제1장의 변화

인민경제계획법(2015)		인민경제계획법(2021)	
제1조 (인민경제계획법의 사명)	인민경제계획은 경제발전을 과학적으로 예견한 국가의 지령이다.	인민경제계획은 경제발전을 과학적으로 예견한 **당의 지령이고 국가의 법**이다.	제1조 (인민경제계획법의 사명)
	조선민주주의인민공화국 인민경제계획법은 인민경제계획의 **작성, 비준과 시달, 실행과 그 총화**에서 제도와 질서를 엄격히 세워 인민경제를 계획적으로 발전시키는데 이바지한다.	조선민주주의인민공화국 인민경제계획법은 인민경제계획의 **작성과 시달, 수행과 그 총화**에서 제도와 질서를 엄격히 세워 인민경제를 계획적으로 관리하고 발전시키는데 이바지한다.	

제2조 (인민경제의 계획적발전 원칙)	조선민주주의인민공화국의 경제는 생산수단에 대한 사회주의적소유에 기초하고 있는 계획경제이다.	조선민주주의인민공화국의 경제는 생산수단에 대한 사회주의적소유에 기초하고있는 **자립경제**, 계획경제이며 **인민을 위하여 복무하는 경제**이다.	제3조 (인민경제의 계획적균형적발전 원칙)
	국가는 자립적민족경제토대를 강화하고 인민생활을 끊임없이 높일수 있도록 인민경제를 계획적으로 발전시킨다 .	국가는 **자력갱생의 정신을 구현하여** 자립경제의 물질기술적토대를 굳건히 다지고 **인민생활을 안정향상시킬수 있도록** 인민경제를 계획적으로, **균형적**으로 발전시킨다.	
제6조 (인민경제계획작성의 근본원칙)	인민경제계획을 바로세우고 **정확히 실행하는것은** 인민경제를 계획적으로, 균형적으로 발전시키기 위한 근본조건이다 .	인민경제계획을 바로세우는것은 인민경제를 계획적으로, 균형적으로 발전시키기 위한 근본조건이다.	제5조 (인민경제계획작성의 근본원칙)
	국가는 사회주의경제법칙과 현실적조건을 옳게 타산하여 과학성, 현실성, 동원성이 보장된 인민경제계획을 세우고 **계획실행규률을 강화하며** 경제사업에서 실리를 내도록 한다 .	국가는 **당의 로선과 정책에 립각하고** 사회주의경제법칙과 현실적조건을 옳게 타산하여 과학성, 현실성, 동원성이 보장된 인민경제계획을 세워 경제사업에서 실리를 내도록 한다.	
제7조 (인민경제계획의 일원화, 세부화원칙)	국가는 인민경제계획의 일원화, 세부화를 실현하여 계획사업의 유일성을 보장하고 계획을 세부적으로 맞물리도록 한다 .	국가는 인민경제에 대한 **계획화체계를 정연하게 세우고** 계획화의 유일성을 보장하며 **계획화방법을 혁신하여** 계획을 세부적으로 맞물리도록 한다.	제6조 (인민경제계획의 일원화, 세부화 원칙)
제8조 (인민경제계획사업의 현대화, 과학화 원칙)	국가는 계획기관의 물질기술적토대를 튼튼히 꾸려 인민경제계획사업을 현대화, 과학화하도록 한다.	국가는 **계획부문**의 물질기술적토대를 튼튼히 꾸려 인민경제계획사업을 현대화, **정보화**, 과학화하도록 한다.	제8조 (인민경제계획의 현대화, 정보화, 과학화 원칙)

인민경제계획법(2015)의 제21조(인민경제계획의 비준, 시달의 기본요구)는 "인민경제계획의 비준과 시달은 작성된 인민경제계획을 심의, 승인하고 집행할 단위에 내려 보내는 중요한 사업이다. 내각과 국가계획기관, 지방정권기관은 인민경제계획을 제때에 심의, 승인받아 집

행할 단위에 내려보내야 한다."고 규정하고 있다. 2021년 개정에서는 '인민경제계획의 비준, 시달의 기본요구'에 대한 규정 대신에 인민경제계획작성에서 필요한 사항 9개항을 요구한다. 다음은 인민경제계획법(2021)의 제10조에서 나열한 인민경제계획작성에서 나서는 기본 요구를 구체화한 내용이다.

1. 경제사업의 객관적조건과 생산가능성, 잠재력에 대한 과학적인 타산에 기초하여 세워야 한다.
2. 인민경제부문별, 기업소별, 지표별생산능력을 장악, 평가하고 해당단위의 실태와 경제발전의 요구를 반영하여 담보성있고 집행력있게 세워야 한다.
3. 내부예비를 최대한 효과있게 리용할수 있게 동원적으로 세워야 한다.
4. 경제부문별사이, 기업체들사이에 생산적련계와 협동을 강화하고 경제발전의 중심고리에 힘을 집중하는 원칙에서 선후차를 명백히 갈라 혁신적으로 세워야 한다.
5. 수요와 공급간의 균형을 현물량적으로만이 아니라 가치적으로 정확히 담보할수 있게 세워야 한다.
6. 과학기술성과를 적극 받아들여 과학기술과 생산의 일체화를 실현할 수 있게 세워야 한다.
7. 경제적효과성울 높이고 실리를 보장할수 있게 세워야 한다.
8. 현존생산능력을 정비, 보강하고 원료, 자재의 국산화와 재자원화를 적극 추동할수 있게 세워야 한다.
9. 국가가 보장할 몫과 기업소가 자체로 해결할 몫을 밝혀 세워야 한다.

표 4-7 인민경제계획 작성(제2장)의 변화 1

인민경제계획법(2015)		인민경제계획법(2021)	
제14조 (인민경제계획의 구분)	인민경제계획은 전망계획과 현행계획으로 나누어 작성한다.	인민경제계획은 전망계획과 현행계획으로 나누어 작성한다.	제11조 (전망계획과 현행계획)
	현행계획은 전망계획에 기초하여 작성한다.	현행계획은 전망계획에 기초하여 **년도별로 나누어 세운다.**	
제15조 (인민경제전망계획의 작성)	국가계획기관과 기관, 기업소, 단체는 인민경제발전방향에 따라 생산적고정재산의 갱신과 확대, 자연부원의 개발, 과학기술발전 같은 경제발전에 주는 요인을 타산하여 인민경제전망계획을 세워야 한다.	전망계획은 경제발전방향과 총적목표, 기본과업 같은것을 규정하여 세운다.	
제11조 (인민경제계획 작성기준)	국가의 정책은 인민경제계획작성의 기준이다.	기관, 기업소, 단체는 **인민경제계획작성에 필요한 로동정량, 물자소비기준, 자금지출기준 같은 계획기준**을 과학적으로 제정하고 해당 기관에 등록하여야 한다.	제13조 (계획기준의 제정)
	국가계획기관과 기관, 기업소, 단체는 국가의 정책에 근거하여 인민경제계획을 작성하여야 한다.		
제12조 (인민경제계획 작성을 위한 기초자료)	국가계획기관과 기관, 기업소, 단체는 인민경제계획작성에 필요한 **로력과 설비, 자재, 자금의 리용기준**, 경영실태, **통계**, 과학기술 및 경제발전추세, 자연부원상태, 인구수 같은 기초자료를 준비하여야 한다.	국가계획기관과 기관, 기업소, 단체는 인민경제계획작성을 위하여 **계획기준과 생산** 및 경영실태, 과학기술 및 경제발전추세, 자연부원상태, 인구수 같은 기초자료를 준비하여야 한다.	제14조 (인민경제계획작성을 위한 기초자료)
		통계기관, 재정기관, 은행기관, 로동행정기관, 가격기관과 해당 기관은 인민경제계획작성을 위하여 국가계획기관이 요구하는 기초자료를 제때에 보내주어야 한다.	

제19조 (인민경제계획 지표의 등록)	새로운 지표를 계획하려는 기관, 기업소, 단체는 그것을 국가계획기관에 등록하여야 한다.	새로운 지표를 계획하려는 기관, 기업소, 단체는 **계획단위와 지표분담에 맞게 그것을 상급기관 또는 해당 지방계획기관을 거쳐** 중앙계획지도기관에 등록하여야 한다.	제16조 (인민경제계획지표의 등록)
제20조 (인민경제계획에 반영할수 없는 지표)	로력, 설비, 자재, 자금을 맞물리지 못하였거나 과학기술심의를 받지 않은 지표, **비준된** 설계문건이 없는 지표는 인민경제계획에 반영할수 없다.	로력, 설비, 자재, 자금을 맞물리지 못하였거나 과학기술심의를 받지 않은 지표, **승인된** 설계문건이 없는 지표 같은것은 인민경제계획에 반영할수 없다.	제17조 (인민경제계획에 반영할수 없는 지표)
제13조 (인민경제계획 지표의 분담)	국가계획기관은 인민경제계획지표를 기관, 기업소, 단체에 분담하여야 한다.	**중앙계획지도기관**은 인민경제계획지표를 기관, 기업소, 단체에 **합리적으로** 분담하여야 한다.	제18조 (인민경제계획지표의 분담)
	이 경우 국가적요구와 기관, 기업소, 단체의 창발성을 옳게 결합시키는 원칙에서 **전략적의의를 가지는 지표**, 국가적으로 반드시 틀어쥐여야 할 중요지표는 중앙지표로, 그 밖의 지표는 지방지표, 기업소지표로 분담하여야 한다.	이 경우 **국가적리익을 우선시하면서 지방과** 기관, 기업소, 단체의 창발성을 옳게 결합시키는 원칙에서 **국가적의의를 가지는 지표**, 국가적으로 반드시 틀어쥐여야 할 중요지표는 중앙지표로, 그 밖의 지표는 지방지표, 기업소지표로 분담하여야 한다.	

인민경제계획은 전망계획과 현행계획(또는 연도별 계획)을 작성하고 기업소는 연간계획과 월간계획을 작성하여 중앙계획지도기관에 등록한다. 기업소의 연간계획작성을 위해 "지배인은 기업소의 경영실태를 전면적으로 종합분석"하고 "기초자료들에 대한 확정"을 하며, "경영실태에 대한 분석은 기사장이 책임지고 계획부서가 맡아" 하게 된다.[18]

18 박제동 외, 『지배인의 벗』(2012), 223쪽.

표 4-8 인민경제계획 작성(제2장)의 변화 2

인민경제계획법(2015)		인민경제계획법(2021)	
제16조 (예비수자의 작성)	기관, 기업소, 단체는 생산장성의 가능성을 타산하여 예비수자를 묶어야 한다.	기관, 기업소, 단체는 예비수자를 작성하여 정해진 절차에 따라 국가계획기관에 내야 한다.	제21조 (예비수자의 작성)
	예비수자는 상급기관과 국가계획기관에 내야한다.		
제17조 (통제수자의 작성)	국가계획기관은 예비수자를 검토하고 인민경제발전방향에 따라 통제수자를 묶어 해당 기관의 비준을 받아야 한다 .	국가계획기관은 예비수자를 검토하고 국가적요구와 원료, 자재보장가능성 같은것을 구체적으로 타산하여 통제수자를 작성한 다음 기관, 기업소 단체에 내려보내야 한다.	제22조 (통제수자의 작성)
	비준받은 통제수자는 기관, 기업소, 단체에 내려보내야 한다.		
제18조 (인민경제계획의 맞물림, 초안 작성 및 검토) 참조	기관, 기업소, 단체는 통제수자를 보장하는 원칙에서 군중토의를 진행하고 인민경제계획초안을 만들어 상급기관과 국가계획기관에 내야 한다.	국가계획기관과 기관, 기업소, 단체는 인민경제계획초안작성을 위한 **군중토의안을 만들고** 그에 따라 군중토의를 하여야 한다.	제23조 (군중토의)
		중요지표에 대하여서는 군중토의단계에서 **국가로부터 보장받을 몫과 자체로 보장할 몫을 타산하여 제기**하여야 한다.	
		기관, 기업소, 단체는 통제수자를 보장하는 원칙에서 인민경제계획초안을 작성하여 정해진 절차에 따라 국가계획기관에 내야 한다.	제24조 (인민경제계획초안의 작성)
	국가계획기관은 제기된 인민경제계획초안을 정확히 검토하고 국가의 인민경제계획초안을 만들어 내각에 제기하여야 한다.	**중앙계획지도기관**은 제기된 인민경제계획초안을 정확히 검토하고 국가의 인민경제계획초안을 작성하여 내각에 제기하여야 한다.	

第22조 (인민경제계획의 심의제기)	내각과 **지방정권기관**은 작성된 인민경제계획을 최고인민회의 또는 지방인민회의의 심의에 제기하여야 한다.	내각과 **지방인민위원회**는 작성된 인민경제계획초안을 최고인민회의 또는 지방인민회의의 심의에 제기하여야 한다.	第25조 (인민경제계획의 심의제기)
第23조 (국가와 지방인민경제계획의 심의승인)	국가의 인민경제계획은 최고인민회의에서 심의하고 승인한다.	국가의 인민경제계획은 최고인민회의에서 지방의 인민경제계획은 지방인민회의에서 심의하고 승인한다.	第26조 (인민경제계획의 심의, 승인)
	불가피한 사정으로 최고인민회의 휴회기간에 제기되는 국가의 인민경제계획과 그 조절안은 최고인민회의 상임위원회에서 심의하고 승인한다.	불가피한 사정으로 최고인민회의 휴회기간에 제기되는 국가의 인민경제계획과 그 조절안은 최고인민회의 상임위원회에서, **지방인민회의 휴회기간에 제기되는 지방의 인민경제계획은 해당 인민위원회에서 심의하고 승인**한다.	
	지방의 인민경제계획은 해당 인민회의에서 심의하고 승인한다.		

인민경제계획법(2021) 第23조는 계획작성에서 군중토의를 규율하고 있다. "지배인은 통제수자가 내려오면 그것을 구체적으로 연구하고 계획을 세우기 위한 예비결심을 채택하고", "계획토의안을 만들어 부직간부들과 함께 검토한 후 군중토의를 진행한다." 군중토의는 밑으로부터 위로 올라가면서 작업반, 직장, 부서단위로 진행한다. 군중토의에서 제기된 대중의 의견을 종합하여 계획초안을 작성하고 행정간부회의에서 종합토의하고 기업소 당위원회의 심의를 거쳐 상급기관에 보고 또는 등록한다.[19]

19 박제동 외, 『지배인의 벗』(2012), 224-226쪽.

표 4-9 인민경제계획 작성(제2장)의 변화 3

인민경제계획법(2015)		인민경제계획법(2021)	
第24조 (인민경제계획의 시달)	내각과 국가계획기관, 지방정권기관은 비준된 인민경제계획을 시기별, 지표별로 구체화하여 10월말까지 기관, 기업소, 단체에 내려보내야 한다.	국가계획기관은 승인된 인민경제계획을 시기별, 지표별로 구체화하여 기관, 기업소, 단체에 **제때에** 내려보내야 한다.	第27조 (인민경제계획의 시달)
第20조 (인민경제계획에 반영할수 없는 지표)	로력, 설비, 자재, 자금을 맞물리지 못하였거나 과학기술심의를 받지 않은 지표, 비준된 설계문건이 없는 지표는 인민경제계획에 반영할수 없다.	심의, 승인된 인민경제계획은 원칙적으로 변경할수 없다.	第28조 (인민경제계획의 변경금지)
		불가피한 사정으로 시달된 인민경제계획범위안에서 계획을 변경하려는 기관, 기업소, 단체는 지표분담에 따라 정해진 기간안에 내각 또는 국가계획기관, 상급기관의 승인을 받아야 한다.	
第26조 (인민경제계획의 대조)	이 경우 인민경제계획의 시달정형을 료해하며 예비를 동원하기 위한 조치를 취하여야 한다.	이 경우 인민경제계획의 시달정형을 료해하고 **부족점을 바로잡으며** 예비를 동원하기 위한 조치를 취하여야 한다.	第30조 (인민경제계획의 대조)
第27조 (인민경제계획실행의 기본요구)	**국가계획기관**과 해당 기관, 기업소, 단체는 인민경제계획실행을 위한 작전과 지휘를 바로하여 생산을 정상화하며 인민경제계획을 일별, 월별, 분기별, 지표별로 어김없이 실행하여야 한다.	기관, 기업소, 단체는 인민경제계획수행을 위한 작전과 지휘를 바로하여 생산을 정상화하며 인민경제계획을 일별, 월별, 분기별, 지표별로 어김없이 수행하여야 한다.	第31조 (인민경제계획수행의 기본요구)
第29조 (계약의 체결)	기관, 기업소, 단체는 계약을 정확히 맺고 **어김없이** 리행하여야 한다.	기관, 기업소, 단체는 계약을 정확히 맺고 리행하여야 한다.	第33조 (계약의 체결)

국가기관이 기업소에게 인민경제계획을 시달하는 시점이 '매년 10월말까지'에서 '제때로' 수정되었다. 이는 인민경제계획의 시달이 일괄적 시점에서 어떤 기준에 따라 시달시점이 달리 적용되는 것으로 보인다.

표 4-10 인민경제계획 수행(제3장)의 변화

인민경제계획법(2015)		인민경제계획법(2021)	
제31조 (인민경제계획의 실행 준비)	기관, 기업소, 단체는 인민경제계획실행준비를 하여야 한다.	기관, 기업소, 단체는 인민경제계획수행을 위한 **기능공양성, 설비점검보수, 원료, 자재준비, 설계 및 기술공정작성, 기술장비준비, 기술규정과 표준조작법의 제정, 시작품생산 같은 생산준비와 기술준비를 선행**하여야 한다.	제36조 (인민경제계획수행준비)
	계획실행준비를 하지 않고는 생산과 건설을 할수 없다.		
제32조 (인민경제계획실행의 선후차, 수출품과 협동생산품의 생산)	중요대상과 수출계획에 예견된 제품을 먼저 생산하며 협동생산계획에 예견된 제품은 **월 상순안**으로 생산보장하여야 한다.	중요대상과 수출계획에 예견된 제품을 정한 기일안으로 먼저 생산하여야 한다.	제37조 (인민경제계획수행의 선후차)
		기관, 기업소, 단체는 협동생산조직을 바로하여 협동생산계획에 예견된 제품을 **정해진 기일안**에 생산보장하여야 한다.	제38조 (협동생산조직)
제33조 (인민경제계획실행에 필요한 조건의 보장)	로동행정기관과 자재공급기관, 재정은행기관은 인민경제계획실행에 필요한 로력, 설비, 자재, 자금을 제때에 보장하여야 한다.	로동행정기관, 자재공급기관, 재정기관, 은행기관, **과학기술행정지도관리기관과 해당 기관**은 인민경제계획수행에 필요한 로력, 설비, 자재, 자금, **기술자료 같은것을 계획과 계약대로** 보장하여야 한다.	제39조 (인민경제계획수행에 필요한 조건 보장)
	설비, 자재는 **계획과 계약**에 따라 품종별, 규격별, 재질별로 공급하여야 한다.	설비, 자재는 품종별, 규격별, 재질별로 공급하여야 한다.	
제35조 (인민경제계획실행정형의 장악)	기관, 기업소, 단체는 인민경제계획실행정형을 매일 상급기관과 국가 계획기관에 보고하여야 한다.	기관, 기업소, 단체는 인민경제계획수행정형을 **정상적으로** 상급기관과 국가계획기관, **통계기관**에 보고하여야 한다.	제42조(인민경제계획수행정형의 장악)

2021년 수정에서 통계기관의 관련이 추가되는 것이 인민경제계획작성을 위하여 국가계획기관에 제출하는 기초자료를 보내주어야 하는 기관으로 통계기관이 추가되고(제14조), 기업소가 인민경제계획 수행정형을 보고해야하는 기관으로 상급기관과 국가계획기관 이외

에 통계기관에도 보내주는 것으로 추가되었다. 인민경제계획수행에서 통계기관의 역할을 확대한 것으로 해석된다. 인민경제계획법(2015)에서 통계기관은 인민경제계획실행정형의 평가기관으로서만 역할을 하였다.

표 4-11 인민경제계획 총화(제4장)의 변화

인민경제계획법(2015)		인민경제계획법(2021)	
제39조 (예비총화와 완전총화)	기관, 기업소, 단체는 인민경제계획실행정형을 예비적으로 총화하고 필요한 대책을 세우며 계획기간이 끝나는 차제로 인민경제계획실행에 대한 완전총화를 하여야 한다.	기관, 기업소, 단체는 해당 계획기간이 끝나기 전에 인민경제계획수행에 대한 예비총화를 하여야 한다.	제46조 (예비총화)
	이 경우 생산계획실행에 중심을 두고 련관된 지표들의 계획실행정형도 총화하여야 한다.	예비총화는 계획수행전망을 예비적으로 분석총화하고 남은 기간 계획을 어김없이 수행하기 위한 대책을 세우는 방법으로 한다.	
		기관, 기업소, 단체는 해당 계획기간이 끝난 다음 인민경제계획수행에 대한 완전총화를 하여야 한다.	제47조 (완전총화)
		완전총화는 **계획수행결과를 항목별, 단위별로 구체적으로 평가**하고 계획수행과정에 나타난 성과와 결함, 경험과 교훈을 엄격히 분석총화하며 **책임한계를 명백히 규정**하고 다음 시기 계획수행을 위한 **정확한 해결책을 찾는 방법**으로 한다.	
제40조 (인민경제계획실행의 평가기준)	통계기관은 등록된 계획과 장악된 계획실행실적으로 인민경제계획실행정형을 평가하여야 한다.	통계기관은 등록된 계획과 장악된 계획수행실적으로 인민경제계획수행정형을 평가한 다음 그 정형을 해당 기관, 기업소, 단체에 보내주어야 한다.	제48조 (인민경제계획수행의 평가기준)

제46조 (계획실행실적제외 및 손해보상)	인민경제계획에 맞물린 로력, 설비, 자재, 자금으로 계획에 없는 제품을 생산하거나 건설을 할 경우에는 인민경제계획실행실적으로 평가하지 않으며 **류용, 랑비된 로력, 설비, 자재, 자금에 해당한 손해를 보상시킨다.**	인민경제계획에 맞물린 로력, 설비, 자재, 자금으로 계획에 없는 제품을 생산하거나 건설, 봉사를 한 경우에는 인민경제계획실적으로 평가하지 않는다.	제50조 (인민경제계획수행실적제외)

인민경제계획 총화부문에서의 변화는 신법(2021)에서 완전총화를 별도의 조항으로 분리하여 보다 구체적으로 규율하여 강조한 지점이다. 2015년의 완전총화는 계획기간이 끝난 후에 사전에 진행했던 예비총화의 후속작업 수준이었다면 2021년 완전총화는 ① 계획수행결과를 항목별, 단위별로 구체적으로 평가, ② 계획수행과정에 나타난 성과와 결함, 경험과 교훈을 엄격히 분석총화, ③ 책임한계를 명백히 규정, ④ 다음 시기 계획수행을 위한 정확한 해결책을 찾는, 하나의 과정으로 규율하고 있다. 완전총화가 '인민경제계획화'사업에서 중요 과정이 됨을 상정되는 것으로 읽혀진다.

표 4-12 인민경제계획사업에 대한 지도통제(제5장)의 변화

인민경제계획법(2015)		인민경제계획법(2021)	
제42조 (인민경제계획사업에 대한 지도통제의 기본요구)	국가는 인민경제계획사업에 대한 지도체계를 바로세우고 지도통제를 강화하도록 한다.	국가는 인민경제계획화사업에 대한 지도체계를 바로세우고 통제를 강화하여 **기관, 기업소, 단체들이 계획규률을 엄격히 준수**하도록 한다.	제52조 (인민경제계획사업에 대한 지도통제의 기본요구)
제44조 (인민경제계획작성방법의 개선)	국가계획기관은 인민경제계획의 일원화, 세부화를 실현하며 인민경제계획을 바로세우고 어김없이 실행하도록 지도하여야 한다.	내각과 국가계획기관은 인민경제계획화방법을 경제발전의 요구에 맞게 끊임없이 개선하여야 한다.	제54조 (인민경제계획화방법의 개선)

제9조 (인민경제계획 일군의 양성 원칙)	국가는 인민경제계획일군 양성체계를 바로세우고 능력있는 계획일군을 체계적으로 키우도록 한다.	해당 기관은 계획일군양성체계를 바로세우고 능력있는 계획일군을 체계적으로, 전망성있게 양성하여야 한다.	제55조 (계획일군 양성)
제45조 (인민경제계획 사업에 대한 감독통제)	인민경제계획사업에 대한 감독통제는 **국가계획기관과 해당 감독통제기관**이 한다.	인민경제계획화사업에 대한 감독통제는 **검찰기관과 해당 감독통제기관**이 한다.	제56조 (인민경제계획화사업에 대한 감독통제)
	국가계획기관과 해당 감독통제기관은 인민경제계획의 작성과 시달, 실행과 그 총화정형을 정상적으로 감독통제하여야 한다.	검찰기관과 해당 감독통제기관은 인민경제계획작성 및 시달정형과 **계획수행에 필요한 로력, 설비, 자재, 자금보장정형, 계획 및 계약규률준수정형, 계획수행총화 및 실적보고정형 등에 대한 법적감시와 통제를 강화**하여야 한다.	

구법(2015)의 제36조(인민경제계획에 없는 생산과 건설의 금지)에서 "인민경제계획에 없는 제품생산과 건설은 할수 없다."고 규제하고 있다. 신법(2021)에서는 이에 대한 사항을 구체적으로 서술하여 규제하고 있다. 신법(2021) 제57조(기관, 기업소, 단체와 공민이 하지 말아야할 사항)에서 9가지를 나열하고 있다. 다음은 인민경제계획 수행에 있어서 기업소 등이 하지 말아야 할 금지사항에 대한 내용이다.

기관, 기업소, 단체와 공민은 다음의 행위를 할수 없다.

1. **직권을 악용하여** 인민경제계획작성, 시달에서 롱간을 부리며 **이중성과 불공정성**을 조성하는 행위
2. 로력과 자금, 자재보장대책이 없이 인민경제계획을 망탕 세워 시달하는 행위
3. 수요와 공급간의 균형을 보장한다고 하면서 **계획수자를 억지로 맞추는 행위**

4. 이미 시달한 인민경제계획을 조절한다고 하면서 승인없이 추가계획을 망탕 세워 시달하는 행위
5. 인민경제계획에 없는 제품생산과 건설, 봉사를 하는 행위
6. 인민경제계획에 반영된 전력, 설비, 자재, 원료를 생산하여 수요자단위에 보장하지 않으면서 기업체몫을 초과소비하거나 비법처분하는 행위
7. 인민경제계획에 맞물린 로력, 설비, 자재, 자금을 계획수행과 관련이 없는 타사업에 동원시키는 행위
8. 인민경제계획수행정형을 거짓보고하는 행위
9. 단위특수화, 본위주의를 부리면서 국가적인 인민경제계획화사업에 불응하거나 도전하는 행위

위의 사항에 대해 위반을 할 경우 구법(2015)에서는 행정적 책임(제47조)과 형사적 책임(제48조)에 대해 규제했다. 구법(2015)에서의 행정적 책임과 유사하게 신법(2021)에서는 경고, 무보수노동, 노동교양, 강직, 해임, 철직 등의 처벌(제61조)을 규제하였다. 구법의 행정적 책임과 신법에서 유사한 처벌을 다음 표4-13로 비교하였다.

표 4-13 구법(2015)의 제47조와 신법(2021)의 제61조 비교

인민경제계획법(2015)	인민경제계획법(2021)
제47조(행정적책임)	제61조(경고, 무보수로동, 로동교양, 강직, 해임, 철직처벌)
다음의 경우에는 기관, 기업소, 단체의 책임있는 일군과 개별적 공민에게 정상에 따라 해당한 행정처벌을 준다.	다음의 경우에는 책임있는 자에게 경고, 엄중경고처벌 또는 3개월이하의 무보수로동, 로동교양처벌을 준다.

1. 분담된 계획지표를 정확히 맞물리지 않았거나 인민경제계획을 정해진 기간에 시달하지 않은 경우
2. 인민경제계획을 비준한 기관의 승인을 받지 않고 고친 경우
3. 경제조직사업을 짜고들지 않아 인민경제계획을 미달한 경우
4. 인민경제계획수행정형을 거짓보고한 경우
5. 계약규률을 어겨 인민경제계획수행에 지장을 준 경우
6. 지표별계획에는 상관없이 생산하기 쉽고 수입이 높은 제품만 생산하여 기본생산계획수행에 지장을 준 경우
7. 인민경제계획이 없이 생산, 건설을 한 경우
8. 계약을 바로 체결하지 않았거나 리행하지 못하였을 경우

1. 인민경제계획작성을 위한 계획기준제정과 등록, 기초자료준비를 바로하지 않았을 경우

2. 기업체몫을 합리적으로 정해주지 않아 생산정상화와 확대재생산, 종업원생활조건보장에 지장을 주었을 경우

3. 분담된 계획지표를 정확히 맞물리지 않았거나 인민경제계획을 정해진 기간안에 시달하지 않았을 경우

4. 직권을 악용하여 인민경제계획작성, 시달에서 롱간을 부리며 이중성, 불공정성을 조성하였을 경우

5. 이미 시달한 인민경제계획을 조절한다고 하면서 승인없이 추가계획을 망탕 세워 시달하였을 경우

6. 수요와 공급간의 균형을 보장한다고 하면서 계획수자를 억지로 맞추거나 군중토의와 로력, 자금, 자재보장대책이 없이 인민경제계획을 망탕 세워 시달하였을 경우

7. 인민경제계획을 승인없이 변경시켰을 경우

8. 인민경제계획을 등록하지 않았을 경우

9. 과학기술심의를 받지 않은 지표, 승인된 설계문건이 없는 지표를 인민경제계획에 반영하였을 경우

10. 인민경제계획이 없이 생산, 건설, 봉사를 한 경우

11. 계약을 바로 체결하지 않았거나 리행하지 않아 인민경제계획수행에 지장을 주었을 경우

12. 인민경제계획수행을 위한 조직과 지휘, 준비를 바로하지 않아 계획수행에 지장을 주었을 경우

13. 로력, 설비, 자재, 자금, 기술자료 같은것을 계획과 계약대로 보장하여주지 않아 인민경제계획수행에 지장을 주었을 경우

14. 인민경제계획에 맞물린 로력, 설비, 자재, 자금으로 지표별계획에는 상관없이 생산하기 쉽고 수입이 높은 제품만 생산하여 기본생산계획수행에 지장을 주었을 경우

15. 중요대상과 수출계획에 예견된 제품의 생산보장기일을 어겼을 경우

16. 협동생산규률을 어겨 련관단위의 생산과 계획수행에 지장을 주었을 경우

17. 경제조직사업을 짜고들지 않아 인민경제계획을 미달한 경우

18. 인민경제계획수행정형을 제때에 보고하지 않거나 거짓보고하였을 경우

19. 기업체몫을 초과소비하거나 비법처분하였을 경우

20. 인민경제계획에 맞물린 로력, 설비, 자재, 자금을 계획수행과 관련이 없는 타사업에 동원시켰을 경우

21. 인민경제계획수행정형에 대한 총화와 평가를 바로하지 않았을 경우

22. 인민경제계획을 넘쳐 수행한 기관, 기업소, 단체와 공민에 대한 정치적 및 물질적평가를 바로하지 않았을 경우

23. 단위특수화, 본위주의를 부리면서 국가적인 인민경제계획화사업에 불응하거나 도전하였을 경우

앞항 1~23호의 행위가 정상이 무거운 경우에는 3개월이상의 무보수로동, 로동교양처벌 또는 강직, 해임, 철직처벌을 준다.

신법(2021)의 제61조에서 나열한 사항들은 자주 발생하거나 중요한 위반 행위로 지적된 사항들을 대표적으로 서술한 것으로 추정해볼 수 있다. 15가지의 행위를 인민경제계획법의 위반 사항으로 추가하였다. 이런 위반 행위에 대한 비판은 이전부터 있는 듯 하다. "만일 자기 단위의 특수성을 내세우면서 기초자료도 내지 않고 설비, 자재, 자금을 계획화하여 보장해달라고 요구하거나 자체로 해결할수 있는 설비와 자재까지 국가에 손을 내미는것과 같은 현상들이 나타나면 사회주의경제법칙의 요구를 바로 타산하여 국가계획을 담보성있게 세우고 집행해나갈수 없으며 나라의 전반적인 경제관리운영을 바로해나갈수 없다."[20]고 지적하고 있다. 단위의 특수성을 언급하는 것은 이전의 이른바 '특권경제영역'에서 자의적, '기관본위적' 활동의 관성으로 계획화사업에 대한 잦은 위반을 지적하는 것으로 보인다.

신법(2021)에서는 이외에도 민사적 책임에 대한 조항(제58조)과 벌금처벌(제59조)을 구체적으로 규제하고 있다. "이 법을 어겨 재산상손해를 발생시켰을 경우에는 책임있는 당사자에게 손해보상, 위약금, 연체료지불 같은 민사적책임을 지우"(제58조, 민사적책임)거나 "1. 인민경제계획수행을 위한 계약을 제때에 맺지않았거나 리행하지 않아 계획수행에 지장을 주었을 경우 2. 협동생산규률을 어겨 련관단위의 생산과 계획수행에 지장을 주었을 경우 3. 인민경제계획에 반영된 전력, 설비, 자재, 원료를 생산하여 수요자단위에 보장하지 않으면서 기업체몫을 초과소비하거나 비법처분하였을 경우"에 "해당

20 송현철, "사회주의경제법칙에 맞게 계획화사업을 개선하는데서 나서는 중요문제," 『경제연구』 2019년 3호.

기관, 기업소, 단체에 50만~150만원의 벌금을 물린다."[21]

인민경제계획법(2015)까지는 인민경제계획의 과정을 크게 보면 ① 작성 → ② 비준과 시달 → ③ 실행 → ④ 실행총화 등 4단계를 거친다. 그러나 개정된 인민경제계획법(2021)에서 ① 작성·시달 → ② 수행 → ③ 수행총화 등 3단계로 축소된다. 인민경제계획을 비준하는 단계가 빠진 것이다.

표 4-14 인민경제계획법 변화의 요약[22]

구분	1999년(제정)	2015년	2021년
개념어 변화	인민경제계획의 실행		**인민경제계획화의 수행**
계획지표의 분담	· 국가적 요구와 기관, 기업소, 단체의 창발성(창의성)을 옳게 결합시키는 원칙 · 인민경제 계획지표를 기관, 기업소, 단체에 분담해야 함	· 기존 조문 유지 · 중앙지표, 지방지표, 기업소지표로 분담. 즉 전략적 의의를 가지는 지표 등 중요지표는 중앙지표로, 그밖의 지표는 지방지표, 기업소지표로 분담	· 국가적 이익을 우선시하면서 지방과 기관, 기업소, 단체의 창발성(창의성)을 옳게 결합시키는 원칙 · 기존 조문 유지
계획의 맞물림과 주문계약		· 인민경제계획은 기관, 기업소, 단체가 분담된 지표의 수요와 원천을 맞물리는 방법으로 함. 다만 이 맞물림은 주문계약으로도 가능.	

21 법 개정 당시 2021년 9월 20일 1kg 기준으로 조선의 쌀값이 평양 5,500원, 신의주 5,100원, 혜산 5,000원이므로, 벌금 50~150만원은 쌀로 환산하면 약 100~300kg 정도가 된다. 한국에서 100~300kg의 쌀값은 한국농수산식품유통공사의 중도매인 판매가격 20kg이 2024년 현재 약 5만원이 안됨으로 25만원에서 75만원 이하이다. 『DAIYL NK』의 <북한시장동향> 참조.

22 양문수 외, 『북한경제 공식문헌 해제』(세종: 기획재정부, 2024) 325쪽의 표를 참고하여 필자 수정.

계약의 체결	· 기관, 기업소 등은 인민경제계획에 기초하여 계약을 체결해야 함	· 기관, 기업소 등은 인민경제계획에 기초하지 않더라도 계약체결 가능. 주문계약은 연중수시로 체결가능	
계획사업에 대한 지도 감독통제	· 지도는 내각의 통일적 지도하에 국가계획기관이 함 · 감독통제는 국가계획기관과 해당 감독통제기관이 함		· 감독통제는 검찰기관과 해당감독통제기관이 함
기타			· 계획작성, 계획실행, 계획총화에 대한 통제 대폭 강화

인민경제계획법은 2023년에도 "인민경제계획화방법개선, 인민경제계획수행을 위한 사업조직, 인민경제계획총화에서 지켜야 할 요구 등 인민경제계획법의 일부 조항들의 내용"들이 수정이 되었으나 상세 조문은 현재 확인할 수 없다.[23]

국가적 수준에서의 인민경제계획법 변화가 기업소의 계획권과 관련한 사항을 추출하면 기업소지표의 신설(2015, 제13조), 수요와 원천의 맞물림 방법(2015, 제18조), 인민경제계획실행의 기본요구(2010, 제27조), 위반행위에 대한 행정적 처벌의 강화(2015, 제47조) 등이다.

소결: 인민경제계획법과 기업소의 계획권

인민경제계획법의 변화와 기업소 상의 계획권의 연관을 법 개정의 시계열 측면에서 살펴보자. 이를 통해 인민경제계획법이 기업소의

23 "조선민주주의인민공화국 최고인민회의 상임위원회 상무회의 진행," 『로동신문』 2023년 11월 12일.

계획권과 어떤 상관관계를 가지고 있는지 파악해 볼 수 있을 것으로 추정된다. 인민경제계획을 계획작성의 기준과 계획작성, 계획시달, 계획실행, 계획총화 단계로 나누어 살펴본다.

2010년 11월에 제정된 「기업소법」은 2010년 4월 개정된 인민경제계획법을 전제로 하고 있다. 이후 법개정을 시간적 순서로 보면, 「기업소법」이 2014년 11월, 2015년 5월에 개정이 되고, 인민경제계획법이 2015년 6월에 개정을 한다. 2020년 11월에 「기업소법」이 개정되고, 2021년 9월에 인민경제계획법이 개정된다. 2023년 인민경제계획법이 한 차례 더 개정되었다는 보도가 있다.

인민경제계획의 작성기준

인민경제계획작성의 기준은 '국가의 정책'에 근거하고 계획작성을 위해서 노력과 설비, 자재, 자금의 이용기준, 경영실태, 통계, 과학기술 및 경제발전추세, 자연부원상태, 인구수 같은 기초자료의 준비가 필요하다(인민경제계획법 2010.4월). 기업소는 '국가의 경제정책과 인민경제계획서작성방향, 기업소의 경영전략'에 따라 인민경제계획 초안을 작성하며, 기업소의 경영전략은 '현실발전의 요구와 기업소의 노력과 기술장비상태, 원료, 자재의 보장과 이용정형, 연관단위의 경영실태, 과학기술 및 경제발전추세 등'을 고려한다(기업소법 2010. 11월). 기업소가 작성하는 인민경제계획은 국가수준에서 고려할 기준인 국가의 경제정책과 인민경제계획서작성방향이고, 기업소수준에서는 기업소의 경영전략이 기준이 되고 있다.

기업소에 실제적인 경영권이 부여되고, 그 경영권 중에서 계획권을 가지고 인민경제계획을 작성하되, 인민경제계획의 작성기준이 기업소 '자체의 실정'이 된다(기업소법 2014. 11월). 그러나 여기서 '자체의 실정'이 기준이 되는 인민경제계획은 기업소 자체의 계획에 따라 작성하는 기업소지표에 한정된 것으로 보인다.

기업소의 인민경제계획 작성 기준인 '경영전략'과 관련하여 2020년 11월에 내용이 수정된다. 경영전략 수립의 기준이 기존의 '현실발전의 요구'에서 '국가의 경제발전전략'으로 수정되고, 경영전략의 내용에 '기업경영의 목적을 실현하기 위한 전망목표를 규정하고 그 실현의 총적방향과 근본방도를 확정하는 방법'으로 수정된다. 기업소의 인민경제계획은 '자체의 실정에 맞는 현실적인 계획' 기준에서 '객관적 조건과 가능성, 잠재력을 타산하여 과학적이며 현실적인 계획' 기준으로 수정된다. 수정방향이 기업소 중심에서 국가중심으로, 현행에서 전망으로, 현실성에서 과학성으로 초점의 변화가 보인다. 6년간 기업소의 계획권 운영과정에서 기업소 자체에만 초점을 맞추고, 기업소지표에만 초점을 맞추고 국가적 수준의 경제발전전략(중앙지표, 지방지표)을 소홀히 하는 경향, 계획이 단기적 현행계획에 머무는 경향 등이 나타난 것으로 보이고, 법 조문의 개정은 이에 대한 국가적 대응방향으로 보인다. 이와 같은 대응방향은 2021년 9월 인민경제계획법 수정에서 보다 명확하게 나타나는 것으로 보인다. 인민경제계획이 '국가의 지령'에서 '당의 지령이고 국가의 법'으로 수정하고, 인민경제계획작성의 근본원칙에서 '당의 로선과 정책에 입각'할 것을 추가한다. 당-국가 체계인 조선에서 인민경제계획의 작성에서 '당적 지도'를 강조함으로써 권위의 수준을 높이는 방향으로 진행되는 것으로 보인다. 또한 인민경제계획작성에 대한 기본요구를 9개항으로 세부화하여 규율한다. 이 기본요구는 2020년 11월 「기업소법」의 조문변화 내용에서 수정된 '객관적조건과 생산가능성, 잠재력에 대한 과학적인 타산'에 기초할 것을 추가한다. 그리고

'국가가 보장할 몫과 기업소가 자체로 해결할 몫을 밝'힐 것을 추가한다. 이는 기업소지표에 해당하는 것이 아닌 중앙지표, 지방지표와 관련 있는 것으로 보인다. 또한 기본요구에는 '수요와 공급간의 균형을 현물량적으로만이 아니라 가치적으로 정확히 담보'할 것을 요구한다. 현물량적 균형은 중앙지표와 관련성이 높고, 가치적 균형은 기업소지표와 관련성이 높은 것으로 보인다.

인민경제계획의 작성단계

인민경제계획작성 과정을 보면, 기업소는 생산장성의 가능성에 기초하여 예비수자를 작성하여 상급기관과 국가계획기관에 제출한다. 국가계획기관은 기업소가 제출한 예비수자를 검토하여 통제수자를 작성하여 해당기관의 비준을 받고 기업소에 시달한다. 인민경제지표를 국가적 요구와 기업소의 창발성을 결합시키는 원칙에서 분담시킨다. 기업소는 시달받은 통제수자를 군중토의를 거쳐 인민경제계획초안을 작성하여 상급기관과 국가계획기관에 제출한다. 국가계획기관은 기업소 등에서 제출된 인민경제계획초안을 검토하고 국가의 인민경제계획초안을 작성하여 내각에 제기한다(인민경제계획법 2010. 4월).

기업소는 인민경제계획법에 근거하여 인민경제계획초안을 정확히 작성하여 해당기관에 제출한다(기업소법 2010. 11월). 기업소의 계획서작성 사업에서 중요한 것은 연간계획과 월계획의 작성으로, 연간계획은 국가계획기관이 시달한 방법론적 지도서(인민경제계획서작성방향)에 기초하여 예비수자, 통제수자, 계획수자 작성단계로 수립한다. 예비수자는 행정간부회의에서 토의하고 기업소 당위원회에서 심의 후 상급기관에 제출한다. 시달된 통제수자는 군중토의를 거쳐 연간계획의 초안을 작성하여 행정간부회의에서 토의하며 당위원회의 심의를 거쳐 지정된 기간에 상급기관에 제출한다.[24]

기업소는 계획권을 가지고 수요가 높은 제품생산을 늘여나갈 수 있는 계획을 작성하고, 기업소지표에 대해서는 수요자와 맺은 주문계약에 맞게 계획화하고 이 경우 해당 지역 통계기관에 등록한다(기업소법 2014. 11월). 계획작성 과정에서 인민경제계획의 분담은 '전략적의의를 가지는 지표, 국가적으로 반드시 틀어쥐여야 할 중요지표는 중앙지표로, 그 밖의 지표는 지방지표, 기업소지표로 분담'시키며, 분담된 지표의 수요와 원천을 맞물리는 방법으로 작성한다(인민경제계획법 2015. 6월).

2014년 11월 개정된 「기업소법」 상의 기업소지표에 대해 인민경제계획법에 반영하였다. 그리고 인민경제계획법(2015. 6월)의 수정사항인 지표분담과 계획의 맞물림에 대해 보다 구체적으로 「기업소법」에서 규율하기 위해 2020년 11월 「기업소법」은 '지표분담과 주문계약방법, 계획화사업분담에 따라 계획을 정확히 맞물리'도록 수정한다. 지표분담은 중앙지표, 지방지표, 기업소지표의 분담을 의미하고, 주문계약방법은 기업소가 분담된 지표의 수행을 위해 '계획에 의한 계약'외에 다른 수요자 기업소와의 주문에 의한 계약을 의미한다. 그러나 계획화사업분담의 의미는 명확하지 않다.

2021년 인민경제법에서는 지표분담과 관련한 원칙에서 '국가적 수요와 기업의 창발성을 결합하는 원칙'에서 '국가의 이익을 우선시

24 박제동 외, 『지배인의 벗』(2012), 223-226쪽; 계획수자는 수자로 표시된 계획과제의 규모로, 당과 국가의 요구와 전체 인민의 의사를 반영한 당의 지령이며 국가의 법임으로 국가적요구를 충족시키며 광범한 군중의 의사를 반영한것으로 되여야 한다, 『조선대백과사전 프로그람』(2001), 올림말: 계획수자.

하면서' 창발성을 결합하는 원칙으로 수정된다. 또한 기업체의 재정적 담보를 위해 기업체몫을 합리적으로 규정하는 조항을 신설한다. 이는 지표분담의 과정에서 '기업체몫을 합리적으로 정해주지 않아 생산정상화와 확대재생산, 종업원생활조건보장에 지장을 주'는 현상에 대한 대처로 보인다. 국가의 이익을 우선시하는 지표분담의 원칙은 중요지표에 대하여 군중토의단계에서 국가로부터 보장받을 몫과 자체로 보장할 몫을 타산하여 제기하여야 하는 것으로 구체화된다(인민경제계획법 2021. 9월).

인민경제계획의 시달

비준된 국가의 인민경제계획은 시기별, 지표별로 구체화하여 10월 말까지 기업소에 시달된다(인민경제계회법 2010. 4월). 기업소는 시달된 인민경제계획을 일별, 월별, 분기별, 지표별로 어김없이 실행하여야 한다(기업소법 2010. 11월). 그러나 기업소가 자체로 계획화하고 실행하는 기업소지표의 신설은 인민경제계획의 비준과 시달 과정을 변경시킨다. 자체로 계획된 기업소지표는 기업소가 속해 있는 해당 지역 통계기관에 등록한다(기업소법 2014. 11월). '제때에' 통계기관에 등록하면 된다(기업소법 2020. 11월).

기업소지표의 신설 후 변경된 비준과 시달과정이 반영되는 것은 2021년 9월 인민경제계획법 개정 때이다. 인민경제계획의 '비준'이 '승인'으로 수정되었다. 이제는 기업소들의 인민경제계획초안을 비준하여 국가의 인민경제계획초안을 작성하는 것이 아니라 각각의 계획단위가 작성한 지표를 승인하는 것이다. 중앙지표는 국가계획위원회가 세우는 계획지표이며 지방지표는 지방인민위원회가 작성하는 계획지표이고 기업체지표는 기업체가 세워 집행하는 계획지표이다.[25] 2021년 이전 인민경제계획의 작성, 비준, 시달 과정이 인민경제계획의 지표별 작성, 승인, 시달로 변경되었다. 이런 계획과정의 변경을 정규화하려는 용어가 인민경제계획화로 정식화된 것으로 보인다. 인민경제계획화는 '인민경제계획을 세우고 그 수행을 조직지도하는 사회주의국가의 중요한 경제조직자적기능과 활동'으로 '계획작성과 시달, 계획수행조직과 지도, 총화 등이 포함'된다고 정의하고 있다.

인민경제계획의 실행

인민경제계획은 법적과제이고 실행은 기업소에게 의무적이다. 기업소는 인민경제계획을 일별, 월별, 분기별, 지표별로 어김없이 실행하여야 한다(인민경제계획법 2010. 4월, 기업소법 2010. 11월). 기업소는 중요대상, 수출계획, 협동생산계획의 우선 생산보장하고, 노동행정기관과 자재공급기관, 재정은행기관은 인민경제계획실행에 필요한 노력, 설비, 자재, 자금을 제때에 보장하여야 한다. 분기마다 인민경제계획을 월별로 분할하여 기업소에 내려보내야 한다(인민경제계획법 2010. 4월). 기업소는 생산일정계획의 작성과 생산지령, 생산공정추진사업을 통하여 월생산계획을 일별, 지표별로 어김없이 수행하기 위한 생산공정관리를 짜야 하며, 생산일정계획의 실행정형은 교대별, 일별, 순별로 총화한다(기업소법 2010. 11월).

기업소는 생산조직권을 행사하여 맡겨진 중앙지표의 과제를 어김없이 수행하며, 이 경우 수요와 공급간의 균형을 보장하는 원칙에

25 렴병호, "현시기 경제관리를 합리화하기 위한 경제적공간의 리용," 『경제연구』 2019 2호.

서 여러 가지 생산조직형태를 받아들일 수 있고, 원료, 자재를 비롯한 필요한 조건을 보장받고도 생산조직을 바로하지 못하여 생산계획을 미달하였을 경우에는 기업소가 책임진다(기업소법 2014, 2015). 기업소는 계획에 기초한 계약은 인민경제계획이 시달된 때부터 정해진 기간안에 맺으며 주문계약은 년중 수시로 맺을수 있다(인민경제계획법 2015. 6월). 2021년 9월 인민경제계획법 개정에서 인민경제계획의 '실행'이 '수행'으로 수정되고, 인민경제계획수행을 위한 사업조직의 구성을 규율한다. 인민경제계획수행을 위해 기업소는 기능공양성, 설비점검보수, 원료, 자재준비, 설계 및 기술공정작성, 기술장비준비, 기술규정과 표준조작법의 제정, 시작품생산 같은 생산준비와 기술준비를 선행하여야 하고, 인민경제계획수행정형을 상급기관과 국가계획기관외에 추가하여 통계기관에도 보고하여야 한다(인민경제계획법 2021. 9월).

인민경제계획의 총화

기업소는 인민경제계획실행정형을 순별, 월별, 분기별, 상반년, 년간으로 총화한다. 총화에는 예비총화와 계획기간이 끝나는 차제로 완전총화를 하여야 한다. 평가기준은 통계기관에 등록된 계획으로 하고, 기업소는 종업원들에게 인민경제실행정형을 정기적으로 알려주고, 공시할 수 있다(인민경제계획법 2010. 4월).

기업소는 경영총화에서 기업소경영활동에서 나타난 성과와 결함, 경험과 교훈을 찾고 직장, 작업반과 일군들의 활동정형을 공정하게 평가하며 기업관리를 개선하고 인민경제계획을 어김없이 수행하기 위한 대책을 세운다(기업소법 2010. 11월). 경영활동결과를 월마다 종업원들에게 공개하고, 국가로부터 받은 인민경제계획과 재정계획, 가격 같은것을 통계기관에 등록하고 통계장악을 위한 정연한 체계를 세우며 통계기관의 현지확인을 통하여 인민경제계획실행정형을 의무적으로 평가받아야 한다(기업소법 2020. 11월).

기업소는 인민경제계획수행정형에 대한 총화를 생산추동과 편향극복을 위한 방향에서 엄격히 하여야 하고, 과학적이고 객관적인 통계수자에 근거하여 책임한계를 정확히 따질수 있게 인민경제계획수행총화를 위한 준비를 실속있게 하여야 하고, 이 경우 현물지표별 생산계획과 과학기술발전계획, 재자원화계획, 수입총액계획, 수익성계획, 순소득계획 같은 항목별계획수행자료를 생산단위별로 구체적으로 장악하고 지난 계획기간 계획수행자료와 대비적으로 분석총화할수 있게 준비하여야 한다.

완전총화는 계획수행결과를 항목별, 단위별로 구체적으로 평가하고 계획수행과정에 나타난 성과와 결함, 경험과 교훈을 엄격히 분석총화하며 책임한계를 명백히 규정하고 다음 시기 계획수행을 위한 정확한 해결책을 찾는 방법으로 하고, 인민경제계획수행총화결과에 따라 계획을 넘쳐 수행한 기관, 기업소, 단체와 개별적공민에게는 해당한 정치적 및 물직적 평가를 한다(인민경제계획법 2021. 9월).

2
기업소의 재정관리권과 연관법

기업소의 재정관리권

2010년 11월 제정된 「기업소법」의 제48조(재정관리)는 ①기업소는 정해진 재정관리질서에 따라 재정관리를 엄격히 하여야 하고, ②기업소는 독립채산제실시위원회를 정상적으로 운영하며 수입과 지출을 자체로 맞추고 국가예산납부의무를 어김없이 수행하여야 한다고 규정한다. 2014년 11월 개정에서 재정관리(제38조)는 ①기업소는 부여된 재정관리권을 통해 경영자금을 주동적으로 마련하고 효과적으로 이용하며 확대재생산을 실현하고 경영활동을 원만히 실현해나가야 하며, ②기업소는 정해진데 따라 부족한 경영활동 자금을 은행으로부터 대부받거나 주민유휴화폐자금을 동원, 이용할수 있다고 규정한다.

기업소법상 재정관리권이 부여되고 난 후 2015년 발행된 『현대재정금융사전』에서는 "사회주의사회에서 기업체들이 경영활동에 필요한 자금을 자기의 구체적 실정에 맞게 자체로 조성하고 합리적으로 리용할수 있는 권한"으로 재정관리권을 정의하고 있다.[26]

26 신성준 외, 『현대재정금융사전』(평양: 사회과학출판사, 2015), 1051쪽.

사회주의사회에서 경제관리 법률관계 당사자들이 지니는 권리는 크게 경제조직지도권, 재산관리권, 권리보호권 등으로 구분해 볼 수 있고, 이 중에서 재산관리권은 당사자들이 '국가로부터 부여받거나 자기들의 소유로 되고있는 사회주의적성격을 띠고있는 재산'을 나라의 경제발전과 인민생활향상에 동원이용할수 있는 권리로, 구체적인 대상에 따라 설비·원료·자재관리이용권, 물자구입권, 제품판매권, 재정관리권, 재산보호권 등이 있다. 이로부터 기업소의 재정관리권이 나온다. 재정관리권은 생산경영활동에 필요한 화폐자금을 제때에 마련하고 그것을 합리적으로 이용할수 있는 권리이다.[27]

기업소의 재정정책 방향에 대해 전반적인 이해를 돕기 위해서는 최고지도자의 설명을 확인할 필요가 있다. 1990년 김정일은 제2차 전국재정은행일군대회 참가자들에게 보낸 서한에서 "재정관리에서 유일관리제원칙에 따라 국가의 통일적인 지도와 통제를 확고히 보장하는 기초우에서 지방과 기관, 기업소들에 일정한 권한"을 줄 것을 주문하고, 국가예산과 관련하여 행정편의적 방식으로 "거래수입금을 많이 붙여 상품가격을 높이는 방법으로 국가예산수입을 늘이려고 한다면 그것은 근로자들에게 부담을 주어 그들의 실질수입을 떨어뜨리는 결과"를 초래할 것이며, 기업소들의 창발성을 통해 생산을 늘려 국가예산수입의 확대를 강조한다. 특히 "국가예산수입의 큰 몫을 담당하고있는 경공업부문"의 생산 확대를 강조한다. "국가자금을 망탕 지출하여 랑비하거나 횡취하는 것"에 대해 엄중한 범죄행위로 규정하며 강한 예산규율의 확립을 지시한다. 기업소의 재정

27 림경엽, "경제관리법률관계에서 당사자들이 지니는 권리와 의무," 『정치법률연구』 2007년 3호.

관리사업 개선과 관련하여 독립채산제가 잘못 실시되는 경우에 대한 우려를 전제하면서 "원가, 가격, 수익성 같은 경제적공간"을 바르게 이용할 것을 강조한다. 기업소의 경영활동을 원가측면, 가격측면, 수익성측면에서 각각의 정책방향을 제시한다.[28] 이 시기는 조선의 경제가 전반적으로 어려운 상황으로 진행되고 있다는 것을 고려하여야 한다. 전통적인 사회주의기업관리 측면에서 독립채산제 강조가 갖게 되는 기업소중심의 기관본위주의 등의 우려에도 불구하고 기업소의 재정관리에서 원가, 가격, 수익성(이윤)과 같은 수단을 적극적으로 활용할 것을 주문하고 있다.

기업체의 재정관리권은 국가의 통일적이며 계획적인 지도 아래 기업체가 자기의 경영활동수행에 필요한 화폐자금을 조성, 분배, 이용하기 위한 재정활동을 조직하고 집행할 수 있는 권한으로, 본질에 있어서 기업체 재정의 주인인 생산자대중이 재정관리에서 자기의 책임과 역할을 다하게 하는 권한으로 해석한다. 사회주의기업체의 재정관리권은 기업체의 재정관리내용에 따라 재정계획의 작성 및 집행권, 경영자금의 조성 및 이용권, 노동보수자금의 조성 및 지불권, 경영수입의 조성 및 분배권, 국가예산납부의무집행권 등으로 구분된다.[29]

제7차 당대회를 앞두고 2015년 12월 최고지도자 김정은은 제3차 전국재정은행일군대회 참가들에게 서한을 보낸다. 서한에서 "지금 재정은행사업이 당의 요구와 발전하는 현실에 따라서지 못하고

28 김정일, "재정은행사업을 개선강화할데 대하여: 전국재정은행일군대회 참가자들에게 보낸 서한, 1990년 9월 18일," 『김정일선집 10』, 161-196쪽의 내용 발췌 요약.

29 림태성, "사회주의기업체의 재정관리권," 『경제연구』 2016년 1호.

있"다고 총평하면서, 국가의 자금이 통일적, 유일적으로 관리되지 못하여 "많은 자금이 재정은행기관의 통제밖에서 류통되"고 "똑똑한 방법론이 없이 소방대식으로 일하다보니 국가예산의 편성과 집행에서 심중한 문제들이 제기되"며, 재정은행부문이 "생산경영단위들의 손발을 얽어매고 경제사업에 혼란을 주는 경우가 적지 않으며 은행기관들의 신용도" 낮다고 혹독한 평가를 한다. 또한 "국내에서 다른 나라 화폐가 공공연히 류통되면서 나라의 자주권이 침해당하고 있지만" 대책을 세우지 못하고 있음을 비판한다.

이에 대한 대책으로 엄격한 재정규률의 확립과 재정사업에 대한 내각의 재정성 역할을 강조한다. 기업체의 재정관리권과 관련하여 "재정관리사업을 주동적으로, 창발적으로" 할 것을 주문하고, 기업체의 "일생산 및 재정총화를 제도화, 생활화하고 그 수준을 높"일 것, "생산경영활동에 대한 회계계산체계를 정연하게 세우는 것"을 요구한다.

그 외에도 국가재정사업 수준에서는 화폐유통사업, 금융기관의 채산제 운영, 원에 의한 통제, 외화관리사업의 개선, 금융정보화수준의 향상, 재정은행일군의 실무능력 향상 등을 언급하고 재정은행사업에 대한 당적지도 강화를 주문한다. 특히 금융기관의 채산제 운영과 관련하여 은행기관들이 주민들과의 거래에서 신용 준수를 강조한다.[30] 이는 주민유휴화폐의 확대와 관련이 있는 지적으로 보인다. 이 시기는 일정정도 경제관리에서 규범화 과정을 거치고 경제회복

30 김정은, 『재정은행사업에서 전환을 일으켜 강성국가건설을 힘있게 다그치자: 제3차 전국재정은행일군대회 참가자들에게 보낸 서한, 주체104(2015)년 12월 13일』(평양: 조선로동당출판사, 2015)에서 발췌.

전망을 보이며 36년만에 진행되는 당대회를 앞두고 재정관리에서 나타나는 문제점을 재점검한 것으로 보인다.

기업소의 재정관리는 기업소자금, 즉 경영자금의 관리이다. 사회주의계획경제에서 기업소 경영자금 관리의 출발은 재정계획의 작성이다. 기업소재정계획은 인민경제계획과 맞물려진 구체적인 계획항목들로 구성되어, 판매수입 및 소득계획, 소득분배계획, 감가상각금계획, 유동자금계획, 일반비계획, 인민경제사업비 등의 항목들로 되어 있다.[31] 「기업소법」상의 재정관리권은 '재정관리사업을 전망성 있게 설계하고 경영활동에 필요한 자금을 주동적으로 마련하여 효과적으로 이용'하도록 규율하고 있다. 재정계획은 재정관리사업의 첫 번째 단계로서 설계부분에 해당한다.

기업소 재정계획의 항목별 내용을 보면, 판매수입계획은 계획년도의 제품판매수입, 건설 및 대보수공사인도수입, 폐설물·부산물판매수입, 기타 경영수입, 운임 및 요금수입, 보상금수입을 모두 합하여 수립하고, 소득(이윤)분배계획은 계획기간에 이루어질 소득을 기업소자체가 쓸 자금과 국가예산에 바칠 납부금으로 갈라서 분배내용별로 그 규모를 반영하여 작성하고, 감가상각금계획에는 계획기간 고정재산의 총적규모와 고정재산을 재생산하기 위하여 낡아진 몫을 회수하기 위한 자금의 연간규모가 반영한다. 일반비계획은 직장과 기업소관리운영에 드는 모든 비용들을 반영하되 세부지표별, 대상별로 국가적으로 규정된 지출기준과 기초년도의 지출실적을 고려하여 작성하고, 인민경제사업비계획은 기업소과학기술발전을 위한 자금을 국가예산에서 보장받기 위한 계획항목으로서 국가기

31 『경제일군참고수첩(재판)』(2012), 128쪽.

본투자계획에 맞물려 보장할 성격이 아닌 대상 또한 조업개시 준비자금을 반영하여 작성한다. 기업소의 생산과 밀접한 관련이 있는 유동자금계획에는 유동자금보유기준계획, 유동자금보장계획, 불변채무계획을 포함한다.[32]

이런 재정계획에 기초하여 경영자금을 제때에 확보하는 것이 기업관리에서 가장 중요한 일이다. 재정법 제정 이전에도 사회주의기업소 경영자금은 경영상 상대적 독자성을 가지는 기업소에서 경영활동을 위한 밑천을 화폐적으로 표현한 것으로, 그 형태에 따라 고정자금과 유동자금, 이익금과 지정된 목적에 쓸 자금, 사업비로 구성하는 것으로 설명한다.[33]

고정자금은 형태에 따라 기본투자자금과 고정기금, 감가상각금으로 구분되고, 원천에 따라 국가예산자금과 자체자금으로 구분된다. 유동자금은 형태에 따라서는 생산단계에서 기능하는 유동자금과 유통단계에서 기능하는 유동자금으로 구분되고, 형성원천에 따라서는 자체유동자금과 불변채무, 은행대부금으로 구분된다. 불변채무는 독립채산제기업소에서 납부하거나 지불하여야 할 자금을 그 지불기일이 될 때까지 일정한 기간 유동자금으로 돌려쓰는 자금이며, 은행대부금은 자체자금과 불변채무만으로 모자라는 유동자금수요를 중앙은행의 대부에 의하여 충당하는 자금이다.

이익금은 독립채산제 기업소의 판매수입에서 원가를 보상한 나머지로서 규정되는 사회순소득의 한 부분으로 중앙집중적 순소득

32 앞의 책, 128-129쪽.

33 김일성종합대학출판사, 『사회주의기업소재정(2판)』(평양: 김일성종합대학출판사, 1988), 11쪽.

을 제외한 기업소 소득부분이다. 지정된 목적에 쓸 자금은 기업소이윤의 분배형태로서 지정된 용도에 이용하기 위하여 기업소 이윤으로부터 떼어 놓은 자금으로 기업소기금, 상금기금, 과학기술발전기능 직장정양소 예산자금, 공장대학 경비예산자금 등이 이에 속한다. 사업비는 기본투자나 유동자금으로써는 보장할 수 없는 성격을 띤 자금을 국가예산에서 사업비의 형태로 공급받는 자금이며, 이 사업비는 생산물원가에 포함시키지 않는다.[34]

기업소의 재정관리권 제정이후에 유동자금에 대한 설명은 의미가 조금 달라지고 있다. 유동자금은 "기업소자체자금(불변채무와 기금등)을 기본으로 하면서 국가예산에서 받는 밑자금으로 보장하며 경우에 따라 은행대부금으로 보장하는 것"으로 설명한다. 더 나아가 이전과의 차이는 "국가에서 받은 밑자금은 자체 자금이 조성되는데 따라 점차적으로 반환하"는 것으로 설명한다.[35]

유동자금의 기본이 기업소자체자금이 되었고 국가예산자금은 보완적 성격으로 변한 것으로 보인다. 따라서 이제는 기업소의 유동자금에서 중요한 것은 자체유동자금과 불변채무가 되었다. 자체유동자금은 "독립채산제기업소들이 자체로 번 자금에 의하여 충당하는 유동자금형성원천"이고, "자체로 번 자금에 의하여 류동자금수요를 충당하는것은 경영상 상대적독자성을 가지고 경영활동을 진행하는 기업소의 책임성을 더욱 높이게 하는 류동자금조직방법"으로 설명하고 있다.

더불어 생활비에 대한 불변채무에 대해서 기일 전까지 활용을

34 김일성종합대학출판사, 『사회주의기업소재정(2판)』(1988), 12-15쪽.

35 박명길 외, 『경제일군참고수첩(재판)』(2014), 134쪽.

강조하며 "독립채산제기업소들이 납부하거나 지불하여야 할 자금을 그 기일이 될 때까지 류동자금으로 돌려쓸수 있는 자금"으로 설명한다.[36] 불변'채무'에 대해 적극적 활용을 통해 생산을 독려하는 것으로 보인다. 적극적으로 유동자금의 회전속도를 촉진함으로써 보다 적은 자금으로 기업소 경영활동을 재정적 보장하는 방법으로 설명한다.[37] 자금을 절약하는 방법을 통해 기업소 재정관리권의 '경영활동에 필요한 자금을 주동적으로 마련'하는 한 방법으로 해석하고 있다.

은행으로부터 받는 대부자금은 단기대부와 장기대부로 나뉘며, 단기대부는 "기업소에 계절용자재, 수입자재가 한번에 많이 들어오거나 생산계획을 초과수행하게 되는 경우에는 계획에 예견하고 보장하던 류동자금이 부족"할 때 이용한다. "기한은 1년이하로 할 수 있으며 대부리자률은 1.8%이다." "공장, 기업소가 생산을 계획대로 진행하지 못하거나 기업관리를 잘못하여 경영손실을 내게 되였을 때, 자연재해와 사고를 일으켰을 때" 은행으로부터 장기대부를 받으며, 이때 "대부기한은 2년이고 대부리자률은 2.7~3.6%이다."[38]

기업소의 경영자금에 유휴화폐자금에 대한 이용 역시 1980년대에서도 주요한 정책적 고민으로 읽혀진다. 경제사전(1985)은 유휴화폐자금에 대한 설명으로 "기업소경영활동과정에서 일시적으로 벗어나 놀고 있거나 주민들의 수중에 남아 있는 돈"으로, 유휴화폐자금이 생기는 이유로 "화페수입과 지출이 시간적으로 일치하지 않으며

36 정광영, 윤영순, 『기업소재정관리(재정대학용)』(2015), 54쪽.

37 정광영, 윤영순, 『기업소재정관리(재정대학용)』(2015), 58쪽.

38 박명길 외, 『경제일군참고수첩(재판)』(2014), 134쪽.

지출이 단꺼번에 이루어 지는것이 아니라 일정한 기간에 걸쳐 서서히 이루어 지는 것"으로 설명한다. "유휴화페자금을 적극 동원리용하는것은 사회주의경제건설을 다그치는데서 중요한 의의"를 가지며, "유휴화페자금을 적극 동원리용하여야 기업소재정을 공고히 하고 류동자금의 회전속도를 높일수 있"다. "저금과 보험사업에 모든 근로자들이 적극 참가하도록 하여" "유휴화페자금이 나라의 경제건설과 인민의 복리증진을 위하여 동원리용"된다.[39] 그러나 이 시기의 문제의식의 초점은 화폐의 계획적 유통과 기업소의 유휴화폐자금 이용에 있었던 것으로 보인다. "주민유휴화페자금을 동원하는것은 류통과정에 있는 현금량을 줄이고 그외 계획적류통을 원만히 보장하여 화페류통을 공고히"하고, 또한 기업소들의 "유휴화페자금은 주로 기관, 기업소 돈자리에 남아있게 되는 조건에서 그것을 합리적으로 동원리용하기 위하여서는 돈자리에 일상적으로 남아있게 되는 자금잔고를 정확히" 계산할 것을 설명한다.[40] 상업은행법이 제정된 이후에는 기업소 대부를 위한 상업은행의 자금원에 대해 "상업은행자금원천은 상업은행이 자금융통을 위하여 신용적방법으로 주민들과 기관, 기업소들에서 동원한 유휴화페자금이거나 상업은행의 금융업무활동과정에 조성한 자체자금"이고, 특히 "상업은행에 있는 모든 자금이 상업은행의 자금원천으로 되는것이 아니라 신용적방법으로 동원한 자금이거나 자금융통과정을 통하여 상업은행에 조성되는 자체자금이 상업은행의 자금원천"이라고 설명하고 있다.[41]

39 『경제사전 2』(1985), 658쪽.

40 『재정금융사전』(1995), 1343쪽.

41 남석춘, "사회주의사회에서 상업은행의 자금원천과 그 특징," 『경제연구』 2019년 4호.

주민유휴화폐자금에 대한 해석도 적극적인 방향으로 전환된다. 주민 유휴화폐자금과 기업체 유휴화폐자금을 구별하며, 주민 유휴화폐자금의 특성으로 “주민들의 소비구조가 다양하고 시기적으로 편파성을 띠기때문에 유휴화폐자금의 형성이 불규칙적”이고, “주민들이 일시적으로 쓰지 않고 놀고있는 자금으로서 개인소득에 속하는 자금이기 때문에 철저히 자원성에 기초”하며, 주민유휴화폐자금의 존재를 주로 현금형태로 분석한다. 따라서 “은행은 저금, 보험사업을 개선하여 주민들의 유휴화폐자금을 최대한으로 동원”할 것을 주장한다.[42] 주민유휴화폐에 대한 이용은 은행뿐만 아니라 기업소도 적극적으로 이용할 것을 기업소의 재정관리에서 요구한다.

「기업소법」 상의 재정관리권은 기업소의 재정, 특히 기업소 경영자금중에서 유동자금 관리에 대한 중심이동을 의미하는 것으로 보인다. 생산을 위한 유동자금 관리에서 국가예산자금의 비중을 줄이거나 ‘주요 부분’에서 ‘보완적 부분’으로 전환하고, 기업소 자체자금으로 생산을 진행할 것을 강조하고, 부족분에 대해 상업은행의 대부와 주민유휴화폐자금을 적극적으로 활용할 것을 주문하는 방향으로 정책전환을 하는 것으로 보인다. 이는 「기업소법」상의 계획권에서 살펴본, 국가유일 계획지표를 중앙지표와 기업소지표로 분리, 결합 시행하는 정책과 연동하여 고려한 기업소 재정정책으로 보인다.

42 김관국, “유휴화폐자금의 형태,” 『경제연구』 2019년 3호.

국가의 재정관리 정책: 재정법

국가의 재정관리를 규율하는 재정법과 기업소의 자금운용과 관련이 있는 중앙은행법, 상업은행법의 내용을 통해 「기업소법」 상의 재정관리와 연관을 살펴보고자 한다.

재정법의 제정과 연혁

조선민주주의인민공화국 재정법은 1995년 8월 30일 최고인민회의 상설회의 결정 제61호로 채택되여 2021년 8월 17일 최고인민회의 상임위원회 정령 제669호로 수정보충될때까지 총 11번의 수정보충과정을 거쳤다. 재정법 변화에는 2002년 수정보충, 2004년 수정보충, 2007년 수정보충, 2011년 수정보충, 2015년 수정보충, 2021년 수정보충된 법을 참고하여 비교하였다. 2003년 국정원에서 발간한 북한법령집에 1999년 재정법이 수록되어 있지만 2002년 재정법[43]과 차이가 없어서 참고자료에서 제외하였다.

재정법(2021)의 전체 구성은 5개 장, 64개 조로 구성되어 있다. 재정법은 재정법의 기본(제1장), 국가예산(제2장), 기관·기업소·단체의 재정(제3장), 재정총화(제4장), 재정사업에 대한 지도통제(제5장)으로 구성되어 있다. 2002년부터 2015년 재정법까지는 5개 장, 55개 조의 구조로 되어 있었다. 2021년 개정에서 가장 큰 변화가 있었다. 재정법(2021)은 '나라의 재정토대를 강화하여 나라살림살이에 필요한 화폐자금을 계획적으로 마련하고 통일적으로 분배, 이용함으로써 사회주의건설과 인민생활향상을 재정적으로 담보'(제1조)하는 기여하

43 장명봉, 『김정일체제하의 최근 북한법령집』(서울: 연이문화사, 2005), 293-297쪽.

는 것을 사명으로 하고 있다. 이 사명은 재정법(2015)에서는 '재정의 기능과 역할을 높여 나라살림살이에 필요한 화폐자금을 계획적으로 마련하고 통일적으로 분배, 이용'하는데 기여하는 것으로 규정되어 있었다. '나라의 재정토대를 강화'하여 '사회주의건설과 인민생활향상을 재정적으로 담보'하는 내용이 추가되는 재정관리의 원칙에서 변화가 발생했다.

재정법의 변화 1 (2002-2015)

재정법은 1995년에 제정되어 2021년 법이 수정될 때까지 11차례의 개정을 한다. 2002년 재정법은 5개 장, 55개 조의 체계를 유지하다가 2021년의 재정법 수정에서 5개 장, 64개 조의 체계로 변경된다. 재정법의 변화를 두 단계로 나누어 2002년부터 2015년 변화와 2021년 변화로 살펴보고자 한다.

2002년부터 1015년까지 법의 조문이 변화하지 않은 조항중에서 국가수준에 대한 규정인 국가예산(제2장), 국가의 재정총화(제4장)을 제외하고 재정법의 기본(제1장), 기업소의 재정관리권과 관련이 있는 제3장, 재정사업에 대한 지도통제(제5장)을 먼저 살펴보자.

표 4-15 재정법의 불변조항 1 (재정법의 기본)

조항(2002-2015)	조문
제1조 (재정법의 사명)	조선민주주의인민공화국 재정법은 재정의 기능과 역할을 높여 나라살림살이에 필요한 화폐자금을 계획적으로 마련하고 통일적으로 분배, 리용하는데 이바지한다.
제2조 (화폐자금의 분배원칙)	조선민주주의인민공화국에서 화폐자금은 전적으로 사회주의건설과 인민생활에 돌려진다. 국가는 축적과 소비의 균형, 사회주의경제의 높은 발전속도를 보장하며 로동에 의한 분배를 옳게 실현하도록 화폐자금을 분배한다.

제3조 (국가예산의 편성, 집행원칙)	국가예산을 정확히 편성하고 집행하는 것은 국가의 재정정책을 관철하는데서 나서는 근본요구이다. 국가는 군중로선과 과학성의 원칙을 구현하여 현실적이고 동원적인 국가예산을 편성하고 집행하도록 한다.
제4조 (재정의 유일적, 계획적관리원칙)	조선민주주의인민공화국의 재정은 사회주의적소유와 자립적민족경제의 튼튼한 토대에 의거한다. 국가는 재정관리를 사회주의경제제도의 요구에 맞게 유일적으로, 계획적으로 하도록 한다.
제5조 (자금리용원칙)	나라의 자금을 아껴쓰고 절약하는것은 숭고한 애국심의 발현이다. 국가는 증산절약투쟁을 힘있게 벌려 적은 자금으로 생산과 건설을 더 많이 하도록 한다.
제6조 (재정총화원칙)	국가는 재정총화를 인민경제계획실행정형총화와 맞물려 하며 그 시기성과 과학성, 객관성이 보장되도록 한다.
제7조 (재정사업에 대한 지도통제원칙)	국가는 재정사업에 대한 지도체계를 바로세우고 재정통제를 강화하도록 한다.
제8조 (재정분야의 교류와 협조)	국가는 재정분야에서 다른 나라, 국제기구들과의 교류와 협조를 발전시킨다.

2002년부터 2015년까지 국가의 재정관리와 관련하여 주요 원칙들의 변화는 거의 없는 것으로 보인다.

표 4-16 재정법의 불변조항 2 (기관, 기업소, 단체의 재정)

조항	조문
제24조 (기관, 기업소, 단체의 재정관리임무)	기관, 기업소, 단체의 재정은 사회주의재정의 중요구성부분이며 인민경제계획실행을 보장하는 기본수단이다. 기관, 기업소, 단체는 재정관리를 인민경제계획실행과 경영활동을 원만히 보장할수 있게 하여야 한다.
제25조 (재정관리의 형태)	기관, 기업소, 단체의 재정은 독립채산제 또는 예산제로 관리한다. 생산, 경영활동을 하는 기관, 기업소, 단체의 재정은 독립채산제로 관리하며 생산, 경영활동을 하지 않는 기관의 재정은 예산제로 관리한다.
제26조 (재정계획의 작성)	기관, 기업소, 단체는 인민경제계획에 기초하여 재정계획을 세우고 해당 기관의 승인을 받아야 한다. 해당 기관의 승인을 받지 않은 재정계획은 실행할수 없다.

제27조 (재정계획의 실행)	기관, 기업소, 단체는 예비를 남김없이 동원하여 생산을 늘이고 경영활동을 짜고 들어 재정계획을 항목별, 월별, 분기별로 실행하여야 한다.
제28조 (재정계획실행정형의 평가)	재정계획실행정형에 대한 평가는 해당 기관이 한다. 해당 기관은 기관, 기업소, 단체의 국가예산납부계획 같은 재정계획실행정형을 정확히 평가하여야 한다.
제31조 (류동자금)	류동자금은 생산과 경영활동에 필요한 설비, 원료, 자재구입에 쓴다. 기관, 기업소, 단체는 류동자금회전을 촉진시켜 자금의 효과성을 높여야 한다.
제35조 (가격, 료금의 적용)	기관, 기업소, 단체는 생산된 제품의 판매 또는 봉사활동을 하는 경우 정해진 가격이나 료금 같은것을 바로 적용하여야 한다.
제37조 (수입금, 여유자금의 납부)	기관, 기업소, 단체는 생산, 경영활동과 관련이 없이 이루어진 수입금이나 여유자금을 국가예산에 바쳐야 한다.
제38조 (경영손실의 보상)	기관, 기업소, 단체는 기업관리를 잘하여 경영손실을 내지 말아야 한다. 경영손실은 자체로 보상하여야 한다.

제24조를 보면 기업소의 재정관리 기능은 2가지로 나뉜다. 하나는 인민경제계획실행을 위해 국가재정에 기여하는 것이고, 다른 하나는 기업소 자체의 경영활동을 위한 역할이다.

표 4-17 재정법의 불변조항 3 (재정사업에 대한 지도통제)

조항	조문
제49조 (재정사업에 대한 통일적지도)	재정사업에 대한 통일적인 지도는 중앙재정지도기관이 한다. 중앙재정지도기관은 국가예산집행정형과 재정계획실행정형을 정확히 장악지도하여야 한다.
제50조 (재정기관의 임무)	해당 재정기관은 아래단위 또는 관할지역 기관, 기업소, 단체의 재정사업을 합리적으로 조직하고 지도하여야 한다. 기관, 기업소, 단체는 재정문제를 해당 재정기관과 합의하여 처리하며 재정사업과 관련한 자료와 통계를 해당 재정기관에 내야 한다.
제52조 (재정검열)	재정검열은 재정기관과 해당 감독통제기관이 한다. 재정기관과 해당 감독통제기관은 기관, 기업소, 단체의 재정사업을 정기적으로, 계획적으로 검열하여야 한다.

제53조 (재정검열위원회와 재정검사위원회)	기관, 기업소, 단체는 재정통제에 생산자대중이 널리 참가할수 있게 재정검열위원회 또는 재정검사위원회를 꾸리고 정상적으로 운영하여야 한다. 재정검열위원회 또는 재정검사위원회의 결정집행정형은 해당 재정기관이 장악한다.
제55조 (행정적 또는 형사적책임)	이 법을 어긴 기관, 기업소, 단체의 책임있는 일군과 개별적공민에게는 정상에 따라 행정적 또는 형사적책임을 지운다.

2002년부터 2015년까지 제1장 재정법의 기본(제1조에서 제8조)에서는 변화가 없다. 다만 2005년에 재정법에서 국가예산수입과 관련하여 별도로 「국가예산수입법」을 제정하여 예산수입에 대해 보다 구체적으로 규정하고 있다. 국가예산수입법은 제3절에서 살펴보고자 한다.

다음의 표 4-18는 제2장 국가예산에서의 변화를 정리한 표이다. 재정법(2002)의 국가예산수입원천(제13조)는 거래수입금, 국가기업리익금, 협동단체리익금, 봉사료수입 등으로 규율하였다. 이는 재정법(2004)에 국가예산수입으로 포괄하여 수정된다. 이 변화의 반영은 2005년 국가예산수입법을 제정하고 국가예산수입의 원천을 국가기업리득금과 협동단체리득금 등으로 변경한다.

표 4-18 2002-2015 재정법의 변화 1

조항[44]	재정법(2002년)	재정법(2004-2015)
제13조 (국가예산수입원천)	② 재정기관은 인민생활을 높이는 기초우에서 **거래수입금, 국가기업리익금, 협동단체리익금, 봉사료수입금** 같은 국가예산수입 원천을 체계적으로 늘여야 한다.	② 재정기관은 국민소득이 늘어나는데 따라 국가예산수입을 체계적으로 늘여야 한다.(2004)

44 조항의 명칭은 2007년 재정법부터 수록한다.

제14조 (국가예산수입금)	기관, 기업소, 단체는 생산, 경영활동의 과학화수준과 로동생산능률을 높이고 원가를 낮추어 사회순소득을 더 많이 창조하는 방법으로 국가예산수입금을 늘여야 한다.	기관, 기업소, 단체는 생산, 경영활동의 과학화수준과 로동생산능률을 높이고 원가를 낮추어 순소득 또는 소득을 더 많이 창조하는 방법으로 국가예산수입금을 늘여야 한다.(2011)
제15조 (인민경제발전비) → [(기본투자 및 인민경제사업비)(2015)]	① 국가예산자금은 인민경제발전을 위한 지출에 우선적으로 돌린다.	① 재정기관은 국가예산자금을 기본투자와 인민경제사업을 위한 지출에 우선적으로 돌려야 한다.(2015)
	② 재정기관은 기간공업부문에 대한 지출을 앞세우면서 경공업과 농업에 대한 지출에도 힘을 넣어야 한다.	② 재정기관은 **인민경제의 선행부문, 기초공업부문과 과학기술부문에 대한 지출**을 앞세우면서 경공업과 농업에 대한 지출에도 힘을 넣어야 한다.(2011) ② **기본투자**를 위한 지출에는 **국가적으로 중요한 대상의 건설, 탐사, 대보수, 정보화, 설계사업에 대한 지출**이, 인민경제사업을 위한 지출에는 **공업, 농업, 과학기술발전, 수산업, 산림업, 도시경영, 국토관리, 대외경제, 지방사업에 대한 지출**이 속한다.(2015)
제16조 [(사회문화시책비) → (인민적시책비, 사회분화사업비)]	① 재정기관은 국가의 혜택이 인민들에게 더 많이 차례지도록 사회문화시책을 위한 지출을 늘여야 한다.	① 재정기관은 국가의 혜택이 인민들에게 더 많이 차례지도록 **인민적시책과 사회문화**를 위한 지출을 늘여야 한다.(2011)
	② 사회문화시책을 위한 지출에는 과학, 교육, 문화, 보건, 체육, 사회보험 및 사회보장에 대한 지출이 속한다.	② **인민적시책**을 위한 지출에는 **교육, 보건, 사회보험 및 사회보장에 대한 지출**이, **사회문화**를 위한 지출에는 **체육, 문화, 대외사업에 대한 지출**이 속한다.(2011)
제21조 (중앙예산의 원천과 지출대상)	① 중앙예산은 중앙경제부문에서 창조된 **사회순소득**을 기본수입원천으로 한다.	① 중앙예산은 중앙경제부문에서 창조된 **순소득**을 기본수입원천으로 한다.(2007) ① 중앙예산은 중앙경제부문에서 창조된 **순소득 또는 소득**을 기본수입원천으로 한다.(2015)
제22조 (지방예산의 원천과 지출대상)	① 지방예산은 지방경제부문에서 창조된 **사회순소득, 봉사료수입금 같은 것**을 기본수입원천으로 한다.	① 지방예산은 지방경제부문에서 창조된 **사회순소득**을 기본수입원천으로 한다.(2004) ① 지방예산은 지방경제부문에서 창조된 **순소득**을 기본수입원천으로 한다.(2011) ① 지방예산은 지방경제부문에서 창조된 **순소득 또는 소득**을 기본수입원천으로 한다.(2011)

국가예산수입은 '국가의 수중에 집중되는 화폐자금'(제13조)으로 정의하고, '거래수입금, 국가기업리익금, 협동단체리익금, 봉사료수입금'(2002) 등을 국가예산수입의 원천으로 규정한다. 국가예산수입은 또한 소득원천의 소유차이에 따라 국영경리와 협동경리로부터의 수입, 개인소득으로부터의 수입으로도 구분한다. 국영경리로부터의 수입은 국가적 소유에 기초하고 있는 기관, 기업소들에서 조성되는 소득과 기타 화폐자원으로서 거래수입금, 국가기업리익금, 부동산사용료수입금 등으로, 협동경리로부터의 수입은 협동단체리익금, 거래수입금 등의 형태로, 개인소득으로부터의 수입은 사회보험료수입금 등으로 이루어진다.[45]

제13조 ②은 2004년 개정에서 '재정기관은 국민소득이 늘어나는데 따라 국가예산수입을 체계적인 확대'를 규정한다. '국민소득'은 일정한 기간에 창조된 가치 또는 가치형태로, '국민소득의 장성'은 ①사회적노동생산능률의 장성과 ②물질적생산부문에 참가하는 노동자수의 증가에 의해 규정된다.[46]

기본수입의 원천(제21조)이 중앙경제부문에서 창조된 사회순소득(2002)에서, 순소득(2007)으로, 다시 소득 또는 순소득(2015)로 용어의 형태소가 변한다.

표 4-19는 재정법의 기관·기업소·단체의 재정(제3장)의 변화 내용을 정리한 표이다. 이 부분은 국가의 재정에서 기업소의 재정권을 규제하는 내용이다.

45 정광영 외, 『경제일군들을 위한 재정상식』(평양: 공업출판사, 2016) 29쪽.

46 『재정금융사전』(1995), 166쪽.

표 4-19 2002-2015 재정법의 변화 2

조항[47]	재정법(2002년)	재정법(2004-2015)
제28조 (재정계획실행정형의 평가)	② 해당 기관은 기관, 기업소, 단체의 **국가예산수입, 원가, 리윤계획같은** 재정계획실행정형을 정확히 평가하여야 한다.	② 해당 기관은 기관, 기업소, 단체의 **국가예산납부계획같은** 재정계획실행정형을 정확히 평가하여야 한다.(2004)
제29조 (화폐자금의 합리적리용)	① 기관, 기업소, 단체는 화폐자금을 재정계획에 예견한대로 써야 한다. ② 재정계획에 예견한 범위를 초과하여 화폐자금을 쓸 수 없다.	기관, 기업소, 단체는 화폐자금을 생산경영활동, 인민적 시책같은 목적에 합리적으로 써야한다.(2004)
제30조 (독립채산제, 반독립채산제, 예산제)	① 독립채산제로 운영하는 기관, 기업소, 단체는 생산과 경영 활동에 필요한 자금가운데 자체 수입으로 보장하게 된 자금을 자체 수입으로 보장하여야 한다. ② 예산제로 운영하는 기관은 경비예산자금을 절약하여야 한다.	(2004) ① 자체수입으로 경영활동을 보장하는 기관, 기업소, 단체는 독립채산제로 관리운영한다. ② 국가예산에서 일정한 정도의 경비예산자금을 받으면서 자체수입으로 생활비를 줄 수 있는 정도의 수입이 이루어지는 기관, 기업소, 단체는 반독립채산제로 관리운영한다. ③ 국가예산에서 경비예산자금을 받아 운영하는 기관, 기업소, 단체는 예산제로 관리운영한다.

47 조항의 명칭은 2007년 재정법부터 수록한다.

제32조 (기본건설자금과 대보수자금)	① 기본건설자금과 대보수자금은 계획에 예견된 설계예산의 범위에서 공사실적에 **따라 국가예산**에서 받아쓴다.	① 기본건설자금과 대보수자금은 계획에 예견된 설계예산의 범위에서 재정계획에 맞물려 **생산확대기금**에서 쓴다.(2004) ① 기본건설자금과 대보수자금은 계획에 예견된 설계예산범위에서 재정계획에 맞물려 **국가예산**에서 받아 쓴다.(2007) ① 기본건설자금과 대보수자금은 계획에 예견된 설계예산범위에서 재정계획에 맞물려 국가예산에서 받아 쓴다. 이 경우 **기본건설 및 대보수대상의 투자계획과 자금공급계획을 해당 은행기관에 등록**하여야 한다.(2011) ① 기본건설자금과 대보수자금은 계획에 예견된 설계예산범위에서 **국가예산과 기업소에 적립된 감가상각금, 기업소기금 같은 자체자금**에서 쓴다.(2015)
		② 국가적으로 중요한 대상의 기본건설자금과 대보수자금은 국가예산에서 **받아쓸수 있다**. 이 경우 기본건설자금, 대보수자금의 공급은 **건설주의 질검사와 건설감독기관의 공사실적확인**에 따라 한다.(2004) ② 기본건설자금, 대보수자금의 공급은 건설주의 질검사와 건설감독기관의 공사실적확인에 따라 한다.(2007) ② 기본건설자금 대보수자금의 공급은 건설주의 질검사와 건설감독기관의 질검사에서 합격된 공사실적확인에 따라 한다.(2011)
	② 계획에 없는 공사에는 기본건설자금 또는 대보수자금을 쓸수 없다.	④ 계획에 없는 공사에 대한 자금은 국가예산에서 받아쓸수 없다.(2004)

제32조의 기본건설자금과 대보수자금과 관련한 변화에서 2015년 자금의 원천에 기업소에 적립된 감가상각금, 기업소기금 같은 자체자금도 포함된다.

"독립채산제를 바로 실시하는데서 중요한 문제는 또한 감가상각금공간을 합리적으로 리용하도록 하는 것이다. 지난 시기에는 기업소에서 조성된 감가상각금은 국가예산수입항목으로서 국고에 납부되였다. 이때 감가상각금은 기업소들이 의무적으로 납부해야 할 예산수입항목으로서 기업소들에서 설비리용률을 높이도록 하는 공간으로 리용되였다. 기업소들에서의 설비갱신과 대보수에 필요한 자금은 국가예산지출로써 보장되였다. 이것은 기업소들이 자체의 실정에 맞게 설비갱신과 보수를 능동적으로 해나가는데서 일정한 제한을 주었다. 기업소들이 일단 국가로부터 생산조건을 보장받은 다음에는 설비갱신과 보수도 자체로 해나가도록 하여야 기업소의 책임성과 창발성을 더 높이 발양시킬수 있는것이다. 이로부터 지금은 감가상각금을 이전과 같이 국고에 납부하지 않고 기업소에 남겨두어 생산확대기금으로 세우고 그것을 큰 규모의 국가투자를 제외한 기본건설과 생산준비, 대보수, 설비현대화, 과학기술발전 등에 쓸수 있게 하였다. 이것은 기업소에 경영활동상 더많은 권한을 부여하였다는것을 의미한다."[48]

48 김양호, "국가의 중앙집권적, 통일적지도를 보장하면서 기업소의 창발성을 발양시키는데서 나서는 중요한 문제," 『김일성종합대학학보(철학,경제)』 2004년 1호.

표 4-20 2002-2015 재정법의 변화 3

조항	재정법(2002년)	재정법(2004-2015)
第33조 (과학기술발전자금)	① 기술발전과 생산확대에 필요한 자금은 인민경제사업비에서 받아 쓸수 있다. ② 해당 재정기관은 기술발전과 생산확대를 위하여 요구하는 자금을 정확히 따져보고 주어야 한다.	(2004) 국가과학기술계획지표에 대한 과학기수발전자금은 국가예산에서 지출하며 그밖의 과학기술계획지표에 대한 과학기술발전자금은 기관, 기업소, 단체의 새기술도입에 의하여 조성되는 새기술도입금과 **생산확대기금**, 기업소기금에서 실정에 맞게 쓸수 있다. (2007) 국가과학기술계획지표에 대한 과학기술발전자금은 국가예산에서 지출하며 그밖의 과학기술계획지표에 대한 과학기술발전자금은 기관, 기업소, 단체의 새기술도입에 의하여 조성되는 새기술도입금과 **자체과학기술발전자금**, 기업소기금에서 실정에 맞게 쓸수 있다. (2015) 국가과학기술발전계획지표에 대한 과학기술발전자금은 국가예산에서 지출하며 그밖의 과학기술계획지표에 대한 과학기술발전자금은 기관, 기업소, 단체의 **과학기술발전자금과 기업소기금 같은 자체자금**에서 쓴다.
第34조 (원가의 저하)	① 원가는 경영활동의 질을 규정하는 기본지표이다. ② 기관, 기업소, 단체는 로동생산능률을 높이고 원료, 자재의 소비기준을 낮추며 비생산적지출을 줄여 원가를 체계적으로 낮추어야 한다.	(2004) ① 원가와 **순소득**은 경영활동의 질을 규정하는 기본지표이다. ② 기관, 기업소, 단체는 **경영활동과 과학기술을 하나로 결합시켜 로동생산능률을 높이고** 원가를 체계적으로 낮추어 **순소득**을 늘여야 한다. (2007) ① 원가는 경영활동의 질을 규정하는 기본지표이다. ② 기관, 기업소, 단체는 경영활동과 과학기술을 결합시켜 로동생산능률을 높이고 원가를 체계적으로 낮추어야 한다.
第36조 (순소득의 리용)	① 기관, 기업소, 단체는 국가예산에 바치고 남은 리윤을 쓸수 있다. ② 인민경제계획을 지표별로 실행하고 초과리윤을 냈을 경우에는 자체 기금과 상금기금을 더 세우고 쓸수 있다.	(2004) ① 기관, 기업소, 단체는 경영활동과정에 이루어진 순소득에서 국가납부몫을 국가예산에 먼저 바치고 나머지를 자체충당금, 장려금, 상금기금 같은 경영활동에 필요한 자금으로 쓸수 있다. ② 계획기간에 채 쓰지 못한 생산확대기금과 과학기술발전자금, 상금기금 같은 자체로 쓰게 된 자금은 국가예산에 동원하지 않는다.

第39조 (재정회계문건의 작성과 보관)	① 기관, 기업소, 단체는 재정부기문건을 정확히 만들어야 한다. ② 재정부기문건의 내용은 고칠수 없으며 정해진 기간까지 보존하여야 한다.	(2004) ① 기관, 기업소, 단체는 **재정회계문건**을 정확히 만들어야 한다. ② **재정회계문건**의 내용은 고칠 수 없으며 정해진 기간까지 보존하여야 한다.
第47조 (회계 결산서)	① 기관, 기업소, 단체는 분기, 년간 재정부기결산서를 만들어 해당 상급기관의 비준을 받아야 한다. ② 재정부기결산서는 해당 상급기관의 비준을 받아야 효력을 가진다.	(2004) ① 기관, 기업소, 단체는 분기, 년간 재정회계결산서를 만들어 회계검정을 받은 다음 해당 상급기관의 비준을 받아야 한다. ② 재정회계결산서는 회계검증과 해당 상급기관의 비준을 받아야 효력을 가진다.
第48조 (비상설국가재정금융위원회 → 비상설재정금융위원회)	국가는 재정사업에서 집체적협의를 강화하고 필요한 대책을 세우기 위하여 내각에 비상설로 국가재정은행위원회를 둔다.	국가는 재정사업에서 집체적협의를 강화하고 필요한 대책을 세우기 위하여 내각에 비상설재정금융위원회를 둔다.(2011)
第51조 (국가적인 재정문제의 발기)	第51조 국가적인 재정문제의 발기와 국가가 진행하는 대외경제거래와 관련하여 제기되는 재정적 담보는 중앙재정지도기관이 한다.	국가적인 재정문제의 발기와 국가가 진행하는 대외경제거래와 관련하여 제기되는 재정적담보, **다른 나라와의 국가채권, 채무청산**은 중앙재정지도기관이 한다.(2004)

거래수입금, 국가기업리익금, 협동단체리익금, 봉사료수입금은 2005년 국가예산수입법에서는 국가기업리득금, 협동단체리득금으로 규정한다. 제39조는 "재정부기문건"을 "재정회계문건"으로 변경한다. 제47조(회계결산서) 조항에서 구법(2004년)의 "재정회계결산서"를 "회계결산서"로 변경한다. 제21조(중앙예산의 원천과 지출대상) 항목에서 구법(2011년)의 "순소득"이 신법(2015년)에서는 "순소득 또는 소득"으로 변경한다.

재정법은 인민경제계획법과 유사하게 2021년 개정에서 많은 부분에서 변화를 보이고 있다. 조항의 수에서도 5개 장, 55개 조에서 5개 장, 63개 조로 조항수에서 현상적으로 8개 조항이 증가하였다. 내용적으로 삭제, 신설, 병합 등을 고려하면 조항의 변화 진폭은 더욱 크다. 재정법(2015)의 조항 중에서 제1장에서는 재정분야의 교류와 협조(제8조), 제2장에서는 국가예산항목을 규정한 제15조, 제16조, 제17조, 제18조, 제19조 등을 삭제하였다. 국가예산항목과 관련한 각 조항을 재정법(2021)에서 신설된 제11조(국가예산편성)에 포괄적으로 규제한 것으로 보인다.

표 4-21 2021년 삭제 조항 1(제1장과 제2장)

조항	조문
제8조 (재정분야의 교류와 협조)	국가는 재정분야에서 다른 나라, 국제기구들과의 교류와 협조를 발전시킨다.
제15조 (기본투자 및 인민경제사업비)	① 재정기관은 국가예산자금을 기본투자와 인민경제사업을 위한 지출에 우선적으로 돌려야 한다. ② 기본투자를 위한 지출에는 국가적으로 중요한 대상의 건설, 담사, 내모수, 성보화, 설계사업에 대한 지출이, 인민경제사업을 위한 지출에는 공업, 농업, 과학기술발전, 수산업, 산림업, 도시경영, 국토관리, 대외경제, 지방사업에 대한 지출이 속한다.
제16조 (인민적시책비, 사회문화사업비)	① 재정기관은 국가의 혜택이 인민들에게 더 많이 차례지도록 인민적시책과 사회문화를 위한 지출을 늘여야 한다. ② 인민적시책을 위한 지출에는 교육, 보건, 사회보험 및 사회보장에 대한 지출이, 사회문화를 위한 지출에는 체육, 문화, 대외사업에 대한 지출이 속한다.
제17조 (국방비)	국가는 조국을 보위하고 혁명의 전취물을 튼튼히 지킬수 있게 국방비를 지출한다.
제18조 (국가관리비)	① 국가관리비는 항목별, 용도별로 지출한다. ② 해당 기관은 기구를 합리적으로 조직하고 사무를 과학화, 간소화하여 국가관리비를 줄여야 한다.

제19조 (예비비)	① 국가는 인민경제계획의 추가적조절, 인민생활향상을 위한 추가적시책을 실시하는데 필요한 자금을 보장하기 위하여 예비비를 적립한다. ② 예비비는 내각의 승인을 받아 지출한다.

재정법(2021)에서는 국가예산지출의 각 조항을 삭제한다. 재정법(2021)의 제14조는 지출예산의 집행과 관련하여 '재정기관은 축적의 우위성과 선차성을 보장하면서 소비를 끊임없이 늘이는 원칙에서 국가예산지출계획을 세우고 집행'할 것을 포괄적으로 규율한다.

표 4-22 2021년 삭제 조항 2(기관, 기업소, 단체의 재정)

조항	조문
제29조 (화폐자금의 합리적리용)	기관, 기업소, 단체는 화폐자금을 생산경영활동, 인민적시책 같은 목적에 합리적으로 써야 한다.
제31조 (류동자금)	① 류동자금은 생산과 경영활동에 필요한 설비, 원료, 자재구입에 쓴다. ② 기관, 기업소, 단체는 류동자금회전을 촉진시켜 자금의 효과성을 높여야 한다.
제32조 (기본건설자금과 대보수자금)	기본건설자금과 대보수자금은 계획에 예견된 설계예산범위에서 국가예산과 기업소에 적립된 감가상각금, 기업소기금 같은 자체자금에서 쓴다.
제33조 (과학기술발전자금)	국가과학기술발전계획지표에 대한 과학기술발전자금은 국가예산에서 지출하며 그밖의 과학기술계획지표에 대한 과학기술발전자금은 기관, 기업소, 단체의 과학기술발전자금과 기업소기금 같은 자체자금에서 쓴다.
제34조 (원가의 저하)	① 원가는 경영활동의 질을 규정하는 기본지표이다. ② 기관, 기업소, 단체는 경영활동과 과학기술을 결합시켜 로동생산능률을 높이고 원가를 체계적으로 낮추어야 한다.
제36조 (순소득, 소득의 리용)	① 기관, 기업소, 단체는 경영활동과정에 이루어진 순소득 또는 소득에서 국가납부몫을 국가예산에 먼저 바치고 나머지를 자체충당금, 장려금, 상금기금 같은 경영활동에 필요한 자금으로 쓸수 있다. ② 계획기간에 채 쓰지 못한 자체과학기술발전자금, 상금기금 같은 자체로 쓰게 된 자금은 국가예산에 동원하지 않는다.
제37조 (수입금, 여유자금의 납부)	기관, 기업소, 단체는 생산, 경영활동과 관련이 없이 이루어진 수입금이나 여유자금을 국가예산에 바쳐야 한다.

제48조 (비상설 재정금융 위원회)	국가는 재정사업에서 집체적협의를 강화하고 필요한 대책을 세우기 위하여 내각에 비상설재정금융위원회를 둔다.

표 4-23 재정법(2021) 신설조항 1(재정법의 기본)

조항	조문
제2조 (재정의 정의)	① 재정은 국가 및 기관, 기업소, 단체가 자기 기능을 수행하는데 필요한 화폐자금을 조성하고 분배리용하는 과정에 이루어지는 경제관계이다. ② 국가는 재정의 분배적기능과 통제적기능을 강화하도록 한다.
제6조 (재정일군양성 원칙)	국가는 재정일군양성체계를 정연하게 세우고 재정일군을 체계적으로 키워 부문별, 지역별, 단위별에 따르는 재정일군수요를 원만히 충족시키도록 한다.
제7조 (법의 적용 대상)	이 법은 기관, 기업소, 단체와 공민에게 적용한다. 재정사업과 관련하여 이 법에 규제되지 않은 사항은 해당 법규에 따른다.

사회주의재정이 '국가 및 기관, 기업소, 단체가 자기 기능을 수행하는데 필요한 화폐자금을 조성하고 분배, 이용하는 과정에서 이루어지는 경제관계'(제2조 ①)라고 정의하고, 각각의 관계를 세분하면 국가와 기업소사이의 관계는 자금공급과 납부과정에 맺어지는 경제관계로 나타나며, 기업소와 기업소사이에는 물자재산의 판매와 구입과정에 등가관계가 맺어지게 되며, 노동보수를 내주고 사회보험료 등을 받아들이는 과정에 기업소와 개인들사이에 관계로 설명할 수 있다.[49] 재정의 통제적 기능은 사회총생산물과 국민소득을 분배, 이용하는 과정을 통하여 기업소의 경영활동을 통제하는것을 말하며, 재정은행기관의 정상적인 사업과정과 재정검열을 통하여 실현된다. 국가의 재정이 기업소들의 경영활동에 대하여 통제한다면 기

49 정광영 외, 『경제일군들을 위한 재정상식』(2016) 14쪽.

업소재정의 경우에 화폐축적을 조성하고 그것을 분배, 이용하는 과정에서 원가, 순소득, 수익성과 같은 경제적 공간을 통하여 경영활동을 통제한다.[50] 재정의 분배적 기능은 사회총생산물과 국민소득을 인민경제 모든 부문에 분배, 재분배하는 기능을 말한다.[51]

표 4-24 재정법(2021) 신설조항 2(국가예산)

조항	조문
제11조(국가예산편성)	① 국가예산은 수입원천과 자금수요를 과학적으로 타산하여 항목별로 편성한다. ② 내각과 지방인민위원회는 인민경제계획작성과 국가예산편성단계에서 여러가지 조건과 가능성을 구체적으로 타산하여 재정수지균형을 맞추며 국가와 예산납부단위들의 리익을 다같이 도모하고 지출의 선후차와 시기성을 보장할수 있게 국가예산을 합리적으로 편성하여야 한다.
제16조(부문예산제의 실시)	① 국가의 통일적인 지도밑에 중앙예산안에서 부문별로 부문예산제를 실시한다. ② 부문예산집행기관은 경제사업을 합리적으로 조직하여 부문예산의 수입과 지출을 자체로 맞추고 국가에 더 많은 리익을 주어야 한다.
제17조(부문예산의 원천과 지출대상)	① 부문예산은 해당 부문의 중앙예산소속 기관, 기업소, 단체에서 창조된 사회순소득을 기본원천으로 한다. ② 해당 부문에 필요한 자금은 부문예산수입으로 보장한다.
제20조(재정적특혜)	① 국가는 예산집행에서 모범적인 단위에 재정적특혜를 준다. ② 예산집행기관은 해당 예산수입계획초과분의 일정한 몫을 우대기금으로 적립하고 리용할수 있다.
제21조(국가예산자금관리)	국가예산자금은 중앙재정지도기관과 해당 재정기관이 관리한다.

50 앞의 책, 19쪽.

51 앞의 책, 17쪽.

표 4-25 재정법(2021) 신설조항 3(기관, 기업소, 단체의 재정)

조항	조문
제23조(재정관리권)	**재정관리권**은 **국가의 통일적인 지도밑에 기관, 기업소, 단체가 경영활동에 필요한 자금을 자체로 조성하고 합리적으로 분배리용하는 권한**이다. 기관, 기업소, 단체는 재정관리권을 활용하여 재정관리사업을 주동적으로, 창발적으로 진행하여야 한다. 기관, 기업소, 단체는 자체실정에 맞게 경영자금의 조성, 리용을 주동적으로 하여 국가예산납부의무를 수행하고 확대재생산을 실현하며 종업원생활을 재정적으로 보장하여야 한다. 내각과 재정기관은 기관, 기업소, 단체가 재정관리권을 원만히 활용할수 있도록 필요한 조건을 보장하여야 한다.
제28조(재정등록)	기관, 기업소, 단체는 해당 지역의 재정기관에 등록하고 경영활동을 하여야 한다.
제37조(경영수입 조성)	기관, 기업소, 단체는 **사회주의기업책임관리제의 요구에 맞게 경영권을 옳게 활용**하고 내부예비와 가능성을 최대한으로 동원하여 경영수입을 늘여야 한다.
	생산경영활동과정에 이루어진 수입금은 빠짐없이 경영수입에 포함시키고 회계계산에 반영하여야 한다.
제38조(수입의 분배)	기관, 기업소, 단체는 경영활동과정에 이루어진 수입에서 **국가예산납부금을 우선적으로 납부하고 원가보상을 하며 자체의 실정에 맞게 확대재생산과 과학기술발전 등 경영활동에 필요한 자금을 분배**하여야 한다.

기업소의 재정관리권은 "국가의 통일적이며 계획적인 지도밑에 사회주의재정체계의 기초적고리인 기업체재정이 주동적으로, 능동적으로 행사하는 권한"으로, 기업체에게 주어진 재정관리권에 대한 옳바른 행사는 "①기업체가 자기의 사명에 맞게 생산을 정상화하고 사회주의적확대재생산을 끊임없이 실현하며 최대한의 실리를 보장하고 국가에 더 많은 리익을 주도록" 하고, "②기업체재정의 기능과 역할을 높여 나라의 전반적재정사업을 바로해나갈수 있게" 하는 것으로 이해된다.[52] 국가의 이익과 재정에 기여하는 생산의 기층단위

52 림태성, "사회주의기업체의 재정관리권," 『경제연구』 2016년 1호.

인 기업소들이 재정관리권을 활용하여 재정관리사업을 개선하는 것이 국가의 입장에서 매우 중요한 일이 될 것이다.

기업체의 재정관리사업에 대해 경제지도집단들은 다음과 같은 개선방향을 요구하고 있다. "①기업체재정계획작성에서 과학성과 현실성, 동원성을 보장"하고, "② 생산경영활동에 필요한 경영자금을 자체의 결심에 따라 주동적으로 조성하고 합리적으로 이용"하며, "③소득과 그 분배를 합리적으로 진행하여 기업체의 재정토대를 강화하고 생산과 유통을 활성화하는데로 지향"하고, "④ 재정관리권활용정형을 정확히 평가하고 개선대책을 세우는 사업을 잘하"라고 요구하고 있다.[53]

표 4-26 재정법(2021) 신설조항 4(재정총화와 지도통제)

조항	조문
제44조 (예산집행정형총화 방법)	중앙예산과 지방예산의 집행정형총화는 수입, 지출항목별계획수행정형을 기관, 기업소, 단체별로 분석, 총화하는 방법으로 한다. 이 경우 **사회적지원으로 이루어진 물자와 자금의 등록, 리용정형을 함께 총화**하여야 한다.
제54조 (재정일군자격)	기관, 기업소, 단체의 재정일군은 해당 전문자격과 급수를 가진 자만이 될 수 있다.
제58조 (강제납부)	국가예산납부규률을 어겼을 경우에는 해당한 자금을 강제납부시킨다.
제59조 (민사적책임)	이 법을 어겨 다른 기관, 기업소, 단체와 공민에게 손해를 준 당사자에게는 위약금, 연체료의 부과, 손해보상 같은 민사적책임을 지운다.
제60조 (변상처벌)	이 법을 어겨 국가사회재산에 손해를 주었을 경우에는 책임있는 당사자에게 변상처벌을 준다.

53 김정철, "기업체재정관리사업을 개선하는데서 나서는 중요문제," 『사회과학원학보』 2021년 2호.

제61조 (벌금처벌)	다음의 경우에는 해당 기관, 기업소, 단체에 벌금을 물린다. 1. 국가예산납부규률을 어겼을 경우 10만~150만원 2. 국가예산자금을 류용, 랑비하였을 경우 10만~150만원 3. 해당 지역의 재정기관에 등록하지 않았을 경우 150만원 4. 고정재산에 대한 재정관리사업을 바로하지 않았을 경우 10만~100만원 5. 조성된 수입금을 회계계산에 반영하지 않고 리용하였을 경우 10만~70만원 6. 재정회계문건의 작성, 보관질서를 어겼을 경우 10만~150만원
제62조 (중지처벌)	이 법 제61조의 행위에 대하여 감독통제기관이 시정할것을 요구하였음에도 불구하고 결함을 시정하지 않았을 경우에는 **해당 기관, 기업소, 단체의 경영활동을 중지시킨다. 정상이 무거운 경우에는 페업시킨다.**
제63조 (경고, 무보수로동, 로동교양, 강직, 해임, 철직처벌)	다음의 경우에는 책임있는 자에게 경고, 엄중경고 또는 3개월이하의 무보수로동, 로동교양처벌을 준다. 1. 국가예산집행을 바로하지 않았을 경우 2. 국가예산납부규률을 어겼을 경우 3. 국가예산자금을 류용, 랑비하였을 경우 4. 국가예산집행에서 모범적인 단위에 재정적특혜를 주지 않았을 경우 5. 기관, 기업소, 단체의 재정관리권활용에 필요한 조건보장사업을 바로하지 않아 경영활동에 지장을 주었을 경우 6. 해당 지역의 재정기관에 등록하지 않았을 경우 7. 재정계획을 현실성있게 세우지 않았을 경우 8. 재정계획을 제대로 수행하지 않았을 경우 9. 재정계획수행정형평가에서 정확성을 보장하지 못하였을 경우 10. 고정재산에 대한 재정관리사업을 바로 하지 않았을 경우 11. 류동자금관리질서를 어겼을 경우 12. 조성된 수입금을 회계계산에 반영하지 않고 리용하였을 경우 13. 종업원생활조건을 재정적으로 보장하지 않았을 경우 14. 재정회계문건의 작성, 보관질서를 어겼을 경우 15. 재정총화와 재정공개질서를 어겼을 경우 16. 중앙재정지도기관의 합의없이 재정문제를 처리하였을 경우 17. 재정검열조직을 바로 하지 않았을 경우 18. 재정검열위원회와 재정검사위원회의 운영을 바로 하지 않았을 경우 앞항 1~18호의 행위가 정상이 무거운 경우에는 3개월이상의 무보수로동, 로동교양처벌 또는 강직, 해임, 철직처벌을 준다.

인민경제계획법(2021) 제60조의 중지처벌과 유사하게 재정법(2021)에도 중지처벌(제62조)을 신설한다. 재정법은 그 처벌에서 더 강하게 위반사항이 무거울 때 '폐업'도 규제하고 있다. 계획위반 사안보다 재정위반 사안을 더욱 무겁게 처벌하고 있다. 인민경제계획법

(2021) 제61조에서와 같이 재정법(2021)도 행정적 처벌의 내용을 다양화하고 행위에 대해 구체적으로 나열하고 있다. 1-5는 재정관리기관에 대한 규제내용이고, 6-18은 기업소 등에 대한 규제내용을 나열하였다. 이전보다 행정기관의 자의성을 줄이려는 노력의 일환으로 읽혀진다.

표 4-27 재정법(2021) 수정 1(제1장: 재정법의 기본)

조항	재정법(2015)	재정법(2021)	조항
제1조 (재정법의 사명)	조선민주주의인민공화국 재정법은 재정의 기능과 역할을 높여 나라살림살이에 필요한 화폐자금을 계획적으로 마련하고 통일적으로 분배, 리용하는데 이바지한다.	조선민주주의인민공화국 재정법은 **나라의 재정토대를 강화하여** 나라살림살이에 필요한 화폐자금을 계획적으로 마련하고 통일적으로 분배, 리용함으로써 **사회주의건설과 인민생활향상을 재정적으로 담보하는데** 이바지한다.	제1조 (재정법의 사명)
제2조 (화폐자금의 분배 원칙)	국가는 축적과 소비의 균형, 사회주의경제의 높은 발전속도를 보장하며 로동에 의한 분배를 옳게 실현하도록 화폐자금을 분배한다.	국가는 축적과 소비의 균형, 사회주의경제의 높은 발전속도를 보장하며 로동에 의한 분배를 옳게 **실현할수 있게** 화폐자금을 **분배하도록** 한다.	제4조 (화폐자금의 분배 원칙)
제9조 (국가예산 편성기관의 임무)	① 국가예산은 전반적인 나라살림살이를 규정하는 기본재정계획이다. ② 내각과 지방정권기관은 국가예산을 인민경제계획과 맞물리고 수입원천과 자금수요를 타산하여 나라살림살이에 필요한 자금을 원만히 보장할수 있게 편성하여야 한다.	① 국가예산은 전반적인 나라살림살이를 규정하는 기본재정계획으로서 국가예산을 정확히 편성하고 집행하는 것은 국가의 재정정책을 관철하는데서 나서는 중요한 문제이다.	제8조 (국가예산의 편성, 집행에서 나서는 기본 요구)
제3조 (국가예산의 편성, 집행원칙)	① 국가예산을 정확히 편성하고 집행하는 것은 국가의 재정정책을 관철하는데서 나서는 근본요구이다. ② 국가는 군중로선과 과학성의 원칙을 구현하여 현실적이고 동원적인 국가예산을 편성하고 집행하도록 한다.	② 내각과 지방인민위원회는 군중로선의 원칙에서 국가예산편성의 현실성과 과학성을 보장하며 편성된 예산을 정확히 집행하여야 한다.	

표 4-28 재정법(2021) 수정 2(제2장 국가예산)

조항	재정법(2015)	재정법(2021)	조항
제13조 (국가예산 수입원천)	국가예산수입은 국가의 수중에 집중되는 화폐자금이다.	국가예산수입은 **국가예산체계**에 따라 국가의 수중에 집중되는 화폐자금이다.	제13조 (수입예산의 집행)
	재정기관은 국민소득이 늘어나는데 따라 국가예산수입을 체계적으로 늘여야 한다.	재정기관은 수입예산을 항목별, 시기별로 정확히 집행하며 기관, 기업소, 단체는 생산, 경영활동의 과학화수준과 로동생산능률을 높이고 원가를 낮추어 **사회순소득**을 더 많이 창조하는 방법으로 국가예산수입금을 늘여야 한다.	
제14조 (국가예산 수입금)	기관, 기업소, 단체는 생산, 경영활동의 과학화수준과 로동생산능률을 높이고 원가를 낮추어 **순소득 또는 소득**을 더 많이 창조하는 방법으로 국가예산수입금을 늘여야 한다.	기관, 기업소, 단체는 국가예산 납부규률을 어기는 행위를 하지 말아야 한다.	
제20조 (국가예산 자금의 계획적지출)	재정기관은 관, 항, 목별지출계획에 따라 국가예산자금을 정확히 지출하여 그것이 효과있게 쓰이도록 하여야 한다.	국가예산지출은 해당 재정기관이 한다.	제14조 (지출예산의 집행)
		재정기관은 축적의 우위성과 선차성을 보장하면서 **소비를 끊임없이 늘이는 원칙**에서 국가예산지출계획을 세우고 집행하여야 한다.	
제23조 (지방예산제)	③ 국가는 지방예산집행에서 모범적인 단위들에 재정적특전을 준다.	조문 삭제 신설된 제20조(재정적특혜) 조항으로 통합	제18조 (지방예산제의 실시)

사회주의국가예산체계란 중앙예산과 지방예산이 상호관계를 맺으면서 기능하는 총체를 말하며, 중앙예산은 최고주권기관의 행정적집행기관인 내각과 그 부문별 집행기관인 위원회, 성, 중앙기관들에 의하여 집행되고, 중앙예산수입은 중앙소속 기관, 기업소들에서 조성되는 소득과 기타 수입을 원천으로 하며 그것은 국가예산수

입의 기본부분을 이루고, 중앙예산지출에 의하여 중앙소속 기관, 기업소들의 경영활동에 필요한 자금이 보장된다.[54]

표 4-29 재정법(2021) 수정 3(제3장: 기관, 기업소, 단체의 재정)

조항	재정법(2015)	재정법(2021)	조항
제24조 (기관, 기업소, 단체의 재정관리 임무)	기관, 기업소, 단체의 재정은 사회주의재정의 중요구성부분이며 **인민경제계획실행을 보장하는 기본수단**이다.	기관, 기업소, 단체의 재정은 사회주의재정의 중요구성부분이다.	제22조 (기관, 기업소, 단체의 재정관리에서 나서는 기본요구)
	기관, 기업소, 단체는 재정관리를 인민경제계획실행과 경영활동을 원만히 보장할수 있게 하여야 한다.	기관, 기업소, 단체는 **재정관리권을 옳게 활용**하여 인민경제계획수행을 자금적으로 담보하며 경영수입을 체계적으로 늘이고 지출을 줄여 국가에 더 많은 리익을 주는 원칙에서 재정관리를 하여야 한다.	
제25조 (재정관리의 형태)	기관, 기업소, 단체의 재정은 독립채산제 또는 예산제로 관리한다.	기관, 기업소, 단체의 재정은 독립채산제, 반독립채산제, 예산제로 관리한다.	제24조 (재정관리의 형태)
	생산, 경영활동을 하는 기관, 기업소, 단체의 재정은 독립채산제로 관리하며 생산, 경영활동을 하지 않는 기관의 재정은 예산제로 관리한다.		

54 정광영 외, 『경제일군들을 위한 재정상식』(2016) 28쪽.

제30조 (독립채산제, 반독립채산제, 예산제)	자체수입으로 경영활동을 보장하는 기관, 기업소, 단체는 독립채산제로 관리운영한다.	자체수입으로 경영활동을 보장하는 단위는 독립채산제로 관리운영한다. 독립채산제단위는 **경영상 상대적독자성**을 가지고 생산수단을 효과적으로 리용하여 자체의 수입으로 지출을 보상하고 국가에 리익을 주어야 한다.	제25조 (독립채산제)
	국가예산에서 일정한 정도의 경비예산자금을 받으면서 자체수입으로 생활비를 줄수 있는 정도의 수입이 이루어지는 기관, 기업소, 단체는 반독립채산제로 관리운영한다.	국가예산에서 일정한 정도의 경비예산자금을 받으면서 자체수입으로 생활비를 줄수 있을 정도의 수입이 이루어지는 단위는 반독립채산제로 관리운영한다. 반독립채산제단위는 **생활비자금규모이상의 자금을 자체수입으로 보장**하며 모자라는 자금은 국가예산에서 받아 리용하여야 한다.	제26조 (반독립채산제)
		국가예산에서 경비예산자금을 받아 운영하는 단위는 예산제로 관리운영한다. 예산제단위는 경리운영을 짜고들어 진행하여 국가예산자금을 최대한 절약하여야 한다.	제27조 (예산제)

독립채산제 기업소는 생산경영활동을 잘하여 국가계획을 넘쳐 수행했을 때에는 정치적 평가와 함께 물질적 평가를 받게 되지만 생산수단을 합리적으로 이용하지 못하고 생산경영활동을 잘하지 못하여 국가계획을 미달하였을 때에는 국가앞에 물질적책임을 지게 된다.[55]

재정법에는 규정되어 있지 않지만 2중독립채산제 기업소도 존

55 정광영 외, 『경제일군들을 위한 재정상식』(2016) 119쪽.

재한다. 2중독립채산제는 련합기업소 또는 그와 같은 단위에서도 독립채산제를 실시하고 그에 소속된 아래 공장, 기업소들에서도 독립채산제를 실시하여 2중으로 실시하는 독립채산제이다.[56] 사회주의 사회에서는 점차적으로 예산제 기업소들을 반독립채산제로, 반독립채산제 기업소들을 독립채산제 기업소로 전환해야 한다고 조선의 경제지도집단들은 생각하고 있다.[57]

표 4-30 재정법(2021) 수정 4(제3장: 기관, 기업소, 단체의 재정)

조항	재정법(2015)	재정법(2021)	조항
제26조 (재정계획의 작성)	기관, 기업소, 단체는 인민경제계획에 기초하여 재정계획을 세우고 해당 기관의 승인을 받아야 한다.	기관, 기업소, 단체는 인민경제계획에 기초하여 **여러가지 조건을 구체적으로 타산한데 따라** 재정계획을 세우고 상급기관의 승인을 받아 해당 재정기관에 등록하여야 한다.	제29조 (재정계획의 작성)
	해당 기관의 승인을 받지 않은 재정계획은 실행할수 없다.	상급기관의 승인을 받지 않았거나 해당 재정기관에 등록하지 않은 재정계획은 수행할수 없다.	
제38조 (경영손실의 보상)	경영손실은 자체로 보상하여야 한다.	**은행대부금이나 주민유휴화페자금의 리용과 관련하여 발생하는 손실 등** 모든 경영손실은 자체로 보상하여야 한다.	제39조 (경영손실의 보상)
제39조 (재정회계문건의 작성과 보관)	기관, 기업소, 단체는 재정회계문건을 정확히 만들어야 한다.	기관, 기업소, 단체는 증빙문건에 기초하여 재정회계문건을 정확히 작성하여야 한다.	제40조 (재정회계문건의 작성과 보관)

재정법(2021)에서 주민유휴화폐에 대해 처음으로 서술한다. 보충적 자금원천으로 주민유휴화폐에 대한 고민은 이전부터 있었다.

56 앞의 책, 120쪽.

57 앞의 책, 121쪽.

김성옥은 "사회주의사회에서 유휴화페자금이 조성되게 되는것은 기관, 기업소들의 경영활동과정에서 수입과 지출이 시간적으로 일치하지 않으며 그 크기에 영향을 주는 여러가지 요인들이 작용하기 때문"이며, "주민들속에서 유휴화페자금이 조성되는것도 역시 그들의 화페소득이 이루어지는 시기와 소비하는 시기가 일치하지 않"아 생기는 현상으로 본다. 나아가 "사회주의사회에서는 유휴화페자금의 조성이 불가피하며 그것을 동원리용할수 있는 조건과 가능성이" 존재하는 것으로 보고 있다. 따라서 "일시적으로 놀고있는 이런 유휴화페자금을 최대한으로 동원하여 효과적으로 리용하는것은 인민경제적으로 커다란 의의를" 갖는 것으로 평가한다.[58] 자금문제해결의 방도로 유휴화페자금을 국가수중에 동원하는 것을 고려하면서, 적극적으로 사회주의사회에서 국가는 중앙으로부터 지방에 이르기까지 정연한 은행기구체계인 중앙은행과 도, 시, 군 은행들을 통하여 모든 기관, 기업소들의 유휴화페자금을 통일적으로 장악하고 동원하며, 특히 저금과 보험공간을 통하여 주민유휴화페를 동원함으로써 나라의 경제발전과 인민생활향상 그리고 기업소 생산을 위한 보충적인 자금문제의 해결을 주장한다.[59] 최용남은 기업소들이 재정관리권을 사용하여 필요한 유동자금을 자체로 조성하고 이용하거나 "은행대부 또는 주민유휴화페자금을 동원하는 등 류동자금을 자체로 마련하고 리용"할 것을 주장한다.[60]

58 김성옥, "유휴화페자금과 그 특징," 『경제연구』 1997년 4호.

59 한영철, "김일성-김정일주의에 의하여 밝혀진 재정관리의 기본방향과 자금문제해결방도," 『김일성종합대학학보(철학,경제)』 2014년 1호.

60 최용남, "재정은행사업에서 전환을 일으키는것은 사회주의강국건설의 중요요구," 『김일성종합대학학보(철학,경제)』 2018년 2호.

표 4-31 재정법(2021) 수정 5(제4장: 재정총화)

조항	재정법(2015)	재정법(2021)	조항
제40조 (재정총화의 기본요구))	기관, 기업소, 단체는 재정총화를 정해진 기간에 정확히 하여야 한다.	기관, 기업소, 단체는 재정총화를 인민경제계획수행정형총화와 맞물려 하며 총화에서 과학성과 객관성, 시기성을 보장하여야 한다.	제41조 (재정총화의 기본요구)
		재정총화에서는 모든 자금과 물자의 지출과 반출입, 소비관계에 대하여 엄격히 총화하여야 한다.	
제6조 (재정총화 원칙)	국가는 재정총화를 인민경제계획실행정형총화와 맞물려 하며 그 시기성과 과학성, 객관성이 보장되도록 한다.		
제42조 (중앙, 지방예산집행총화)	중앙예산과 지방예산집행에 대한 분기, 반년, 년간총화는 내각에서, 중앙예산집행에 대한 월, 분기, 반년, 년간총화는 해당 중앙기관에서 한다.	중앙예산과 지방예산집행정형에 대한 분기, 반년, 년간총화는 내각에서 한다.	제43조 (예산별 집행정형 총화)
	지방예산집행에대한월,분기,반년,년간총화는지방정권기관에서한다.	부문예산집행정형에 대한 분기, 반년, 년간총화는 해당 중앙기관에서 한다.	
제42조 (중앙, 지방예산집행총화)	이 경우 지방예산집행에 대한 년간총화보고는 해당 인민회의가 심의하고 승인한다.	지방예산집행정형에 대한 분기, 반년, 년간총화는 지방인민위원회에서 한다. 이 경우 지방예산집행정형에 대한 년간총화보고는 해당 인민회의가 심의하고 승인한다.	제43조 (예산별 집행정형 총화)
제45조 (기관, 기업소, 단체의 재정총화)	기관, 기업소, 단체적으로 진행하는 재정총화는 순, 월, 분기, 반년, 년간을 주기로 한다.	기관, 기업소, 단체는 재정계획에 반영된 경영수입과 지출, 국가예산납부와 자체충당금조성리용, 로동보수자금지불, 국가예산자금의 리용정형 등 재정활동정형을 총화하여야 한다.	제47조 (기관, 기업소, 단체의 재정 총화)
	기관, 기업소, 단체는 재정계획에 따르는 수입과 지출, 생활비, 자체기금, 상금기금, 국가에 리익을 준 정형을 구체적으로 총화하여야 한다.	순, 월, 분기, 반년, 년간 재정총화는 생산총화와 결부하여 진행한다.	
제47조 (재정회계결산서)	기관, 기업소, 단체는 분기, 반년, 년간회계결산서를 만들어 회계검증을 받은 다음 해당 상급기관의 비준을 받아야 한다.	기관, 기업소, 단체는 분기, 반년, 년간을 주기로 재정회계결산을 하며 회계결산서를 만들어 회계검증을 받은 다음 해당 상급기관의 비준을 받아야 한다.	제49조 (재정회계결산)

기업소는 재정활동정형, 즉 재정계획에 반영된 경영수입과 지출, 국가예산납부와 자체충당금조성이용, 노동보수자금지불, 국가예산자금의 이용정형 등을 총화하고 종업원들에게 공시하여야 한다. 기업소 차원에서 재정공개와 공시를 강조하는데, 재정공개란 기업소에서 종업원들에게 생산경영활동결과로 나타난 재정관리실태를 알려주는 사업으로, 생산자대중을 재정관리에 적극 참가시키며 그들의 책임성과 역할을 높여 재정관리사업을 더욱 개선하게 하며 재정규률을 엄격히 세울수 있게 하는데서 중요한 의의가 있다. 재정공시는 기업소가 일정한 기간 번 돈과 쓴 돈, 이익과 손실 등 경영활동의 재정적결과와 재정상태를 종업원들이 직접 보고 알수 있게 하는 재정공개형태이다.[61]

표 4-32 재정법(2021) 수정 6(제5장: 재정사업에 대한 지도통제)

조항	재정법(2015)	재정법(2021)	조항
제49조 (재정사업에 대한 통일적지도)	재정사업에 대한 통일적인 지도는 중앙재정지도기관이 한다.	재정사업에 대한 지도는 내각의 통일적인 지도밑에 중앙재정지도기관이 한다.	제50조 (재정사업에 대한 지도)
	중앙재정지도기관은 국가예산집행정형과 재정계획실행정형을 정확히 장악지도하여야 한다.	중앙재정지도기관은 재정사업에 대한 국가의 통일적, 계획적 지도와 개별적단위의 창발성을 옳게 결합시키는 원칙에서 국가예산집행정형과 재정계획수행정형을 정확히 장악지도하여야 한다.	

61 정광영 외, 『경제일군들을 위한 재정상식』(2016) 175쪽.

제7조 (재정사업에 대한 지도통제 원칙)	국가는 재정사업에 대한 지도체계를 바로세우고 재정통제를 강화하도록 한다.	내각과 중앙재정지도기관, 해당 재정기관은 모든 기관, 기업소, 단체를 국가예산체계에 망라시키고 재정수입원천을 최대로 동원하며 재정규률을 엄격히 지키도록 통제하여야 한다.	제51조 (국가예산체계에 망라)
제50조 (재정기관의 임무)	기관, 기업소, 단체는 재정문제를 해당 재정기관과 합의하여 처리하며 재정사업과 관련한 자료와 **통계**를 해당 재정기관에 내야 한다.	기관, 기업소, 단체는 재정문제를 해당 재정기관과 합의하여 처리하며 재정사업과 관련한 자료를 해당 제정기관에 내야 한다.	제52조 (재정기관의 임무)
제55조 (행정적 또는 형사적 책임)	이 법을 어긴 기관, 기업소, 단체의 책임있는 일군과 개별적공민에게는 정상에 따라 행정적 또는 형사적책임을 지운다.	이 법을 어긴 행위가 범죄에 이를 경우에는 책임있는자에게 형법의 해당 조항에 따라 형사적책임을 지운나.	제64조 (형사적 책임)

재정검열은 기업소 경영활동정형과 재정관리실태를 검토분석하고 개선대책을 세우는 재정통제의 한 형태로, 여기에서는 원가, 소득, 순소득, 수익성을 비롯한 재정지표와 질적지표들을 결부하여 분석하는것이 중요하다.[62] 재정검열은 그것을 누가 조직집행하는가에 따라 국가재정검열과 사회적 재정검열로 구분하는데, 기업소 자체로 진행하는 검열을 사회적 재정검열이라고 한다. 이 검열에는 기업소재정관리부서에 의한 검열이 있다. 재정검열을 진행한 다음에는 사상투쟁의 방법으로 총화를 하며 재정규률을 어긴 현상에 대하여서는 국가법에 따라 처리한다.[63]

62 정광영 외, 『경제일군들을 위한 재정상식』(2016) 180쪽.

63 앞의 책, 183-184쪽.

표 4-33 재정법의 변화 요약[64]

구분	2011년	20015년	2021년
국가예산자금의 지출	· 국가예산자금은 인민경제발전을 위한 지출에 우선적으로 사용	· 국가예산자금은 기본투자와 인민경제사업을 위한 지출에 우선적으로 사용	삭제
중앙예산수입의 원천	· 중앙경제부문에서 창조된 순소득	· 중앙경제부문에서 창조된 순소득 또는 소득	· 중앙경제부문에서 창조된 사회순소득
지방예산수입의 원천	· 지방경제부문에서 창조된 순소득	· 지방경제부문에서 창조된 순소득 또는 소득	· 지방경제부문에서 창조된 사회순소득
기업소 국가납부의 직적접 대상(과세대상)	· 경영활동에서 이루어진 순소득 또는 소득에서 국가납부몫을 먼저 납부		· 경영활동에서 이루어진 수입에서 국가납부몫을 먼저 납부
기업소 경영성과의 분배	· 국가납부몫 납부후 나머지를 자체충당금, 장려금, 상금기금 등 경영활동 필요자금으로 사용 가능		· 국가납부금 납부후 원가보상하고, 자체실정에 맞게 확대재생산과 과학기술발전 등 경영활동 필요자금을 분배
기업소의 기간내 미사용 자체자금의 국가예산 동원여부	· 계획기간에 채 쓰지 못한 자체과학기술발전자금, 상금기금 등 자체자금은 국가예산에 동원하지 않음		삭제
기본건설자금과 대보수자금의 동원원천	· 국가예산	· 국가예산과 기업소의 자체예금(기업소에 적립된 감가상각금, 기업소기금 등)	삭제
기타			· 부문예산제의 재 도입

재정법의 변화에서 기업소의 재정관리권과 관련한 주요한 내용은 2021년 재정법 개정에서 재정관리권을 재정법에 추가하고, 기업

64 양문수 외, 『북한경제 공식문헌 해제』(세종: 기획재정부, 2024) 315쪽의 표를 참고하여 필자 보완.

소자금의 보충적 방법으로 주민유휴화폐자금의 이용을 추가한 내용이다. 또한 국가예산수입의 원천에 대한 변화이다. 이는 국가예산수입법의 변화에서 살펴볼 것이다.

다음으로 기업소의 은행대부와 관련하여 중앙은행법과 상업은행법을 살펴보자.

국가의 금융관리 정책: 은행법

중앙은행법

기업소의 재정관리권에는 부족되는 경영활동자금을 은행으로부터 대부받도록 되어있다. 조선은 2004년 9월에 중앙은행법을 제정하고 2015년 9월, 2023년 7월에 개정한다.[65] 중앙은행법은 '중앙은행사업에서 제도와 질서를 엄격히 세워 국가의 화폐정책을 정확히 집행하며 금융사업을 개선강화하는데 이바지'하는 것을 법의 사명으로 규율하고 있다. 화폐정책의 집행과 금융사업의 개선강화가 법의 법적이다. 중앙은행법은 5개 장, 47개 조항으로 중앙은행법의 기본(제1장), 중앙은행의 기구(제2장), 중앙은행권(제3조), 화폐류통조직(제4장) 그리고 금융사업에 대한 지도통제(제5장)으로 구성되어 있다. 중앙은행법이 주로 규정하는 것은 중앙은행의 기구, 은행권, 화폐유통조직 등의 내용이다.

65 "조선민주주의인민공화국 최고인민회의 상임위원회 상무회의 진행," 『로동신문』 2023년 7월 15일, 중앙은행법의 일부 내용이 수정보충되고 재정금융사업을 보다 개선강화하기 위한 해당한 기구적대책을 세우는 문제, 그의 운영세칙을 철저히 준수하는데서 나서는 내용 등이 지적되었다고 보도하고 있다.

표 4-34 중앙은행법의 구조

장	조항
제1장 중앙은행법의 기본	제1조(중앙은행법의 사명) 제2조(발권은행) 제3조(중앙은행권과 화페류통원칙) 제4조(금융사업의 원칙) 제5조(금융사업에 대한 지도통제원칙) 제6조(금융부문의 물질기술적토대강화원칙) 제7조(금융분야의 교류와 협조) 제8조(특수경제지대에서 금융사업)
제2장 중앙은행의 기구	제9조(중앙은행의 구성) 제10조(은행리사회의 조직) 제11조(은행리사회 리사장) 제12조(중앙은행의 소재지) 제13조(중앙은행지점, 임무, 권한) 제14조(은행일군의 양성)
제3장 중앙은행권	제15조(중앙은행권의 기본단위) 제16조(중앙은행권의 제조) 제17조(주화, 기념화페의 발행) 제18조(중앙은행권의 교환) 제19조(중앙은행권의 현송절차, 방법) 제20조(중앙은행권의 소각) 제21조(중앙은행권의 보관) 제22조(중앙은행권의 위조, 변조금지) 제23조(중앙은행권의 대외반출금지)
제4장 화페류통조직	제24조(화페발행계획의 작성) 제25조(화페의 발행) 제26조(통화조절) 제27조(결제조직) 제28조(금융기관의 대부) 제29조(화페의 팔고사기) 제30조(기준환률, 리자률의 제정 및 조정) 제31조(귀금속의 관리) 제32조(예금돈자리의 개설) 제34조(고정재산의 장악) 제35조(금융정보의 교환) 제36조(금융회계항목과 계산방법의 제정) 제37조(화페류통자료의 종합) 제38조(국고대리) 제39조(기타 금융사업)
제5장 금융사업에 대한 지도통제	제40조(금융사업에 대한 지도) 제41조(금융기관의 설립승인) 제42조(금융기관의 해산, 통합) 제43조(금융사업에 대한 감독통제) 제44조(손해보상) 제45조(벌금) 제46조(자격급수의 박탈) 제47조(행정적 또는 형사적책임)

중앙은행인 조선중앙은행은 1946년 10월 29일 북조선임시인민위원회 제18차회에서 『국가규률을 강화하며 북조선중앙은행을 창설할데 대하여』의 결론에 따라 창설되었다.[66] 본점, 총지점, 지점의 각급 기관들로 구성되어, 결제의 중심, 자금공급과 신용거래의 중심, 발권과 통화조절의 중심 역할을 한다. 중앙은행의 기본기능은

66 1945년 8월 '산업 및 은행 국유화 법률'의 제정을 통해 모든 은행들을 국유화하고, 같은 해 12월 소련군정의 지시에 따라 조선은행 평양지점 내에 임시로 '계산소'를 설치 운영하였다. 1946년 창설된 북조선중앙은행은 1959년 2월에야 비로소 '조선민주주의 인민공화국 중앙은행'으로 개칭되었다, 김광진, "북한 금융기구의 종류와 역할," 『북한의 금융』(서울: 한국수출입은행 북한·동북아연구센터 엮음, 2016), 77쪽.

발권, 통화조절, 자금공급, 대부, 국가수입금의 수납, 고정재산의 등록, 평가 등과 기관, 기업소들의 경영활동에 대한 원에 의한 통제기능 수행을 통해 화폐유통을 조절하고 있다.[67]

표 4-35 중앙은행법의 변화

조항	중앙은행법(2015)	중앙은행법(2004)
제10조 (은행리사회의 조직)	**국가는** 금융사업에서 집체적협의를 강화하고 필요한 대책을 세우기 위하여 비상설로 은행리사회를 조직하고 운영한다.	중앙은행은 금융사업에서 집체적협의를 강화하고 필요한 대책을 세우기 위하여 비상설로 은행리사회를 둔다.
	은행리사회는 리사장, 리사와 해당 기관의 필요한 성원들로 구성한다.	중앙은행리사회는 리사장, 리사들로 구성한다.
	은행리사회의 실무보장은 중앙은행이 한다.	
제11조 (은행리사회 리사장)	은행리사회의 리사장은 중앙은행총재가 한다.	중앙은행리사회의 리사장은 중앙은행총재가 한다.
제17조 (주화, 기념화폐의 발행)	중앙은행은 필요에 따라 주화, 기념화폐를 발행할수 있다.	중앙은행은 필요에 따라 기념주화를 발행할수 있다.
	주화, 기념화폐의 형식과 종류, 발행규모는 내각이 정한다.	기념주화의 형식과 종류는 내각이 정한다.
제24조 (화폐발행계획의 작성)	중앙은행은 경제발전의 요구에 맞게 **화폐발행계획**을 정확히 세워야 한다.	중앙은행은 경제발전의 요구에 맞게 **화폐류통계획**을 정확히 세워야 한다.
	화폐발행계획은 국가의 승인을 받아야 한다.	화폐류통계획은 국가의 승인을 받아야 한다.
제29조 (화폐의 팔고사기)	중앙은행은 화폐류통을 조절하고 **화폐가치를 안정시키기 위하여** 금융기관과 화폐의 팔고사기를 할수 있다.	중앙은행은 화폐류통을 조절하기 위하여 금융기관과 화폐의 팔고사기를 할수 있다.

67 『조선대백과사전』(2001), 올림말: 중앙은행.

제30조 (기준환률, 리자률의 제정 및 조정)	**기준환률, 리자률**을 제정하고 조정하는 사업은 중앙은행이 한다.	**기준리자률**을 정하는 사업은 중앙은행이 한다.
	금융기관은 중앙은행이 정한 기준환률, 리자률범위에서 자체실정에 맞게 환률과 리자률을 적용하여야 한다.	금융기관은 중앙은행이 정한 기준리자률범위에서 자체실정에 맞게 대부 리자률과 예금리자률을 적용하여야 한다.
제34조 (고정재산의 장악)	고정재산의 장악은 부문별, 현물형태별, 금액별로 하여야 한다.	고정재산의 장악은 부문별, 형태별, 금액별로 하여야 한다.
제35조 (금융정보의 교환)	중앙은행은 금융기관 또는 해당 기관과 금융, **자금세척 및 테로자금지원방지와** 관련한 정보교환을 정상적으로 하여야 한다.	중앙은행은 금융기관 또는 해당 기관과 금융과 관련한 정보교환업무를 정상적으로 하여야 한다.
	금융기관과 해당 기관은 금융과 자금세척 및 테로자금지원방지사업에 필요한 자료를 입수하고 분석하며 제때에 중앙은행 또는 해당 기관에 통보하여야 한다.	금융기관과 해당 기관은 금융활동에 필요한 자료를 입수하고 분석하며 제때에 중앙은행에 통보하여야 한다.
제36조 (금융회계항목과 계산방법의 제정)	중앙은행은 금융기관의 **금융회계항목**과 계산 및 결산방법을 정확히 정해주어야 한다.	중앙은행은 금융기관의 회계항목과 계산방법을 정확히 정해주어야 한다.
	금융기관은 종합된 금융회계자료를 정해진 기간에 중앙은행에 보고하여야 한다.	금융기관은 종합된 회계자료를 정해진 기간에 중앙은행에 보고하여야 한다.

중앙은행법에 따르면 중앙은행과 기업소의 대부관계가 직접적으로 규정되어 있지 않다. 다만, 중앙은행은 국가의 고정재산을 종합적으로 장악하고 그것을 기업소에서 합리적으로 이용(제33조, 고정재산의 장악)할 것을 규정하고 있다. 다른 하나는 중앙은행은 상업은행을 포함한 금융기관에 대한 대부와 돈자리 개설 그리고 관리와 지도통제 등을 통해 기업소의 재정관리와 간접적 관계를 맺고 있다.

상업은행법

조선에서 2006년 1월 상업은행법을 제정하고 2015년 7월 개정한다. 상업은행의 역할에 대해 적극적으로 해석하려는 것으로 보인다. "은행기관들을 상업은행화하면 은행의 대부공간이 기관, 기업소들의 경영활동을 개선하도록 자극하는 통제적공간으로서의 역할을 원만히 수행할수 있게 하며, 상업은행화하면 기업소들이 자체로 자금을 확보하여 생산활동을 진행하거나 경제거래들이 은행밖에서 이루어지는 현상을 없애며 기업소들에서 선진적인 기업관리방법을 탐구도입하기 위한 사업을 적극 추동"하는 것으로 생각하고 있다.[68] 이런 상업은행법은 '상업은행의 설립과 업무, 회계, 통합 및 해산에서 제도와 질서를 엄격히 세워 상업은행의 역할을 높이고 금융거래의 편의를 보장하는데 이바지'하는 것을 법의 사명으로 하고, 상업은행은 '예금, 대부, 결제 같은 업무를 전문으로 하는 기관'으로 정의하고 있다(제1조, 상업은행법의 사명).[69] 상업은행법은 상업은행법의 기본(제1장), 제재와 분쟁해결(제6장)을 포함하여 상업은행의 설립(제2장), 업무(제3장), 회계(제4장), 통합 및 해산(제5장) 등을 규율하고 있다.

68 고금혁, "현시기 은행기관들을 상업은행화하는데서 나서는 중요한 문제," 『김일성종합대학학보(철학,경제)』 2016년 4호.

69 상업은행법이 제정되기 전에 조선에서 상업은행에 대한 인식은 '자본주의사회에서 리윤을 얻을 목적밑에 예금을 주요한 원천으로 하여 자본주의기업에 자금을 대부하는 은행'으로 자본주의사회에서 상업부분의 융자, 상업수형(어음)의 할인을 기본으로하는 신용매매와 수형, 유가증권, 상품증서를 담보로 하는 대부, 자본가들사이의 지불매개, 지불보증, 수형인수 등의 보증거래 역할을 하는 것으로 설명한다, 『조선대백과사전』(2001), 올림말: 상업은행.

표 4-36 상업은행법의 구조

장	조항
제1장 상업은행법의 기본	제1조(상업은행법의 사명) 제2조(상업은행의 설립원칙) 제3조(상업은행의 업무원칙) 제4조(상업은행의 운영원칙) 제5조(상업은행일군의 양성원칙) 제6조(상업은행사업의 지도원칙) 제7조(법의 적용대상) 제8조(교류와 협조)
제2장 상업은행의 설립	제9조(상업은행의 설립승인) 제10조(상업은행설립신청문건의 제출) 제11조(상업은행설립승인문건의 심의) 제12조(상업은행의 운영준비) 제13조(상업은행의 설립등록, 영업허가증발급) 제14조(상업은행의 기구) 제15조(지점, 대표부의 설치) 제16조(상업은행의 변경등록) 제17조(영업허가증의 재교부)
제3장 상업은행의 업무	제18조(상업은행업무종류) 제19조(예금) 제20조(예금의 지불과 비밀보장) 제21조(지불준비금의 보유) 제22조(준비금) 제23조(대부조건) 제24조(대부의 원천) 제25조(대부계약) 제26조(대부금의 담보, 보증) 제27조(대부의 상환) 제28조(예금 및 대부리자률) 제29조(결제의 조직) 제30조(돈자리의 개설) 제31조(대금의 결제) 제32조(대외결제, 수형, 증권의 인수 및 할인, 환자조작) 제33조(외화의 교환) 제34조(거래자의 신용확인 및 보증) 제35조(금융채권의 발행 및 팔고사기) 제36조(귀금속의 거래) 제37조(고정재산의 등록) 제38조(화폐의 팔고사기) 제39조(금융봉사료금) 제40조(국고업무의 대리) 제41조(통계자료의 제출)
제4장 상업은행의 회계	제42조(회계제도의 수립) 제43조(회계결산의 주기) 제44조(회계결산서의 작성) 제45조(회계결산서의 검증, 제출) 제46조(회계문건의 보관, 취급) 제47조(회계년도, 기준화페)
제5장 상업은행의 통합과 해산	제48조(통합 및 해산사유) 제49조(통합 및 해산신청문건의 제출) 제50조(통합 및 해산신청문건의 심의) 제51조(통합 및 해산되는 상업은행업무청산) 제52조(통합되는 상업은행의 채권채무)
제6장 제재 및 분쟁해결	제53조(벌금) 제54조(업무중지) 제55조(상업은행설립승인의 취소) 제56조(행정적 또는 형사적책임) 제57조(분쟁해결)

상업은행법에 의하면, 상업은행의 설립승인은 중앙은행이 하며, 기관, 기업소, 단체는 승인없이 은행업무를 할수 없으며《은행》이라는 글자를 기관명칭에 이용할수 없다(제9조, 상업은행의 설립승인). 상업은행의 업무는 ① 예금업무, ② 대부업무, ③ 돈자리의 개설과 관리업무, ④ 국내결제업무, ⑤ 대외결제, 수형과 증권의 인수 및 할인, 환자조작업무, ⑥ 외화교환업무, ⑦ 거래자에 대한 신용확인 및 보증

업무, ⑧ 금융채권발행 및 팔고사기업무, ⑨ 귀금속거래업무, ⑩ 고정재산등록업무, ⑪ 화폐의 팔고사기업무, ⑫ 은행카드업무, ⑬ 이밖에 승인받은 업무(제18조, 상업은행업무종류) 등이다. 은행카드업무는 2015년 개정에서 추가되었다. 상업은행은 유휴화폐자금을 적극 동원하기 위하여 거래자로부터 예금을 받아들일 수 있고, 이 경우 상업은행은 예금을 늘이기 위한 봉사활동을 다양하게 벌려야 한다(제19조, 예금). 이는 주민유휴화폐자금에 초점을 맞추고 있는 듯 하다.

대부업무와 관련하여 상업은행 거래자의 요구에 맞춰서 경영활동을 개선하는데 필요한 자금을 대부하여 줄수 있고, 이 경우 상업은행은 대부금을 계약내용에 맞게 이용하도록 하여야 한다(제23조, 대부조건). 대부원천은 거래자로부터 받아들인 예금과 자체자금, 중앙은행에서 받은 대부금 같은것으로 하고, 상업은행은 대부원천을 초과하여 대부를 줄수 없다(제24조, 대부의 원천)고 규율되어 있다. 상업은행은 중앙은행이 정한 기준리자률과 변동폭범위에서 예금리자률과 대부리자률을 정하고 적용하여야 하며(제28조, 예금 및 대부리자률), 거래자에게 현금 및 환치거래를 위한 돈자리(계좌)를 개설하여줄수 있지만, 거래자는 한 은행에만 돈자리를 개설하여야 하고, 개인의 돈자리에는 기관, 기업소, 단체의 자금을 예금할수 없다(제30조, 돈자리의 개설).[70] 상업은행은 거래자의 요구에 따라 제3자에게 거래자의 경영상태와 신용에 대하여 확인하여주거나 보증하여줄수 있고, 이 경우 거래자는 경영상태자료를 상업은행에 제출하여야 한다(제34조, 거래자의 신용확인 및 보증).

70 1개 은행 1개 계좌의 원칙을 완화해 1개 은행 다수 계좌로 바꾸어 준 것으로, 즉 거래자가 하나의 은행에만 계좌를 개설하되, 한 개의 계좌가 아니라 여러 개의 계좌를 개설할 수 있도록 허용한 것으로 보인다, 양문수 외, 『북한경제 공식문헌 해제』(2024), 340쪽.

표 4-37 상업은행법의 변화

조항	상업은행법(2015)	상업은행법(2006)
제5조 (상업은행일군의 양성원칙)	상업은행의 일군은 해당한 자격을 가진 자만이 **될 수** 있다.	상업은행의 일군은 해당한 자격을 가진 자만이 할수 있다.
제14조 (상업은행의 기구)	상업은행은 관리부서, 업무부서, 정보분석부서, 금융감독부서, 양성부서, 내부경리부서 같은 필요한 부서를 둘수 있다.	상업은행은 관리부서, 업무부서, 정보처리부서, 양성부서, 내부경리부서 같은 부서를 둘수 있다.
제18조 (상업은행업무 종류)	은행카드업무 추가	
제22조 (준비금)	상업은행은 정한 준비금을 중앙은행에 적립하여야 한다.	상업은행은 정한 준비금을 중앙은행에 예금하여야 한다.
	중앙은행에 적립한 준비금은 상업은행이 통합 및 해산되는 **경우에만** 찾아쓸수 있다.	중앙은행에 한 예금은 상업은행이 통합 및 해산되는 경우에 찾아쓸수 있다.
제30조 (돈자리의 개설)	거래자는 **한 은행에만 돈자리를 개설**하여야 한다.	거래자는 한 은행에 하나의 돈자리를 개설하여야 한다.
	상업은행은 중앙은행의 승인을 받아 외국은행에 돈자리를 둘수 있다.	상업은행은 승인을 받아 외국은행에 외화돈자리를 둘수 있다.
제39조 (금융봉사료금)	상업은행은 거래자로부터 업무에 따르는 **금융봉사료금**을 받을수 있다.	상업은행은 거래자로부터 업무에 따라는 봉사료금을 받을수 있다.
	금융봉사료금을 정하는 사업은 중앙가격지도기관이 한다.	봉사료금을 정하는 사업은 중앙가격제정지도기관이 한다.

소결: 국가의 재정금융 연관법과 기업소의 재정관리권

「기업소법」의 재정관리 조항은 2006년 1월 제정된 상업은행법과 2007년 3월 개정된 재정법의 조건 위에서 제정되었다. 상업은행법은 2004년 제정된 중앙은행법에 연관하여 제정된 것으로 보인다. 상업은행법 제정 이전에도 중앙은행 외에 여러 형태의 은행이 설립되어

활동하고 있었다. 기업소의 재정관리에 대한 기본적인 내용을 규율하고 있는 재정법(2007. 3월)의 내용에 기초하여 기업소의 재정관리를 보면, 생산·경영 활동을 하는 기업소 재정은 독립채산제로 관리하며, 인민경제계획에 기초하여 재정계획을 수립하고 해당 기관의 승인을 받는다. 재정계획은 항목별, 월별, 분기별로 실행하여야 하며, 실행정형에 대한 평가는 해당 기관이 한다. 생산과 경영 활동에 필요한 설비, 원료, 자재 구입에 사용되는 유동자금에 대한 회전을 촉진시켜 자금의 효과성을 높여야 한다. 경영활동과정에 이루어진 순소득에서 국가납부금을 국가예산에 먼저 바치고 남은 나머지를 자체충당금, 장려금, 상금기금 등의 경영활동에 필요한 자금으로 쓸수 있고, 생산·경영활동과 관련이 없이 이루어진 수입금이나 여유자금은 국가예산에 납부하여야 한다. 경영손실은 자체로 보상하고 재정회계문건을 작성하여야 한다(재정법, 2007년 3월). 상업은행의 업무는 예금업무, 대부업무, 돈자리의 개설과 관리업무, 국내결제업무, 고정재산등록업무 등이다. 상업은행은 거래자의 요구에 맞춰 경영활동을 개선하는데 필요한 자금을 대부하여 줄수 있고, 대부금은 계약내용에 맞게 이용한다. 상업은행은 거래자가 돈자리를 통하여 화폐거래를 편리하게 할수있도록 결제조직을 짜고 들며, 결제는 돈자리에 화폐자금이 있을 경우에만 하는것을 기본으로 한다. 상업은행의 거래자는 한 은행에 하나의 돈자리를 개설하며, 개인의 돈자리에는 기업소의 자금을 예금할 수 없다(상업은행법, 2006. 1월). 기업소는 정해진 재정관리질서에 따라 재정관리를 엄격히 하여야 하고, 독립채산제실시위원회를 운영하며 수입과 지출을 자체로 맞추고 국가예산납부의무를 수행한다(기업소법, 2010. 11월). 국가예산납부의 기준이 순소득에서 '순소득 또는 소득'으로 수정된다(재정법, 2011. 12월).

기업소의 재정관리권이 신설되고 기업소는 경영자금을 주동적으로 마련하여 확대재생산을 실현하고 경영활동을 실현해나가야 하며, 정해진 규범에 따라 부족한 경영활동자금을 은행으로부터 대부받거나 주민유휴화폐자금을 동원할 수 있다(기업소법, 2014. 11월). 경영자금의 마련에 대한 책임을 규율하고 부족자금에 대해 은행의 대부와 주민유휴화폐자금의 동원 방법을 제시한다.

이후 국가예산지출의 내용에 대한 수정 사항이 발생한다. 국가의 재정기관은 국가예산자금을 기본투자와 인민경제사업을 위한 지출을 우선적으로 하고, 기본투자는 국가적으로 중요한 대상의 건설, 탐사, 대보수, 정보화, 설계사업 등에 대한 지출로 되고, 인민경제사업에 재한 지출은 공업, 농업 등 기타 산업과 과학기술발전, 도시경영, 국토관리, 대외경제, 지방사업 등에 대한 지출이다. 기본건설자금과 대보수자금은 계획에 포함된 설계예산범위 내에서 국가예산뿐만 아니라 기업소에 적립된 감가상각금, 기업소기금 같은 자체자금에서 지출한다(재정법 2015. 4월).

2015년 5월 「기업소법」의 개정에서 '남거나 사상되여 있는 부동산, 설비를 비롯한 고정재산은 합의가격에 의한 자금담보를 하며, 해당 기관에 등록한 조건에서 다른 기업소에 이관, 임대하며 이 과정에 만들어진 자금은 경영활동에 이용할 수' 있도록 고정재산의 관리 내용을 수정한다(기업소법, 2015. 5월, 제50조). 기업소의 고정재산에 대해 적극적으로 활용하여 경영자금으로 전환할 수 있도록 정책전환을 하고 있다.

기업소의 자금 지출 항목이 증가되었다. 은행업무와 관려하여 상업은행은 은행카드업무를 추가적으로 할수 있고, 기존의 '한 은행 하나의 돈자리 개설' 원칙에서 '한 은행에만 돈자리 개설'로 변경되었다(상업은행법, 2015. 7월). 상업은행 한 곳에 여러 개의 돈자리를 만들 수 있는 여지를 만들었다고 추정할 수 있다. 이는 기업소의 재정관리에서 상업은행의 역할을 적극적으로 활용하려는 조치를 볼 수 있다. 은행의 예금업무를 활성화하기 위해 '개별적 주민들은 물론 기업체들의 수중에 잠겨있는 유휴현금을 최대로 동원할수 있도록 업무체계를 완비'할 것을 요구하고, 기업소의 경영활동에서 '현금의 이용도 범위가 넓어진것만큼 현시기 무현금대부와 함께 현금대부를 일정한 기간 장려하면서 기업체들에 대한 자금보장' 실행에 대한 주장도 있다.[71] 기업소의 재정관리 사업에 대해 전망적 설계을 추가 요구하고, 번 자금 및 생산물의 경제계산체계로 정확한 반영, 재정관리세칙의 제정과 집행 규율 확립, '일 생산 및 재정총화'의 실속 진행과 결과 공시를 요구한다(기업소법, 2020. 11월).

국가의 재정관리규범인 재정법에서 기업소의 재정관리권을 규율하기 시작했다. 2021년 8월에 개정된 재정법에는 '기업소가 재정관리권'을 활용하여 인민경제계획수행을 자금 측면에서 담보하며 경영수입을 체계적으로 늘이고 지출을 줄여 국가에 더 많은 이익을 주는 원칙으로 재정관리를 하여야 하며, 기업소의 재정관리권은 국가의 통일적인 지도밑에 기업소가 경영활동에 필요한 자금을 자체로 조성하고 합리적으로 분배이용하는 권한이며, 기업소는 재정관리권을 활용하여 재정관리사업을 주동적으로, 창발적으로 진행하여야 한다. 내각과 재정기관은 기업소가 재정관리권을 원만히 활용할 수 있도록 필요한 조건을 보장하여야 하며, 기업소의 재정관리권활

71 고금혁, "현시기 은행기관들을 상업은행화하는데서 나서는 중요한 문제," 『김일성종합대학학보(철학, 경제)』 2016년 4호.

용에 필요한 조건보장사업을 바로하지 않아 경영활동에 지장을 주었을 경우에는 책임있는 자에게 경고, 엄중경고 또는 3개월이하의 무보수노동, 노동교양처벌을 준다. 기업소는 해당 지역의 재정기관에 등록하고 경영활동을 하여야 하며, 경영자금과 관련하여 은행대부금이나 주민유휴화폐자금의 이용과정에서 경영손실의 자체 보상을 규정한다(재정법, 2021. 8월). 기업소의 경영자금은 기업소자금과 같은 의미로 사용되며, 기업소자금이란 화폐형태로 표현된 경영활동을 위한 화폐자금의 총체를 말하며, 원천의 측면에서 국가(예산)자금, 은행대부금, 경영활동과정에 자체로 번 자금, 다른 기관, 기업소, 개인들에 대한 물어줄 돈으로 구성된다. 기업소자금은 기업소의 화폐재산으로 있거나 경영활동과정에서 고정재산, 물자재산, 발송품과 같은 여러가지 형태의 재산으로 존재한다.[72] 기업소자금의 원천중에 하나인 국가예산자금은 기업소가 국가예산으로부터 기본건설투자나 유동자금, 사업비자금을 공급받아 생산경영활동을 위한 기업소자금으로 이용하는 것을 의미한다. 은행대부금은 기업소경영자금의 보충적원천으로, 생산경영활동과정에 국가예산자금이나 기업소자체자금으로도 부족되는 자금을 은행대부자금으로 충당하며, 이외에 주민유휴화폐자금을 동원할 수 있다.[73]

72 정광영 외,『경제일군들을 위한 재정상식』(2016) 78쪽.

73 정광영, 윤영순,『기업소재정관리(재정대학용)』(평양: 김일성종합대학출판사, 2015), 17쪽.

3
기업소의 소득분배와 연관법

국가의 소득분배 정책: 국가예산수입법

국가예산수입법의 개요

사회주의계획경제의 인민경제계획을 실행하기 위해서는 국가의 예산이 그 재정적 기초이다. 이런 국가예산을 규제하는 것이 국가예산수입법이다. 국가예산수입법이 제정되기 이전에 국가예산에 대해 규제하고 있던 규범은 재정법이었으나 별도로 2005년 국가예산수입법을 제정하여 국가예산수입에 대해 구체적으로 규제하고 있다. 국가예산수입법은 기업소의 관점에서 보면, 기업소의 수입(또는 소득, 순소득)을 국가와 배분하는 내용을 규제한 법이다.

국가예산수입법(2011)은 "국가예산납부자료의 등록, 국가예산의 납부, 국가예산납부문건의 관리에서 제도와 질서를 엄격히 세워 국가관리와 사회주의건설에 필요한 자금을 원만히 마련하는데 이바지(제1조)"하는 것을 사명으로 하고 있다.[74] 국가예산수입은 "국가

74 국가가 자기의 기능을 수행하는데 필요한 화폐자금을 중앙집중적으로 형성하고 분배하는 재정활동의 기본형태로서 조선의 국가예산수입은 전적으로 사회주의기업소들의 축적에 의하여 보장되며 예산지출의 많은 부분도 사회적생산을 발전시키는데 사용된다, 『조선대백과사전 프로그람』, 올림말: 국가예산.

의 수중에 집중되는 화폐자금(제2조 ①)"으로, "거래수입금[75], 국가기업리익금[76], 협동단체리익금[77], 봉사료수입금[78], 감가상각금, 부동

75 소비품이 실현되는 차제로 일정한 비률로 가격에 고정되여 국가예산에 비치게 되는 사회순소득의 한 부분[『경제사전 1』,(1985), 68쪽] ; 일정한 비율로 가격에 고정되어 생산물이 실현되는데 따라 국가예산에 바치게 되는 사회순소득의 한 부분[『재정금융사전』,(1995), 34쪽]; 생산물 가격에 일정한 비율로 포함되어 판매됨에 따라 국가예산에 납부되는 사회순소득의 한 부분으로 기업소에 조성된 사회순소득은 기업소 순소득(이윤)과 중앙집중적 순소득으로 구분되며, 그중 국가에 납부하는 중앙집중적 순소득이 거래수입금. 남한의 거래세와 유사(『남북한 경제용어 비교 사전』, 2021, 13쪽.)

76 사회주의사회에서 국영기업소, 기관들이 국가예산에 바치는 기업소순소득의 한 부분(사회과학원 주체경제학연구소 편, 『경제사전1』, 사회과학출판사, 1985); 사회주의국영기업소, 기관들에서 조성된 리윤을 분배하여 국가예산에 동원하는 형태. 지난시기 리익공제금이라고도 하였다 … 거래수입금이 국영기업소 및 생산협동조합을 부과단위로 한다면 국가기업리익금은 오직 독립채산제원칙에 따라 운영되는 국영기업소들만을 부과대상으로 한다.(사회과학출판사 편, 『재정금융사전』, 사회과학출판사, 1995, 130쪽.); 북한의 기업소나 기관에서 발생한 사회순소득 중 국가에 납부해야 하는 국가예산수입항목으로 독립채산제로 운영되는 국영기업소, 기관에만 해당되며 발생한 이윤 중 자체충당금과 지방유지금 등을 제외한 나머지를 납부. 남한의 법인세와 비슷하며 판매실적에 따른 경상납부와 확정납부 형식이 있고 확정납부의 경우 월, 분기, 연간 실제 실적이윤에 따라 추가 납부하거나 환급(IBK경제연구소 편, 『남북한 경제용어 비교 사전』, 2021, 58쪽.)

77 사회주의하에서 협동단체기업소들이 국가예산에 바치는 순소득의 한 부분(사회과학원 주체경제학연구소 편, 『경제사전 2』, 사회과학출판사, 1985, 587쪽); 협동단체기업소들이 리윤을 분배하여 국가예산에 바치는 자금(사회과학출판사 편, 『재정금융사전』, 사회과학출판사, 1995, 1230-1231쪽); 사회주의 사회에서 협동단체의 순소득 가운데 국가예산으로 돌리는 부분. '협동단체이익금'은 지방예산에 귀속(IBK경제연구소 편, 『남북한 경제용어 비교 사전』, 2021, 414쪽.)

78 사회주의국가가 개인소득의 일부를 재분배하여 형성한 편의봉사 기관, 기업소의 순수입을 국가예산에 동원하는 기본형태(사회과학원 주체경제학연구소 편, 『경제사전 1』, 사회과학출판사, 1985, 621쪽); 봉사부문 기관, 기업소들의 경영활동과정에 조성된 순수입의 일부를 국가예산에 동원하는 화폐자금(사회과학출판사 편, 『재정금융사전』, 사회과학출판사, 1995, 597쪽.)

산사용료[79], 사회보험료[80], 재산판매[81] 및 가격편차수입금[82], 기타 수입금으로(제2조 ②)" 정의된다. 국가예산수입은 "중앙예산수입과 지방예산수입(제3조 ①)"으로 나뉘며, "중앙예산수입은 중앙예산소속 기관, 기업소, 단체의 납부금, 지방예산수입은 지방예산소속 기관, 기업소, 단체의 납부금(제3조 ②)"으로 구성된다.

2011년 11월 8일 최고인민회의 상임위원회 정령 제1945호로 수정보충된 국가예산수입법은 총 5장 77개 조항으로 구성되어있다. 2005년 채택되어 2011년 수정보충되기 전까지 5장 72개 조항으로

79 국가 소유의 부동산을 사용하고 납부하는 요금. 남한의 임대료와 비슷한 개념이나 국가에 바치는 요금이라는 점에서 차이(IBK경제연구소 편, 『남북한 경제용어 비교 사전』, 2021, 178쪽.)

80 사회보험을 위하여 로동자, 사무원들과 생산 및 수산 협동조합들이 국가예산에 바치는 돈(사회과학원 주체경제학연구소 편, 『경제사전 1』, 사회과학출판사, 1985, 678쪽); 사회보험을 위하여 로동자, 사무원, 협동조합, 농장원들이 국가예산 또는 협동농장사회보험기금에 바치는 돈(사회과학출판사 편, 『재정금융사전』, 사회과학출판사, 1995, 657쪽.)

81 국가재산판매 및 기타수입, 국가 기관, 기업소, 협동단체들에서 자체의 경영활동과 관련이 없이 이루어 지는 화폐수입과 국가의 기능수행과정에 얻게 되는 기타 화폐수입을 국가예산에 동원하는 형태. 국가재산판매 및 기타수입에는 국가재산판매수입, 관개사용료수입, 가격편차수입, 국가수수료수입, 관세수입, 무역기관수입, 기타수입이 속한다. 국가재산판매수입은 국가 기관, 기업소들에서 국가소유의 재산을 판매한 결과 얻게 되는 화폐수입을 예산에 동원하는 형태(사회과학원 주체경제학연구소 편, 『경제사전 1』, 사회과학출판사, 1985, 209쪽)

82 가격편차금, 같은 물건에 대하여 서로 다르게 설정된 가격들사이의 차액(사회과학원 주체경제학연구소 편, 『경제사전 1』, 사회과학출판사, 1985, 43쪽.); 가격편차수입, 국영 및 협동단체 기업소, 기관들이 경영활동과정에 생기는 물자재산의 구입가격과 판매가격사이의 편차액과 주민들에 대한 공급가격과 판매가격사이의 편차액 등을 국가가 중앙집중적으로 동원하는 국가예산수입의 한 형태(사회과학출판사 편, 『재정금융사전』, 사회과학출판사, 1995, 14쪽.); 국가의 정책에 따라 국영기업소, 협동단체, 기관들이 구입한 물자의 가격과 판매가격 간의 편차가 발생하면서 생기는 수익. 기업의 경영활동과는 무관하게 발생하는 것으로 전액 국가예산 수입에 귀속(IBK경제연구소 편, 『남북한 경제용어 비교 사전』, 2021, 3쪽.)

구성되어 있었다. 법의 구성을 보면, 제1장은 "국가예산수입법의 기본"을 설명하는 장이다. 앞에서 서술한 법의 사명(제1조), 국가예산수입의 정의(제2조), 국가예산수입의 구성(제3조)을 포함하여 관련된 원칙으로 국가예산납부자료의 등록원칙(제4조), 국가예산수입을 늘이는 원칙(제5조), 합법적권리와 리익보장의 원칙(제6조), 국가예산납부문건관리의 원칙(제7조), 국가예산납부의무의 원칙(8조), 국가예산수입사업에 대한 지도통제의 원칙(제9조) 등 5개항의 원칙을 규정하고 있다.

또한 제1장에서는 국가예산수입부문의 일군에 대한 자격(제10조)을 규정하고 있다.

제2장은 "국가예산납자료의 등록"에 대한 내용을 9개 조항으로 규정하였다. 국가예산납부자료등록의 기본요구(제11조), 등록신청문건제출(제12조), 등록신청문건의 심의(제13조)와 심의결정(제14조), 국가예산납부등록증의 발급(제15조)과 변경된 국가예산납부자료의 재등록(제16조), 전표의 경유(제17조), 판매수입금과 국가예산납부조성액의 신고(제18조), 국가예산납부등록증의 위조와 팔고사기금지(제19조)를 규정하고 있다.

제3장에서는 "국가예산의 납부"를 7개 절을 통하여 규정하고 있다. 국가예산에 납부할 종류와 납부대상, 계산방법 및 적용되는 납부비률, 납부방법 등을 설명하고 있다. 제1절에서는 거래수입금과 봉사료수입금에 대하여, 제2절에서는 국가기업리익금과 협동단체리익금을, 제3절에서는 감가상각금과 제4절에서는 부동산사용료를 규정하고 있다. 또한 제5절에서는 사회보험료를, 제6절에서는 재산판매 및 가격편차수입금, 제7절에서는 기타수입금에 대해 각각 규정하고 있다.

제4장은 "국가예산납부문건의 관리"와 제5장은 "국가예산수입사업에 대한 지도통제"를 각각 5개 조항과 10개 조항으로 규정하고 있다.

변화의 상세

① 2005년, 2007년, 2008년 개정(5장, 72조)

국가예산수입법은 2005년 7월 6일 최고인민회의 상임위원회 정령 제1183호로 채택되었다. 채택될 때 5개장 72조로 구성되어 있었다. 그리고 2007년 10월 16일 최고인민회의 상임위원회 정령 제2402호로 1차 수정보충되어 2008년까지 유지되었다.

2007년 1차 수정때에 구법(2005)의 제36조(토지사용료를 납부하는 토지의 구분)가 삭제되고 신법(2007)에는 제35조(부동산사용료의 납부항목)가 신설되었다. 내용적으로는 토지에서 부동산으로 범위가 확장되어 교체되었다. 그리고 제22조(순소득 또는 소득의 계산방법)이 신설되고, 구법(2005)의 제25조(더 받은 소득에 대한 루진납부비률의 적용)가 삭제되어 조항의 총수에는 변화가 없다. 구법(2005)의 토지사용료가 신법(2007)에서 부동산사용료로 수정되었다. **표 4-38**은 2007년 수정에서 삭제 조항과 신설조항의 조문을 정리한 표이다.

표 4-38 국가예산수입법의 2007년 삭제조항과 신설조항

삭제조항		신설조항	
제25조 (더 받은 소득에 대한 루진납부비률의 적용)	기관, 기업소, 단체는 정한 가격이나 료금보다 더 받아 생긴 소득의 일부를 국가기업리득금 또는 협동단체리득금으로 납부하여야 한다. 이 경우 소득의 규모에 따라 루진납부비률을 적용할수 있다.	**순소득**은 총판매수입금에서 원가 같은것을 덜고 확정한다. **소득**은 총판매수입금에서 생활비를 공제한 원가를 덜고 확정한다.	제22조 (순소득 또는 소득의 계산방법)

제36조 (토지사용료를 납부하는 토지의 구분)	**토지사용료**를 납부하는 토지[83]는 1부류, 2부류로 나눈다. 1부류에는 협동농장, 농목장의 토지, 탄광에 소속된 후방경리용토지와 시(구역), 군이 원료기지로 리용하는 토지가, 2부류에는 기관, 기업소, 단체의 부업토지, 실습토지, 원료기지와 외화벌이기지로 리용하는 토지가 속한다.	**부동산**[84]사용료의 납부항목에는 농업토지사용료, 부지사용료, 생산건물사용료, 어장사용료, 수산자원증식물차용료, 자동차도로시설사용료, 자원비 같은것이 속한다.	제35조 (부동산사용료의 납부항목)

삭제된 구법(2005)의 제25조는 신법의 제24조에 내용적으로 반영되어 수정된 것으로 보인다. 신설된 신법(2007)의 제22조는 과세대상이 '소득'에서 '순소득 또는 소득'으로 변경되어 추가된 것으로 보인다.

토지사용료에서 부동산사용료로 수정되면서 조문상으로는 생산건물, 어장, 수산자원증식물차, 자동차도로시설, 자원 등이 사용료의 대상으로 추가되었다.

83 "토지라고 하면 흔히 밭갈이하는 땅을 념두에 두는데 토지법에서는 밭갈이하는 땅뿐아니라 강하천, 산림, 도로, 간석지 같은것을 다 포괄하여 토지에 대한 개념을 설정하였습니다," 『김일성저작집』 32권, 210-211쪽, 토지는 리용하는데 맞게 농업토지, 주민지구토지, 산림토지, 산업토지, 수역토지, 특수토지로 나눈다. 산업토지에는 공장, 광산, 탄광, 발전시설 등 산업시설물이 차지하는 토지와 그 부속지가 속한다. 수역토지에는 연안, 령해, 강하천, 호수, 저수지, 관개용수로 등이 차지하는 일정한 지역의 토지가 속한다. 특수토지에는 혁명전적지와 혁명사적지, 문화유적지, 보호구역, 군사용토지 등 특수한 목적에 리용되는 토지가 속한다, 『조선대백과사전 프로그람』, 올림말: 토지.

84 부동산: 토지 및 그에 정착되여 움직일수 없는 재산. 부르죠아법에서 재산을 동산과 부동산으로 구별하게 된것은 자본주의상품화폐관계의 발전과 관련하여 토지, 건물, 산업시설 등이 매매의 대상으로 되기 시작한 이후부터이다, 『조선대백과사전 프로그람』, 올림말: 부동산.

표 4-39 국가예산수입법 1차, 2차 개정 1(2005-2008)

조항	국가예산수입법(2005)	국가예산수입법(2007-2008)
제2조 (국가예산수입의 정의)	국가예산수입항목에는 국가기업리득금, 협동단체리득금, 감가상각금, 토지사용료, 사회보험료, 재산판매 및 가격편차수입금, 기타수입금이 속한다.	국가예산수입항목에는 국가기업리득금, 협동단체리득금, 감가상각금, **부동산사용료**, 사회보험료, 재산판매 및 가격편차수입금, 기타 수입금이 속한다.(2007)
제11조 (국가예산납부자료등록의 기본요구)	생산, 경영활동을 하는 기관, 기업소, 단체는 판매수입계획, 원가계획, 소득계획, 국가예산납부계획, 은행돈자리번호 같은 국가예산납부자료를 해당 재정기관에 제때에 정확히 등록하여야 한다.	생산, 경영활동을 하는 기관, 기업소, 단체는 판매수입계획, 원가계획, 순소득 또는 소득계획, 국가예산납부계획, 은행돈자리번호 같은 국가예산납부자료를 해당 재정기관에 제때에 정확히 등록하여야 한다.(2007)
제17조 (전표의 경유)		해당 재정기관의 경유를 받지 않은 국가납부전표, 카드, 관람료금표, 벌금증서 같은것은 사용할수 없다.(2007 조문 추가)
제20조 (국가기업리득금과 협동단체리득금의 정의, 납부대상)	기관, 기업소, 단체 소득의 일부를 소유형태에 따라 국가기업리득금 또는 협동단체리득금으로 국가예산에 납부하여야 한다.	기관, 기업소, 단체는 순소득 또는 소득의 일부를 소유형태에 따라 국가기업리득금 또는 협동단체리득금으로 국가예산에 납부하여야 한다.(2007)
제21조 (리득금의 계산방법)	**국가기업리득금과 협동단체리득금의 계산은 총판매수입금에서 원료 및 자재비, 연료비, 동력비, 감가상각비, 료금 및 수송비, 일반비 같은 것을 덜고 확정한 소득에 정한 비률을 적용**하여 한다.	국가기업리득금의 계산은 **조성된 순소득에서 기업소에 남겨놓고 쓰게 된 자체충당금과 지방예산에 바치게 된 지방유지금을 더는 방법**으로 한다.(2007)
		협동단체리득금의 계산은 조성된 소득에 정한 납부비률을 적용하여 한다.(2007)

제24조 (리득금의 납부)	제24조(리득금의 납부)	제24조(리득금의 **경상**납부)
	국가기업리득금과 협동단체리득금의 경상납부는 판매수입금이 조성될 때마다 한다.	국가기업리득금과 협동단체리득금의 경상납부는 **재정계획에 반영된 국가기업리득금 또는 협동단체리득금이 판매수입계획에서 차지하는 비률에 따라** 판매수입금이 조성될 때마다 한다.(2007)
	확정납부는 달마다 다음달 10일까지 하며 미납액은 5일안으로 추가납부하고 과납액은 재정기관에서 반환받거나 다음달 바칠 몫에서 공제납부한다.	**대상에 따라** 중앙재정지도기관이 따로 정한 납부비률을 적용할수 있다.(2007)
제25조 (더 받은 소득에 대한 루진납부 비률의 적용) [제25조(리득금의 확정 납부)]	기관, 기업소, 단체는 정한 가격이나 료금보다 더 받아 생긴 소득의 일부를 국가기업리득금 또는 협동단체리득금으로 납부하여야 한다. 이 경우 소득의 규모에 따라 루진납부비률을 적용할수 있다.	국가기업리득금과 협동단체급의 확정납부는 달마다 순소득 또는 소득에 따라 다음달 10일까지 하며 미납액은 5일안으로 추가납부하고 과납액은 재정기관에서 반환 받거나 다음달 바칠 몫에서 공제납부한다.(2007)

1차 수정보충에서는 제2조 ②에서 국가예산수입항목중에 '토지사용료'가 '부동산사용료'로 변경되었다. 제11조 ②에서 국가예산납부자료중에 '순소득'이 추가되었다. 구법(2005년) 제17조가 2개의 항으로 분리되었다. 제18조는 '소득'이 '판매수입금'으로 변경되었다. 제20조에서도 제11조 ②과 같이 '순소득'이 추가되었다. 신법(2007년)에서는 제22조(순소득 또는 소득의 계산방법)이 추가된다. 조항의 내용으로 "①순소득은 총판매수입금에서 원가 같은것을 덜고 확정한다." "②소득은 총판매수입금에서 생활비를 공제한 원가를 덜고 확정한다." 구법(2005년)의 제23조(적용하는 납부비률)이 삭제된다. 삭제된 내용은 ①"국가기업리득금과 협동단체리득금에는 재정계획에 반영된 소득에 대한 납부비률과 중앙재정지도기관이 따로 정한 납부비률을 적용한다.", "②대상에 따라 국가기업리득금 또는 협동단

체리득금납부비률을 낮게 정하여줄수 있다." 등이다. 구법(2005년) 제24조(리득금의 납부)와 제25조(더 받은 소득에 대한 루진납부비률의 적용)는 신법(2007년)에서 제24조(리득금의 경상납부)로 병합된다.

국가예산의 중요한 부분이 국가기업리득금과 협동단체리득금이다. 국가예산수입법 제정이전의 국가예산수입원천은 거래수입금, 국가기업리익금, 협동단체리익금, 봉사료수입금 등이었다.[85] 기업소가 납부하는 국가예산수입의 내용이 달라진 것이다.

토지사용료에서 부동산사용료로 전환하기 위해 2006년 4월 내각전원회 확대회의에서 "국가적으로 진행하는 부동산실사사업을" 실시하여 "모든 부동산을 빠짐없이 장악하고 사용료를 제정적용하기 위한 적극적인 대책을" 세우도록 하였다.[86]

표 4-40 국가예산수입법 1차, 2차 개정 2(2005-2008)

조항	국가예산수입법(2005)	국가예산수입법(2007-2008)
제26조 (지방유지금의 납부)		해당 재정기관은 지방유지금을 국가기업리득금항목에 포함시켜야 한다.
제28조 (통합, 분리될 때의 국가예산 납부금처리)	기관, 기업소, 단체는 통합, 분리될 경우 그 시기까지 **소득에 대한 결산**을 하며 통합, 분리선포일부터 15일안으로 소재지의 재정기관에 국가예산납부금을 바쳐야 한다.	기관, 기업소, 단체는 통합, 분리될 경우 그 시기까지 **회계결산**을 하고 통합, 분리선포일부터 15일안으로 소재지의 재정기관에 국가예산납부금을 바쳐야 한다.

85 『조선민주주의인민공화국 재정법(2002)』 제13조.
86 "내각전원회의 확대회의 진행," 『민주조선』 2006년 4월 19일.

제34조 [토지(부동산) 사용료의 정의, 납부대상]	토지사용료는 기관, 기업소, 단체에서 토지를 리용하여 생산한 생산물 판매수입금의 일부를 국가예산에 동원하는 자금이다.	부동산사용료는 국가의 부동산을 이용하는 대가로 국가예산에 납부하는 자금이다.
	토지사용료의 납부는 알곡, 남새, 청애사료, 과일나무, 뽕나무, 기름나무, 공예 및 유지작물, 약초, 박하, 참대, 갈 같은 것을 심어 리용하게 된 토지에 대하여 한다.	부동산사용료의 납부는 토지, 건물, 자원 같은 것에 대하여 한다.
제35조 (토지사용료를 납부하지않는 대상) [2007년: 제36조(부동산사용료를 납부하지 않는 대상)]	토지사용료를 납부하지 않는 대상은 다음과 같다. 1. 농업과학연구기관을 비롯한 해당 과학연구기관과 농업부문의 대학, 전문학교에서 육종에 리용하는 토지 2. 새로 개간한 때부터 3년이 지나지 않은 농업토지 3. 자연재해로 류실 또는 매몰된 농업토지 4. 이밖에 토지사용료를 납부하지 않기로 승인받은 토지	부동산사용료를 납부하지 않는 대상은 다음과 같다. 1. 농업과학연구기관을 비롯한 해당 과학연구기관과 농업부문의 대학, 전문학교에서 육종에 리용하는 농업토지 2. 제로 개간한 때부터 3년이 지나지 않은 농업토지 3. 자연재해로 유실 또는 매몰된 농업토지 **4. 국가 및 협동적소유의 살림집기초부지** **5. 철도운영시설부지** **6. 협동단체와 기업소의 자체자금으로 건설한 생산용 건물** 7. 이밖에 부동산사용료를 납부하지 않기로 승인받은 부동산(2007)
제37조 [토지(부동산) 사용료의 계산 방법]	토지사용료의 계산은 부류별, 지목별, 등급별에 따라 정한 기준액을 적용하여 한다.	부동산사용료의 계산은 **리용하는 부동산 가격 또는 면적에 따르는 부동산사용료기준**을 적용하여 한다. (2007)
제38조 [토지(부동산) 사용료의 납부]	이 경우 미납액은 다음해 1월안으로 납부하여야 한다.	부동산사용료를 비법처리하는 행위를 하지 말아야 한다.(2007)
제41조 (사회보험료[87]의 계산 방법)	협동단체의 공동자금에서 바칠 사회보험료계산은 월판매보수액에 정한 비률을 적용하여 한다.	**기업소**와 협동단체의 공동자금에서 바칠 사회보험료계산은 원판매수입금에 따라 계산된 생활비에 정한 비율을 적용하여 한다.(2007)

87 사회보험을 위하여 로동자, 사무원, 협동조합, 농장원들이 국가예산 또는 협동농장 사회보험기금에 바치는 돈, 『조선대백과사전』(2001), 올림말: 사회보험료.

제42조(사회보험료의 납부 비률)	협동단체와 외국투자기업의 사회보험료납부비용은 월로동보수액의 7프로로 한다.	**기업소**와 협동단체, 외국투자기업의 사회보험료납부비율은 원판매수입금에 따라 계산된 생활비의 7프로로 한다.(2007) 기업소와 협동단체의 사회보험료납부비률은 원판매수입금에 따라 계산된 생활비의 7프로로 한다.(2008)
		외국투자기업의 사회보험료납부는 따로 정한 기준에 따라 한다.(2008 조문 추가)

제26조(지방유지금의 납부)에서는 신법(2007년)에 ②"해당 재정기관은 지방유지금을 국가기업리득금항목에 포함시켜야 한다"를 추가한다. 제28조(통합, 분리될때의 국가예산납부금처리)에서는 구법의 "소득에 대한 결산"이 신법에서는 "회계결산"으로 변경된다.

제3절에서는 구법의 '토지사용료'가 신법에서는 '부동산사용료'로 변경되었다. 신법(2007년)에서는 제35조(부동산사용료의 납부항목)가 신설된다. 조항의 내용은 "부동산사용료의 납부항목에는 농업토지사용료, 부지사용료, 생산건물사용료, 어장사용료, 수산자원증식물차용료, 자동차도로시설사용료, 자원비 같은것이 속한다." 구법(2005년) 제35조(토지사용료를 납부하지 않는 대상)는 신법(2007년)에서 제36조(부동산사용료를 납부하지 않는 대상)으로 변경하면서 대상을 추가하였다. 추가된 대상은 "4. 국가 및 협동적소유의 살림집기초부지, 5. 철도운영시설부지, 6. 협동단체와 기업소의 자체자금으로 건설한 생산용 건물" 등이다. 구법에서 규정한 '납부하지 않는 대상'으로 "1. 농업과학연구기관을 비롯한 해당 과학연구기관과 농업부문의 대학, 전문학교에서 육종에 리용하는 토지, 2. 새로 개간한 때부터 3년이 지나지 않은 농업토지, 3. 자연재해로 류실 또는 매몰된 농업토지, 4. 이밖에 토지사용료를 납부하지 않기로 승인받은 토지(2007년 법에서는

7항으로 변경됨)"은 유지된다.

제38조 토지(부동산)사용료의 납부는 구법(2005년)에서는 "12월 10일"로 특정되어 있다가 신법(2007년)에서는 "정한 기일안"으로 변경되었다. 또한 구법(2005년)에서는 미납액을 "다음해 1월안으로 납부"하도록 규정되었지만 신법에서는 미납액에 대한 추가납부일 규정이 없고 "부동산사용료를 비법처리하는 행위를 하지 말아야 한다"고만 규정하였다.

제41조에서 사회보험료의 부가 대상이 변화하고 있다. 2007년 이전까지는 협동단체와 외국투자기업에만 사회보험료가 부가되었다가 2007년에는 기업소가 포함되고 2008년에는 외국투자기업은 별도의 규범으로 사회보험료를 부가하는 것으로 수정하였다.

표 4-41 국가예산수입법 1차, 2차 개정 3(2005-2008)

조항	국가예산수입법(2005)	국가예산수입법(2007-2008)
제70조 (판매수입금의 회수와 영업중지)	판매실적과 소득실적을 신고하지 않았거나 국가예산납부등록증을 발급받지 않았거나 연장받지 않고 생산, 경영활동을 하였을 경우에는 판매수입금을 회수하거나 그 행위를 중지시킨다.	**판매수입금과 국가예산납부조성액**을 신고하지 않았거나 국가예산납부등록증을 발급받지 않았거나 연장받지 않고 생산, 경영활동을 하였을 경우에는 판매수입금을 회수하거나 그 행위를 중지시킨다.(2007)

제71조 (벌금적용)	벌금을 물리는 경우는 다음과 같다. 1. 국가예산납부금을 적게 바쳤을 경우 2. 국가예산수입에 대한 감독통제사업에 지장을 주었을 경우 3. 중앙예산수입금을 지방예산수입금으로 옮겨놓았을 경우 4. 정한 서류를 갖추지 않았거나 제출하지 않았을 경우 5. 은행돈자리번호를 해당 재정기관에 등록하지 않았을 경우 6. 국가예산납부자료를 정한 기일안으로 등록하지 않았을 경우 7. 소득과 국가예산납부조성액을 허위신고하였을 경우	벌금을 물리는 경우는 다음과 같다. 1. 국가예산납부금을 적게 바쳤을 경우 2. 국가예산수입에 대한 감독통제사업에 지장을 주었을 경우 3. 중앙예산수입금을 지방예산수입금으로 옮겨놓았을 경우 4. 정한 서류를 갖추지 않았거나 제출하지 않았을 경우 5. 은행돈자리번호를 해당 재정기관에 등록하지 않았을 경우 6. 국가예산납부자료를 정한 기일안으로 등록하지 않았을 경우 **7. 판매수입금과 국가예산납부조성액을 허위신고하였을 경우(2007)**

② 3차 개정(2011년)

3차 개정은 2011년 11월 8일 최고인민회의 상임위원회 정령 제1945호로 수정보충되었다. 구법(2008년)에서 유지되어온 '5장 72조'체계에서 '5장 77조'체계로 구조가 변경되었다. 신설조항은 "제3장 국가예산의 납부"중에서 "거래수입금과 봉사료수입금"의 1개 절과 5개 조항을 추가하여 6개 절에서 7개 절로 변경하였다. 표 4-42는 추가된 조항들이다.

표 4-42 국가예산수입법 3차 개정의 신설조항(제3장 제1절 거래수입금과 봉사료수입금)

조항	조문
제20조 (거래수입금과 봉사료수입금의 정의, 납부대상)	① 거래수입금은 소비품의 가격에 들어있는 사회순소득의 일부를, 봉사료수입금은 봉사료에 들어있는 순수입의 일부를 국가예산에 동원하는 자금이다. ② 기관, 기업소, 단체는 조성된 거래수입금과 봉사료수입금을 국가예산에 제때에 납부하여야 한다.
제21조 (거래수입금과 봉사료수입금의 계산방법)	① 거래수입금과 봉사료수입금의 계산은 소비품판매수입금과 봉사를 제공하고 받은 료금에 정한 비률을 적용하여 한다. ② 비률이 정해지지 않은 경우에는 중앙재정지도기관이 따로 정한 방법에 따라 계산한다.

제22조 (판매수입금과 봉사료금의 계산방법)	① 기관, 기업소, 단체는 소비품판매수입금과 봉사료금을 정확히 계산하여야 한다. ② 소비품판매수입금과 봉사료금은 정한데 따라 판매한 가격 또는 봉사를 제공하고 받은 료금으로 계산한다.
제23조 (적용하는 납부비률)	① 거래수입금과 봉사료수입금에는 중앙재정지도기관이 정한 납부비률을 적용한다. ② 대상에 따라 중앙재정지도기관의 승인을 받아 해당 재정기관도 거래수입금과 봉사료수입금의 납부비률을 정할수 있다.
제24조 (거래수입금과 봉사료수입금의 납부)	① 거래수입금과 봉사료수입금의 경상납부는 소비품판매수입금과 봉사료금이 조성될 때마다 한다. ② 확정납부는 달마다 다음달 10일까지 하며 미납액은 5일안으로 추가납부하고 과납액은 재정기관에서 반환받거나 다음달 바칠 몫에서 공제납부한다.

조문의 변화에서는 기존의 '리득금'을 '리익금'으로 변경되었고, '리윤'[88]이 추가되었다. '리득금에서 리익금'의 용어 변경 조항은 신법(2011)의 제25조(국가기업리익금과 협동단체리익금의 정의, 납부대상), 제26조(리익금의 계산방법), 제29조(리익금의 경상납부), 제52조(무역편차리익금의 납부) 등이다. 표 4-43는 3차 개정에서 조문의 수정이 있는 조항들이다.

88 사회주의하에서 근로자들이 사회를 위하여 창조한 순소득의 일부분 또는 자본주의하에서 자본가들이 로동자들을 착취하여 얻는 잉여가치의 전화된 형태, 사회주의하에서의 리윤은 국가 및 협동단체, 기업소 근로자들의 사회를 위한 로동에 의하여 이루어 지고 기업소순소득의 형태를 취하는 사회주의사회의 순소득부분을 의미하고, 자본주의하에서의 리윤은 생산에 투하된 전대자본의 산물처럼 나타나는 잉여가치를 말한다, 『조선대백과사전 프로그람』(2001), 올림말: 리윤.

표 4-43 3차 개정(2011년) 조문의 변화

국가예산수입법(2008)		국가예산수입법(2011)	
제1조(국가예산수입법의 사명)	조선민주주의인민공화국 국가예산수입법은 국가예산납부자료의 등록, 국가예산의 납부, 국가예산납부문건의 관리에서 제도와 질서를 엄격히 세워 국가관리에 필요한 자금의 마련에 이바지한다.	조선민주주의인민공화국 국가예산수입법은 국가예산납부자료의 등록, 국가예산의 납부, 국가예산납부문건의 관리에서 제도와 질서를 엄격히 세워 국가관리와 **사회주의건설**에 필요한 자금을 원만히 마련하는데 이바지한다.	제1조(국가예산수입법의 사명)
제2조(국가예산수입의 정의)	국가예산수입항목에는 국가기업리득금, 협동단체리득금, 감가상각금, 부동산사용료, 사회보험료, 재산판매 및 가격편차수입금, 기타 수입금이 속한다.	국가예산수입은 **거래수입금, 국가기업리익금, 협동단체리익금, 봉사료수입금**, 감가상각금, 부동산사용료, 사회보험료, 재산판매 및 가격편차수입금, 기타수입금으로 이루어진다.	제2조(국가예산수입의 정의)
제11조(국가예산납부자료등록의 기본요구)	생산, 경영활동을 하는 기관, 기업소, 단체는 판매수입계획, 원가계획, 순소득 또는 소득계획, 국가예산납부계획, 은행돈자리번호 같은 국가예산납부자료를 해당 재정기관에 제때에 정확히 등록하여야 한다.	생산, 경영활동을 하는 기관, 기업소, 단체는 판매수입계획, 원가계획, 순소득 또는 소득계획, **리윤계획**, 국가예산납부계획, 은행돈자리번호 같은 국가예산납부자료를 해당 재정기관에 제때에 정확히 등록하여야 한다.	제11조(국가예산납부자료등록의 기본요구)
제15조(국가예산납부등록증 발급)	해당 재정기관은 등록이 결정된 국가예산납부자료의 등록신청문건을 등록하고 10일안으로 국가예산납부등록증을 발급하여야 한다.	해당 재정기관은 등록이 결정된 국가예산납부자료를 등록하여야 한다.	제15조(국가예산납부등록증의 발급)
		이 경우 승인을 받아 업종밖의 생산, 봉사활동을 하는 기관, 기업소, 단체에는 국가예산납부등록증을 발급한다.	

제20조 (국가기업리득금과 협동단체리득금의 정의, 납부대상)	국가기업리득금과 협동단체리득금은 기관, 기업소, 단체순소득 또는 소득의 일부를 국가예산에 동원하는 자금이다.	국가기업리익금과 협동단체리익금은 기관, 기업소, 단체에 조성된 **리윤 또는 소득의 일부**를 국가예산에 동원하는 자금이다.	제25조 (국가기업리익금과 협동단체리익금의 정의, 납부대상)
	기관, 기업소, 단체는 **순소득 또는 소득의 일부**를 소유형태에 따라 국가기업리득금 또는 협동단체리득금으로 국가예산에 납부하여야 한다.	기관, 기업소, 단체는 **리윤 또는 소득의 일부**를 소유형태에 따라 국가기업리익금 또는 협동단체리익금으로 국가예산에 납부하여야 한다.	
제21조 (리득금의 계산방법)	국가기업리득금의 계산은 **조성된 순소득**에서 기업소에 남겨놓고 쓰게 된 자체충당금과 지방예산에 바치게 된 지방유지금을 더는 방법으로 한다.	국가기업리익금과 협동단체리익금의 계산은 **조성된 리윤 또는 소득**에서 한다.	제26조 (리익금의 계산방법)
	협동단체리득금의 계산은 조성된 소득에 정한 납부비률을 적용하여 한다.	대상에 따라 판매수입금 또는 봉사료금에서 계산할수 있다.	
제22조 (순소득 또는 소득의 계산방법)	**순소득**은 총판매수입금에서 원가 같은것을 덜고 확정한다.	**리윤**은 판매수입금 또는 봉사료금에서 원가, 거래수입금 또는 봉사료수입금 같은 것을 덜고 확정한다.	제27조 (리윤 또는 소득의 계산방법)
		거래수입금과 봉사료수입금이 적용되지 않는 지표에 대한 리윤은 판매수입금 또는 봉사료금에서 원가 같은 것을 덜고 확정한다.	
	소득은 총판매수입금에서 생활비를 공제한 원가를 덜고 확정한다.	소득은 판매수입금에서 생활비를 공제한 원가를 덜고 확정한다.	
제27조 (국가예산납부에서 특혜보장)	국가의 투자를 받지 않고 생산, 경영활동을 하는 기관, 기업소, 단체에는 국가예산납부금을 일정한 기간 줄여줄수 있다.	국가의 투자를 받지 않고 생산, 경영활동을 하거나 국가적으로 돌봐주어야 할 기관, 기업소, 단체에는 국가예산납부금을 줄여주거나 **면제하여줄수 있다.**	제32조 (국가예산납부에서 특혜보장)

국가예산수입법은 2024년 국정원의 북한법령집에는 2011년 개

정된 법이 최신의 법으로 수록되어 있으나, 내각 기관지인 민주조선의 2025년 2월 「국가예산수입법」 해설에는 "국가예산수입은 거래수입금, 국가기업리득금, 협동단체리득금, 감가상각금, 부동산사용료, 사회보험료, 재산판매 및 가격편차수입금, 집금, 기타수입금 같은것으로 이루"[89] 어진다고 설명하고 있다. 예산수입의 대상이 2011년 국가예산수입법에서 변화가 생겼다. 국가기업리익금이 국가기업리득금으로 수정하고, 집금이 추가 되었다. 이외의 보도에서 국가예산수입법이 개정되었다는 보도는 찾을 수 없었다. 다만, 2020년 국가예산집행의 결산과 2021년 국가예산에 대해 "지난해에 비하여 100.9%로 장성할것으로 예견하였으며 그가운데서 예산수입의 기본항목인 거래수입금은 100.8%로, 국가기업리익금은 101.1%로 늘어나 수입총액의 83.4%를 차지"한다고 보도한다.[90] 그러나 다음해인 2021년 국가예산집행의 결산과 2022년 국가예산에 대해 "지난해보다 100.8%로 장성할것으로 예견하였으며 그가운데서 예산수입의 기본항목인 거래수입금은 100.6%, 국가기업리득금은 100.9% 늘어나 수입총액의 83.5%를 차지"하고 "그밖에 협동단체리득금은 100.4%, 감가상각금은 100%,부동산사용료는 100.3%, 사회보험료는 100.2%, 재산판매 및 가격편차수입은 100%, 집금수입은 6.8배, 기타 수입은 100.2%, 특수경제지대수입은 100%로 집행할것으로 예견"한다고 보도하고 있다.[91] 위의 두 보도를 보면 2021년 1월 18일과 2022년 2월 8

89 "<법규해설> 국가예산수입법에 대하여(1)," 『민주조선』, 2025년 2월 21일.

90 "조선민주주의인민공화국 주체109(2020)년 국가예산집행의 결산과 주체110(2021)년 국가예산에 대하여," 『로동신문』 2021년 1월 18일.

91 "조선민주주의인민공화국 주체110(2021)년 국가예산집행의 결산과 주체111(2022)년 국가예산에 대하여," 『로동신문』 2022년 2월 8일.

일 사이에 국가예산수입법의 개정이 있었던 것으로 추정된다.[92]

국가기업리득금은 2005년 제정시부터 2011년 개정전까지 유지되었다가 거래수익금과 국가기업리익금으로 대체되었다. 그러나 이번 개정에는 거래수익금은 유지하고 국가기업리익금을 국가기업리득금으로 대체하고 납부기준을 변경하였다. 국가거래수입금은 봉사료수입금을 통합하여 과세표준이 사회순소득의 일부와 봉사료에 들어있는 순수입의 일부를 규정하였다.

이번 개정에서 추가된 '집금'은 납부대상에 대한 설명이 없다.[93] 다만 2022년 이후 집금수입의 증가가 2022년은 6.8배, 2023년은 100.2%[94], 2024년 100.4%[95], 2025년 100.2%[96]로 예상하였다. 이로부터 유추할 수 있는 것은 2021녀에서 2022년에는 기존 집금의 납부대상에 변경으로 6.8배로 증가하였고, 2023년 이후는 예산수입 증가의 평균 수준을 유지한다.

92 국가예산수입법은 재정법과의 관련이 높아 2021년 8월 재정법 개정때 함께 개정되었을 것으로 보는 것이 합리적 추론일 것이다.

93 용어로 볼 때 집금소의 수입으로 추정해 볼 수 있으나 확실하지 않다. 일반적으로 조선에서 '집금'은 현금을 받아들이는 것을 의미한다. 집금수입에 대해서는 향후 추가 조사를 통해 확인해야할 과제로 남겨둔다.

94 "조선민주주의인민공화국 주체111(2022)년 국가예산집행의 결산과 주체112(2023)년 국가예산에 대하여," 『로동신문』 2023년 1월 19일.

95 "조선민주주의인민공화국 주체112(2023)년 국가예산집행의 결산과 주체113(2024)년 국가예산에 대하여," 『로동신문』 2024년 1월 16일.

96 "조선민주주의인민공화국 2024년 국가예산집행의 결산과 2025년 국가예산에 대하여," 『로동신문』 2025년 1월 24일.

표 4-44 국가예산수입법(2021)의 변화

조항(2011)	국가예산수입법(2011)	국가예산수입법(2021) 추정
제2조 (국가예산수입의 정의)	국가예산수입은 거래수입금, 국가기업리익금, 협동단체리익금, 봉사료수입금, 감가상각금, 부동산사용료, 사회보험료, 재산판매 및 가격편차수입금, 기타수입금으로 이루어진다.	국가예산수입은 거래수입금, **국가기업리득금**, 협동단체리득금, 감가상각금, 부동산사용료, 사회보험료, 재산판매 및 가격편차수입금, **집금**, 기타수입금 같은것으로 이루어진다.
제10조 (국가예산수입부문 일군의 자격)	국가예산수입부문의 일군으로는 해당한 자격을 가진자만이 될수 있다.	국가예산수입부문의 일군으로는 해당한 자격을 가진 대상만이 될수 있다.
제11조 (국가예산납부자료등록의 기본요구)	생산, 경영활동을 하는 기관, 기업소, 단체는 **판매수입계획**, 원가계획, 순소득 또는 소득계획, 리윤계획, 국가예산납부계획, 은행돈자리번호 같은 국가예산납부자료를 해당 재정기관에 제때에 정확히 등록하여야 한다.	생산, 봉사활동을 하는 기관, 기업소, 단체는 **수입총액계획**, 원가계획, 국가예산납부계획, 은행돈자리번호 등 국가예산납부자료를 해당 재정기관에 제때에 정확히 등록하여야 한다.
제12조 (국가예산납부자료의 등록신청문건 제출)	해당 기관, 기업소, 단체에 소속되여 다른 지역에서 생산, 경영활동을 할 경우에는 그 지역을 관할하는 은행기관에 돈자리를 개설하고 등록신청문건을 따로 내야 한다.	해당 기관, 기업소, 단체에 소속되여 다른 지역에서 생산, 봉사활동을 할 경우에는 그 지역의 **재정기관에 국가예산납부자료를 제출**하여야 한다.
		국가예산납부등록증을 발급받아야 할 기관, 기업소, 단체는 국가예산납부등록증 발급신청문건도 함께 내야 한다.(조문 분리 신설)
제15조 (국가예산납부등록증의 발급)	해당 재정기관은 등록이 결정된 국가예산납부자료를 등록하여야 한다.	국가예산납부등록증 발급신청문건을 접수한 재정기관은 신청문건과 자료를 확인한 다음 국가예산납부등록대장에 등록하고 국가예산납부등록증을 발급하여야 한다.
	이 경우 승인을 받아 업종밖의 생산, 봉사활동을 하는 기관, 기업소, 단체에는 국가예산납부등록증을 발급한다.	국가예산납부등록증양식은 중앙재정지도기관이 정한다.

제18조 (판매수입금과 국가예산납부조성액의 신고)	기관, 기업소, 단체는 판매수입금과 국가예산납부조성액을 재정기관과 해당 기관에 정확히 신고하여야 한다.	기관, 기업소, 단체는 수입총액과 국가예산납부조성액을 해당 기관에 정확히 신고하여야 한다.
	판매수입금과 국가예산납부조성액에 대한 신고를 허위로 할수 없다.	**수입총액**과 국가예산납부조성액에 대한 신고를 허위로 할수 없다.
제19조 (국가예산납부등록증의 위조와 팔고사기 금지)	기관, 기업소, 단체는 국가예산납부등록증을 위조하거나 팔고사지 말아야 한다.	국가예산납부등록증을 위조하거나 팔고사지 말아야 하며 **전표, 벌금통지서 같은것에 대하여 해당 재정기관의 경유**를 받아야 한다.
	국가예산납부등록증을 오손시켰거나 분실하였을 경우에는 제때에 재발급받아야 한다.	**기관, 기업소, 단체는 소속이 변경**되였거나 국가예산납부등록증을 오손시켰거나 분실하였을 경우 국가예산납부등록증을 재발급받아야 한다.
제20조 (거래수입금과 봉사료수입금의 정의, 납부대상)	거래수입금은 소비품의 가격에 들어있는 사회순소득의 일부를, 봉사료수입금은 봉사료에 들어있는 순수입의 일부를 국가예산에 동원하는 자금이다.	**거래수입금**은 소비품의 가격에 들어있는 사회순소득의 일부와 봉사료에 들어있는 순수입의 일부를 국가예산에 동원하는 자금이다.
	기관, 기업소, 단체는 조성된 거래수입금과 봉사료수입금을 국가예산에 제때에 납부하여야 한다.	기관, 기업소, 단체는 **소비품판매수입** 또는 봉사료수입의 일부를 거래수입금으로 국가예산에 납부하여야 한다.
제21조 (거래수입금과 봉사료수입금의 계산 방법)	**거래수입금**과 봉사료수입금의 계산은 소비품판매수입금과 봉사를 제공하고 받은 류금에 정한 비률을 적용하여 한다.	거래수입금의 계산은 **소비품판매수입금** 또는 봉사료금에 정해진 비률을 적용하여 한다.
제23조 (적용하는 납부비률)	거래수입금과 봉사료수입금에는 중앙재정지도기관이 정한 납부비률을 적용한다.	거래수입금률은 중앙재정지도기관이 정한다.
	대상에 따라 중앙재정지도기관의 승인을 받아 해당 재정기관도 거래수입금과 봉사료수입금의 납부비률을 정할수 있다.	중앙재정지도기관은 부문과 대상의 특성에 맞게 거래수입금률을 합리적으로 정해주어야 한다.
		기관, 기업소, 단체는 예산소속에 따라 거래수입금을 제때에 국가예산에 납부하여야 한다.
		해당 재정기관은 거래수입금납부정형을 정상적으로 료해하고 납부시켜야 한다.

제25조 (국가기업리익금과 협동단체리익금의 정의, 납부대상)	기관, 기업소, 단체는 **리윤 또는 소득의 일부**를 소유형태에 따라 국가기업리익금 또는 협동단체리익금으로 국가예산에 납부하여야 한다.	기관, 기업소, 단체는 **수입의 일부**를 소유형태에 따라 국가기업리득금 또는 협동단체리득금으로 국가예산에 납부하여야 한다.
제29조 (리익금의 경상납부)	국가기업리익금과 협동단체리익금의 경상납부는 재정계획에 반영된 국가기업리익금 또는 협동단체리익금이 판매수입계획에서 차지하는 비률에 따라 판매수입금이 조성될 때마다 한다.	**국가기업리득금과 협동단체리득금**의 경상납부는 재정계획에 반영된 국가기업리득금 또는 협동단체리득금이 수입계획에서 차지하는 비률에 따라 수입금이 조성될 때마다 하거나 재정기관이 정한 기일안에 한다.
제30조 (리익금의 확정납부)	국가기업리익금과 협동단체리익금의 확정납부는 달마다 리윤 또는 소득에 따라 다음달 10일까지 하며 미납액은 5일안으로 추가납부하고 과납액은 재정기관에서 반환받거나 다음달 바칠 몫에서 공제납부한다.	**국가기업리득금과 협동단체리득금**의 확정납부는 달마다 수입에 따라 다음달 10일까지 하며 미납액은 5일안으로 추가납부하고 과납액은 재정기관에서 반환받거나 다음달 바칠 몫에서 공제납부한다.
제40조 (부동산사용료의 납부항목)	부동산사용료의 납부항목에는 농업토지사용료, 부지사용료, **생산건물사용료**, 어장사용료, 수산자원증식장사용료, **자동차도로시설사용료**, 자원비 같은것이 속한다.	부동산사용료에는 농업토지사용료, 부지사용료, **건물사용료**, 어장사용료, 수산자원증식장사용료, **도로사용료, 자원사용료, 기타 부동산사용료** 같은것이 속한다.

신설조항으로 추정되는 "국가예산관리의 정보화는 시대적요구에 맞게 국가예산수입사업을 개선하기 위한 중요한 사업"이며, "국가는 국가예산관리를 위한 실시간적인 정보체계를 구축하는것을 비롯하여 국가예산관리의 정보화를 높은 수준에서 실현하도록 한다"는 내용은 기존의 조문과 비교할 때 제7조의 국가예산납부문건관리의 원칙을 대체하거나 보완한 것으로 추정된다.

표 4-45 국가예산수입법의 변화 요약[97]

구분	2005년(제정)	2007년, 2008년	2011년	2021년(추정)
예산수입 명칭	국가기업리득금		거래수익금, 국가기업리익금	거래수익금, 국가기업리득금
예산수입 원천	소득	순소득 또는 소득	거래수입금: 사회순소득 국가기업리익금: 이윤 또는 소득	거래수입금: 사회순소득과 봉사료 순수입 국가기업리득금: 조성된 수입의 일부
예산수입 산정방식	국가기업리득금: 총판매수입에서 생활비 제외한 원가를 뺀 소득에 정한 비율을 적용	국가기업리득금: 순소득에서 자체 충당금, 지방유지금을 뺀 금액	거래수입금: 소비품판매수입에 정한 비율 적용 국가기업리익금: 조성된 이윤 또는 소득에서 함	거래수입금: 소비품판매수입금 또는 봉사료금에 정해진 비률 국가기업리득금: 중앙재정지도기관이 정한 부문별납부비률
적용비율	재정계획에 반영된 소득에 대한 납부비율과 중앙재정지도기관이 따로 정한 납부비율을 적용			
토지사용료 및 부동산사용료	토지사용료 신설 토지를 이용해 생산한 생산물 판매수입금 일부를 국가예산에 동원	부동산사용료로 확대 국가의 부동산을 이용하는 대가로 국가예산에 납부 토지, 건물, 자원 등을 대상		부동산사용료: 기타 부동산사용료 추가
사회 보험료	기업소, 협동단체의 공동자금과 종업원의 노동보수자금			근로자의 노동보수자금

97 양문수 외, 『북한경제 공식문헌 해제』(세종: 기획재정부, 2024) 333쪽.의 표를 참고하여 필자 수정.

종업원의 소득분배 정책: 로동정량법과 로동보수법

로동정량법

기업소법의 제48조는 노동정량의 제정과 적용에 대해 기업소는 "로동정량을 과학적으로 적용"(2010)할 것을 규율하고, 2014년에는 "로동정량을 과학적으로 제정, 적용, 갱신"으로 개정하고, 2015년에는 "표준로동정량에 기초하여 로동정량을 과학적으로 제정, 적용, 갱신"으로, 2020년에는 "국가표준로동정량에 기초하여 자체로 제정한 종합 및 세부로동정량을 해당 로동정량제정기관에 등록하고 적용하며 기술집약형, 노력절약형의 원칙에서 로동정량을 끊임없이 갱신"하는 것으로 개정한다. 즉, 노동정량의 적용(2010) → 기업소의 노동정량 제정·적용·갱신(2014) → 표준노동정량의 기초로 기업소의 노동정량 제정·적용·갱신(2015) → 국가표준노동정량의 기초로 기업소의 종합·세부노동정량 제정·등록·적용·갱신(2020)으로 변화한다.

기업소법의 변화로만 보면 2015년에 표준노동정량, 2020년에 국가표준노동정량에 기업소가 제정한 노동정량을 등록·적용·갱신하는 것으로 보일 수 있다. 그런데 사회주의로동법(1999)에서 노동정량에 대해 "국가는 인민경제부문별로 대안의 사업체계의 요구에 맞게 기업관리가 정규화, 규범화되고 생산이 정상화된 표준공장을 꾸리고 거기서 측정한 자료를 기초로 하여 국가표준로동정량을 제정"하며, "국가기관, 기업소, 사회협동단체는 국가표준로동정량을 자로 하여 발전하는 현실과 구체적실정에 맞게 과학적이며 선진적인 로동정량을 정하고 그것을 정확히 적용하며 끊임없이 갱신하여야 한다(제42조)고 규율하고 있다. 이미 국가표준노동정량을 제정하여 적용하고 있다. 다만 기업소가 이미 제정된 표준노동정량에 적용하기만 하는 것이 아니라 자체의 실정에 맞게 노동정량을 제정·등록·적용·갱신하는 것을 의미한다.

조선은 2009년 12월에 로동정량법을 제정하고 2015년, 2020년에 2회 개정한다. 로동정량법은 "로동정량의 제정과 적용에서 제도와 질서를 엄격히 세워 로동을 과학적으로, 합리적으로 조직하고 로동의 효과성을 높이며 사회주의경제건설을 다그치는데 이바지"(제1조)하는 것을 법의 사명으로 하고 있다. 로동정량법은 4개 장, 33개 조항으로 구성되어 있으며, 법의 기본(제1장), 노동정량사업에 대한 지도통제(제4장) 외에 노동정량의 제정(제2장)과 노동정량의 적용(제3장)을 규율하고 있다.

노동정량은 일정한 작업조건에서 단위시간에 수행하여야 할 노동기준이며 노동의 결과를 평가하는 척도이고, 종합로동정량과 세부로동정량, 노력배치기준 같은것이 있다(제2조). 종합로동정량은 단위제품생산 또는 작업을 수행하는데 필요한 총체적인 노동시간소비기준으로서 그것은 제품단위당 기본생산노력기준과 봉사노력기준의 총화에 의하여 규정하고, 세부노동정량은 개별적작업 또는 생산조작에 대한 노동정량이며 그것은 다른 노동정량의 기초가 된다. 사회주의경제관리에서 노동정량은 노동계획을 세부적으로 세우고 노동조직과 생활비조직을 합리적으로 하며 노동의 결과를 정확히 평가할수 있게 하는 기초로서, 표현형식에 따라 현물노동정량과 시간노동정량으로 구분하고, 포괄범위와 내용에 따라 세부노동정량, 기본생산노력기준, 봉사노력기준, 종합노동정량 등으로 구분한다.[98]

노동정량의 제정과 관련하여 로동정량법(2009)이 규율하는 내용

98 『조선대백과사전 프로그람』(2001), 올림말: 로동정량.

을 보면, 노동정량은 표준노동정량과 기업소의 노동정량으로 나누고, 표준노동정량은 노동정량제정기관이, 기업소의 노동정량은 해당 기업소가 제정한다(제10조, 로동정량제정의 담당자). 표준노동정량과 관련하여 노동정량제정기관은 기업관리가 정규화, 규범화되고 생산이 정상화된 표준단위를 바로정하고 그 단위에서 이룩된 노동실적과 측정자료에 기초하여 표준노동정량을 제정하여야 하며, 표준단위가 없을 경우에는 해당부분의 단위가운데서 노동생산능률이 높은 단위의 노동실적과 측정자료에 기초하여 노동정량을 제정할수 있다(제11조, 표준로동정량의 제정방법). 표준노동정량을 표준노동정량제정과제에 따라 제정하여야 하고, 중앙노동정량지도기관은 표준노동정량제정과제를 정확히 작성하여 노동정량제정기관에 내려보내야 한다(제12조, 표준로동정량제정과제에 따르는 로동정량제정).

기업소의 노동정량은 표준노동정량을 자로 하여 발전하는 현실과 구체적 실정에 맞게 제정하며, 해당기업소는 제품별, 작업공정별에 따라 노동정량제정대상과 방법을 바로 정하고 종합노동정량, 세부노동정량, 노력배치기준, 작업량과제 같은것을 구체적으로 제정하여야 하며(제13조, 기관, 기업소, 단체의 로동정량제정), 제정한 노동정량은 중앙노동정량지도기관의 심의를 받으며, 이 경우 노동정량제정기관과 해당 기업소는 노동정량심의신청문건을 만들어 상급기관을 통하여 중앙노동정량지도기관에 내야 한다(제14조, 로동정량 심의신청). 종합노동정량은 현물지표별단위제품당 기업소적인 총체적인 산노동지출기준, 종합노동정량은 현물지표별 단위제품생산에 필요한 기본생산노동자들의 산노동지출뿐아니라 종합노동정량타산에 포함되는 기업소의 모든 일군들과 근로자들의 산노동지출시간을 반영한 노동정량을 말한다.[99] 세부노동정량은 한사람의 노동자 또는 일정한 노동자집단이 수행하는 세부적인 작업에 대하여 정해진 노동정량을 의미한다.[100] 노동정량심의신청문건을 접수한 중앙노동정량지도기관은 노동정량을 제때에 심의하여야하며, 이 경우 해당기업소에 심의에 필요한 자료를 요구할수 있고, 해당 기업소는 중앙노동정량지도기관에서 요구하는 자료를 제때에 내야 하며(제15조, 로동정량의 심의), 중앙노동정량지도기관은 노동정량을 정확히 심의하고 승인 또는 부결하는 결정을 하여야하고, 심의결과는 제때에 노동정량제정기관과 해당기업소에 알려주어야 한다(제16조, 로동정량심의결과의 통지). 해당기업소는 승인받은 노동정량을 해당 지역의 통계기관과 은행기관에 등록하여야 하고, 필요에 따라 중앙노동정량지도기관의 승인을 받아 노동정량의 재사정주기를 앞당기거나 늦출수 있다(제17조, 로동정량의 통계기관, 은행기관등록). 노동정량제정기관과 해당 기업소는 노동정량을 2년주기로 재사정하여야 하고, 필요에 따라 중앙노동정량지도기관의 승인을 받아 노동정량의 재사정주기를 앞당기거나 늦출수 있다(제18조, 로동정량의 재사정).

로동정량법의 변화를 살펴보자. 로동정량법의 기본(제1장)에서 법규범의 변화는 기업소의 노력절약형, 원가절약형, 기술집약형 전환이란 전략적 요구에 대한 변화를 반영하였다. 로동정량의 제정(제2장)에서 변화는 기준으로 표준노동정량을 명확히 하고, 그에 따른 조문의 변경을 반영하였다. 노동정량의 갱신주기에 대해 '2년 단위'의 규정에서 이전 보다 유연하게 '제때에' 하는 것으로 자율성이 확

99 박명길 외,『경제일군참고수첩』(2014), 105-106쪽.
100 박명길 외,『경제일군참고수첩』(2014), 104쪽.

대되었다. 로동정량의 적용(제3장)에서는 임시노동정량의 적용기간이 '1개월'에서 '3개월'로 확대되었다. 또한 노동정량의 적용이 '승인'이 아니고 '등록'으로 수정되고, 노동정량 변경에 대해 등록기관이 대상에 따라 상급기관 또는 중앙노동정량지도기관으로 달라졌다. 노동정량에 기초한 노동의 평가 과정을 구체화하였다.

로동정량법의 위반 행위에 대해 다소의 변화가 생겼다. 특히 '등록된 노동정량을 확인하지 않고 노력을 계획화하거나 계획수행률평가를 하며 노동보수자금을 지출하였을 경우'에 행적적 처벌을 받게 된다.

표 4-46 로동정량법의 변화(2009, 2015, 2020)

조항	로동정량법(2009)	로동정량법(2015, 2020)
제4조(로동정량제정원칙)	국가는 로동정량사업에서 군중로선을 확고히 견지하고 근로자들의 사상의식수준, 새로운 과학기술의 성과 같은것을 정확히 타산한데 기초하여 과학적이며 선진적인 로동정량을 제정하도록 한다.	국가는 로동정량사업에서 군중로선을 확고히 견지하고 근로자들의 사상의식수준과 **기술기능수준**, 새로운 과학기술의 성과 같은것을 정확히 타산한데 기초하여 과학적이며 선진적인 로동정량을 제정하도록 한다.(2015)
제7조(로동정량의 갱신원칙)	국가는 근로자들의 사상의식수준과 기술기능수준이 높아지고 인민경제의 현대화, 과학화, 정보화가 적극 추진되는데 맞게 로동정량을 끊임없이 갱신하도록한다.	국가는 근로자들의 사상의식수준과 기술기능수준이 높아지고 인민경제의 현대화, 과학화, 정보화가 적극 추진되는데 맞게 로동정량을 끊임없이 갱신하여 **기관, 기업소, 단체들을 로력절약형, 원가절약형, 기술집약형 기관, 기업소, 단체로 전환하도록** 한다.(2020)
제11조(표준로동정량의 제정 방법)	표준단위가 없을 경우에는 해당부분의 단위가운데서 로동생산능률이 높은 단위의 로동실적과 측정자료에 기초하여 로동정량을 제정할수 있다.	표준단위가 없을 경우에는 해당 부문의 단위가운데서 로동생산능률이 높은 단위의 로동실적과 측정자료에 기초하여 **표준로동정량**을 제정할수 있다.(2020)

제14조 (표준로동정량의 심의 신청)	제정한 로동정량은 중앙로동정량지도기관의 심의를 받는다.	제정한 표준로동정량은 중앙로동정량지도기관의 심의를 받는다.(2015)
	이 경우 로동정량제정기관과 **해당 기관, 기업소, 단체**는 로동정량심의신청문건을 만들어 상급기관을 통하여 중앙로동정량지도기관에 내야 한다.	이 경우 로동정량제정기관은 표준로동정량심의신청문건을 만들어 중앙로동정량지도기관에 내야 한다.(2015)
제17조 (로동정량의 등록)	필요에 따라 중앙로동정량지도기관의 승인을 받아 로동정량의 재사정주기를 앞당기거나 늦출수 있다.	2015년 삭제
제18조 (로동정량의 갱신)	로동정량제정기관과 해당 기관, 기업소, 단체는 로동정량을 2년주기로 재사정하여야 한다.	로동정량제정기관과 해당 기관, 기업소, 단체는 로동정량을 **정상적으로 검토하고 제때에 갱신하여야 한다.**(2015)
	필요에 따라 중앙로동정량지도기관의 승인을 받아 로동정량의 재사정주기를 앞당기거나 늦출수 있다.	갱신한 로동정량은 대상에 따라 해당 상급기관 또는 중앙로동정량지도기관에 등록하여야 한다.(2015)
제21조 (림시로동정량의 적용)	림시로 제정한 로동정량은 1개월이상 적용할수 없다.	림시로 제정한 로동정량은 **3개월이상** 적용할수 없다.(2015)
	림시노동정량을 1개월이상 적용하려 할 경우에는 대상에 따라 상급기관 또는 중앙로동정량지도기관의 승인을 받는다.	림시로동정량을 3개월이상 적용하려 할 경우에는 상급기관에 등록한다.(2015)
제23조 (등록된 로동정량과 달리 적용하려 할 경우)	기관, 기업소, 단체는 부득이한 사정이 생겼을 경우 로동정량을 고쳐 적용할수 있다.	기관, 기업소, 단체는 부득이한 사정으로 등록된 로동정량을 고쳐 적용하려 할 경우 대상에 따라 상급기관 또는 중앙로동정량지도기관에 재등록하여야 한다.(2015)
	이 경우 대상에 따라 상급기관 또는 중앙로동정량지도기관의 승인을 받아야 한다.	2015년 삭제
제26조 (로동정량에 기초한 로동의 평가)	로동정량과 다르게 로동의 결과를 평가하거나 로동보수를 지불하는 행위를 할수 없다.	계획기관은 중앙로동정량지도기관이 보낸 로동정량등록종합자료에 따라 로력을 계획화하고 통계, 은행기관은 등록된 로동정량을 확인한데 기초하여 계획수행률을 평가하며 로동보수자금을 지출하여야 한다.(2020)

제32조 (행정적 책임)	다음의 경우에는 기관, 기업소, 단체의 책임있는 일군과 개별적공민에게 정상에 따라 해당한 행정처벌을 준다. 1. 로동정량에 대한 심의승인을 바로하지 않아 손해를 주었을 경우 2. 로동정량을 망탕 제정, 적용하여 손해를 주었을 경우 3. 승인되지 않은 로동정량을 적용하여 손해를 주었을 경우 4. 승인없이 림시로동정량을 1개월이상 적용하였을 경우 5. 로동정량을 제때에 재사정하지 않아 손해를 주었을 경우 6. 로동결과에 대한 평가와 로동보수지불을 로동정량과 다르게 하였을 경우 7. 승인된 로동정량을 마음대로 고쳐 적용하였을 경우 8. 이밖에 로동정량제정 및 적용질서를 어겨 손해를 주었을 경우	다음의 경우에는 기관, 기업소, 단체의 책임있는 일군과 개별적공민에게 정상에 따라 해당한 행정처벌을 준다. 1. 표준로동정량에 대한 심의승인을 바로하지 않아 손해를 주었을 경우 2. 로동정량을 망탕 제정, 적용하여 손해를 주었을 경우 **3. 등록하지 않은 로동정량을 적용하여 손해를 주었을 경우(2015)** **4. 림시로동정량을 등록하지 않고 3개월이상 적용하였을 경우(2015)** 5. 로동정량을 제때에 갱신하지 않아 손해를 주었을 경우 6. 로동결과에 대한 평가와 로동보수지불을 로동정량과 다르게 하였을 경우 7. 등록된 로동정량을 마음대로 고쳐 적용하였을 경우 **8. 등록된 로동정량을 확인하지 않고 로력을 계획화하거나 계획수행률평가를 하며 로동보수자금을 지출하였을 경우(2020)** 9. 이밖에 로동정량제정 및 적용질서를 어겨 손해를 주었을 경우

로동보수법

「기업소법」에서 노동보수와 관련한 규율은 "사회주의분배원칙의 요구에 맞게 사회주의로동보수제를 정확히 실시"(2010)할 것을 규율한다. 2014년에는 "기업소는 로동보수자금을 소득에서 분배하는것을 기본으로 하면서 경영수입과 소득을 끊임없이 늘여 로동보수자금의 분배규모를 종업원들의 생활을 원만히 보장할수 있는 수준으로 끌어올려야 함"을 추가한다. 2020년 수정에서는 "사회주의분배원칙의 요구에 맞게 사회주의적로동보수제를 정확히 실시하여 로동보수원천을 늘이고 로동보수수준을 체계적으로 높이며 조성된 로동보수원천범위에서 종업원들에게 일한것만큼, 번것만큼 계산지불" 할 것을 규율한다. '사회주의분배원칙'은 노동의 량과 질에 따라 분배하는 것으로 쉽게 말하면 일한것만큼, 번것만큼 분배하는 것, 즉 많이 일하여 많이 번 사람에게는 많은 몫을 분배하여주고 적게 일하고 적게 번 사람에게는 적은 몫을 분배하여 주는 것을 의미한다.[101]

조선은 2020년 9월 로동보수법을 제정하고 2023년에 3월에 1회 개정한다. 로동보수법은 "로동보수적용에서 제도와 질서를 엄격히 세워 사회주의분배원칙의 요구대로 근로자들의 로동실적을 정확히 평가한데 따라 로동보수를 계산 지불함으로써 그들의 로동의욕과 기술기능수준을 높이고 사회주의경제발전과 인민생활향상을 적극 추동하는데 이바지"하는 것을 법의 사명으로 하고 있다. 로동보수법(2023)은 5개 장, 45개 조항으로 구성된다. 로동보수법은 법의 기본(제1장)과 로동보수부문사업에 대한 지도통제(제5장)을 포함하여 로동보수기준제정(제2장), 로동보수지불(제3장), 농장에서의 로동보수(제4장) 등을 규율하고 있다. 제2조는 법에서 사용되는 용어에 대한 정의를 명확히 하고 있다. ①사회주의노동보수제는 "근로자들의 자주적이며 창조적인 생활을 물질적으로 보장해줄 목적으로 사회와 집단을 위하여 근로자들이 지출한 로동의 량과 질에 따라 로동보수를 계산지불하는 사회주의분배제도"이고, ②노동보수는 "사회와 집단을 위하여 지출한 로동의 량과 질에 따라 근로자들에게 주는 사회총생산물의 분배몫"이고, ③생활비는 "근로자들이 로동생활과정에 소모한 육체적 및 정신적힘을 보상하면서 그들에게 보다 유족하고 문명한 물질 문화생활을 보장하기 위하여 지불하는 로동보수의 기본형태"이고, ④가급금은 "생활비만으로는 일률적으로 해결할수

101 "사회주의적농촌경리의 정확한 운영을 위하여: 강서군 청산리당총회에서 한 연설, 1960년 2월 9일," 『김일성전집 25』(평양: 조선로동당출판사, 1999), 111쪽.

없는 특수한 조건인 로동년한, 로동조건, 우대조건 같은것을 고려하여 근로자들에게 생활비밖에 더 주는 추가적인 로동보수지불형태"이고, ⑤상금은 "국가계획을 비롯한 경제지표를 질량적으로 넘쳐 수행하고 국가에 리익을 준 근로자들에게 생활비밖에 더 주는 추가적인 로동보수지불형태"이고, ⑥장려금은 "로동정량과 제품의 질, 설비리용률을 높이고 자재를 절약하여 국가계획이나 기술경제적기준을 넘쳐 수행하고 국가에 리익을 준 근로자들에게 생활비밖에 더 주는 추가적인 로동보수지불형태"이다. 이 외에 결산분배와 노력일에 대한 정의를 규정하고 있다. 상금제는 생산계획을 넘쳐 수행한데 따르는 상금, 인민소비품을 생산한데 따르는 상금, 노력혁신자들에게 주는 상금, 사회주의경쟁표창금, 로동정량을 높인데 따르는 상금 등이 있다. 특히 사회주의경쟁표창금은 사회주의경쟁에서 우승한 단위와 개별적일군들에게 해당 우승기와 함께 지불하는 상금으로, 내각에서 조직하는 사회주의경쟁에서 우승기와 함께 주는 사회주의경쟁표창금은 국가예산에서 지불하며 이 상금은 월생활비기준액의 100%범위에서 계산지불한다.[102] 장려금은 일을 잘한 개별적일군들에게 물질생활조건보장의 기본원천인 생활비외에 순소득에 의한 물질적보수를 보충적으로 더 분배하여준다는 의미에서 추가적이며 보충적인 노력보수형태이며, 근로자들이 국가계획에 의하여 부여된 의무를 집행하고 그 이상의 노력적 기여를 한데 대한 물질적평가이다.[103]

로동보수기준제정(제2장)과 관련한 규율내용을 살펴보면, 노동

102 박명길 외, 『경제일군참고수첩』(2014), 112-113쪽.
103 백순영, "장려금제실시에서 제기되는 원칙적요구," 『경제연구』 1997년 2호.

보수기준을 과학적으로 제정하는것은 기관, 기업소, 단체가 종업원에게 노동보수를 정확히 계산지불하도록 하기 위한 선결조건이며, 노동보수기준은 노동의 량과 질, 노동의 힘든 정도, 기술경제적효과성 같은것을 정확히 타산한데 기초하여 제정한다(제6조, 로동보수기준제정의 기본요구). 노동보수기준제정과 관련한 사업은 내각의 통일적인 지도밑에 중앙노동행정지도기관이 맡고, 중앙노동행정지도기관이 정한 범위에서 해당 기관, 기업소, 단체도 노동보수기준을 정할수 있으며(제7조, 로동보수기준제정기관), 노동보수기준제정기관은 생활비기준, 가급금기준, 상금, 장려금기준같은 노동보수기준을 부문별, 업종별, 직종별, 직제별, 급수별로 나누어 정액 또는 정률로 정하여야 한다(제8조, 로동보수기준제정).

중앙노동행정지도기관은 종업원이 노동과정에 소모하는 육체적 및 정신적힘을 보상하고 본인 및 부양가족의 생활을 보장하는 원칙으로 생활비기준표, 직종 및 기능등급표, 기능등급사정기준표 같은것으로 구분하여 생활비기준을 정한다(제9조, 생활비기준제정). 또한 특수한 노동조건에 대한 생활비등급균형을 보장하는 원칙으로 년한가급금, 노동조건가급금, 우대가급금으로 구분하여 가급금기준을 정한다(제10조, 가급금기준제정). 기업소는 중앙노동행정지도기관이 정한 상금, 장려금형태와 제정원칙에 준하여 자체의 실정에 맞게 상금, 장려금기준을 정하여야 한다(제11조, 상금, 장려금기준제정).

노동보수기준제정기관은 인민경제발전과 노동생산능률의 장성에 상응하게 노동보수기준을 정기적으로 갱신하여야 하며, 중앙노동행정지도기관은 기업소의 노동보수기준적용정형을 정상적으로 료해하고 대책을 세우며(제12조, 로동보수기준의 갱신), 제정한 노동보수기준을 해당 기업소에 제때에 시달하여야 한다(제13조, 로동보수기준의 시달). 국가계획기관과 중앙통계기관, 해당 기업소는 생계조사자료, 세대수 및 인구자료, 인민경제계획 및 실적자료, 노동보수적용자료같은 노동보수기준제정과 관련하여 중앙노동행정지도기관이 요구하는 자료를 제때에 보장하여야 한다(제14조, 로동보수기준제정을 위한 자료보장).

노동보수지불과 관련한 주요 규율내용은 기업소는 노동실적을 정확히 평가한데 따라 종업원의 물질문화생활조건을 충분히 보장하는 원칙에서 노동보수를 계산지불하여야 하며, 노동보수는 생활비, 가급금, 상금, 장려금형태로 지불하고(제15조, 로동보수지불의 기본요구), 노동보수계산지불방법은 기업소가 정하되, 중앙노동행정지도기관이 정한 기준에 따라 부문별, 공정별, 작업별, 개인별에 따르는 노동결과평가기준과 일별노동실적평가기록절차와 방법, 생활비, 가급금, 상금, 장려금의 계산지불절차와 방법같은것을 내부사업 준칙에 반영하고 정확히 적용하여야 한다(제17조, 로동보수계산지불방법). 기업소는 생활비기준과 노동정량에 기초하여 자기 단위의 실정에 맞으면서도 종업원의 직제와 직종, 노동부류, 기능등급, 기술자격급수, 노동실적 같은것을 타산한데 따라 생활비를 정확히 계산지불하여야 한다. 이 경우 노동정량에 따르는 인민경제계획을 수행하고 노동규률을 준수한 종업원에게 생활비기준보다 낮게 생활비를 지불하는 행위를 하지 말아야 한다(제20조, 생활비의 계산지불). 노동보수는 해당 부문과 단위의 경영수입형태와 경영활동의 특성을 고려하여 현금으로 지불하는것을 기본으로 하면서 현물로도 줄수 있다(제25조, 로동보수지불형식과 시기). 기업소는 노동보수를 월마다 계산하여 정해진 기일안에 지불하며 노동보수계산 지불대장에 매 종업원별에 따르는 노동보수계산지불정형을 금액상으로 기록하고 지불받은 종업원의 확인을 받아야 한다(제25조, 로동보수지불형식과 시기). 동원노력에 대한 노동보수금액은 동원노력을 리용하는 기업소와 동원노력이 소속된 기업소가 합의하여 정하거나 해당 노동보수기준에 따라 정한다(제26조, 동원로력에 대한 로동보수).

노동보수를 지불하지 않는 경우는, ①무단결근하였거나 자의대로 작업장을 리탈하였을 경우에는 당일 노동보수를 지불하지 않는다, ②출근은 하였으나 본인의 결함으로 하여 작업실적이 전혀 없는 경우에는 당일 노동보수를 지불하지 않는다, ③정당한 리유없이 한달에 3번이상 지각한 경우에는 3회당 1일분에 해당한 노동보수를 지불하지 않는다, ④사결, 휴직을 한 경우에는 그 기간에 해당한 노동보수를 지불하지 않는다, ⑤억류, 구금, 구류된 경우에는 그 기간에 해당한 노동보수를 지불하지 않는다(제27조, 로동보수를 지불하지 않는 경우).

소결: 창조된 소득의 분배

국가와 기업소 사이의 소득분배

사회주의 기업소에서 창조된 소득은 국가, 기업소, 종업원 세 주체로 분배된다. 「기업소법」 상의 기업소의 경영원칙으로 '객관적경제법칙의 요구에 맞게 경제적공간들을 능숙하게 활용하여 국가에 더 많은 리익을 주기 위한 경제활동'(제4조)을 규정한다. 또한 「기업소법」 제정시 재정관리에서 '국가예산납부의무를 어김없이 수행'할 것을 주문한다(2010. 11월). 이 조문은 이후 법 개정에서 삭제되나 그렇다고 기업소의 '국가예산납부의무'가 삭제된 것은 아니다.

재정법(2002)은 중앙예산의 기본수입원천이 ‘창조된 사회순소득’으로 규정한다. 재정법(2015)은 중앙예산의 기본수입원천을 ‘창조된 순소득 또는 소득’으로 수정한다. 국가예산수입법(2005)는 ‘기업소 소득의 일부’를 국가예산에 납부하도록 규정하였다. 국가예산수입법(2007)는 ‘기업소 순소득 또는 소득의 일부’로 수정하였다. 재정법과 국가예산수입법에서 예산원천에 대한 기준의 변화를 먼저 살펴보자.

표 4-47 재정법상의 ‘소득’ 용어 변화

	2002.5월	2004.4월	2007.3월	2011.12월	2015.4월	2021.8월
국가예산수입원천의 확대(제13조)	국가예산수입원천 확대	국민소득의 확대에 따라				
국가예산수입 확대 방법(제14조)	원가를 낮추고 사회순소득을 더 많이 창조하는 방법		순소득	순소득 또는 소득		사회순소득
중앙예산의 원천(제21조)	창조된 사회순소득			순소득	순소득 또는 소득	사회순소득
지방예산의 원천(제22조)	창조된 사회순소득, 봉사료수입금	사회순소득		순소득	순소득 또는 소득	사회순소득
부문예산	부문예산제 미시행					사회순소득
기업소의 원가(제34조)	경영활동의 지표: 원가	원가와 순소득	경영활동의 지표: 원가			원가조항 삭제
기업소의 이용 소득(제36조)	이윤(=사회순소득 - 국가예산납부)	순소득 - 국가납부몫		(순소득 또는 소득) - 국가납부몫	순소득 - 국가납부몫	경영수입 - 국가예산납부금 - 원가보상(자체의 실정에 맞게)

'사회순소득'과 '순소득'은 사전에서는 동일한 의미로 사용되고 있다. 그러나 재정법 상의 용어에서 '사회순소득'과 '순소득'은 분리하여 사용하고 있다. '사회순소득'은 국가 수준의 서술에서 많이 사용되고, '순소득'은 기업소 수준의 서술에서 사용되는 약간의 경향을 보이고 있다. 국가예산수입법에서는 '사회순소득'을 거래수입금을 규정할 때만 사용하고 있다. 이 둘의 차이를 구분해야 하는지는 명확하지 않다.

표 4-48 국가예산수입법의 '소득' 용어 변화

<table>
<tr><th></th><th>2005.7월</th><th>2007.1월</th><th>2011.11월</th><th>2021년 추정</th></tr>
<tr><td>국가예산납부자료
(제11조)</td><td>판매수입계획, 원가계획, 소득계획, 국가예산납부계획, 은행돈자리번호</td><td>판매수입계획, 원가계획, 순소득 또는 소득계획, 국가예산납부계획, 은행돈자리번호</td><td>판매수입계획, 원가계획, 순소득 또는 소득계획, 리윤계획, 국가예산납부계획, 은행돈자리번호</td><td>수입총액계획, 원가계획, 국가예산납부계획, 은행돈자리번호</td></tr>
<tr><td>거래수입금
(제20조)</td><td colspan="2" rowspan="3">봉사료에 들어있는 순수입의 일부 (소비품판매수입금, 봉사료금) x 정해진 비률</td><td>소비품의 가격에 들어있는 사회순소득의 일부</td><td>소비품의 가격에 들어있는 사회순소득의 일부 + 봉사료에 들어있는 순수입의 일부</td></tr>
<tr><td>봉사료수입금
(제20조)</td><td colspan="2">거래수입금으로 통합</td></tr>
<tr><td>거래수입금 및 봉사료수입금 계산방법</td><td colspan="2">(소비품판매수입금+봉사료금) x 납부비률</td></tr>
<tr><td>국가기업리득금 또는 국가기업리익금의 원천
(제25조)</td><td>소득의 일부
(확정된 소득)</td><td>순소득 또는 소득의 일부</td><td>이윤 또는 소득의 일부</td><td>수입의 일부</td></tr>
</table>

리득금 또는 리익금의 계산방법 (제26조)	{총판매수입금 - (원료 및 자재비, 연료비, 동력비, 감가상각비, 료금 및 수송비, 일반비 등)} x 정한 비률	순소득 - (자체충당금 + 지방유지금)	조성된 이윤 또는 소득 대상에 따라 판매수입금 또는 봉사료금	
리득금의 적용비율	재정계획에 반영된 소득에 대한 납부비률과 중앙재정지도기관이 따로 정한 납부비률	협동단체리득금의 계산은 조성된 소득에 정한 납부비률		중앙재정지도기관이 정한 부문별납부비률
리윤, 순소득의 계산방법(제27조)		총판매수입금 - 원가	(판매수입금 또는 봉사료금)- (원가 + 거래수입금 또는 봉사료수입금)	
소득의 계산방법(제27조)		총판매수입금 - (원가 - 생활비)	판매수입금 - (원가 - 생활비)	
수입금의 계산	생산물판매수입금: 판매가격, 건설조립작업액과 대보수작업액: 설계예산가격, 부가금(상업부가금 등): 판매가격 - 구매가격, 봉사료: 봉사제공료금			

국가와 기업소간의 소득분배에서 크게 변화하는 내용은 '순소득'에서 '순소득 또는 소득'으로, '순소득 또는 소득'에서 '사회순소득'으로 수정되는 내용으로 보인다.

다음의 표4-49는 국가예산수입법이 제정된 2005년부터 2025년까지 국가예산수입체계의 변화단계별로 국가예산수입보고 내용을 부분발췌하여 표로 요약 정리한 것이다.[104]

104 각 일자 『로동신문』의 최고인민회의 국가예산보고 보도(2005년 4월 12일; 2006년 4월 12일; 2007년 4월 12일; 2008년 4월 10일; 2009년 4월 10일; 2010년 4월 10일; 2011년 4월 8일; 2012년 4월 14일; 2013년 4월 2일; 2014년 4월 10일; 2015년 4월

표 4-49 국가예산수입계획 발췌(2005-2010): 국가리득금체계

수입항목	2005	2006	2007	2008	2009	2010
예산수입 계획증가율	15.1	7.1	5.9	4.0	5.2	6.3
국가기업리득금 계획	13.5	14.2	6.4	4.7	5.8	7.7
협동단체리득금 계획	8.4	24.3	4.5	0.4	3.1	4.2
토지사용료/부동산사용료 계획	-	-	15.4	3.1	3.6	2.0
예산수입 집행율	100.8	97.5	100.2	100.6	101.7	101.3
예산수입 장성율	16.1	4.4	6.1	5.7	7	

2011년 국가예산수입법의 체계가 기존의 국가리득금체계에서 거래수입금과 국가이익금 체계로 변경되었다. 2011년의 예산수입계획증가율을 보면 7.5% 증가하고, 2012년은 8.7% 증가한다. 이는 국가리득금체계인 2005년에서 2010년 기간 중 특별히 높았던 2005년의 15.1%를 제외하면 평균을 상회하는 계획증가율이다.

그러나 2013년부터 2020년까지 3~4% 사이로 낮아졌고, 국가예산수입법이 개정되기 마지막 해인 2021년 예산수입계획 증가율은 0.9%로 떨어진다.

10일; 2016년 3월 31일; 2017년 4월 12일; 2018년 4월 12일; 2019년 4월 12일; 2021년 1월 18일; 2022년 2월 8일; 2023년 1월 19일, 2024년 1월 16일; 2025년 1월 24일)

표 4-50 국가예산수입계획 발췌(2011-2021): 거래수입금·국가이익금 체계

수입항목	2011	2012	2013	2014	2015	2016	2017	2018	2019	2020	2021
예산수입 계획증가율	7.5	8.7	4.1	4.3	3.7	4.1	3.1	3.2	3.7	4.2	0.9
거래수입금 계획	-	7.5	3.5	4.5	2.6	3.3	2.4	2.5	4.1	1.1	0.8
국가기업이 익금 계획	3.8	10.7	6.0	7.9	4.3	4.5	3.5	3.6	4.3	1.2	1.1
(전체의 %)	78.5	-	-	-	-	-	-	85.3	85.7	83.2	83.4
협동단체이 익금 계획	3.8	5.3	5.3	4.8	3.2	1.5	1.6	0.9	1.1	0.4	0.4
부동산사용 료 계획	0.7	1.9	3.4	9.5	0.7	4.0	2.0	1.8	0.3	0.1	0.0
예산수입 집행율	101.1	101.3	101.8	101.6	101.3	102.1	101.7	101.4	101.5	100.1	100.2
예산수입 장성율		10.1	6.0	6.0	5.0	6.3	4.9	4.6	5.3	4.3	1.1

2021년 개정된 것으로 추정되는 국가예산수입법이 적용되는 2022년, 2023년 예산수입증가율은 전년도와 크게 차이가 나지 않는다. 2024년, 2025년 예산수입 계획증가율은 각각 증가된 2.7%, 2.0%을 나타내고 있다.

표 4-51 국가예산수입계획 발췌(2022-2025): 거래수입금·국가리득금 체계

수입항목	2022	2023	2024	2025
예산수입 계획증가율	0.8	1.0	2.7	2
거래수입금 계획	0.6	0.3	0.5	0.6
국가기업리득금 계획	0.9	1.2	3.2	2.5
(전체의 %)	83.5	83.7	84	84.3
협동단체리득금 계획	0.4	0.0	0.2	0

집금수입 계획	6.8배	0.2	0.4	0.2
예산수입 집행율	100.7	100.5	101.6	
예산수입 장성율	1.5	1.5	4.3	

소득, 순소득, 사회순소득, 기업소 순소득 등의 용어에 대해 자세히 살펴보자. '소득'은 1985년 출판된 『경제사전 2』에서는 "산로동의 지출에 의하여 조성되여 일정한 사회집단, 개별적사람에게 새로 획득되는 생산물부분 또는 그 가치"로 정의하고 "사회주의하에서는 로동자들의 생활비가 로동에 의한 분배몫으로서 근로자들의 개인소득으로, 사회를 위한 로동으로 조성되는 소득은 사회의 순소득으로 된"다고 설명한다.[105] 1995년의 『재정금융사전』에서는 "새로 창조되여 일정한 사회적집단이나 개별적사람들에게 차례지는 가치 또는 생산물부분"으로 정의하고, "사회주의사회에서 소득은 개인소득과 사회순소득으로 구분"하며, "로동자들의 로동보수는 로동에 의한 분배몫으로서 개인소득으로 되며, 사회를 위한 로동에 의하여 창조된 소득은 사회순소득으로 된다"고 설명한다.[106] 2001년의 『조선대백과사전 프로그람』에서 '소득'은 『재정금융사전』의 정의를 따르고 있다. 2001년까지 '소득'은 개인소득과 사회순소득을 포함하는 포괄적인 개념으로 사용되고 있다.

'순소득'은 1985년 『경제사전 2』에서 '사회순소득'과 동의어로 표현되고, "잉여생산물의 가치를 대표하는 부분"으로 정의하고, "사회주의하에서 사회순소득은 잉여생산물의 가치부분을 표현하지만

105 『경제사전 2』(1985), 77쪽.
106 『재정금융사전』(1995), 733쪽.

잉여가치로 되지 않"으며, "사회순소득은 국가의 중앙집권적순소득과 기업소순소득으로 구분"되고, "국가의 중앙집권적순소득은 거래수입금의 형태로 국가예산에 동원되며 기업소순소득도 그 기본부분이 국가기업리익금의 형태로 국가예산에 동원"된다고 설명한다. 1995년 『재정금융사전』은 '순소득'을 "사회적생산물의 가치 또는 가치형태가운데서 사회를 위한 로동에 의하여 창조된 부분"으로 정의하고, "근로자들의 사회를 위한 로동에 의하여 창조된 생산물부분으로서 그것은 전적으로 근로자들의 당면한 물질문화생활의 향상과 전망적소비를 위한 축적에 리용"되고, "중앙집중적순소득은 거래수입금의 형태로 국가예산에 동원되며 기업소순소득의 많은 부분은 국가기업리익금과 협동단체리익금의 형태로 국가예산에 동원된"다고 설명하고 있다. 2001년 『조선대백과사전 프로그람』은 '사회순소득'에 대한 정의를 『재정금융사전』의 정의를 따르고 있고, 2010년 『광명백과사전 5. 경제』에서도 정의는 변화없이 "생산물의 가치(또는 가치형태) 가운데서 사회를 위한 로동에 의하여 창조된부분"으로 서술하고 있다. 순소득은 사회적순소득과 동의어로 개인소득과 함께 소득의 일부로 정의되고 있다.

그런데 「국가예산수입법」(2007)의 제20조에는 '순소득 또는 소득의 일부를 소유형태에 따라 국가기업리득금 또는 협동단체리득금으로 국가예산에 납부'할 것을 규정하고, 제21조에서는 '국기업리득금의 계산은 조성된 순소득에서 기업소에 남겨놓고 쓰게 된 자체충당금과 지방예산에 바치게 된 지방유지금을 더는 방법으로', '협동단체리득금의 계산은 조성된 소득에 정한 납부비률을 적용'하는 것으로 규정한다. 소득과 순소득이 같은 수준에서 사용되고 있다. '소득'과 '순소득'의 관계가 변한 것으로 추정된다. '순소득'의 정의는

2010년 『광명백과사전 5. 경제』에서도 변화가 거의 없다. 순소득의 정의가 변경되지 않았다면 '소득'의 개념이 변화한 것으로 추정된다.

2005년 제정된 「국가예산수입법」에는 국가기업리득금과 협동단체리득에 대한 조항(제20조)에서 '기관, 기업소, 단체 소득의 일부를 소유형태에 따라 국가기업리득금 또는 협동단체리득금으로 국가예산에 납부'할 것을 규정하고 있다. 이때 사용된 '소득'은 무엇을 의미하고 있는가? 2001년 『조선대백과사전 프로그람』의 '소득'은 여전히 '사회주의사회에서 소득은 개인소득과 사회순소득으로 구분'하고 있다. 2001년 이후 '소득'의 개념과 관련된 내용을 찾아보면, '번수입'이라는 용어가 나온다. 2002년 『경제연구』에 실린 장성은의 논문에 "번수입이란 인민경제 부문, 공장, 기업소들에서 새로 창조된 가치를 화폐로 표현한 것"으로, "구성요소로 볼 때 사회순소득에 생활비를 합한 것"이라는 설명이 나온다.[107] 즉, (번수입 = 사회순소득 + 생활비) (산술식 ①)으로 표현된다. 앞에서 『재정금융사전』(1995)에 나오는 '소득'에 대해 '노동자들의 노동보수는 노농에 의한 분배몫으로서 개인소득으로 되며 사회를 위한 노동에 의하여 창조된 소득은 사회순소득'으로 설명한다. 즉, (소득 = 개인소득 + 사회순소득 = 노동보수 + 사회순소득) (산술식 ②)으로 표현된다. 생활비와 노동보수의 관계가 남는다. 생활비는 "사회주의국가가 로동자, 사무원들에게 로동과정에서 소모한 육체적 및 정신적힘을 보상하고 생활을 보장하기 위하여 사회총생산물의 일부를 그들이 지출한 로동의 량과 질에 따

107 장성은, "공장, 기업소에서 번수입의 본질과 그 분배에서 나서는 원칙적요구," 『경제연구』 2002년 4호.

라 분배하는 몫의 기본형태"로 정의하고, 설명에서 "로동보수지불형태에는 생활비와 장려금, 상금, 가급금이 있"다고 서술하고 있다.[108] 즉, {노동보수 = 생활비 + (장려금 + 상금 + 가급금)}(산술식 ③)으로 표현할 수 있다.

(번수입 = 사회순소득 + 생활비) (산술식 ①)

(소득 = 개인소득 + 사회순소득 = 노동보수 + 사회순소득) (산술식 ②)

사회순소득 = 소득 - 노동보수 (산술식 ②)

{노동보수 = 생활비 + (장려금 + 상금 + 가급금)} (산술식 ③)

산술식 ②와 ③을 산술식 ①에 대입하면,

번수입 = (소득 - 노동보수) + {노동보수 - (장려금 + 상금 + 가급금)}

따라서, 번수입 = 소득 - (장려금 + 상금 + 가급금) 이 된다. 장려금, 상금, 가급금 등은 추가적인 노동보수지불형태이므로, 성과가 없을 때는 추가지불이 없다. 추가적인 노동보수가 없을때는, 번수입은 소득과 같다. 단, 번수입은 가치의 화폐적 표현이고 소득은 생산물 또는 가치이므로, 화폐적 표현일때만 번수입과 소득이 같다. 화폐적 표현으로 나타내지 못하면 번수입으로 표현되지 못한다. 즉, 현물지표에서는 번수입으로 표현되지 못하고, 화폐적 지표일 경우에만 번수입이 표현된다. 이것은 「국가예산수입법」의 제21조(리득금의 계산방법)에 '국가기업리득금과 협동단체리득금의 계산은 총판매수입금에서 원료 및 자재비, 연료비, 동력비, 감가상각비, 료금 및 수송비, 일

108 『재정금융사전』(1995), 832쪽.

반비 같은 것을 덜고 확정한 소득에 정한 비률을 적용'에서 규율된 '확정한 소득', 즉 '화폐적 표현으로 확정한 소득'으로도 해석할 수 있다. 국가기업리득금(또는 국가기업리익금)의 계산방법이 수정된다. 과세대상이 '소득의 일부'(2005)이 '순소득 또는 소득의 일부'(2007)로 변경되고, 국가기업리익의 계산시 과세대상은 '이윤 또는 소득의 일부'로 변경된다. 계산방법에서도 '확정된 소득에 정한 비율을 적용'(2005)에서 '조성된 순소득'으로, 그리고 국가기업리익금은 '조성된 이윤 또는 소득'으로 변경한다.

국가기업리득금 = 확정된 소득 X 정한 비률

여기서 확정된 소득은 다음과 같다.

확정된 소득
= 총판매수입금 - (원료 및 자재비 + 연료비 + 동력비 + 감가상각비 + 요금 및 수송비 + 일반비)
= 총판매수입금 - (원가 - 생활비)
(제22조, 순소득 또는 소득의 계산방법)

계산식으로 보면, 생활비와 국가기업리득금의 증감이 같은 방향으로 연동된다.

순소득을 분배한 형태의 하나인 '중앙집중적 순소득'은 『경제사전 2』(1985)와 『재정금융사전』(1995)에서 "전 국가적, 전 인민적수요의 충족에 돌리기 위하여 사회주의국가예산에 집중되는 사회순소득부문"으로 정의하고, "중앙집중적순소득의 원천을 이루는것은 거래수입금, 국가기업리익금, 협동단체리익금 등이며 이 가운데서 기본적인것은 거래수입금과 국가기업리익금"으로 설명하고 있다. 『광명백과 5. 경제』에서는 "중앙집중적순소득의 형성은 국가기업리득금, 협동단체리득금 등으로 이루어"지며, "여기서 가장 큰 비중을 차지하는것은 국가기업리득금"이라고 설명한다. 분배의 다른 형태인 '기업소순소득'에 대해 "사회주의근로자들이 창조한 사회순소득가운데서 중앙집중적순소득을 덜고 해당 기업소에 남는 순소득부분"(『경제사전 2』(1985)), "사회순소득가운데서 1차 분배의 결과로 해당 기업소에 남는 부분"(『재정금융사전』(1995)), "사회주의기업소의 근로자들이 창조한 사회순소득가운데서 1차분배의 결과 해당 기업소에 남는 부분"(『조선대백과사전 프로그람』(2001)), "사회순소득 가운데서 기업소에 남은 사회순소득의 한 부분"(『광명백과 5. 경제』)로 정의하고, 기업소순소득의 운영에 대해 "기업소기금, 상금기금, 탁아소, 유치원, 공장고등전문학교, 공장대학, 기능공학교의 경비, 정양소경비, 살림집유지비 등의 세부항목으로 분배"(1985, 1995)하거나, 추가로 "자체과학기술발전자금, 자체건설자금, 고정재산유지보수비"로 이용하는 것으로 설명하고 있다.

노동보수와 기업소 사이의 분배

조선은 2009년 12월 로동정량법을 제정한다. 2010년 「기업소법」의 로동정량 규정(제44조)은 '기업소는 노동정량을 과학적으로 적용'할 것을 규율한다. 이는 '노동정량사업에서 군중로선을 확고히 견지하고 근로자들의 사상의식수준, 새로운 과학기술의 성과 같은것을 정확히 타산한데 기초하여 과학적이며 선진적인 노동정량을 제정'하고, '인민경제의 모든 부문, 단위에서 노동정량을 엄격히 적용'하며,

'근로자들의 사상의식수준과 기술기능수준이 높아지고 인민경제의 현대화, 과학화, 정보화가 적극 추진되는데 맞게 노동정량을 끊임없이 갱신'할 것을 규율한 로동정량법에 기초하고 있다(로동정량법, 2009.11월). 기업소의 '실제적인 경영권'이 제정되고 '노동정량을 과학적으로 제정, 적용, 갱신'할 것을 내용을 추가한다(기업소법, 2014. 11월).

「기업소법」은 종업원들에게 '사회주의분배원칙의 요구에 맞게 사회주의적로동보수제를 정확히 실시하여 노동보수원천을 늘이고 노동보수수준을 체계적으로 높이며 조성된 노동보수원천범위에서 종업원들에게 일한것만큼, 번것만큼 계산지불'(제40조)할 것을 규율하고 있다. 사회주의로동보수제는 '근로자들이 사회와 집단을 위하여 한 노동의 양과 질에 따라 근로자들에게 보수를 주는 제도'로, 근로자에게 노동의 량과 질에 따라 보수를 주는 것은 사회주의사회의 과도적성격을 기인한 것이다. 이 제도는 노동정량제정사업을 정확히 실시하고 노동보수지불방법을 올바로 적용하는 것이 중요하다.[109] 사회주의로동보수제는 두 가지의 측면을 가지고 있는데, 집단의 요구를 실현하는 측면과 개인의 이익에만 관심을 가지게 하는 측면도 있다. 이 두 측면의 어느 한 측면만을 강조할 경우, 즉 노동의 집단주의적 측면을 강조하면서 보수에서의 평등을 일반적으로 내세우는 경향과 생산열의를 높인다고 하여 과도적 성격만을 내세우는 경향 등의 편향적 경향을 보인다. 이러한 편향의 극복에 대해 조선의 경제지도집단들은 '국가적, 전 사회적 이익을 첫 자리에 놓

109 "로동행정사업을 더욱 개선 강화할데 대하여: 전국로동행정일군강습 참가자들에게 보낸 서한, 1989년 11월 27일," 『김정일선집 13(증보판)』(평양: 조선로동당출판사, 2012), 105-113쪽.

고 여기에 개별적 기업소의 리익을 옳게 결합시키며 경제의 계획적 관리원칙을 철저히 지키는 기초 위에 기업소의 수익성을 끊임없이 높'히는 방향을 선택했다.[110] 이에 기초한 전통적인 지도방식이 정치적 지도와 물질적 관심을 결합하는 방식이다.

110 서영식, “사회주의로동보수제에서 국가와 개인의 리익에 대한 기업소리익작용의 정확한 실현,” 『경제연구』 2001년 2호.

제5장

기업소의 상품 유통

1
기업소의 가격제정권과 연관법

기업소의 가격제정권

2014년 개정된 「기업소법」의 제39조는 기업소가 '정해진 범위 내에서 생산물의 가격제정권과 판매권을 가지고 생산물유통을 자체로 실현하여 원가를 보상하고 생산을 끊임없이 늘여나가야' 하며 '수요자와 주문 계약하여 생산한 제품 또는 자체로 지표를 찾아 생산한 제품은 생산물의 가격을 제정할 때 원가를 보상하고 확대재생산을 실현할수 있게 정해진 가격제정원칙과 방법에 맞춰 구매자의 수요와 합의조건을 고려하여 기업소 자체로 정하고 판매'할 수 있도록 규정하고 있다. 가격제정권은 '정해진 범위'에서 '원가를 보상'하고 재생산이 지속가능한 방향으로, '가격제정원칙과 방법'에 따르도록 규정되어 있다. 기업소의 가격제정권한이 적용되는 상품은 '수요자와 주문계약'한 생산물이거나 '자체로 지표를 찾아 생산한 제품'에 대해서로 규정되어 있다.[01] 가격제정권의 제정 취지의 하나로 "기업체들이 국가로부터 원료, 자재를 보장받지 못한 조건에서도 생산에 필요한 원료, 자재를 자체로 해결하여 생산을 조직 진행하며 과학적

01 박만영, "가격제정권," 『경제연구』 2017년 4호.

인 가격전략을 세우고 생산과 경영활동을 능동적으로 원활히 진행" 할 수 있도록 하는 것이다.[02]

가격제정권 행사에는 몇 가지 조건이 부여된다. 먼저, 가격제정권이 행사되는 대상이다. 이 대상은 '수요자와 주문계약'한 생산물과 '자체로 지표를 찾아 생산한 제품'에 대해 행사할 수 있다.[03] 즉, 기업소 지표에 대해 기업소의 자체 제정가격을 적용할 수 있다. 둘째는 '정해진 범위'에서 기업소의 가격제정권이 행사되어야 한다. 정해진 범위는 국가가 규정한 범위 내에서 가격제정을 해야한다. 이는 국가의 가격정책인 가격법에서 규정된 범위로 추정된다. 그리고 그 범위 내에서 '가격제정원칙과 방법'에 따라야 한다. 셋째로 기업소의 지속가능한 재생산을 보장하기 위해서는 원가를 보상하는 원칙에서 가격제정권을 행사해야 한다.

「기업소법」 상의 가격제정권이 부여되기 이전 조선에서는 '가격의 일원화 원칙'을 준수하고 있었다. 즉, '국가가격제정기관이 직접 가격을 정할뿐 아니라 가격의 표준과 기준가격, 가격제정 방법과 절차를 통일적으로 규정함으로써 가격사업을 철저히 국가의 통제밑에 넣는' 원칙이다. 그렇다고 모든 생산물의 가격을 국가가격제정기관이 제정하는 것은 아니다. 예를 들어, 연합기업소 내에서 주고 받는 생산물이나 개별주문에 의한 생산물의 가격이나, 직매점에서 판매되는 소비상품의 가격은 생산자와 소비자의 합의에 의하여 결정

02 신성준 외, 『현대재정금융사전』(2015), 52쪽.

03 '자체로 지표를 찾아 생산한 제품'을 보다 명확하게 표현하면 국가가 제공하지 않은 "자체로 원료원천을 찾아 생산한 모든 제품(따로 규정한 제품은 제외)"이다, 신성준 외, 『현대재정금융사전』(2015), 52쪽.

한다.[04] 그러나 원가, 가격 공간을 적극적으로 이용하는 경제정책을 수행하는 현재 조선에서, 기업체들이 경영상 상대적 독자성을 가지고 경영활동을 진행하고 국가는 일정한 범위에서 기업체들에 가격제정권한을 부여하고, 사회주의원칙을 철저히 지키면서 가장 큰 실리를 얻을수 있게 가격제정권한을 합리적으로 분담하고 국가적인 가격조종을 비롯한 각급 가격관리기구들에 의해 가격조종을 정확히 진행하는 것이 중요하게 되었다.[05]

이 가격제정과 관련한 가장 중요한 경제법칙이 '가치법칙'이다. 가치법칙과 관련한여 최고지도자의 언급이 금과옥조와 같은 역할을 하는 것으로 보인다. 다음은 최고지도자 김정일이 '가치법칙'에 대해 언급한 내용이다.

> 가치법칙은 상품생산의 경제법칙입니다. 사회적필요로동지출의 크기에 의하여 상품가치의 크기가 규정되고 상품가치가 가격결정의 기초로 되면서 가치에 기초하여 상품이 거래된다는것이 가치법칙의 요구입니다. 가치법칙은 수요와 공급의 저운법칙과의 련관속에서 작용합니다.[06]

위에 내용에 근거하면 가격결정의 메카니즘은 (사회적 필요노동 지출의 크기 → 상품가치의 크기 → 가격결정의 기초)라는 정식화가 가능하고 더

04 리동구, "가격의 일원화와 그 실현에서 나서는 몇가지 문제," 『경제연구』 1988년 2호.
05 두광익, "가격조종에 대한 일반적리해," 『김일성종합대학학보(철학,경제)』 2015년 2호.
06 김정일, "자본주의경제의 모순과 위기에 대하여: 김일성종합대학 학생들이 제기한 질문에 대한 대답, 1961년 4월 24일," 『김정일전집 2』(평양: 조선로동당출판사, 2012), 522쪽; 『현대재정금융사전』(2015), 67쪽; 다만 2009년 발간된 『김정일선집 1(증보판)』에는 앞의 담화 내용이 수록되어 있지 않았다.

하여 '수요와 공급의 적응법칙'이 연관된다. 조선에서 가치법칙은 "가치에 기초하여 상품의 생산과 교환이 이루어질 것을 요구하는 상품생산의 경제법칙"이다. 다시 말하면 "상품생산에 지출된 사회적필요로동에 따라 상품의 가치가 결정되고 그 가치에 기초하여 상품의 교환이 진행되게 하는 법칙"으로 정의하고 있다.[07] 가치법칙은 사회주의사회에서 뿐만 아니라 자본주의사회에서도 적용되는 법칙이다. "상품생산이 일반적이며 지배적인" "자본주의사회에서는 가치법칙의 작용도 전반적인 성격"을 갖는다. "자본주의사회에서는 경제생활의 모든 분야, 모든 측면이 가치법칙"의 적용을 받으며, 그 작용의 성격이 '맹목적 성격'을 띠는 것으로 이해하고 있다.[08] 그러나 '상품' 생산이 일정 정도 제한되어 있는 사회주의사회에서 가치법칙의 작용은 "맹목적으로 작용하는것이 아니라 당과 국가에 의하여 목적의식적으로, 계획적으로 리용"된다. 사회주의사회에서 가치법칙은 "상품생산과 상품교환이 진행되는곳에서는 내용적으로 작용하지만 상품이 아닌 생산수단의 생산과 류통분야에서는 형태적으로 작용"한다고 본다.[09] 사회주의 과도기적 성격에 의해 상품(판매를 위한 생산물)이 완전히 철폐되지 않아 상품의 생산과 유통이 남아있는 영역에서는 가치법칙이 작용되고 생산수단의 생산과 유통에서는 상품이 아니므로 가치법칙이 '내용적' 적용이 아니고 '형태적'으로만 적용되는 것으로 보고 있다. 사회주의사회에서는 생산수단이 집단적 소유, 즉 국가소유와 협동적 소유로만 존재하기 때문이다. 국

07 『광명백과사전 5. 경제』(2017), 33쪽.

08 『경제사전(1985)』, 55쪽.

09 『재정금융사전』(1995), 20쪽.

영기업소가 생산한 생산물이 다른 국영기업소에게 유통되는 것은 생산물의 소유권이 이전되지 않기 때문에 자본주의의 상품교환(상품 판매와 구매)과는 차이가 있는 것으로 보고 있다.

가격결정의 기초가 되는 상품의 가치가 '사회적 필요노동 지출의 크기'에 따라 규정되다고 하며, '사회적 필요노동 지출의 크기'는 투여된 노동시간의 크기로 계산된다. 즉, '사회적 필요노동시간'이 상품의 가치를 규정하는 기준이 된다. '사회적 필요노동시간'은 특정한 "시기의 평균적인 사회적생산조건, 다시말하여 평균적인 기술수준과 숙련정도, 로동강도의 조건에서 제품생산에 지출되는 로동시간"으로 정의한다.[10] "국영기업소들사이에 주고받는 생산수단의 생산과 류통에서도 사회적 필요로동지출이라는 경제범주를 리용" 하며, "국영부문의 독립채산제기업소들은 호상생산수단을 넘겨 주거나 받을 때 망탕 거저 주거나 눅거리로 주는것이 아니라 등가보상의 원칙에서 사회적필요로동의 지출에 기초하여 국가가 유일적으로 정한 값을 받고 넘겨주고 값을 치루고 넘겨받"는 것으로 설명한다.[11] 국가의 유일가격제에 대한 설명으로 보인다.

가격제정권한과 책임한계에 대해서 중앙지도기관이 제정한 가격제정지표목록에 규정된 것으로 보인다. 기업소의 가격제정은 기준가격과 허용한도에 기초하여 제정할 수 있다. 여기서는 소비품의 가격제정을 통해 기업소의 가격제정을 살펴보려고 한다. 소비품가격은 소매가격의 형식으로 표현된다. 소매가격제정의 요소에는 사회순소득과 상업부가금이 포함된다. 소매가격 내의 포함되는 사회

10 『경제사전 1』(1985), 683쪽.

11 『재정금융사전』(1995), 661쪽.

순소득은 소비품부류별 평균사회순소득 부과비율을 통해 개별적 소비품의 사회순소득 부과비율을 확정하여 반영한다. 소비품가격에 포함되는 상업부가금은 상업유통비와 상업이윤으로 구성된다. 상업유통비는 중요상품별 및 상품부류별 유통비 총액에 기초하여 일정한 시기의 중요상품별 및 상품부류별 사회적 평균유통비를 계산하고 약간의 상업이윤을 더하여 개별적 상업부가금 규모를 확정한다. 그러나 소비품가격은 근로자들의 구매력과 소비품보장량의 영향을 받는다. 즉, 수요와 공급의 영향을 받는다. 특히 대중소비품의 경우, 부족현상을 보일 수 있다. 이런 상황에 대한 대책으로 소비품의 가격을 가치로부터 배리시키는 방법이다. 대중소비품과 기호품·사치품·고급한 상품 등의 가격을 분리하여 중앙집중적 순소득 부과비율을 통해 조종한다.[12]

소매가격의 적용에서는 생산기업소에서 생산한 소비품을 상업기관, 기업소들에 넘길 때에는 도매가격 또는 소매가격에서 상업부가금을 뺀 가격을 적용하고, 소매가격이 제정되여있지 않는 상품과 상업기업소들의 자체가공품, 사회급양제품을 판매할 때 첨가제에 의하여 상업부가금을 계산하여 구입가격 또는 생산원가에 첨가한 소매가격을 적용한다. 생산수단을 생산용으로 공급하는 경우에는 생산수단의 도매가격을 적용하고 그것을 소비품으로 상업유통기관에 공급할 때에는 소비품의 도매가격을 적용한다. 또한 소비품의 도매가격이 제정되지 않은 제품을 상업유통기관에 공급할 때에는 소매가격에서 상업부가금을 덜어 소비품의 도매가격을 규정하고 그것

12 두광익, 『가격학(대학용) 2판』(평양: 김일성종합대학출판사, 2015), 113-125쪽.

을 적용한다.[13] 국가가격기구가 제정한 기준가격과 허용한도가 기업소 가격의 범위이다. 또한 기업소 가격의 최저한도는 원가와 사회순소득이다.

국가가 기업소들에 가격제정권을 부여한 이유는 무엇인가? 이와 관련하여 한세일은 가격제정권의 본질에 대해 ① 기업체들에서 일정한 범위에서 생산물과 봉사의 가격을 자체로 제정할수 있는 권한이고, ② 기업체들에서 자체로 정하는 가격을 적용할수 있는 권한이며, ③ 기업체들에서 자체로 제정한 가격을 기업활동의 모든 측면들을 구체적으로, 종합적으로 평가하는 경제계산수단으로 이용할 수 있는 권한으로 규정한다. 기업소들이 가격제정권을 제대로 활용하기 위해서는 ① 국가의 통일적지도와 기업체들의 창발성을 옳게 결합하여야 하고, ② 원가를 보상하고 확대재생산을 보장도록 해야 하며, ③ 새로운 첨단과학기술과 앞선 생산방법의 도입에 의하여 자체로 정하는 가격을 체계적으로 낮추어야 한다고 주장한다. 결론적으로 국정가격과 기업체지표가격과의 차이를 점차적으로 줄여 생산을 높은 수준에서 정상화하면서도 인민생활향상에 적극 이바지할 것을 요구한다.[14] 이러한 원칙적인 수준이 아닌 보다 현실적 분석에 대해 김혜경은 '지난 시기에는 국가가 전인민경제적 범위에서 기업체들의 균형적발전을 보장하기 위하여 부문평균계획원가를 타산하여 가격을 제정'하였는데, 고난의 행군 등을 지나면서 국가의 원료·자재 공급체계가 정상화되지 못한 조건이 발생하여, '공장, 기업소

13 두광익, 『가격학(대학용)2판』(2015), 173-175쪽.

14 한세일, "기업체들에 부여된 가격제정권의 본질적내용과 그 실현에서 나서는 중요요구," 『사회과학원학보』 2017년 4호.

들에서 지출된 실제적인 원가를 보상하고 확대재생산을 실현하는데서 일정한 지장을 받았다'고 평가한다. 이러한 조건에서는 기업소는 '지출한 실지원가를 정확히 타산하는 기초에 근거해서 자체로 생산에 필요한 물자들을 해결하고 내부예비를 최대한 동원이용하여 확대재생산을 진행'하기 위하여 생산을 위해 지출한 기업체의 실지원가를 정확히 타산하고 가격에 반영하여 생산물판매를 실현할 것을 주장한다.[15] 기업소의 가격제정권을 능동적으로 활용하기 위해 기업소의 원가손실현상을 없애고 확대재생산의 담보를 마련해주며 효율적인 가격관리정보체계를 구축하고 가격정보봉사활동을 활발히 진행하여 기업체들이 필요한 가격정보를 실시간적으로 보장하는 방법도 고민하고 있다.[16] 이러한 고민은 2022년 수정된 가격법에서 '가격관리정보체계수립원칙'의 신설로 나타난다. 기업소의 가격제정권을 포괄적으로 규정할 것으로 예상되는 국가의 가격관리정책인 가격법을 살펴보자.

국가의 가격제정 정책: 가격법

가격은 상품과 화폐가 교환되는 지표이다.[17] 조선에서는 "상품화폐

15 김혜경, "기업체들에 부여된 가격제정권을 활용하는데서 나서는 중요한 요구," 『경제연구』 2020년 1호.

16 송현철, "현시기 기업체들의 경영환경을 개선하는데서 나서는 중요문제," 『사회과학원학보』 2024년 1호.

17 가격에 대한 사전적 정의를 살펴보면, 가치의 화폐적 표현이며 매개 개별적 상품의 가격은 가치와 반드시 합치되는 것은 아니고 그것은 소여 상품의 수요와 공급에 따라서 가치로부터 상하로 배리될 수 있고, 사회주의사회에서 생산되는 생산되는 상품 가치의 화폐적 표현

관계의 발생과 함께 생겨난 경제범주로서 상품생산과 교환의 필연적 산물"로 인식하고 있다. 사회주의사회인 조선에서도 가격이 존재하는데 "상품생산과 교환이 진행"하고 있기 때문이다.[18] 「기업소법」상의 가격제정권과 관련하여 가격법을 통해 가격제정과 적용에 대해 살펴보고자 한다.

가격법은 1997년 1월 최고인민회의 상설회의 결정 제81호로 제정되어, 1999년 2월, 1999년 8월, 2003년 5월, 2008년 8월, 2011년 3월, 2019년 3월, 현재 2022년 3월까지 7회 개정되었다. 국내에 유입된 가격법은 1999년 8월 개정과 2022년 3월 개정된 자료만 확보된 상태이다. 따라서 가격법은 두 자료만으로 내용의 변화를 추적할 수 밖에 없다. 가격법(1999.8)은 4개 장, 37개 조항으로 구성되어 있고, 가격법(2022)는 6개의 장과 50개의 조항으로 구성되어 있다.

으로 사회주의사회에서도 가격은 가치로부터 배리되지만 사회화된 상품유통에서 이런 배리는 자연발생적으로 진행되는 것이 아니라 나라의 인민 경제를 발전시키며 근로자들의 복리를 향상시키기 위하여 국가가 규정하고 가격을 제정하는 경우에 사회주의국가는 생산물 생산에 대한 기업소의 계획 지출을 보상하며 그의 수입(수익성)을 보장할 필요성으로부터 출발한다(경제학 소사전, 1960), 고유한 의미에서의 상품의 가격은 돈으로 표현된 상품의 가치로, 사회주의하에서 국가기업소들에서 생산되고 그들 사이에 류통되는 생산수단들은 상품은 아니지만 등가보상의 원칙에서 서로 주고받고 하는만큼 등가계산의 기준으로서 사회적로동을 돈으로 표현하는 가격을 가지며 계획적인 가격형성은 사회주의경제의 우월성의 하나로 되며 사회주의국가의 경제조직자적 활동을 보장하는 중요한 도구의 하나이다(경제사전, 1970), 상품의 가치 또는 생산수단의 가치형태의 화폐적표현으로, 사회주의사회에서 가격은 상품에 들어있는 사회적필요로동뿐아니라 상품은 아니지만 상품적형태를 띠는 생산수단에 들어있는 사회적필요로동의 크기도 직접 표현으로 국가에 의하여 계획적으로 제정되는 계획가격이며, 상품가격을 사회주의기본경제법칙과 가치법칙의 요구에 맞게 정하는데서 중요한것은 가치를 옳게 타산하는것이며 가치로부터 가격을 능동적으로 배리시키는 것이다(재정금융사전, 1995).

18 두광익, 『가격학(대학용)2판』(평양: 김일성종합대학출판사, 2015), 4쪽.

법의 구성측면에서 두 법의 가장 큰 차이는 가격제정사업에서 보조적 역할로 규정되어 있던 기업소에 대한 가격제정을 주요업무로 규정하였다가(가격법, 1998), 가격제정과 가격적용 절차 외에 가격등록과 가격조정을 별도의 절차로 규정하여 장을 신설하였다(가격법, 2022). 가격법(2022)은 '가격의 제정, 등록, 적용, 조정에서 규률과 질서를 엄격히 세워 사회주의경제를 합리적으로 관리운영하고 인민생활을 높이는데 이바지'(제1조)하는 것을 법의 사명으로 하고 있다. 가격법(1999)의 사명에서는 '가격의 제정, 적용'에 한정되어 있었다. 가격의 등록(제3장)과 조정(제5장) 과정이 추가되었다.

표 5-1 가격법의 불변조항

가격법 (1999) 조항	조문	가격법(2022) 조항
제3조	① 조선민주주의인민공화국에서 가격은 인민들의 자주적이며 창조적인 생활을 보장하기 위한 중요수단이다. ② 국가는 가격정책을 정확히 실시하여 인민들에게 더 많은 혜택이 돌려지도록 한다.	제3조 (가격정책의 정확한 실시원칙)
제6조	① 가격을 일원화하는것은 사회주의제도의 본성적요구이다. ② 국가는 중앙가격지도기관의 통일적인 지도밑에 가격사업의 유일성을 보장하도록 한다.	제4조 (가격의 일원화 원칙)
제32조	① 가격사업에 대한 지도통제를 강화하는것은 사회주의가격제도를 공고발전시키는데서 나서는 필수적요구이다. ② 국가는 가격(제정)기관의 역할을 높이고 가격사업의 유일성과 가격통제를 강화하도록 한다.	제39조 (가격사업에 대한 지도통제의 기본요구)
제34조	① 기관, 기업소, 단체는 가격 제정, 적용과 관련한 문제를 해당 가격기관의 합의 또는 승인을 받아 처리하여야 한다. ② 해당 가격(제정)기관의 합의, 승인없이 가격을 제정하거나 적용할수 없다.	제43조 (가격제정, 적용의 합의, 승인)

가격법(1999)에서 2022년 개정과 비교하여 유지된 조항이 4개항이라는 것은 가격과 관련한 정책이 많은 변화를 보이고 있다고 볼

수 있다. 기업소는 해당 가격기관의 합의, 승인없이 가격을 제정하거나 적용할수 없다. 왜냐하면 '가격을 일원화하는것은 사회주의제도의 본성적요구'이고, 국가는 '가격사업의 유일성과 가격통제를 강화하도록' 규정되어 있기 때문이다. 그러나 조문의 변화에서 기관의 명칭이 '가격제정기관(1999)에서 '국가가격기관 또는 국가가격지도기관'으로 변화한다.

표 5-2 가격법(1999)에서 삭제 조항

가격법(1999) 조항	조문
제7조	상품의 가격을 체계적으로 낮추는 것은 국가의 일관된 정책이다. 국가는 상품생산과 재정자원이 늘어나는데 맞게 상품의 가격을 낮추도록 한다.
제13조	가격제정기관은 유일가격과 지역별, 계절별로 되는 가격을 제때에 합리적으로 정하여야 한다. 유일가격과 지역별, 계절별로 되는 가격은 경리형태, 생산방법, 계절의 영향 같은 것을 고려하여 정한다.
제14조	가격제정기관은 제품사이의 가격균형을 정확히 맞추며 제품의 생산을 늘이고 질을 높일 수 있게 가격을 정하여야 한다.
제15조	대중소비품의 가격과 어린이, 학생용 상품의 가격은 가치로부터 배리시켜 다른 상품의 가격보다 낮게 정한다. 희귀상품, 고급상품의 가격은 높게 정한다.
제20조	인민경제발전의 일정한 단계에서 가격을 전반적으로 또는 부분적으로 고쳐 정하는 사업은 내각의 지도밑에 중앙가격제정기관이 한다.
제25조	해당 기관, 기업소, 단체는 수출입상품의 국내가격을 유일적으로 적용하여야 한다. 국가가 수출입하는 상품가격에 수출첨가금, 관세 같은 것을 포함 시킬 수 없다.
제26조	가격제정기관이 가격을 정하지 않는 제품을 기관, 기업소, 단체, 공민 사이에 넘겨주고받을 경우에는 협의가격을 적용한다. 이 경우 해당 가격제정기관이 정한 원칙과 방법에 따른다.
제27조	대외봉사부문과 합영합작부문의 기관, 기업소, 단체는 해당 가격제정기관이 정한 가격, 운임, 료금을 유일적으로 적용하여야 한다.

삭제된 조항 제13조에는 '가격제정기관은 유일가격과 지역별,

계절별로 되는 가격을 제때에 합리적으로 정'하여야 하며, '유일가격과 지역별, 계절별로 되는 가격은 경리형태, 생산방법, 계절의 영향 같은 것을 고려하여 정'할 것을 규정한다. 결론적으로 가격제정기관의 유일가격이 삭제된 것이다.

표 5-3 가격법(2022)의 신설 조항 1(가격법의 기본과 가격의 제정)

가격법(2022) 조항	조문
제6조 (가격관리정보체계 수립원칙)	국가적인 가격관리정보체계는 가격사업의 과학성과 시기성을 보장하기 위한 중요수단이다. 국가는 전국적범위에서 가격관리정보체계를 수립하고 가격사업을 정보화하도록 한다.
제11조 (가격제정지표목록의 작성, 시달)	중앙가격지도기관은 가격제정지표목록을 작성하여 제때에 시달하여야 한다. 가격제정지표목록에는 국가가격기관과 기관, 기업소, 단체의 가격제정권한과 책임한계를 명백히 규정하여야 한다.
제17조 (가격제정신청문건의 처리)	국가가격기관은 가격제정신청문건을 10일안에 검토하고 승인 또는 부결하며 그 정형을 해당 기관, 기업소, 단체에 통지하여야 한다. 특별한 경우 가격제정신청문건처리기일을 연장할수 있다.
제19조 (가격을 고쳐 정하는 사업)	인민경제발전의 일정한 단계에서 가격을 전반적으로 또는 부분적으로 고쳐 정하는 사업은 내각의 지도밑에 중앙가격지도기관이 한다.

'가격제정'이 '가격관리'로 행정절차가 바뀌고 '국가가격기관과 기관, 기업소, 단체의 가격제정권한과 책임한계'을 규정하는 내용을 신설한다. 기업소도 가격제정권한이 있고 중앙가격지도기관의 지도를 받는다.

표 5-4 가격법(2022)의 신설 조항 2(가격의 등록과 적용)

가격법(2022) 조항	조문
제20조 (가격등록의 기본 요구)	가격등록은 가격사업에 대한 국가의 통일적지도를 강화하기 위한 중요한 사업이다. 기관, 기업소, 단체는 자체로 또는 수요자와 합의하여 정한 가격을 국가가격기관에 등록하여야 한다.
제21조 (가격등록기관)	가격등록사업은 국가가격기관이 한다. 특별한 경우 중앙가격지도기관이 정한데 따라 해당 기관도 할수 있다. 국가가격기관은 가격등록을 제때에 해주어야 한다.
제22조 (가격등록절차, 방법을 정하는	가격등록절차와 방법은 중앙가격지도기관이 정한다. 중앙가격지도기관은 가격등록절차와 방법을 현실적요구에 맞게 개선하여야 한다.
제23조 (가격등록신청 조건)	기관, 기업소, 단체는 생산 및 영업허가, 규격, 제품상표승인 등 해당 승인을 받은 조건에서 가격등록신청을 하여야 한다. 특별한 경우에는 해당 승인이 없이도 가격등록신청을 할수 있다. 가격수준의 변동, 소속관계의 변경 등 등록신청내용이 달라졌을 경우 가격등록신청을 다시 하여야 한다.
제24조 (가격등록신청문건의 제출)	기관, 기업소, 단체는 가격등록신청문건을 작성하여 해당 국가가격기관에 제출하여야 한다. 가격등록신청문건양식은 중앙가격지도기관이 정한다.
제25조 (가격등록)	국가가격기관은 가격등록신청문건에 기입된 내용을 확인한 다음 가격등록대장에 등록하여야 한다.
제26조 (가격의 재등록)	기관, 기업소, 단체는 가격등록기일이 만기되였거나 등록된 가격을 변경하려는 경우 해당 국가가격기관에 재등록하여야 한다.
제30조 (지표별에 따르는 가격의 적용)	기관, 기업소, 단체는 국가가격기관이 제정한 가격 또는 해당 국가가격기관에 등록한 가격을 적용하여야 한다. 제정 또는 등록된 가격보다 높거나 낮게 적용하는 행위를 할수 없다.

기업소가 가격제정을 하면 그 가격을 기업소가 자유롭게 사용할 수 있는 것이 아니라 가격등록절차를 거쳐야 한다. 기업소는 자체로 또는 수요자와 합의하여 정한 가격을 국가가격기관에 등록하는 절차가 신설되었다(제20조). 이때 국가가격기관이 제정한 가격 또는 해당 국가가격기관에 등록한 가격을 적용하여야 한다(제30조, 지표별 가격의 적용). 국가가격기관이 제정한 가격은 중앙지표의 제품에 대

한 가격이고, 해당 국가가격기관에 등록한 가격은 기업소지표, 지방지표의 제품에 대한 가격으로 보인다.

표 5-5 가격법(2022)의 신설 조항 3(가격의 조정과 지도통제)

가격법(2022) 조항	조문
第34조 (가격조종의 기본 요구)	가격조종은 가격공간이 경제건설과 인민생활향상을 추동할수 있게 전반적 가격수준을 국가가 의도하는대로 유도하는 사업이다. 중앙가격지도기관은 가격공간을 효과적으로 활용하여 인민경제의 계획적, 지속적발전을 보장할수 있게 가격전반을 합리적으로 조종하여야 한다.
第35조 (가격조종목표)	국가의 전반적가격을 안정시키는 것은 가격조종의 목표이다. 중앙가격지도기관은 국내생산물의 가격, 주요제품의 국제시장가격 등에 기초하여 가격조종목표를 세워야 한다.
第36조 (가격의 조사)	국가가격기관은 가격관리를 위한 가격조사사업을 정상적으로 진행하여야 한다. 기관, 기업소, 단체는 가격조사와 관련하여 국가가격기관이 요구하는 자료를 보장하여야 한다.
第37조 (가격자료의 분석, 예측)	중앙가격지도기관은 생산물의 가치 및 가치형태의 변동, 수요와 공급의 호상관계, 화폐가치변동 같은 가격변동에 작용하는 요인을 지표별로 과학적으로 분석하고 가격동태를 예측하여야 한다. 중앙가격지도기관은 가격자료의 분석, 예측사업에 현대적인 정보수단과 분석방법을 적극리용하여야 한다.
第38조 (가격수준의 조종)	중앙가격지도기관은 계획, 재정, 은행 등 해당 부문과의 긴밀한 련계밑에 경제기술적방법과 수단을 적극 활용하여 가격수준을 조종하여야 한다.
第41조 (가격사업에 대한 조건보장)	국가계획기관, 재정은행기관, 로동행정기관, 통계기관과 해당 기관, 기업소, 단체는 가격제정과 등록, 적용, 조종에 필요한 자금, 로력, 설비, 자료 같은것을 보장해주어야 한다.
第42조 (비상설가격심의위원회 조직, 운영)	국가의 가격정책을 정확히 집행하기 위하여 도(직할시), 시(구역), 군인민위원회에 비상설가격심의위원회를 둔다. 도(직할시), 시(구역), 군인민위원회는 비상설가격심의위원회를 정상적으로 실속있게 운영하여야 한다.

유일가격이 없게된 상황에서 국가가 가격의 안정을 위해서 가격조종사업을 진행한다. 가격조종사업은 기업소 등의 가격을 조사하고, 생산물의 가치 및 가치형태의 변동, 수요와 공급의 상호관계,

화폐가치변동 같은 가격변동에 작용하는 요인을 지표별로 과학적으로 분석하고 가격동태를 예측하여, 계획, 재정, 은행 등 해당 부문과의 긴밀한 연계밑에 경제기술적방법과 수단을 적극 활용하여 가격수준을 조종한다. 가격정책을 집행하기 위해 지방정권기관에 비상설가격심의위원회를 신설한다.

표 5-6 가격법(2022)의 조문변경 조항 1(가격법의 기본)

가격법(1999)		가격법(2022)	
제1조	조선민주주의인민공화국 가격법은 가격의 제정, 적용에서 규률과 질서를 엄격히 세워 사회주의경제를 합리적으로 관리운영하고 인민생활을 높이는데 이바지한다.	조선민주주의인민공화국 가격법은 가격의 제정, **등록**, 적용, **조정**에서 규률과 질서를 엄격히 세워 사회주의경제를 합리적으로 관리운영하고 인민생활을 높이는데 이바지한다.	제1조 (가격법의 사명)
제2조	국가가격은 유일가격이며 계획가격이다.	조선민주주의인민공화국에서 가격은 **국가의 통일적인 지도밑에 제정, 적용되는 계획가격**이다.	제2조 (가격의 종류)
	가격의 종류에는 도매가격, 소매가격, 수매가격, 운임, 료금같은 기본종류의 가격과 일부 보충적가격이 속한다.		
	국가는 인민경제발전의 요구에 맞게 가격의 종류를 새로 내오거나 없앤다.		
제4조	가격제정은 국가의 정책을 반영하는 중요한 사업이다.	**가격관리**는 일정한 경제적목적에 맞게 가격을 합리적으로 조종해나가는 사회적인 지휘기능이다.	제5조 (가격관리 원칙)
제5조	가격적용을 바로하는것은 인민생활을 안정향상시키며 생산과 경영 활동을 과학화, 합리화하기 위한 기본방도의 하나이다.	국가는 가격제정과 적용에 대한 통일적지도를 실현하고 경제법칙의 요구에 맞게 가격조종을 책임적으로 진행하도록 한다.	
	국가는 현실발전의 요구에 맞게 가격적용 방법과 절차를 정하고 그것을 정확히 지키도록 한다.		

제8조	국가는 가격제정일군양성에 깊은 관심을 돌리며 가격제정부문의 물질기술적토대를 튼튼히 꾸리고 가격사업의 과학성, 신속성을 보장하도록 한다.	국가는 가격사업을 발전시키기 위한 **과학연구사업을 강화**하며 가격일군양성에 깊은 관심을 돌려 능력있는 인재들을 전망성있게 키워내도록 한다.	제7조 (과학연구사업 강화, 인재양성 원칙)
제9조	무역가격사업, 특수경제지대에서의 가격사업은 해당 법을 따른다.	이 법은 모든 기관, 기업소, 단체와 공민에게 적용한다.(조문추가) 무역가격사업, 특수경제지대에서의 가격사업 등과 관련하여 **이 법에 규제되여있지 않는 사항**은 해당 법규에 따른다.	제8조 (법의 적용 대상)

조선에서 가격은 국가가격이고, 그 국가가격은 '유일가격이고 계획가격'이었다. 이 가격이 '국가의 통일적인 지도밑에 제정, 적용되는 계획가격'으로 변경되었다. 가격의 종류에는 물건인가, 봉사활동인가에 따라 생산물의 가격과 봉사가격으로 나눈다. 생산물의 가격에는 도매가격, 소매가격, 수매가격 등이 있고, 봉사가격에는 운임과 요금 등이 있고 보충적인 가격형태로는 결제가격, 기업소별결제가격, 원료계산가격, 산업도매가격 등이 있다.[19]

19 김용기, 전복빈, 『가격제정과 적용』(평양: 공업출판사, 1981), 8-9쪽.

표 5-7 가격법(2022)의 조문변경 조항 2(가격의 제정)

가격법(1999)		가격법(2022)	
제10조	가격제정을 바로하는것은 가격제정기관의 기본임무이다.	가격제정을 바로하는것은 **경제관리에서 사회주의원칙을 지키며 인민들의 리해관계와 민심에 직접적인 영향을 주는 매우 중요한 문제**이다.	제9조 (가격제정의 기본요구)
	가격제정기관은 해당 시기 정책적요구와 현실적조건에 맞게 나라의 경제발전을 자극하고 인민생활을 고르롭게 높일수 있도록 가격을 정하여야 한다.	국가가격기관과 기관, 기업소, 단체는 사회주의기본경제법칙과 가치법칙의 요구에 맞으며 나라의 경제발전과 인민생활향상을 자극하고 경영관리를 효률적으로 할수 있도록 가격을 바로 정하여야 한다.	
	제4조 ② 국가는 사회주의기본경제법칙과 가치법칙의 요구, 제품의 쓸모와 인민경제적의의, 수요와 공급, 축적과 소비 사이의 호상관계를 옳게 타산하여 가격을 정하도록 한다.		
제11조	가격제정은 중앙과 지방의 가격제정기관이 한다.	가격제정은 **국가가격기관과 해당 기관, 기업소, 단체**가 한다.	제10조 (가격제정 권한)
	내각 또는 중앙가격제정기관이 정한데 따라 해당 기관, 기업소, 단체도 가격을 제정할 수 있다.	국가가격기관과 해당 기관, 기업소, 단체는 **가격제정지표목록에 따라** 가격을 제정하여야 한다.	
제12조	가격제정은 표준가격[20], 기준가격을 먼저 정하고 거기에 균형을 맞추어 지표별 가격을 정하는 방법으로 한다.	국가가격기관은 지표별, 부문별균형을 맞추는 방법으로 표준가격, 기준가격, 허용한도를 정하여야 한다.	제12조 (가격제정 방법)
	표준가격, 기준가격은 중앙가격제정기관이 정한다.	기관, 기업소, 단체는 가격을 기준가격과 **허용한도에 기초하여** 자체로 정하거나 중앙가격지도기관이 정한 가격제정원칙과 방법, 절차에 따라 수요자와 합의하여 정하여야 한다.	
	일부 생산물의 표준가격, 기준가격은 도(직할시)가격제정기관이 정할 수 있다.		

20 표준가격은 협동경리부문에서 생산하는 일부 생산물에 대하여 국가유일가격을 적용하지 않고 생산자들이 가격을 조절할수 있도록 국가가격제정기관에서 표준으로 정해 주는 가격이다, 『조선대백과사전』, 올림말: 표준가격.

<table>
<tr><td rowspan="3">제16조</td><td rowspan="2">국가적으로 처음 생산한 제품의 가격은 내각 또는 중앙가격제정기관이 정한다.</td><td>국가적으로 처음 생산한 제품의 가격은 기관, 기업소, 단체가 정한다.</td><td rowspan="3">제13조
(처음 생산한 제품의 가격)</td></tr>
<tr><td>특별한 경우 국가가격기관이 정할수 있다.</td></tr>
<tr><td colspan="2">처음 생산한 일부 제품에 대하여서는 먼저 림시가격을 정하고 그 제품의 쓸모가 확정된 다음 가격을 다시 정한다.</td></tr>
<tr><td rowspan="2">제17조</td><td>수출입상품의 국내가격은 해당 가격제정기관이 정한다.</td><td>수출입상품의 국내가격은 국가가격기관과 기관, 기업소, 단체가 정한다.</td><td rowspan="2">제14조
(수출입상품의 국내가격)</td></tr>
<tr><td>해당 가격 제정기관은 수출입상품의 국내가격을 다른 상품가격의 안정성과 공고성을 보장할 수 있게 정하여야 한다.</td><td>국가가격기관과 기관, 기업소, 단체는 수출입상품의 국내가격을 다른 상품가격의 안전성과 공고성을 보장할 수 있게 정하여야 한다.</td></tr>
<tr><td rowspan="2">제19조</td><td>대외봉사부문의 가격, 운임, 료금은 중앙가격제정기관이 정한다.</td><td rowspan="2">대외봉사부문의 가격과 외국인투자기업이 생산하여 국내상업망에 넘겨 판매하는 제품의 가격은 국가가격기관과 해당 기관, 기업소, 단체가 정한다.</td><td rowspan="2">제15조
(대외봉사부문의 가격과 외국인투자기업이 생산한 일부 제품의 가격)</td></tr>
<tr><td>중앙가격제정기관이 정한 범위에서 해당 기관도 정할 수 있다.</td></tr>
<tr><td rowspan="3">제21조</td><td>가격을 제정받으려는 기관, 기업소, 단체는 가격제정신청문건을 해당 가격제정기관에 내야 한다.</td><td>가격을 제정받으려는 기관, 기업소, 단체는 가격제정신청문건을 작성하여 해당 국가가격기관에 제출하여야 한다.</td><td rowspan="3">제16조
(가격제정신청문건의 체출)</td></tr>
<tr><td>이 경우 본보기제품 또는 기술경제적자료를 함께 내야 한다.</td><td>이 경우 기술경제적자료와 그밖에 필요한 자료를 첨부하여야 한다.</td></tr>
<tr><td></td><td>가격제정신청문건양식은 중앙가격지도기관이 정한다.</td></tr>
<tr><td>제18조</td><td>자기 가치를 부분적으로 상실한 상품의 가격은 가격제정기관 또는 해당 가격평가위원회가 정한다.</td><td>체화상품, 불량상품, 페기하는 재산의 가격평가는 해당 가격평가위원회가 한다.</td><td>제18조
(체화상품, 불량상품, 페기하는 재산의 가격평가)</td></tr>
</table>

중앙가격기관이 직접 맡아 가격을 제정하는 제품에는 먼저 국가계획위원회가 직접 맡아 계획화하는 생산수단의 생산지표와 함께

그 공급지표들이 될수 있다. 국가계획위원회가 맡아 계획화하는 지표에는 생산수단의 생산과 공급을 동시에 맡아 계획화하는 지표와 생산을 계획화하면서 공급을 아래단위들이 계획화하도록 하는 지표들이 있다. 여기서 중앙가격기관이 직접 가격을 제정하는 대상지표는 국가계획위원회에서 생산을 계획화하면서 동시에 분배, 공급을 계획화하는 지표들이며 그밖의 지표에 대해서는 기준가격을 제정할수 있다.[21]

표 5-8 가격법(2022)의 조문변경 조항 3(가격의 적용)

가격법(1999)		가격법(2022)	
제22조	가격적용은 가격정책집행의 중요 공정이다.	가격적용을 바로하는것은 가격정책을 정확히 집행하고 생산과 경영활동을 과학화, 합리화하기 위한 기본방도의 하나이다.	제27조 (가격적용의 기본요구)
	기관, 기업소, 단체는 제품별, 규격별, 등급별 가격과 운임, 료금, 부가금을 정확히 적용하여야 한다.	국가가격기관은 가격적용방법과 절차를 바로 정하며 그것을 정확히 지키도록 하여야 한다.	
제23조	도매가격, 소매가격, 수매가격, 운임, 료금 같은 기본종류의 가격과 공급가격, 부가금 같은 보충적가격의 적용 방법, 절차, 대상은 내각 또는 중앙가격제정기관이 정한다.	국가가격기관과 기관, 기업소, 단체가 정하는 가격의 적용방법, 절차, 대상은 중앙가격지도기관이 정한다.	제28조 (가격의 적용 방법, 절차, 대상을 정하는 기관)

21 두광익, 『가격학(대학용) 2판』(2015), 166쪽.

제24조	국가계획기관과 재정은행기관, 통계기관은 인민경제계획을 세우거나 인민경제계획실행실적을 평가하는 경우 정해진 가격을 적용하여야 한다.	국가가격기관과 재정은행기관, 통계기관은 인민경제계획을 세우거나 인민경제계획수행실적을 평가하는 경우 제정 또는 **등록된 가격**을 적용하여야 한다.	제29조 (가격에 기초한 인민경제계획수행실적의 평가)
	정해진 가격으로 평가하지 않은 인민경제계획실행실적은 인정하지 않는다.	제정 또는 등록된 가격으로 평가하지 않은 인민경제계획수행실적은 인정하지 않는다.	
제25조	해당 기관, 기업소, 단체는 수출입상품의 국내가격을 유일적으로 적용하여야 한다.	기관, 기업소, 단체는 국가가격기관이 제정한 가격 또는 해당 국가가격기관에 등록한 가격을 적용하여야 한다.	제30조 (지표별에 따르는 가격의 적용)
	국가가 수출입하는 상품가격에 수출첨가금, 관세 같은 것을 포함 시킬 수 없다.	제정 또는 등록된 가격보다 높거나 낮게 적용하는 행위를 할수 없다.	
제28조	국가적인 조치로 생긴 가격편차액은 국가예산으로 보상한다.	국가적인 조치로 생긴 가격편차에 의한 수입금은 국가예산에 납부하며 손실금은 국가예산으로 보상받을수 있다.	제31조 (가격편차에 의한 수입금의 납부와 손실금의 보상)
	해당 기관, 기업소, 단체는 보상액을 정확히 계산하여야 한다.	해당 기관, 기업소, 단체는 납부금 또는 보상금을 정확히 계산하여야 한다.	
제29조	기관, 기업소, 단체는 가격이 정해진 제품을 처음 생산하였을 경우 해당 가격제정기관의 적용등록승인을 받아야 한다.	기관, 기업소, 단체는 국가가격기관이 가격을 정한 제품을 처음 생산하였을 경우 해당 국가가격기관의 적용승인을 받아야 한다.	제32조 (가격적용 승인)
제30조	기관, 기업소, 단체는 해당 제품이나 봉사장소에 제정된 가격, 운임, 료금을 표시하거나 써붙여야 한다.	기관, 기업소, 단체는 가격표를 해당 제품이나 봉사장소에 게시하여야 한다.	제33조 (가격표의 게시)
		가격표의 형식과 내용, 게시방법 같은것은 중앙가격지도기관이 정한다.	
	가격, 운임, 료금을 표시하지 않거나 써붙이지 않고 봉사활동을 할 수 없다.	가격표를 게시하지 않고 봉사활동을 할수 없다.	

표 5-9 가격법에서 조문변경 조항 4(가격사업에 대한 지도통제)

가격법(1999)		가격법(2022)	
제32조	가격사업에 대한 통일적지도는 중앙가격제정기관이 정한다.	가격사업에 대한 지도는 내각의 통일적인 지도밑에 중앙가격지도기관이 한다.	제40조 (가격사업에 대한 지도)
	중앙가격제정기관은 가격사업체계를 바로세우고 가격정책이 정확히 집행되도록 장악지도하여야 한다.	중앙가격지도기관은 가격사업체계를 바로세우고 국가의 가격정책이 정확히 집행되도록 지방가격기관과 해당 기관의 가격사업을 장악지도하여야 한다.	
제33조	지방가격제정기관과 해당 기관은 중앙가격제정기관이 정한데 따라 가격사업을 지도하며 그 정형을 해당 가격제정기관에 정상적으로 보고하여야 한다.		
제35조	가격사업에 대한 감독통제는 가격제정기관과 해당 감독통제기관이 한다.	가격사업에 대한 감독통제는 국가가격기관과 해당 감독통제기관이 한다.	제44조 (가격사업에 대한 감독통제)
	가격제정기관과 해당 감독통제기관은 기관, 기업소, 단체와 공민이 가격의 제정, 적용 질서를 엄격히 지키도록 정상적으로 감독통제하여야 한다.	국가가격기관과 해당 감독통제기관은 기관, 기업소, 단체와 공민이 가격의 제정, 등록, 적용질서를 지키도록 정상적으로 감독통제하여야 한다.	

표 5-10 가격법(2022)의 조문변경 5(가격규률 위반에 대한 책임 조항)

구분	조항	조문
가격법 (1999)	제36조	가격규률을 어겼을 경우에는 해당한 금액을 국가 예산에 회수하거나 보상시키며 정해진 가격으로 계산, 평가하지 않은 인민경제계획실행실적의 해당 부분은 삭감한다. 정해진 가격보다 더 받은 금액과 덜 받은 금액을 서로 메꾸는 방법으로 처리할 수 없다.
	제37조	이 법을 어겨 사회주의경제건설과 인민생활에 지장을 준 기관, 기업소, 단체의 책임있는 일군과 개별적공민에게는 정상에 따라 행정적 또는 형사적책임을 지운다.

가격법 (2022)	제45조 (민사적 책임)	이 법을 어겨 재산상손해를 발생시켰을 경우에는 책임있는 당사자에게 손해보상, 위약금, 연체료지불 같은 민사적책임을 지운다.
	제46조 (벌금처벌)	다음의 경우에는 해당 기관, 기업소, 단체와 공민에게 벌금을 물린다. 1. 가격을 제정받지 않았거나 등록하지 않고 판매, 봉사를 하였을 경우 기관, 기업소, 단체에는 20만~150만원, 공민에게는 2만~10만원 2. 제정, 등록된 가격을 어기고 판매, 봉사를 하였을 경우 기관, 기업소, 단체에는 10만~100만원, 공민에게는 1만~5만원 3. 가격표를 게시하지 않고 판매, 봉사를 하였을 경우 기관, 기업소, 단체에는 10만, 공민에게는 1만원 4. 가격의 적용승인을 받지 않고 판매, 봉사를 하였을 경우 기관, 기업소, 단체에 10만~80만원 5. 가격관련문건을 위조하였을 경우 기관, 기업소, 단체에는 150만원, 공민에게는 10만원
	제47조 (중지처벌)	제46조의 행위에 대하여 해당 감독통제기관이 결함을 시정할것을 요구하였음에도 불구하고 결함을 시정하지 않았을 경우에는 해당 경영활동을 중지시키며 정상이 무거운 경우에는 폐업시킨다.
	제48조 (몰수처벌)	이 법을 어겼을 경우 위법행위에 리용되였거나 위법행위로 얻은 돈과 물품을 몰수한다.
	제49조 (경고, 엄중경고, 무보수로동, 로동교양, 강직, 해임, 철직처벌)	다음의 경우에는 책임있는자에게 경고, 엄중경고 또는 3개월이하의 무보수로동, 로동교양처벌을 준다. 1. 가격제정원칙과 방법, 절차대로 가격제정사업을 바로 하지 않았을 경우 2. 가격제정 및 등록신청문건을 허위로 작성, 제출하였을 경우 3. 가격을 제정받지 않았거나 등록하지 않고 판매, 봉사를 하였을 경우 4. 제정, 등록된 가격을 어기고 판매, 봉사를 하였을 경우 5. 제정, 등록된 가격으로 계획, 재정, 금융, 통계계산을 진행하지 않았을 경우 6. 가격의 적용승인을 받지 않고 판매, 봉사를 하였을 경우 7. 가격표를 게시하지 않고 판매, 봉사를 하였을 경우 8. 가격조사, 분석, 예측을 바로하지 않거나 가격조사에 필요한 자료들을 제대로 보장하지않아 가격조종사업에 지장을 주었을 경우 9. 가격사업에 대한 지도, 통제를 무책임하게 하거나 가격관리사업을 방해하여 가격사업에 혼란을 주었을 경우 10. 가격제정과 등록, 적용, 조종사업에 대한 조건보장을 바로 하지 않아 가격사업에 지장을 주었을 경우 앞항 1-10호의 행위가 정상이 무거운 경우에는 3개월이상의 무보수로동, 로동교양처벌 또는 강직, 해임, 철직처벌을 준다.
	제50조 (형사적 책임)	이 법을 어긴 행위가 범죄에 이를 경우에는 책임있는자에게 형법의 해당 조항에 따라 형사적책임을 지운다.

기업소 관점에서 가격법의 변화을 살펴보면, 법의 적용대상에 기업소가 특정되고(제8조), 가격제정권한의 주체로 기업소가 추가되고(제10조) 가격제정지표목록에 따라 기업소의 가격제정권한과 책임한계가 명확히 규정되는 내용이 신설되었다. 가격제정과 관련하여 중앙가격제정기관이 정한 표준가격, 기준가격을 대신하여 기준가격과 허용한도에 기초하여 자체로 정하거나 중앙가격지도기관이 정한 가격제정원칙과 방법, 절차에 따라 수요자와 합의하여 정한다. 이는 합의가격 또는 시장가격으로 전환된 것으로 추정해 볼수 있다. 다만 수요자와 합의하여 정한 가격은 국가가격기관에 등록하여야 함으로 수요와 공급의 변화에 따라 수시로 변화하는 자본주의 시장가격과는 차이가 있다. 2023년 8월 가격법이 개정되었다는 보도가 있다. 개정의 내용은 지표별에 따르는 가격의 적용과 가격표의 게시 등과 관련한 것으로 보도하고 있다.[22]

가격을 국가기관이 정하든 기업소가 정하든 일반적인 가격제정의 원칙이 있다. 사회주의사회에서 가격은 ① 사회적필요노동지출, 가치에 의거하여 가격을 정하고, ② 경제관리의 개선과 인민생활향상의 요구에 맞게 가격을 가치로부터 능동적으로 배리시켜 정하는 것을 가격제정의 일반적 원칙으로 하고 있다. 사회적필요노동지출, 가치에 근거한 가격제정은 사회적으로 평균적인 원가를 기준으로 가격을 정하는 것으로, 원가와 사회순소득을 포함하여 그 이상으로 가격을 정하여 재생산이 보장되어야 한다. 또한 사회주의사회에서는 같은 제품에 대하여 원칙적으로 유일가격을 정해야 한다. 이에 대

22 “조선민주주의인민공화국 최고인민회의 상임위원회 상무회의 진행,” 『민주조선』 2023년 8월 4일.

한 예외적 상황으로 개별적노동지출을 근거로 하는 협동적 생산물의 가격과 지적제품에 대한 가격은 특성에 맞게 제정한다. '가격을 가치로부터 능동적으로 배리'시켜 정하는 것은 현실적인 가격수준을 정하는 원칙이다. 가격을 가치보다 높게 정하는 것은 제품의 질 제고를 자극하거나 절약제도를 자극하여 수요를 제한하는 등의 여러 가지 목적에서 실행된다. 가격을 가치보다 낮게 제정할 때는 제품을 생산하는 기업소들이 원가손실을 보지 않도록 하는 원칙이 적용된다. 다만, 소비품은 자유매매의 원칙에서 거래가 진행되는만큼 수요와 공급관계를 정확히 계산하여야 한다.[23]

국가기관이 정하는 국정가격이 적용되는 것은 먼저 생산수단가격에 적용되는 것으로 보인다. 생산수단이 국가적 소유로 되어 있는 사회주의사회에서는 생산수단이 상품이 아니지만 상품적형태를 가지며 가치법칙이 형태적으로 작용한다. 생산수단가격은 일반적으로 도매가격의 형태를 표현된다. 도매가격의 제정은 원가를 보상하고 일정한 수익성이 보장되록 하는 것이 중요하다.[24] 따라서 원가에 기초한 도매가격제정이 주요한 원칙이다. 원가에 기초한 도매가격제정방법은 사회적필요노동지출의 타산을 직접 화폐적으로 하는 것이고, 제품소비의 효과성으로부터 출발하는 것이 아니고 지출을 기초로 하고 있다. 리해원은 공업생산물 가격제정의 방법 중에 해당한 제품이 소비되는 과정에 나타나는 효과성의 크기에 기초하여 가격을 제정하는 방법으로 최량가격제정방법을 소개하면서 제품의 가격이 사회적필요노동지출에 기초하여 이루어질수 없으며 풀이법자체

23 두광익, 『가격학(대학용)2판』(2015), 82-92쪽.

24 앞의 책, 100-105쪽.

의 제약성으로 하여 많은 제품을 동시에 계산할수 없는 약점이 있다고 주장한다.[25] 그러나 박영진은 최량가격제정방법을 원가에 기초한 도매가격제정방법을 보충하는 보조적방법으로 이용도 고민하고, 균형표적 방법 등을 검토한다. 원가에 기초한 도매가격제정방법이 가지고 있는 한계, 즉 개별적기업체들에서의 정확한 지출수준으로부터 출발하는 방법으로 기업소가 기업소가격을 제정하면 정확한 원가를 예측할 수 없고 사회주의기업책임관리제, 독립채산제실시에 자극이 되는 합리적인 도매가격수준도 매 생산단위들의 원가수준을 정확히 계산하기 어려운 조건이 된다. 이것을 해결하기 위하여 일정한 생산물의 가격수준을 미리 예상하는 방법을 고민한다.[26] 이런 고민은 기업체들에게 실지원가에 대한 정확한 반영을 주문한다. 김해경은 변화된 환경과 발전하는 현실에 맞게 기업체들에서 생산을 끊임없이 늘여나가자면 기업체들이 지출한 실지원가를 정확히 타산하는 기초위에 자체로 생산에 필요한 물자들을 해결하고 내부예비를 최대한 동원이용하여 확대재생산을 진행하고, 이를 위하여 기업소들에서는 국가가 부여한 가격제정권에 기초하여 생산을 위해 지출한 기업소의 실지원가를 정확히 타산하고 가격에 반영하여 생산물 판매를 실현하도록 주장한다.[27] 이는 기업소의 경영활동 개선을 주장하기도 하지만 실지원가에 대한 정확한 정보를 구축하는 것에 대한 요청이기도 하다.

25 리해원, “원가에 기초한 도매가격제정방법의 특성,” 『경제연구』 1990년 2호.

26 박영진, “원가에 기초한 도매가격제정방법과 그 특성,” 『김일성종합대학학보(철학,경제)』 2017년 4호.

27 김해경, “기업체들에 부여된 가격제정권을 활용하는데서 나서는 중요한 요구,” 『경제연구』 2020년 1호.

2
기업소의 판매권과 연관법

기업소의 판매권

「기업소법」의 판매권이 주어지기 전 기업소는 상품공급계획에 기초해서만 상품공급계약을 맺었다. 판매권이 주어진 이후 '계획에 의한 계약' 외에도 주문계약에 의해 상품판매를 할 수 있게 되었다.

상업법(2021)에서 '주문계약'은 '도매상업기관, 기업소와 운수기관은 상품을 수송계획과 주문계약에 따라 수송, 송달하여야 하고(제25조, 상품의 수송, 송달), 상업기관, 기업소는 해당 기관의 승인을 받아 비경지를 원료기지로 이용할수 있으며 무역회사와 주문계약을 맺고 봉사에 필요한 원자재를 확보하여 이용할수 있으며(제47, 원자재보장), 편의봉사기관, 기업소, 단체는 편의봉사용자재, 부속품을 해당 기관, 기업소, 단체와 주문계약을 맺고 구입할수 있도록 규정하고 있다(제53조, 편의봉사용자재, 부속품보장).

「기업소법」의 판매권은 주문계약과 기업소지표로 생산한 생산물을 직접계약하고 판매할 수 있다. 주문계약이란 기업체들이 기업소지표와 관련하여 제기되는 주문(수요)에 대하여 유무상통의 원칙에서 호상 합의하는 방법으로 체결하는 계약이다. 기본상 기업소지표를 대상이지만 기업체들은 중앙지표와 지방지표라고 하여도 시달된 계획분을 보장하고도 더 생산할 능력이 있고 그에 대한 수요가 있다면 그 지표의 추가분에 대하여 기업소지표와 마찬가지로 주문계약을 체결할수 있고, 이 경우에는 중앙지표와 지방지표이지만 기업소지표처럼 취급한다. 주문계약의 기본원칙은 주문계약관계가 국가의 통일적지도와 전략적관리의 대상으로 되도록 해야하며, 주문계약관계에서 국가적리익을 철저히 보장하고, 기업체들의 책임성과 창발성을 최대한 높이는 것이다. 강명호는 중앙지표가 아닌 기업소지표를 대상으로 하는 주문계약의 경우에, 그 계약 이행으로 얻어지는 경제적 이익은 전적으로 기업소의 확대발전과 종업원들의 생활향상에 돌려지는 것이 되고, 그에 따라 그 체결과 이행에서 높은 책임성과 창발성을 발휘하게 되므로, 따라서 주문계약제도의 모든 내용을 기업체들의 책임성과 창발성을 최대한 높이는데로 지향시켜야 한다고 주장한다.[28] 상업법의 위반에 대한 처벌 규정에는 주로 '계획에 의한 계약' 이행과 관련한 내용이다. 그러나 주문계약에 따른 판매가 증가함에 따라 주문계약과 관련해서 상거래상의 문제가 많이 발생할 것으로 예상된다. 따라서 주문계약에 대해서도 법적 보호와 관련한 고민들을 하는 것으로 보인다. 김일성종합대학 부교수 리학철은 논문에서 주문계약이 "법인들의 계획수행과 경영활동에 필요한 물자공급을 원만히 보장함으로써 나라의 경제발전과 인민생활향상에 적극 이바지하고 있고, 법인들속에서 주문에 기초한 물자거

28 《기업소지표계획화사업 표준세칙》 제5조에서는 주문계약방법은 기업체들이 기업소지표 수요(주문)에 대하여 유무상통의 원칙에서 상호 합의하고 계약을 체결하는 방법으로 계획을 작성하는 보충적인 계획작성방식이라고 규정하고 있다, 강명호, "주문계약의 개념과 법적성질," 『정치법률연구』 2016년 1호.

래를 법적의무로 여기고 정확히" 이행할 것을 주장한다.[29] 기업소의 판매권에 따른 주문계약이 활발하게 진행되는 상황이라는 것을 추정해 볼 수 있다.

국가의 상품판매 정책: 사회주의상업법

「기업소법」의 제39조에는 기업소가 수요자와 주문계약하여 생산하였거나 자체로 기업소가 찾은 지표로 생산한 제품은 생산물의 가격을 원가를 보상하고 생산확대를 실현할수 있게 정해진 가격제정원칙과 방법에 따라 구매자의 수요 그리고 합의조건을 고려하여 자체로 정하고, 정해진데 따라 기업소지표로 생산한 생산물을 수요기관, 기업소, 단체와 계약을 맺고 직접 거래하며 소비품, 생활필수품, 소농기구 등과 같은 상품들은 도매기관, 소매기관, 직매점과 직접 계약하 판매할수 있도록 규정하고 있다. 기업소의 판매권과 관련하여 사회주의상업법을 검토하여 기업소의 판매권을 살펴보고자 한다.

사회주의상업법(이하 상업법)은 1992년 1월 최고인민회의 상설회의 결정 제13호로 제정되어 1999년 1월, 2002년 5월, 2004년 6월, 2008년 3월, 2010년 5월, 2019년 11월, 2020년 7월, 2021년 8월에 걸쳐 8회 수정되었다. 이 중에서 1999년, 2002년, 2004년, 2010년, 2021년 개정된 법률의 조문을 분석대상으로 하였다.

법 구조측면에서 보년 1999년부터 2010년까지는 9개 장, 89개 항 체계에서 2021년은 9개 장, 95개 조항으로 변경되어 있다. 이 구

29 리학철, "주문계약에 대한 법률적분석," 『김일성종합대학학보(법률학)』 2023/1호.

조변경이 2019년 또는 2020년 변경인지 2021년 변경인지는 특정되지는 않는다. 다만 「기업소법」의 판매권 조항 신설 전과 후를 비교하는데 최소 요건은 갖추고 있다. 상업법(2021)은 다른 경제법률의 구성과 유사하게 제1장은 사회주의상업의 기본원칙을 규정하고 있는 사회주의상업법의 기본내용과 제9장은 상업부문사업에 대한 지도통제의 내용을 담고 있다. 제2장부터 상품공급과 판매, 제3장은 수매, 제4장(사회급양), 제5장(편의봉사), 제6장(상품보관관리), 제7장(상업의 문화성, 봉사성), 제8장(상업시설의 현대화, 상업경영의 정보화, 과학화)에 대한 내용으로 구성되어 있다. 이 중에서 상업법(2010)의 제2장(상업공급)에서 판매의 내용이 추가되고, 제8장(상업시설의 현대화, 상업경영의 과학화, 합리화)에서 '합리화'가 '정보화'로 변경된 것이다.

표 5-11 상업법(2010)과 상업법(2021)의 장과 절 구성 변화

장 구성	상업법(2010)	상업법(2021)의 변화
제1장 사회주의상업법의 기본	제1조(사회주의상업법의 사명) **제2조(상품공급원칙)** 제3조(상품원천조성과 확보원칙) 제4조(봉사원칙) 제5조(상업관리원칙) 제6조(상품류통원칙) 제7조(상업분야의 교류와 협조)	**제2조(정의) 신설** 제2조(상품공급원칙) → 제3조(상품공급, 판매원칙)

제2장 상품공급 (2021: 상품 공급 및 판매)	**제8조(상품공급의 기본요구) 제9조(상품의 정상적공급) 제10조(주문제)** 제11조(상품의 분배) 제12조(상품공급계약) **제13조(식료품공급)** 제14조(수산물의 공급) **제15조(상비상품공급) 제16조(어린이용상품공급) 제17조(협동농장결산분배용상품보장)** 제18조(중요대상의 상품공급) 제19조(상품의 자체가공) 제20조(려행자용상품판매) 제21조(민수용연료공급) **제22조(신용보증제)** 제23조(상품류통의 장악지휘) 제24조(상품예비의 조성) 제25조(직매점의 운영) 제26조(상품의 수송, 송달) **제27조(상품의 비법판매금지)**	제8조(상품공급의 기본요구) → 제9조(상품공급 및 판매의 기본요구) **제9조(상품의 정상적공급) 삭제** 제10조(주문제) → 제11조(상품의 생산, 수입, 분배, 공급 및 판매계획 작성) 제13조(식료품공급) → 제14조(식료품의 공급, 판매) **제14조(수산물의 공급) 삭제** 제15조(상비상품공급) → 제15조(상비상품의 공급, 판매) 제16조(어린이용상품공급) → 제16조(어린이용상품의 공급 및 판매) 제17조(협동농장결산분배용상품보장) → 제17조(협동농장에 대한 상품보장) **제21조(민수용연료공급) 삭제** 제22조(신용보증제) → 제21조(일용상품에 대한 신용보증제) **제26조(상품의 비법처리금지) 신설** 제27조(상품의 비법판매금지) → 제27조(상품의 비법공급, 판매행위 금지)
제3장 수매	제28조(수매의 기본요구) 제29조(수매에서 자원성원칙준수) 제30조(수매의 구분) 제31조(수매의 다각화) 제32조(수매의 다양화) 제33조(수매계획의 작성) 제34조(식료농산물의 계약수매) **제35조(주민보유물품의 수매) 제36조(산나물, 산과일의 수매)** 제37조(수매품의 품종과 규격제정, 수매선전) 제38조(여유물건의 수매와 수매자의 신분확인금지)	**제35조(주민보유물품의 수매) 삭제**
제4장 사회급양	제39조(사회급양의 기본요구) 제40조(음식물의 가지수) 제41조(음식물의 질) 제42조(청량음료) 제43조(주식물의 가공) 제44조(음식물의 생산, 공급위생) 제45조(려관봉사) 제46조(1차가공품과 반제품의 생산) 제47조(원자재의 공급)	**제42조(이동봉사매대) 신설**
제5장 편의봉사	제48조(편의봉사의 기본요구) 제49조(신용보증제) 제50조(편의봉사시설의 관리운영) 제51조(편의수매) 제52조(가내편의봉사) 제53조(편의봉사용자재, 부속품보장)	

제6장 상품보관관리	제54조(상품보관관리의 기본요구) 제55조(상품기준재고와 상품회전률) 제56조(상품검수와 입출고) 제57조(식료품의 저장, 랭동) 제58조(상품의 포장용기) 제59조(상품의 실사) 제60조(상품과 상업시설의 보호) 제61조(물자재산의 관리)	
제7장 상품의 문화성, 봉사성	제62조(봉사망의 관리) 제63조(봉사망의 조직) 제64조(봉사구역담당제) 제65조(상품의 포장) 제66조(상품의 진렬, 조명, 광고) 제67조(봉사형식과 방법) 제68조(상업일군의 임무)	**제65조(공로자에 대한 상업봉사) 신설**
제8장 상업시설의 현대화, 상업경영의 과학화, 합리화 (2021: 상업시설의 현대화, 상업경영의 정보화, 과학화)	**제69조(상업의 현대화, 과학화, 합리화의 기본요구)** 제70조(봉사망의 건설) **제71조(상업부문 작업의 기계화)** 제72조(간판, 장식의 설치) 제73조(상업부문의 조건보장) 제74조(상업건물, 구조물, 설비의 등록리용) **제75조(상업경영의 현대화)** 제76조(상품의 계량) **제77조(상업부문의 로동정량과 기술기능수준제고)** **제78조(상업과학연구사업)** 제79조(상업시설보수)	제69조(상업의 현대화, 과학화, 합리화의 기본요구) → 제70조(상업의 현대화, 상업경영의 정보화, 과학화의 기본요구) 제71조(상업부문 작업의 기계화) → 제72조(상업시설의 현대화) 제75조(상업경영의 현대화) → 제76조(상업경영의 정보화, 과학화) 제77조(상업부문의 로동정량과 기술기능수준제고) → 제78조(기술기능수준제고) 제78조(상업과학연구사업) → 제79조(상업부문 과학연구사업)
제9장 상업부문사업에 대한 지도통제	제80조(상업부문사업에 대한 지도통제의 기본요구) **제81조(상업부문사업에 대한 지도와 영업허가)** 제82조(상품류통계획) **제83조(독립채산제)** 제84조(기술자, 전문가, 기능공양성) 제85조(모범창조와 그 일반화) 제86조(시장의 관리운영) 제87조(상업부문사업에 대한 감독통제) **제88조(위약금, 몰수, 운영중지, 벌금)** **제89조(행정적 또는 형사적책임)**	제81조(상업부문사업에 대한 지도와 영업허가) → 제82조(상업부문사업에 대한 지도) **제83조(영업허가) 신설** 제83조(독립채산제) → 제85조(사회주의기업책임관리제) 제88조(위약금, 몰수, 운영중지, 벌금), 제89조 (행정적 또는 형사적책임) → **제90조(민사적책임), 제91조(변상처벌), 제92조(벌금처벌), 제93조(중지처벌), 제94조(몰수처벌), 제95조(경고, 무보수로동, 로동교양, 강직, 해임, 철직처벌), 제96조(형사적책임)**

상업법(1999)에서 상업법(2010)의 제1장 상업법의 기본에는 사회주의상업법의 사명(제1조), 상품공급원칙(제2조), 상품원천조성과 확

보원칙원칙(제3조), 봉사원칙(제4조), 상업관리원칙(제5조), 상품류통원칙(제6조), 상업분야의 교류와 협조(제7조) 등은 조문 등의 변화없이 유지되고 있다.

표 5-12 기업소 관련 조문 불변 조항 1(상품공급)(1999-2010)

상업법(2010) 조항	조문
제10조 (주문제)	국가계획기관과 중앙상업지도기관, 지방정권기관, 상업기관, 기업소는 인민들의 수요를 연구하여 상품주문서를 만들며 그에 따라 상품의 생산과 수입, 분배, 공급계획을 작성하여야 한다.
제11조 (상품의 분배)	기관, 기업소, 단체는 기관본위로 상품분배단위를 내올수 없다.
제12조 (상품공급계약)	상업 및 상품생산, 수입기관, 기업소, 단체는 국가의 상품공급계획에 기초하여 상품공급계약을 맺고 그것을 어김없이 리행하여야 한다. 생산, 수입된 상품에 대한 인수 및 출하는 상품공급계획에 따라 도매상업기관, 기업소가 한다.
제13조 (식료품공급)	지방정권기관과 상품생산기관, 기업소, 단체는 원료기지를 꾸리고 생산한 원료원천으로 여러가지 식료품을 생산하여 인민들에게 공급하여야 한다.
제15조 (상비상품공급)	국가계획기관과 상품생산기관, 기업소, 단체는 국가가 정하여준 일용잡화, 건재상품, 농촌상점에 갖추어놓아야 할 상품 같은 상비상품을 우선적으로 생산보장하여야 한다. 상업기관, 기업소는 상비상품을 떨구지 말고 정상적으로 공급하여야 한다.
제16조 (어린이용상품공급)	해당 중앙기관과 지방정권기관, 상품생산 및 상업기관, 기업소, 단체는 영양식료품 같은 어린이용상품을 선차적으로 생산공급하여야 한다.
제17조 (협동농장결산분배용 상품보장)	중앙상업지도기관과 지방정권기관, 상업기관, 기업소는 상품 총량가운데서 중요상품의 일부를 남겨두었다가 협동농장결산분배시기에 집중적으로 공급하여야 한다. 상품생산기관, 기업소, 단체는 농촌에 보내줄 상품을 제때에 생산보장하여야 한다.
제18조 (중요대상의 상품공급)	중앙상업지도기관과 지방정권기관, 상업기관, 기업소는 탄광, 광산을 비롯한 중요대상에 상품을 우선적으로 공급하여야 한다.
제19조 (상품의 자체가공)	지방정권기관과 상업기관, 기업소는 여러가지 부식물과 어린이옷, 일용세소상품 같은 상품에 대한 자체가공사업을 하여야 한다.

제20조 (려행자용상품판매)	지방정권기관과 해당 상업기관, 기업소는 려행자들을 위한 상품을 확보하며 주요 역구내와 정류소에 매대를 꾸려놓고 손님들에게 려행용상품과 지방특산물, 청량음료 같은것을 정상적으로 팔아주어야 한다.
제23조 (상품류통의 장악지휘)	해당 중앙기관과 지방정권기관, 상업기관, 기업소는 상품류통에 대한 장악지휘체계를 세우고 중요상품확보, 공급사업을 정기적으로 장악지휘하여야 한다.
제24조 (상품예비의 조성)	조성한 상품예비는 해당 상업기관, 기업소를 통하여 공급한다.
제25조 (직매점의 운영)	중앙기관이 운영하는 직매점에서는 자기 부문 기업소에서 새로 만든 상품을 위주로 하여 팔아주면서 인민들의 수요를 연구한데 기초하여 상품의 가지수를 늘이고 질을 높이도록 하여야 한다. 직매점에서는 주민들에게 기준에 따라 공급하게 된 상품과 다른 부문 기관, 기업소, 단체에서 생산한 상품을 팔수 없다.

표 5-13 기업소 관련 조문 불변 조항 2(수매)(1999-2010)

상업법(2010) 조항	조문
제28조 (수매의 기본요구)	상업지도기관과 수매기관, 기업소는 여러가지 형식과 방법으로 농업생산물과 공업원료원천을 동원하여 수매하여야 한다.
제29조 (수매에서 자원성원칙준수)	수매기관, 기업소는 수매사업에서 국가와 수매시키는자의 리익을 옳게 결합시키고 자원성의 원칙을 지켜야 한다.
제30조 (수매의 구분)	수매기관, 기업소는 지표별 수매계획에 따라 농업생산물을 수매하며 주민들로부터 농부산물, 축산물, 약초, 고자재 같은것을 자유수매하여야 한다.
제31조 (수매의 다각화)	해당 중앙기관은 수매품을 쓰는 기관, 기업소에서 직접 수매하는 방법으로 수매사업을 다각화하며 수매원천을 최대한 탐구동원하도록 하여야 한다.
제32조 (수매의 다양화)	해당 기관과 수매기관, 기업소는 수매원천의 분산성과 수매품종의 특성에 맞게 계약수매, 현물교역수매, 위탁수매, 예약수매, 순회수매 같은 방법으로 수매사업을 다양화하여야 한다.
제33조 (수매계획의 작성)	해당 기관, 기업소, 단체는 수매기지와 원천을 조성하고 늘이며 수매원천을 조사장악하여 수매품총액 및 지표별, 시기별계획을 세우고 집행하여야 한다.
제34조 (식료농산물의 계약수매)	주민공급, 봉사를 하는 상업기관, 기업소는 국영 및 협동농장공동경리에서 생산한 남새, 축산물 같은 식료농산물을 수매계획에 따라 생산단위와 계약을 맺고 수매하여야 한다. 상업기관, 기업소와 국영 및 협동농장은 수매계약을 어김없이 리행하여야 한다.

표 5-14 기업소 관련 조문 불변 조항 3(사회급양과 편의봉사)(1999-2010)

상업법(2010) 조항	조문
제39조 (사회급양의 기본요구)	사회급양기관, 기업소, 단체는 인민들의 기호와 위생영양학적요구에 맞는 음식물을 만들어 공급하여야 한다.
제40조 (음식물의 가지수)	사회급양기관, 기업소, 단체는 인민들이 즐기는 대중식사와 료리 같은것을 기본으로 하면서 우리 인민의 민족적특성과 지방적특색을 잘 살리는 원칙에서 음식물의 가지수를 늘여야 한다.
제41조 (음식물의 질)	중앙상업지도기관과 지방정권기관, 사회급양기관, 기업소, 단체는 음식물생산을 전문화, 과학화하며 료리강습과 경연, 경험교환회 같은것을 조직하여 음식물의 질을 높여야 한다.
제42조 (청량음료)	사회급양 및 청량음료생산기관, 기업소, 단체는 우리 나라에 흔한 원료로 청량음료를 만들어 공급하여야 한다.
제43조 (주식물의 가공)	중앙상업지도기관과 지방정권기관, 해당 기관, 기업소, 단체는 도시와 로동자구, 농촌리에 밥공장, 국수공장, 빵공장을 주민들의 수요에 맞게 꾸리고 주식물을 가공하여 공급하여야 한다.
제44조 (음식물의 생산, 공급위생)	중앙상업지도기관과 지방정권기관, 사회급양기관, 기업소, 단체는 식당의 주방 설비와 비품, 도구 같은것을 그 특성에 맞게 갖추고 음식물생산과 공급에서 위생문화적요구를 지켜야 한다.
제45조 (려관봉사)	지방정권기관과 해당 기관, 기업소, 단체는 지역별로 수요에 맞는 려관을 꾸려놓아야 한다.
제46조 (1차가공품과 반제품의 생산)	지방정권기관과 사회급양기관, 기업소, 단체는 반제품공장을 꾸리고 1차가공제품과 반제품을 생산하여 식당에 공급하여야 한다.
제47조 (원자재의 공급)	상업기관, 기업소는 해당 기관의 승인을 받아 비경지를 원료기지로 리용할수 있다.
제50조 (편의봉사시설의 관리운영)	편의봉사기관, 기업소, 단체는 편의봉사시설을 인민들의 편리를 보장할수 있게 관리운영하며 편의봉사에서 문화위생성을 보장하여야 한다.
제51조 (편의수매)	지방정권기관과 편의봉사기관, 기업소, 단체는 편의수매상점을 지역별로 꾸리고 주민들이 수매시키려는 소비품을 수매하여 팔거나 다시 수리가공하여 팔아주어야 한다.
제52조 (가내편의봉사)	지방정권기관과 편의봉사기관, 기업소, 단체는 편의봉사가내작업반과 가내편의봉사원을 널리 운영하여야 한다.

표 5-15 기업소 관련 조문 불변 조항 4(상품보관관리)(1999-2010)

상업법(2010) 조항	조문
제54조 (상품보관관리의 기본요구)	상업지도기관과 상업기관, 기업소는 상품보관관리에 필요한 창고를 기준대로 갖추고 상품을 그 특성에 맞게 보관관리하여야 한다.
제55조 (상품기준재고와 상품회전률)	상업기관, 기업소는 상품기준재고를 가지고있어야 하며 상품류통조직을 개선하여 상품회전률을 높여야 한다.
제56조 (상품검수와 입출고)	상업기관, 기업소는 상품검수와 입출고를 정해진대로 하고 현물에 의한 경상경리를 잘하여 상품류통과정에서 사고를 없애야 한다.
제57조 (식료품의 저장, 랭동)	국가계획기관과 해당 기관, 기업소 단체는 식료품생산지와 소비지에 저장, 랭동시설을 꾸리고 식료품보관관리를 잘하여야 한다.
제58조 (상품의 포장용기)	상업기관, 기업소는 자체의 경영활동에 필요한 상품품종별포장용기를 마련하고 그것을 합리적으로 리용하여야 한다.
제59조 (상품의 실사)	상업기관, 기업소는 상품실사를 정기적으로 하여야 한다.
제60조 (상품과 상업시설의 보호)	해당 기관, 기업소, 단체는 상품과 상업시설을 보호하기 위한 사업을 잘하여야 한다.
제61조 (물자재산의 관리)	기관, 기업소, 단체와 공민은 상업부문의 상품을 비롯한 재산을 아끼고 소중히 다루며 그것을 파괴하거나 손상시키지 말아야 한다.

표 5-16 기업소 관련 조문 불변 조항 5(상품의 문화성, 봉사성)(1999-2010)

상업법(2010) 조항	조문
제62조 (봉사망의 관리)	상업기관, 기업소, 단체는 봉사망을 문화위생적으로 꾸리고 알뜰히 관리하며 인민들에게 편리한 봉사를 하여야 한다.
제64조 (봉사구역담당제)	상업기관, 기업소는 봉사구역담당제를 바로 실시하여 인민들의 생활상편의를 원만히 보장하며 상점매대에 상품을 충분히 갖추어놓고 인민들에게 필요한 상품을 팔아주어야 한다.
제65조 (상품의 포장)	상품생산기관, 기업소, 단체는 상품을 물리화학적특성과 용도, 규격에 맞게 여러가지 형식으로 포장하며 상표와 가격표를 문화성있게 만들어 붙여야 한다.

제66조 (상품의 진렬, 조명, 광고)	상업기관, 기업소, 단체는 상품진렬, 광고와 조명을 문화성있게 하여야 한다.
제67조 (봉사형식과 방법)	중앙상업지도기관과 지방정권기관, 상업 기관, 기업소, 단체는 아침, 저녁 봉사와 순회봉사, 주문송달봉사, 자체봉사 같은 여러가지 봉사 형식과 방법을 받아들여야 한다.

표 5-17 기업소 관련 조문 불변 조항 6(1999-2010)

상업법(2010) 조항	조문
제70조 (봉사망의 건설)	지방정권기관과 상업기관, 기업소, 단체는 이미 건설하여놓은 봉사망을 잘 꾸려야 한다.
제71조 (상업부문 작업의 기계화)	중앙상업지도기관과 지방정권기관, 싱업기관, 기업소는 상업부문 작업을 기계화, 반자동화, 자동화, 로보트화하며 식료상점, 식당에 랭동시설을 갖추어야 한다. 국가계획기관과 기계공업지도기관, 상업지도기관, 해당 기관, 기업소는 상업설비, 비품생산기지를 꾸리고 상업시설의 현대화에 필요한 계산, 랭동, 판매설비, 진렬도구 같은 설비, 비품을 계획적으로 생산보장하여야 한다.
제72조 (간판, 장식의 설치)	지방정권기관과 상업기관, 기업소, 단체는 상업망의 업종별특성과 규모에 맞게 간판, 전기장식 등을 여러가지 형식으로 보기 좋게 만들어 설치하여야 한다.
제75조 (상업경영의 현대화)	상업기관, 기업소, 단체는 콤퓨터 같은것을 받아들여 상업경영을 현대화하여야 한다.
제76조 (상품의 계량)	상업기관, 기업소, 단체는 계량수단을 현대화하고 상품을 정확히 계량하여야 한다.
제77조 (상업부문의 로동정량과 기술기능 수준제고)	중앙상업지도기관과 지방정권기관, 상업기관, 기업소, 단체는 상업부문의 로동정량을 바로 정하며 상업일군들속에서 기술학습을 정상화하여 그들의 기술기능수준을 체계적으로 높여야 한다.
제79조 (상업시설보수)	중앙상업지도기관과 지방정권기관, 상업기관, 기업소, 단체는 상업시설에 대한 계획적인 예방보수체계를 세우고 정상적으로 정비, 보수하여야 한다.

표 5-18 기업소 관련 조문 불변 조항 7(1999-2010)

상업법(2010) 조항	조문
제81조 (상업부문사업에 대한 지도와 영업허가)	상점, 식당, 편의봉사망을 운영하려는 기관, 기업소, 단체는 중앙상업지도기관의 영업허가를 받아야 하며 영업활동을 정해진 질서대로 하여야 한다.
제83조 (독립채산제)	중앙상업지도기관과 지방정권기관은 상업기관, 기업소, 단체의 경영활동에서 독립채산제를 바로 실시하고 류통비를 체계적으로 낮추며 재정계획을 어김없이 수행하여야 한다.
제85조 (모범창조와 그 일반화)	상업지도기관과 상업기관, 기업소, 단체는 상업부문에서 모범을 창조하고 그것을 따라배우기 위한 운동을 적극 벌려야 한다.
제89조 (행정적 또는 형사적책임)	이 법을 어겨 상품류통과 봉사사업에 엄중한 결과를 일으킨 기관, 기업소, 단체의 책임있는 일군과 개별적공민에게는 정상에 따라 행정적 또는 형사적 책임을 지운다.

표 5-19 기업소 관련 조문변경 조항(1999-2010)

조항	상업법(2010)	상업법(1999-2004)
제10조 (주문제)	상품의 생산, 수입기관, 기업소, 단체는 상품을 국가계획대로 생산, 수입하여 해당 단위에 공급하여야 한다.(2010)	상품생산 기관, 기업소, 단체는 상품을 국가계획대로 생산하여 해당 단위에 골고루 공급하여야 한다.(2004)
제12조 (상품공급계약)	필요에 따라 생산, 수입된 상품을 소매상업기관, 기업소가 직접 인수할 수도 있다.(2010 신설)	
제27조 (상품의 비법판매 금지)	중앙상업지도기관의 승인없이 회의, 강습, 경쟁, 지원 같은 명목으로 기관, 기업소, 단체가 주민용상품을 빼내거나 안면 또는 직권을 람용하여 판매공급하는 행위를 할 수 없다.(2004)	중앙상업지도기관의 승인없이 회의, 강습, 경쟁, 지원 같은 명목으로 상품을 빼내거나 안면 또는 직권을 남용하여 상품을 판매공급하는 행위를 할 수 없다.(1999)

제38조 (여유물건의 수매와 수매자의 신분확인 금지)	상업기관, 기업소는 수매상점을 지역별로 꾸리고 주민들이 여유로 가지고있는 물건을 수매받아야 한다.(2010)	해당 기관과 출판보도기관은 수매선전사업을 여러가지 형식과 방법으로 조직진행하여야 한다.(2002) 상업기관, 기업소는 지역별로 꾸리고 주민들이 여유로 가지고 있는 물건을 수매받아야 한다.(2004)
	이 경우 수매하는 자의 신분을 확인하거나 물건의 출처를 따지지 말아야 한다.(2004)	기관, 기업소, 단체와 공민은 수매사업에 자각적으로 참가하여야 한다.(2002)
제42조 (청량음료)	청량음료는 필요한 곳에 청량음료점과 간이매대, 이동매대 같은 것을 꾸려놓고 판매하여야 한다.(2004년 신설)	
제63조 (봉사망의 조직)		지방정권기관과 상업 기관, 기업소, 단체는 인민생활에 필요한 전문 종합 봉사망과 고급 또는 일반봉사망, 협동식당, 협동편의, 가내편의 봉사망을 합리적으로 배치하여야 한다.(2002년 삭제)
제74조 (상업건물, 구조물, 설비의 등록 리용)	중앙상업지도기관과 지방정권기관, 상업기관, 기업소, 단체는 상업봉사건물과 구조물, 설비 같은것을 정확히 등록하고 관리운영하여야 한다.(2010)	중앙상업지도기관과 지방정권기관, 상업 기관, 기업소, 단체는 상업건물과 구조물, 설비 같은것을 정확히 등록하고 합리적으로 리용하여야한다.(1999) 해당기관, 기업소, 단체는 상업건물과 구조물, 설비 같은 것을 정확히 등록하고 관리운영하여야 한다.(2002) 지도기관과 지방정권기관, 상업 기관, 기업소, 단체는 상업봉사건물과 구조물, 설비 같은 것을 정확히 등록하고 관리운영하여야 한다.(2004)
	상업봉사건물과 구조물, 설비 같은 것은 기관의 승인없이 다른 목적에 리용할수 없다.(2010)	상업 건물과 구조물, 설비 같은 것은 해당 기관의 승인없이 다른 목적에 리용할수 없다.(2002) 상업봉사건물과 구조물, 설비 같은것은 중앙상업지도기관과 지방정권기관의 승인없이 다른 목적에 리용할수 없다.(2010) 상업봉사건물과 구조물, 설비 같은 것은 중앙상업지도기관가 지방정권기관의 해당 기관의 승인없이 다른 목적에 리용할수 없다.(2004)

제81조 (상업부문 사업에 대한 지도와 영업허가)	상업부문 사업에 중앙상업지도기관은 상업부문 사업에 대한 지도체계를 바로세우고 상품류통과 인민들에 대한 봉사활동을 책임적으로 장악지도하여야 한다.(2004)	중앙상업지도기관은 상업부문 사업에 대한 지도체계를 바로세우고 상품류통과 인민들에 대한 봉사활동을 책임적으로 장악지도하여야 한다.(1999) 상업부문 사업에 중앙상업지도기관은 상업부문 사업에 대한 지도체계를 바로세우고 상품류통과 인민들에 대한 봉사활동을 책임적으로 장악지도하여야 한다.(2002)
제86조 (시장의 관리운영)	중앙상업지도기관과 지방정권기관은 시장을 사회주의경제관리의 보조적공간으로 리용하여야 한다.(2010)	중앙상업지도기관과 지방정권기관은 시장을 꾸리고 잘 관리운영 하여야 한다.(2004)
	시장에서는 팔지 못하게 되여있는 상품을 판매하거나 한도가격을 초과하여 상품을 판매할수 없다.(2010)	시장 관리운영에 대한 지도는 해당 상업지도기관이 한다.(2004)
제88조 (위약금, 몰수, 운영중지, 벌금)	상품을 계획과 계약에 따라 공급하지 않고 비법적으로 다른 용도에 썼을 경우에는 계획수행평가를 하지 않으며 위약금을 물리거나 거래한 상품과 돈을 몰수한다.(2004)	상품을 계획과 계약에 따라 공급하지 않고 비법적으로 다른 용도에 썼거나 바꿈질, 직매처리하였을 경우에는 계획수행평가를 하지 않으며 그 금액을 회수하여 국고에 넣는다.(2002)
	영업허가를 받지 않았거나 국가가격제정기관은 승인을 받지 않은 가격으로 영업하는 상점, 식당, 편의봉사망은 운영을 중지시키거나 벌금을 물린다.(2010)	영업허가를 벋지 않은 상점,식당, 봉사소는 운영을 중지시키고 벌금을 물린다.(2004 신설)

상업법(2021)는 9개 장, 95 개조의 구성되어 상업법(2010)보다 형식상 6개 조항이 증가되었다. 다만 상업법(2010)에서 상품의 정상적 공급(제9조), 수산물의 공급(제14조), 민수용연료공급(제21조), 주민보유물품의 수매(제35조) 등 4개 조항이 삭제되고, 정의(제2조), 상품의 확보·지역간교류(제10조), 상품의 비법처리금지(제26조), 이동봉사매대(제42조), 공로자에 대한 상업봉사(제65조) 외 처벌조항이 2개 조항에서 7개 조항으로 증가되었다. 조항의 변경시점이 2019년, 2020년, 2021년 수정인지에 대해 특정하기는 어렵다. 다만 판매와 관련한 조항은 「기업소법」의 판매권 신설 영향으로 2019년일 가능성이 높고,

처벌조항의 강화는 2020년 또는 2021년 수정 때에 강화되었을 것으로 추정한다.

표 5-20 상업법(2010 vs. 2021)의 삭제조항

상업법(2010) 조항	조문
제9조 (상품의 정상적공급)	도매상업기관, 기업소는 상품주문을 받아 생산에 맞물리고 상품의 확보와 지역 간 교류를 잘하며 소매상업기관, 기업소에 상품을 정상적으로 공급하여야 한다. 소매상업기관, 기업소는 상품을 정확히 인수하여 인민들에게 공급하여야 한다.
제14조 (수산물의 공급)	상업기관, 기업소는 수산기관, 기업소, 단체에서 주민공급용수산물을 넘겨받아 해당 지역 주민들에게 골고루 공급하여야 한다.
제21조 (민수용연료공급)	국가계획기관과 해당 기관, 기업소는 민수용연료를 계획에 맞물려 생산하며 주민세대와 비생산부문의 해당 기관, 기업소, 단체에 골고루 공급하여야 한다. 운수기관과 해당 기관, 기업소는 민수용연료를 제때에 실어날라야 한다.
제35조 (주민보유물품의 수매)	해당 기관과 수매기관, 기업소는 농촌상점을 거점으로 하여 주민들이 가지고있는 수매품을 수매하며 그것을 제때에 실어가야 한다.

표 5-21 상업법(2010 vs. 2021)의 신설조항

상업법(2021) 조항	조문
제2조 (정의)	사회주의상업은 사회주의적소유에 기초하여 인민들의 복리증진과 생활상편의를 보장하기 위하여 국가 및 협동단체가 진행하는 상업이다. 사회주의상업에는 상품공급 및 판매, 사회급양, 편의봉사, 수매 같은것이 속한다.
제10조 (상품의 확보, 지역간교류)	상업기관, 기업소는 상품주문을 받아 생산, 수입에 맞물리고 상품의 확보와 지역간 교류사업을 책임적으로 하여야 한다.
제26조 (상품의 비법처리금지)	기관, 기업소, 단체는 회의, 강습, 경쟁, 지원 같은 명목으로 주민용상품을 빼내거나 생산, 수입한 상품을 개별적공민에게 직접 넘겨주는 행위를 하지 말아야 한다.

제42조 (이동봉사매대)	중앙상업지도기관과 지방인민위원회, 해당 기관, 기업소, 단체는 인민들의 생활상편리와 수요에 맞게 이동봉사매대를 내오고 위생안전성이 담보된 여러가지 음식을 만들어 봉사할수 있다. 이동봉사매대의 허가와 등록, 봉사구역설정과 봉사방법, 환경오염방지와 관련한 질서는 따로 정한데 따른다.
제65조 (공로자에 대한 상업봉사)	중앙상업지도기관과 지방인민위원회, 상업기관, 기업소는 혁명투쟁공로자, 영웅, 전쟁로병, 영예군인 등 조국과 인민을 위하여 공훈을 세운 공로자에 대한 상업봉사활동을 적극조직하고 우선적으로 봉사하여야 한다.

상업법(2010)과 상업법(2021)의 기업소와 관련이 있는 조문의 변화에서 가장 큰 차이는 '공급'에서 판매를 추가하여 '공급 및 판매'로 변경한 사항이다. 다른 하나는 '해당 중앙기관'이 '중앙상업지도기관'으로, '지방정권기관'이 '지방인민위원회'로 변경된 조항이 다수 있다. '판매'조문만 추가된 조항들을 ①부분으로 하고 기관명칭의 변경 조항들을 ②부분으로 분류하면, (① + ②)부분은 상업법(2021)의 조항기준으로 '상품의 생산, 수입, 분배, 공급 및 판매계획작성'(제11조), 식료품의 공급·판매(제14조), 어린이용상품의 공급 및 판매(제16조), 상품류통의 장악지휘(제22조), 주식물의 가공(제43조) 등이 수정되었다. ①만 변경된 조항은 상비상품의 공급, 판매(제15조)이 수정되었고, ②부분만 변경된 조항은 협동농장에 대한 상품보장(제17조), 중요대상의 상품보장(제18조) 등이다.

표 5-22 상업법(2010 vs. 2021)의 조문변경 조항 1(상품공급 및 판매)

상업법 (2010) 조항	상업법(2010) 조문	상업법(2021) 조문	상업법 (2021) 조항
제10조 (주문제)	상품공급은 주문제에 의한 공급이다.	삭제	제11조 (상품의 생산, 수입, 분배, 공급 및 판매계획 작성)
	상품의 생산, 수입기관, 기업소, 단체는 상품을 국가계획대로 생산, 수입하여 해당 단위에 공급하여야 한다.	상품의 생산, 수입하는 기관, 기업소, 단체는 상품을 국가계획대로 생산, 수입하여 **해당 상업기관, 기업소**에 공급하여야 한다.	
제12조 (상품공급 계약)	필요에 따라 생산, 수입된 상품을 소매상업기관, 기업소가 직접 인수할수도 있다.	삭제	제13조 (상품공급 계약)
제15조 (상비상품 공급)	국가계획기관과 상품 생산기관, 기업소, 단체는 **국가가 정하여준** 일용잡화, 건재상품, 농촌상점에 갖추어놓아야 할 상품 같은 상비상품을 우선적으로 생산보장하여야 한다.	국가계획기관과 해당 기관, 기업소, 단체는 국가가 정한 일용잡화, 건재상품, 농촌상점에 갖추어놓아야 할 상품 같은 상비상품을 우선적으로 생산보장하여야 한다.	제15조 (상비상품의 공급, 판매)
제17조 (협동농장결산분배용상품보장)	상품생산기관, 기업소, 단체는 농촌에 보내줄 상품을 제때에 생산보장하여야 한다.	상품을 생산, 수입하는 기관, 기업소, 단체는 농촌에 보내줄 상품을 제때에 **생산, 수입하여 보장**하여야 한다.	제17조 (협동농장에 대한 상품 보장)
제19조 (상품의 자체 가공)	지방정권기관과 상업기관, 기업소는 여러가지 부식물과 어린이옷, 일용세소상품 같은 상품에 대한 자체가공사업을 하여야 한다.	지방인민위원회와 상업기관, 기업소는 **식료가공반과 리용생산반을 내오고** 여러가지 부식물과 어린이옷, 일용세소상품 같은 상품에 대한 자체로 가공하여 인민들에게 봉사하여야 한다.	제19조 (상품의 자체 가공)
제20조 (려행자용상품판매)	지방정권기관과 해당 상업기관, 기업소는 려행자들을 위한 상품을 확보하며 주요 역구내와 정류소에 매대를 꾸려놓고 손님들에게 려행용상품과 지방특산물, 청량음료 같은것을 정상적으로 팔아주어야 한다.	지방인민위원회와 해당 상업기관, 기업소는 려행자들을 위한 상품을 확보하며 주요 역구내와 정류소에 **려행자상점과** 매대를 꾸려놓고 손님들에게 려행용상품과 지방특산물, 청량음료 같은 것을 정상적으로 팔아주어야 한다.	제20조 (려행자용상품판매)

제25조 (직매점의 운영)	직매점에서는 주민들에게 기준에 따라 공급하게 된 상품과 다른 부문 기관, 기업소, 단체에서 생산한 상품을 팔수 없다.	직매점에서는 수입상품을 팔수 없다.	제24조 (직매점의 운영)
제27조 (상품의 비법 판매금지)	중앙상업지도기관의 승인없이 회의, 강습, 경쟁, 지원 같은 명목으로 기관, 기업소, 단체가 주민용상품을 빼내거나 안면 또는 직권을 람용하여 판매공급하는 행위를 할수 없다.	상업기관, 기업소는 안면 또는 직권을 람용하여 상품을 공급, 판매하거나 **개별적공민들로부터 상품을 넘겨받아 판매하는 행위, 품질감독기관과 위생방역기관의 검사를 받지 않았거나 검사에서 불합격된 상품, 가짜상품을 판매하는 행위를 하지 말아야 한다.**	제27조 (상품의 비법 공급, 판매행위 금지)

표 5-23 상업법(2010 vs. 2021)의 조문변경 조항 2(수매와 사회급양)

상업법 (2010) 조항	상업법(2010) 조문	상업법(2021) 조문	상업법 (2021) 조항
제31조 (수매의 다각화)	**해당 중앙기관은** 수매품을 쓰는 기관, 기업소에서 직접 수매하는 방법으로 수매사업을 다각화하며 수매원천을 최대한 탐구동원하도록 하여야 한다.	**수매품을 쓰는 기관, 기업소, 단체는 제품생산에 필요한 원료와 자재(중앙지표 제외)를 직접 수매하는 방법**으로 수매사업을 다각화하며 수매원천을 최대한 탐구동원하여야 한다.	제31조 (수매의 다각화)
제34조 (식료농산물의 계약수매)	**주민공급, 봉사를 하는 상업기관, 기업소는** 국영 및 협동농장공동경리에서 생산한 남새, 축산물 같은 식료농산물을 수매계획에 따라 생산단위와 계약을 맺고 수매하여야 한다.	**상업기관, 기업소는** 국영 및 협동농장공동경리에서 생산한 남새, 축산물(중앙지표 제외) 같은 식료농산물을 생산단위와 계약을 맺고 수매받아 인민들에게 공급, **판매하여야 한다.**	제34조 (식료농산물의 계약수매)
제40조 (음식물의 가지수)	사회급양기관, 기업소, 단체는 인민들이 즐기는 **대중식사와 료리** 같은것을 기본으로 하면서 우리 인민의 민족적특성과 지방적특색을 잘 살리는 원칙에서 음식물의 가지수를 늘여야 한다.	사회급양기관, 기업소, 단체는 인민들이 즐기는 **대중음식**을 기본으로 하면서 우리 인민의 민족적특성과 지방적특색을 잘 살리는 원칙에서 음식물의 가지수를 늘여야 한다.	제39조 (음식물의 가지수)

제47조 (원자재의 공급)	상업기관, 기업소는 해당 기관의 승인을 받아 비경지를 원료기지로 리용할수 있다.	상업기관, 기업소는 해당 기관의 승인을 받아 비경지를 원료기지로 리용할수 있으며 **무역회사와 주문계약을 맺고 봉사에 필요한 원자재를 확보하여 리용할수 있다.**	제47조 (원자재 보장)

표 5-24 상업법(2010 vs. 2021)의 조문변경 조항3

상업법(2010) 조항	상업법(2010) 조문	상업법(2021) 조문	상업법(2021) 조항
제52조 (가내편의 봉사)	지방정권기관과 편의봉사기관, 기업소, 단체는 편의봉사가내작업반과 가내편의봉사원을 널리 운영하여야 한다.	지방인민위원회와 편의봉사기관, 기업소, 단체는 **편의봉사가내작업반(가내편의봉사원 포함)**을 널리 운영하여야 한다.	제52조 (가내편의 봉사)
제57조 (식료품의 저장, 랭동)	**국가계획기관**과 해당 기관, 기업소 단체는 식료품생산지와 소비지에 저장, 랭동시설을 꾸리고 식료품보관관리를 잘하여야 한다.	기관, 기업소, 단체는 식료품생산지와 소비지에 저장, 랭동시설을 꾸리고 식료품보관관리를 잘하여야 한다.	제57조 (식료품의 저장, 랭동)
제61조 (물자재산의 관리)	기관, 기업소, 단체와 공민은 상업부문의 상품을 비롯한 재산을 아끼고 소중히 다루며 그것을 파괴하거나 손상시키지 말아야 한다.	기관, 기업소, 단체와 공민은 **상업봉사시설**과 상품을 비롯한 재산을 아끼고 소중히 다루며 그것을 파괴하거나 손상시키지 말아야 한다.	제61조 (물자재산의 관리)
제71조 (상업부문 작업의 기계화)	중앙상업지도기관과 지방정권기관, 상업기관, 기업소는 상업부문 작업을 기계화, 반자동화, 자동화, 로보트화하며 식료상점, 식당에 랭동시설을 갖추어야 한다.	중앙상업지도기관과 지방인민위원회, 상업기관, 기업소는 상업시설의 현대화를 적극 실현하여 작업을 기계화, 반자동화, 자동화, 로보트화하며 식료상점, 식당에 랭동시설을 갖추어야 한다.	제72조 (상업시설의 현대화)
	국가계획기관과 기계공업지도기관, 상업지도기관, 해당 기관, 기업소는 상업설비, 비품생산기지를 꾸리고 상업시설의 현대화에 필요한 **계산, 랭동, 판매설비, 진렬도구 같은** 설비, 비품을 계획적으로 생산보장하여야 한다.	상업지도기관과 해당 기관, 기업소, 단체는 상업설비, 비품생산기지를 꾸리고 상업시설의 현대화에 필요한 설비, 비품을 원만히 생산보장하여야 한다.	

第72条 (간판, 장식의 설치)	지방정권기관과 상업기관, 기업소, 단체는 상업망의 업종별특성과 규모에 맞게 간판, **전기장식** 등을 여러가지 형식으로 보기 좋게 만들어 설치하여야 한다.	지방인민위원회와 상업기관, 기업소는 상업망의 업종별특성과 규모에 맞게 간판, **불장식 같은것을** 여러가지 형식으로 보기 좋게 만들어 설치하여야 한다.	第73条 (간판, 불장식의 설치)
第75条 (상업경영의 현대화)	상업기관, 기업소, **단체는** 콤퓨터 같은것을 받아들여 상업경영을 현대화하여야 한다.	상업기관, 기업소는 **현대적인 정보설비와 정보체계, 최신과학기술의 성과를 받아들여** 상업경영을 **정보화**, 과학화하여야 한다.	第76条 (상업경영의 정보화, 과학화)
第77条 (상업부문의 로동정량과 기술기능수준 제고)	중앙상업지도기관과 지방정권기관, 상업기관, 기업소, **단체는 상업부문의 로동정량을 바로 정하며** 상업일군들속에서 기술학습을 정상화하여 그들의 기술기능수준을 체계적으로 높여야 한다.	중앙상업지도기관과 지방인민위원회, 상업기관, 기업소는 상업일군들속에서 기술학습을 강화하여 그들의 기술기능수준을 체계적으로 높여야 한다.	第78条 (기술기능수준제고)
第79条 (상업시설 보수)	중앙상업지도기관과 지방정권기관, 상업기관, 기업소, **단체는** 상업시설에 대한 계획적인 예방보수체계를 세우고 정상적으로 정비, 보수하여야 한다.	중앙상업지도기관과 지방인민위원회, 상업기관, 기업소는 상업시설에 대한 계획적인 예방보수체계를 세우고 정상적으로 정비, 보수하여야 한다.	第80条 (상업시설 보수)

표 5-25 상업법(2010 vs. 2021)의 조문변경 조항 4(지도통제)

상업법(2010) 조항	상업법(2010) 조문	상업법(2021) 조문	상업법 (2021) 조항
第81条 (상업부문사업에 대한 지도와 영업허가)	상점, 식당, 편의봉사망을 운영하려는 기관, 기업소, 단체는 **중앙상업지도기관**의 영업허가를 받아야 하며 영업활동을 정해진 질서대로 하여야 한다.	상점, 식당, 편의봉사망을 운영하려는 기관, 기업소, 단체는 해당 **도(직할시)인민위원회의** 영업허가를 받으며 영업활동을 정해진 질서대로 하여야 한다.	第83条 (영업허가)

제83조 (독립채산제)	중앙상업지도기관과 지방정권기관은 상업기관, 기업소, **단체의** 경영활동에서 **독립채산제**를 바로 실시하고 류통비를 체계적으로 낮추며 재정계획을 어김없이 수행하여야 한다.	중앙상업지도기관과 지방인민위원회는 상업기관, 기업소의 경영활동에서 **사회주의기업책임관리제**를 바로 실시하고 류통비를 체계적으로 낮추며 재정계획을 어김없이 수행하여야 한다.	제85조 (사회주의기업책임관리제)

표 5-26 지도통제의 처벌관련 조항 변화

구분	조항	조문
상업법 (2010)	제88조 (위약금, 몰수, 운영중지, 벌금)	상품을 계획과 계약에 따라 공급하지 않고 비법적으로 다른 용도에 썼을 경우에는 계획수행평가를 하지 않으며 위약금을 물리거나 거래한 상품과 돈을 몰수한다. 영업허가를 받지 않았거나 국가가격제정기관은 승인을 받지 않은 가격으로 영업하는 상점, 식당, 편의봉사망은 운영을 중지시키거나 벌금을 물린다.
	제89조 (행정적 또는 형사적 책임)	이 법을 어겨 상품류통과 봉사사업에 엄중한 결과를 일으킨 기관, 기업소, 단체의 책임있는 일군과 개별적공민에게는 정상에 따라 행정적 또는 형사적책임을 지운다.
상업법 (2021)	제90조 (민사적책임)	이 법을 어겨 재산상손해를 발생시켰을 경우에는 책임있는 당사자에게 손해보상, 위약금, 연체료지불 같은 민사적책임을 지운다.
	제91조 (변상처벌)	다음의 경우에는 기관, 기업소, 단체와 공민에게 변상처벌을 준다. 1. 상품을 비법적으로 처리하였을 셩우 2. 상품조관관리를 바로하지 않아 상품을 부패, 변질, 파손시켰거나 잃어버렸을 경우 3. 상업시설에 대한 관리를 바로하지 않아 파손시켰을 경우

제92조 (벌금처벌)	다음의 경우에는 기관, 기업소, 단체와 공민에게 벌금을 물린다. 1. 금지된 상품을 판매하였을 경우 기관, 기업소, 단체에는 50만~150만원, 공민에게는 3만~10만원 2. 상품의 공급, 판매에서 정해진 량을 보장하지 않았을 경우 기관, 기업소, 단체에는 30만~150만원, 공민에게는 2만~10만원 3. 음식물봉사에서 위생문화적요구를 지키지 않았을 경우 기관, 기업소, 단체에 50만~150만원 4. 상품광고에서 정해진 질서를 어겼을 경우 기관, 기업소, 단체에 10만~100만원 5. 영업허가를 받지 않고 영업활동을 하였을 경우 기관, 기업소, 단체에 150만원
제93조 (중지처벌)	이 법 제92조의 행위에 대하여 감독통제기관이 시정할것을 지적했음에도 불구하고 결함을 시정하지 않았을 경우에는 해당 단위의 경영활동을 중지시킨다. 정상이 무거운 경우에는 페업시킨다.
제94조 (몰수처벌)	비법적으로 상품을 거래하였거나 봉사를 하였을 경우에는 위법행위에 리용된 돈과 물품을 몰수한다.
제95조 (경고, 엄중경고, 무보수로동, 로동교양, 강직, 해임, 철직처벌)	다음의 경우에는 책임있는자에게 경고, 엄중경고 또는 3개월이하의 무보수로동, 로동교양처벌을 준다. 1. 수요를 고려함이 없이 상업부문의 계획을 작성, 시달하였을 경우 2. 생산, 수입한 상품을 상품공급계획대로 공급하지 않았을 경우 3. 상품공급계획에 기초한 상품공급계약을 어겼을 경우 4. 신용보증제를 바로 적용하지 않았을 경우 5. 체화되였거나 못쓰게 된 상품을 제때에 처리하지 않았을 경우 6. 정해진 상품예비를 조성하지 않았을 경우 7. 금지된 상품을 판매하였거나 상품을 비법적으로 처리하였거나 상품의 공급, 판매에서 정해진 량을 보장하지 않았을 경우 8. 수매계획을 미달하였을 경우 9. 음식물의 생산과 봉사에서 위생문화적요구를 지키지 않았을 경우 10. 상품의 보관관리를 바로하지 않아 상품을 부패, 변질, 파손시켰거나 잃어버렸을 경우 11. 봉사망배치와 봉사업종을 정하는 사업을 바로하지 않았거나 봉사구역담당제를 바로 실시하지 않아 주민들의 생활에 불편을 주었을 경우 12. 상품광고에서 정해진 질서를 어겼을 경우 13. 상품을 상품등록정보체계에 등록하지 않고 류통시켰을 경우 14. 상업시설에 대한 관리를 바로하지 않아 파손시켰을 경우 15. 영업허가질서를 어겼을 경우 앞항 1~15호의 행위가 정상이 무거운 경우에는 3개월이상의 무보수로동, 로동교양처벌 또는 강직, 해임, 철직처벌을 준다.
제96조 (형사적책임)	이 법을 어긴 행위가 범죄에 이를 경우에는 책임있는자에게 형법의 해당 조항에 따라 형사적 책임을 지운다.

표 5-27 사회주의상업법의 주요 개정 요약[30]

구분	상업법(2010)	상업법(2021)
사회주의상업의 개념과 포괄범위	인민들에 대한 공급사업.	상품공급 및 판매, 사회급양, 편의봉사, 수매 등.
상품공급 및 판매 원칙	상품공급에서 주문제를 바로 실시. 수요를 생산에 정확히 맞물리고 생산된 상품을 제때에 수요자에게 공급.	상품공급과 판매에서 주문제를 바로 실시. 상품에 대한 수요를 상품의 생산 및 수요에 정확히 맞물리고, 상품은 수요자에게 제때 공급, 판매.
상품유통원칙	조건이 성숙되는데 따라 점차 완전한 공급제로 넘어가도록 함.	
		상품이 국가적인 등록, 인증체계 안에서 국영상업망을 통해 유통되도록 한다는 조문 신설.
상품의 분배	중앙지표, 자체지표 개념 없음.	중앙지표, 자체지표(도(道)지표) 개념 등장.
상업부문의 조건 보장 의무 기관	국가계획기관과 노동행정기관, 자재공급기관, 재정은행기관은 상업부문에 필요한 노력, 설비, 자재, 자금을 제때에 보장해야 함.	지방인민위원회 추가.
상업분야 영업허가권 보유 기관	상점, 식당, 편의봉사망을 운영하려는 기관, 기업소, 단체는 중앙상업지도기관의 영업허가를 받아야 함.	영업허가권자가 해당 도(직할시)인민위원회로 변경.
상업경영의 현대화, 정보화, 과학화	상업경영을 현대화해야 함. 정보화에 대해서는 언급 없음.	상업경영을 정보화, 과학화해야 함. 모든 상품을 상품등록정보체계에 의무적으로등록하고 유통시켜야 함.
기타		사회주의책임관리제의 실시

상업일반에 관한 규범인 상업법 외에 조선은 2023년 8월 "상업망의 조직운영과 상품의 확보, 공급 및 판매를 비롯하여 상품유통전반에 대한 국가의 조절통제력을 더욱 강화함으로써 인민들의 물질

30 양문수 외, 『북한경제 공식문헌』(2024), 310쪽의 표에 보완.

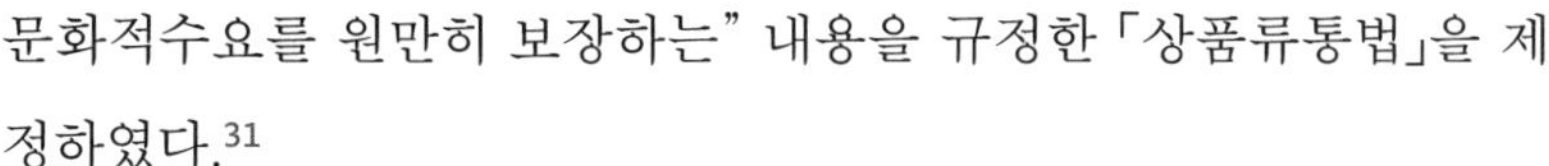

문화적수요를 원만히 보장하는" 내용을 규정한 「상품류통법」을 제정하였다.[31]

31 "조선민주주의인민공화국 최고인민회의 상임위원회 제14기 제27차전원회의 진행," 『로동신문』 2023년 8월 31일.

3
소결

2010년 11월 제정된 「기업소법」의 제품판매(제42)와 관련하여 '생산한 제품을 공급계획과 계약에 따라 판매하여야' 하고, '계획과 계약에 따르지 않은 제품판매는 할수 없'게 규정되었다. 이 내용은 2010년 5월 개정된 사회주의상업법의 규정에 근거한다고 추정된다. 상업법은 '상업 및 상품생산, 수입기관, 기업소, 단체는 국가의 상품공급계획에 기초하여 상품공급계약을 맺고 그것을 어김없이' 이행할 것을 규정하고, '인수 및 출하는 상품공급계약에 따라' 도매상업기관, 기업소가 하도록 되어 있다.

2014년 11월 개정된 「기업소법」은 기업소가 '정해진 범위안에서' 가격제정권과 판매권을 가지고 '수요자와 주문계약한 생산 제품 또는 기업소지표로 생산한 제품의 가격'을 '정해진 가격제정원칙과 방법에 따라 자체로 정하고' 판매할 수 있고, 수요자와 계약을 맺고 직접적 거래를 통해 '소비품, 생활필수품, 소농기구 등과 같은 상품들은 도매기관, 소매기관, 직매점과 직접적으로 계약하고 판매할 수' 있도록 규율한다. 이 가격제정권과 판매권과 관련한 부문법인 상업법은 2010년 5월 개정하고 다음의 법개정이 2019년 11월에 개정한다. 가격법은 2011년 3월 개정하고 그 다음의 개정이 2019년 3월에 개정한다. 상업법(2019.11)와 가격법(2019.3)의 조문을 확보할 수는 없으나 적어도 기업소에 가격제정권과 판매권이 부여되고 이 권리들이 행사되는 내용에 대한 규율은 2019년까지는 부문법인 상업법과 가격법의 규율과 충돌할 여지가 있다.[32]

2021년 8월 개정된 상업법은 '사회주의상업에 상품공급 및 판매, 사회급양, 편의봉사, 수매 같은 것'을 규율하면서 '상품판매'를 사회주의상업에 포함시킨다. 구법의 조문에서 '상품공급'으로 규율된 내용을 '상품공급과 판매'로 수정한다. 「기업소법」의 판매권 부여에 대한 내용이 상업법에 조응하게 된다. 2014년 「기업소법」 개정 이후 상업법은 2019년 11월, 2020년 7월, 2021년 8월 세차례 개정을 하는데 2019년 11월의 개정에서는 반영되지 않은 것으로 보인다.[33]

2022년 3월 개정된 가격법은 가격제정의 주체에 기업소를 추가하고, 가격제정지표목록에 가격제정권한과 책임한계를 명확히 규정할 것을 규율한다. 가격과 관련한 행정과정이 구법(1999)은 가격제

32 조선의 법 개정과정은 한국과 차이가 큰 것으로 보인다. 한국의 법개정과정에서 관련 법과의 충돌을 검토하여 관련 법률 사이에 충돌이 발생하지 않도록 동시에 법을 개정한다. 그러나 현재까지 조선의 법 개정을 보면 연관법간의 충돌을 동시에 고려하여 같이 개정하는 경우 보다는 나중에 관련법을 개정하는 경우가 더 많아 보인다. 관련법 개정 전까지는 법 규율에 있어서 충돌하는 기간이 존재할 것이다. 부문법인 기업소법의 규율과 상업법 및 가격법의 규율이 충돌하는 경우에 일반적으로 '신법의 우선 적용'을 하는 것으로 보인다. 규율 충돌에 대한 해결방향이 명확하지 않으나 부문법의 하위 규정, 세칙 등을 통해 가능한 충돌과 관련한 유보조치를 취할 수도 있을 것으로 보인다. 조선의 형법 제9조는 '범죄를 저지른 자에게는 그 범죄를 저지른 당시의 형법을 적용한다. 그러나 종전 형법에서 범죄로 보던 행위를 이 법에서 범죄로 보지 않았거나 형벌을 낮춘 경우에는 이 법을 적용한다.'고 규정하여 불소급의 원칙을 규율하고 있어, 신법의 우선 적용과 유사하다. 다만 이는 동일한 부문법 내의 적용이므로 부문법 사이의 적용에서도 동일한 원칙을 준용하는 지는 확실하지 않다.

33 "사회주의상업법과 편의봉사법의 일부 내용이 수정보충되였다," 『민주조선』 2020년 1월 26일, 이 개정의 해당조문이 1개로 보도된다.

정, 가격적용으로 규정되었는데, 가격법(2022. 3월)은 가격제정, 가격등록, 가격적용, 가격조종으로 행정단계가 추가된다. 이는 기업소 자체의 가격제정을 '등록'시키고, 적용된 가격에 대해 '중앙가격지도기관이 가격변동에 작용하는 요인을 검토하여 국가의 전반적 가격을 안정'시키기 위해 가격수준을 조종하는 단계가 추가되었다. 가격수준을 조정할 때에는 계획, 재정, 은행 등의 해당 부문과 연계하여 가격수준을 조종한다. 중앙가격지도기관은 가격의 일원화 체계 시기보다 더욱 복잡한 가격조절의 역할이 필요하게 되었다.

2014년 이후 가격법의 개정연혁을 보면, 2019년 3월, 2022년 3월 두 차례 개정한다. 상업법의 사례로 보면 2019년 3월에 반영되지 않았을 확률이 높아 보이고, 2022년 3월 개정에서 반영된 것으로 추정해 볼 수 있다. 이는 상업법에서 '상품판매'에 대한 반영이 2021년 8월에 반영되었을 것으로 추정해 볼 수 있다.

가격제정권의 부여는 가격에서 국정가격(표준가격)외에 기업소 자체 제정가격이 새로 발생하였다. 기업소의 자체 가격제정의 기초인 원가계산에서 변화가 발생한다. 공급기업소 입장에서는 기업소 가격이 수요기업소 입장에서는 국정가격으로 받은 원가가 아니라 실지원가가 된다. 생산을 하는 기업소 입장에서는 실지원가를 포함하여 가격제정을 하여야 하는 새로운 과제가 주어진다.[34] 김남웅은 기업소지표생산물의 가격 제정원칙에 대해 ① 사회적필요노동에 기초하여, ② 제품의 쓸모와 인민경제적의의, 수요와 공급 사이의 관

34 실지원가에 기초한 가격제정의 여러 방법에 대해서는 두광익의 논문 "기업체들에서의 가격제정방법," 『김일성종합대학학보(경제학)』 2018년 3호 참조, 이 논문에서 두광익은 국정가격에 의한 원가와 실지원가를 모두 합하여 생산단위당 원가를 산출하는 방식을 기초로 하고 있다.

계, 국가적이익과 생산자들의 이해관계를 충분히 고려할 것을 주장하며, 가격타산방법으로 한번의 제품구입량에 따르는 타산방법, 여러가지 제품을 하나의 제품일식에 포함시켜 판매하는 경우의 타산방법 등을 제시한다.[35] 기업소지표에 따른 가격의 이원화가 원가에 반영되는 가격과 원가의 연쇄적 관계로 인한 필요적 과제이다. 가격(원가)의 이원화 구조는 상품판매와도 연관성을 가지고 있다. 중요지표 계획에 기초한 계약은 국정가격으로, 기업소지표 계획에 근거한 주문계약과 그 외의 계약은 기업소 자체 가격으로 판매되는 것으로 보여진다.

35 김남웅, "기업체지표생산물의 가격제정을 위한 몇가지 타산방법," 『김일성종합대학학보(경제학)』 2022년 제2호.

제6장

기업소의 품질관리와 노동

1

품질관리권와 연관법

기업소의 품질관리권

「기업소법」(2020. 11월)의 제35조는 기업소가 '품질관리권'을 행사하여 품질제고전략을 세우고 생산물의 질과 생산공정의 품질관리수준을 개선하고, 제품을 보증하고 품질인증을 받기 위한 사업을 실행하며, 제품생산에서 국가규격을 지키면서 구체적인 제품의 외형은 자체로 제정하여 적용할 수 있도록 규정하고 있다.

조선에서 제품개발은 제품의 질과 경쟁력을 높이기 위한 새 제품을 개발하는 사람들의 창조적활동이고, 품질관리는 제품의 질에 대한 사회적요구를 원만히 충족시키며 품질을 끊임없이 개선하는것을 목표로 하고 그 실현을 조직화하며 장악, 조절, 통제하는 사람들의 창조적활동으로 인식하고 있다. 제품개발과 품질관리는 다 같이 제품의 질과 경쟁력을 높이기 위한 사업으로, 그 차이는 제품개발은 제품의 질과 경쟁력을 높이는 측면에서 생산에 들어가기 전단계에서 새 제품을 개발하기 위한 사업을 중심으로 하여 제품의 질을 높이기 위한 사업이 이루어지게 된다는것이고, 품질관리는 제품의 질과 경쟁력을 높이는데서 제품의 생산과 판매후 기술봉사를 중심으

로 하는 사업이다.[01]

제품의 품질에 대해 1950년대 쏘련에서는 어떤 고민을 했을까? 이 시기에는 생산물(제품)의 품질을 "일정한 사회적 수요를 충족시키기 위하여 제정된 기술 조건에 상응하는 제품의 속성의 총체"로 정의한다. 품질을 제고하는 일에 대해 "사회주의 기업소의 극히 중요한 과업 중의 하나"로 인식하고 있었다. 품질에 영향을 미치는 요소로 "상품학이라는 전문 과학이 연구하는 기술적 성질들, 생산물 생산의 합리적조직, 기계의 단위작업의 동력 소비, 생산물의 리용과 관련되는 지출, 직물 또는 금속판의 합리적 재단의 가능성, 생산물의 리용과 보수의 편리성, 장식과 채색의 성격, 형태의 아름다움 등"으로 보았다. 품질제고에 영향을 미치는 요소로 생산"구조의 개선, 제작 기술공정의 개선, 특수 공구와 장치들의 적용, 자재의 질과 설비의 준비상태" 등과 함께, 특히 "일군들의 기능 수준과 로동에 대한 그들의 태도"로 보았다. 품질과 관련된 문제가 "거대한 인민 경제적 의의"를 가지는 것으로 "생산기술 공정을 완성하며, 직접적인 생산자들의 창의 창발성을 발전시키며 (사회주의 경쟁, 사회적 통제) 그들의 물질적 및 행정적책임성을 높이는 방법으로써 생산물의 품질을 부단히 제고"해야 함을 강조하고 있다.[02]

조선에서는 생산물의 질, 제품의 질, 제품검사 등을 고민한 것으로 보인다. '제품의 질'을 "생산물의 유용성정도를 나타내는 종합적표현"으로 정의하며, 제품의 질제고에 대해 사회주의사회에서

01 김창환, "제품개발권과 품질관리권을 행사하여 기업체의 경쟁력을 더욱 높여나가기 위한 몇가지 방도," 『경제연구』 2017년 1호.

02 『경제학 소사전』(1960), 210-211쪽.

"나라의 경제건설과 인민들의 물질문화적수요를 충족시키는데 얼마나 효과적으로 복무"하는가 여부를 가지고 평가한다. 제품의 질을 구성하는 요소로 기술적 지표, 기술경제적 지표, 이용상 편의 관련 지표, 미학적 특성 관련 지표 등으로 1950년대의 소련에서와의 인식이 크게 다르지 않다. 제품의 질은 사람들의 질적수요의 성장과의 밀접한 통일속에서 사회생산력이 발전함에 따라 부단히 높아지는 합법칙성을 가지는 것으로 보았다. 제품의 품질 제고에서 중요한 문제로 역시 생산자들의 기술기능수준과 문화수준을 높이고, 그에 앞서서 정치사업을 강화하여 사회주의애국주의 사상으로 교양하는 것으로 경제지도그룹은 인식하고 있다.[03] 제품의 질제고 방법으로 원료, 자재를 보다 적게 들이고 무게를 가볍게 하는 제품생산의 방향인 '제품의 경량화'를 고민했다.[04] 조선에서는 품질관리를 위해 "생산물의 질적수준의 변동을 보여 주는" 품질지수를 도입한다. 이런 "품질지수는 제품의 질제고동태와 질제고계획수행정형을 연구분석총화하는데" 이용한다.[05] 품질제고가 제대로 수행되었는지에 대해 통계적 분석방법을 통해 품질제고계획수행분석을 한다. 품질제고계획수행분석은 품질등급이 설정되는 생산물과 설정되지 않은 생산물에 대하여 서로 다른 방법으로 진행하는데, 등급이 설정된 생산물은 등급별비중, 평균등급품질지수 등의 지표를 적용하고, 등급이 설정되지 않은 생산물에 대한 품질제고계획수행분석은 해당 제품의 질적상태를 보여 주는 제품의 품위나 효율, 선진수준에 이른

03 『경제사전 2』(1985), 476쪽.
04 『경제사전 2』(1985), 476쪽.
05 『경제사전 2』(1985), 561쪽.

제품의 비중, 제품능력당(기계설비) 전력 및 연료소비량 등의 기술경제적지표 또는 오작품생산량, 불합격품생산량을 비롯한 주로 간접적인 자료에 근거하여 진행한다.[06] 또한 제품의 질을 제고하고 원가를 낮추기 위해 규격화 사업을 강화한다. 또한 조선의 경제지도집단은 규격화사업이 "생산의 전문화와 협동화를 널리 받아 들일수 있게 함으로써 로동생산능률을 높이고 생산조직을 합리화할수 있"다고 인식하고 있다.[07]

품질제고와 관련하여 기술실무적 적용 외에 품질감독사업을 개선하기 위해 전국품질감독일군대회를 진행한다. 전국품질감독일군대회는 평양에서 1981년 1월 29일부터 2월 2일까지 진행된 대회이다.[08] 이 대회에서 조선의 최고지도자는 "품질감독사업에서 나타난 결함을 하루빨리 고치고 품질감독사업을 개선강화하여 제품의 질을 결정적으로 높"[09]힐 것을 주문한다. 품질관리와 관련하여 일군들뿐만 아니라 소비자 대중들의 품질 평가 참여를 통해 품질제고사업을 진행한다. "일정한 종류의 제품들을 한 장소에 모아 놓고 그 품종과 질을 대중적으로 평가하는"하는 제품에 대한 품평회를 진행한다. 품평회는 "물품의 품질을 정확히 평가함으로써 생산자들에게 제품의 질을 높이도록 자극하며 인민들의 생활상 요구에 맞는 물품의 품종과 수요를 옳게 확정하고 제품의 원단위소비기준을 낮추게 하는데 커다란 의의"가 있다고 인식하고 있다. 품평회는 "여러가지 공

06 『경제사전 2』(1985), 560쪽.

07 『경제사전 1』(1985), 256쪽.

08 『경제사전 2』(1985), 298쪽.

09 "품질감독사업을 개선강화할데 대하여: 전국품질감독일군대회에서 한 연설, 1981년 2월 2일," 『김일성저작집 36』, 13쪽.

업제품들과 농산물들 특히는 상업부문을 통하여 주민들에게 공급되는 인민소비품들"들로 진행한다.[10] 이런 사례로 "1979년 8월 평양에서 진행된 전국 어린이옷제품품평회"을 비롯하여, 평양제1백화점 상품전시회, 평양지하상점 봄철상품전시회, 평양지하상점 가을철상품전시회, 평양시인민소비품전시회 등의 종합상품전시회들과 신발전시회, 악기전시회, 건재 및 가구전시회 같은 제품별 전시회를 최근에는 연례화하여 활발히 진행하고 있다.

품질제고와 관려하여 생산자들에게 이른바 '물질적 자극'으로서 '제품의 질을 높인데 따르는 장려금'를 지급한다. 이 장려금은 "질도급제에 참가하는 해당 공정의"의 노동자들에게만 적용되기는 하지만 조선의 경제정책 입안자들이 품질제고에 대해 고민하는 사례이기도 한다. 장려금은 "국가기술규격, 임시규격에 의하여 질등급이 1등, 2등, 3등으로 갈라져있고 국가가 정하여 내려보낸 1등품의 구성비중을 보장하면서 1등품을 계획보다 더 생산하였을 때" 준다.[11]

품질제고와 함께 제품의 품종확대에도 경세지도집단은 정책적 관심을 가지고 있다. 품종의 확대가 "생산자원의 랑비를 없애고 그것을 가장 합리적으로 이용"하는 것으로 보고 "인민생활을 높이는데 필요한 다양한 수요을 원만히 충족"시키기 위해 기술혁명, 과학기술의 발전을 통해 확보된 기술을 생산에 적극 도입하여 품종을 늘이기 위한 조직기술적 대책 수립을 중요하게 인식하고 있다.[12]

10 『경제사전 2』(1985), 562쪽.

11 『재정금융사전』(1995), 1113쪽.

12 『조선대백과사전 프로그람』(2001), 올림말: 제품의 품종확대.

품질제고에 대한 최고지도자의 인식은 품질감독체계의 정연한 수립을 지적하고 있다.

> 제품의 질을 높이기 위하여서는 품질감독체계를 철저히 세워야 합니다. 나는 공장, 기업소들에서 제품의 질을 높이기 위하여 오래전에 품질감독기구를 내왔습니다. 그런데 지금 품질감독사업을 바로하지 못하다보니 제품의 질이 매우 낮습니다. 정무원에서 기계설비에 대한 품질감독사업을 더욱 강화하기 위한 대책을 세워야 하겠습니다. 기계설비에 대한 품질감독사업을 잘하자면 기계기술을 아는 사람들이 이 사업을 하여야 합니다.[13]

품질감독과 관련하여 조선에서 처음 진행된 1981년 '전국품질감독일군대회'에서 한 최고지도자의 연설을 살펴볼 필요가 있다. 이 대회는 "제품의 질을 높이고 품질감독사업을 개선강화하기 위한 강령적과업을 제시하신 역사적인 대회"로 평가하고 있다. 이 대회에서 최고지도자가 "품질감독사업을 개선강화할데 대하여"라는 연설을 하였다. 연설에서 최고지도자는 "품질감독사업에서 나타난 결함과 원인을 분석하시고 이 사업을 개선강화하여 제품의 질을 결정적으로 높이기 위한" 과제를 제시한다.[14]

기업소의 품질관리에 대해 진정철은 '오늘날 기업의 생사존망을 위한 기본수단'으로 규정하고, 국규 10900계렬(ISO 9000계렬)규격

13 "기계 제품의 질을 높이며 대상설비생산기지를 튼튼히 꾸릴데 대하여: 기계공업부 책임일군들과 한 담화, 1977년 1월 10일," 『김일성전집 61』, 117쪽.

14 『조선대백과사전 프로그램』(2001), 올림말: 전국품질감독일군대회.

의 요구를 관철하기 위한 품질관리체계를 기업소에 주문하고, 현재 조선에서 광범히 이용되는 《통합경영정보체계(대안 1.0)》의 품질관리 기능부분 같은 품질관리지원체계를 적극 개발도입하여 이용할 것을 주장한다.[15] 기업소의 품질관리개선과 관련하여 리준혁은 이전의 검사위주의 품질관리에서 종합적품질관리로 전환을 주장한다. 종합적품질관리방식은 제품개발 및 설계단계의 품질관리, 생산단계의 품질관리, 판매단계의 품질관리로 구분하여 매 단계별로 품질관리의 개선을 제안한다.[16] 계명국은 제품의 질을 높이기 위한 사업은 기업소에서 품질전략의 작성으로부터 연구개발, 물자구입, 기술혁신, 생산준비, 생산과 판매 등 기업관리전반을 포괄하는 사업으로 규정하고, 제품의 질을 높이기 위해 기업소의 경쟁평가지표에 품질개선를 통해 기업체들의 경제적실리보장정도를 정확히 따질수 있게 규정할 것을 주장한다.[17]

국가의 품질감독 정책: 품질감독법

품질감독법은 1997년 최고인민회의 상설회의 결정 제88호로 채택되어 9번의 개정을 통해 현재는 2020년 10월 8일 최고인민회의 상임

15 진정철, "현시기 품질관리개선에서 나서는 중요한 문제," 『김일성종합대학학보(철학,경제)』 2018년 4호.

16 리준혁, "기업체들에서 품질관리개선의 방법론적문제," 『김일성종합대학학보(철학,경제)』 2018년 4호.

17 계명국, "제품의 질을 높이기 위한 공장, 기업소들사이의 경쟁평가지표설정에서 나서는 중요한 문제," 『경제연구』 2020년 1호.

위원회 정령 제442호로 수정된 것이 최종 상태로 알려져 있다. 이 책에서는 품질감독법(1997), 품질감독법(2002), 품질감독법(2019. 3), 품질감독법(2019. 6) 4개의 법이 누락되어 있고, 품질감독법(1999), 품질감독법(2003), 품질감독법(2006), 품질감독법(2011), 품질감독법(2015), 품질감독법(2020) 6개의 법을 대상으로 독해하고자 한다.

품질감독법(2020)은 5개 장(품질감독법의 기본, 공정검사, 제품검사, 품질검정, 품질감독사업에 대한 지도통제), 57개 조로 구성되어 있다. 법의 사명(제1조)은 "품질감독사업에서 규률과 질서를 엄격히 세워 제품의 질을 높이고 인민경제발전과 인민생활을 높이는데 이바지"하는 것으로 규정한다. 품질감독사업에 대해 "제품생산과 상업 및 급양봉사활동에서 질적지표에 따르는 과학기술적요구를 철저히 지키도록 감독통제를 강화하여 제품의 질을 높이는 사업"(제2조 ①)으로 정의하고, "품질감독사업에는 공정검사, 제품검사, 품질검정, 이동검열, 공증시험사업"을 포함하는 것으로 규제하고 있다.

품질감독의 대상은 "기관, 기업소, 단체에서 생산, 공급, 판매하는 제품"(제4조, 품질감독대상)이 되며, 공정검사의 경우 기업소가 직접 실행하되 "검사원을 배치하고 공정검사를 정해진 기준대로 하여야"(제12조, 공정검사의 기본요구)한다고 규제하고 있다. 기업소는 제품을 생산하려 할 경우 품질감독기관에 "월생산계획, 판매계획, 공급계획, 제품생산허가증과 공업도안, 제품규격, 설계도면 같은 기술문건, 견본품, 각종 지도서를"(제14조, 제품검사에 필요한 자료보장) 제출하여야 한다. 제23조(제품검사의 구분)에서 품질감독기관의 역할로 "식료품, 의약품, 화장품과 같이 인민들의 생명안전에 영향을 주는 제품, 국가전략지표, 전문화지표들과 1차소비품을 비롯한 인민생활과 직접적으로 련관된 제품을 생산하는" 기업소에 대해 3자감독체계를 세우고 제품검사사업을 책임지우고 있다. 품질감독과 관련하여 조직에 대해 다음과 같이 규제하고 있다.

> 품질감독사업에 대한 집체적지도를 보장하고 필요한 대책을 세우기 위하여 내각에 비상설품질감독지도위원회를, 도(직할시), 시(구역), 군에 비상설품질감독위원회를 조직운영하며 품질감독과정에 수시로 제기되는 문제를 토의대책하기 위하여 생산현장에는 정권기관 일군, 품질감독기관 일군, 기업소기술일군들로 비상설품질감독3인조를 둔다.(제47조, 비상설품질감독위원회와 품질감독3인조의 조직운영)

질제고를 위해 사회적분위기조성을 위해 국가의 역할로 "사회적으로 제품의 질을 높이기 위한 사회주의경쟁열풍을 일으켜 2월 2일 제품[18]과 12월 15일품질메달[19]을 받은 제품, 품질인증을 받은 공장, 기업소대렬"의 확대를 규제하고 있다. 더불어 다양한 상품전시회를 통해 소비자로부터 많은 품질 평가를 받게 하고 있다. 『2월2일제품』은 품실이 우수한 제품에 수여되는 칭호로 1980년대부터 수여하고 있으며 내각은 2014년에 품질제고를 위하여 『12월15일품질메달』을 새로 제정하여 1년에 1번씩 수여하고, 그 선정기준은 품질인증을 받은 제품들중에서 "질이 높아 세계적인 경쟁력을 가지고 대외

18 품질이 우수한 제품에 수여되는 칭호로 1980년대부터 수여하고 있다, 『조선신보』, 2020년 3월 31일.

19 12월 15일 품질메달은 국내최우수제품에 수여되는 칭호. 2014년에 제정되여 1년에 1번씩 수여된다. 그 선정기준은 품질인증을 받은 제품들중에서 질이 높아 세계적인 경쟁력을 가지고 대외시장에 적극 진출할수 있는 제품 등으로 2월 2일제품보다 더 엄격하다, 『조선신보』 2020년 3월 31일.

시장에 적극 진출할수 있는 제품 등으로 2월2일제품보다 더 엄격" 하다고 한다.[20]

품질감독법(1999)도 5개 장, 57조의 구조이고 조항의 체계상 2011년까지 같은 형식으로 유지되고 있다. 품질감독법(2015)는 5개 장, 57개 조의 구조로 구성되어 있지만 기존 품질감독법(2011)에서 기존 조항의 삭제와 신설조항이 발생한다. 품질감독법의 변화를 2015년을 기준으로 하여 두 단계로 나누어 분석한다.

표 6-1 품질감독법의 변화(1999-2011)

조항(2006)	품질감독법(1999)	수정 내용과 시기 (2003, 2006, 2011)
제5조 (제품검사원칙)	국가는 제품검사를 현대화, 과학화하며 제품검사의 정확성을 보장하도록 한다.	국가는 제품검사를 현대화, 과학화, **콤퓨터화**하며 제품검사의 정확성을 보정하도록 한다.(2003)
제12조 (공정검사에 필요한 자료보장)	기관, 기업소, 단체는 제품을 생산하려 할 경우 월생산계획, 판매, 공급계획과 제품규격, 설계도면 같은 기술문건, 견본품, 각종 지도서를 품질감독기관에 내야 한다.	기관, 기업소, 단체는 제품을 생산하려 할 경우 월생산계획, 판매계획, 공급계획, **제품생산허가증과 공업도안**, 제품규격, 설계도면 같은 기술문건, 견본품, 각종 지도서를 품질감독기관에 내야 한다.(2006)
제26조 (제품의 질 등급)	제품의 질등급은 **1등품과 2등품, 3등품 또는 합격품, 불합격품**으로 나눈다.	제품은 질에 따라 **등급별 또는 합격품, 불합격품**으로 나눈다.(2006)
제32조 (제품의 출하검사와 그 확인서)	기관, 기업소, 단체는 생산한 제품을 출하하려 할 경우 품질감독기관의 검사를 받아야 한다.	기관, 기업소, 단체는 생산한 제품을 출하하려 할 경우 품질감독기관의 검사를 받아야 한다.(2003)

20 "선질후량의 원칙에서 제품의 질제고: 인민들이 선호하는 생산물, 건설물을," 『조선신보』 2020년 3월 31일.

第33조 (생산실적확인, 보고)	기관, 기업소, 단체는 생산실적을 보고하려 할 경우 품질감독기관의 확인을 받아야 한다.	기관, 기업소, 단체는 품질감독기관의 확인을 받고 판매가 실현된 제품에 대하여서만 생산실적으로 보고하여야 한다.(2003)
	품질감독기관의 확인을 받지 않은 제품은 대금결제를 할 수 없다.	2006년 삭제
第43조 (품질검정통지서와 재검정 의뢰)	이 경우 기관, 기업소, 단체는 **품질검정**을 립회할 수 있다.	이 경우 기관, 기업소, 단체는 **품질검증**을 립회할 수 있다.(2003) 이 경우 기관, 기업소, 단체는 **품질검정**을 립회할수 있다.(2011)
第56조 (보상, 회수금액의 집행방법)	기관, 기업소, 단체에 물린 금액의 집행은 은행기관이 개별적일군에게 물린 금액의 집행은 기관, 기업소, 단체의 **부기**[21] **책임자**가 한다.	기관, 기업소, 단체에 물린 금액의 집행은 은행기관이, 개별적일군에게 물린 금액의 집행은 기관, 기업소, 단체의 **회계책임자**가 한다.(2011)

품질감독법은 2015년 개정에서 가장 큰 변화를 보인다. 품질감독과 관련한 국가와 기업소의 행정이 많은 부분에서 바뀌고 있다는 것을 보여준다. 우선 품질감독법(2015)에서 삭제된 조항을 보면, 제2조(품질감독부문의 물질기술적토대강화원칙)의 ① "품질감독은 질좋은 제품을 생산공급하고 사회주의경제건설을 다그치며 나라의 대외적권위를 높이기 위한 사업이나", 제3조(품질감독대상)의 구체적 대상을 나열한 조항이 삭제되고 기업소에서 생산, 공급, 판매되는 제품 일반이 그 대상이 된다. 품질감독법(2011)에서 품질감독의 구체적 대상으로 서술되어 있던 제품은 "1. 생산하는 공업제품과 반제품, 수리가공품, 원료, 자재와 협동생산품 2. 벼, 강냉이를 비롯한 알곡과 남새,

21 부기[2]는 ① → 회계[1]①, ② → 회계 ③, 『조선말대사전 2』(2017), 788쪽., 회계[1]①은 빚이나 물건값 등을 계산하여주거나 받는 것, 회계 ③ 돈출납에 대한 계산을 맡은 직무 또는 그 직무에 있는 사람, 『조선말대사전 4』(2017), 340쪽, 결론은 부기와 회계는 동의어로 사용하고 있다.

공예작물, 축산물, 과일, 토산물, 3. 수산물과 그 가공품 4. 사회급양과 가내편의봉사 부문, 부업경리에서 생산한 식료품, 화학제품, 의약품, 화장품, 목제품, 악기류 같은 제품 5. 보관, 판매, 공급, 수송 과정에 있는 제품 6. 수출입상품 7. 제품의 용기와 포장, 상표 상태" 등이였다.

다음으로 삭제된 조항은 제18조(합격된 제품과 상표), 제19조(공정검사정형의 보고)의 ②, 제26조(제품의 질등급), 제35조(수송, 보관, 판매, 공급하는 제품의 검사), 제36조(평가된 제품의 등록), 제42조(현지검정의 의뢰), 제43조(품질검정통지서와 재검정의뢰)의 ②과 ③, 제44조(공증시험과 품질인증기호), 제46조(중앙품질감독지도기관의 임무), 제47조(품질감독조건보장), 제53조(생산실적평가의 제외) 등이다. 다음 표6-2는 2015년 개정에서 삭제된 조항과 조문의 내용이다.

표 6-2 품질감독법(2015)에서 삭제된 조항과 조문

조항	조문 내용
제3조 (품질감독대상)	1. 생산하는 공업제품과 반제품, 수리가공품, 원료, 자재와 협동생산품 2. 벼, 강냉이를 비롯한 알곡과 남새, 공예작물, 축산물, 과일, 토산물 3. 수산물과 그 가공품 4. 사회급양과 가내편의봉사 부문, 부업경리에서 생산한 식료품, 화학제품, 의약품, 화장품, 목제품, 악기류 같은 제품 5. 보관, 판매, 공급, 수송 과정에 있는 제품 6. 수출입상품 7. 제품의 용기와 포장, 상표 상태
제18조 (합격된 제품과 상표)	기관, 기업소, 단체는 공정검사에서 합격된 제품에 상표를 붙여야 한다.
	등록되지 않은 상표는 쓸수 없다.
제31조 (제품의 재검사)	제품검사를 받은 제품에 대하여 의견이 제기되였을 경우에는 제품검사를 다시 할 수 있다. [품질감독법(2020) 제33조(제품검사통지서, 품질증명서발급, 재검사)에 병합]

第35조 (수송, 보관, 판매, 공급하는 제품의 검사)	품질감독기관은 수송, 보관, 판매, 공급하고 있는 제품에 대하여 제품검사를 할 수 있다. 이 경우 나타난 결함은 위반조서에 밝혀야 한다.
第36조 (평가된 제품의 등록)	국가는 제품검사에서 평가된 질이 높은 제품을 2월 2일제품으로 등록한다.
	2월 2일 제품의 등록은 중앙품질감독지도기관이 한다.
第41조 (품질검정의 신청)	필요에 따라 품질검정시료를 품질검정기관이 직접 채취할수 있다.
第42조 (현지검정의 의뢰)	기관, 기업소, 단체는 품질검정기관에 현지검정을 의뢰할수 있다.
	현지검정을 의뢰한 기관, 기업소, 단체는 품질검정에 필요한 조건을 보장하여야 한다.
第44조 (공증시험과 품질인증기호)	품질검정기관은 필요한 경우 품질인증을 위한 공증시험을 할수 있다.
	품질인증을 받은 제품에는 품질인증기호를 붙인다.
第46조 (중앙품질감독지도기관의 임무)	중앙품질감독지도기관은 품질감독체계를 세우고 생산공정과 생산제품, 수출입상품에 대한 검사와 품질검정, 제품의 질을 높이기 위한 사업을 정상적으로 장악하고 지도하여야 한다.
第47조 (품질감독조건 보장)	품질감독기관은 품질감독에 필요한 기술일군과 자료, 설비같은 것을 기관, 기업소, 단체에 요구할수 있다.
	기관, 기업소, 단체는 품질감독에 필요한 조건을 제때에 보장하여야 한다.
第53조 (생산실적평가의 제외)	제품검사기준문건과 시험분석수치를 위조하여 제품검사를 받았을 경우에는 생산실적으로 평가하지 않는다.
第56조 (보상, 회수금액의 집행방법)	기관, 기업소, 단체에 물린 금액의 집행은 은행기관이, 개별적일군에게 물린 금액의 집행은 기관, 기업소, 단체의 회계책임자가 한다.

2015년 개정에서 11개 조항, 2020년 개정에서 2개 조항을 신설한다. 신설된 조항에서 주목되는 것은 우선 품질감독사업을 "공정감독, 제품검사, 품질검정, 공증시험사업"(第2조)으로 정의한다.

표 6-3 품질감독법 2015년, 2020년 신설조항

조항	조문 내용
제2조 (품질감독사업의 정의)	품질감독사업은 제품생산에서 질적지표에 따르는 과학기술적요구를 철저히 지키도록 감독통제를 강화하여 제품의 질을 높이기 위한 중요하고 책임적인 사업이다.
	품질감독사업에는 공정감독, 제품검사, 품질검정, 공증시험사업이 속한다.
제9조 (품질감독사업의 담당자)	품질감독은 중앙품질감독지도기관과 해당 품질감독기관이 한다.
	품질감독기관밖의 개별적일군은 품질감독사업에 간섭할수 없다.
	공정검사는 기관, 기업소, 단체가 한다.
제15조 (품질제고전략 수립)	제품의 질제고주인은 생산자대중이다.
	기관, 기업소, 단체는 품질전략과 질제고계획을 세우고 제품의 질을 끊임없이 높여나가야 한다.
제23조 (제품검사의 구분)	제품검사는 품질감독기관이 진행하는 국가검사와 기관, 기업소, 단체에서 진행하는 자체검사로 나눈다.
	국가검사대상과 자체검사대상은 중앙품질감독지도기관이 정한다.
제25조 (제품검사지점)	제품검사는 기관, 기업소, 단체의 생산현장에서 한다.
	품질감독기관은 필요에 따라 이동검사를 조직할수 있다.
제31조 (이동검열) [품질감독법 (2020) 조항]	품질감독기관은 이동검열품질감독대를 조직하여 주, 월별로 식료품과 의약품을 비롯한 중요 제품을 생산, 판매하는 기관, 기업소, 단체를 순회하면서 제품의 질을 검사하고 해당한 대책을 세워야 한다.
제37조 (등록, 승인) [품질감독법 (2020) 조항]	일반제품을 생산하거나 상업 및 급양봉사활동을 하는 기관, 기업소, 단체는 해당 품질감독기관에 의무적으로 등록하며 그의 감독과 승인밑에서 제품을 생산, 판매하여야 한다.
	등록, 승인과 관련한 절차와 방법은 따로 정한데 따른다.
제39조 (품질검정체계의 수립)	중앙품질감독지도기관과 품질검정기관은 품질검정체계를 정연하게 세우고 기관, 기업소, 단체의 품질시험방법과 품질시험결과에서 일치성을 보장하도록 한다.
제40조 (품질검정의 담당자)	품질검정은 중앙품질검정기관과 도품질검정기관이 한다.
	필요에 따라 중앙품질감독지도기관이 승인한 기관에서도 품질검정을 할수 있다.
제41조 (품질검정일군의 자격)	품질검정은 품질검정원자격을 가진 일군만이 할수 있다.
	품질검정원의 자격은 중앙품질감독지도기관이 준다.

제43조 (품질검정기준)	품질검정은 정해진 규범이나 기술문건, 규격에 따라 한다. 다른 나라에서 들여오는 제품에 대한 품질검정은 해당 나라의 규격으로 할수 있다.
제47조 (비상설품질감독위원회의 조직운영)	품질감독사업에 대한 집체적지도를 보장하고 필요한 대책을 세우기 위하여 내각과 도(직할시), 시(구역), 군에 비상설품질감독위원회를 조직하고 운영한다.
제48조 (질제고를 위한 사회적분위기조성)	국가는 사회적으로 제품의 질을 높이기 위한 사회주의경쟁열풍을 일으켜 2월 2일 제품과 12월 15일품질메달을 받은 제품, 품질인증을 받은 공장, 기업소 대렬을 늘여나가도록 한다.

『12월15일품질메달』은 "2월2일제품, 품질인증을 받은 제품들가운데서 질이 가장 높은 국내최우수제품에 수여하는 메달"로 2014년 4월에 제정하였다. "전사회적으로 품질을 개선하고 인민들의 호평을 받는 인기상품, 세계적인 경쟁력을 가진 제품들을 더 많이 생산하기" 위한 목적으로, 특히 『12월15일』은 최고지도자 김정은이 『강성국가건설의 요구에 맞게 생산과 건설에서 질을 높일데 대하여』를 발표한 날을 기념하여 명명하였다.[22] 이는 내각이 품질제고에 대한 정책의 우선 순위를 매우 높게 두고 있다고 추정할 수 있는 사례이다. 메달의 수여는 국가계획위원회가 주도하는 것으로 보인다.

표 6-4 2015년, 2020년 품질감독법의 조문 수정

조항	품질감독법(2011)	수정 내용
제4조 (공정검사원칙)	공정검사를 강화하는것은 **설비사고를 미리 막고** 원료 자재의 랑비를 없애며 제품의 질을 높이기 위한 기본담보이다.	공정검사를 강화하는것은 **오작품 불합격품생산을 미리 막고** 원료 자재의 랑비를 없애며 제품의 질을 높이기 위한 기본담보이다.(2015)

22 "12월15일품질메달이 새로 제정되였다," 『민주조선』 2014년 4월 29일.

제10조 (공정검사의 기본요구)	공정검사는 원료 자재의 입하로부터 제품완성에 이르기까지 **기술관리를 바로하도록 통제하는 사업**이다.	공정검사는 원료 자재의 입하로부터 제품완성에 이르기까지 **생산공정에서 진행하는 검사**이다.(2015)
		공정검사는 기관 기업소 단체가 한다.(2015 조문 추가)
제13조 (공정검사기준문건과 기술규정, 표준조작법의 작성)	제13조(**공정검사기준문건**과 기술규정, 표준조작법의 작성)	제16조(**공정검사규정**과 기술규정, 표준조작법의 작성)[2015]
	기관 기업소 단체는 **제품별공정검사기준문건**과 생산공정별 기술규정 표준조작법을 만들어야 한다.	기관 기업소 단체는 **제품별공정검사규정**과 생산공정별기술규정 표준조작법을 만들어야 한다.(2015)
제16조 (공정검사기준과 검사표시)	공정검사는 **공정검사기준문건**과 견본품에 준하여 한다.	공정검사는 **공정검사규정**과 견본품에 준하여 한다.(2015)
제19조 (공정검사정형의 보고)	기관 기업소 단체는 달마다 공정검사정형을 해당 품질감독 기관에 내야 한다.	기관 기업소 단체는 공정검사정형을 해당 품질감독기관에 정상적으로 보고하며 제기된 문제를 제때에 대책하여야 한다.(2015)
	해당 품질감독 기관은 공정검사정형을 종합하여 상급품질감독기관에 보고하여야 한다.	2015년 조문 병합
제21조 (제품검사의 기준)	제품검사신청서를 접수한 품질감독기관은 제품별 검사기준문건과 견본품에 준하여 제품 검사를 하여야 한다.	제품검사는 품질감독기관이 진행하는 국가검사와 기관 기업소 단체에서 진행하는 자체검사로 나눈다.(2015)
	제품별 검사기준 문건과 견본품이 없는 제품에 대한 검사는 해당 제품규격이나 국제규격에 준하여 할수 있다.	국가검사대상과 자체검사대상은 중앙품질감독지도기관이 정한다.(2015)

제22조 (검사기준이 없는 제품의 검사)	제품별 검사기준 문건과 견본품 해당 제품규격이나 국제규격이 없는 제품에 대한 검사는 제품을 생산하기전 생산자와 수요자가 합의한 기술문건에 준하여 할수 있다.	제품검사는 제품별감독규정과 견본품에 준하여 한다.(2015) 품질감독기관은 식료품, 의약품, 화장품과 같이 인민들의 생명안전에 영향을 주는 제품, 국가전략지표, 전문화지표들과 1차소비품을 비롯한 인민생활과 직접적으로 련관된 제품을 생산하는 기관, 기업소, 단체에 대한 3자감독체계를 세우고 제품검사를 직접 하며 그밖의 제품을 생산하는 기관, 기업소, 단체는 제품검사를 자체로 한다.(2020)
	이 경우 생산자와 수요자로부터 제품의 질에 대한 담보서를 받는다.	제품별감독규정과 견본품이 없는 제품에 대한 검사는 해당 제품규격이나 국제규격에 준하여 할수 있다.(2015) 국가검사와 자체검사의 구체적인 대상은 중앙품질감독지도기관이 정한다.(2020)
제23조 (제품의 검사방법)	제품검사는 발취검사와 전량검사 **선택검사**의 방법으로 한다.	제품검사는 발취검사와 전량검사의 방법으로 한다.(2015)
	기관 기업소 단체에서 요구하거나 현장에서 조립하여 시운전하는 제품에 대하여서는 이동검사를 할수 있다.	제품검사에서는 측정 감각 시운전 물리화학적 위생학적 생물학적시험을 진행한다.(2015)
제24조 (제품검사의 위임)	이 경우 상급품질감독기관의 승인을 받아야 한다.	제품검사를 위임받은 기관 기업소 단체는 제품검사를 제때에 하며 그 결과에 대하여 책임져야 한다.(2015)
제25조 (위임에 의한 제품검사)	제품검사를 위임받은 기관 기업소 단체는 제품검사를 제때에 하여야 한다.	품질감독기관은 제품의 질과 관련하여 기관 기업소 단체에서 요구하는 경우 판별분석 공증시험을 진행하고 품질확인서를 발급할수 있다.(2015)
제27조 (제품의 검사장소)		제품검사에 필요한 조건과 장소는 해당 기관 기업소 단체가 보장한다.(2015 조문 추가)

제28조 (제품의 검사시료)	품질감독기관은 제품검사에 필요한 시료를 채취할수 있다.	기관 기업소 단체는 제품검사에 필요한 시료와 검사견본품을 품질감독기관에 의무적으로 보장하여야 한다.(2015)
		제품검사에 필요한 시료채취와 조제는 품질감독기관이 직접 한다.(2015 조문 추가)
	경우에 따라 시료채취를 품질감독 기관의 립회밑에 기관 기업소 단체의 공정검사원 시료채취공 분석공도 할수 있다.	경우에 따라 시료채취와 조제를 품질감독기관의 립회밑에 기관 기업소 단체의 공정검사원 시료채취공 분석공도 할수 있다(2015)
제31조 (제품검사통지서, 품질증명서)	품질감독기관은 제품검사가 끝난 다음 제품검사통지서와 품질증명서를 발급하여야 한다.	제33조(제품검사통지서, 품질증명서발급, 재검사)[2020년 수정] 품질감독기관은 제품검사가 끝난 다음 제품검사통지서를 발급하여야 한다. **제품검사통지서를 받은 기관, 기업소, 단체는 그에 따라 품질증명서를 작성하고 품질감독기관의 확인을 받아 해당 기관, 기업소, 단체에 넘겨주어야 한다.** 제품검사를 받은 제품에 대하여 의견이 제기되였을 경우에는 제품검사를 다시 할수 있다.
제39조 (검정방법)	정기검정은 품질감독기관이 정한 대상과 주기 방법에 따라 전국적으로 하며 수시검정은 기관, 기업소, 단체와 품질감독기관의 의뢰 또는 품질검정기관의 필요에 따라 한다.	정기검정은 중앙품질감독지도기관이 정한 대상과 주기 방법에 따라 정상적으로 하며 수시검정은 기관, 기업소, 단체와 품질감독기관의 의뢰 또는 품질검정기관의 필요에 따라 한다.(2015)
제45조 (품질감독사업에 대한 지도)	품질감독사업에 대한 국가의 통일적지도는 내각이 한다.	품질감독사업에 대한 국가의 통일적지도는 내각의 지도밑에 중앙품질감독지도기관이 한다.(2015)
	내각은 품질감독사업에 대한 집체적 지도를 보장하고 필요한 대책을 세우는 사업을 비상설국가품질감독위원회를 통하여 한다.	중앙품질감독지도기관은 품질감독체계를 정연하게 세우고 품질감독사업에서 엄격한 규률과 질서를 세우도록 한다.(2015)
제48조 (질제고대책월간)	국가는 제품의 질을 높이기 위하여 질제고대책월간을정한다.	국가는 제품의 질을 높이기 위하여 해마다 **2월과 7월을 제품질제고대책월간으로 정하고** 이 사업을 실속있게 진행하도록 한다.

제51조 (생산의 중지)	기술규정 표준조작법을 지키지 않았거나 생산환경이 보장되지 않았거나 원료 자재의 질적지표를 보장하지 못하여 오작품 불합격품을 계속 생산할 경우에는 생산을 중지시킬수 있다.	기술규정 표준조작법을 지키지 않았거나 생산환경이 보장되지 않았거나 원료 자재의 질적지표를 보장하지 못하여 오작품 불합격품을 계속 생산할 경우에는 생산공정의 일부 또는 전부를 중지시킬 수 있다.
제55조 (손해보상)	제55조(손해보상)	제55조(변상)[2015]
	오작품 불합격품을 생산하였거나 제품을 파손시켰을 경우에는 해당한 손해를 보상시킨다.	오작품 불합격품을 생산하였거나 포장 보관관리를 바로하지 못하여 제품을 파손시켰을 경우에는 해당한 손해를 변상시킨다.
제56조 (보상, 회수금액의 집행방법)	보상시키거나 회수하는 금액의 집행은 품질감독기관이 발급한 통지서에 따라 한다.	제품의 질보장을 위한 조직사업을 바로하지 못하고 기술규정과 표준조작법의 요구를 지키지 않아 제품의 질을 떨구었을 경우에는 해당 책임있는 일군에게 위반조서를 받고 벌금을 물린다.

제품의 품질제고를 위한 정책은 약품분야에서는 GMP, 생산공정과 관련한 품질관리체계인증, 식품안전을 위하여 식품안전관리체계인증 등 다양한 인증제도를 실시하고 있다. 또한 국제인증과 관련해서도 기업소, 공장들이 "ISO9000(품질관리규격), ISO14000(환경보호규격), ISO 22000(식품안전관리규격), HACCP(식품생산관리규격) 등"을 취득하고 있다.[23]

23 "선질후량의 원칙에서 제품의 질제고: 인민들이 선호하는 생산물, 건설물을," 『조선신보』 2020년 3월 31일.

소결

2010년 11월 제정된 「기업소법」의 제36조는 품질관리에 대해 '기업소는 품질관리질서를 엄격히 세워 제품의 질을 끊임없이 개선'하여야 하고, '생산한 제품은 품질검사를 하고 합격되여야 판매할수 있다'고 규율하고 있다. 2006년 월에 개정된 품질감독법은 품질감독에 대해 '질좋은 제품을 생산공급하고 사회주의경제건설을 다그치며 나라의 대외적권위를 높이기 위한 중요한 사업'으로 규정하고, '생산하는 공업제품과 반제품, 수리가공품, 원료, 자재와 협동생산품'과 '수출입상품'을 포함하여 농수산물과 가공품, 사회급양과 가내편의 봉사부문, 유통과정의 제품 등을 포함한 대부분의 제품을 품질감독의 대상으로 규율한다. 품질감독의 행정을 공정검사, 제품검사, 품질검정 등으로 구분하고, 공정검사는 '원료, 자재의 입하로부터 제품완성에 이르기까지 기술관리를 바로하도록 통제하는 사업', 제품검사는 기업소가 생산한 '제품의 질과 량, 기술조건, 상표와 포장 상태, 위생 및 안정성 보장 상태를 정확히 검사'하는 것으로, 품질검정은 '제품의 질상태를 검토하여 사정하는 중요한 사업'으로 규정한다. 기업소 내의 행정은 이러한 국가기관의 행정에 대비하는 것으로 볼 수 있다.

2014년 11월 개정된 「기업소법」은 기업소에 품질관리권을 부여하여 '수요자의 요구 등을 연구분석하여 자체 실정에 맞는 품질감독전략과 제품의 질제고목표를 규정하고 집행'할 것을 규율하고, 제품보증사업, 품질관리체계인증, 개별제품 품질인증사업 등을 규율한다. 또한 국가규격을 지키면서도 제품의 형태나 색깔 같은 것에 대한 자율성을 부여한다. 2015년 5월 개정된 「기업소법」은 기업소의 품질관리에서 품질감독전략을 삭제한다. 「기업소법」 개정 1개월 후 품질감독법은 2015년 6월 대폭 개정된다. 주요한 개정 사항은 품질감독사업을 구체적으로 재정의한다. 즉, 품질감독사업을 '제품생산에서 질적지표에 따르는 과학기술적요구를 철저히 지키도록 감독통제를 강화하여 제품의 질을 높이기 위한 중요하고 책임적인 사업'으로 규정한다. 그리고 공증시험사업을 행정과정에 추가한다. 기업소에 품질전략과 질제고계획 수립을 주문하고, 제품별공정검사규정의 수립을 요구한다. 제품검사와 관련하여 기업소의 자체검사를 추가한다. 기관에게는 품질검정의 강화를 규율하고, 비상설품질감독위원의 조직운영을 규율하고, 질제고를 위한 사회적분위기조성을 강조한다. 제품생산에 있어서 기업소의 확대된 자율성에 조응하여 기업소에게는 품질관리를 강조하고 기관에게는 품질감독을 강조하는 것으로 보인다.

2020년 11월 개정된 「기업소법」은 '선질후량의 원칙'과 '생산공정의 품질관리수준'을 개선할 것을 규정한다. 품질관리가 '제품'의 영역에서 '생산공정'의 영역으로 확대 발전된 것으로 보인다. 품질감독법은 「기업소법」의 개정 1개월 전인 2020년 10월 개정한다. 이 개정에서 생산공정과 관련한 변화는 없지만 2015년 6월의 개정 품질감독법은 '공정검사'를 기업소가 수행한다는 내용을 이미 추가하였다.

2
관리기구와 로력조절권, 로동보호

기업소의 관리기구와 로력조절권, 로동보호

「기업소법」 제33조(관리기구와 로력조절)는 기업소가 관리기구와 로력조절권을 가지고 노력자원을 합리적으로, 효과적으로 이용하며 기술경제적지표들을 갱신하고 종업원들의 기술기능수준을 높여 노동생산능률을 끊임없이 장성시켜야 한다(2014). 종업원들의 기술기능급수를 사정할 경우에는 국가가 정한 기준에서 정확히 하여야 한다(2015). 기업소는 정해진 표준관리기구와 비생산노력배치기준에 기초하여 자체의 실정에 맞게 관리부서들을 능동적으로 통합, 정리하거나 관리기구정원수를 정하며 개별적일군들의 직능과 책임한계를 명백하게 정해주고 생산부문의 노력비중을 늘여나가야 한다(2014). 노력을 내보내거나 받아들이거나 기업소사이에 주고받을 경우에는 정해진 등록질서를 지켜야 한다(2015).

관리기구·로력조절권과 노동보호는 서로 상반된 관점에서 바라볼수도 있다.「기업소법」상의 관리기구·로력조절권은 '노력자원을 합리적으로, 효과적으로 이용'하고, '관리부서들을 능동적으로 통합, 정리하거나 관리기구정원수를 정'하며, '노력을 내보내거나 받아들이거나 기업소사이에 주고받을 경우'를 상정하고 있다. 물론 제한적 요건으로 한정하였다. '정해진 표준관리기구와 비생산노력 배치기준에 기초'하여야 하고, '정해진 등록질서'를 준수하여야 한다. 노동과 관련한 기본법적 성격을 가지고 있는 「사회주의로동법」은 "로력조절제도를 규제함으로써 기관, 기업소, 단체들에 로력이 남는 경우 로력을 추가적으로 더 요구하는 다른 부문과 단위들에 재배치하도록 하여 근로자들에게 안정된 직업과 생활을 담보"하도록 하고 있고, "로동법규범에 의하여 모든 기관, 기업소, 단체들은 근로자들을 부당하게 해직시킬수 없으며 부당한 해직행위는 근로자들의 로동의 권리를 침해하는 현상으로서 공화국 형법과 행정처벌법에 따라 엄격한 법적처벌을 받게" 하여 근로자들을 보호하도록 하고 있다.[24] 또한 서영수는 "기업소의 로동집단에서 간부들을 선거의 방법으로 마음대로 선출하며 기업소에 재정, 제품판매, 로력조절배치, 대외무역과 같은 분야에서 실로 많은 권한을 주"는 기업소의 '완전독립채산제'를 주장하는 현대사회민주주의자들을 비판하면서 사회주의 국영기업소의 독립채산제와 차이를 구분할 것을 주장한다.[25]

「기업소법」이 관리기구와 노력조절권을 규정한 목적은 무엇인가? 기업체관리기구란 지배인, 부지배인, 계획부서, 재정회계부서 등이 결합된 것이며, 국가의 통일적지도밑에 기업체의 경영전략을 수립하고 계획을 작성하며 그 수행을 조직지휘한다.[26] 조선의 경제

24 김명옥, "로동의 권리를 통해 본 공화국 사회주의로동법의 특징," 『김일성종합대학학보(법률학)』 2022년 2호.

25 서영수, "현대사회민주주의자들이 설교한 《완전독립채산제》의 반사회주의적성격," 『경제연구』 2003년 4호.

26 김광철, "국가재정관리의 본질적내용과 특징," 『경제연구』 2019년 1호.

지도집단은 기업체들이 지식경제시대의 요구에 맞게 생산과 과학기술의 일체화를 다그치고 여러가지 생산조직형태들과 생산조직방법들을 자기 기업소의 실정에 맞게 적극 받아들이는 과정에서 관리기구를 합리화하고 노력자원을 효과적으로 이용하여 기술경제적지표들을 확대할 것을 고민하는 것으로 보인다.[27]

또한 이전의 경영관리가 기계제산업시대의 노동집약형, 자원소비형의 공업경제형태에 기초한 경영관리라면, 사회주의기업 책임관리제 실시에서 지식경영관리는 지식경제시대의 기술집약형, 지식집약형의 지식경제형태에 기초한 경영관리로 기능하여, 지식경영관리에서는 관리기구를 조정하여 관리의 초점을 물적자원으로부터 지식자원으로 전화시켜 관리기구를 간소화함으로써 관리인재들의 책임성과 역할을 향상시키며, 이와 함께 노력구성에서 지식형근로자들의 비중을 높이고 그들을 합리적으로 배치하여 그들의 적극성과 창조력을 최대한 발양시키며 새 지식발명과 창조를 장려하고 지식형근로자들의 양성과 재교육에 중점을 두고 노력조절을 통해 과학기술인재들의 책임성과 역할을 높히려고 한다.[28]

기업체들에서 사회주의기업책임관리제를 바로 실시하고 부여된 경영권을 옳게 활용하여 관리기구정원수를 옳게 규정하고 관리기구를 간소화를 통해 생산과 경영활동에서 개선을 하고, 관리부서가 자기의 기능을 원만히 수행할수 있게 관리부서를 합리적으로 통합하거나 새로 내오며 관리부서에 적합한 기구정원수를 두고 기업

27 윤영순, "사회주의기업체들이 기업관리를 혁신적으로 해나가는데서 나서는 중요문제," 『김일성종합대학학보(철학,경제)』 2018년 2호.

28 리영수, "사회주의기업책임관리제실시에서 지식경영관리의 특성," 『경제연구』 2020년 3호.

관리를 진행해나간다는 '관리기구의 정간화'를 고민하고 있다. 이런 고민의 연장에서 관리노력들의 사업업무량을 정확히 타산하고 모든 관리일군들이 단위시간에 긴장하게 일하도록 직제와 인원수를 규정하며 사업상특성으로 여유시간이 조성될 때에는 연관된 직제를 겸임하여 맡아볼 것을 주장한다. 또한 관리일군의 정치실무수준을 제고하고, 통합생산체계를 구축하고 관리노력의 담당책임제와 합리적인 겸직제실시를 제안하고 있다.[29]

조직 간소화의 방향이 아니라 조직 고도화 방향에서 사회주의기업책임관리제에 의하여 부여받은 관리기구와 로력조절권에 기초하여 두뇌진을 실정에 맞게 합리적으로 조직할 것을 주장하기도 한다.[30]

사회주의로동법에서는 근로자들의 직업의 권리가 부당하게 침해당하지 않도록 법적으로 담보해준다. 기관, 기업소, 단체는 국가노동행정기관에 의하여 배치된 노력을 의무적으로 받아야 하며 세부직종에 배치하고 해당한 수속절차를 거쳐 노동생활을 시작할수 있도록 모든 조건을 보장할 의무를 지니고있다. 기관, 기업소, 단체는 배치된 노력에 대하여 입직을 거부할수 없다. 특히 사회주의로동법에서는 노력조절제도를 규제함으로써 기관, 기업소, 단체들에 노력이 남는 경우 노력을 추가적으로 더 요구하는 다른 부문과 단위들에 재배치하도록 하여 근로자들에게 안정된 직업과 생활을 담보한다.[31]

29 리혁, "현시기 기업체관리기구정간화에서 나서는 몇가지 문제," 『김일성종합대학학보(경제학)』 2025년 1호.

30 황철진, "공장, 기업소들에서 두뇌진을 잘 꾸리고 그 역할을 높이기 위한 중요방도," 『경제연구』 2018년 4호.

31 김명옥, "로동의 권리를 통해 본 공화국 사회주의로동법의 특징," 『김일성종합대학학보(법률학)』 2022년 2호.

이절에서는 관리기구와 로력조절권, 노동보호을 이해하기 위해 연관 경제법으로 기구법, 사회주의로동법, 로동보호법을 살펴본다.

국가의 기구관리와 노동보호 정책

국가의 기구법

국가관리기구체계를 이루고있는 행정경제관리기관과 기업소의 관리기구들은 다종다양하며 매개 관리조직들은 자기의 고유한 사명과 임무를 지니고 행정경제부문 전반 또는 일정한 부문, 단위들을 관할하며, 이러한 국가관리기관들은 다종다양하지만 그것들은 종적으로나 횡적으로 서로 밀접히 연관되여 하나의 정연한 체계를 이루고 있다.[32]

사회주의사회에서 기구체계와 사업체계는 국가경제지도기관들에서 경제사업의 효률을 적극 높이고 사회주의기업체들의 원활한 경영활동을 원만히 보장할수 있게 정비되여야 한다. 불필요한 관리기구와 사업질서를 모두 없애고 국가의 통일적지도가 거침없이 실현되도록 중간고리와 공정을 최소한으로 간소화하며 매개 지도관리기구들과 부서들이 기업체들의 생산과 기술, 재정, 노동행정, 판매, 자재보장, 협동생산 등의 조건과 환경을 편리하게 보장하고 감독하는것을 기본직능으로 삼도록 하여야 한다.[33]

32 리영애, "우리 나라 국가관리기구의 본질," 『정치법률연구』 2013년 4호.

33 리영남, "현시기 인민경제를 활성화하기 위한 경제관리방법을 혁신하는데서 나서는 중요한 문제," 『경제연구』 2019년 3호.

기구법은 2002년 9월에 제정되어 2004년 11월에 개정된 이후의 자료는 한국에 유입되지 않았다. 또한 이후 개정되었다는 보도도 공식매체에서 찾을 수 없다. 한국에 유입된 자료로는 2004년 개정된 기구법이 유일한 것으로 추정된다. 따라서 기구법의 변화를 해석하기는 어려우나 기구법(2004)이 기업소의 관리기구 조절에 어떻게 규율하고 있는지를 살펴볼 수는 있다. 기구법은 4개 장, 41개 조의 구성으로 되어있다. 기구법은 "기구의 기준제정과 조직, 정리에서 제도와 질서를 엄격히 세워 기구사업을 개선강화하고 기관, 기업소, 단체의 기능과 역할을 높이는데 이바지"(제1조, 기구법의 사명)하는 것으로 규정하고 있다. 기구법은 기구의 기준제정(제2장)과 기구의 조직과 정리(제3장)에 대한 내용을 규율하고 있다. 제1장에서 기구법을 규율하는 원칙으로 기구사업의 실리보장원칙(제2조), 지도원칙(제3조), 기준제정원칙(제4조), 기구의 조직과 정리원칙(제5조), 기구정원의 조직원칙(제6조)을 제시하고 기구의 조직형식(제7조)으로 정원기구와 인민경제계획노력기구로 분류하고 있다. 정원기구로는 예산제로 운영되는 기구들을, 인민경제계획노력기구로는 독립채산제로 운영되는 기구와 예산제로 운영되는 기구들로 분류하고 있다. 예산제기구들은 정원제로 운영되는 기구와 인민경제계획노력기구로 운영되는 기관들로 별도 분류하고 있는 것으로 보인다.

기구기준의 제정은 내각이 제정하고 기준에는 표준기구와 정원기준, 급수기준, 일군대우기준 등이 있다(제8조, 기구기준제정의 기본요구). 기업소와 관련하여 기구법이 규율하는 내용을 살펴보면, 기업소의 표준기구는 기구간소화의 요구[34], 부문별특성, 해당 단위의 임무와

34 기구정원규정의 가장 일반적인 원칙은 간소화원칙으로 생산로력에 비한 비생산로력, 관리

사업량 같은것을 고려하여 인민경제의 부문별, 단위의 류형별로 제정한다(제9조, 표준기구의 제정). 표준기구의 제정은 기업소의 조직구조를 편성하는 방법, 이 경우 기업소, 의 부서명칭, 직제 같은것을 규정한다(제10조, 표준기구의 제정방법). 기업소의 부서명칭과 관련하여 따로 정한데 따르도록 하고 있다(제11조, 부서명칙의 제정). 기업소의 기구직제는 책임자, 부책임자, 부서책임자, 책임부원, 부원, 문서원 같은것으로 하되, 부서의 부책임자직제는 특수한 경우에 둔다(제13조, 기구직제의 조직). 기업소의 부책임자는 두지 않거나 1명으로 하되, 그러나 규모, 사업량, 부문별특성 같은것을 고려하여 1명이상 둘수 있다(제15조, 부책임자의 배치). 기업소의 정원기준은 해당 단위의 임무, 사업량, 종업원수와 경영활동의 과학화, 현대화수준 같은것을 타산하여 제정(제14조, 정원기준의 제정)하고, 기업소의 급수기준은 인민경제적의의와 중요성, 사업량, 생산액, 실리보장수준 같은것을 고려하여 제정하며, 그 급수기준은 특급, 1급, 2급, 3급, 4급, 5급, 6급, 7급으로 한다(제16조, 급수기준의 제정). 기업소의 일군대우기준은 해당 단위의 급수, 일군의 직위, 임무 같은것을 고려하여 제정하며, 일군대우기준에는 생활비기준과 승용차이용편제기준 같은것이 속한다(제17조, 대우기준의 제정). 또한 기업소의 일군대우기준은 따로 정한데 따른다(제18조, 대우기준). 또한 기업소의 표준기구와 정원기준, 급수기준, 일군대우기준은 필요한 경우 수정보충한다(제19조, 표준기구와 기구기준의 수정보충).

기구의 조직과 정리에 대한 내용을 살펴보면, 내각은 필요에 따라 인민경제계획노력으로 조직하는 중요기업소의 기구를 조직(제21

로력의 상대적인 축소, 최소한의 행정관리비의 지출로써 국가사업에서 최대한의 성과를 이룩하는 원칙이다, 『조선대백과사전』(2001) 올림말: 기구정원.

조, 내각의 기구조직권한)하며 기업소의 등급에 따른 기구조직권한 행사의 기관을 다음 표6-5로 정리하였다.

표 6-5 기업소 급수에 따른 기구조직 행정기관

기업소 등급	기구조직 행정기관	비 고
인민경제계획로력으로 조직하는 중요기업소의 기구	내각	
인민경제계획로력으로 조직하는 위원회, 성, 중앙기관의 아래단위, 도(직할시)지방경제부문의 3급이상 기업소	중앙노동행정지도기관	중요기업소의 조직, 명칭, 소속, 급수는 내각의 승인
지방경제부문 3급아래 기업소	도(직할시)인민위원회	
교육, 상업, 보건 같은 부문 기업소	도(직할시)인민위원회	중앙노동행정지도기관이 정할 때
해당 지방경제부문의 6급과 7급기업소	시(구역), 군인민위원회	
해당 기관의 아래단위 기업소	해당 기관	

기구를 조직하는 근거에는 국가적조치와 기업소의 신청에 의하며(제25조, 기구의 조직근거), 이 경우 기업소는 기구의 조직근거, 임무, 명칭, 소속관계, 조직구조, 정원수, 사업분담 같은 것을 밝힌 기구신청문건을 기구조직기관에 제기하여야 한다(제26조, 기구신청문건의 제기). 기구신청문건을 접수한 해당 기구조직기관은 기구신청문건가운데서 ①표준기구와 다르게 하려는 기구신청문건, ②상급기관이 조직하게 된 기구신청문건, ③대상에 따르는 비생산부문기구신청문건을 해당 요건에 맞게 내각, 중앙노동행정지도기관, 도(직할시)인민위원회에 제기하여야 하며(제27조, 기구신청문건의 이동), 기구조직기관은 기구신청문건을 접수한 날부터 30일안으로 심의하여야 하고, 비준된 기구는 10일안으로 해당기업소에 내려보내야 한다(제30조, 기구

신청문건의 심의기간).

국가의 정책과 현실의 요구에 맞지 않는 기구는 정리하며, 그 기구의 정리는 축소, 통합, 분리, 변경하거나 없애는 방법으로 한다(제31조, 기구의 정리방법). 또한 기업소는 기구조직기관이 정한데 따라 기구를 정리하며 부서들사이의 기구를 조절할수 있고, 기구를 정리, 조절한 정형은 상급기관에 보고하여야 한다(제32조, 기구의 정리, 조절근거). 「기업소법」의 제33조에는 2014년 개정시에 '기업소는 정해진 표준관리기구와 비생산로력 배치기준에 기초하여 자체의 실정에 맞게 관리부서들을 능동적으로 통합, 정리하거나 관리기구 정원수를 정하며 개별적 일군들의 직능과 책임한계를 명백하게 정해주고 생산부문의 로력비중을 늘여나가야 한다'고 규율하고 있다. 이는 기구법에서 규율하는 기업소의 기구관련 내용에 근거하고 있는 것으로 보인다. 다만, 2015년에 개정시에 추가된 조문인 "로력을 내보내거나 받아들이거나 기업소사이에 주고받을 경우에는 정해진 등록질서를 지켜야 한다."는 내용이 기업소가 자체의 노동력 필요에 따른 노동력 이동에 대한 자율성을 새로 규정한 것으로 보인다. 이에 대해서는 노동과 관련한 연관법의 검토에서 살펴보자.

사회주의로동법

사회주의하에서 노동에 대한 일반적 사항을 규정하고 있는 「사회주의로동법」(이하 「로동법」)은 1978년 4월 18일 최고인민회의 법령 제2호로 채택하여, 1986년 2월, 1999년 6월, 2015년 6월 3회 개정을 한 것으로 보인다. 조선에서 노동과 관련한 법령을 처음 발표한 것은 1946년 6월 24일에 발표한 『북조선 로동자, 사무원에 대한 로동법령』이다. 조선에서는 이 법령에 대해 "로동자, 사무원들의 로동조건을 근본적으로 개선하고 물질적복리를 향상시키며 산업분야에서 제국주의적착취의 잔재를 청산하고 로동계급의 민주주의적권리를 실현하는데 목적을 둔 혁명적이며 민주주의적인 로동법"이라고 설명한다.[35] 이 법령을 발표하기 4일 전인 1946년 4월 20일 북조선림시인민위원회 제8차회의에서 노동법령의 성격과 그 실시가 가지는 의의를 『로동법령초안에 대하여』에서 밝힌다. 연설에서 이 법령의 성격을 ① 국가기관, 국영기업소들에서 주인으로 일하는 노동자, 사무원들은 더 말할것도 없거니와 개인기업에 고용되여 일하는 노동자, 사무원들에 대하여서도 그들의 권리를 법적으로 보장하며 전체 노동자, 사무원들의 민주주의적권리를 보장하는 것, ② 조선에서의 민주건설의 리익과 전적으로 부합되며 일치하는 것, ③ 조선의 민주주의적발전을 전반적으로 촉진할 목적에서, 어디까지나 민주주의적민족통일전선을 강화하는 원칙에서 제정되었음을 강조한다.[36]

로동법(2015)는 8개 장, 79개 조항으로 구성되어 있다. 로동법이 규율하고 있는 내용은 사회주의로동의 기본원칙(제1장), 로동의 의무(제2장), 사회주의로동조직(제3장), 로동에 의한 사회주의분배(제4장), 로동과 기술혁명, 근자들의 기술기능향상(제5장), 로동보호(제6장), 로동과 휴식(제7장), 국가적 및 사회적 혜택(제8장) 등이다. 로동법(1999)와 로동법(2015)는 내용에 있어서 거의 변화가 없다. 두 법에서 변화는 "사회주의로동규률은 자각적규률이며 사회주의로동규률을 지키는것은 근로자들의 응당한 의무이다(1999, 제18조)"에서 "사회주의로

35 『조선대백과사전 프로그람』(2001), 올림말: 로동법.

36 김일성, "로동법령초안에 대하여, 북조선림시인민위원회 제8차회의에서; 1946년 6월 20일," 『김일성전집 3』(평양: 조선로동당출판사, 1992), 471-478쪽.

동규률은 자각적규률이며 사회주의로동규률을 철저히 지키는것은 근로자들의 응당한 의무이다(2015, 제18조)."로 노동규률을 '철저히' 지키는 것으로 수정하고, 여성근로자들의 산전, 산후 휴가를 "산후 90일"(1999, 제66조)에서 "산후 180일"(2015, 제66조)로 산후 휴가일을 2배 늘린다.

로동법에서 기업소에 대해 규율한 조항은 국가만을 규율한 조항, 국가기관과 기업소를 동시에 규율한 조항, 기업소만을 규율한 조항으로 분류할 수 있다. 먼저 국가만을 규율한 내용을 보면, 국가는 독립채산제원칙에 따라 공장, 기업소들의 현물지표별생산계획과 원가계획실행을 정확히 평가한데 기초하여 공장, 기업소들에 생활비자금을 분배(제40조)하고, 인민경제부문별로 대안의 사업체계의 요구에 맞게 기업관리가 정규화, 규범화되고 생산이 정상화된 표준공장을 꾸리고 거기서 측정한 자료를 기초로 하여 국가표준노동정량을 제정한다(제42조).

국가기관과 기업소에 대해 동시에 규율한 내용은 다음과 같다. ①사회주의로동조직(제3장)과 관련한 부분에서 노동행정기관을 비롯한 국가기관, 기업소, 사회협동단체는 생산부문 노력자수의 우선적증대를 보장하면서 나라의 경제발전수준에 맞게 비생산부문 노력자수를 규정하는 원칙에서 노력을 배치하며 직접부문 노력의 비중을 체계적으로 높여야 하고(제28조), 근로자들이 창조적지혜와 능력을 최대한으로 낼수 있도록 성별, 년령, 체질, 희망, 기술기능수준에 맞게 노력을 적재적소에 배치하여야 하고(제30조), 지방정권기관을 포함하여 녀성들이 일하는데 편리하게 탁아소, 유치원, 아동병동, 편의시설을 꾸려야 하며 직장에 나가지 못하는 녀성들이 희망에 따라 일할수 있도록 가내작업반, 가내협동조합 등을 조직하여야 하고

(제31조), 노동과 휴식과 학습을 옳게 배합하여 근로자들의 노동을 정규화하고 학습을 정상화하며 휴식을 잘 보장하여야 하고(제33조), 국가기관, 기업소는 불가피한 사정으로 하여 일시적으로 노력이 남을 때에는 적시에 다른 공장, 기업소, 협동농장의 생산적 작업에 대한 임시지원사업을 조직하여야 하고(제34조), 국가기관, 기업소는 일시적으로 노력이 남는다고 하여 노동자들을 마음대로 제적할수 없다(제34조).

②로동에 의한 사회주의분배(제4장)와 관련하여 국가기관, 기업소, 사회협동단체는 국가가 제정한 생활비 등급제와 생활비 지불원칙에 입각하여 노동자, 사무원, 협동조합원들에게 생활비를 정확히 지불하여야 하고(제38조), 근로자들의 생산의욕을 더욱 높이며 그들의 창의창발성을 적극 발양시킬수 있도록 생활비지불형태를 바로 적용하여야 하고(제39조), 국가표준 노동정량을 자(尺)로 하여 발전하는 현실과 구체적실정에 맞게 과학적이며 선진적인 노동정량을 정하고 그것을 정확히 적용하며 끊임없이 갱신하여야 한다(제42조).

③근로자의 기술기능향상(제5장)과 관련하여서는 국가기관, 기업소, 사회협동단체는 창의고안, 합리화운동을 적극 장려하며 창의고안과 합리화안을 제때에 생산에 받아들여야 하며(제49조), 기술기능학습체계와 기능전습체계를 바로세워 근로자들의 기술기능수준을 체계적으로 높이며 모든 근로자들이 한가지이상의 현대적기술을 소유하고 자기가 다루는 기계설비와 자기 부문 기술에 정통하도록 하여야 한다(제51조).

④노동보호(제6장)와 휴식(제7장)과 관련한 부분에서는 국가기관, 기업소, 사회협동단체는 노동안전교양사업체계를 세우고 근로자들에게 노동보호정책과 노동안전기술지식을 체득시켜 노동보호

사업을 대중자신의 사업으로 확고히 전환하여야 하며(제54조), 근로자들에게 안전하고 문화위생적인 노동조건을 보장하는것은 모든 국가기관, 기업소, 사회협동단체들의 첫째가는 사업이다(제55조). 국가기관, 기업소, 사회협동단체는 노동안전시설과 고열, 가스, 먼지 등을 막고 채광, 조명, 통풍 등을 잘 보장하는 산업위생조건을 갖추며 그것을 끊임없이 개선완비하여 노동재해와 직업성질환을 미리 막으며 모든 근로자들이 안전하고 문화위생적인 일터에서 일할수 있도록 하여야 하며(제55조), 생산 및 작업조직에 앞서 노동안전상태를 구체적으로 알아보고 근로자들의 생명과 건강을 해칠수 있는 위험한 개소들을 제때에 없애야 하고(제56조), 특히 건설 및 설계기관과 해당 국가기관, 기업소는 공장, 기업소, 건물, 구축물의 건설과 기계설비의 제작에서 근로자들의 노동보호조건을 철저히 갖추어야 하며, 신설, 확장, 보수한 공장, 기업소, 건물, 구축물과 새로 제작한 기계설비는 해당 검열, 감독기관의 준공검사 또는 허가를 받지 않고서는 조업하거나 돌릴수 없다(제57조). 국가기관, 기업소, 사회협동단체는 근로자들의 건강보호를 위한 검진을 정기적으로 조직하여야 하며 근로자들의 건강에 필요한 조치를 제때에 취하여야 하고(제58조), 녀성근로자들을 위한 노동보호위생시설을 충분히 갖추어야 하고(제59조), 생산에서 엄격한 제도와 질서를 세우며 표준조작법과 노동보호규정을 만들고 모든 일군들과 근로자들이 그것을 철저히 지키도록 하여야 한다(제61조). 경제기관, 기업소들은 근로자들에게 시간외노동을 시킬수 없고(제63조), 국가기관, 기업소, 사회협동단체는 부득이한 사정으로 쉬는날에 근로자들을 노동시킨 경우에는 한주일안으로 반드시 대휴를 주어야 하며(제64조), 해당 국가기관, 기업소는 직장정양소를 잘 운영하여 근로자들이 일하면서 충분히 휴식하도록 하여야 한다(제67조).

기업소만을 규율하는 내용은 공장, 기업소, 사회협동단체는 노동행정사업을 사람과의 사업으로 전환시키고 노동조직에서 군중로선을 구현하며 노력을 과학적으로, 합리적으로 이용하여야 하고(제26조), 생산공정의 특성, 기술장비수준, 작업조건 등에 맞게 노동조직을 바로하며 노력관리질서를 철저히 세우고 노동조건을 충분히 보장하여 노력랑비를 없애고 근로자들이 480분 노동시간을 완전히 이용하도록 하여야 하고(제32조), 공장, 기업소, 협동농장의 노력을 마음대로 다른 일에 동원하는것을 엄격히 금지하고, 공장, 기업소의 생산노력은 국가의 승인없이 다른 일에 동원할수 없다(제35조). 공장, 기업소, 협동농장의 관리일군들은 법적으로 규정된 기간 생산노동에 의무적으로 참가하여야 하며(제36조), 공장, 기업소는 생산계획실행정형, 품질, 설비·자재의 이용정형 등을 정확히 평가하여 일을 잘한 근로자들에게는 추가적으로 장려금을 지불하여야 한다(제40조).

로동보호법

기업소법 제49조는 기업소가 "종업원들에 대한 로동안전교양과 로동조건보장을 바로하며 로동보호시설을 충분히 갖추고 로동보호사업을 생산에 확고히 앞세워야 한다"고 규율하고 있다. 「기업소법」(2010) 제49조는 "기업소는 로동보호시설을 충분히 갖추고 로동보호사업을 생산에 확고히 앞세워야한다"고 규정하였다. 이후 이 조항은 2014년 "종업원들의 로동조건을 책임지고 보장"할 것을 추가 규율하고 2020년에는 "로동안전교양" 내용을 다시 추가 규율하였다.

사회주의노동법상에도 노동보호에 대해 제6장에서 규율하고 있지만 2010년 7월에 로동보호법을 부문법으로 별도 제정하여 2014

년 3월, 2020년 12월, 2021년 10월 3차례 개정을 한다. 2021년 개정을 제외하고 「기업소법」의 제·개정 연도와 세차례 겹친다.

로동보호법은 2014년과 2021년 법령만을 해석한다. 로동보호법은 "로동보호사업에서 제도와 질서를 엄격히 세워 근로자들에게 안전하고 문화위생적인 로동조건을 보장하며 그들의 생명과 건강을 적극 보호증진시키는데 이바지"(제1조)하는 것을 법의 사명으로 하고 있다. 로동보호법(2021)은 8개 장, 75개 조항으로 구성되어 있다. 로동보호법의 기본(제1장)과 로동보호사업에 대한 지도통제(제8장)을 포함하여 로동보호법은 로동안전교양(제2장), 로동보호조건의 보장(제3장), 로동보호물자의 공급(제4장), 로동과 휴식(제5장), 로동안전규률의 확립(제6장), 로동재해의 구호와 사고심의(제7장) 등의 내용에 대해 규율하고 있다.

기업소법의 노동보호 조문 변화와 연관해서 로동보호법(2014)의 로동안전교양(제2장)·로동보호조건의 보장(제3장)과 2021년 개정에서 변화를 살펴보자. 로동안전교양에 대해서 로동보호법(2014)이 규율하는 내용을 보면, 노동안전교양사업을 강화하는것은 근로자들이 노동과정에 노동재해와 건강상피해를 입지 않도록 하기 위한 선결조건이며(제9조, 로동안전교양체계의 확립), 노동안전교양대상과 기간을 정하는 사업은 중앙노동행정지도기관이 한다(제10조, 로동안전교양의 대상과 기간). 기업소는 노동안전교양체계를 바로세우고 근로자들에 대한 노동안전교양사업을 정상적으로 진행하여야 하며(제9조, 로동안전교양체계의 확립), 노동안전교양대상과 기간을 바로 정하고 근로자들의 직종과 작업대상, 작업조건에 따라 노동안전교양사업을 계획적으로 조직하여야 하고(제10조, 로동안전교양의 대상과 기간), 노동안전교양을 여러가지 형식과 방법으로 실속있게 진행하여 근로자들이 국가의 노동보호정책과 노동안전기술지식, 노동안전규정, 노동안전조작법, 노동위생지식 같은것을 정확히 알도록 하여야 하고, 이 경우 노동안전교양을 받지 않은 근로자들에게는 일을 시킬수 없다(제11조, 로동안전교양방법). 기업소는 노동안전교양실을 잘 꾸리고 정상적으로 운영하여야 하고(제13조, 로동안전교양실의 운영), 노동안전교양실에는 근로자들의 노동안전교양에 필요한 자료를 충분히 갖추어놓아야 한다(제13조, 로동안전교양실의 운영). 그리고 노동안전재교양체계를 세우고 근로자들에 대한 노동안전재교양을 정기적으로 하여야 하며(제14조, 로동안전재교양), 해당 교육 및 양성기관에서는 노동안전공학과 노동보호학을 필수과목으로 정하고 그에 대한 교육을 강화하여야 한다(제15조, 로동안전교육).

로동보호를 위한 조건보장(제3장)은 근로자들에게 안전하고 문화위생적인 노동조건을 마련해주기 위한 중요한 사업이다(제16조, 로동보호조건보장의 기본요구). 보건기관은 기업소에 병원 또는 진료소를 합리적으로 배치하고 근로자들에 대한 건강검진과 치료예방사업을 책임적으로 하여야 한다(제22조, 건강검진, 치료). 노동행정기관과 기업소는 직업성질병으로 해당 직종에서 일할수 없게 된 근로자들을 제때에 알맞은 직종에 배치하여야 한다(제23조, 직종의 변동).

기업소는 근로자들에 대한 노동보호조건을 우선적으로 보장하여야 한다(제16조, 로동보호조건보장의 기본요구). 사고를 막기 위한 안전장치, 보호장치, 신호장치 같은 노동안전시설을 갖추어야 하고, 노동안전시설을 갖추지 않고서는 근로자들에게 일을 시킬수 없다(제17조, 로동안전시설의 설치). 기업소는 노동안전시설에 대한 점검보수를 정기적으로 진행하며 불비한 노동안전시설을 제때에 정비하여야 하며(제18조, 로동안전시설의 점검보수), 노동안전시설의 정상적인 가동을 보장하여야 한고, 설치된 노동안전시설은 노동행정기관과 해당 감독통제 기관의 승인없이 해체할수 없다(제19조, 로동안전시설의 정상가동보장, 해체 금지). 기업소는 고열, 가스, 먼지, 소음, 진동, 습기, 방사선, 세균에 의한 피해를 막으며 위생학적요구에 맞게 채광, 조명, 통풍, 난방조건 같은것을 보장하여야 하고, 고열·유해물질이 정해진 한계를 초과하는 곳에서는 근로자들에게 일을 시킬수 없다(제20조, 로동위생조건의 보장). 해당 기업소는 합숙, 식당, 세목장, 리발소, 휴계실, 탁아소, 유치원을 비롯한 편의시설을 갖추고 정상적으로 운영하여야 한다(제21조, 편의시설보장). 노동재해위험이 특별히 큰 기관, 기업소, 단체에는 의무적으로 병원 또는 진료소를 두어야 한다(제22조, 건강검진, 치료).

표 6-6 노동안전교양원칙

조항	로동보호법(2014)	로동보호법(2021)
제12조 로동안전교양원칙준수	1. 직종에 따라 새로 일을 시작하는 근로자들에게는 5~20일간, 직종을 바꾸는 근로자들에게는 2~5일간 로동안전교양을 준 다음 일을 시켜야 한다. 2. 작업을 조직하거나 작업대상과 작업조건이 달라질 때마다 로동안전교양을 주어야 한다. 3. 로동안전과 관련한 인식정도를 료해하고 합격이 되였을 경우에만 일을 시켜야 한다. 4. 로동안전교양을 받거나 작업실습을 하는 근로자들에게는 다른 일을 시키지 말아야 한다. 5. 로동안전교양과정안을 정확히 만들어 집행하여야 한다. 로동안전교양을 받지 않은 근로자들에게는 일을 시킬수 없다.(제11조, 로동안전교양방법)	1. 직종에 따라 새로 일을 시작하는 근로자들에게는 5~20일간, 직종을 바꾸는 근로자들에게는 2~5일간 로동안전교양을 준 다음 일을 시켜야 한다. 2. 작업을 조직하거나 작업대상과 작업조건이 달라질 때마다 로동안전교양을 주어야 한다. **3. 특별히 위험한 작업을 하는 근로자들에게는 작업구간과 대상, 작업구간과 환경에 맞게 로동안전교양을 엄격히 주어야 한다.** 4. 로동안전과 관련한 인식정도를 료해하고 합격이 되였을 경우에만 일을 시켜야 한다. 5. 로동안전교양을 받거나 작업실습을 하는 근로자들에게는 다른 일을 시키지 말아야 한다. 6. 로동안전교양과정안을 정확히 만들어 집행하여야 한다. 7. 로동안전교양을 받지 않은 근로자들에게는 일을 시키지 말아야 한다.

기업소는 임신한 녀성근로자들에게 산전산후휴가에 들어가기 전까지 헐한 일을 시키며 젖먹이어린이를 가진 녀성근로자들에게 젖먹이는 시간을 보장하여야 한다(제24조, 녀성근로자들의 로동보호조건보장). 설계기관과 기업소는 생산건물이나 시설물을 건설하는 경우 노동안전, 노동위생 같은 노동보호조건이 충분히 갖추어지도록 하여야 하며, 건물이나 시설물은 그로부터 발생할수 있는 유해물질이 린접지구에 미치는 영향을 고려하여 합리적으로 배치하여야 한다(제25조, 생산건물, 시설물의 건설). 노동안전시설, 노동위생조건에 대한 측정 및 검사를 정상적으로 진행하고 부족점을 제때에 퇴치하여야 하고, 노동안전시설, 노동위생조건에 대한 측정설비, 검사기구는 정상적으로 검정하고 합격된 조건에서만 사용하여야 한다(제26조, 로동안전시설, 로동위생조건에 대한 측정, 검사).

로동보호법(2021)은 로동보호법(2014)에 벌금처벌(제72)과 중지처벌(제73조)를 추가하여 73개 조항(2014)에서 75개 조항이 되었다. 표 6-7는 추가된 조항의 조문이다.

표 6-7 로동보호법(2021)의 신설 조항

조항	조문
제72조 (벌금처벌)	다음의 경우에는 기관, 기업소, 단체에 벌금을 물린다. 1. 로동안전교양을 규정대로 하지 않았을 경우 10만~50만원 2. 로동안전시설, 로동위생조건을 정해진대로 갖추어주지 않았을 경우 50만~150만원 3. 로동안전시설의 점검보수를 바로하지 않았을 경우 20만~150만원 4. 위험개소를 퇴치하지 않고 작업을 시켰을 경우 50만~150만원 5. 로동보호조건에 대한 측정, 검사에서 제기된 문제를 대책하지 않고 작업을 시켰을 경우 30만~150만원 6. 유해로동을 하는 근로자들에게 영양제를 규정대로 공급하지 않았을 경우 20만~100만원

第73条 (중지처벌)	第72조의 행위에 대하여 감독통제기관이 시정할것을 요구하였음에도 불구하고 결함을 시정하지 않았을 경우에는 해당 경영활동 또는 설비, 공정의 운영을 중지시킨다. 정상이 무거운 경우에는 페업시킨다.

로동보호법(2014)와 로동보호법(2021)의 조문에서 차이는 표 6-8과 같다.

표 6-8 로동보호법(2014)와 로동보호법(2021)의 변화

조항	로동보호법(2014)	로동보호법(2021)
第26条 (로동보호조건에 대한 측정, 검사와 부족점의 퇴치)	기관, 기업소, 단체는 로동안전시설, 로동위생조건에 대한 측정 및 검사를 정상적으로 진행하고 부족점을 제때에 퇴치하여야 한다.	**로동행정기관과 위생방역기관**, 해당 기관, 기업소, 단체는 로동안전시설, 로동위생조건에 대한 측정 및 검사를 정상적으로 진행하여야 한다.
	로동안전시설, 로동위생조건에 대한 측정설비, 검사기구는 정상적으로 검정하고 합격된 조건에서만 사용하여야 한다.	이 경우 측정설비, 검사기구는 정상적으로 검정하고 합격된 조건에서만 사용하여야 한다.
		위생방역기관은 로동위생조건에 대한 측정 및 검사정형을 해당 로동행정기관에 통지하여야 한다.
		로동행정기관은 해당 기관, 기업소, 단체에 대책할 문제와 기간을 규정하여주며 기관, 기업소, 단체는 부족점을 제때에 퇴치하여야 한다.
第27条 (로동보호물자공급의 기본요구)	유해로동, 고열로동, 중로동을 하는 근로자들에게는 로동보호물자를 공급한다.	유해로동, 고열로동, 중로동을 하는 근로자들에게는 작업대상과 성격에 따라 작업필수품, 로동보호용구, 영양제, 세척제, 약제 같은 로동보호물자를 공급한다.
	로동보호물자에는 작업대상과 성격에 따르는 작업필수품, 로동보호용구, 영양제, 세척제, 약제 같은것이 속한다.	**위원회, 성, 중앙기관과 지방인민위원회**는 로동보호물자를 전문으로 생산하는 단위를 잘 꾸리고 정상운영하여 로동보호물자를 원만히 생산, 보장하도록 한다.
第32条 (영양제공급, 영양제식당의 운영)		영양제, 보호약제, 해독제의 공급기준은 중앙로동행정지도기관이 정한다.

제34조 (제복의 공급)	철도운수, 탄광부문과 따로 정한 부문의 근로자들에게는 제복을 공급한다.	따로 정한 부문의 근로자들에게는 제복을 공급한다.
제43조 (로동안전규정, 표준조작법의 준수)		특별히 위험한 작업에 따르는 로동안전규정과 표준조작법은 보다 구체적으로 작성하여 집행시켜야 한다.
제50조 (위험물질취급, 열 및 내압설비의 리용)	기관, 기업소, 단체는 폭발성, 독성, 방사성물질을 취급하거나 열 및 내압설비를 가동하려 할 경우 해당 기관의 승인을 받아야 한다.	기관, 기업소, 단체는 폭발성, 독성, 방사성물질을 취급하거나 열 및 내압설비를 가동하려 할 경우 해당 법규에 따르는 검사와 승인을 받아야 한다.
제60조 (비상설사고방지대책위원회의 조직)	로동재해방지와 사고심의를 위하여 내각에 비상설중앙사고방지대책위원회를, 성, 중앙기관, 도(직할시), 시(구역), 군과 기관, 기업소에 비상설사고방지대책위원회를 둔다.	국가적인 로동재해방지와 사고심의를 위하여 비상설중앙사고방지대책위원회를 내오고 운영한다.
		이경우 비상설중앙사고방지대책위원회의 상무사업은 **중앙로동행정지도기관**이 한다.
		성, 중앙기관, 도(직할시), 시(구역), 군과 기관, 기업소에도 비상설사고방지대책위원회를 내오고 자기 관할에 따르는 로동재해방지와 사고심의사업을 진행한다.

표 6-9 로동보호법 위반시에 받는 행정적 처벌

로동보호법(2014) 제72조(행정처벌)	로동보호법(2021) 제74조(경고, 엄중경고, 무보수로동, 로동교양, 강직, 해임, 철직처벌)
다음의 경우에는 기관, 기업소, 단체의 책임있는 일군과 개별적공민에게 정상에 따라 해당한 행정처벌을 준다.	다음의 경우에는 책임있는자에게 경고, 엄중경고 또는 3개월이하의 무보수로동, 로동교양처벌을 준다.
1. 로동안전교양을 정해진대로 하지 않았을 경우 2. 로동보호조건을 보장하지 않고 일을 시켰을 경우 3. 로동안전시설과 로동위생조건에 대한 측정 및 검사사업을 바로하지 않아 로동보호사업에 지장을 주었을 경우 5. 로동보호물자를 대상과 기준에 맞게 공급하지 않았거나 류용, 랑비, 부패변질시켰을 경우 4. 휴식과 휴가를 정해진대로 보장하지 않아 근로자들의 건강과 문화정서생활에 지장을 주었을 경우 6. 녀성근로자들에게 금지된 로동을 시켰거나 로동보호조건을 충분히 갖추어주지 않아 생명과 건강에 해를 주었을 경우 8. 정양소, 휴양소를 정해진대로 꾸리지 않았거나 그 관리운영 및 물자보장을 바로하지 않아 근로자들의 정양, 휴양을 통한 휴식에 지장을 주었을 경우 7. 로동재해구호조직사업을 무책임하게 하였거나 사업조건을 보장하지 않아 로동재해구호사업에 지장을 주었을 경우 9. 이밖에 로동보호법규를 어겼을 경우	1. 로동안전교양을 정해진대로 하지 않고 일을 시켰을 경우 2. 로동보호조건을 보장하지 않고 일을 시켰을 경우 3. 로동안전시설과 로동위생조건에 대한 측정 및 검사사업을 바로하지 않아 로동보호사업에 지장을 주었을 경우 4. 로동보호물자를 대상과 기준에 맞게 공급하지 않았거나 류용, 랑비, 부패변질시켰을 경우 5. 휴식과 휴가를 정해진대로 보장하지 않아 근로자들의 건강과 문화정서생활에 지장을 주었을 경우 6. 녀성근로자들에게 금지된 로동을 시켰거나 로동보호조건을 충분히 갖추어주지 않아 생명과 건강에 해를 주었을 경우 7. 정양소, 휴양소를 정해진대로 꾸리지 않았거나 그 관리운영 및 물자보장을 바로하지 않아 근로자들의 정양, 휴양을 통한 휴식에 지장을 주었을 경우 **8. 로동안전규률을 어겨 사고를 발생시켰을 경우** 9. **로동재해발생정형통보**와 로동재해구호조직사업을 무책임하게 하였거나 사업조건을 보장하지 않아 로동재해 구호사업에 지장을 주었을 경우 **10. 로동재해구호사업에 제대로 동원되지 않았거나 구호대와 구호설비, 기자재를 타사업에 동원시켰을 경우** **11. 로동재해사고심의를 바로 하지 않았을 경우** 12. 이밖에 로동보호법규를 어겼을 경우

소결

2010년 11월 제정된 「기업소법」은 기업소가 '노력을 합리적으로 배치하고 노력관리를 정해진 규정대로 하여야' 하며, '노력은 최대한 고착시키며 유동노력을 없애고 노력을 절약'할 것을 규율한다. 이 노력관리 조항은 1999년 6월 개정된 사회주의로동법에 준거하여 제정된 것으로 보인다. 당시 사회주의로동법은 기업소가 '노동행정사업을 사람과의 사업으로 전환시키고 노동조직에서 군중로선을 구현하며 노력을 과학적으로, 합리적으로 이용하여야'(사회주의로동법, 1999, 제26조)하며, 노력배치와 관련해서 '생산부문노력자수의 우선적 증대를 보장하면서 나라의 경제발전수준에 맞게 비생산부문노력자수를 규정하는 원칙에서 노력을 배치하며 직접부문 노력의 비중을 체계적으로 높'(사회주의로동법, 1999, 제26조)이고, '노력낭비를 없애고 근로자들이 480분 노동시간을 완전히'(사회주의로동법, 1999, 제32조) 이용할 것을 규율하고 있다.

2014년 11월 개성된 「기업소법」은 '로력관리'를 '관리기구와 로력조절'로 조항명칭을 수정하고, 기업소가 '관리기구와 로력조절권을 가지고 노력자원을 합리적으로, 효과적으로 이용하며 기술경제적지표들을 갱신하고 종업원들의 기술기능수준을 높여 노동생산능률을 끊임없이 장성시'키며, '정해진 표준관리기구와 비생산노력 배치기준에 기초하여 기업소 자체의 실정에 맞게 관리부서들을 적극적으로 통합, 정리하거나 관리기구정원수를 정하며 개별적일군들의 직능과 책임한계를 명백하게 정해주고 생산부문의 노력비중을 늘여나'갈 것을 규율한다. 2004년 11월 제정된 기구법은 기업소의 부서조직과 관련하여 '임무수행에 맞게' 조직한다(기구법, 제12조) 기업소는 '기구조직기관이 정한데 따라 기구를 정리하며 부서들사이의 기구를 조절할수' 있고, 기구조직기관은 기업소의 급수에 따라, 중앙노동행정기관, 도(직할시) 인민위원회, 시(구역)·군인민위원회로 한다(기구법, 제22조, 제23조). 기구의 정리 및 조절은 '기구조직기관이 정한데 따라 기구를 정리하며, 부서들 사이의 기구를 조절할 수 있고, 정형은 상급기관에 보고한다(제32조). 관리기구의 조절은 기구법(2004)에 근거해서도 가능한 것으로 보인다. 다만 관리기구의 조절에 대한 자율성을 높이는 방향으로 하위규정의 변화가 있었을 것으로 추정된다.

2015년 5월 개정된 「기업소법」은 '종업원들의 기술기능급수를 사정할 경우에는 국가가 정한 기준에서 정확히 하여야' 하며, '노력을 내보내거나 받아들이거나 기업소사이에 주고받을 경우에는 정해진 등록질서를 지'킬 것을 추가하여 규율한다. 사회주의로동법(1999)은 노동자의 기술기능과 관련하여, '기업소는 기술기능수준에 맞게 노력을 배치'하여야 하고(사회주의로동법, 제30조), '기술기능학습체계와 기능전습체계를 바로세워 근로자들의 기술기능수준을 체계적으로 높'히며(사회주의로동법, 제51조), 국가는 '근로자들의 기술기능향상을 위하여 기사급수, 기능등급 판정시험제를 실시'하는 것으로 규율하고 있다.

또한 기업소간의 노력조절과 관련하여 사회주의로동법(1999)은 국가기관, 기업소는 불가피한 사정으로 하여 일시적으로 노력이 남을 때에는 제때에 다른 공장, 기업소, 협동농장의 생산적작업에 대한 임시지원사업을 조직하여야 하고, 일시적으로 노력이 남는다고 하여 노동자들을 마음대로 제적할수 없고(사회주의로동법, 제34조), 공장, 기업소, 협동농장의 노력을 마음대로 다른 일에 동원하는것을 엄격히 금지하며, 공장, 기업소의 생산노력은 국가의 승인없이 다른 일에 동원할수 없다(사회주의로동법, 제35조)고 규율하고 있다.

기업소법의 개정 1개월 후인 2015년 6월 사회주의로동법이 16년 만에 개정된다. 「기업소법」 개정과 연관하여 생각해 볼 수 있으나, 이 개정에서 수정된 조항은 노동규율과 관련하여 근로자들이 '철저히' 지킬 것을 강조하고, 산후휴가 기간을 기존 '90일'에서 '180일'로 확대하는 내용뿐이다. 「기업소법」의 노력조절 내용과는 관련이 없다. 기업소상의 로력조절권은 이런 노동법상의 엄격한 규율하에 있다고 할 수 있다. 「기업소법」상의 로력조절권에 규정된 '정해진 등록질서'는 노동법의 하위규정과 「기업소법」의 하위 규정을 통해 명확하게 확인되어야 할 사항이지만 노동법의 변화가 없다는 것은 노력의 재배치와 관련하여 기업소의 노력조절권이 아직은 제한적일 가능성이 높아 보인다.

제7장

기업소의 대외경제활동

1
기업소의 무역권과 연관법

국가와 기업소의 대외무역활동

기업소법의 무역권은 기업소가 '가능한 범위'에서 대외경제활동을 능동적으로 수행하여 생산에 필요한 원료, 자재, 설비를 자체로 조달하면서 설비와 생산기술공정의 현대화를 적극실현하며 수출품생산을 위한 단위를 실정에 맞게 조직하고 세계적으로 경쟁력이 있는 제품을 생산하도록 규율하고 있다(기업소법, 2014. 11월).

조선의 무역은 현재 미국을 중심으로 한 국제사회의 경제적 제재로 인하여 제 기능을 발휘하지 못하고 있는 것으로 알려져 있다. 또한 1984년 제정된 합영법을 시작으로 외국 기업과 다양한 합영, 합작을 시도하였으나 소기의 성과를 얻지 못하고 현재는 제재의 영향으로 거의 유명무실한 것으로 외부관찰자들에게 인식되고 있다. 다만 중국과의 변강무역을 중심으로 하는 물자교류가 무역의 대부분을 차지하고 있는 것으로 드러나 있다. 최근 몇 년간의 국제관계 변화에 따른 영향으로 러시아와의 관계 강화를 통해 조러 무역을 포함한 대외경제관계가 이전보다 활성화 될 것으로 예상되고 있다.

조선에서 '무역'의 의미는 "대외무역"[01]을 뜻하며, '대외무역'은 "나라들사이에 이루어지는 상품교환"이며 "대외경제관계의 기본형태"로서 "수출무역과 수입무역"으로 통상 구분한다.[02] 1950년대 쏘련에서는 '대외무역'을 "소여[03] 나라와 다른 나라 간의 상업"[04]으로 정의하고, 자본주의 하에서 대외무역 발생의 조건으로 ①개별적 국가의 범위를 벗어 나는 발전된 상품생산유통의 전파 ②(생산)부분들 간의 균형이 항상 파괴되며 ③각각 부문의 확대 재생산은 결국 대외시장을 찾지 않을 수 없게 된다는 것으로 설명한다.[05] 이와 다르게 "제2차 세계 대전 이후 세계 사회주의 체계가 형성된 결과 새로운 세계 사회주의 시장이 발생하였으며 원칙적으로 새로운 형의 국제 무역"이 형성되어 "사회주의 진영 국가들의 대외 무역은 그들간의 새로운 사회적 분업에 기초하여 또 호상 원조의 방법으로 계획적으로 수행"되므로 "사회주의 나라들 간의 상업적 련계에는 경쟁과 부등가 교환, 한 나라에 의한 다른 나라의 착취가 없으며 또 있을 수도 없"게 되어 "완전히 평등한 나라들의 호혜, 동지적 협조 및 호상 원조의 원칙이 지배"하게 되었다고 주장하고 있다.[06] 신생기의 쏘련에서는 주변의 자본주의 국가 또는 외국 자본일반으로부터 침입에 대비하여 사회주의 "국내 시장을 보위"하고 "높은 기술에 기초한 인민경제의 급속한 발전과 인민들의 복리증진의 리익에, 나라의 국방력

01 『조선말대사전 2권』(2017), 273쪽.
02 『조선말대사전 1권』(2017), 1627쪽.
03 (일부 명사앞에서만 쓰이여) <주어진> 또는 <그>의 뜻, 『조선말대사전 2권』(2017), 1413쪽.
04 『경제학 소사전』(1960), 82쪽.
05 『경제학 소사전』(1960), 82쪽.
06 『경제학 소사전』(1960), 82-83쪽.

강화와 기술-경제적 독립의 보장에 국제 무역을 복종"시키기 위해 "1918년 4월에 대외 무역의 독점을 실시"하였다.[07] 대외무역의 국가독점, 즉 "대외 무역의 국유화는 사회주의를 건설하는 나라의 자본주의 세계에 대한 경제적 자립과 독립을 보장하는 필요 불가결한 수단"[08]으로 인식하고 있었다. 또한 "사회주의공업화를 위한 가장 중요한 자금 원천"[09]의 한 수단으로서도 인식하고 있었다.

이는 이후 사회주의 대외무역정책의 일반적 원칙으로서 '국가유일무역제도'의 기초가 된다.

표 7-1　한국전쟁 전까지 대외무역에 관한 국가통제정책과정[10]

시 기	정책 내용
1946년 초 림시인민위원회 포고 제9호	북조선 지역 대외로 물자를 반출입함에 있어서 림시 인민위원회 위원장 허가를 얻어야 함
1946년 9월 20일	북조선 림시 인민위원회 직속 무역위원회 조직
1948년 8월 19일	결정 168호『무역에 관한 결정서』채택
1948년 9월 헌법 규정	헌법 제5조: "대외 무역은 국가 또는 국가의 감독 밑에서 수행하다"
1949년 7월 당 중앙조직위원회 제3차 회의	<대외 무역 수출품 생산 및 출하 보장을 위한 당 단체의 사업 정형에 대하여> 토의
1949년 7월 18일 내각 결정 88호	개인대외무역허가에 관한 규정

대외무역을 담당하는 관리기구의 변화를 보면 임시인민위원회 무역위원회, 상업국, 상업성 무역국, 무역성 등으로 변화를 거친다.

07　『경제학 소사전』(1960), 83쪽.
08　쏘련과학원 경제학연구소, 『정치경제학 교과서』(1960), 353쪽.
09　쏘련과학원 경제학연구소, 『정치경제학 교과서』(1960), 383쪽.
10　정형엽, 『대외무역발전을 위한 우리 당의 정책』(1959)과 북한공보를 참조하여 필자 요약.

1990년 초 소련과 동유럽 사회주의 국가들의 체제전환은 조선에게 무역정책의 변화를 강요하는 중요한 원인이 되었다. 더 이상 사회주의 국가간의 무역은 존재하지 않게 되었다. '고난의 행군'시기를 거친 후 1997년 12월 무역법을 제정한다. 조선의 대외무역정책에서 다각화, 다양화원칙과 신용제일원칙은 일관되게 유지하여 온 대외무역 정책으로 표방한다. 대외무역의 다각화는 무역 상대국을 확대하는 방향이고, 대외무역의 다양화는 무역의 품목을 확대하는 방향의 정책이다. 이런 정책은 대외무역에 대한 일반적 원칙을 확인하는 방향으로 추정된다.

조선은 2000년 「가공무역법」을 제정하는 등 대외무역에서 가공무역중심의 정책을 추진하고 있다. 이는 일반적으로 대외경제교류에 제한되어 있는 조건에서 추진할 수 있는 당위적 정책으로 볼 수 있다. 가공무역정책의 다른 효과는 "큰 도시나 공업중심지 그리고 노동자지구에 있는 생산에 인입되지 않은 여유로력을 이용하여 전문적인 중소 가공무역기지를 꾸려 가공무역을 크게 발전시"키는 방향으로 진행하였다. 가공무역은 중요한 외화수입의 창구이다. 조선에서는 "송림, 와우도, 진도수출가공구를 비롯한 경제개발구들은 가공무역을 진행할수 있는 종합적인 기지"로 활용하고 있고, "많은 기업들과 무역회사들은 다른 나라 기업들의 주문을 받아 여러가지 기계와 설비, 전기 및 전자제품, 통신설비, 피복 등의 임가공을 진행"하고 있다.[11] 가공무역 외에도 되거리무역은 "생산적투자에 의해서가 아니라 나라들 사이의 상품류통에 투하된 류동자금의 회전과

11 『조선의 무역』(http://kftrade.com.kp/index.php/law/detail/90?lang=kp), 검색일: 2025년 1월 2일.

정을 통하여 얻어지는 무역리윤 형태로 외화를 벌어들이는 무역방법"[12]으로 활용하고 있다.

무역법(2020)에는 기술무역과 봉사무역을 추가로 규정하면서 무역정책에서 기술무역과 봉사무역을 강조한다. 조선은 최근의 시기를 지식경제시대로 규정하면서 과학기술과 경제를 일체화시키는 정책을 통해서 무역분야에서는 기술무역정책을 강조하고 있다. 국가과학기술위원회에서는 "기술제품전시봉사체계, 성과자료전시봉사체계, 학습실봉사체계, 입찰전시봉사체계, 자금결제봉사체계, 기술제품심의봉사체계, 기술발전정보봉사체계 그리고 제품운송봉사체계 등으로 구성"되어 있는 "기술무역봉사체계《자강력》을 개발하고 국가망을 통한 운영을" 하고 있다.[13] 이런 기술무역에 대한 정책적 강조는 무역전람회 등에서 기술무역관련 기업소들의 참여가 증가하는 현상으로 나타나고 있다.

또한 최근 강조하는 무역정책으로 봉사무역을 들수 있다. 봉사무역은 "나라들사이의 경제거래가운데서 상품과 자본거래를 제외한 무역"을 의미하며, "거래대상들의 소유권이동이 이루어지지 않으며 거래과정이 곧 봉사제공과정이고 소비과정이라는 점에서 상품무역과 구별"되며, "건설, 운수, 보험, 통신, 지적소유권, 관광, 체육, 예술, 의료, 교육 등 광범한 분야"가 포함된다. 조선은 봉사무역 분야에서도 관광업을 특히 강조하고 있는 것으로 보인다. 관광업을 "자연경치나 력사유적같은것을 선전하여 사람들을 모이게 하고 구

12 우영자, 『조선민주주의인민공화국의 대외경제관계와 그 발전에 관한 연구』(2000), 118쪽.

13 "기술무역봉사체계 《자강력》 개발, 국가망을 통한 운영 시작: 국가과학기술위원회에서," 『로동신문』 2019년 12월 9일.

경을 시키면서 생활상편의를 도모해주며 식료품과 일용품, 기념품 같은것을 팔아주면서 수입을 얻는 경제부문"으로 해석하면서 "봉사무역의 다른 부문들에 비하여 상대적으로 높은 장성률을 유지하고 있어 많은 나라들에서 관광업의 지속적발전을 위한 전략을 세우고 국가적관심과 투자를 집중"하고 있는 것으로 인식[14] 하고 있다.[15] 이런 인식은 "원산과 금강산지구에 원산-금강산국제관광지대를 건설"하고 "함경북도에는 온성섬관광개발구를, 평안북도에는 청수관광개발구를 건설"하는 정책 시행으로 이어지고 있다.[16] 특히 최고지도자의 주요 관심사업으로 원산-금강산국제관광지대 건설이라고 알려져 있다. 봉사무역의 한 영역으로 해외건설봉사무역에도 정책적 관심을 두고 있다. 무역구조를 개선하는 방향으로 무역정책을 전개하면서 강조를 하는 봉사무역에 대한 조선의 경제지도집단은 국제봉사무역시장 변화에 대해 발전도상국의 봉사수출무역이 증가하고 있고, 봉사제공자와 봉사수요자사이의 거래방식 변화(즉, 비접촉방식으로의 변화)로 인식하면서 "봉사무역의 비중을 더욱 높이는 방향에서 무역구조를 개선하자면 봉사무역항목을 바로 선정하는것과 함께 봉사의 질을 높이고 봉사가격경쟁력을 높이는것과 함께 국경횡단봉사무역방식을 비롯한 여러가지 방법들을 능란하게 활용할 것"을 주장한다.[17] 이런 인식은 제재라는 외부적 제한 조건에 대한 한계

14 조선의 경제이론가들중에는 이런 인식의 결과물로 채재득은 『관광업경영방법론』(평양: 사회과학출판사, 2015)을 서술한다. 이 글에는 관광봉사의 일반론과 관광봉사경영에 대한 실무지침서와 같은 내용을 담고 있다.

15 "봉사무역," 『로동신문』 2016년 8월 14일.

16 『조선의 무역』(http://kftrade.com.kp/index.php/law/detail/89?lang=kp), 검색일: 2025년 1월 2일.

17 정춘심, "현시기 국제봉사무역에서의 주요변화와 그 요인," 『김일성종합대학학보(경제

속에서도 대외무역과 투자유치를 위한 적극적 정책방향을 고려하고 있는 것으로 읽혀진다. 다만 이런 정책방향의 기본은 다음의 최고지도자 발언에 기초하여 제한되고 있다고 읽혀진다. "대외경제부문에서 일하는 일군들을 잘 교양하여 그들이 개인의 안락을 위해서가 아니라 조국과 인민을 위하여 모든 지혜와 정력을 다 바쳐 일하도록 하여야 합니다."[18] 사회주의적 집단주의는 조선의 경제지도집단이 실행할 수 있는 무역정책이 적용되는 전체 공간(空間)의 범위라고 이해된다.

기업소의 무역과 관련한 법규범은 헌법 상의 무역, 합영, 합작 관련 조항과 무역법을 포함한 대외경제관련 법들이 있다. 또한 『조선중앙통신』 또는 『로동신문』, 『민주조선』 등에 보도되지 않은 법으로 『Foreign Trade』 2025년 1호에 "2024년 11월 1일부터 대외경제관계에 관한 조선민주주의인민공화국법을 시행"[19]했다고 밝히고 있다. 이 법은 "7개 장, 54개 조항으로 구성"되어 "대외 경제 관계에서 엄격한 질서와 규율을 확립함으로써 다른 나라와의 경제 협력 및 교류를 확대하고 국가의 경제 발전을 촉진하며 인민의 복지를 증진하는 것을 목표"로 한다고 설명한다. 법의 주요 내용은 "국가와 기관, 기업소, 단체들이 대외경제관계의 당사자로서 하여야 할 책무와 대외무역, 투자, 협력을 비롯한 거래과정에서 발생한 문제들을 해결하

학)』 2025년 1호.

18 "당의 무역제일주의방침을 관철하는데서 나서는 몇가지 문제: 조선로동당 중앙위원회 책임일군들과 한 담화, 1995년 2월 1일," 『김정일전집 53』(평양: 조선로동당출판사, 2023), 45쪽.

19 이 글을 작성할 당시 필자의 자료조사 누락에 따른 오류이다. 이 법은 '대외경제법'으로 로동신문 2024년 10월9일자 "조선민주주의민민공화국 최고인민회의 제14기 제11차회의 진행"에 보도되었다. 『Foreign Trade』 2025년 1호, 11쪽.

기 위한 조치들을 제시"하고, "중앙대외경제관계지도기관의 지도하에 대외무역을 수행하고 중앙대외경제관계지도기관 및 관련 기관의 6대 임무"를 규정하고 있다. 그리고 "대외 경제관계에 종사하는 공무원이 갖추어야 할 자격, 대외경제관계에서 지켜야 할 업무순서, 외국인투자기업의 설립 및 운영에 적용되는 규정"들이 포함되어 있다고 설명하고 있다. 이 법은 조선말로는 '대외경제관계법(Law of DPRK on External Economic Relations)' 정도로 명명되었을 것으로 추정하며 대외경제관계에 대한 포괄적 규정을 규제하는 것으로 추정된다.

기업소의 무역활동을 연관되어 있는 관련 법규범을 통해 '기업소의 무역권'을 둘러싼 제반 환경을 살펴보자.

국가의 무역정책: 무역법과 가공무역법

무역법

조선의 무역법은 1997년 최고인민회의 상설회의 결정 103호로 채택되어 2022년 수정보충까지 총 10회에 걸쳐 개정되었다. 자료조사의 한계로 10회의 개정 중에서 1997년 채택된 법을 포함하여 2009년, 2011년 3회의 무역법 자료를 제외하고 나머지 7회의 법조문의 비교를 통해 무역법의 변화를 살펴본다. 누락된 자료로 인해 엄밀한 변화를 전부 파악하기는 어렵지만 7회의 개정자료만으로도 개략적인 변화를 추정할 수 있다고 본다.

무역법의 변화를 살펴보기 전에 사회주의헌법에서 무역관련한 조문의 변화를 다시 있는지를 보자. 사회주의헌법의 수정보충과정에서 1992년, 1998년, 2012년 3번에 걸쳐 대외무역의 주체에 대한 변화가 있다. 대외무역의 주체는 "국가 또는 국가의 감독 밑에서"(1972) 진행하다가 "국가가 하거나 국가의 감독 밑에서"(1992) 진행으로, 그리고 "국가 또는 사회협동단체"(1998)가 진행하는 것으로 바뀌고, 2012년에는 기업소가 무역거래의 주체로 추가된다. 이 책에서는 특히 기업소가 대외무역의 주체로 나타난 2012년의 변화에 주목한다. 국가기관 외에 사회협동단체와 기업소가 대외무역의 주체로 나타난 것이다. 대외무역의 주체로 기업소가 포함되는 변화는 2012년 헌법 개정, 2014년 「기업소법」 개정 그리고 2015년 무역법 개정을 통해서 규범측면에서 정리된다. 무역법의 개정은 매우 빈번하게 일어나고 있다. 2~3년에 한번씩 개정을 하고 있다. 이는 무역관련한 정책에 대한 조선 당국의 고민이 많다는 표현으로 보여진다. 다음 표7-2는 헌법에서 무역관련 조문의 개정과 무역법 개정시기를 정리한 표이다.

표 7-2 무역분야에 대한 헌법의 변화와 무역법 개정 연혁

시기	무역주체 관련 헌법 조문	무역법 개정
사회주의헌법제정(1972)	… 대외무역은 국가가 또는 국가의 감독 밑에서 한다(제34조 ①)	
1992.4.9~ 1998.9.5	… 대외무역은 국가가 하거나 국가의 감독밑에서 한다(제36조 ①)	무역법 채택(1997.12.10)
1998.9.5~ 2012.4.13	… 대외무역은 국가 또는 사회협동단체가 한다(제36조 ①)	1차 무역법 개정(1999.02.26.) 2차 무역법 개정(2004.12.07.) 3차 무역법 개정(2007.03.27.) 4차 무역법 개정(2009.07.21.)
2012.4.13~	… 대외무역은 국가기관, 기업소, 사회협동단체가 한다(제36조 ①)	5차 무역법 개정(2011.12.21.) 6차 무역법 개정(2012.04.03.) 7차 무역법 개정(2015.12.23.) 8차 무역법 개정(2018.09.06.) 9차 무역법 개정(2020.03.26) 10차 무역법 개정(2022.01.28)

또한 사회주의헌법에서 대외무역과 관련한 원칙이 1회 수정된다. 2019년 4월 개정에서 사회주의헌법 제36조 ② "국가는 완전한 평등과 호혜의 원칙에서 대외무역을 발전시킨다"에서 "국가는 대외무역에서 신용을 지키고 무역구조를 개선하며 평등과 호혜의 원칙에서 대외경제관계를 확대발전시"키는 것으로 수정하였다. 대외무역에서의 신용 원칙과 무역구조 개선을 강조한 것이다. 이런 헌법의 수정에 따라 무역법(2018) 제2조(무역의 기본원칙) ②의 "국가는 현실발전의 요구에 맞게 수출구조와 무역방법을 개선하고 수출을 장려하며 지방무역활성화에 큰 힘을 넣는다"에서 2020년 개정된 무역법에서는 "… 가공품수출과 기술무역, 봉사무역을 발전시킬수 있도록 무역구조와 무역방법을 개선하는데 큰 힘을 넣도록 한다"로 수정한다. 표7-3는 사회주의헌법의 무역원칙 개정과 무역법 개정시기를 비교하기 위해 정리한 표이다.

표 7-3 대외무역 원칙과 관련한 헌법 조문 변화

시기	무역원칙 관련 헌법 조문	무역법 개정
사회주의헌법제정(1972)	국가는 완전한 평등과 호혜의 원칙에서 대외무역을 발전시킨다.(제34조 ②)	무역법 채택(1997.12.10) 1차 무역법 개정(1999.02.26.) 2차 무역법 개정(2004.12.07.) 3차 무역법 개정(2007.03.27.) 4차 무역법 개정(2009.07.21.) 5차 무역법 개정(2011.12.21.) 6차 무역법 개정(2012.04.03.) 7차 무역법 개정(2015.12.23.) 8차 무역법 개정(2018.09.06.)
2019.4.11~	국가는 대외무역에서 신용을 지키고 무역구조를 개선하며 평등과 호혜의 원칙에서 대외경제관계를 확대발전시킨다(제36조 ②)	9차 무역법 개정(2020.03.26) 10차 무역법 개정(2022.01.28)

가장 최근에 개정된 무역법은 2022년 1월 28일 최고인민회의 상설회의 정령으로 '수정보충'되었다. 1997년 무역법이 제정된 이후로 2004년 개정과 함께 가장 큰 변화를 보이는 것으로 추정된다. 무역법(2022)는 총 5개 장, 70개 조로 구성되어 직전의 무역법(2020)보다 단순 조항수 비교로만 보아도 11개의 조항이 추가되었다. 대외무역과 관련한 정책에서 매우 큰 변화가 있다고 볼 수 있다. 결론적으로 말하면 무역법(2020)의 조항에서 9개 조항을 삭제하고, 20개의 조항을 신설하였으며, 내용상 차이를 구별하기 미미한 단순 자구 수정을 제외하고도 28개의 조항에서 조문의 수정이 있었다.

무역법(2022)를 장별로 구분하여 보면 제1장(무역법의 기본)에는 무역법에 대한 사명과 원칙 등을 10개 조항에 규정하고 있다. 제2장(무역거래)에는 무역거래와 관련한 국가 관련기관의 역할, 무역거래의 구분에 따른 승인과 절차, 무역거래를 하는 법인의 역할과 의무 등을 25개 조항으로 규정하고 있다. 제3장(무역계획)에는 9개의 조항으로 무역계획의 작성, 보고, 승인 등에 대해서 국가 관련기관과 무역거래 법인의 역할과 의무를 규정하고 있다. 제4장(무역사업에 대한 지도)에서는 국가 관련기관의 무역사업 지도에 대한 역할과 수출입허가제, 할당제에 관련한 사항 등을 19개의 조항으로 규정하고 있다. 제5장(제재 및 분쟁해결)에는 7개 조항으로 무역사업에 대한 감독통제, 벌금, 반출입의 중지, 영업허가증의 회수, 행정적 처벌, 형사적 책임, 분쟁해결 방법 등을 규정하고 있다.

무역법의 사명(제1조)은 "무역사업에서 제도와 질서를 엄격히 세워 대외무역을 확대발전시키고 자립적민족경제토대를 강화하는데 이바지"하는 것이다. 이 사명은 1999년 1차 개정할 때부터 무역법(2020)까지는 "… 무역수지의 균형을 보장하며 인민경제를 발전시키는데 이바지"하는 것으로 되어 있었다. 법 사명의 중심축이 '무역수지의 균형과 인민경제 발전'에서 '대외무역의 확대발전과 자립적민족경제토대의 강화'로 이동하였다고 볼 수 있다. 또한 무역의 기본원칙(제2조) ②에는 "… 무역구조를 개선하며 모든 무역활동을 국가경제의 자립적발전을 도모하는 방향에서 확대발전시키도록 한다"로 서술되어 있다. 이 기본원칙은 기존의 "… 무역구조와 무역방법을 개선하는데 큰 힘을 넣도록 한다"(2020)에서 수정되었다. '자립적민족경제토대'(사명)과 '자립적발전'(기본원칙)은 '자력갱생'[20]을 연상

20 조선로동당 중앙위원회 제7기 제4차전원회의의 의정 1호가 '사회주의건설에서 자력갱생의 기치를 더욱 높이들고 나갈데 대하여'이고("조선로동당 중앙위원회 제7기 제4차전원

하게 한다.

그 외 무역과 관련한 원칙으로 제3조(다각화, 다양화원칙), 제4조(신용준수원칙), 제5조(무역계획, 계약규률준수원칙), 제6조(무역에 대한 지도통제원칙), 제7조(최혜국대우, 자국인대우원칙), 제8조(제재 또는 제한, 금지와 관련한 대응조치), 제9조(무역분야에서 교류와 협조), 제10조(특수경제지대에서의 무역질서) 등이 규정되어 있다. **표 7-4** 무역법(2022)의 법 구성을 정리한 표이다.

표 7-4 무역법(2022)의 구성

장	조	조항수
제1장 무역법의 기본	제1조(무역법의 사명), 제2조(무역의 기본원칙), 제3조(다각화, 다양화원칙) 제4조(신용준수원칙), 제5조(무역계획, 계약규률준수원칙) 제6조(무역에 대한 지도통제원칙), 제7조(최혜국대우, 자국인대우원칙) 제8조(제재 또는 제한, 금지와 관련한 대응조치) 제9조(무역분야에서 교류와 협조) 제10조(특수경제지대에서의 무역질서)	10개 조항

회의에 관한 보도," 『로동신문』 2019년 4월 11일.), 2019년 7월 13일 『로동신문』과 『근로자』 공동논설을 발표한다. 논설에서 "우리 당의 로선과 정책에는 자립적발전의 근본방향과 기본임무는 물론 주타격방향과 중심고리, 선후차가 명백히 밝혀져있으며 현실에서 나타나고있는 부족점들과 대책적문제들이 구체적으로 명시되여있다"고 서술한다.("자력갱생은 조선혁명의 영원한 생명선이다," 『로동신문』 2019년 7월 13일.)

제2장 무역거래	제11조(무역거래당사자), 제12조(무역거래승인기관) 제13조(수출품생산기지의 조성 및 등록), 제14조(상품무역과 관련한 승인) 제15조(기술무역과 관련한 승인), 제16조(기술무역방법) 제17조(기술무역의 장려, 제한, 금지항목), 제18조(봉사무역과 관련한 승인) 제19조(무역거래범위), 제20조(수출입의 제한경우) 제21조(수출입의 금지경우), 제22조(수출입독점제한) 제23조(무역계약의 체결), 제24조(무역거래의 위탁) 제25조(무역거래와 관련한 가격 및 반출입승인의 전담) 제26조(가격승인), 제27조(반출입승인), 제28조(업종, 지표의 변경) 제29조(지적소유권의 침해금지), 제30조(선불금지불, 상품, 기술, 봉사제공) 제31조(지사, 사무소, 출장소의 설립), 제32조(영업허가증의 재발급 및 반환) 제33조(대금결제와 재정총화), 제34조(기관, 기업소, 단체의 책임한계) 제35조(채권, 채무의 이전)	25개 조항
제3장 무역계획	제36조(무역계획의 내용), 제37조(무역계획의 작성과 시달) 제38조(중앙계획지도기관의 계획화방법), 제39조(해당 단위의 계획화방법) 제40조(수출입대상에 대한 경유), 제41조(수출입결과보고) 제42조(무역화물수송계획의 작성), 제43조(무역화물수송계획의 시달, 무역화물수송계약의 체결) 제44조(무역계획의 변경)	9개 조항
제4장 무역사업에 대한 지도	제45조(무역사업지도기관), 제46조(무역사업을 위한 비상설심의위원회 조직) 제47조(수출입허가제 및 할당제의 실시) 제48조(수출입허가제, 할당제실시품목) 제49조(장려대상선정 및 우대조치), 제50조(관세률조정) 제51조(기술무역의 장려), 제52조(봉사무역정형에 대한 자료종합 및 방조) 제53조(수출입물자의 원산지증명 및 평가제도확립) 제54조(무역발전의 대외적환경조성), 제55조(무역촉진단체들의 활동조건보장) 제56조(무역정보의 봉사), 제57조(무역수지의 타산안작성) 제58조(무역통계자료의 집계), 제59조(수출입물자교류장소의 설치 및 운영) 제60조(무역거래확대를 위한 조치), 제61조(무역거래의 편리보장) 제62조(지방무역의 및 수출원천동원사업) 제63조(수출원천동원기지의 조성 및 리용)	19개 조항

제5장 제재와 분쟁해결	제64조(무역사업에 대한 감독통제), 제65조(벌금), 제66조(반출입의 중지) 제67조(영업허가증의 회수) 제68조(경고, 엄중경고, 무보수로동, 로동교양, 강직, 해임, 철직 처벌) 제69조(형사적책임), 제70조(분쟁해결)	7개 조항

무역법(1997)은 조문 내용을 확인하지 못하였으나 법 해설에 따르면 무역의 기본(제1장), 무역회사의 지위와 설립관리운영(제2장), 무역계획작성(제3장), 수출입질서(제4장), 지도통제(제5장) 등 5개 장과 58개 조로 구성되어 있다.[21] 다음 표 7-5는 제정된 무역법(1997)의 각장별 내용을 요약한 것이다.

표 7-5 무역법(1997) 각장별 내용 요약[22]

구분	내용
제1장 무역의기본	· 무역법의 사명 무역제도와 질서확립 대외시장 확대 및 무역수지 균형 보장 인민경제발전에 공헌 · 무역법의 원칙 무역의 다각화, 다양화 추구 수출품의 품질과 납기일 보장, 대금 적시지불 등 신용확립 사회주의계획경제에 입각한 국가의 통일적 지도 고수
제2장 무역회사의 지위와 설립관리운영	· 무역법의 지위 수출입활동의 담당자 독립채산제하에 경영활동의 책임부여 · 무역법의 설립제도 대외경제기관 또는 해당기관의 승인하에 설립 연간, 분기, 월별 무역계획 작성

21 극동문제연구소 편, “북한의 무역법,” 『극동문제』 233호(서울, 1998), 148쪽.

22 극동문제연구소 편, “북한의 무역법,” 『극동문제』 233호(서울, 1998), 151쪽.

제3장 무역계획작성	• 국가에 의한 무역계획 수립 품종별, 수송수단별, 구간별, 수출 및 수입계획 수립 연간, 분기, 월별 무역계획 작성
제4장 수출입질서	• 수출입허가기관 지정: 정무원 대외경제기관 계약서 및 해당문서 검토 후 승인여부 결정 승인연장 및 변경절차 관할 • 수출입허가질서 규정 정무원 대외경제기관의 매년 수출입허가 지표목록 작성, 공포 무역회사는 수출입허가승인신청서 제출, 승인을 득한 후 수출입업무수행
제5장 지도통제	• 무역사업에 대한 국가의 지도체제 규정

확인된 자료에 근거하여 무역법 7차례의 주요 개정내용을 요약하면 다음 표7-6와 같다.

표 7-6 무역법 개정 과정 요약

개정 년도	법 구조형식	주요 개정 내용
1997	5개장 58개조	무역법 제정
1999	5개장 58개조	1997년 무역법 조문을 확인하지 못함으로 직접 비교는 불가[23] 1998년 사회주의헌법의 개정의 영향으로 무역관리기관으로서 '정무원 대외경제기관'이 '중앙무역지도기관'으로 변경되는 것은 확인
2004	5개장 53개조	지방무역 활성화, 제재에 대한 대응원칙, 특수경제지대에서의 무역, 지적소유권 침해금지 등의 내용 신설 구법(1999)의 '제4장 수출입허가'의 8개 조항 전체 삭제 구법(1999)의 '제5장 무역사업에 대한 지도통제'를 '제4장 무역사업에 대한 지도'와 '제5장 제재 및 분쟁해결'로 분리 총 21개 조항 삭제, 15개 조항 신설
2007	5개장 53개조	구법(2004)의 '제43조 수출입품의 검사, 검역'에서 반출입승인문건 추가

23 극동문제연구소 편, "북한의 무역법," 『극동문제』 233호(서울, 1998)에 따르면 '조선중앙통신' 1998년 3월 25일 무역법 채택에 대한 소식을 발표하고, 일본의 조총련계 연구소인 '조선문제연구소'가 발간하는 월간 『조선자료』 5월호에 무역법 해설이 실리고, 이를 번역하여 148~152쪽.에 게재한다. 번역에서 제정된 무역법이 5개장 58조로 구성된다고 밝히고 있다.

2012	5개장 53개조	구법(2007)의 제30조, 제31조의 다음연도 무역계획 보고와 승인 조문 추가 구법(2007)의 '제43조 수출입품의 검사, 검역'에서 검수사항 추가
2015	5개장 51개조	시, 군 무역회사의 조직과 운영(제47조, 제48조) 삭제 무역의 주체로서 무역회사에서 기관, 기업소, 단체로 조문 변경 수출실적에 대한 평가를 1년에서 3년으로 변경
2018	5개장 53개조	제24조 영업허가증회수 조항 삭제 제24조 전자무역수속체계가입, 제39조 국제시장조사, 제40조 수출품원산지증명사업 조항 신설
2020	5개장 59개조	가격승인, 반출입 승인신청문건사항 상세화 장기적 무역확대정책과 관련한 조항 신설 1개조항 삭제, 7개조항 신설
2022	5개장 70개조	무역거래를 상품무역, 기술무역, 봉사무역 등으로 세분화하여 각가 조항을 신설 구법(2020)에서는 무역사업에 대한 지도통제기관으로 규정한 비상설 대외경제지도위원회와 무역사고심의위원회를 비상설심의위원회로 변경 9개 조항 삭제, 20개 조항 신설

위의 표 7-6에서 조항 개수의 변동을 통해 변화가 많을 것으로 예상되는 2004년, 2020년, 2022년의 개정내용을 중심으로 무역법의 개정내용을 구체적으로 살펴보자.

일별하면 2004년의 무역법 수정은 매우 큰 변화가 있나. 우선 법형식에서 각 조항의 제목을 추가한다. 무역법(2004) 조항삭제에서 특징적인 것은 '제4장 수출입허가'에 포함된 8개 조항을 모두 삭제한 것이다. 이 8개 조항을 포함하여 총 21개 조항을 삭제한다. 일부의 삭제조항은 부분적으로 의미상 병합된 조문도 있다. 그러나 삭제조항이 전체 조항에서 3분의 1 이상이 된다. 반면에 2004년의 신설조항은 16개의 조항이다. 의미변화가 없는 조문상 자구 수정을 포함하여 조항의 내용상 변화가 없는 것은 16개의 조항뿐이다. 2004년을 전후로 하여 조선의 무역정책에서 대단히 큰 변화가 있었다는 것을 보여준다.

조항의 변화를 장별로 살펴보면, '제1장 무역법의 기본'에서 삭제된 조항은 제6조와 제8조이다. 삭제된 조문은 "수출입허가는 자립적민족경제를 보호하며 무역수지의 균형을 보장하기 위한 기본공간이다. 국가는 수출입허가를 인민경제발전의 요구에 맞게 하도록 한다(제6조)"이다. 이 조항의 삭제는 '제4장 수출입허가' 8개조항의 삭제와 연관된다. 그리고 "국가는 무역에 대한 사회적관심을 높이며 능력있는 무역일군들을 전망성있게 키워내도록 한다(제8조)"는 조항도 삭제되었으며 2004년 무역법에서는 무역 담당자들의 교육에 대한 더 이상 언급은 없다. 조선의 법규범 제정에서 나타나는 일반적인 현상으로 특정 부문의 법을 제정할 때 그 부문에 대한 전문인력 양성을 규정하는 경향이 있다. 무역은 특수 분야로서 인력양성이 별도로 필요한 분야이기도 하다. 당국은 무역담당자들에 대한 교육체계가 충분히 완비되었다고 판단하였거나 기타 다른 이유로 그 의미가 상실되었다고 판단한 것으로 추정할 수 있다.

제2장 "무역회사"와 관련하여 삭제된 조항은 "맞바꿈무역[24]은 정해진 은행을 통하여 중앙무역지도기관의 승인을 받고 하여야 한다(제17조 ②)", "중앙무역지도기관은 업종, 지표의 변경등록을 한 무역회사에 영업허가증을 다시 발급하여야 한다(제21조)", "해당 기관, 기업소, 단체와 무역회사는 수출구조를 개선하고 수출품의 질을 높

24 무역거래쌍방사이에 같은 액수에 해당한 상품을 직접적으로 서로 교환하는 무역방식으로 은행을 통하여 결제하는 경우를 구상무역이라고 함. 『조선대백과사전 프로그람』(2001); 맞바꿈무역과 관련하여 2002년 5월 3일 베트남과 맞바꿈무역에 관한 합의서를 조인한 적이 있다(『로동신문』, 2002.05.04. 2면: 조선민주주의인민공화국과 윁남사회주의공화국사이의 조약 및 협정 조인)

여 수출계획지표와 수량을 끊임없이 늘여야 한다(제28조 ②)”, “수입계획은 수입품의 국내수요와 수입가능성, 외화지불담보 같은 것을 타산하여 세운다. 해당 기관, 기업소, 단체와 무역회사는 수입 원료, 자재, 연료를 쓰지 않거나 적게 쓰기 위한 과학연구사업과 기술혁신운동을 실속있게 벌려 수입계획 지표와 수량을 체계적으로 줄여야 한다(제29조)”, “기관, 기업소, 단체는 무역계획을 다른 인민경제계획보다 먼저 실행하여야 한다(제32조)”, “무역계획을 실행하지 못하였을 경우에는 다른 인민경제계획을 실행하였다 하더라도 계획실행실적으로 인정하지 않는다(제34조)” 등 6개 조항이다. 삭제조항 중에서 주목되는 것은 ‘무역계획과 인민경제계획제의 관계’가 서술된 제32조와 제34조이다. 무역법 제정 당시 또는 1999년 1차 개정 당시까지는 조선의 당국은 무역계획을 매우 중시하여 무역을 하는 법인들에게 인민경제계획 보다 우선시하고 실적판단에서도 무역계획 실행실적이 더욱 중시되었다는 것을 볼 수 있다.

구법(1999)의 수출입허가(제4장)와 관련한 8개 조항은 전체가 삭제된다. 삭제된 조문은 ‘상품’이 수출입허가와 관련한 중앙무역지도기관의 역할이 주요 내용이다. 상품의 “수출입허가”라는 용어는 이후 무역법에서 사용되지 않으며 1999년 무역법에서 혼용되었던 무역활동의 “영업허가”로 대체 되어가는 경향을 보이고 있다. 이는 무역법의 제정부터 적어도 2004년 이전까지는 대외무역에서 차지하는 비중이 인민경제 복구에 필요한 설비, 자재, 원료의 수입과 수입품의 대금결제를 위한 1, 2차 산업자원 및 경공업 가공제품의 수출이 대부분의 대외무역거래 대상이었던 상황과 관련이 있을 것으로 추정된다. 결론적으로 2022년 무역법 개정에서는 무역을 상품무역, 기술무역, 봉사무역 등으로 세분화하여 규범을 규정하고 있다. 적어도 2004년 이전까지는 무역의 주요 내용으로 상품무역과 가공(위탁)무역[25]이 대외무역거래에서 대부분을 차지하고 있었던 것으로 보인다. 삭제된 수출입허가와 관련하여 내각과 중앙무역지도기관의 역할을 서술하면 다음과 같다.

> "수출입허가를 바로하는 것은 국가의 무역정책을 정확히 집행하기 위한 중요조건"으로 "수출입허가는 중앙무역지도기관이 한다(제35조)". "국가 또는 정부의 이름으로 내보거나 들여오는 상품, 차관 또는 원조로 내보내거나 들여오는 상품, 내각이 수출입 허가를 받지 않도록 정한 상품(제40조)" 등은 수출입허가를 받지 않는다. "내각은 필요에 따라 수출입이 허가된 지표라 하더라도 그에 대한 수출입허가를 취소할 수 있(제41조)"다.

중앙무역지도기관은 "수출입허가를 엄격"한 관리를 위해 "해마다 수출입허가지표목록을 만들어 공포"해야 하고 "수출입을 제한하는 지표의 수출입허가를 할 경우에는 내각의 승인을 받(제36조)"고, 기업소로부터 "수출입허가신청서를 받은 날부터 10일안으로, 종합설비의 수출입허가신청서를 받은 날부터 60일안으로 검토하고 허가 또는 부결하여야(제38조)"하고, "허가받은 지표가 달라졌거나 그 허가기간이 지났을 경우에는 수출입허가를 다시" 내며 "수출입허가기간(제39조)"을 정한다. 또한 "수출입상품의 반출, 반입 승인"을 하며,"수출입허가를 받은 상품은 반출, 반입 승인을 받아야 국경을 통과할 수 있다(제42조)". 그리고 "수출입허가문건, 가격승인문건

25 2000년 「가공무역법」 제정.

과 해당 계약서를 검토하고 반출, 반입 승인을 하여야 한다(제43조)".

> "수출입허가를 받으려는 무역회사는 수출입허가신청서를 중앙무역지도기관에 내야 한다. 종합설비와 일부 산림자원, 수산자원의 수출입허가신청서에는 해당 기관의 합의문건을 첨부하여야 한다(제37조)"[26]

구법(1999)의 "무역사업에 대한 지도통제(제5장)"는 신법(2004)에서는 "무역사업에 대한 지도(4장)"와 "제재 및 분쟁해결(제5장)"으로 분리되어 신법(2004)에서도 5개장의 구조를 유지한다.

무역사업에 대한 지도통제(제5장)에서 삭제된 조항을 보면, "중앙무역지도기관과 해당 기관, 기업소, 단체는 수출품의 비중을 높이며 보세가공무역, 삯가공무역, 위탁무역, 중계무역, 입찰무역과 금융, 보험, 수송, 통신, 상품검사 같은 여러분야에서 봉사무역을 적극 벌려야 한다. 국가통제품을 수출입하는 행위, 법적담보없이 선불금을 주거나 상품을 내보내는 행위는 할 수 없다(제46조)", "교통운수 수난과 해당 기관은 철도, 배, 자동차, 비행기에 의한 무역화물수송체계를 바로세우며 무역화물을 다른 화물보다 먼저 수송하여야 한다. 무역회사는 무역화물을 배로 수송하려 할 경우 우리 나라배를 기본으로 리용하여야 한다(제48조)", "외화관리기관은 국제결제의 형식과 방법을 개선하며 무역을 적극 발전시킬 수 있게 환자시세제도를 바로 세워야 한다(제49조)", "기관, 기업소, 단체와 무역회사는 수출원천을 적극탐구동원하며 수출품 생산기지를 전망성있게 꾸려야 한다(제51조)", "수출품은 다른 용도에 리용할 수 없다. 부득이한 사

26 『무역법(1999)의 제3장 수출입허가』의 제35조부터 제43조를 필자가 재구성.

정으로 수출입품을 다른 용도에 리용하려 할 경우에는 내각의 승인을 받는다(제52조)" 등 5개 조항이 삭제된다. 표 7-7는 2004년 무역법에서 삭제된 조항과 조문을 정리한 표이다.

표 7-7 무역법(2004) 삭제 조항

조항	조문
제6조	수출입허가는 자립적민족경제를 보호하며 무역수지의 균형을 보장하기 위한 기본공간이다. 국가는 수출입허가를 인민경제발전의 요구에 맞게 하도록 한다.
제8조	국가는 무역에 대한 사회적관심을 높이며 능력있는 무역일군들을 전망성있게 키워내도록 한다.
제17조	맞바꿈무역은 정해진 은행을 통하여 중앙무역지도기관의 승인을 받고 하여야 한다.
제29조	수입계획은 수입품의 국내수요와 수입가능성, 외화지불담보 같은 것을 타산하여 세운다. 해당 기관, 기업소, 단체와 무역회사는 수입 원료, 자재, 연료를 쓰지 않거나 적게 쓰기 위한 과학연구사업과 기술혁신운동을 실속있게 벌려 수입계획 지표와 수량을 체계적으로 줄여야 한다.
제32조	기관, 기업소, 단체는 무역계획을 다른 인민경제계획보다 먼저 실행하여야 한다.
제34조	무역계획을 실행하지 못하였을 경우에는 다른 인민경제계획을 실행하였다 하더라도 계획실행실적으로 인정하지 않는다.
제35조	수출입허가를 바로하는 것은 국가의 무역정책을 정확히 집행하기 위한 중요조건이다. 수출입허가는 중앙무역지도기관이 한다.
제36조	중앙무역지도기관은 해마다 수출입허가지표목록을 만들어 공포하며 수출입허가를 엄격히 하여야 한다. 수출입을 제한하는 지표의 수출입허가를 할 경우에는 내각의 승인을 받는다.
제37조	수출입허가를 받으려는 무역회사는 수출입허가신청서를 중앙무역지도기관에 내야 한다. 종합설비와 일부 산림자원, 수산자원의 수출입허가신청서에는 해당 기관의 합의문건을 첨부하여야 한다.
제38조	중앙무역지도기관은 수출입허가신청서를 받은 날부터 10일안으로 종합설비의 수출입허가신청서를 받은 날부터 60일안으로 검토하고 허가 또는 부결하여야 한다.
제39조	허가받은 지표가 달라졌거나 그 허가기간이 지났을 경우에는 수출입허가를 다시 받는다. 수출입허가기간은 중앙무역지도기관이 정한다.

제40조	수출입허가를 받지않는 상품은 다음과 같다. 1.국가 또는 정부의 이름으로 내보거나 들여오는 상품 2.차관 또는 원조로 내보내거나 들여오는 상품 3.내각이 수출입허가를 받지않도록 정한 상품
제41조	내각은 필요에 따라 수출입이 허가된 지표라 하더라도 그에 대한 수출입 허가를 취소할 수 있다.
제42조	수출입허가를 받은 상품은 반출, 반입 승인을 받아야 국경을 통과할 수 있다. 수출입상품의 반출, 반입 승인은 중앙무역지도기관이 한다.
제43조	중앙무역지도기관은 수출입허가문건, 가격승인문건과 해당 계약서를 검토하고 반출, 반입 승인을 하여야 한다.
제46조	중앙무역지도기관과 해당 기관, 기업소, 단체는 수출품의 비중을 높이며 보세가공무역, 삯가공무역, 위탁무역, 중계무역, 입찰무역과 금융, 보험, 수송, 통신, 상품검사 같은 여러분야에서 봉사무역을 적극 벌려야 한다. 국가통제품을 수출입하는 행위, 법적담보없이 선불금을 주거나 상품을 내보내는 행위는 할 수 없다.
제48조	교통운수수단과 해당 기관은 철도, 배, 자동차, 비행기에 의한 무역화물수송체계를 바로 세우며 무역화물을 다른 화물보다 먼저 수송하여야 한다. 무역회사는 무역화물을 배로 수송하려 할 경우 우리 나라배를 기본으로 리용하여야 한다.
제49조	외화관리기관은 국제결제의 형식과 방법을 개선하며 무역을 적극 발전시킬 수 있게 환자시세제도를 바로 세워야 한다.
제51조	기관, 기업소, 단체와 무역회사는 수출원천을 적극 탐구동원하며 수출품 생산기지를 전망성있게 꾸려야 한다.
제52조	수출품은 다른 용도에 리용할 수 없다. 부득이한 사정으로 수출입품을 다른 용도에 리용하려 할 경우에는 내각의 승인을 받는다.
제56조	승인없이 수출품을 다른용도에 리용하였거나 수출품과 수출협동품 생산, 수송계획을 실행하지 못하였거나 또는 수입 설비, 물자를 사장, 랑비, 파손시켰을 경우에는 벌금을 물린다.

다음은 신법(2004)에서 신설된 조항을 살펴보자. 무역법의 기본(제1장)에서 "국가는 무역분야의 협정에 따라 체결상대방에 호상성의 원칙에서 최혜국대우 또는 자국인대우를 하도록 한다(제7조: 무역에 대한 지도원칙)", "국가는 무역분야에서 우리 나라에 대한 제재나 차별적인 제한 및 금지조치에 대하여 그에 상응한 조치를 취할수 있다(제8

조: 제재 또는 제한, 금지와 관련한 대응원칙)", "특수경제지대에서의 무역사업은 해당 법규에 따른다(제10조: 특수경제지대에서의 무역질서)" 등 3개 조항이 신설된다. 특수경제지대에서의 무역사업 조항(제10조)이 신설된 것은 사회주의헌법 1998년 개정된 제37조의 조문에서 "국가는 우리나라 기관, 기업소, 단체와 다른 나라 법인 또는 개인들과의 기업 합영과 합작, 특수경제지대에서의 여러가지 기업창설운영을 장려한다"로 수정된 사항과 「라진-선봉경제무역지대법」(1999)의 "라진-선봉경제무역지대 안에서 경제무역활동은 이 법과 지대관련법규에 따라 한다(제6조)"라는 내용의 조응에 따른 것으로 보인다.

신법(2004)의 무역회사(제2장) 관련 조항에서 신설된 내용은 "무역회사는 무역거래과정에 다른 기관, 기업소, 단체 또는 공민의 저작권이나 공업소유권을 침해하지 말아야 한다(제22조: 지적소유권의 침해금지)", "무역회사는 은행담보서 같은 법적담보문건을 받지 않고 상대방에 정해진 금액을 초과하여 선불금을 주거나 상품, 기술, 봉사를 제공하지 말아야 한다(제23조: 선불금지불, 상품, 기술, 봉사제공)", "중앙무역지도기관은 1년동안 수출실적이 없는 무역회사의 영업허가증을 회수할수 있다(제24조: 영업허가증 회수사유)", "해당 기관, 기업소, 단체와 무역회사는 국가계획기관이 시달한 수출입총액범위에서 수입지표는 승인된 업종에 맞게, 수출지표는 승인된 업종과 자체수출기지에서 생산한 지표로 정하고 집행하며 그 결과를 국가계획기관과 해당 무역지도기관, 통계기관에 제때에 보고하여야 한다(제32조: 수출입지표설정원칙과 결과보고)" 등 4개 조항이다. '지적소유권의 침해금지' 조항은 2002년 「저작권법」 제정과 관련이 있어 보인다. 『저작권법(2001)』의 제2조에 "저작권을 보호하는 것은 조선민주주의인민공화국의 일관된 정책"이며, "국가는 창작자의 저작활동을 보장하고 저작권자의 권리를 보호하도록" 규정되어 있다.[27] 제23조의 신설은 무역에 대한 최우선 중시경향으로 담보없이 선불금이나 상품, 기술, 봉사를 먼저 집행하는 경우가 많았고 그에 따른 사회적 부작용이 있었던 것으로 추정해 볼 수 있다.

신법(2004)의 무역사업에 대한 지도(제4장) 내용중에서 신설된 조항은 "중앙재정지도기관과 중앙세관지도기관, 중앙무역지도기관은 무역거래를 확대하기 위하여 국가납부금이나 관세의 합리적조절, 장려금의 적용 같은 조치를 취할수 있다. 이 경우 내각의 승인을 받는다(제39조: 무역거래확대를 위한 조치)", "수출입의 제한경우(제40조)", "수출입의 금지 경우(제41조)", "수출입제한, 금지목록의 작성은 국가계획기관과 중앙무역지도기관이 한다. 국가계획기관과 중앙무역지도기관은 수출입제한, 금지목록을 작성하여 내각의 승인을 받은 다음 해당 기관에 통지하여야 한다. 중앙통계기관과 해당 기관은 수출입제한, 금지목록을 작성하는데 필요한 자료를 국가계획기관과 중앙무역지도기관에 정상적으로 보내주어야 한다(제42조: 수출입제한, 금지목록의 작성)", "기관, 기업소, 단체는 국제시장에 실현할수 있는 새로운 제품이나 기술, 봉사원천을 개발하였을 경우 정해진데 따라 무역거래자격을 받을수 있다(제45조: 무역거래자격취득조건)", "중앙무역지도기관과 해당 기관은 지방무역을 활성화하기 위하여 수출기지조성과 판로개척 같은 무역사업에서 제기되는 문제들을 제때에 풀어주어야 한다(제46조: 지방무역활성화)", "살림살이를 자체로 해나갈수 있을 정도의 수출기지를 꾸린 시(구역), 군에는 무역회사를 조직할수 있다. 이경우 중앙무역지도기관을 통하여 내각의 승인을 받는다(제47

27 『북한법령집(2004)』, 579쪽.

조: 시, 군 무역회사의 조직)”, “시(구역), 군에 내오는 무역회사는 수출기지 조성과 대외사업 같은것을 도(직할시)무역관리기관의 지도 밑에 독자적으로 진행하며 자체의 돈자리를 가지고 독립채산제로 운영한다. 시(구역), 군에서 자체로 생산한 제품은 도(직할시)무역관리기관에 위탁하여 수출한다(제48조: 시, 군 무역회사의 운영)”, “해당 기관, 기업소, 단체는 중계무역, 가공무역, 보세창고의 운영 같은 무역거래형식과 수출을 위한 신용대부, 관세반환제도의 도입, 품질 및 환경관리인증체계의 도입을 장려하여야 한다(제49조: 여러 가지 제도의 도입장려)” 등 9개 조항을 신설한다. 이 부분은 구법(1999)의 수출입허가(제4장)의 8개 조항을 삭제하는 것과 대비된다. 수출입의 제한(제40조)과 금지(제41조)의 세부항목은 아래의 표7-8와 같다.

표 7-8 수출입의 제한과 금지 경우

수출입의 제한 경우	수출입의 금지 경우
1. 국내수요보장과 자연부원, 환경을 보호하여야 할 경우 2. 인민경제발전에 지장을 줄수 있을 경우 3. 국제수지와 무역수지의 균형을 보장하여야 할 경우 4. 해당 조약이나 협정에 따라 수출입을 제한하여야 할 경우	1. 나라의 안전과 사회공공질서를 침해할수 있을 경우 2. 사람의 생명에 피해를 줄수 있을 경우 3. 환경보호와 동식물의 생장에 위험을 줄수 있을 경우 4. 경제적실리가 보장되지 않을 경우 5. 해당 조약이나 협정에 따라 수출입을 금지하여야 할 경우

표 7-9 무역법(2004) 신설 또는 추가 조항

조항	조문
제7조 (최혜국대우, 자국인대우 원칙)	국가는 무역분야의 협정에 따라 체결상대방에 호상성의 원칙에서 최혜국대우 또는 자국인대우를 하도록 한다.
제8조 (제재 또는 제한, 금지와 관련한 대응원칙)	국가는 무역분야에서 우리 나라에 대한 제재나 차별적인 제한 및 금지조치에 대하여 그에 상응한 조치를 취할수 있다.
제10조 (특수경제지대에서의 무역질서)	특수경제지대에서의 무역사업은 해당 법규에 따른다.
제21조 (업종, 지표, 명칭의 변경)	그러나 명칭을 변경하거나 소속기관이 달라졌을 경우의 수속절차는 회사설립질서에 따른다.
제22조 (지적소유권의 침해금지)	무역회사는 무역거래과정에 다른 기관, 기업소, 단체 또는 공민의 저작권이나 공업소유권을 침해하지 말아야 한다.
제23조 (선불금지불, 상품, 기술, 봉사제공)	무역회사는 은행담보서 같은 법적담보문건을 받지 않고 상대방에 정해진 금액을 초과하여 선불금을 주거나 상품, 기술, 봉사를 제공하지 말아야 한다.
제24조 (영업허가증 회수사유)	중앙무역지도기관은 1년동안 수출실적이 없는 무역회사의 영업허가증을 회수할수 있다.
제33조 (수출입지표설정원칙과 결과보고)	해당 기관, 기업소, 단체와 무역회사는 국가계획기관이 시달한 수출입총액범위에서 수입지표는 승인된 업종에 맞게, 수출지표는 승인된 업종과 자체수출기지에서 생산한 지표로 정하고 집행하며 그 결과를 국가계획기관과 해당 무역지도기관, 통계기관에 제때에 보고하여야 한다.
제39조 (무역거래확대를 위한 조치)	중앙재정지도기관과 중앙세관지도기관, 중앙무역지도기관은 무역거래를 확대하기 위하여 국가납부금이나 관세의 합리적조절, 장려금의 적용 같은 조치를 취할수 있다. 이 경우 내각의 승인을 받는다.
제40조 (수출입의 제한경우)	수출입을 제한하는 경우는 다음과 같다. 1. 국내수요보장과 자연부원, 환경을 보호하여야 할 경우 2. 인민경제발전에 지장을 줄수있을 경우 3. 국제수지와 무역수지의 균형을 보장하여야할 경우 4. 해당조약이나 협정에 따라 수출입을 제한하여야할 경우

제41조 (수출입의 금지 경우)	수출입을 금지하는 경우는 다음과 같다. 1. 나라의 안전과 사회공공질서를 침해할수 있을 경우 2. 사람의 생명에 피해를 줄수있을 경우 3. 환경보호와 동식물의 생장에 위험을 줄수 있을 경우 4. 경제적실리가 보장되지 않을 경우 5. 해당 조약이나 협정에 따라 수출입을 금지하여야 할 경우
제42조 (수출입제한, 금지목록의 작성)	수출입제한, 금지목록의 작성은 국가계획기관과 중앙무역지도기관이 한다. 국가계획기관과 중앙무역지도기관은 수출입제한, 금지목록을 작성하여 내각의 승인을 받은 다음 해당 기관에 통지하여야 한다. 중앙통계기관과 해당 기관은 수출입제한, 금지목록을 작성하는데 필요한 지료를 국가계획기관과 중앙무역지도기관에 정상적으로 보내주어야 한다.
제45조 (무역거래자격취득조건)	기관, 기업소, 단체는 국제시장에 실현할수 있는 새로운 제품이나 기술, 봉사원천을 개발하였을 경우 정해진데 따라 무역거래자격을 받을 수 있다.
제46조 (지방무역활성화)	중앙무역지도기관과 해당 기관은 지방무역을 활성화하기 위하여 수출기지조성과 판로개척 같은 무역사업에서 제기되는 문제들을 제때에 풀어주어야 한다.
제47조 (시,군무역회사의 조직)	살림살이를 자체로 해나갈수 있을 정도의 수출기지를 꾸린 시(구역), 군에는 무역회사를 조직할수 있다. 이경우 중앙무역지도기관을 통하여 내각의 승인을 받는다.
제48조 (시,군무역회사의 운영)	시(구역), 군에 내오는 무역회사는 수출기지조성과 대외사업 같은것을 도(직할시)무역관리기관의 지도 밑에 독자적으로 진행하며 자체의 돈자리를 가지고 독립채산제로 운영한다.
제48조 (시,군무역회사의 운영)	시(구역), 군에서 자체로 생산한 제품은 도(직할시)무역관리기관에 위탁하여 수출한다.
제49조 (여러가지 제도의 도입 장려)	해당 기관, 기업소, 단체는 중계무역, 가공무역, 보세창고의 운영 같은 무역거래형식과 수출을 위한 신용대부, 관세반환제도의 도입, 품질 및 환경관리인증체계의 도입을 장려하여야 한다.

2004년 무역법 개정에서 조문의 내용이 수정된 조항도 18개의 조항이다.

표 7-10 무역법(2004) 조문만 수정된 조항

1999년 무역법		2004년 무역법
제2조②	국가는 무역에 큰 힘을 넣으며 수출 장려한다.	국가는 **현실발전의 요구에 맞게 수출구조와 무역방법을 개선하고** 수출을 장려하며 **지방무역활성화**에 큰 힘을 넣는다.
제4조	① 무역에서 신용을 지키는 것은 국가의 대외적권위를 높이기 위한 중요 조건이다. ② 국가는 수출품의 질과 납입기일을 보장하며 지불의무를 제때에 리행하도록 한다.	① 무역에서 신용을 지키는것은 **다른 나라와 무역관계를 발전시키기 위한 선결조건이다.** ② 국가는 수출품의 질과 납입기일을 보장하며 지불의무를 제때에 **정확히** 리행하도록 한다.
제7조	국가는 무역이 통일적으로, 균형적으로 진행될 수 있게 그에 대한 지도와 보장사업을 강화하도록 한다.	국가는 무역이 통일적으로, 균형적으로 진행될수 있게 그에 대한 지도를 강화하도록 한다.
제11조	① 무역회사의 영업허가는 중앙무역지도기관이 한다. ② 무역회사의 영업허가를 받으려는 기관, 기업소, 단체는 회사의 이름, 규약, 자금규모, 업종과 지표 같은것을 밝힌 회사등록신청서를 중앙무역지도기관에 내야 한다.	제13조(무역회사의 승인과 등록, 영업허가기관) 무역회사를 설립하려는 기관, 기업소, 단체는 중앙무역지도기관에 **회사설립신청문건**을 내야 한다. 제12조(무역회사의 설립조건) 무역회사의 설립조건은 다음과 같다. 1. 명칭과 기구 2 규약 3 업종 및 지표 **4. 영업장소** **5. 자금원천** **6. 필요한 전문가와 보장성원** **7. 대외시장에 실현할수 있는 상품생산기지 또는 기술, 봉사원천**
12조	① 중앙무역지도기관은 회사등록신청서를 검토하고 정해진 기일안으로 등록 또는 부결하는 결정을 하여야 한다. ② 등록이 결정된 무역회사에는 회사의 이름, 업종과 지표, 영업허가기간 같은 것을 밝힌 영업허가증을 발급하여야 한다.	제13조② 중앙무역지도기관은 회사설립신청문건을 검토하고 **내각의 승인**을 받아야 한다. 제13조(③) 설립된 무역회사는 중앙무역지도기관에 등록하고 영업허가를 받아야 한다.

제13조	영업허가를 받은 무역회사는 무역당사자로서의 권리와 의무는 해당법규에 따른다.	제14조(무역회사의 권리, 의무) ① 영업허가를 받은 무역회사는 무역거래에서 당사자로서의 권리와 의무를 지닌다. ② 무역당사자로서의 권리와 의무는 해당 법규에 따른다.
제15조	① 무역회사는 정해진 절차와 방법에 따라 무역계약을 맺고 리행하여야 한다. ② 무역계약서의 심의는 중앙무역지도기관 또는 무역회사의 법규일군이 한다.	제16조(무역계약의 체결) ① 무역회사는 계약을 정확히 맺고 무역거래를 하여야 한다. ② **중요무역계약**을 맺으려 할 경우에는 해당 계약서를 중앙무역지도기관에 내고 심의를 받아야 한다.
제16조	① 무역회사는 다른 회사의 위탁업무 같은 것을 수행할 수 있다.	제17조(위탁수출입업무) ① 무역회사는 승인된 업종과 지표로 **다른 무역회사 또는 기관, 기업소, 단체의 위탁**을 받고 무역거래를 할수 있다.
제19조	① 무역회사는 다른 나라에 지사, 대리점, 출장소를 설립, 운영할 수 있다. ② 이 경우 중앙무역지도기관과 **합의하고** 내각 승인을 받는다.	제20조(지사, 대리점, 출장소의 설립) ① 무역회사는 **국내와** 다른 나라 **또는 지역에** 지사, 사무소, 출장소를 설립운영할수 있다. ② 이 경우 중앙무역지도기관을 **통하여** 내각의 승인을 받아야 한다.
제20조 제21조	업종, 지표를 변경하려는 무역회사는 중앙무역지도기관에 신청하여 변경등록을 하여야 한다.(제20조) 중앙무역지도기관은 업종, 지표의 변경등록을 한 무역회사에 영업허가증을 다시 발급하여야 한다.(제21조)	제21조(업종, 지표, 명칭의 변경) ① 업종 또는 지표를 변경하려는 무역회사는 중앙무역지도기관에 신청하여 변경등록을 하고 **영업허가증에 확인**을 받아야 한다. ② **그러나 명칭을 변경하거나 소속기관이 달라졌을 경우의 수속절차는 회사설립질서에 따른다.**
제27조	① 수출입계획지표는 국가계획 기관이 정한다. ② 국가계획기관은 무역회사의 수출입계획지표를 영업허가를 받은 범위에서 직접 또는 위탁 수출입지표로 나누어 국가의 리익에 맞게 정하여야 한다.	제30조(계획화방법) ① 국가계획기관은 수출입총액 같은 종합적인 계획과 중요물자의 지표만 밝혀 계획화하여야 한다. ② 이 경우 중요물자의 지표목록은 내각의 비준을 받아야 한다.
제28조	① 수출계획은 수출품의 대외적수요와 실현가능성을 정확히 타산하여 세운다.	제31조(해당 단위의 계획화방법) 무역계획에 반영되지 않은 수출입지표는 해당 기관, 기업소, 단체와 무역회사가 정한다.
제44조	② 무역사업에 대한 통일적지도는 내각이 한다.	제36조(무역사업지도기관) ② 무역사업에 대한 지도는 내각의 통일적지도밑에 **중앙무역지도기관이 한다**.

제45조	① 국가는 무역사업에 대한 지도를 바로 하기 위하여 중앙무역지도기관에 비상설로 **경제외교 및 무역지도위원회**를 둔다.	제37조(비상설 국가무역지도위원회) ① 무역사업에 대한 지도를 바로하기 위하여 중앙무역지도기관에 비상설로 **국가무역지도위원회**를 둔다.
제47조	중앙무역지도기관과 해당 기관은 대외시장의 조사와 분석, 무역발전추세, 가격시세에 대한 자료통보 및 정보교환을 제때에 하며 **국제상업정보기관과의 교류와 협조**를 발전시켜야 한다.	제38조(무역발전의 대외적환경조성) 중앙무역지도기관은 여러 나라, 지역과 무역협정을 체결하며 **국제 및 지역경제기구가입을 통하여** 무역발전에 유리한 대외적환경을 적극 마련하여야 한다.
제50조	세관과 상품검사기관, 검역기관은 수출입품의 질과 납입기일을 보장할 수 있게 무역화물을 제때에 정확히 검사, 검역하여야 한다.	제43조(수출입품의 검사, 검역) 세관과 대외상품검사기관, 검역기관은 **가격승인문건, 수출입상품검사신청서, 위생검역신청서에 근거**하여 수출입품의 검사와 검역을 제때에 정확히 하여야 한다.
제53조	② 첨단기술제품, 국제시장에서 경쟁력이 높은 제품을 개발하여 판로를 개척한 단위에는 특혜를 준다.	제44조(상금, 특혜제공) ② **수출기지를 새로 조성하였거나** 첨단기술제품, 국제시장에서 경쟁력이 높은 제품을 개발하여 판로를 개척한 단위에는 특혜를 준다.
제55조	**영업허가증이 없이 무역거래를 하였거나** 수출입허가, 가격승인, 반출입승인 질서를 어긴 경우에는 해당 상품과 돈을 몰수하거나 영업허가증을 회수한다.	제51조(수출입활동의 중지, 영업허가증의 회수) 수출입을 제한하는 상품을 승인없이 수출입하였거나 금지하는 상품을 수출입하였을 경우에는 무역거래를 중지시키거나 영업허가증을 회수한다.

다음은 2020년 무역법 개정에 대해 살펴보자.(추가) 구법(2018)의 5개 장, 53개 조항구조가 신법(2020)에서 5개 장, 59개 조항으로 변경된다. 신법(2020)에서 삭제된 조항은 "중앙무역지도기관은 수출품원산지증명과 관련한 사업을 한다(제40조: 수출품원산지증명사업)" 1개 조항이다. 신법(2020)에서 신설 또는 추가된 내용은 "무역거래의 재정총화는 수출입품계산신청문건과 수출입품검사증, 검수증, 가격승인문건과 계약서사본 등 증빙문건에 기초하여 한다(제18조 ②: 무역거래의 대금결제와 재정총화)", "중앙무역지도기관은 수출입품에 대한 가격, 반출입승인을 엄격히 하여 다른 나라로부터 불량품, 체화품, 모조

품, 재생품과 같은 눅거리상품을 들여오는 현상이 나타나지 않도록 하여야 한다(제19조 ②: 수출입품의 가격 및 반출입승인의 전담)", "기관, 기업소, 단체는 다른 나라에 상품을 내가거나 다른 나라에서 상품을 들여오려 할 경우 중앙무역지도기관에 가격승인신청문건을 내고 가격승인을 받아야 한다. 가격승인신청문건에는 다른 나라에 상품을 내가려는 경우 생산지, 수량, 품질확인서 등 수출품과 관련한 확인문건을, 다른 나라에서 상품을 들여오려는 경우 수입품제안서와 기술자료 등을 첨부한다(제20조: 가격승인신청문건의 제풀 및 승인)", "다른 나라에 상품을 내가거나 다른 나라에서 상품을 들여오려는 기관, 기업소, 단체는 중앙무역지도기관에 수출입품종합신고문건을 내고 반출입승인을 받아야 한다. 이 경우 다른 나라 정부, 국제기구와 사회단체에서 원조와 지원을 목적으로 기증하거나 제공하는 무상물자에 대하여서도 반출입승인을 받는다. 이 경우 수속문건의 정확성을 보장하여야 한다(제21조: 반출인승인신청문건의 제풀 및 승인)", "중앙무역지도기관과 중앙통계기관은 무역계획실적자료를, 중앙재정지도기관은 재정결산자료를 국가계획기관에 분기별로 내야 한다. 중앙세관지도기관은 수출입실적자료를 국가계획기관과 중앙통계국에 월별로 내야 한다(제34조 ②, ③: 수출입결과보고)", "중앙무역지도기관은 년간무역수지를 타산하고 종합분석하여야 한다. 중앙세관지도기관을 비롯한 해당 기관은 무역수지타산 및 종합분석에 필요한 자료를 월별로 중앙무역지도기관에 내야 한다(제42조: 무역수지의 타산안작성)", "중앙무역지도기관은 국가전자무역수속체계를 통한 수출입수속사업에서 신속성, 정확성을 보장하도록 정상적으로 료해대책하여야 한다(제43조: 국가전자무역수속체계를 통한 수출입수속사업에 대한 료해대책)", "중앙무역지도기관과 중앙세관지도기관은 월간 수출입품취급자료를 중앙통계기관에 제때에 제출하여야 한다(제44조: 통계자료의 집계)", "중앙무역지도기관은 년간 무역수지에 대한 종합분석을 진행한데 기초하여 무역을 발전시킬수 있는 전략안을 작성하고 국가계획기관을 통하여 내각에 제출하여야 한다(제45조: 무역발전을 위한 전략작성안의 제출)", "중앙무역지도기관은 주요 국경통과지점들에 수출입물자교류장소를 꾸리고 정상적으로 운영하기 위한 대책을 세워야 한다(제46조: 수출입물자교류장소의 설치 및 운영)" 등 3개 조의 항 추가와 7개 조가 신설되어 총 59개 조항이 된다.

신설된 조항의 내용은 기업소의 규제내용보다는 주로 국가기관, 중앙무역지도기관의 역할과 활동에 대한 내용이 많다.

표 7-11 무역법(2020) 신설조항

조항	조문 내용
제18조 (무역거래의 대금결제와 재정총화)	② 무역거래의 재정총화는 수출입품계산신청문건과 수출입품검사증, 검수증, 가격승인문건과 계약서사본 등 증빙문건에 기초하여 한다.
제19조 (수출입품의 가격 및 반출입승인의 전담)	② 중앙무역지도기관은 수출입품에 대한 가격, 반출입승인을 엄격히 하여 다른 나라로부터 불량품, 체화품, 모조품, 재생품과 같은 눅거리상품을 들여오는 현상이 나타나지 않도록 하여야 한다.
제20조 (가격승인신청문건의 제출 및 승인)	① 기관, 기업소, 단체는 다른 나라에 상품을 내가거나 다른 나라에서 상품을 들여오려 할 경우 중앙무역지도기관에 가격승인신청문건을 내고 가격승인을 받아야 한다. ② 가격승인신청문건에는 다른 나라에 상품을 내가려는 경우 생산지, 수량, 품질확인서 등 수출품과 관련한 확인문건을, 다른 나라에서 상품을 들여오려는 경우 수입품제안서와 기술자료 등을 첨부한다.
제21조 (반출입승인신청문건의 제출 및 승인)	① 다른나라에 상품을 내가거나 다른나라에서 상품을 들여오려는 기관, 기업소, 단체는 중앙무역지도기관에 수출입품종합신고문건을 내고 반출입승인을 받아야한다. ② 이 경우 다른 나라 정부, 국제기구와 사회단체에서 원조와 지원을 목적으로 기증하거나 제공하는 무상물자에 대하여서도 반출입승인을 받는다.

제32조 (국가계획기관의 계획화방법)	① 무역계획은 예비수자, 통제수자, 계획수자단계를 걸쳐 세운다.
제34조 (수출입결과보고)	① 중앙무역지도기관과 중앙통계기관은 무역계획실적자료를, 중앙재정지도기관은 재정결산자료를 국가계획기관에 분기별로 내야 한다. ② 중앙세관지도기관은 수출입실적자료를 국가계획기관과 중앙통계국에 월별로 내야 한다.
제42조 (무역수지의 타산안작성)	① 중앙무역지도기관은 년간 무역수지를 타산하고 종합분석하여야 한다. ② 중앙세관지도기관을 비롯한 해당 기관은 무역수지타산 및 종합분석에 필요한 자료를 월별로 중앙무역지도기관에 내야 한다.
제43조 (국가전자무역수속체계를 통한 수출입수속사업에 대한 료해대책)	중앙무역지도기관은 국가전자무역수속체계를 통한 수출입수속사업에서 신속성, 정확성을 보장하도록 정상적으로 료해대책하여야 한다.
제44조 (통계자료의 집계)	중앙무역지도기관과 중앙세관지도기관은 월간 수출입품취급자료를 중앙통계기관에 제때에 제출하여야 한다.
제45조 (무역발전을 위한 전략작성안의 제출)	중앙무역지도기관은 년간 무역수지에 대한 종합분석을 진행한데 기초하여 무역을 발전시킬수 있는 전략안을 작성하고 국가계획기관을 통하여 내각에 제출하여야 한다.
제46조 (수출입물자교류장소의 설치 및 운영)	중앙무역지도기관은 주요 국경통과지점들에 수출입물자교류장소를 꾸리고 정상적으로 운영하기 위한 대책을 세워야 한다.

조문 내용이 수정된 조항은 제4조(신용준수원칙), 제13조(영업허가증의 발급 및 경유), 제15조(무역거래범위), 제16조(무역계약의 체결), 제30조(무역계획의 내용), 제39조(무역사업을 위한 비상설위원회 조직), 제55조(무역사업에 대한 감독통제), 제56조(반출입의 중지), 제57조(영업허가증의 회수) 등 10개 조항에서 조문 내용이 수정된다.

표 7-12　무역법(2020) 조문의 수정

2018년 무역법		2020년 무역법	
제4조(신용준수원칙)	국가는 수출품의 질과 납입기일을 보장하며 지불의무를 제때에 정확히 리행하도록 한다.	제4조(신용준수원칙)	국가는 수출품의 질과 납입기일을 보장하며 **수입품에 대한 지불의무**를 제때에 정확히 리행하도록 한다.
제13조(영업허가증의 발급 및 경유)	무역거래를 하려는 기관, 기업소, 단체는 중앙무역지도기관에 영업허가신청문건을 내야 한다.	제13조(영업허가증의 발급 및 경유)	무역거래를 하려는 기관, 기업소, 단체는 중앙무역지도기관에 영업허가신청문건을 내야 한다. **이 경우 업종과 지표에 따라 수출품생산기지등록증을 첨부한다.**
제15조(무역거래범위)	① 해당 기관, 기업소, 단체는 영업허가를 받은 범위에서 무역거래를 하여야 한다. ② 허가받지 않은 업종, 지표의 무역거래는 할수 없다.	제15조(무역거래범위)	① 해당 기관, 기업소, 단체는 승인받은 업종과 지표에 맞게 **수출입수속**과 무역거래를 하여야 한다. ② 승인받지 않은 업종, 지표로 무역거래를 하거나 **비법적인 방법으로 수출원천동원을 하는 행위, 무역계획을 승인없이 넘겨주거나 넘겨받는 행위** 등을 할수 없다.
제16조(무역계약의 체결)	① 해당 기관, 기업소, 단체는 거래당사자와 계약을 정확히 맺고 무역거래를 하여야 한다. ② 중요무역계약을 맺으려 할 경우에는 해당 계약서를 중앙무역지도기관에 내고 심의를 받아야한다.	제16조(무역계약의 체결)	① 해당 기관, 기업소, 단체는 다른 나라의 거래당사자와 무역계약을 정확히 맺고 무역거래를 하여야 한다. ② **다른 나라의 거래당사자와 무역계약을 맺으려 할 경우에는 중앙무역지도기관으로부터 계약서에 대한 심의를 받는다.**
제19조(무역거래가격 및 반출입승인)	무역거래를 하는 기관, 기업소, 단체는 중앙무역지도기관으로부터 무역거래지표에 대한 가격승인과 반출입승인을 받아야 한다.	제19조(수출입품의 가격 및 반출입승인의 전담)	**모든 수출입품에 대한 가격 및 반출입승인은 중앙무역지도기관이 전담한다.**
제28조(무역계획의 내용)	무역계획에는 수출계획과 수입계획, 수출품과 **수출협동품생산계획**, 무역화물수송계획 같은것이 속한다.	제30조(무역계획의 내용)	무역계획에는 **수출입계획, 가공무역계획, 비무역계획, 수출품생산계획, 무역화물수송계획, 외화수입 및 외화지출과 관련한 계획** 등이 속한다.

제32조 (수출입결과 보고)	해당 기관, 기업소, 단체는 수출입계획의 집행정형을 **국가계획기관**과 해당 무역지도기관, 통계기관에 제때에 보고하여야 한다.	제34조 (수출입결과 보고)	기관, 기업소, 단체는 **무역계획 수행정형을 월별**로 중앙무역지도기관과 **중앙재정지도기관**, 해당 통계기관에 보고하여야 한다.
제37조 (무역사업을 위한 비상설 위원회 조직)	① 무역사업에 대한 지도와 통제를 바로하도록 하기 위하여 중앙무역지도기관에 비상설로 **무역지도위원회**와 무역사고심의위원회를 둔다. ② **비상설무역지도위원회**와 비상설무역사고심의위원회는 국가의 무역정책을 집행하며 무역사업을 개선하기 위한 문제를 정기적으로 토의하고 해당한 대책을 세워야 한다.	제39조 (무역사업을 위한 비상설 위원회 조직)	① 무역사업에 대한 지도와 통제를 바로하도록 하기 위하여 비상설로 **대외경제지도위원회**와 무역사고심의위원회를 조직한다. ② **대외경제지도위원회**와 무역사고심의위원회는 국가의 무역정책을 집행하며 무역사업을 개선하기 위한 문제를 정기적으로 토의하고 해당한 대책을 세워야 한다.
제50조 (반출입의 중지)	중앙무역지도기관으로부터 심의를 받지 않고 중요무역계약을 맺거나 가격 및 반출입승인을 받지 않았을 경우에는 해당 상품의 반출입을 중지시킨다.	제56조 (반출입의 중지)	다음의 경우에는 수출입품의 반출입을 중지시킨다. **1. 국가의 무역정책에 어긋나게 수출입지표를 선정하여 수출하거나 수입하는 경우** **2. 국가계획기관으로부터 무역계획을 받지않았을 경우** 3. 중앙무역지도기관으로부터 무역계약심의, 가격 및 반출입승인을 받지않았을 경우 **4. 비법적으로 상품을 원천동원한 경우** **5. 그밖에 무역관련법규에 어긋나게 수출입을 하는 경우**

제51조 (영업허가증의 회수)	제한 또는 금지하는 상품을 수출입하였거나 영업허가증을 받은 날부터 3년동안 무역실적이 없거나 영업허가증을 경유하지 않고 무역활동을 하였을 경우에는 영업허가증을 회수한다.	제57조 (영업허가증의 회수)	다음의 경우에는 영업허가증을 회수한다. 1. 영업허가증을 경유받지않았을 경우 **2. 가격 및 반출입승인문건을 위조하여 리용하였을 경우** **3. 국가납부계획을 3년동안 수행하지 못하였을 경우** 4. 영업허가증을 받은날부터 3년동안 무역실적이 없을 경우 **5. 가짜상품, 불량상품을 수입하였거나 판매하였을 경우** 6. 제한 또는 금지하는 상품을 수출입하였을 경우 **7. 상품생산기지 또는 기술, 봉사, 상품수입원천이 없을 경우**

2022년 무역법 개정을 통해서 59개 조항에서 70개 조항으로 증가한다. 구법(2020)에서 삭제된 조항은 모두 9개 조항이다. 삭제된 내용을 장 별로 구분하여 보면 구법(2020)의 '무역거래(제2장)'에서 "무역거래자격취득조건(제12조)", "영업허가증의 발급 및 경유(제13조)", "무역거래당사자의 권리와 의무(제14조)", "전자무역수속체계가입(제26조)" 등 4개 조항이다. '무역계획(3장)'과 관련해서는 "국가전자무역수속체계를 통한 수출입수속사업에 대한 료해대책(제43조)", "무역발전을 위한 전략작성안의 제출(제45조)", "국가적인 전략지표, 수출입제한, 금지목록의 작성(제50조)", "수출입품의 검사, 검역, 검수(제51조)", "여러가지 제도의 도입장려(제54조)" 등 5개 조항이다.

표 7-13 구법 무역법(2020)에서 삭제된 조항

조항	조문
제12조(무역거래자격취득조건)	무역거래자격취득조건은 다음과같다. 1.명칭과 기구, 2.규약, 3.업종 및 지표, 4.영업장소, 5.자금원천, 6.필요한 전문가와 보장성원, 7.대외시장에 실현할수 있는 상품생산기지 또는 기술, 봉사원천
제13조 (영업허가증의 발급 및 경유)	① 무역거래를 하려는 기관, 기업소, 단체는 중앙무역지도기관에 영업허가신청문건을 내야 한다. ② 이 경우 업종과 지표에 따라 수출품생산기지등록증을 첨부한다. ③ 중앙무역지도기관은 영업허가신청문건을 검토하고 승인하거나 부결하며 승인하였을 경우 영업허가증을 발급하여야 한다. ④ 영업허가증은 해마다 중앙무역지도기관의 경유를 받는다.
제14조 (무역거래당사자의 권리와 의무)	① 영업허가를 받은 기관, 기업소, 단체는 무역거래에서 당사자로서의 권리와 의무를 지닌다. ② 무역거래당사자로서의 권리와 의무는 해당 법규에 따른다.
제26조 (전자무역수속체계가입)	① 해당 기관, 기업소, 단체는 국가전자무역수속체계에 가입하여 수출입수속을 신속히 하여야 한다. ② 이 경우 수속문건의 정확성을 보장하여야 한다.
제43조 (국가전자무역수속체계를 통한 수출입수속사업에 대한 료해대책)	중앙무역지도기관은 국가전자무역수속체계를 통한 수출입수속사업에서 신속성, 정확성을 보장하도록 정상적으로 료해대책하여야 한다.
제45조 (무역발전을 위한 전략작성안의 제출)	중앙무역지도기관은 년간 무역수지에 대한 종합분석을 진행한데 기초하여 무역을 발전시킬수 있는 전략안을 작성하고 국가계획기관을 통하여 내각에 제출하여야 한다.
제50조 (국가적인 전략지표, 수출입제한, 금지목록의 작성)	① 국가적인 전략지표, 수출입제한 및 금지목록의 작성은 국가계획기관이 한다. ② 국가계획기관은 국가적인 전략지표, 수출입제한 및 금지목록을 작성하여 내각의 승인을 받은 다음 해당 기관에 통지하여야 한다. ③ 중앙무역지도기관과 중앙통계기관, 해당 기관은 국가적인 전략지표, 수출입제한 및 금지목록을 작성하는데 필요한 자료를 국가계획기관에 정상적으로 보내주어야 한다.
제51조 (수출입품의 검사, 검역, 검수)	해당 기관은 가격승인문건, 반출입승인문건, 수출입상품검사신청서, 위생검역신청서, 검수신청서에 근거하여 수출입품의 검사와 검역, 검수를 제때에 정확히 하여야 한다.
제54조 (여러가지 제도의 도입장려)	해당 기관, 기업소, 단체는 중계무역, 가공무역, 보세창고의 운영 같은 무역거래형식과 수출을 위한 신용대부, 관세반환제도의 도입, 품질 및 환경관리인증체계의 도입을 장려하여야 한다.

2022년 개정된 무역법에 신설된 조항은 20개 조항이다. 신설된 조항의 내용을 장별로 구하여 보면 '무역거래의 당사자(2장)'에서 "제12조(무역거래승인기관)", "제13조(수출품생산기지의 조성 및 등록)", "제14조(상품무역과 관련한 승인)", "제15조(기술무역과 관련한 승인)", "제16조(기술무역방법)", "제17조(기술무역의 장려, 제한, 금지항목)", "제18조(봉사무역과 관련한 승인)", "제22조(수출입독점제한)" 등 8개 조항이다. '무역계획(제3장)' 부문에서는 "제40조(수출입대상에 대한 경유)", "제47조(수출입허가제 및 할당제의 실시)", "제48조(수출입허가제, 할당제실시품목)", "제49조(장려대상선정 및 우대조치)", "제50조(관세률조정)", "제51조(기술무역의 장려)", "제52조(봉사무역정형에 대한 자료종합 및 방조)", "제53조(수출입물자의 원산지증명 및 평가제도확립)", "제55조(무역촉진단체들의 활동조건보장)", "제63조(수출원천동원기지의 조성 및 리용)" 등 10개 조항이다. '제재 및 분쟁해결(제5장)'에서는 "제65조(벌금)", "제68조(경고, 엄중경고, 무보수로동, 로동교양, 강직, 해임, 철직처벌)" 등 2개 조항이 신설된다.

표 7-14 무역법(2022)에 신설된 조항과 조문

조항	조문
제12조 (무역거래승인기관)	상품무역, 기술무역에 대한 승인은 중앙무역지도기관이, 봉사무역에 대한 승인은 중앙무역지도기관 또는 해당기관이한다.
제13조 (수출품생산기지의 조성 및 등록)	① 상품무역을 하려는 기관, 기업소, 단체는 수출품생산기지를 조성하고 중앙무역지도기관에 등록하여야 한다. ② 자원수출기지를 수출품생산기지로 등록하려는 경우에는 내각의 승인을 받아야 한다.
제14조 (상품무역과 관련한 승인)	① 상품무역을 하려는 기관, 기업소, 단체는 업종과 지표에 따라 수출품생산기지등록증을 첨부한 영업허가신청문건을 중앙무역지도기관에 내야 한다. ② 중앙무역지도기관은 영업허가신청문건을 검토하고 승인한 경우에는 영업허가증을 발급한다. ③ 영업허가증은 해마다 중앙무역지도기관에서 경유를 받아야 한다.

第15조 (기술무역과 관련한 승인)	① 기술무역을 하려는 기관, 기업소, 단체는 기술무역지표에 대한 영업허가신청문건을 중앙무역지도기관에 내야 한다. ② 중앙무역지도기관은 영업허가신청문건을 검토하고 승인한 경우에는 영업허가증에 해당 기술무역지표를 등록한다. ③ 기술무역에는 특허, 상표, 공업도안, 설계, 저작권, 쏘프트웨어 같은 지적소유권과 해외기술협조 등이 속한다.
第16조 (기술무역방법)	① 기술무역은 거래당사자들사이에 해당 기술의 리용권을 허가하거나 허가받는 방법으로 한다. ② 기술에 대한 소유권을 양도하거나 주문개발, 공동연구개발 같은 기술협조의 방법으로도 기술무역을 할수 있다.
第17조 (기술무역의 장려, 제한, 금지항목)	중앙과학기술행정지도관리기관은 선진기술을 받아들이는 원칙에서 장려, 제한, 금지하여야할 기술항목들을 정하고 중앙무역지도기관에 보내주어야 한다.
第18조 (봉사무역과 관련한 승인)	① 봉사무역과 관련한 승인은 중앙무역지도기관 또는 해당 기관이 따로 정한 절차에 따른다. ② 봉사무역에는 우리측당사자와 다른 나라 법인과 개인, 정부, 사회단체, 국제기구사이에 이루어지는 수송봉사, 관광봉사, 건설봉사, 의료봉사 등이 속한다.
第22조 (수출입 독점제한)	수출입활동에서 국가가 정한 대상에만 독점을 허가하며 그밖의 대상에 대하여서는 독점을 제한한다.
第40조 (수출입대상에 대한 경유)	① 국가적조치로 해당 기관의 경유를 받게 되여있는 수출입대상에 대한 무역계획초안은 중앙계획지도기관에 제기하기전에 해당 기관의 경유를 받아야 한다. ② 무역계획화단계에서 경유관계를 확인하기 어려운 수출입대상에 대하여서는 무역계획집행단계에서도 받을수 있다.
第47조 (수출입허가제 및 할당제의 실시)	① 중앙무역지도기관은 **국가적으로 중요한 수출입물자에 대한 허가제, 할당제실시품목을 정하고** 그에 따라 해당 지표에 대한 수출입허가를 하며 허가단위별로 수출입량을 할당한다. ② 수출입허가와 할당을 받은 기관, 기업소, 단체는 수출입할당제비용을 중앙재정지도기관에 납부하여야 한다.
第48조 (수출입허가제, 할당제실시품목)	수출입허가제, 할당제실시품목은 매해 해당 비상설심의위원회에서 심의결정한다. 중앙무역지도기관은 수출입허가제, 할당제실시품목초안을 작성하여 해당 비상설심의위원회에 제기하여야 한다. 중앙계획지도기관은 수출입허가제, 할당제실시품목초안작성에 지장이 없도록 필요한 자료를 중앙무역지도기관에 보내주어야 한다.
第49조 (장려대상선정 및 우대조치)	중앙무역지도기관은 해당 기관들과의 련계밑에 중점적인 상품, 기술교류, 봉사항목을 장려대상항목으로 선정하고 여러가지 우대조치를 취하여야 한다.

제50조 (관세률조정)	중앙무역지도기관은 국내수요와 생산량, 국가적조치에 맞게 수출입물자에 대한 관세률을 품종별, 시기별, 나라별로 합리적으로 조정하여야 한다. 중앙계획지도기관과 중앙통계기관을 비롯한 해당 기관은 관세률조정에 필요한 자료를 중앙무역지도기관에 보내주어야 한다.
제51조 (기술무역의 장려)	중앙무역지도기관은 과학기술부문의 무역회사들이 기술무역을 하는것을 적극 장려하여야 한다.
제52조 (봉사무역정형에 대한 자료종합 및 방조)	봉사무역을 하는 기관, 기업소, 단체는 봉사무역계획수행정형을 상급기관에 정기적으로 보고하며 상급기관은 자기 단위의 봉사무역정형을 종합하여 중앙무역지도기관에 월별, 분기별로 제출하여야 한다. 중앙무역지도기관은 봉사단위별, 업종별로 봉사무역정형을 종합분석하고 기관, 기업소, 단체의 봉사무역활동을 적극 방조하여야 한다.
제53조 (수출입물자의 원산지증명 및 평가제도확립)	중앙무역지도기관과 해당 기관은 수출품원산지증명제도와 수입품원산지평가제도를 확립하고 수출입물자에 대한 원산지관리를 한다.
제55조 (무역촉진단체들의 활동조건보장)	중앙무역지도기관은 조선상업회의소와 조선국제무역촉진위원회 같은 무역촉진단체들이 국제상업회의소를 비롯한 국제무역촉진단체들과의 협조와 교류를 발전시켜나가도록 활동조건을 적극 보장하여야 한다.
제63조 (수출원천동원기지의 조성 및 리용)	시, 군인민위원회는 수출원천동원기지를 조성하고 효과적으로 리용하여야 한다. 해당 기관, 기업소, 단체는 시, 군인민위원회가 관할하는 수출원천을 동원하려는 경우 도무역관리기관을 통하여 하여야 한다.
제65조 (벌금)	가격 및 반출입승인내용과 맞지 않거나 가격 및 반출입승인없이 무역거래를 하였을 경우에는 10만~150만원의 벌금을 물린다.

제68조 (경고, 엄중경고, 무보수로동, 로동교양, 강직, 해임, 철직 처벌)	다음의 경우에는 책임있는자에게 경고, 엄중경고처벌 또는 3개월이하의 무보수로동, 로동교양처벌을 준다. 1. 국가의 무역정책에 어긋나게 수출입지표를 선정하여 수출하거나 수입하였을 경우 2. 무역계획이 없이 무역거래를 하였을 경우 3. 중앙무역지도기관으로부터 무역계약심의, 가격 및 반출입승인을 받지 않았을 경우 4. 비법적으로 물자를 원천동원하였을 경우 5. 도(직할시)무역관리기관의 확인을 받지 않고 지방의 수출원천을 동원하였을 경우 6. 위탁수출한 대금을 위탁자에게 제때에 물어주지 않았을 경우 7. 국가외화의무납부과제를 수행하지 못하였을 경우 8. 가격 및 반출입승인문건을 위조하여 리용하였을 경우 9. 가짜상품, 불량상품을 수입하였거나 판매하였을 경우 10. 제한 또는 금지하는 물자를 수출입하였을 경우 11. 수출입허가제, 할당제 실시와 관련한 질서를 어겼을 경우 12. 그밖에 이 법에서 정한 질서를 어겼을 경우앞항 1~12호의 행위가 정상이 무거운 경우에는 3개월이상의 무보수로동, 로동교양처벌 또는 강직, 해임, 철직처벌을 준다.

신설된 조항에서 중요하게 보아할 정책은 수출품생산기지의 필수적 강조, 수출입허가제-할당제의 부활, 무역에서의 기술무역, 봉사무역의 강조 등으로 볼 수 있다.

다음은 조문의 문구를 수정한 조항들이다. 내용상 차이가 크지 않으면서 문구수정이 된 조항들이 있다. 구법(2020)에서 기관, 기업소, 단체 앞에 '해당'을 수식어로 사용하였다가 신법(2022)의 조문에서 삭제한 조항들이 있다. 이런 조항들은 수정된 조항에서 제외하였다.

표 7-15 무역법(2022) 제1장(무역법의 기본) 조문수정

2022년 무역법(신법)		2020년 무역법(구법)	
제1조 (무역법의 사명)	조선민주주의인민공화국 무역법은 무역사업에서 제도와 질서를 엄격히 세워 **대외무역을 확대발전시키고 자립적민족경제토대를 강화하는데** 이바지한다.	제1조 (무역법의 사명)	조선민주주의인민공화국 무역법은 무역사업에서 제도와 질서를 엄격히 세워 **대외시장을 확대하고 무역수지의 균형을 보장하며 인민경제를 발전시키는데** 이바지한다.
제2조 (무역의 기본원칙)	국가는 현실발전의 요구에 맞게 가공품수출, 기술무역, 봉사무역의 **비중을 높이는 원칙에서** 무역구조를 개선하며 **모든 무역활동을 국가경제의 자립적발전을 도모하는 방향에서 확대발전**시키도록 한다.	제2조 (무역의 기본원칙)	국가는 현실발전의 요구에 맞게 가공품수출과 기술무역, 봉사무역을 발전시킬수 있도록 무역구조와 **무역방법을 개선하는데 큰 힘을 넣도록 한다.**
제3조 (다각화, 다양화 원칙)	② 국가는 **무역에서 일변도를 없애고** 여러 나라와 지역을 대상으로, 여러가지 형식과 방법으로 무역활동을 진행하도록 하도록 한다.	제3조 (다각화, 다양화 원칙)	② 국가는 무역을 여러 나라와 지역을 대상으로, 여러가지 형식과 방법으로 하도록 한다.
제4조 (신용준수 원칙)	② 국가는 무역거래에서 **계약조건에 따르는 의무를 성실히 리행하여 신용을 철저히 지키도록** 한다.	제4조 (신용준수 원칙)	② 국가는 **수출품의 질과 납입기일을 보장하며 수입품에 대한 지불의무를 제때에 정확히 리행하도록** 한다.
제6조 (무역에 대한 지도통제원칙)	국가는 **수출입허가제, 할당제의 실시를 비롯한 여러가지 합리적인 방법들을 적극 활용하여** 무역사업에 대한 중앙집권적, 통일적지도와 통제를 강화하도록 한다.	제6조 (무역에 대한 지도원칙)	국가는 무역에 대한 중앙집권적, 통일적지도와 통제를 강화하도록 한다.

무역법(2022)에서 무역에 대한 지도통제원칙이 수정된다. 무역사업에 대한 중앙집권적, 통일적 지도와 통제 강화를 위해 수출입허가제, 할당제의 실시를 비롯하여 여러 가지 방법들을 활용한다. 수출입허가제는 무역법(2007)에서 삭제된 내용이 2022년에 부활된 것이다. 이에 대해서는 신설된 제47조, 제48조에 규제되어 있다. 무역법(1999)에서 규제된 수출입허가제와 다른 것은 모든 제품에 대한 수

출입허가제를 실시하는 것이 아니고 국가적으로 중요한 수출입물자에 대한 허가제, 할당제실시품목을 정하고 그에 따라 해당 지표에 대한 수출입허가를 하며 허가단위별로 수출입량을 할당한다. 경제지도집단은 국가적으로 중요한 품목에 대한 수출입허가 및 할당을 시행하는 방법에 있어서도 이전과 다른 방법을 고민하고 있는 것으로 보인다. 수출입허가제, 할당제를 실시하는 무역단위 선정에 있어서 입찰방법 적용을 고민하고 있다. 입찰방식을 적용할 수 있는 경우로 ①수출입허가제, 할당제실시품목에 반영된 지표들가운데서 해당 기간의 수출총액이나 수입총액에서 많은 비중을 차지하는 지표들인 경우, ②해당 지표의 수출입활동에서 가장 능력있고 실리를 보장할수 있는 일정한 무역단위들을 선정할 필요가 있는 지표들인 경우, ③그 외 국가적조치에 따라 입찰의 방법으로 수출입단위와 할당량을 결정할 필요가 제기되는 지표들인 경우 등을 예로 들고 있다.[28] 이는 과거로의 회기라기 보다는 개별 경제단위의 '사회주의적 경쟁'을 촉발하는 방향으로 정책을 고민하는 것으로 보인다.

표 7-16 무역법(2022) 제2장(무역거래) 조문만 수정

2022년 무역법(신법)		2020년 무역법(구법)	
제11조 (무역거래 당사자)	무역거래는 국가로부터 **무역권을 부여받은** 기관, 기업소, 단체가 한다.	제11조 (무역거래를 할수 있는 기관)	무역거래는 **중앙무역지도기관으로부터 영업허가를 받은** 기관, 기업소, 단체가 한다.

28 리진일, "수출입허가제와 할당제에서 입찰공간을 합리적으로 리용하는데서 나서는 몇가지 문제," 『김일성종합대학학보 경제학』 2025년 제1호.

제19조 (무역거래 범위)	② 승인받지 않은 업종, 지표로 무역거래를 하거나 비법적인 방법으로 수출원천동원을 하는 행위, 무역계획을 승인없이 넘겨주거나 넘겨받는 **행위를 하지 말아야 한다.**	제15조 (무역거래 범위)	② 승인받지 않은 업종, 지표로 무역거래를 하거나 비법적인 방법으로 수출원천동원을 하는 행위, 무역계획을 승인없이 넘겨주거나 넘겨받는 행위 **등을 할수 없다.**
제24조 (무역거래의 위탁)	② 이 경우 **수출입을 위탁하는 지표에 대한 무역계획이 없을 때에는 위탁할 수없다.**	제17조 (위탁수출입업무)	이 경우 계약을 정확히 맺고 리행하여야 한다.
제25조 (무역거래와 관련한 가격 및 반출입승인의 전담)	① **무역거래와 관련한** 가격 및 반출입승인은 중앙무역지도기관이 전담한다. ② 기관, 기업소, 단체는 중앙무역지도기관으로부터 가격승인, 반출입승인을 받지않고 무역거래를 하는 행위를 하지 말아야 한다.	제19조 (수출입품의 가격 및 반출입승인의 전담)	**모든 수출입품에 대한** 가격 및 반출입승인은 중앙무역지도기관이 전담한다. 중앙무역지도기관은 수출입품에 대한 가격, 반출입승인을 엄격히 하여 **다른 나라로부터 불량품, 체화품, 모조품, 재생품과 같은 눅거리상품을 들여오는 현상이 나타나지 않도록 하여야 한다.**
제26조 (가격승인)	① 기관, 기업소, 단체는 무역거래를 하려는 경우 중앙무역지도기관에서 가격승인을 받아야 한다. ② 중앙무역지도기관은 업종별 지표에 대한 가격을 건당 따져보고 가격을 승인하거나 부결하여야 한다.	제20조 (가격승인 신청문건의 제출 및 승인)	① 기관, 기업소, 단체는 **다른 나라에 상품을 내가거나 다른 나라에서 상품을 들여오려 할 경우** 중앙무역지도기관에 가격승인신청문건을 내고 가격승인을 받아야 한다. ② 가격승인신청문건에는 **다른 나라에 상품을 내가려는 경우 생산지, 수량, 품질확인서 등 수출품과 관련한 확인문건을, 다른 나라에서 상품을 들여오려는 경우 수입품제안서와 기술자료 등을 첨부**한다.
제27조 (반출입승인)	기관, 기업소, 단체는 무역거래를 하려는 경우 중앙무역지도기관의 반출입승인을 받아야 한다.	제21조 (반출입승인신청문건의 제출 및 승인)	다른 나라에 상품을 내가거나 다른 나라에서 상품을 들여오려는 기관, 기업소, 단체는 중앙무역지도기관에 **수출입품종합신고문건을 내고** 반출입승인을 받아야 한다.

제28조 (업종, 지표의 변경)	기관, 기업소, 단체는 업종과 지표를 변경하려는 경우 중앙무역지도기관 또는 해당 기관에 변경등록을 하여야 한다.	제23조 (업종, 지표, 명칭의 변경)	① 업종 또는 지표를 변경하려는 기관, 기업소, 단체는 중앙무역지도기관에 신청하여 변경등록을 하고 영업허가증에 확인을 받아야 한다. ② **그러나 명칭을 변경하거나 소속기관이 달라졌을 경우의 수속절차는 따로 정한 질서에 따른다.**
제29조 (지적소유권의 침해 금지)	기관, 기업소, 단체는 무역거래과정에 다른 기관, 기업소, 단체 또는 **공민의 저작권이나 공업소유권 같은 지적소유권**을 침해하지 말아야 한다.	제24조 (지적소유권의 침해 금지)	해당 기관, 기업소, 단체는 무역거래과정에 다른 기관, 기업소, 단체 또는 공민의 저작권이나 공업소유권을 침해하지 말아야 한다.
제32조 (영업허가증의 재발급 및 반환)	① 기관, 기업소, 단체는 영업허가증을 분실하였거나 명칭 또는 소속기관이 달라졌을 경우 영업허가증을 재발급받아야 한다. ② 기관, 기업소, 단체가 통합되거나 해산될 경우에는 영업허가증을 중앙무역지도기관 또는 해당 기관에 바쳐야 한다.	제29조 (영업허가증의 재발급 및 반환)	① 해당 기관, 기업소, 단체는 영업허가증을 분실하였을 경우 재발급받아야 한다. ② 기관, 기업소, 단체가 통합되거나 해산될 경우에는 영업허가증을 중앙무역지도기관에 바쳐야 한다.
제33조 (대금결제와 재정 총화)	무역거래의 재정총화는 **종합신고서**와 수출입품검사검역증, 검수증, 가격승인문건과 계약서사본을 비롯한 해당 증빙문건에 기초하여 한다.	제18조 (무역거래의 대금결제와 재정 총화)	무역거래의 재정총화는 수출입품계산신청문건과 수출입품검사증, 검수증, 가격승인문건과 계약서사본 등 증빙문건에 기초하여 한다.

무역거래와 관련한 각종 승인 절차가 보다 간소화된 경향으로 조문이 수정된 것으로 보인다.

표 7-17 무역법(2022) 제3장(무역계획) 조문수정

2022년 무역법(신법)		2020년 무역법(구법)	
제37조 (무역계획의 작성과 시달)	**중앙계획지도기관**은 해마다 정해진 기일까지 다음해 무역계획을 해당 기관, 기업소, 단체에 시달하여야 한다.	제31조 (무역계획의 작성과 시달)	**국가계획기관**은 해마다 정해진 기일까지 다음해 무역계획을 해당 기관, 기업소, 단체에 시달하여야 한다.

제41조 (수출입결 과보고)	① 기관, 기업소, 단체는 무역계획수행정형을 월별로 **상급기관**과 중앙무역지도기관, 중앙재정지도기관, 해당 통계기관에 보고하여야 한다. ② 중앙무역지도기관과 중앙통계기관은 무역계획실적자료를, 중앙재정지도기관은 재정결산자료를 중앙계획지도기관에 분기별로 내며 중앙세관지도기관은 **세관통계자료를 월별로 중앙계획지도기관에 내야 한다.**	제34조 (수출입결 과보고)	① 기관, 기업소, 단체는 무역계획수행정형을 월별로 중앙무역지도기관과 중앙재정지도기관, 해당 통계기관에 보고하여야 한다. ② 중앙무역지도기관과 중앙통계기관은 무역계획실적자료를, 중앙재정지도기관은 재정결산자료를 국가계획기관에 분기별로 내야 한다. ③ 중앙세관지도기관은 **수출입실적자료를** 국가계획기관과 **중앙통계국**에 월별로 내야 한다.
제42조 (무역화물 수송계획의 작성)	기관, 기업소, 단체는 기관별, 품종별, 수송수단별, 구간별로 나누어 무역화물수송계획초안을 년간, 분기별, 월별로 세워 **중앙계획지도기관**에 내야 한다.	제35조 (무역화물 수송계획의 작성)	해당 기관, 기업소, 단체는 기관별, 품종별, 수송수단별, 구간별로 나누어 무역화물수송계획초안을 년간, 분기별, 월별로 세워 **국가계획기관**에 내야 한다.
제43조 (무역화물 수송계획의 시달, 무역 화물수송계 약의 체결)	**중앙계획지도기관**은 년간무역화물수송계획을 분기별로 세워 교통운수기관과 해당 기관에 시달하여야 한다.	제36조 (무역화물 수송계획의 시달, 무역 화물수송계 약의 체결)	**국가계획기관**은 년간무역화물수송계획을 분기별로 세워 교통운수기관과 해당 기관에 시달하여야 한다.

무역계획과 관련하여 국가계획기관이 중앙계획지도기관으로 변경된 것은 두 기관과의 차이가 분명하게 드러나지 않는다. 다만 인민경제계획법(2021) 제2조에 "2. 국가계획기관이란 인민경제계획화사업을 전문으로 맡아 수행하는 기관이다. 국가계획기관에는 중앙계획지도기관과 지방계획기관이 속한다."으로 규제되어 있다.

표 7-18 무역법(2022) 제4장(무역사업에 대한 지도) 조문수정

2022년 무역법(신법)		2020년 무역법(구법)	
제45조 (무역사업 지도기관)	③ 중앙무역지도기관은 국가의 무역정책을 수행하기 위한 **발전계획을 수립**하고 그 집행정형을 장악지도하여야 한다.	제38조 (무역사업 지도기관)	③ 중앙무역지도기관은 국가의 무역정책을 수행하기 위한 **전략을 수립**하고 그 집행정형을 장악지도하여야 한다.
제46조 (무역사업을 위한 비상설심의위원회 조직)	① 무역사업에 대한 지도와 통제를 바로하도록 하기 위하여 **해당 비상설심의위원회**를 조직한다. ② **해당 비상설심의위원회**는 국가의 무역정책을 집행하며 무역사업을 개선하기 위한 문제를 정기적으로 토의하고 해당한 대책을 세워야 한다.	제39조 (무역사업을 위한 비상설위원회 조직)	① 무역사업에 대한 지도와 통제를 바로하도록 하기 위하여 비상설로 **대외경제지도위원회와 무역사고심의위원회**를 조직한다. ② **대외경제지도위원회와 무역사고심의위원회**는 국가의 무역정책을 집행하며 무역사업을 개선하기 위한 문제를 정기적으로 토의하고 해당한 대책을 세워야 한다.
제56조 (무역정보의 봉사)	중앙무역지도기관은 국제시장조사를 진행하여 나라별, 지역별, 지표별에 따르는 **무역정보자료를 수집, 종합, 분석하며 기관, 기업소, 단체들에 무역정보를 정상적으로 봉사**하여야 한다.	제41조 (국제시장조사)	중앙무역지도기관은 정상적으로 국제시장조사를 진행하여 나라별, 지역별, 지표별에 따르는 **상품수요관계**를 장악하여야 한다.
제59조 (수출입물자교류장소의 설치 및 운영)	중앙무역지도기관은 주요 **국경통과지점을 비롯한 정해진 지역에** 수출입물자교류장소를 꾸리고 정상적으로 운영하기 위한 대책을 세워야 한다.	제46조 (수출입물자교류장소의 설치 및 운영)	중앙무역지도기관은 주요 **국경통과지점들**에 수출입물자교류장소를 꾸리고 정상적으로 운영하기 위한 대책을 세워야 한다.
제60조 (무역거래 확대를 위한 조치)	중앙무역지도기관과 해당 기관은 국가납부금이나 **관세률**의 합리적조정, 장려금의 적용 같은 조치를 취할수 있다.	제47조 (무역거래 확대를 위한 조치)	중앙재정지도기관과 중앙세관지도기관, 중앙무역지도기관은 무역거래를 확대하기 위하여 국가납부금이나 **관세**의 합리적조절, 장려금의 적용 같은 조치를 취할 수 있다.
제61조 (무역거래의 편리 보장)	중앙무역지도기관은 **무역부문망체계를 통하여 무역사업과 관련한 각종 수속과 등록, 입찰 등을 실기간적으로 보장하는 정보봉사체계를 개발리용**하여야 한다.	제52조 (무역거래의 편리 보장)	중앙무역지도기관은 무역거래와 관련한 수속절차를 간소화하여 무역거래의 편리를 보장하여야 한다.

第62조 (지방무역 및 수출원천 동원사업)	① 지방무역은 도(직할시)무역관리기관을 통하여 진행하여야 한다. ② **도(직할시)무역관리기관은 시, 군들에서 번 자금을 정확히 넘겨주어야 한다.**	第53조 (지방무역의 활성화)	중앙무역지도기관과 해당 기관은 지방무역을 활성화하기 위하여 수출기지조성과 판로개척같은 무역사업에서 제기되는 문제들을 제때에 풀어주어야 한다.

무역사업에 대한 지도와 통제를 위한 위원회가 하나로 통합되고, 중앙무역지도기관이 무역사업에 대한 지원을 위해 정보봉사체계를 개발하고 제공해야 함을 새로 규제하고 있다. 특히, 第62조 "② 도(직할시)무역관리기관은 시, 군들에서 번 자금을 정확히 넘겨주어야 한다"는 규제는 특이하다. 그동안 지방무역관리기관이 무역거래를 통해 '번 자금'에 대해 자의적 사용을 한 것으로 읽혀진다. 지도와 통제 보다는 관리기관의 자의성을 줄이려는 방향의 수정으로 읽혀진다.

표 7-19 무역법(2022) 제5장(제재 및 분쟁해결) 조문수정

2022년 무역법(신법)		2020년 무역법(구법)	
제66조 (반출입의 중지)	다음의 경우에는 수출입품의 반출입을 중지시킨다. 1. 국가의 무역정책에 어긋나게 수출입지표를 선정하여 수출하거나 수입하는 경우 2. **중앙계획지도기관**으로부터 무역계획을 받지 않았을 경우 3. 중앙무역지도기관으로부터 무역계약심의, 가격 및 반출입승인을 받지 않았을 경우 4. 비법적으로 물자를 원천동원한 경우 **5. 도(직할시)무역관리기관의 확인을 받지 않고 지방의 수출원천을 동원하였을 경우** **6. 위탁수출한 대금을 위탁자에게 제때에 물어주지 않았을 경우** **7. 국가외화의무납부과제를 수행하지 못하였을 경우** 8. 그밖에 무역관련법규에 어긋나게 수출입을 하는 경우	제56조 (반출입의 중지)	다음의 경우에는 수출입품의 반출입을 중지시킨다. 1. 국가의 무역정책에 어긋나게 수출입지표를 선정하여 수출하거나 수입하는 경우 2. **국가계획기관**으로부터 무역계획을 받지 않았을 경우 3. 중앙무역지도기관으로부터 무역계약심의, 가격 및 반출입승인을 받지 않았을 경우 4. 비법적으로 상품을 원천동원한 경우 5. 그밖에 무역관련법규에 어긋나게 수출입을 하는 경우
제67조 (영업허가증 의 회수)	다음의 경우에는 영업허가증을 회수한다. 1. 가격 및 반출입승인문건을 위조하여 리용하였을 경우 2. 국가납부계획을 3년동안 수행하지 못하였을 경우 3. 영업허가증을 받은 날부터 3년동안 무역실적이 없을 경우 4. 가짜상품, 불량상품을 수입하였거나 판매하였을 경우 5. 제한 또는 금지하는 상품을 수출입하였을 경우 **6. 수출품생산기지 또는 기술, 봉사원천이 없을 경우** **7. 수출입허가제, 할당제 실시와 관련한 질서를 어겼을 경우** 8. 영업허가증을 경유받지 않았을 경우	제57조 (영업허가 증의 회수)	다음의 경우에는 영업허가증을 회수한다. 1. 영업허가증을 경유받지 않았을 경우 2. 가격 및 반출입승인문건을 위조하여 리용하였을 경우 3. 국가납부계획을 3년동안 수행하지 못하였을 경우 4. 영업허가증을 받은 날부터 3년동안 무역실적이 없을 경우 5. 가짜상품, 불량상품을 수입하였거나 판매하였을 경우 6. 제한 또는 금지하는 상품을 수출입하였을 경우 7. 상품생산기지 또는 기술, 봉사, **상품수입원천**이 없을 경우

제69조(형사적책임)	이 법을 어긴 행위가 **범죄에 이를 경우**에는 책임있는자에게 형법의 해당 조항에 따라 형사적책임을 지운다.	제58조(행정적 또는 형사적 책임)	이 법을 어겨 무역사업에 **엄중한 결과**를 일으킨 기관, 기업소, 단체의 책임있는 일군과 개별적공민에게는 정상에 따라 **행정적** 또는 형사적책임을 지운다.

표 7-20 무역법의 주요 개정 내용[29]

구분	1997(제정), 2007	2015	2018, 2020	2022
무역거래의 주체	무역회사	영업허가를 받은 기관, 기업소, 단체		
무역 세분화	무역의 기본원칙에서 수출입구조와 무역방법, 지방무역활성 등 상품무역 위주의 규정		가공품수출, 기술무역, 봉사무역 발전 원칙 제시(2020)	상품무역, 기술무역, 봉사무역 등으로 세분화하여 규정(제12조~제18조)
무역거래 허가요건, 허가절차	무역회사의 설립 신청 이후 승인 획득 이후 회사등록, 영업허가 획득 절차	영업허가 신청만으로 가능, 승인시 영업허가증 발급	영업허가증은 매년 중앙무역지도기관의 경유를 받아야 한다는 조항 추가	승인기관 분화: 상품무역, 기술무역 → 중앙무역지도기관, 봉사무역 → 중앙무역지도기관 또는 해당기관
영업허가증 회수요건	1년간 수출실적이 없을 경우	3년간 수출실적이 없을 경우	영업허가증 회수요건 확대(7가지)	회수요건 추가(8가지): 수출입허가제, 할당제 실시와 관련 위반시
계획화 시 지표의 분담	국가계획기관은 수출입 총액과 같은 종합적 계획과 중요물자의 지표만 계획화 무역계획에 반영되지 않은 수출입 지표는 무역회사 결정	국가계획기관은 국가적인 전략지표와 제한지표만(현물지표로) 계획화 기타지표는 수출입액상으로 계획화(무역거래 당사자가 자체로 계획화)	무역거래 당사자가 무역계획 초안 작성, 제출 이후 국가계획기관이 그 초안 등에 기초해 무역계획을 작성	수출입물자에 대한 허가제, 할당제 실시 신설

29 양문수 외, 『북한경제 공식문헌 해제』(2024), 384쪽.의 내용을 기초로 필자 일부 보완.

무역가격 결정 권한	대외 기준가격과 운임은 중앙무역지도기관이, 국내 기준가격과 운임은 중앙가격제정기관 결정	국가계획기관이 계획화한 (현물)지표의 무역가격은 중앙의 승인 필요 기타 지표의 무역가격은 무역거래 당사자가 결정	모든 수출입품에 대한 가격 및 반출입 승인은 중앙무역지도기관이 전담	업종별 지표에 대한 가격을 건당 확인하여 승인 또는 부결
무역계약의 체결과 중앙의 심의	**중요** 무역계약 체결시 중앙무역지도기관의 심의 필요		무역계약 체결시 중앙무역지도기관의 심의 필요	계약체결전 계약서 초안에 대한 심의
기타				수출입독점제한 신설 무역촉진단체 활동보장 수출원천동원기지 조성 강조

자세한 조문내용은 확인할 수 없으나 2024년에도 무역법을 수정한다.[30]

가공무역법

가공무역법은 2000년 12월 26일 최고인민회의 상임위원회 정령 제1978호로 채택되었다. 법 제정의 목적으로 제1조(법의 사명)에서 "가공무역에서 제도와 질서를 엄격히 세워 외화수입을 늘이고 대외경제교류를 확대발전시키"는 것으로 규정한다. 가공무역법(2000)의 법 구조는 5개의 장과 42개 조로 구성되었다. 가공무역법은 오랜동안 수정되지 않다가 16년 만인 2016년 4월 7일 최고인민회의 상임위원

30 "조선민주주의인민공화국 최고인민회의 상임위원회 상무회의 진행," 『로동신문』 2024년 9월 21일, 신문에는 "무역법에는 나라의 무역을 발전시키는데서 나서는 일련의 문제들이 보충"하였다고 보도한다.

회 정령 제1066호로 수정보충한다.[31] 가공무역(2016)의 법 형식은 4개 장과 37개 조로 구성된다. 구법(2000)의 제2장(가공무역의 대상선정과 심의)과 제3장(가공무역계약의 체결 및 리행)을 신법(2016)에서는 제2장(대상의 선정과 가공무역계약의 리행: Chapter II, Selection of Project and Conclusion and Performance of Contract for Processing Trade)[32]으로 병합한다. 가공무역 계약 전의 심의 과정을 간소화하고 가공무역의 신청과 계약 이행을 하나 과정으로 통합하였다. 보다 구체적으로는 구법에서는 가공무역 대상신청을 계약 이전에 하는 과정이었다면 신법에서는 계약 후 '가공무역업종등록신청을 하는 과정'으로 변경되었다. 법제정시기인 2000년에는 가공무역사업을 시작하는 일부터 엄격하게 심의를 했다면 가공무역에 대한 경험이 축적되어 신청과 계약이행을 한단계로 통합할 수 있는 조건이 되었다고 추정할 수 있다.

가공무역법(2016)은 '조선말'을 영문으로 번역하여 게재한 것으로 조문 내용의 변화에 대한 상세한 분석에는 한계가 있지만 대략적인 변화를 살펴볼 수 있다. 먼저 신법(2016)에서 삭제된 조항으로는 구법(2000)의 제1장(가공무역법의 기본)에서는 가공무역을 할 수 있는 지역(제4조), 제2장(가공무역의 대상선정과 심의)에서는 가공무역신청의 심의기관(제10조), 가공무역신청서의 내용(제11조), 가공무역승인을 할수 없는 대상(제12조), 가공무역계약서에 밝힐 사항(제15조) 등 4개 조항이 삭제되었다. 제3장(가공무역계약의 체결 및 리행)에서는 가공조립품의 접수거절사유, 위약금(제19조), 가공조립품을 넘겨받지 않을 경우의

31 가공무역법의 수정보충은 한국에 유입된 조선의 법령자료에는 수록되지 않았다가 『Foreign Trade』 2024년 4호 18-19쪽에 법 전문이 영문으로 수록되었다.

32 가공무역법(2016)에 대한 설명은 전달의 정확성을 위해 필자의 번역과 영문 표기를 병기한다.

처리(제20조), 계약의 변경과 그에 대한 통지(제21조), 제공된 기술의 비밀보장(제22조) 등의 4개 조항이, 제4장(가공무역기업의 경영)에서는 물자 반입에 대한 허가와 관세면제(제24조), 국내노력, 원료, 자금 같은것의 신청과 공급(제25조), 가공무역업종변경신청 및 심의승인(제31조) 등 3개 조항이 삭제되었다. 삭제된 조문의 내용을 보면, "가공무역은 여러 지역에서 한다. 그러나 보세가공무역은 라선경제무역지대 같은 특수경제지대에서만 할수 있다(제4조)"고 서술한 내용은 2000년 당시 특수경제지대가 라선경제무역지대만 가능했으나 이후 특수경제지대가 여러 곳 선정이 되어 실효성이 없어진 상황을 반영한 것으로 보인다. 다음으로 가공무역 신청 및 심의와 관련한 조항인 제9조, 제10조, 제11조, 제12조, 제13조는 단계의 통합으로 실효성이 상실되어 삭제된 것으로 보인다. 계약의 이행과 관련하여 삭제된 조항의 내용은 가공무역 초기 단계에서 발생할 수 있는 가공조립품의 인도, 인수 조건의 내용(제19조, 제20조)과 제공 기술의 비밀보장(제22조)과 관련한 규정이다. 가공무역기업의 경영(제4장)과 관련하여 삭제 조항의 내용은 가공무역 초기단계에서의 진흥을 위한 상급기관의 역할(제25조), 업종변경과 심의(제31조)에 대한 내용이다. 이는 초기단계에는 필요하였으나 경험의 축적에 따른 실효성 저하를 이유로 삭제하였다고 추정한다. 삭제된 내용의 일부는 개정된 신법(2016)에 반영되었을 것으로 추정하나 번역의 뉘앙스 차이로 엄밀히 비교하는데 한계가 있음을 밝힌다. 표7-21는 2016년 가공무역법의 삭제 조항과 조문을 정리한 것이다.

표 7-21 2016년 가공무역법의 삭제 조항

조항	조문
제4조 (가공무역을 할 수 있는 지역)	① 가공무역은 여러지역에서 한다. ② 그러나 보세가공무역은 라선경제무역지대같은 특수경제지대에서만 할수 있다.
제9조 (계약체결전의 합의사항)	무역회사와 공장, 기업소는 가공무역대상자로 선정된 외국기업과 계약을 맺기 전에 품명, 수량, 생산보장기간, 상표, 원산지명, 가공비와 그 지불방법 같은것을 서면으로 합의하여야 한다.
제10조 (가공무역신청의 심의기관)	① 가공무역신청의 심의는 중앙무역지도기관이 한다. ② 라선경제무역지대 같은 특수경제지대에서는 지대관리운영기관이 심의한다.
제11조 (가공무역신청서의 내용)	1. 위탁가공무역신청서에는 무역회사 또는 공장, 기업소의 명칭과 소재지, 업종, 외국기업의 명칭과 소재지, 외국기업에서 제공 받을 원료, 반제품, 부분품의 명세, 가공, 조립할 제품명과 그 수량, 생산보장기간, 가공능력, 경제기술타산자료, 가공비와 그 계산기초자료 같은것을 밝혀야 한다. 2. 보세가공무역신청서에는 보세지구명, 보세가공무역을 할 공장, 기업소의 명칭과 소재지, 업종, 가공능력, 수입할 원자재, 반제품, 부분품의 명세, 수입액, 가공제품명과 그 수량, 설비 및 기술상태, 수익성타산자료, 수출실현담보자료 같은것을 밝혀야 한다.
제12조 (가공무역승인을 할수 없는 대상)	가공제품생산을 맡아할수 있는 능력을 갖추지 못한 대상, 가공비를 낮게 정한 대상, 국가의 안전보장과 사회공동의 리익에 저해를 줄수 있는 대상에 대하여서는 가공무역승인을 할수 없다.
제13조 (가공무역신청 심의기간, 결과통지)	가공무역심의기관은 가공무역신청을 받은 날부터 15일안에 심의하고 그 결과를 가공무역신청자에게 알려주어야 한다.
제19조 (가공조립품의 접수거절사유, 위약금)	① 외국기업은 가공조립품의 포장을 계약조건대로 하지 않았거나 원료, 반제품, 부분품을 다른것으로 바꾸어 가공, 조립하였을 경우 재포장을 요구하거나 가공조립품의 접수를 거절할수 있다. ② 이 경우 무역회사와 공장, 기업소는 지출되는 비용을 자체로 부담하며 위약금을 지불하여야 한다.
제20조 (가공조립품을 넘겨받지 않을 경우의 처리)	① 무역회사와 공장, 기업소는 외국기업이 가공조립품을 제때에 넘겨받지 않을 경우 그에 따르는 위약금과 보관료를 받을수 있다. ② 가공조립품을 넘겨받을 기간이 끝난 날부터 3개월이 지난 경우에는 그것을 판매처분할수 있다.
제22조 (제공된 기술의 비밀보장)	무역회사와 공장, 기업소는 계약에 따라 외국기업이 제공한 기술의 비밀을 보장하여야 한다.

第25조 (국내로력, 원료, 자금 같은것의 신청과 공급)	① 무역회사와 공장, 기업소는 가공작업에 필요한 국내의 로력, 원료, 동력, 용수, 포장재, 자금 같은것의 소요량을 상급기관에 내야 한다. ② 해당 상급기관은 제기된 소요량을 검토하고 국가계획 또는 지대계획에 맞물려 공급해주어야 한다.
第31조 (가공무역업종 변경신청 및 심의승인)	① 가공무역의 업종을 변경하려는 무역회사와 공장, 기업소는 신청문건을 가공무역심의기관에 내야 한다. ② 가공무역심의기관은 신청문건을 접수한 날부터 10일안으로 심의하고 그 결과를 신청자에게 알려주어야 한다.

무역법(2016)에서 신설된 조항으로는 제10조(가공무역업의 업종별 등록신청: Application for registration of the category of business of processing trade), 제11조(가공무역 업종의 등록: Registration of the category of business of processing trade), 제19조(자재의 입고 및 출고 상태와 상품의 생산 현황에 대한 등록: Registration of the state of warehousing and delivery of materials and the state of production of goods), 제20조(계약조건에 따른 물품의 처리: Processing of goods according to terms of contract), 제28조(가공품의 반출 기간: Period of carrying processed goods out) 등 5개의 조항이다.[33]

조문의 내용이 수정된 조항들은 크게 변경된 내용만 서술하면 다음과 같다. 최근 조선의 법 개정에서 눈에 띄는 내용은 해당 법에서 사용되는 용어의 정의를 간략히 서술하고 있다. 가공무업법에서도 동일한 형식을 띠고 있다. 신법(2016) 제2조(정의)에서 '가공무역', '보세가공무역', '가공수출무역'이라는 용어를 정의하고 있다. 이 정의는 구법(2000)의 제3조(가공무역의 형식)에서 '위탁가공무역'과 '보세가공무역'의 내용에 '가공수출무역'을 추가하였다. 가공무역법의 개정은 2015년 개정된 무역법 제45조(무역거래의 편리보장)에서 규정한

33 구법에 유사한 문구가 있지만 신법에 동일 조항이 있는 경우에는 신설조항으로 분류하였다.

"중앙무역지도기관은 무역거래와 관련한 수속절차를 간소화하여 무역거래의 편리를 보장하여야 한다"의 후속조치로 추정된다. 표 7-22는 2016년 가공무역법의 신설 조항과 조문을 정리한 것이다.

표 7-22 가공무역법 2016년 신설조항

Article	Paragraphs	한글 번역
Article 2[34] (Definition)	Terms in this law are defined as follows	이 법률의 용어는 다음과 같이 정의됩니다.
Article 2 (Definition)	① Processing trade is an economic activity to earn foreign currency by importing raw and other materials, semi-finished goods or parts from a foreign country free of customs duties, processing or assembling them and then exporting them. Processing trade is conducted in the forms of bonded processing trade and processing export trade.	① 가공 무역은 관세가 면제되는 원자재 및 기타 재료, 반제품 또는 부품을 외국에서 수입하여 가공 또는 조립한 다음 수출하여 외화를 버는 경제 활동이다. 가공 무역은 보세 가공 무역 및 가공 수출 무역의 형태이다.
	② Bonded processing trade is a form of processing trade whereby raw and other materials, semi-finished goods or parts are shipped in from a foreign enterprise without paying price and processed or assembled as requested in exchange for a processing fee.	② 보세가공무역은 원료 및 기타 재료, 반제품 또는 부품을 대가를 지불하지 않고 외국 기업에서 선적하고 가공비를 대가로 요청에 따라 가공 또는 조립하는 가공무역의 한 형태이다.
	③ Processing export trade is a form of processing trade whereby raw and other materials, semi-finished goods or parts are imported, processed or assembled and then exported.	③ 가공 수출 무역은 원료 및 기타 재료, 반제품 또는 부품을 수입, 가공 또는 조립한 다음 수출하는 가공 무역의 한 형태이다.

34 Article 2(Definition)은 구법(2000)의 제3조 내용을 수정한 조항이지만 용어의 정의를 서술하여 추가하였다.

Article 10 (Application for registration of the category of business of processing trade)	① An institution, enterprise or other organization that concluded a processing trade contract shall submit an application for the registration of the category of business of processing trade to the central trade guidance organ.	가공무역계약을 체결한 기관, 기업소, 단체는 중앙무역지도기관에 가공무역 업종등록신청서를 제출하여야 한다.
	② In this case, a business licence, contract and feasibility study report shall be submitted together.	이 경우 영업허가증, 계약서 및 타당성 조사 보고서를 함께 제출하여야 한다.
Article 11 (Registration of the category of business of processing trade)	① The central trade guidance organ shall examine and register the relevant category of business in time after receiving an application for the registration of the category of business of processing trade.	중앙무역지도기관은 가공업종의 등기 신청서를 접수한 후 적시에 해당 업종을 심사하고 등록하여야 한다.
	② The category of business of processing trade shall be registered by entering the relevant business category in the business licence.	가공무역의 범주는 사업허가증에 해당 사업업종을 입력하여 등록하여야 합니다.
	③ An institution, enterprise or other organization may request the contract partner to establish a contract performance guarantee for the fulfilment of a processing trade contract.	기관, 기업소, 단체는 계약상대측에게 가공무역계약의 이행을 위한 계약 이행 보증을 설정하도록 요청할 수 있다.
Article 19 (Registration of the state of warehousing and delivery of materials and the state of production of goods)	An institution, enterprise or other organization shall enter correctly in an account book the state of warehousing and delivery of raw and other materials, semi-finished products and parts brought in under processing trade contract and the state of production of goods.	기관, 기업소, 단체는 가공무역계약에 따라 반입된 원자재 및 기타 자재, 반제품 및 부품의 창고 및 배송 상태와 상품 생산 상태를 회계 장부에 올바르게 기입하여야 한다.

Article 20 (Processing of goods according to terms of contract)	① An institution, enterprise or other organization shall process goods under a processing trade contract qualitatively as per the contract.	기관, 기업소, 단체는 계약에 따라 가공 무역 계약에 따른 상품을 정상적으로 처리하여야 한다.
	② Quality inspection of goods may be made by the contract partner on the processing site as per the contract.	상품의 품질 검사는 계약에 따라 가공 현장에서 계약 상대측이 수행할 수 있다.
Article 28 (Period of carrying processed goods out)	An institution, enterprise or other organization shall process the raw and other materials, semi-finished goods and parts and take them out within six months of bringing them in. In an unavoidable case, it may extend the period of taking them out by requesting the relevant customs.	기관, 기업소, 단체는 원료 및 기타 자재, 반제품 및 부품을 가공하여 반입 후 6개월 이내에 반출하여야 한다. 부득이한 경우, 해당 통관에 의뢰하여 반출 기간을 연장할 수 있다.

2
기업소의 합영·합작권과 연관법

기업소의 합영·합작사업

1984년 합영법이 제정된 이후 많은 합영회사가 설립된 것으로 추정된다. 그러나 외국과의 합영회사 보다는 재일동포와의 합영회사가 주를 이루었고 당시의 합영사업은 예상한 성과를 거두지 못한 것으로 평가받고 있다.[35] 조조합영(조선과 조총련의 합영)은 1984년 합영법 제정 이후 활발히 추진되었다.

합영법 제정 이전에 있었던 조조경제교류의 주요 사례는 두 가지 형태로 진행되었는데, 하나는 단순무역이고 다른 하나는 '애국공장' 헌납이다. 전자의 경우 1961년 종합무역상사인 동해상사주식회사 건립으로 시작되어, 특산물판매, 약업 등의 교역을 진행하였다. 후자의 '애국공장 헌납'은 1967년 애국목재공장이 시작으로 1972년 병제조공장 및 봉제공장, 1975년 건설기계제조공장, 1977년 인스탄트 라면공장, 1980년 맥주제조공장 및 간장공장, 1985년 애국모란피

35 양문수, 『북한경제의 구조: 경제개발과 침체의 메커니즘』(서울: 서울대학교출판문화원, 2001), 378쪽.

복공장 등이 진행되었다.[36]

합영법 제정 이후 최고지도자가 조총련 동포들에게 조선과의 합영에 대한 발언을 한 후, 1986년 6월 16일 '합영사업연구회'를 발족하고, 8월 8일에 조조합영을 통일적으로 담당할 '조선국제합영총회사' 창설과 관련한 합의서를 체결하며, 10월 29일 조선국제합영총회사 제1차 이사회를 평양에서 개최한다.[37] 조총련의 '합영사업연구회'는 1987년 4월에 '총련합영사업추진위원회'로 전환하여 "식당, 상점 등 봉사분야부터 시작한 합영사업을 경공업부문, 화학공업부문, 농수산부문 등의 생산합영으로 발전시켜 동포상공인들의 기업" 활동을 지원하고, "합영기업들의 대내외결제업무와 일반은행업무를 수행하며 합영사업을 재정적으로 담보하기 위하여 창립된 조선합영은행을 운영"했다. 합영제품들의 전시회를 수시로 진행하기도 했다.[38]

별도의 통계가 기록되어 있지 않아 조조합영회사의 현황을 정확히 파악하기는 어렵지만 1996년 4월 '총련합영, 합작, 임가공제품 전시회(가칭)'가 진행되었을 때 82개사 참가예정이었다.[39] 대략 이 전시회 참가 예정인 기업들이 실제 운영중인 것으로 가정하면 1996년 현재 약 80~100 여개 조조합영회사들이 운영되고 있다고 추정해 볼 수 있다. 표7-23는 2000년대 이후 조선신보를 포함하여 조선의 대외

36 김성훈, 장원석, 유재현, 『민족화해의 첫걸음, 남북경협의 현장』(1996), 290-291쪽.

37 이른바 2.28 담화로 불리는 김일성의 담화, "재일조선인상공인들이 조국과 합영할데 대하여; 1986년 2월 28일," 『조선신보』 1994년 3월 24일; 『민족화해의 첫걸음, 남북경협의 현장』(1996), 292-295쪽. 재인용.

38 『조선대백과사전』(2001), 올림말: 총련합영사업추진위원회.

39 『민족화해의 첫걸음, 남북경협의 현장』(1996), 297쪽.

매체에 소개 보도가 되고 있는 합영, 합작사 중에서 합영·합작의 상대측 정보가 있는 회사들을 요약한 표이다.

표 7-23 **주요 합영·합작 회사의 외국투자회사**

회사명	상대회사	사업영역 또는 제품	설립시기	조선 회사/기관
금강오토바이회사	중국의 여러 회사들과의 합작기업	오토바이	2013년	조선금원무역총회사
금교국제상업은행	중국내몽고 홍원국제무역유한책임공사	국내는 물론 로씨야, 중국 등 다른 나라 은행들과 거래관계	2015년 1월	조선청송광업회사
금영합작회사	국제고려인통일련합회원동지역 로씨야《웨네라》유한책임회사	로씨야상품의 전문판매점	2009년 3월	
금해합작회사	중국 단동해림무역공사	건구 및 가구제품의 설계와 제작	2010년 3월	
대동단추회사	재일동포기업인 동아련합기업	단추	2004년	조선무관세회사
라선국제집함수송합영회사	《로씨야철도》주식회사	라진항 집함부두 건설, 라진-하싼 사이의철도개건 시베리아 횡단철도를 통한 국제화물중계수송조직에서의 협조	2008년 3월	조선 철도성
락연합작회사	재일동포상공인	발포제, 콘테나식매대운영		인민봉사총국
류연합영회사	중국단동시 식품공사	식품, 약품수입통신판매봉사		
만명합작회사	중국상해도편자 유한공사, 중국단동 대외경제실업유한공사	고품질의 수지제품		

만수대윈드아시아합작회사	일본의 윈드아시아회사	창작단에서 생산한 제품들의 대외판매를 담당	1994년 4월	만수대창작사의 금속공예창작단
묘향성광합영회사	베이징중체유한공사	레드등과 쎄논등	2012년	조선묘향총회사
백화상업합작회사	홍콩서광국제집단관리유한공사, 중국 정주람항상무유한공사	상품대리판매, 주문판매, 농토산물 수출	2013년	
봄향기합작회사	중국베이징세진위업국제무역 유한공사	화장품, 봄향기화장품전시장 운영	2005년 12월	조선일용공업무역회사
설송합영회사	중국비해몽신무역(베이징)유한공사	광복지구상업중심 운영		대성무역총상사
신대쇠바줄합작회사	대만프로탁스국제무역회사	쇠바줄	2005년 11월	
아침콤퓨터합영회사[40]	남경panda전자집단유한공사	컴퓨터과 수자식 천연색액정텔레비죤 등	2002년 9월	전자제품개발회사(전신은 1988년 평양계산기공장)
영광가구합영회사	중국 길림성 중산무역 수출입공사	고급가구와 마감건재생산기지	1993년 9월 (2004년 합영)	건설건재공업성 생산기지
예륜합영회사	중국예성(홍콩)국제발전유한공사	건재제품, 가정용·사무용 가구들과 건재제품	2015년 5월	
조선국제철도려객합작회사	중국동방만리(홍콩)국제투자유한공사	중국 단동, 베이징까지 가는 국제렬차 편의와 봉사	2012년 4월	
조선-그린리브즈해운합작회사	중국홍콩그린리브즈해운유한공사	짐함수송선		

40 아침콤퓨터합영회사는 첨단기술의 수출 규제를 피하기 위해 합작회사를 만든 것으로 보도하고 있다, "중국회사와 합영, 조립생산-관심 모으는 첫 국산콤퓨터 《아침-panda》," 『조선신보』 2003년 3월 15일.

진성합작회사	홍콩화성상사	피복	1998년 1월	경공업성직속 피복가공기업소
청진금속합작회사	중국으로 추정	금속가공품과 주물품들을 다량 생산		
체오기술합작회사	에짚트 오라스콤전기통신회사	정보시스템 개발		조선체신회사
칠보산합영회사	중국연길우림경제무역유한공사	천수동샘물	1999년 12월	조선두만강무역회사
탄소수지관합작회사	중국심양천양전기유한공사	탄소수지관	2000년 10월	
평스제약합영회사	스위스 인터패씨피크홀딩그룹	진통제, 항생제, 위궤양약		평양제약공장
평양레져날리쏘시즈기름합영회사	말레이시아 MP레져날리쏘시즈주식회사	종려올레인기름	2008년 3월	조선삼지연무역회사
평양상원세멘트합영회사	프랑스 라파르쥬건재회사	세멘트와기타 석고제품	2007년 7월	상원세멘트련합기업소
평양수정기술합작회사	체코 위노무역회사	카드식물류량계	2010년 3월	
평양-유럽아시아합영회사	《네덜란드 유럽-아시아집단》	남새와 화초		평양원예총회사
평양종합식료품합작회사	중국홍콩가리호국제무역유한공사	종합식료품	2006년 10월	평양곡산공장
평양피아노합영회사	오스트리아 제이.네메쯔케회사와 기술합작	피아노	1988년 2월	
평양한로식료합작회사	중국 한로(홍콩)유한공사	식료품		
평진자전거합영회사	중국천진디지탈무역책임유한공사	짐자전거,대형삼륜차	2005년 10월	조선대외경제협력추진위원회
평형친선합작회사	중국 길림시의 한 투자가	천연돌 무역		조선천연돌 가공무역총회사
흥성콤팍트 및 전자제품합영회사	네덜란드의 필립스회사	콤팍트전구	2002년 계약	

표 7-23를 보면 중국과의 무역거래 편중과 마찬가지로 합영·합작도 중국 기업과의 비중이 상대적으로 매우 높다. 외국투자회사 중에서 유럽의 회사가 투자한 회사들도 보인다. 1988년 설립된 평양피아노합영회사는 2004년 오스트리아 제이.네메쯔케회사와 기술합작하여 피아노를 생산하는 회사이다.[41] 이 합영회사는 《PACO》, 《GRATAE》, 《FEINTON》, 《STOCKHAUSEN》 등의 상표와 오스트리아회사와 기술합작한 《J. NEMETSCHKE WINE》상표를 단 여러 계열의 피아노들을 아시아와 유럽의 여러 나라들의 시장에도 진출하고 있다.[42]

진통제, 항생제 등을 생산하는 평스제약합영회사는 스위스의 인터패씨피크홀딩그룹이 투자하였다. '평스'는 평양과 스위스의 줄임말로 보인다. 평스제약합영회사는 세계보건기구와 국제적십자연맹, 독일, 스위스, 인도 등의 제약회사들과 계약을 맺고 주문약들을 대량생산하고 있다고 한다.[43]

프랑스의 라파르쥬건재회사와 상원세멘트연합기업소의 합영계약에 따라 2007년 7월에 조직된 평양상원세멘트합영회사는 상원세멘트연합기소의 생산공정 현대화를 목적으로 투자를 유치하였다. 2010년을 완공목표로 정한 설비갱신계획을 추진하고 기업소의 운영은 합영형태이지만 생산물은 국내수요를 충족시키는데 우선하

41 "평양피아노합영회사, 오스트리아와의 기술합작으로 질좋은 피아노생산," 『조선신보』 2004년 5월 27일.

42 "평양피아노합영회사," 『내나라』 2013년 11월 10일.

43 "<제10차 평양봄철국제상품전람회> 국내외에서 관심 모으는 평스제약 스위스 기업과의 합영회사," 『조선신보』 2007년 5월 21일.

기로 하였다.[44] 이후 합영회사는 생산된《독수리》표 일반회색프르틀랜드세멘트와 카리가공제품들, 염화루비디움(RbCl), 염화세시움(CsCl)과 기타 석고제품들을 수출도 하고 있다.[45] 이 합영회사는 2014년 1호 소성로계열을 개선하여 소성능력을 향상시키고 2015년 6월 평양에서 진행된 합영회사 이사회에서 전년도의 개건계획1(QIP1)을 총화하고 새 투자예산을 토의하였으며 개건계획2(QIP2)를 결정하였다고 한다.[46]

홍성콤팍트 및 전자제품합영회사는 2002년부터 네덜란드의 세계적인 전기전자제품생산 회사인 필립스와 계약을 맺고 콤팩트전구를 생산하고 있다. 조선의 전력사정을 해결하기 위하여 전기절약을 강조하는 사회적분위기가 고조되는 가운데 가정과 기관, 기업소의 조명전구들이 콤팍트등으로 교체되고있다고 한다.[47] 이외에도 합영·합작회사에 대해 국제상품전람회 등의 참가보도를 통해 약 120여개 회사들을 소개하고 있다. 합영·합작회사의 사업영역은 일반 소비재 부문에서부터 광산, 자동차, 전자, 정보 분야 등 다양한 영역에 분포하고 있다.

44 "합영방식에 의한 상원세멘트련합기업소 현대화: 외국투자유치, 목적은《경제강국건설》," 『조선신보』 2008년 4월 10일.

45 "평양상원세멘트합영회사," 『내나라』 2013년 5월 16일.

46 "쌍방의 노력으로 현대화를 촉진해간다," 『내나라』 2015년 8월 27일.

47 "인기 높은 전구는《필립스》: 홍성콤팍트 및 전자제품합영회사에서 생산," 『조선신보』 2006년 10월 20일.

국가의 외국인투자 유치정책

외국인투자법

사회주의헌법(1992)의 제37조에 "국가는 우리나라 기관, 기업소, 단체와 다른나라 법인 또는 개인들과의 기업 합영과 합작을 장려"하고, 사회주의헌법(1998)에는 이에 더하여 "특수경제지대에서의 여러가지 기업창설운영"의 장려 사항을 추가한다. 이 조항은 2024년 사회주의헌법에서도 유지되고 있다.

합영, 합작은 포괄적 의미에서 외국인투자의 한 방식이다. "외국인투자란 외국투자가가 경제활동을 목적으로 우리 나라에 재산이나 재산권, 기술비결을 들여오는 것"으로 여기서 "외국투자가란 우리 나라에 투자하는 다른 나라의 법인, 개인"을 말한다. "외국투자기업이란 외국인투자기업과 외국기업"을 말하며, "외국기업이란 투자관리기관에 등록하고 경제활동을 하거나 외국인투자기업을 설립하지 않고 우리 나라 기관, 기업소, 단체와 맺은 계약에 따라 투자하는 다른 나라 기업"이며, "외국인투자기업이란 우리 나라에 창설한 합작기업, 합영기업, 외국인기업"들이다. 여기서 "외국인기업이란 외국투자가가 단독으로 투자하고 운영하는 기업"이고, "합작기업이란 우리측 투자가와 외국측 투자가가 공동으로 투자하고 우리측이 운영하며 계약에 따라 상대측의 출자몫을 상환하거나 리윤을 분배하는 기업", "합영기업이란 우리측 투자가와 외국측 투자가가 공동으로 투자하고 공동으로 운영하며 투자몫에 따라 리윤을 분배하는 기업"을 의미한다.[48]

48 「외국인투자법(2022)」의 제2조(용어의 정의)

조선은 1984년 합영법을 제정하고 해외투자자들의 투자 유치를 위해 노력하면서 1992년 외국인투자와 관련한 기본적인 규범으로 외국인투자법을 제정한다. 외국인투자법은 1992년 10월 5일 최고인민회의 상설회의 결정 제17호로 채택하고 1992년 12월 10일 최고인민회의 제9기 4차회의에서 승인한다. 외국인투자법은 "외국투자가들이 외국인투자기업을 창설운영하는 일반원칙과 질서를 포괄적으로 규제(외국인투자법, 1992, 제2조 ①)"하는 것을 법의 목적으로 밝히고 있다. 제정된 법에서 "외국투자가란 공화국령안에 투자하는 다른 나라의 법인과 개인", "외국투자기업이란 공화국령안에 설립한 합작기업, 합영기업, 외국인 기업", "합작기업이란 우리측 투자가와 외국측 투자가가 공동으로 투자하고 우리측이 운영하며 계약조건에 따라 상대측의 투자몫을 상환하거나 리윤을 분배하는 기업", "합영기업이란 우리측 투자가와 외국측 투자가가 공동으로 투자하고 공동으로 운영하며 투자몫에 따라 리윤을 분배하는 기업", "외국인기업[49]이란 외국투자가가 단독으로 투자하여 경영하는 기업"으로 정의하고 있다.[50] 이에 더하여 외국인투자법(1999)에 "외국기업이란 공화국령역안에서 소득원천이 있는 다른 나라 기관, 기업체와 개인 및 기타 경제조직"이라는 조문을 추가한다. 외국인투자와 관련한 법인으로 외국기업, 외국인기업 그리고 외국인 투자기업으로 합작기업, 합영기업을 각각 구분하여 설명하고 있다.

49 외국인기업과 관련하여 외국인기업법이, 외국인투자기업로동법, 외국인투자기업재정관리법, 외국인투자기업파산법, 외국인투자법, 외국투자기업 및 외국인세금법, 외국투자기업등록법, 외국투자기업회계검증법, 외국투자기업회계법, 외국투자은행법 등이 별도로 규정되어 있다.

50 「외국인투자법」(1992) 제2조 ②에서 5항.

외국인투자와 관련한 법들이 여러 가지 형태로 제정된다. 다음 표7-24는 관련법과 적용되는 대상기업을 요약한 표이다.

표 7-24 외국인투자와 관련한 법 적용대상

법 명	제정 연도	법 적용 대상
합영법	1984	합영기업
합작법	1992	합작기업
외국인기업법	1992	외국인기업
외국투자은행법	1993	외국투자은행
외국투자기업 및 외국인세금법	1993	외국투자기업(합영기업, 합작기업, 외국인기업, 외국기업), 외국투자은행, 외국인(해외동포 포함)
외국인투자기업 파산법	2000	외국인투자기업, 외국투자은행
외국투자기업 등록법	2006	외국투자기업(합영기업, 합작기업, 외국인기업, 외국기업), 외국투자은행, 외국인(해외동포 포함)
외국투자기업 회계법	2006	외국투자기업과 외국투자은행, 우리 나라에서 3개월이상 지속적인 수입이 있는 외국기업의 지사, 사무소, 대리점 같은 외국투자기업
외국인투자기업 재정관리법	2008	외국인 투자기업, 외국투자은행, 외국기업
외국인투자기업 로동법	2009	합영기업, 합작기업, 외국인기업
외국투자기업 회계검증법	2015	외국투자기업회계검증기관, 외국인투자기업, 외국투자은행, 우리 나라 령역에서 3개월이상 지속적인 수입이 있는 외국기업의 지사, 사무소, 대리점, 외국인투자기업과 외국투자은행이 다른 나라에 설립한 기업 또는 지사, 사무소

외국인투자회사에 대해서는 조선 내의 법인에 대한 투자형태와 경영참여 정도를 구분의 기준으로 삼고 있다. 외국인투자법의 수정은 합영법과 합작법에 영향을 주는 것으로 보인다. 외국인투자법, 합영법, 합작법은 제정시기에서 차이가 있지만 이후 개정과정에서

는 거의 같은 시기에 '수정보충'을 한다. 합영법(2001)과 합작법(2008.4월)을 제외하고 합영법과 합작법의 개정은 동시에 이루어진다. 다음 표7-25는 외국인투자법, 합영법, 합작법의 개정 연혁을 비교한 표이다.

표 7-25 외국인투자법, 합영법, 합작법의 개정시기

구분	외국인투자법	합작법	합영법
기업소법 제정 이전	1992년 10월 5일 결정 제17호로 채택	1992년 10월 5일 결정 제18호로 채택	1984년 9월 8일 결정 제10호로 채택
			1994년 1월 20일 결정 제44호로 수정보충
	1999년 2월 26일 정령 제484호로 수정보충	1999년 2월 26일 정령 제484호로 수정보충	1999년 2월 26일 정령 제484호로 수정보충
			2001년 5월 17일 정령 제2315호로 수정보충
	2004년 11월 30일 정령 제780호로 수정보충	2004년 11월 30일 정령 제780호로 수정보충	2004년 11월 30일 정령 제780호로 수정보충
		2006년 5월 23일 정령 제1774호로 수정보충	2006년 5월 23일 정령 제1774호로 수정보충
	2007년 9월 26일 정령 제2367호로 수정보충	2007년 9월 26일 정령 제2367호로 수정보충	2007년 9월 26일 정령 제2367호로 수정보충
	2008년 4월 29일 정령 제2688호로 수정보충	2008년 4월 29일 정령 제2688호로 수정보충	
	2008년 8월 19일 정령 제2842호로 수정보충	2008년 8월 19일 정령 제2842호로 수정보충	2008년 8월 19일 정령 제2842호로 수정보충
기업소법 제정 이후	2011년 11월 29일 정령 제1991호로 수정보충	2011년 11월 29일 정령 제1993호로 수정보충	2011년 11월 29일 정령 제1992호로 수정보충
		2014년 10월 8일 정령 제173호로 수정보충	2014년 10월 8일 정령 제173호로 수정보충
	2022년 3월 1일 정령 제878호로 수정보충		

외국인투자법은 총 7번의 개정이 있었다. 이 책에서는 2008년 4월, 8월 개정된 법이 누락되어 있다. 외국인투자법은 제정 당시 22개 조항으로 출발하여 외국인투자법(2022)에서도 구조변동 없이 22개 조항으로 유지되고 있다.

법의 목적과 원칙부문에 대한 내용을 규제한 제1조부터 제10조까지의 변화를 살펴보면 다음과 같다.

표 7-26 **외국인투자원칙의 변화(제1조)**

조항[51]	제정 외국인투자법(1992)	수정내용과 시기
제1조 (외국투자의 장려원칙)	세계 여러 나라들과의 경제협조를 확대 발전시키는 것은 조선민주주의인민공화국의 일관한 정책이다.	조선민주주의인민공화국 외국인투자법은 우리 나라에 대한 외국투자가들의 투자를 장려하며 그들의 **합법적권리와 리익을 보호하는데 이바지한다.**(2011)[52]
	국가는 완전한 평등과 호혜의 원칙에서 외국투자가들이 공화국령역안에 투자하는 것을 장려한다.	이 법은 **외국투자관계의 기본법이다.**(2011)

구법(1992)에서는 헌법의 원칙이 정한 '평등과 호혜의 원칙'에 근거하여 '외국인들의 투자를 장려'하였다. 외국인투자법(2011)에서는 더 나아가 '그들의 합법적권리와 리익을 보호'를 추가하여 규정하였다. 투자유치에 대한 강한 의지를 원칙에 규정하였다고 볼 수 있다. 그리고 눈이 띠는 조항이 별도로 외국인투자법(2011)에 추가되었다.[53] 외국인투자법을 외국투자관계의 '기본법'으로 서술한 것이다. 필자의 확인으로는 조선의 법령 조문에서 '기본법'이라는 서술이 유일한 것으로 보인다. 외국투자관계에 관련된 법이 많이 있다. 이 조

51 조항의 명칭은 외국인투자법(2004)를 인용하였다.

52 조선의 외국인투자법제에 대해 연구한 권은민은 투자유치를 적극적으로 활성화하려면 적어도 외국인투자가들의 합법적 권리와 이익의 보호 조항을 넘어서서 "외국인투자에 대하여 계획과 무관하다는 점을 선언하는 법규정을 제정하여 국내(조선)의 계획경제와 단절"과 "경제지도를 하지 않는다는 규정" 삽입을 제안한다, 권은민, 『북한 외국인투자법제에 관한 연구: 시기별 변화와 전망』(창원: 경남대학교 북한대학원, 2011), 323쪽.

53 '기본법' 조문 내용은 외국인투자법(1999)에 추가되었다.

문의 추가와 관련된 것으로 볼 수 있는 것이 2014년 법률출판사에서 발간한 『조선민주주의인민공화국 법규집(대외경제부문)』에 『외국인투자법(2011)』을 가장 처음에 수록하고 직접적으로 외국투자와 관련한 법으로 제1편에 합영법으로부터 외국인투자기업파산법까지 10개의 법과 3개의 규정을 수록하였다. 이런 여러 외국투자관련 법들의 기본으로 외국인투자법을 위치지워 놓은 것으로 보인다.

표 7-27　제2조 외국인투자유형의 정의

제정 외국인투자법(1992)	수정내용과 시기
제2조	제2조(외국인투자법의 지위, 외국투자기업의 류형과 정의)(2004), 제2조(용어의 정의)(2011)
이 법은 외국투자가들이 외국인투자기업을 창설운영하는 일반원칙과 질서를 포괄적으로 규제한다.	이 법은 외국투자가의 투자를 보호하며 외국투자기업의 합법적권리와 리익을 보장하기 위한 일반 원칙과 질서를 규제한 **외국투자관계의 기본법**이다.(1999) 1. 외국인투자란 외국투자가가 경제활동을 목적으로 우리 나라에 재산이나 재산권, 기술비결을 들여오는 것이다.(2011 신설)
외국투자가란 공화국령역안에 투자하는 다른 나라의 법인과 개인을 말한다.	2. 외국투자가란 우리 나라에 투자하는 다른 나라의 법인, 개인이다.
외국투자기업이란 공화국령안에 설립한 합작기업, 합영기업, 외국인기업을 말한다.	외국인투자기업이란 공화국령역안에 창설한 합작기업, 합영기업, 외국인기업을 내용으로 하는 외국인 투자기업과 **외국기업**을 말한다.(1999) 3. 외국투자기업이란 외국인투자기업과 외국기업이다.(2011) 4. 외국인투자기업이란 우리 나라에 창설한 합작기업, 합영기업, 외국인기업이다.(2011)
합작기업이란 우리측 투자가와 외국측 투자가가 공동으로 투자하고 우리측이 운영하며 계약조건에 따라 상대측의 투자몫을 상환하거나 리윤을 분배하는 기업을 말한다.	5. 합작기업이란 우리측 투자가와 외국측 투자가가 공동으로 투자하고 우리측이 운영하며 계약에 따라 **상대측의 출자몫**을 상환하거나 리윤을 분배하는 기업이다.(2011) 5. 합작기업이란 우리측 투자가와 외국측 투자가가 공동으로 투자하고 우리측이 운영하며 계약에 따라 **상대측의 투자**를 상환하거나 리윤을 분배하는 기업이다.(2022)

합영기업이란 우리측 투자가와 외국측 투자가가 공동으로 투자하고 공동으로 운영하며 투자몫에 따라 리윤을 분배하는 기업을 말한다.	
외국인기업이란 외국투자가가 단독으로 투자하여 경영하는 기업을 말한다.	외국기업이란 공화국령역안에서 소득원천이 있는 다른 나라 기관·기업체와 개인 및 기타 경제조직을 말한다.(1999) 8. 외국기업이란 투자관리기관에 등록하고 경제활동을 하는 다른 나라 기업이다.(2011) 8. 외국기업이란 투자관리기관에 등록하고 경제활동을 하거나 외국인투자기업을 설립하지않고 우리 나라 기관, 기업소, 단체와 맺은 계약에 따라 투자하는 다른 나라 기업이다.(2022)
	9. 외국투자은행이란 우리 나라에 설립한 합영은행, 외국인은행, 외국은행지점이다.(2011)
	10. 특수경제지대란 국가가 특별히 정한 법규에 따라 투자, 생산, 무역, 봉사와 같은 경제활동에 특혜가 보장되는 지역이다.(2011)

표 7-28 투자창설지역과 투자기업보호(제3조, 제4조)

조항	제정 외국인투자법(1992)	수정내용과 시기
제3조 (합영, 합작, 외국인기업의 창설지역)	외국투자가는 공화국령역 안에 합작기업, 합영기업을 설립할수 있으며 자유경제무역지대안에 외국인기업을 창설 운영할 수있다.	외국투자가는 공화국령역안에 합작기업-합영기업과 **라진-선봉경제무역지대** 안에 외국인기업을 창설운영할 수 있다.(1999) 외국투자가는 공화국령역안에 합작기업, 합영기업을 창설운영할수 있다.(2004) 외국투자가는 우리 나라에서 외국인투자기업과 외국투자은행을 창설운영할수 있다.(2011)
		외국인기업은 정해진 지역에 창설운영할 수 있다.(2004 신설) 이 경우 투자관리기관의 승인을 받는다.(2011)
		투자관리기관에는 해당 중앙기관과 특수경제지대관리기관이 속한다.(2011)

제4조 (외국투자기업의 권리와 리익보호, 경영조건 보장)	국가는 공화국의 법에 따라 외국투자가와 외국인투자기업의 합법적권리와 리익을 보장한다.	국가는 외국투자가의 합법적인 권리와 리익을 보호하며 외국인투자기업과 외국투자은행의 경영활동조건을 보장하도록 한다.(2011)

표 7-29 투자부문에 대한 조항들

조항	제정 외국인투자법(1992)	수정내용과 시기
제5조 (투자당사자)	다른 나라의 기관, 회사, 기업체들과 개인 및 기타 경제조직들은 공화국령역안에 투자할 수 있다.	다른 나라의 기관, 기업체와 개인 및 기타 경제조직은 공화국령역안에투자할 수 있다다른 나라의 법인과 개인은 우리 나라에 투자할 수 있다.(2011)
		해외조선동포도 해당 법규에 따라 공화국령역안에 투자할 수 있다.(1999년 신설) 해외동포도 이 법에 따라 투자할수 있다.(2011)
제6조 (투자부문)	제6조(투자부문)	제6조(투자부문 및 투자방식)
	외국투자가는 공업, 농업, 건설, 운수, 체신, 과학기술, 관광, 류통, 금융을 비롯한 여러 부문에 투자할 수 있다.	외국투자가는 공업, 농업, 건설, 운수, 체신, 과학기술, 관광, 류통, 금융 같은 여러부문에 여러가지 방식으로 투자할 수 있다.(2007)
제7조 (투자장려 부문)	국가는 첨단기술을 비롯한 현대적기술과 국제시장에서 경쟁력이 높은 제품을 생산하는 부문, 자원개발 및 하부구조 건설부문, 과학연구 및 기술개발 부문에 대한 투자를 장려한다.	국가는 첨단기술을 비롯한 현대적기술과 국제시장에서 경쟁력이 높은 제품을 생산하는 부문, 하부구조건설부문, 과학연구 및 기술개발부문에 대한 투자를 특별히 장려한다.(2011)
제8조 (장려부문투자의 우대)	장려하는 부문에 투자하여 설립한 외국인투자기업은 소득세를 비롯한 여러가지 세금의 감면, 유리한 토지사용조건의 보장, 은행대부의 우선적제공과 같은 우대를 받는다.	장려하는 부문에 투자하여 창설한 외국투자기업은 세금적용에서의 특혜, 유리한 토지리용조건의 보장, 은행대부의 우선적제공 같은 우대를 받는다.(2022)

표 7-30 경제무역지대(제9조, 제10조)

조항	제정 외국인투자법(1992)	수정내용과 시기
제9조 (라선경제무역지대의 특혜적인 경영활동조건)	자유경제무역지대안에 설립된 외국인투자기업은 다음과 같은 특혜적인 경영활동 조건을 보장 받는다.	국가는 특수경제지대안에 창설된 외국투자기업에 문자구입 및 반출입, 제품판매, 로리채용, 세금납부, 토지리용 같은 여러 분야에서 특혜적인 경영활동조건을 보장하도록 한다.(2011)
	1. 국가가 따라 정한 품목을 내놓고는 수출입물자에 대하여 관세 를 적용하지 않는다.	2011년 삭제
	2. 생산부문에서 리윤이 나는 해로 부터 3년까지 소득세를 물지않으며 그 다음 2년까지 소득세를 50%범위에서 덜어줄 수있다.	
	소득세률은 다른 지역보다 낮추어 결산리윤의 14%로한다.	
제10조 (라선경제무역지대의 입출국수속원칙)	제10조(라선경제무역지대의 입출국수속원칙)	제10조(외국투자가들의 입출국편리보장)(2011)
	국가는 자유경제무역지대안에 기업을 창설하거나 그 운영을 위하여 입출국하는 외국투자가들의 수속 절차와 방법을 편리하게 정하도록 한다.	국가는 해당 기관에서 **라진-선봉경제무역지대**안에 기업을 창설하거나 그 운영을 위하여 입출국하는 외국투자가들의 수속 절차와 방법을 편리하게 정하도록 한다.(1999) 국가는 해당 기관에서 라선경제무역지대안에 기업을 창설하거나 그 운영을 위하여 입출국하는 외국투자가들의 수속절차와 방법을 편리하게 정하도록 한다.(2004) 국가는 우리 나라에 투자하는 외국투자가들의 입출국수속절차와 방법을 편리하게 정하도록 한다.(2011)

제11조부터 제22조까지에는 투자와 관련한 구체적인 내용을 규제하고 있다.

표 7-31 투자관련 조항의 변화

조항	외국인투자법(1992)	수정내용과 시기
제11조 (투자의 금지, 제한) [제11조 (투자의 금지 및 제한대상) (2011)]	민족경제발전과 나라의 안전에 지장을 주거나 경제기술적으로 뒤떨어지고 환경보호의 요구에 저촉되는 대상의 투자는 금지하거나 제한한다.	투자를 금지하거나 제한하는 대상은 다음과 같다.(2011) 1. 나라의 안전과 주민들의 건강, 건전한 사회도덕생활에 저해를 주는 대상 2. 자원수출을 목적으로 하는 대상 3. 환경보호기준에 맞지 않는 대상 4. 기술적으로 뒤떨어진 대상 5. 경제적효과성이 적은 대상
제12조 (투자재산과 재산권)	외국투자가는 화폐재산, 현물재산, 공업소유권, 기술비결을 비롯한 재산과 재산권으로 투자할수 있다.	외국투자가는 화폐재산, 현물재산, 공업소유권 같은 재산과 재산권으로 투자할수 있다.(2011)
	이 경우 투자하는 재산과 재산권의 가치는 해당시기의 국제시장가격에 기초하여 당사자들사이의 합의에 따라 평가한다.	② 삭제(2011)
제13조 (지사, 대리점, 출장소의 설립)	외국인투자기업은 우리나라나 다른 나라에 지사, 대표부, 출장소를 내오거나 새끼회사를 설립할 수 있으며 우리 나라 또는다른 나라의 회사들과 기업을 련합할 수도 있다.	외국인투자기업과 **합영은행, 외국인은행**은 우리 나라 또는 다른 나라에 지사, 사무소, 대리점 같은것을 내오거나 새끼회사를 내올수 있으며 다른 나라 회사들과 련합할수 있다.(2011) 외국인투자기업은 지사, 사무소, 대리점 같은것을 내오거나 다른 나라 회사들과 련합할수 있다.(2022)
제14조 (공화국법인 자격대상) [제14조(법인 자격대상) (2022)]	공화국령역안에 설립한 합작기업, 합영기업, 외국인기업은 우리 나라의 법인으로 된다.	합작기업, 합영기업, 외국인기업은 공화국 법인으로 된다.(1999) 외국인투자기업과 합영은행, 외국인은행은 우리 나라의 법인으로 된다.(2011)
	공화국령역안에 있는 외국인투자기업의 지사, 대표부, 출장소는우리나라의 법인으로 되지 않는다.	공화국령역안에 있는 외국기업의 지사, 대리점, 출장소 같은 것과 외국기업은 공화국 법인으로 되지 않는다.(1999) 그러나 우리 나라에 있는 외국기업의 지사, 사무소, 대리점, 외국은행지점은 우리 나라의 법인으로 되지 않는다.(2011)

표 7-32 토지와 노동력

조항	외국인투자법(1992)	수정내용과 시기
제15조 (토지의 임대 기간)	국가는 외국투자가와 외국인투자기업설립에 필요한 토지를 최고 50년까지 임대하여 준다.	국가는 외국투자가와 외국인투자기업을 창설하는데 필요한 토지를 최저 50년까지의 기간으로 임대하여준다.(1999) 국가는 외국투자가와 외국인투자기업을 창설하는데 필요한 토지를 최고 50년까지 임대하여 준다.(2007) 국가는 외국투자가와 외국인투자기업, 외국투자은행을 창설하는데 필요한 토지를 임대하여준다(2011)
	임대하여준 토지는 임대받은 기간안에 해당 기관의 승인밑에 양도하거나 상속할 수 있다.	② 삭제(2007) 토지임대기간은 최고 50년까지로 한다.(2011)
		임대받은 토지는 토지임대기관의 승인밑에 임대기간안에 양도하거나 저당잡힐수 있다.(2011)
제16조 (로력의 채용 및 해고) [제16조(로력의 채용)]	외국인투자기업은 우리 나라 로력을 채용하여 한다.	외국인투자기업과 외국투자은행은 종업원을 우리 나라 로력으로 채용하여야 한다.(2011)
	계약에 의하여 정해진 관리인원과 특수한 직종의 기술자, 기능공은 정무원 대외경제기관과의 합의밑에 다른 나라 사람을 채용할 수 있다.	계약에 의하여 정해진 관리인원과 특수한 직종의 기술자, 기능공은 중앙무역지도기관과 합의하여 다른 나라 사람을 채용할 수 있다.(1999) 계약에 의하여 정해진 관리인원과 특수한 직종의 기술자, 기능공은 중앙무역지도기관과 합의하고 다른 나라 사람을 채용할수 있다.(2007) 일부 관리인원과 특수한 직종의 기술자, 기능공은 투자관리기관과 합의하고 다른 나라 로력으로 채용한 수도 있다.(2011)
	우리 나라 로력은 해당 로동기관과 계약을 맺고 그에 따라 채용하거나 해고하여야 한다.	우리 나라 로력은 해당 로력알선기관과 계약을 맺고 그에 따라 채용하거나 내보낼 수 있다.(1999)

표 7-33 세금과 투자재산

조항	외국인투자법(1992)	수정내용과 시기
제17조 (세금의 종류와 납부) [제17조(세금의 납부)(2011)]	외국투자가와 외국인투자기업은 공화국의 해당 법에 따라(세금을 물어야 한다.)	외국투자가와 해당 외국투자기업은 소득세, 거래세, 재산세를 비롯한 세금을 물어야 한다.(1999) 외국투자가와 외국인투자기업, 외국기업, 외국투자은행은 기업소득세, 거래세, 재산세 같은 세금을 정해진 데 따라 납부하여야 한다.(2011)
제18조 (리윤의 재투자)	외국투자가는 리윤의 일부 또는 전부를 공화국령역안에 재투자할 수 있다.	외국투자가는 리윤의 일부 또는 전부를 우리 나라에 재투자할수 있다.(2011)
	이 경우 재투자분에 대하여 이미 납부한 소득세의 일부 또는 전부를 되돌려 받을 수 있다.	
제19조 (투자재산의 보호)	외국인투자기업과 외국투자가가 투자한 재산은 국유화하거나 국가가 거두어 들이지 않는다.	국가는 외국투자가와 외국인투자기업, 외국투자은행의 재산을 국유화하거나 거두어들이지 않는다.(2011)
	불가피한 사정으로 국유화하거나 거두어들일 경우에는 해당한 보상을 한다.	사회공공의 리익과 관련하여 부득이하게 거두어들이려 할 경우에는 사전에 통지하며 법적절차를 거쳐 그 가치를 충분히 보상해준다.(2011)
제20조 (리윤과 기타소득의 국외송금)	외국인투자가가 기업운영에서 얻은 합법적리윤과 기타 수입, 기업을 청산하고 남은 자금은 공화국의 외화관리와 관련한 법과 규정에 따라 국외로 송금할 수 있다.	외국투자가가 기업운영에서 얻은 합법적리윤과 기타 소득, 기업을 청산하고 남은 자금은 공화국의 외화관리와 관련한 법규에 따라 공화국령 역밖으로 송금할 수 있다.(1999) 외국투자자가 기업운영 또는 은행업무에서 얻은 합법적리윤과 기타소득, 기업 또는 은행을 청산하고 남은 자금은 제한없이 우리 나라 령역밖으로 송금할수 있다.(2011)

표 7-34　비밀보장과 분쟁의 해결

조항	외국인투자법(1992)	수정내용과 시기
제21조 (경영비밀의 보장)	국가는 외국인투자기업의 경영비밀을 법적으로 보장하며 외국투자가와의 합의없이 공개하지 않는다.	국가는 외국인투자기업과 **외국투자은행**의 경영활동과 관련한 비밀을 법적으로 보장하며 외국투자가와 합의없이 공개하지 않도록 한다.(2011)
제22조 (분쟁의 해결)	외국인투자와 관련한 의견상이는 협의의 방법으로 해결한다.	
	분쟁사건은 조선민주주의인민공화국의 재판기 관 또는 중재기 관에서 해당 절차에 따라 심의해결하며 합의에 따라 다른 나라의 중재기관에 제기하여 해결할 수도 있다.	협의의 방법으로 해결할수 없을 경우에는 조정, 중재, 재판의 방법으로 해결한다.(2011)

표 7-35　외국인투자법의 주요 개정 내용[54]

구분	1992	2004, 2007	2011
투자 당사자	· 외국 기업 및 개인 · 공화국 영역 밖 거주 조선동포		해외동포로 수정
투자 지역	합영, 합작은 공화국 영역 안 외국인기업은 자유경제무역지대 안	외국인기업 설립 가능지역 확대: '정해진 지역'으로	외국인기업 설립지역제한 폐지
투자 부문 및 방식	공업, 농업, 건설, 체신, 과학기술, 관광, 유통, 금융을 비롯한 여러 부문		
경제특구 입주기업 특혜	수출입물자 무관세, 소득세 감면, 입국절차 간소화		대상지역 확대: 라선 경제무역지대 → 특수경제지대 전역 특혜 제공분야 확대: 세금납부, 노력채용, 토지이용 → 물자구입 및 반출입, 제품판매 등으로 확대

54　양문수 외, 『북한경제 공식문헌 해제』(2024), 363쪽.의 내용을 기초로 필자 일부 수정.

토지 임대	최고 50년간 토지임대 토지임대권은 조선측 승인 하에 양도나 상속 가능	토지임대권 양도 및 상속 불가	토지임대권 양도 및 저당 가능
인력 채용	원칙적으로 북한주민 채용, 노동력 알선기관과 계약 맺어 채용, 해고		
투자 재산 보호	국유화나 국가수용 않음. 불가피한 사정시 해당한 보상		
분쟁해결	분쟁시 북한의 재판기관 또는 중재기관 심의, 필요시 제3국의 중재기관 활용		조정제도 신규 도입

합영법

합영법은 1984년 9월 8일 최고인민회의 상설회의 결정 제10호로 채택로 채택되어 2014년까지 총 9번의 개정과정을 거친다. 합작법은 1992년 10월 5일 최고인민회의 상설회의 결정 제18호로 채택되어 2014년까지 8번의 개정과정을 거친다. 법형식의 측면에서 보면 합영법은 1984년 제정될때에는 5개 장, 26개 조의 체계에서 1994년 1차 개정할 때 5개 장, 47개 조의 체계를 2014년까지 큰 변화없이 유사하게 유지되는 것으로 보인다.[55] 법 내용의 변화에서 1994년 개정이 가장 큰 변화시기로 보인다.

합영법(1984)는 합영의 기본(제1장)에 5개 조항, 합영회사의 조직(제2장)에 4개 조항, 이사회의 경영활동(제3장)에 8개 조항, 결산과 분배(제4장)에 5개 조항, 합영회사의 해산과 분쟁해결(제5장)에 4개 조항

55 필자의 자료조사능력 한계로 2004년, 2008년 수정된 내용은 누락되어 있다. 2011년 개정에서 5개 장, 46개 조의 체계로 다소 변한다.

으로 구성되어 있다. 합영법(1994)에서는 합영법의 기본(제1장)에 8개 조항, 합영기업의 창설(제2장)에 7개 조항, 합영기업의 기구와 경영활동(제3장)에 17개 조항, 합영기업의 결산과 분배(제4장)에 10개 조항, 합영기업의 해산과 분쟁해결(제5장)에 5개 조항으로 증가한다. 장의 구조에는 큰 변화가 없고 각 장별로 조항이 신설되어 보다 상세히 규정하고 있다. 조문 내용을 비교해보면 주요 내용을 의미상 승계하지만 서술은 전혀 새롭게 규정하고 있어서 새로 제정에 가까운 개정이다. 이는 1992년 사회주의헌법에 합영, 합작에 대한 규정이 신설된 사실과 관련이 높다고 추정된다. 1984년의 합영법 제정은 정책적 필요에 의해 부문법으로서만 존재했다면 1994년 합영법의 개정은 그 동안의 합영에 대한 경험축적에 대한 평가를 반영하고, 사회주의헌법의 규정 하에 보다 체계적인 '법화'가 필요했을 것으로 추정된다.

합영법(1984)의 주요 내용을 요약하면 법의 사명으로 "세계의 여러나라들과의 경제기술교류와 협조를 확대 발전시키는 것(제1조)"으로서 "합영사업의 분야"로 "공업, 건설, 운수, 과학기술, 관광업을 비롯한 여러 분야"[56](제2조)를 강조하고, 합영을 할 수 있는 대상자로 "재일조선상공인들을 비롯하여 해외에 거주하는 조선동포들"(제5조)을 강조한다. 합영회사 조직의 승인기관으로 '대외경제기관'(제6조)를 지정하고, "합영회사를 운영하는 과정에 생기는 회사의 빚에 대하여 합영 당사자들은 출자몫에서만 책임"(제8조 ①)지는 것으로

56 조선의 UN대표부가 1991년 8월에 작성, 배포한 외국인투자유치 안내서(Investment Opportunities in The DPRK)에 포함된 투자유치 희망업종에는 Processed Food, Minerals, Textiles, Chemicals, Manufactured Goods, Machinery and Equipmet, Construction, Transport, Tourism 등의 부문에 세부분야를 나열하고 있다. 『북한의 합영법제』(서울, 법제처, 1992), 394-396쪽.

한정하며, "등록된 자금을 줄일 수"(제9조) 없음을 규정해 놓고 한다. 합영회사의 최고의결기관으로 "리사회"를 규정하고 합영회사의 운영을 "계약, 합영회사 규약 및 리사회의 결정에 따라"(제12조)서 운영하는 것으로 정한다. 합영회사의 재정금융과 관련한 사항으로 "합영회사는 조선민주주의인민공화국 은행에 돈자리를 두며, 합영당사자들의 합의에 따라 다른 나라 은행에도 돈자리를 둘 수"(제13조 ①) 있고, "필요한 자금은 다른 나라 은행에서 대부받을 수"(제13조 ②) 있도록 정하였다. "생산에 필요한 원료, 자료, 반제품들을 조선민주주의인민공화국 안에서 샀을 때 그 가격은 국제시장가격을 기준"(제14조 ①)으로 하며, "대외시장에서 물자를 수입할 때는 관세"(제14조 ②)를 면제한다. 운영과정에서 나타날 수 있는 "결손된 자금을 보충"(제19조 ③)하기 위해 "예비기금을 조성하여야"(제19조 ①) 한다. 세금과 관련하여 "합영회사는 결산기마다 순소득에 대하여 조선민주주의인민공화국 합영회사소득세법[57]에 따라 소득세"를 납부하며 "생산을 시작한 때로부터 일정한 기간 소득세를 면제받을 수" 있으며, "토지를 사용할 때 토지사용료를" 납부한다.(제21조) 합영회사의 해산은 "계약에 규정된 존속기간"에 따르며, 연장하려면 "존속기간이 끝나기 6개월전에 해당 기관에 제기"(제23조)하여야 한다. 운영과정에서 생기는 계약 당사자간의 분쟁에 대한 해결은 "협의의 방법"으로 하며, 협의가 되지 않을때는 "조선민주주의인민공화국의 재판기관 또는 중재기관에서 심의"한다. 다만 "쌍방의 합의에 따라 제3국의 중재기관에 분쟁문제의 심의를 제기할 수도 있다"(제26조).

57 1985년 3월 7일 합영회사소득세법 및 외국인소득세법을, 같은 해 5월 17일 각 세법의 세칙을 제정한다, 『북한의 합영법제』(서울, 법제처, 1992), 130쪽.

제정 후 10년만에 개정된 합영법(1994)에는 이전 합영법(1984)보다는 합영과 관련 내용을 구체적으로 규정하고 있다. 2014년 개정될 때까지 거의 같은 체계의 법 구성을 유지하고 있어서 개정내용을 다음 표7-36에 요약하였다.

표 7-36 합영법의 기본(제1장)의 변화

조항	합영법(1994) 조문	수정사항
제1조 (합영법의 사명)[58]	조선민주주의인민공화국 합영법은 우리 나라와 세계 여러 나라들 사이의 경제기술협력과 교류를 확대발전시키는데 이바지한다.	합영법(2014)까지 유지
제2조 (합영당사자와 합영기업의 창설지역)	① 우리나라의 기관, 기업소, 단체는 다른 나라의 법인 또는 개인과 공화국령역안에 합영기업을 창설하고 운영할 수 있다.	우리 나라 기관, 기업소, 단체는 다른 나라 법인 또는 개인과 기업을 합영할 수 있다.(2001) 기관, 기업소, 단체는 공화국령역안에서 다른 나라 법인 또는 개인과 기업을 합영할수 있다.(2006) 기관, 기업소, 단체는 투자관리기관의 승인을 받고 다른 나라 법인 또는 개인과 합영기업을 창설한 수 있다.(2011)
	② 공화국령역밖에 거주하고 있는 조선동포들과도 합영기업을 창설하고 운영할 수 있다.	합영기업은 라선경제무역지대에 창설하는 것을 기본으로 한다.(2001) 필요에 따라 다른 지역에도 창설할 수 있나.(2006) 합영기업은 생산부문에 창설하는것을 기본으로 한다.(2011)
	③ 공화국령역밖에서의 합영기업창설은 이 법에 준하지 않는다.	합영법(2001) 삭제

58 합영법의 경우에 조항에 대한 명칭이 정확히 언제부터 서술되는지는 확인되지 않는다 국내 자료로는 2007년부터 명칭이 수록되어 있고 2001년, 2005년, 2006년의 합영법은 『최신 북한법령집』(서울, 북한법연구회, 2011)에 수록된 합영법(2007)에서 추출한 것이다.

제3조 (합영 부문과 장려 대상)	① 합영은 과학기술, 공업, 건설, 운수를 비롯한 여러 부문에서 할수 있다.	합영은 기계공업, 전자공업, 정보산업, 과학기술, 경공업, 농업, 림업, 수산업, 건설건재공업, 교통운수, 금융 같은 여러 부문에서 할수 있다.(2006)
	② 국가는 첨단기술을 비롯한 현대적 기술을 도입하는 대상, 국제시장에서 경쟁력이 높은 제품을 생산하는 대상, 하부구조건설대상, 과학연구 및 기술개발대상들에 대한 합영을 장려한다.	국가는 첨단기술의 도입, 과학연구 및 기술개발, 국제시장에서 경쟁력이 높은 제품생산, 하부구조건설 같은 대상의 합영을 장려한다.(2011)
제4조 (기업 채무에 대한 책임 원칙)	합영당사자는 합영기업을 운영하는 과정에 생기는 빚에 대하여 자기 출자액 안에서만 책임진다.	합영기업은 경영활동과정에 발생한 재무에 대하여 자기의 등록자본으로 책임진다.(2011) 합영법(2014) 삭제 **제4조(합영의 금지, 제한대상)** **환경보호기준을 초과하는 대상, 자연부원을 수출하는 대상, 경제기술적으로 뒤떨어진 대상, 경제적실리가 적은 대상, 식당, 상점 같은 봉사업대상의 합영은 금지 또는 제한한다.(2014년 신설)**
제5조 (합영기 업재산의 소유권)	합영기업은 당사자들이 출자한 재산에 대한 소유권을 가지며 독자적으로 경영활동을 한다.	제5조(합영기업의 소유권과 독자성) ① 합영기업은 당사자들이 출자한 재산과 **재산권**에 대한 소유권을 가지며 독자적으로 경영활동을 한다. **② 합영기업은 투자관리기관에 등록한 날부터 우리 나라의 법인으로 된다.(2011년 신설)** **제5조(합영기업의 소유권과 독자성, 채무에 대한 책임)** **② 합영기업은 경영활동과정에 발생한 채무에 대하여 자기의 등록자본으로 책임진다.(2014)**
제6조 (합영기 업의 법 인자격)	① 합영기업은 해당 등록기관에 등록한 날부터 공화국의 법인으로 된다.	합영기업의 합법적권리와 리익은 법적으로 보호된다.(2011) 합영기업은 투자관리기관에 등록한 날부터 우리 나라의 법인으로 된다.(2014)
	② 국가는 합영기업의 합법적권리와 리익을 보호한다.	합영법(2014)까지 유지

제7조 (합영기업에 대한 우대)	국가는 장려하는 대상과 **공화국령역밖에 거주하고 있는** 해외조선동포들과 하는 합영기업, 일정한 지역에 창설된 합영기업에 대하여 세금을 감면, 유리한 토지리용 조건의 제공같은 우대를 한다.	국가는 장려하는 대상과 해외조선동포들과 하는 합영기업, 일정한 지역에 창설된 합영기업에 대하여 세금을 감면, 유리한 토지리용 조건의 제공같은 우대를 한다.(2001)
제8조 (적용 법규)	① 합영기업은 경영활동을 이 법에 따라 한다.	합영기업의 창설, 운영, 해산 및 청산은 이 법에 따라 한다.(2011)
	② 이 법에 규제하지 않은 사항은 공화국의 해당 법과 규정에 준한다.	이 법에 규제하지 않은 사항은 해당 법규에 따른다.(2011)

표 7-37 합영기업의 창설(제2장)의 변화

조항	합영법(1994) 조문	수정사항
제9조 (합영기업의 창설신청, 창설일)	① 합영을 하려는 우리 나라의 기관, 기업소, 단체와 외국투자가는 관계기관들과 협의하고 합영계약을 맺은 다음 중앙무역지도기관에 기업의 규약, 계약서 사본, 경제기술타산서 같은 문건을 첨부한 합영기업 창설신청문건을 내야 한다.	* 합영기업에 대한 관리기관의 변화 대외경제기관(1984) → 정무원대외경제기관 또는 자유경제무역지대당국(1994) → 중앙무역지도기관(1999) → 중앙경제협조관리기관(2005) → 중앙무역지도기관(2007) → 투자관리기관(2011)
	② 중앙무역지도기관은 합영기업창설 신청문건을 접수한 날부터 50일 안에 기업창설을 승인하거나 부결하는 결정을 하여야 한다.	* 신청문건에 대한 처리기간 접수일로 50일안(1994) → 접수일로 15일안(2005) → 접수일수 30일안(2011)
제10조 (합영기업의 등록)	① 합영기업의 등록은 기업창설이 승인된 날부터 30일 안에 기업소재지의 도(직할시) 인민위원회 또는 라선시인민위원회에 한다.	합영기업창설승인서를 발급받은 당사자는 30일안에 기업소재지의 도(직할시)인민위원회 또는 특수경제지대 관리기관에 등록하여야 한다.(2011)
	② 기업을 등록한 날이 합영기업창설일로 된다.	합영법(1994)부터 합영법(2001)까지는 제10조 ② 합영법(2005)부터 합영법(2007)까지는 9조 ③
	③ 합영기업은 기업을 등록한 날부터 20일안에 기업소재지의 재정기관에 세무등록을 하여야 한다.	세무등록, 세관등록은 도(직할시)인민위원회 또는 특수경제지대관리기관에 등록한 날부터 20일안에 한다.(2011)

제11조 (출자 출자재산과 재산권)	① 합영기업에 출자하는 몫은 합영당사자들이 합의하여 정한다.	합영법(2014)까지 유지
	② 합영당사자는 화페재산, 현물재산과 공업소유권, **기술비결**, 토지리용권 같은 것으로 출자할 수 있다.	합영당사자들은 화페재산, 현물재산과 공업소유권, 토지리용권, **자원개발권** 같은 **재산권**으로 출자할수 있다.(2011)
	③ 이 경우 출자한 것의 값은 해당 시기 국제시장가격에 준하여 합영당사자들이 합의하여 정한다.	이 경우 출자한 재산 또는 **재산권**의 값은 해당 시기 국제시장 가격에 준하여 당사자들이 합의하여 정한다.(2011)
제12조 (출자의 양도와 상속)	합영당사자는 자기의 출자몫을 상속할 수 있으며 제3자에게 양도할 수도 있다.	합영당사자는 자기의 출자몫을 합영상대방의 동의를 받은 다음 리사회에서 토의 결정하고 제3자에게 양도하거나 상속할 수 있다.(1999) * 2011년 수정과 신설 ① 합영당사자는 자기의 출자금을 제3자에게 양도할수 있다. ② 이 경우 합영상대방의 동의와 투자관리기관의 승인을 받아야 한다.
제13조 (지사, 대리점, 출장소설립과 기업련합)	합영기업은 정무원대외경제기관의 승인밑에 우리나라 또는 다른 나라에 지사를 내올 수 있다.	합영기업은 **내각의 승인**밑에 우리 나라 또는 다른 나라에 **지사, 대리점, 출장소** 같은 것을 내올 수 있으며 **다른 나라 회사들과 기업을 련합**할 수 있다.(1999) 합영기업은 내각의 승인밑에 **공화국령역 또는 공화국령역밖에** 지사, 대리점, 출장소 같은것을 내올수 있으며 다른 나라 회사들과 기업을 련합할수 있다.(2004) 합영기업은 **투자관리기관의 승인**을 받고 우리 나라 또는 다른 나라에 지사, 사무소, 대리점 같은것을 내올수 있다.(2011)
제14조 (출자기간, 지적재산권의 투자비률)	① 합영당사자는 정해진 기간 안에 출자하여야 한다.	합영당사자는 **기업창설승인서에 지적된 기간**안에 출자하여야 한다.(2011)
	② 부득이한 사정으로 정해진 기간 안에 출자할 수 없을 경우에는 기업창설을 승인한 기관의 허가를 받아 출자기간을 연장할 수 있다.	부득이한 사정이 있을 경우에는 투자관리기관의 승인을 받아 출자기간을 연장할수 있다.(2011) **③ 신설(2004)** **③ 특허권, 상표권, 공업도안권 같은 지적재산권의 출자는 등록자본의 20%를 초과할수 없다.**

제15조 (등록자본)	합영기업의 등록자본은 투자규모에 따라 총투자액의 30 내지 70% 이상 되여야 한다.	합영기업의 등록자본은 투자규모에 따라 총투자액의 20프로이상 되어야 한다.(2004) 합영기업의 등록자본은 총투자액의 30~50%이상 되여야 한다(2011) * 등록자본의 비률 변화 30~70%(1999) → **20% 이상(2004)** → 30~50%(2011)
	등록자본을 늘이려 할 경우에는 기업 창설을 승인한 기관과 합의하고 변경 등록을 하여야 한다.	합영기업은 등록자본을 늘인 경우 해당 기관에 변경등록을 하여야 한다.(2011)
	등록자본은 줄일 수 없다.	무역법(2014)까지 유지

표 7-38 합영기업의 기구와 경영활동(제3장) 변화

조항	합영법(1994) 조문	수정사항
제16조 (리사회와 그 지위)	① 합영기업에는 리사회를 둔다.	합영법(2014)까지 유지
	② 리사회는 합영기업의 최고결의기관이다.	
제17조 (리사회의 권능)	리사회는 합영기업의 규약을 수정보충하거나 합영기업의 발전대책, 경영활동계획, 결산과 분배, 책임자, 부책임자, 재정검열원의 임명 및 해임 같은 중요한 문제를 토의 결정한다.	합영기업의 리사회에서는 규약의 수정보충, 기업의 발전대책, **등록자본의 증가**, 경영계획, 결산과 분배, 책임자, 부책임자, 재정검열원의 임명 및 해임, **기업의 해산** 같은 문제 들을 토의 결정한다.(2011) * 이사회의 토의결정 사안 추가: 등록자본의 증가, 기업의 해산
제18조 (합영기업의 관리성원)	① 합영기업에는 책임자, 부책임자, 재정회계원을 두며 그밖의 필요한 관리성원을 둘수 있다.	합영법(2014)까지 유지
	② 책임자는 자기사업에 대하여 리사회 앞에 책임진다.	

제19조 (합영기업의 재정검열원)	① 합영기업에는 재정검열원을 둘수 있다.	②항 신설(2004) 재정검열원은 종업원이 아닌 성원으로 리사회에서 임명한다. ①항과 ②항 통합: 합영기업에는 그 기업의 관리일군이 아닌 성원으로 재정검열원을 둔다.(2011)
	② 재정검열원은 기업의 경영활동정형을 일상적으로 검열할 수 있으며 자기 사업에 대하여 리사회앞에 책임진다.	재정검열원은 **리사회의 결정**에 따라 기업의 재정상태를 정상적으로 검열하며 자기 사업에 대하여 리사회앞에 책임진다.(2011)
제20조 (합영기업의 관리운영기준)	합영기업은 규약, 이사회의 결정에 따라 관리운영한다.	합영법(2014)까지 유지
제21조 (합영기업의 조업기간)	① 합영기업은 정해진 기간 안에 조업하여야 한다.	합영기업은 기업창설승인서에 지적된 기간안에 조업하여야 한다.(2011)
	② 부득이한 사정으로 정해진 기간 안에 조업할 수 없을 경우에는 기업창설을 승인한 기관에 제기하여 조업기일 연장을 승인받아야 한다.	제기기간안에 조업할수 없을 경우에는 투자관리기관의 승인을 받아 조업기일을 연장할수 있다.(2011)
제22조 (합영기업의 영업허가, 조업일)	① 합영기업은 영업허가를 받아야 영업활동을 할수 있다.	합영기업은 정해진 **조업예정일안**에 영업허가를 받아야 한다.(2011)
	② 영업허가증서는 투자규모에 따라 정무원대외경제기관 또는 자유경제무역지대당국이 발급한다.	* 영업허가 관리기관의 변화 정무원대외경제기관 또는 자유경제무역지대당국(1994) → 중앙무역지도기관 또는 라진-선봉시인민위원회(1999) → 중앙경제협조관리기관 또는 라선시인민위원회(2004) → 중앙무역지도기관(2007) 또는 라선시인민위원회(2004) → 투자관리기관(2011)
	③ 영업허가증서를 발급한 날이 합영기업의 조업일로 된다.	②항과 ③항의 병항: 투자관리기관이 발급한 영업허가증을 받은 날을 합영기업의 조업일로 한다.(2011)
제23조 (경영물자의 구입과 제품 판매)	① 합영기업은 경영활동에 필요한 물자를 공화국령역 안에서 구입하거나 생산한 제품을 공화국령역 안에 팔 수 있다.	합영기업은 정해진데 따라 우리 나라에서 원료, 자재, 설비를 구입하거나 생산한 제품을 우리 나라에 판매할수 있다.(2011)
	② 이 경우 정해진 기간 안에 년간 물자구입 및 제품 판매계획을 해당 기관에 내야 한다.	이 경우 투자관리기관에 해당 계획을 내야 한다.(2011)

제24조 (합영기업에 대한 관세)	① 합영기업은 경영활동에 필요한 물자를 수입하거나 생산한 제품을 수출할 수 있다.	합영기업은 경영활동에 필요한 물자를 수입하거나 생산한 제품을 수출할 경우에는 관세를 부과하지 않는다.(2004) 합영기업이 생산과 경영활동에 필요한 물자를 수입하거나 생산한 제품을 수출할 경우에는 관세를 부과하지 않는다.(2006) 합영기업이 생산과 경영활동에 필요한 물자를 다른 나라에서 들여오거나 생산한 제품을 다른 나라에 내가는 경우에는 관세를 부과하지 않는다.(2014)
	② 이 경우 해당 수출입 물자에 대하여는 반출입 승인만을 받는다.	그러나 **생산한 제품**을 공화국령역에 판매하려 할 경우에는 정해진데 따라 관세를 부과한다.(2004) 그러나 **들여온 물자**를 공화국령역에 판매할 경우에는 관세를 부과한다.(2006) 그러나 **관세를 면제받은 물자**를 우리나라에서 판매할 경우에는 관세를 부과한다.(2014)
제25조 (합영기업의 업종)	① 합영기업은 승인된 업종범위에서 경영활동을 해야 한다.	무역법(2014) 유지
	② 업종을 늘이거나 변경하려는 경우 정무원대외경제기관 또는 자유경제무역지대당국의 승인을 받아야 한다.	업종을 늘이거나 변경하려 할 경우에는 기업창설을 승인한 기관의 승인을 받아야 한다.(1999)
제26조 (로력 채용)	① 합영기업은 종업원을 우리 나라 로력으로 채용해야 한다.	무역법(2014) 유지
	② 계약에 의하여 정해진 관리인원과 특수한 직종의 기술자, 기능공은 정무원대외경제기관과의 합의밑에 다른 나라 사람으로 채용할 수 있다.	계약에 의하여 정해진 관리인원과 특수한 직종의 기술자, 기능공은 다른 나라 사람으로 채용할 수 있다.(1999) 일부 관리인원과 특수한 직종의 기술자, 기능공은 **투자관리기관에 통지**하고 다른 나라 로력으로 채용할수도 있다.(2011)
	③ 이 경우 중앙무역지도기관과 합의하여야 한다.	관리기관의 변화에 따라 수정 무역법(2011)에서 삭제

제27조 (로력의 관리와 리용)	합영기업은 공화국의 로동법과 외국투자기업에 적용하는 로동규정에 따라 로력을 관리하며 리용하여야 한다.	합영기업은 외국인투자기업에 적용하는 로동법규[59]에 따라 로력을 관리하여야 한다.(2011)
제28조 (합영기업의 돈자리)	① 합영기업은 외화관리기관과의 합의 밑에 우리 나라의 은행에 돈자리를 두어야 한다.	합영기업은 우리 나라 은행 또는 외국투자은행에 돈자리를 두어야 한다.(2011)
	② 필요에 따라 외화관리기관과의 합의 밑에 다른 나라의 은행에도 돈자리를 둘 수 있다.	다른 나라에 있는 은행에 돈자리를 두려 할 경우에는 외화관리기관의 승인을 받는다.(2011)
제29조 (자금의 대부)	합영기업은 경영활동에 필요한 자금을 우리 나라 또는 다른 나라의 은행에서 대부받을 수 있다.	②항 신설: 대부받은 조선원과 외화로 교환한 조선원은 정해진 은행에 예금하고 써야 한다.(2011)
제30조 (재정관리와 회계계산)	합영기업은 경영을 위한 재정부기계산을 외국인투자기업과 관련한 공화국의 재정부기계산규범에 따라 하여야 한다.	합영기업은 재정관리와 회계계산을 외국인투자기업과 관련한 공화국의 재정회계규범에 따라 하여야 한다.(2001) 합영기업은 재정관리와 회계계산을 외국인투자기업에 적용하는 재정회계법규[60]에 따라 하여야 한다.(2014)
제31조 (합영기업의 보험가입)	합영기업은 보험에 들려고 할 경우 조선민주주의인민공화국 보험에 들어야 한다.	합영기업은 보험에 드는 경우 우리 나라에 있는 보험회사의 보험에 들어야 한다.(2011)
제32조 (직업동맹조직의 활동조건 보장)	합영기업의 종업원들은 직업동맹조직을 내올 수 있다.	합영법(2014) 유지
	합영기업은 직업동맹조직의 활동조건을 보장하여 주어야 한다.	

59 2009년 1월 21일 최고인민회의 상임위원회 정령 제3053호로 「조선민주주의인민공화국 외국인투자기업로동법」 채택.

60 「조선민주주의인민공화국 외국인투자기업재정관리법」은 2008년 10월 2일 채택되어 2011년 12월 21일 1차 개정, 2016년 4월 7일 2차 개정을 한다. 여기서는 2011년 1차 개정과 관련이 있어 보인다.

표 7-39 합영기업의 결산과 분배(제4장) 변화

조항	합영법(1994) 조문	수정사항
제33조 (합영기업의 결산년도)	① 합영기업의 결산년도는 1월 1일 부터 12월 31일 까지로 한다.	합영법(2014) 유지
	② 년간 결산은 다음해 2월 안으로 한다.	
제34조 (합영기업의 결산방법)	합영기업의 결산은 총수입금에서 원료 및 자재비, 연료 및 동력비, 로력비, 감가상각금, 물자구입경비, 기업관리비, 보험료, 판매비 같은 것을 포함한 원가와 기타 지출을 덜고 결산리윤을 확정하는 방법으로 한다.	표 결산이윤 계산식 변화 참조
제35조 (예비기금의 적립)	① 합영기업은 등록자본의 25프로에 해당한 금액이 될 때까지 해마다 얻은 결산리윤의 5프로를 예비기금으로 적립하여야 한다.	합영법(2014) 유지
	② 예비기금은 합영기업의 결손을 메꾸거나 등록자본을 늘이는 데만 쓸 수 있다.	
제36조 (기금의 종류와 조성)	① 합영기업은 생산확대 및 기술발전기금, 종업원들을 위한 상금기금, 문화후생기금, 양성기금 같은 필요한 기금을 조성하여야 한다.	합영법(2014) 유지
	② 기금의 종류와 규모, 리용대상과 범위는 리사회에서 토의 결정한다.	
제37조 (리윤의 분배)	① 합영기업은 결산문건을 재정검열원의 검열을 받고 리사회에서 비준한 다음 리윤을 분배해야 한다.	합영(2014) 유지
	② 리윤분배는 결산리윤에서 소득세를 바치고 예비기금을 비롯한 필요한 기금을 공제한 다음 출자에 따라 합영당사자들 사이에 나누는 방법으로 한다.	
제38조 (세금의 납부 및 감면)	① 합영기업은 세금을 물어야 한다.	합영기업은 정해진 세금을 납부하여야 한다.(2011)
	② 그러나 소득세는 리윤이 나는 해로부터 일정한 기간 감면받을 수 있다.	장려부문의 합영기업은 일정한 기간 기업소득세를 감면받을수 있다.(2011)

<table>
<tr><td rowspan="2">제39조
(기업손실의
보상)</td><td>① 합영기업은 당해년도의 결산리윤에서 전년도의 손실을 메꿀 수 있다.</td><td rowspan="2">합영법(2014) 유지</td></tr>
<tr><td>② 이 경우 보상기간을 련속하여 4년을 넘길 수 없다.</td></tr>
<tr><td>제40조
(분기 및 년간회계결산서 제출)</td><td>합영기업은 분기 및 년간 재정부기결산서를 정해진 기간안으로 기업창설을 승인한 기관과 재정기관을 비롯한 해당기관에 내야 한다.</td><td>합영기업은 분기 및 년간회계결산서를 정해진 기간안으로 기업창설을 승인한 기관과 재정기관, 해당기관에 내야 한다.(2001)
합영기업은 경영활동에 대한 회계결산을 정기적으로 하여야 한다.(2011)
②항 신설: 회계결산서는 정해진 기간 안에 해당 재정기관에 낸다.(2011)</td></tr>
<tr><td rowspan="2">제41조
(리윤의
재투자)</td><td>① 다른 나라 합영당사자는 분배받은 리윤의 일부 또는 전부를 공화국령역 안에 재투자할 수 있다.</td><td rowspan="2">합영법(2014) 유지</td></tr>
<tr><td>② 이 경우 이미 납부한 소득세에서 재투자분에 해당한 소득세의 일부 또는 전부를 되돌려 받을 수 있다.</td></tr>
<tr><td>제42조
(리윤과 기타
소득의 국외
송금)</td><td>다른 나라 합영당사자는 기업운영에서 얻은 리윤과 기타소득, 기업을 청산하고 분배받은 자금을 국외로 송금할 수 있다.</td><td>국외 → 공화국령역 밖(1999) → 국외(2001)
합영기업의 외국측 투자가는 분배받은 리윤과 기타 소득, 기업을 청산하고 받은 자금을 제한없이 우리나라 령역밖으로 송금할수 있다.(2011)</td></tr>
</table>

표 7-40는 제34조(합영기업의 결산방법)을 개정과정에서 변화하는 내용을 정리한 표이다.

표 7-40 합영기업 결산이윤 확정 방법 변화

기간	결산이윤 계산식
1984~1994	배분이윤 = 총수입 - (원가 + 소득세 + 예비기금 + 생산확대·기술발전기금 등의 필요자금)

1994~ 1999	원가 = 원료·자재비 + 연료·동력비 + 노력비 + 감가상각금 + 물자구입경비 + 기업관리비 + 보험료 + 판매비 결산이윤 = 총수입 - (원가 + 기타 지출)
1999~ 2001	이윤 = 총수입 - (원료·자재비 + 연료·동력비 + 노력비 + 감가상각금 + 물자구입경비 + 기업관리비 + 보험료 + 판매비) 결산이윤 = 이윤 - (기타 지출 + **거래세**)
2001~ 2011	원가 = 원료·자재비 + 연료·동력비 + 노력비 + 감가상각금 + 물자구입경비 + 기업관리비 + 보험료 + 판매비 결산이윤 = 총수입금 - (원가 + 기타 지출)
2011~	이윤 = 원가 = 원료·자재비 + 연료 및 동력비 + 노력비 + 감가상각금 + 물자구입경비 + **직장·회사 관리비** + 보험료 + 판매비 결산이윤 = 이윤 - {(**거래세 또는 영업세**) + 기타 지출}

표 7-41 합영기업의 해산과 분쟁해결(제5장)의 변화

조항	합영법(1994) 조문	수정사항
제43조 (합영기업의 해산사유)	합영기업은 존속기간의 만료, 지불능력의 상실, 당사자의 계약의무 불리행, 자연재해 같은 사정으로 기업을 운영할 수 없을 경우에 해산된다.	합영기업은 존속기간의 만료, 지불능력의 상실, 당사자의 계약의무불리행, **지속적인 경영손실**, 자연재해 같은 사유로 기업을 운영할수 없을 경우 해산된다.(2011)
제44조 (합영기업의 만기전 해산)	① 합영기업은 존속기간이 끝나기 전에도 해산사유가 생기면 리사회에서 토의 결정하고 기업창설을 승인한 기관의 허가 또는 재판소의 판결에 따라 해산할 수 있다.	합영기업은 존속기간이 끝나기전에 해산사유가 생기면 리사회에서 결정하고 투자관리기관의 승인을 받아 해산할수 있다.(2011)
	② 기업창설을 승인한 기관의 허가를 받아 해산되는 경우에는 리사회가, 재판소의 판결에 따라 해산되는 경우에는 재판소가 청산인들을 임명하고 청산위원회를 조직한다.	②항 신설: 이 경우 청산위원회는 리사회가 조직한다(2011) ④ 그러나 청산과정에 기업을 파산시키는것이 옳다고 인정될 경우에는 재판소에 파산을 제기하여야 한다.(2011)
	③ 청산위원회는 합영기업의 **모든** 거래업무를 결속하고 청산을 끝낸 다음 10일 안에 기업등록취소 수속을 해야 한다.	청산위원회는 합영기업의 거래업무를 결속하고 청산을 끝낸 다음 10일안으로 기업등록취소수속을 하여야 한다.(2011)

第45조 (합영기업의 존속기간연장)	① 합영기업은 존속기간을 연장하려는 경우 그 기간이 끝나기 6개월 전에 리사회에서 토의 결정한 다음 기업창설을 승인한 기관의 존속기관 연장승인을 받아야 한다.	① 합영기업은 존속기간을 연장할수 있다. ② 이 경우 존속기간이 끝나기 6개월전에 리사회에서 토의 결정한 다음 투자관리기관의 승인을 받아야 한다.(2011)
	② 존속기간의 계산은 **도(직할시) 행정경제위원회 또는 자유경제무역지대당국**에 기업을 등록한 날부터 한다.	도(직할시) 인민위원회 또는 라진-선봉시인민위원회(1999) → 도(직할시) 인민위원회 또는 라선시인민위원회(2001) 존속기간의 계산은 기업창설을 승인한 날부터 한다.(2004) 존속기간은 기업창설을 승인한 날부터 계산한다.(2011)
第46조 (신소와 그 처리)	① 합영기업은 행정기관의 지시 또는 행정기관 일군의 행위에 대해 의견이 있을 경우 해당 상급기관에 신소를 할 수 있다.	합영법(2011) 삭제
	② 신소청원을 접수한 기관은 그것을 받은 날부터 30일안에 료해처리하여야 한다.	
第47조 (분쟁해결)	① 합영과 관련한 의견상이는 협의의 방법으로 해결한다.	합영법(2014) 유지
	② 협의의 방법으로 해결할 수 없을 경우에는 조선민주주의인민공화국의 재판기관 또는 중재기관에 제기하여 해결하며 제3국의 중재기관에 제기하여 해결할 수도 있다.	협의의 방법으로 해결할수 없을 경우에는 조정, 중재, 재판의 방법으로 해결한다.(2011)

다음 표7-42는 합영법의 주요 개정 내용을 요약 정리한 표이다.

표 7-42 합영법의 주요 개정 내용[61]

구분	1984	1994	2011, 2014
투자당사자	외국회사, 기업소, 개인 재일조선상공인을 비롯한 해외거주 조선동포	외국의 법인과 개인 공화국 영역밖 거주 조선동포	
투자 부문	공업, 건설, 운수, 과학기술, 관광업을 비롯한 여러 분야	투자 장려대상으로 첨단기술도입, 국제경쟁력, 하부구조 건설 등 명기	합영기업은 생산부문에 창설을 기본
우대조치		투자장려 대상, 해외조선동포, 일정지역 창설 합영기업에 대해 세금감면, 유리한 토지이용조건 등의 우대조치 실시	
해외송금	분배받은 돈을 국외로 송금가능	기업운영에서 얻은 이윤, 기타 소득, 기업청산 분배자금을 국외 송금 가능	지존 법에 규정한 자금들을 '제한없이' 국외로 송금가능
소득세	결산기마다 순소득(이윤)에 대해 소득세 납부 생산 시작한 때부터 일정기간 소득세 면제가능 이윤이 적은 경우 소득세 감면 청원 가능	이윤이 나는 해로부터 일정기간 소득세 감면가능	장려 부문의 합영기업은 일정기간 기업소득세감면가능
투자재산 보호	투자가 출자재산, 획득 소득 법적보호		기업의 권리와 이익, 법적보호 기업은 출자재산 등에 대한 소유권 유지
분쟁해결	분쟁시 조선의 재판기관 또는 중재기관 심의, 필요시 제3국의 중재기관이 심의		조정제도 신규도입
기타		기업 결산과 분배 관련 규정 확대, 구체화 기업 해산, 청산, 파산 관련 규정 신설 및 보강	합영 금지 제한대상 조항 신설

61 양문수 외, 『북한경제 공식문헌 해제』(2024), 357쪽.의 내용을 기초로 필자 수정.

합작법

합작법은 1992년 10월 5일 최고인민회의 상설회의 결정 제18호로 제정되어, 2014년까지 총 8번의 개정을 거친다. 합작법은 2004년과 2011년 개정에서 가장 두드러진 변화를 보인다.

합작법(1992)에서 법의 사명으로 합영법과 마찬가지로 조선과 "세계 여러 나라들사이의 경제협력과 기술교류를 확대 발전"(제1조) 시키기 위함으로 합작기업이란 조선의 투자가와 "외국측 투자가가 공동으로 투자하고 우리측이 생산과 경영을 하면 합작계약조건에 따라 상대측의 투자몫을 상환하거나 리윤을 분배하는 기업"(제2조)으로 정의하고 있다. 합작법(1992)는 총 21개 조항으로 별도의 장으로 구분되어있지 않다.

먼저 1999년 개정에서는 사회주의헌법(1998)의 개정 영향으로 정무원이 내각으로 변경됨에 따라 지도기관의 명칭이 달라진다. 이 영향으로 수정된 조항은 제7조 ①, ②, 제9조, 제10조, 제11조, 제19조, 제20조 등이다. '정무원 대외경제기관'이 '중앙무역지도기관' 또는 '기업창설을 승인한 기관'으로 수정되었다. 또한 사회주의헌법(1998)에서 경제관련한 수정사항이 지방경제에 대해 1998년 헌법 수정 이전에는 "해당지방 모든 행정경제사업을 조직집행(사회주의헌법, 1992, 제149조 ①)"하는 지방 행정경제위원회가 폐지되고 지방 행정경제사업을 지방 인민위원회가 통합 관리하게 되어 그 영향을 받아 기관명만 수정된 조항이 있다. 구법(1992)의 "합작기업은 합작이 승인된 후 30일안에 해당 기업소재지의 도(직할시)행정경제위원회에 등록하여야 한다(제8조)"라는 조항이 신법(1999)에는 "합작기업은 기업창설이 승인된 날부터 30일 안에 해당 기업소재지의 도(직할시)인민위원회 또는 라진-선봉시인민위원회[62]에 기업등록을 하여야 한다(제8조 ①)"로 수정되었다.

합작법(1999)에서는 "합작투자는 라진-선봉경제무역지대안에 하는 것을 기본으로 한다. 필요에 따라 다른 지역에도 할 수 있다(제5조)"가 신설되고, 구법(1992)의 제7조 "정무원 대외경제기관은 합작신청서를 접수한 날부터 50일안으로 그에 대하여 승인하거나 부결하는 결정을 하여야 한다"가 신법(1999)의 제7조 ②으로 병합되어 전체 조항 수는 변동이 없이 21개 조항이다.

단어의 변화만 있는 조항은 구법(1992)의 '합작신청서'가 신법(1999)에서 '합작기업창설신청문건'으로 변경되었다. 이에 해당하는 내용으로 "합작을 하려는 기관, 기업소, 단체는 해당 상급기관과 협의하고 외국투자가와 합작계약을 맺은 다음, 정무원 대외경제기관에 합작신청서를 내야 한다. 이때 신청서에는 계약서, 경제기술타산서를 비롯한 해당한 문건을 첨부하여야 한다(합작법, 1992, 제6조)"가 "경제합작을 하려는 우리 나라 기관, 기업소, 단체는 관계기관과 협의하고 외국투자가와 합작계약을 맺은 다음 중앙무역지도기관에 기업의 규약, 계약서 사본, 경제기술타산서 같은 문건을 첨부한 합작기업창설신청문건을 내야 한다(합작법, 1999, 제7조)", "정무원 대외경제기관은 합작신청서를 접수한 날부터 50일안으로 그에 대하여 승인하거나 부결하는 결정을 하여야 한다(제8조)"가 "중앙무역지도기관은 합작기업창설신청문건을 접수한 날부터 50일 안에 기업창설을 승인하거나 부결하는 결정을 하여야 한다(합작법 1999, 제7조 ②)" 등이

62 이는 1993년 제정된 「라진-선봉 경제무역지대법」에 영향과 신법(1999)에서 신설된 제5조의 내용에 조응하기 위해 수정되었다.

있다. 내용상의 큰 변화는 없고 단어만 수정된 사항이다. 또한 의미상 변화가 크지 않은 단어 수정의 조항은 "외국투자가가 합작기업에서 얻은 합법적리윤, 기타 소득은 공화국의 외화관리와 관련한 법과 규정에 따라 국외로 송금할수 있다(합작법 1992, 제15조)"가 "외국투자가가 합작기업에서 얻은 합법적리윤, 기타 소득은 공화국의 외화관리와 관련한 법규에 따라 공화국령역 밖으로 송금할 수 있다(합작법 1999, 제15조)"이다.

위의 사항을 제외하고 조문에서 의미상 내용이 수정된 조항은 구법(1992)의 제5조 "공화국령역밖에 거주하고 있는 조선동포들도 이 법에 따라 합작을 할수 있다"는 내용이 신법(1999)에서는 "국가는 장려하는 대상과 해외조선동포들과 하는 합작기업, 일정한 지역에 창설된 합작기업에 대하여 세금의 감면, 유리한 토지리용조건의 제공과 같은 우대를 한다(제6조)"로 수정되면서 합작의 대상뿐 아니라 합작기업 운영 지역에 대한 우대를 규정하고 있다. 또한 신법(1999)의 제8조 ②에 "합작기업은 기업등록을 한 날부터 20일 안으로 해당 재정기관에 세무등록을 하여야 한다"를 추가하여 기업등록에 더해서 세무등록의 의무화를 규정하고 있다. 그 외에 의미상 내용이 변경되거나 추가된 조항은 구법(1992) 제9조 ①의 "합작기업은 승인된 합작업종을 마음대로 변경시킬 수 없다"는 내용이 신법에서는 "합작기업은 영업허가를 받아야 영업활동을 할 수 있다. 영업허가는 중앙무역지도기관 또는 라진-선봉시인민위원회가 하고 영업허가증서를 발급한다(제9조 ①, ②)"으로 영업허가 과정이 추가된 것으로 보인다. 합작기업의 경영권 양도와 관련하여 신법(1999) 제10조에서는 상속까지도 가능하게 규정하고 있다. 합작기업의 노동력 공급과 관련하여 신법(1999)의 11조 ①에 "합작기업은 종업원을 우리 나라 로력으로 채용하여야 한다"고 추가하여 강조하고 있다. 1999년의 합작법 개정은 제정이후 합작기업에 대한 관리 경험에 기초하여 합작기업 창설과정을 좀더 구체화한 것으로 보인다.

2004년, 2006년, 2007년의 합작법 개정에서는 조항의 삭제 또는 신설과정이 없이 조문의 내용에서만 수정이 있었다. 1999년부터 합작법(2011)로 개정되기 전까지 조문의 수정이 없는 조항들은 2007년 조항 명칭을 기준으로 제1조(합작법의 사명), 제2조(합작기업의 정의), 제4조(합작투자장려부문), 제6조(합작투자에 대한 우대), 제10조(출자몫의 양도와 상속), 제13조(투자의 상환과 리윤분배), 제14조(기업소득의 우선적리용), 제16조(공동협의기구), 제19조(합작기업의 해산과 그 책임), 제20조(합작기업의 등록취소수속과 합작기간의 연장), 제21조(분쟁해결) 등 11개 조항이다.

주요 수정사항은 제7조 ②의 기업창설문건에 대한 심의 기간이 50일에서 합작법(2004)에서 '15일안'으로 대폭 단축된다. 제12조(합작기업에 대한 관세) ②에 합작기업이 "생산한 제품"(2004), "들여온 물자"(2006)의 "공화국령역에 판매할 경우" 관세를 부과하는 조문을 추가한다.

표 7-43 1999~2007 합작법의 변화

2007년 조항 명칭	합작법(1999)	합작법(2004), 합작법(2006), 합작법(2007)
제3조 (합작기업의 창설부문)	합작기업은 수출할 수 있는 제품, 선진기술이 도입된 제품을 생산하는 부문에 조직하는 것을 기본으로 하면서 관광, 봉사부문에도 조직할 수 있다.	합작기업은 수출할수 있는 제품, 선진기술을 도입하여 제품을 생산하는 부문에 창설한다. 관광, 봉사부문 같은 비생산부문에도 합작기업을 창설할수 있다.(2006) 합작기업은 수출할수 있는 제품, 선진기술을 도입하여 제품을 생산하는 부문에 창설한다. 관광, 봉사부문 같은 비생산부문에도 합작기업을 창설할수 있다.(2007)
제5조 (합작투자 지역)	① 합작투자는 라진-선봉경제무역지대안에 하는 것을 기본으로 한다.	합작투자는 **라선경제무역지대안**에 하는 것을 기본으로 한다.(2004) 국가는 환경보호기준을 초과하는 대상, 경제기술적으로 심히 뒤떨어진 대상, 자연부원을 수출하는 대상, 경제적효과성이 적은 대상의 합작은 금지 또는 제한하도록 한다.(2006)
제5조 (합작투자 지역)	② 필요에 따라 다른 지역에도 할 수 있다.	합작법(2006) 삭제
제7조 (합작기업창설신청과 심의, 창설일)	① 경제합작을 하려는 우리 나라 기관, 기업소, 단체는 관계기관과 협의하고 외국투자가와 합작계약을 맺은 다음 **중앙무역지도기관**에 기업의 규약, 계약서 사본, 경제기술타산서 같은 문건을 첨부한 합작기업창설신청문건을 내야 한다.	경제합작을 하려는 우리 나라 기관, 기업소, 단체는 외국투자가와 합작계약을 맺고 관계기관들의 합의를 받은 다음 **중앙경제협조관리기관**에 기업의 규약, 계약서사본, 경제기술타산서 같은 문건을 첨부한 합작기업창설신정문건을 내야 한다.(2004)
제7조 (합작기업창설신청과 심의, 창설일)	② 중앙무역지도기관은 합작기업창설신청문건을 접수한 날부터 **50일 안에** 기업창설을 승인하거나 부결하는 결정을 하여야 한다.	중앙경제협조관리기관은 합작기업창설신청문건을 접수한 날부터 **15일안에** 기업창설을 승인하거나 부결하는 결정을 하여야 한다(2004) 기업창설승인서를 발급한 날을 합작기업의 창설일로 한다.(2004)
제8조 (합작기업의 등록)	① 합작기업은 기업창설이 승인된 날부터 30일 안에 해당 기업소재지의 도(직할시)인민위원회 또는 **라진-선봉시 인민위원회**에 기업등록을 하여야 한다.	합작기업은 기업창설이 승인된 날부터 30일안에 해당 기업소재지의 도(직할시)인민위원회에 주소등록을 하여야 한다.(2004)

제8조 (합작기업의 등록)	② 기업을 등록한 날이 합작기업창설일로 된다.	수정하여 제7조 ③에 병합
제9조 (영업허가)	② 영업허가는 중앙무역지도기관 또는 라진-선봉시인민위원회가 하고 영업허가증서를 발급한다.	중앙무역지도기관 또는 라진-선봉시인민위원회(1999) → 중앙경제협조관리기관 또는 라선시인민위회(2004) → 중앙무역지도기관 또는 라선시인민위원회
제11조 (로력의 채용)	② 계**약에 의하여 정해진 관리인원**과 특수한 직종의 기술자, 기능공은 다른 나라 사람으로 채용할 수 있다.	특수한 직종의 기술자, 기능공은 다른 나라 사람으로 채용할수 있다. (2004)
제11조 (로력의 채용)	③ 이 경우 중앙무역지도기관과 합의하여야 한다.	중앙무역지도기관(1999) → 중앙경제협조관리기관(2004) → 중앙무역지도기관(2006)
제12조 (합작기업에 대한 관세)	① 합작기업은 생산 및 경영에 쓸 물자를 수입할 수 있으며, 생산한 제품을 수출할 수 있다.	합작기업이 경영활동에 필요한 물자를 수입하거나 생산한 제품을 **수출할 경우에는 관세를 부과하지 않는다.** (2004)
제12조 (합작기업에 대한 관세)		그러나 **생산한 제품**을 공화국령역에 판매하려 할 경우에는 정해진데 따라 관세를 부과한다. (2004 항 추가) 그러나 **들여온 물자**를 공화국령역에 판매할 경우에는 관세를 부과한다. (2006)
제15조 (리윤과 기타 소득의 국외 송금)	외국투자가가 합작기업에서 얻은 합법적리윤, 기타 소득은 공화국의 외화관리와 관련한 법규에 따라 공화국령역 밖으로 송금할 수 있다.	외국투자가가 합작기업에서 얻은 합법적리윤, 기타 소득은 공화국의 외화관리와 관련한 법과 규정에 따라 국외로 송금할 수 있다. (2007)
제17조 (경영활동의 결산)	② 합작기업은 정해진 데 따라 **재정부기결산서**를 해당 기관에 제출하며 재정기관의 감독을 받아야 한다.	합작기업은 정해진데 따라 **회계결산서**[63]를 기업창설승인기관과 해당 기관에 제출하여야 한다. (2004)
제18조 (세금납부)	합작기업은 계약에 따라 리윤을 분배하는 경우 법이 정한데 따라 세금을 물어야 한다.	합작기업은 법이 정한데 따라 세금을 납부하여야 한다. (2004)

63 2003년 3월 5일 최고인민회의 상임위원회 정령으로 「회계법」이 채택되고, 제22조에 "기관, 기업소, 단체는 회계결산서를 작성하여야 한다"고 규정하고 있다.

합작법의 개정에서 가장 큰 변화를 보이는 시기는 2011년이다. 조항 수의 변화에서 큰 변화가 없던 지난 시기와 달리 합작법(2011)은 1개 조항의 삭제와 3개 조항의 신설을 통해 총 23개 조로 구성된다. 합작법(2007)의 21개 조항중에서 자구 수정이 없는 조항은 제12조(합작기업에 대한 관세), 제15조(기업소득의 우선적리용) 조항 2개뿐이다.

자구의 수정이 있지만 내용상 의미가 크게 달라지지 않는 조항을 살펴보면 제1조(합작법의 사명), 제3조(합작의 장려부문)[합작법, 2007, 제4조(합자투자장려부문)], 제4조(합작의 금지, 제한대상), [합작법, 2007, 제5조(합작투자지역)], 제6조(합작기업의 창설신청, 승인)[합작법, 2007, 제7조(합작기업창설신청과 심의, 창설)], 제10조(출자몫의 양도), 제16조(리윤과 기타 소득의 국외송금), 제17조(공동협의기구), 제18조(회계결산), 제20조(합작기업의 해산) 등이다.

표 7-44 2007~2014 합작법의 사명과 원칙 부문 변화

합작법(2014) 조항 명칭	조선민주주의인민공화국 합작법 (2007)	합작법(2011), 합작법(2014)
제2조 (합작의 당사자)	합작기업은 우리측 투자가와 외국측 투자가가 공동으로 투자하고 우리측이 생산과 경영을 하며, 합작계약조건에 따라 상대측의 투자몫을 상환하거나 리윤을 분배하는 기업을 말한다.	구법의(합작기업의 정의)를 (합작의 당사자)로 대체 기관, 기업소, 단체는 투자관리기관의 승인을 받고 다른 나라 법인 또는 개인과 합작기업을 창설할 수 있다.(2011) 합작기업은 생산부문에 창설하는것을 기본으로 한다.(2011 항 추가)
2007년 제3조 (합작기업의 창설부문)	합작기업은 수출할수 있는 제품, 선진기술을 도입하여 제품을 생산하는 부문에 창설한다. 관광, 봉사부문 같은 비생산부문에도 합작기업을 창설할수 있다.	합작법(2011) 조항 삭제

제5조 (합작투자에 대한 우대) [2007년 제6조 (합작투자에 대한 우대)]	국가는 장려하는 대상과 해외조선동포들과 하는 합작기업, 일정한 지역에 창설된 합작기업에 대하여 세금의 감면, 유리한 토지리용조건의 제공과 같은 우대를 한다.	국가는 장려대상의 합작기업, 해외동포와 하는 합작기업에 대하여 세금의 감면, 유리한 토지리용 조건의 보장, 은행대부의 우선적제공과 같은 우대를 하도록 한다.(2011)

표 7-45 2007~2014 합작기업의 창설과 영업허가 부문 변화

합작법(2014) 조항 명칭	조선민주주의인민공화국 합작법(2007)	합작법(2011), 합작법(2014)
제6조 (합작기업의 창설신청, 승인) [2007년 제7조 (합작기업창설신청과 심의, 창설)]	중앙무역지도기관은 합작기업창설신청문건을 접수한 날부터 **15일안**에 기업창설을 승인하거나 부결하는 결정을 하여야 한다.	투자관리기관은 합작기업창설신청문건을 접수한 날부터 **30일안에 심의하고 승인**하였을 경우에는 신청자에게 합작기업창설승인서를 발급하며 부결하였을 경우에는 그 리유를 밝힌 부결통지서를 보내야 한다.(2011)
제6조 (합작기업의 창설신청, 승인) [2007년 제7조 (합작기업창설신청과심의, 창설)]	기업창설승인서를 발급한 날을 합작기업의 창설일로 한다.	합작법(2011) 삭제
제7조 (합작기업의등록) [2007년 제8조 (합작의등록)]	합작기업은 기업창설이 승인된 날부터 30일안에 해당 기업소재지의 도(직할시)인민위원회 주소등록을 하여야 한다.	합작기업창설승인서를 발급받는 당사자는 30일안에 기업소재지의 도(직할시)인민위원회 또는 특수경제지대관리기관에 등록하여야 한다.(2011)
제7조 (합작기업의등록) [2007년 제8조 (합작의등록)]	합작기업은 주소등록을 한 날부터 20일안으로 해당 재정기관에 세무등록을 하여야 한다.	세무등록, 세관등록은 도(직할시)인민위원회 또는 특수경제지대관리기관에 등록한 날부터 20일안에 한다.(2011)
제8조 (영업허가와 조업일) [2007년 제9조 (영업허가)]	합작기업은 영업허가를 받아야 영업활동을 할 수 있다.	합작기업은 정해진 조업예정일안에 영업허가를 받아야 한다.(2011)

제8조 (영업허가와 조업일) [2007년 제9조 (영업허가)]	영업허가는 중앙무역지도기관 또는 라선시인민위원회가 하고 영업허가 증서를 발급한다.	투자관리기관이 발급한 영업허가증을 받은 날을 합작기업의 조업일로 한다.(2011)
제8조 (영업허가와 조업일) [2007년 제9조 (영업허가)]	합작기업이 승인된 업종을 늘이거나 변경하려고 할 경우에는 기업창설을 승인한 기관의 승인을 받아야 한다.	합작법(2011) 제9조(합작기업의 업종) ②으로 수정 변경
제9조 (합작기업의 업종)		합작법(2011) 분리 신설 합작기업은 승인된 업종에 따라 경영활동을 하여야 한다. 업종을 바꾸거나 늘이려 할 경우에는 투자관리기관의 승인을 받는다.

표 7-46 2007~2014 합작기업의 경영 부문 변화

합작법(2014) 조항 명칭	조선민주주의인민공화국 합작법 (2007)	합작법(2011), 합작법(2014)
제11조 (로력의 채용)	특수한 직종의 기술자, 기능공은 다른 나라 사람으로 채용할수 있다.	특수한 직종의 기술자, 기능공은 투자관리기관에 통지하고 다른 나라 로력으로 채용할수도 있다.(2011)
제13조 (보험가입)		**합작법(2011) 신설조항** 합작기업은 보험에 드는 경우 우리 나라에 있는 보험회사의 보험에 들어야 한다 의무보험은 중앙보험지도기관이 정한 보험회사에 든다.
제14조 (투자의 상환과 리윤분배)	외국투자가의 투자에 대한 상환과 리윤분배는 합작제품으로 하는 것을 기본으로 하며, 쌍방의 합의에 따라 다른 방법으로도 할 수 있다.	합작기업에서 외국측 투자가에 대한 투자상환은 기업의 생산품으로 하는것을 기본으로 한다. 리윤분배는 합작당사자들이 계약에서 정한 방법으로 한다.(2011)
제18조 (회계결산)	합작기업은 정해진데 따라 회계결산서를 기업창설승인기관과 해당 기관에 제출하여야 한다.	회계결산서는 정해진 기간안에 해당 재정기관에 낸다.(2011)
제19조 (세금납부)	합작기업은 법이 정한데 따라 세금을 납부하여야 한다.	합작기업은 정해진 세금을 납부하여야 한다. 장려부문의 합작기업은 일정한 기간 기업소득세를 감면받을수 있다.(2011)

표 7-47 2007~2014 합작기업의 해산과 존속, 분쟁 부분 변화

합작법(2014) 조항 명칭	조선민주주의인민공화국 합작법(2007)	합작법(2011), 합작법(2014)
제20조 (합작기업의 해산)	합작당사자 일방이 **계약상 의무를 리행하지 않아** 기업을 운영할수 없게 된 경우에는 서로 협의한 다음 기업창설을 승인한 기관의 승인을 받아 합작기업을 해산할 수 있다.	합작당사자들은 **존속기간의 만료, 계약상의무불리행, 지속적인 경영손실, 자연재해 같은 사유**가 있을 경우 서로 합의하고 투자관리기관의 승인을 받아 해산할수 있다.(2011)
제21조 (청산위원회의 조직)		(2011년 신설) 합작당사자들은 기업이 해산되는 경우 청산위원회를 조직하여야 한다. 청산위원회는 합작기업의 거래업무를 결속하고 청산을 끝낸 다음 10일안으로 기업등록취소수속을 하여야 한다. 청산과정에 기업을 파산시키는것이 옳다고 인정될 경우에는 재판소에 파산을 제기한다.
제22조 (합작기업의 존속기간연장)	합작은 합작기간이 다 되면 끝난다.	합작기업은 존속기간을 연장할수 있다.(2011)
제22조 (합작기업의 존속기간연장)	합작기업은 합작기간이 끝나거나 기한 전에 해산되는 경우 법이 정한데 따라 채권채무관계를 청산하며, 등록취소 수속을 하여야 한다.	이 경우 존속기간이 끝나기 6개월전에 투자관리기관의 승인을 받아야 한다.(2011)
제22조 (합작기업의 존속기간연장)	합작당사자들이 합작기간이 끝난 후에도 합작을 계속하려고 할 경우에는 그 기간이 끝나기 6개월 전에 기업창설을 승인한 기관의 승인을 받아야 한다.	존속기간는 기업창설를 승인한 날부터 계산한다.(2011)
제23조 (분쟁해결)	협의의 방법으로 해결할 수 없을 경우에는 조선민주주의인민공화국이 정한 중재 또는 재판절차로 해결한다.	협의의 방법으로 해결할수 없을 경우에는 조정, 중재, 재판의 방법으로 해결한다.(2011)

표 7-48 합작법의 주요 개정 내용[64]

구분	1992	2011, 2014
투자당사자	외국측 투자가 공화국 영역 밖 거주 조선동포	
투자 부문	수출 가능 제품, 선진기술도입제품 생산부문을 기본 관광, 봉사 부문도 가능	생산부문에 창설 기본 수출가능제품, 선진기술도입 제품 생산부문, 관광, 봉사부문도 가능
투자장려 부문	현대적 설비, 첨단기술, 국제시장 경쟁력 높은 제품 생산	
투자금지, 제한부문		식당, 상점과 같은 봉사업 추가
우대조치		세금감면, 유리한 토지이용조건, 은행대부의 우선적 제공
투자상환, 이윤분배	합작제품으로 하는 것을 기본	투자상환은 기업 생산품으로 하는 것을 기본 이윤은 당사자들이 계약에서 정한 방법으로 분배
해외송금	기업에서 얻은 합법적 이윤, 기타 소득을 조선 외환관리 관련 법규정에 따라 국외송금 가능	분배받은 이윤, 기타 소득, 기업 청산후 수취자금을 조선 법에 구애받지 않고 '제한없이' 국외 송금 가능
소득세	이윤 분배의 경우, 세금 납부	장려 부문의 합작기업은 일정기간 기업소득세 감면 가능
분쟁해결	분쟁시 조선의 재판기관 또는 중재기관에서 심의해결	조정제도 신규 도입
기타		기업해산, 청산, 파산 관련 규정 신설 및 보강

64 양문수 외, 『북한경제 공식문헌 해제』(2024), 368쪽의 내용을 기초로 필자 일부 수정.

3
소결

2014년 11월 개정된 「기업소법」은 기업소가 무역과 합영·합작을 가지고 '가능한 범위에서' 대외경제활동을 적극적으로 진행하여 '생산에 필요한 원료, 자재, 설비를 자체로 해결'하면서 설비 그리고 생산기술공정의 현대화를 적극 실현할 것을 규정한다. '가능한 범위'를 제공하는 것은 기업소의 대외경제활동을 규제하고 있는 무역과 합영·합작 관련법이 제공한 범위로 추정된다.

무역과 합영·합작권은 2010년 11월 「기업소법」이 제정될 당시에는 관련 조항이 없었다. 무역과 합영·합작권은 「기업소법」(2014. 11월) 개정에서 신설조항을 추가하였다. 무역과 합영·합작권 부여 이전에 있던 관련법의 현황은 2012년 4월 개정된 무역법, 2000년 12월 제정된 가공무역법, 2011년 11월 개정된 외국인투자법, 2014년 10월 개정된 합영법과 합작법, 그리고 2012년 4월 개정된 사회주의헌법 제36조와 제37조가 있다.

조선은 2009년 4월 개정된 사회주의헌법의 제36조는 대외무역주체에 대해 수정한다. 구법(1998. 9월)에서 '국가 또는 사회협동단체'로 한정되어 있던 대외무역 주체를 2009년 4월 개정에서 '국가기관, 기업소, 사회협동단체'로 변경된다. 즉, 기업소가 대외무역을 할 수 있도록 규정한 것이다. 그러나 무역법(2012. 4월)은 대외무역주체의 수정이 반영되지 않았다. 대외무역주체의 변경은 다음 법 개정인 2015년 12월 반영된다. 기업소의 대외무역관련하여 「기업소법」은 사회주의헌법과는 충돌이 없으나 무역법과는 2015년 12월 개정전까지 조문상의 충돌이 존재한다. 2000년 제정된 가공무역법도 가공무역주체가 국가 또는 사회협동단체의 무역회사로 한정되어 있으나 '상급기관과 합의하에 필요에 따라 기업소'도 가공무역을 할 있도록 규정되어 있고, 가공무역대상인 외국기업과 계약을 맺은 기업소에 대한 규정에 한정되어 있어 기업소의 무역권과 충돌의 여지가 적다.

외국기업과의 합영·합작을 위한 기본법인 외국인투자법은 2011년 11월 개정에서 외국인 투자와 관련한 조항에 대해 적극적인 규정을 많은 부분에서 개정하여 기업소의 합영·합작권을 행사하는 영역과 관련하여 충돌할 여지가 적다. 합영법과 합작법은 외국인투자법과 같이 2011년 11월 개정하여 외국인투자법 개정내용과 조문의 공조를 맞춘 상태이다. 합영법과 합작법은 2014년 10월 한 차례 더 개정을 할 때 식당, 상점 같은 봉사업대상의 합영·합작을 금지 또는 제한한다.

기업소의 무역권과 합영·합작권은 2015년 5월 개정에서 '수출품 생산을 위한 단위를 기업소의 실정에 맞게 조직하고 세계적으로 경쟁 가능한 제품을 생산'할 것을 추가한다. 2015년 12월 개정된 무역법은 대외무역주체를 '영업허가를 받은 기업소'를 추가하고, 기존의 무역회사 설립행정이 아닌 '무역거래를 위한 영업허가신청'으로 변경한다. 무역계획과 관련하여 구법(2012)는 국가계획기관이 '수출입총액 같은 종합계획과 중요물자의 지표만 계획'하던 것을 '국가계획기관은 전략적지표와 제한지표만 찍어 계획화'하고 '기타 지표는 수출입액상'으로 계획화하며, 기업소는 국가계획기관이 현물지표로 계획화한 것은 월별로 분할작성하고, 기타지표는 국가계획기관의 계획한 수출입액상 범위에서 자체로 계획승인받고 실행하는 것으로 변경하였다. 이전에는 무역에서 금액 상으로만 총괄관리하던 정책을 전략적지표와 제한지표 같은 중요한 물자에 대해 현물지표로 관리하는 정책으로 변경되었다. 또한 무역거래와 관련한 수속절차를 간소화하여 무역거래를 활성화하는 정책으로 변경하였다. 그러나 「기업소법」의 변경 내용인 '수출품생산단위'와 관련한 내용은 2015년 12월 무역법 개정에서 반영되지 않았다. 수출품생산단위(수출품생산기지)와 관련한 내용은 무역법 2020년 3월 개정에서 반영된다. 상품생산기지와 관련한 내용은 무역회사의 설립조건 중 하나로 2007년 무역법에도 '대외시장에 실현할 수 있는 상품 생산기지나 기술, 봉사원천'으로 규정되어 있었다. 그러나 그동안 이 조건은 유명무실한 조항으로 적용했던 것으로 보인다. 무역법(2020. 3월)은 영업허가신청문건에 '업종과 지표에 따라 수출품에 대한 생산기지 등록증'을 첨부하도록 하였다. 또한 상품생산기지 또는 기술, 봉사, 상품수입원천이 없을 경우에는 영업허가증을 회수하는 조항을 추가하였다. 그동안 유명무실했던 내용이 이제는 강력한 필수요건으로 된 것이다. 이는 「기업소법」 변화와 조응하는 것이기도 하고, 그 동안 대외무역거래의 관행에서 실제적인 당사자 거래를 강조한 것으로 보인다. 합영·합작법은 2014년 개정 이후 아직 개정되었다는 보도는 찾을 수 없다. 다만, 『Foreign Trade』 2025년 1호에 2024년 11월 1일부터 대외경제관계에 관한 조선민주주의인민공화국법을 시행한다고 발표한 것을 보면 해외투자유치 등을포괄하는 기본법으로 외국인투자법보다 넓은 영역인 대외경제관계 전반을 포괄하는 이른바 「대외경제법」을 제정한 것으로 추정된다. 대외경제관계에 대해 적극적인 정책을 실행하겠다는 조선경제당국의 자신감과 의지 표현으로 보인다. 지난 2024년 10월 최고인민회의 제14기 제11차회의에 참여한 토론자들은 대외경제사업을 폭넓게 전개하여 국가경제의 자립적이며 지속적인 발전에 이바지할수 있게 「대외경제법」이 작성되었다고 인정하면서 전적인 지지를 표시하였다고 보도하고 있다.[65]

65 “조선민주주의인민공화국 최고인민회의 제14기 제11차회의 진행,” 『로동신문』 2024년 10월 9일.

제8장

독해의 결론

1
결론

이 책은 「기업소법」과 연관법의 독해를 통해 기업소 경영활동, 특히 '실제적인 경영권'의 하위요소들을 이해하고자 했다.

제2장에서는 「기업소법」의 각 장별로 조문을 해석하였다. 조문해석에서 수정되지 않고 유지된 조항과 수정된 조항을 분류하여 수정사항에 대해 좀더 상세히 해석하고자 했다. 각 조문의 내용에 대해 기업소운영의 실무지침서 성격을 가진 조선의 문헌을 이용하여 해석을 시도하였다.

제3장에서는 「기업소법」의 기본(제1장) 조항들, 즉 「기업소법」의 사명, 기업소의 정의 그리고 「기업소법」의 원칙을 검토하였다. 그리고 「기업소법」을 규정하는 상위법으로 사회주의헌법 경제원칙의 변화를 살펴보고, 이 부분에서 주목한 용어는 '국가의 기업소 사업에 대한 지도원칙'으로 보았다. 고전적 사회주의경제에서 경제관리, 기업관리 원칙이 당과 국가가 기업소를 통일적으로 관리하는 경제관리방법이다. 조선 당국의 기업소에 대한 지도원칙이 '국가의 통일적 지도'에서 「기업소법」 제정 10년 후인 2020년 개정에서 '국가의 통일적 지도와 전략적 관리'로 수정되었다. 지도원칙의 변경을 '변화'에 초점을 두면 기존의 기업소관리원칙인 '국가의 통일적 지도'에 '전략적 관리'를 추가한 상황으로 보인다. 그러나 초점을 '현 상태'

에 두면 '국가의 통일적 지도와 전략적 관리'라는 하나 개념어가 새로 만들어진 것으로 읽을 수도 있다. 조선 당국은 기존과 다른 새로운 국면에서 이와 같은 개념어를 생성하여 새로운 노선과 정책을 설명하여 온 경험이 있다. '병진노선'과 '결합원칙'이다.

제4장에서는 생산계획과 생산자금, 소득분배는 기업소의 계획권, 재정권 그리고 소득분배와 관련하여 인민경제계획법, 재정법, 중앙은행법, 상업은행법, 국가예산수입법, 로동정량법, 로동보수법을 검토하였다. 인민경제계획법, 재정법, 국가예산수입법 세 법 모두 2021년 법개정에서 법의 구조를 대폭 수정한다. 기업소에게 계획권을 부여하고 '지표분담, 계획화사업분담'에 따라 계획을 정확히 맞물리게 하고, '기업소지표'에 대해 자체로 계획화하고 실행하도록 규율하였다. 인민경제계획법은 기존의 '국가유일계획'에서 국가계획지표를 '중앙지표, 지방지표, 기업소지표'로 분리하고, 기업소에게 중앙지표의 분담과 기업소지표를 부여한다. 기업소입장에서 국가계획지표가 중앙지표와 기업소지표로 분화되어 두 지표 모두 실행 임무가 생긴다. 재정관리권과 관련하여 사회주의기업소의 재정은 재정계획에 근거하여 국가예산자금과 자체충당금 그리고 보조적으로 은행의 대부를 통하여 실행된다. 「기업소법」은 재정관리권을 가지고 경영활동에 필요한 자금을 주동적으로 마련할 것을 규율하고 부족되는 경영활동자금에 은행대부와 추가적으로 주민유휴화폐자금 이용을 규율하고 있다. 조선경제당국은 중앙은행법과 상업은행법을 제·개정하고 기업소의 돈자리관리와 은행대부에 대해 보다 상세히 규율하고 있다. 또한 상업은행법은 예금을 통해 기업소와 주민의 유휴화폐자금을 적극 유치할 것을 규율하고 있다. 기업소가 생산한 소득은 국가와 기업소, 그리고 종업원 세 주체에게로 배분된

다. 고전적 사회주의에서 생산에 의해 새로 발생한 소득을 개인소득과 순소득(사회순소득)으로 구분하고, 순소득은 중앙집중적 순소득과 기업소순소득으로 구분하여 중앙집중적 순소득은 국가로 배분하여 국가예산의 일부가 되고 기업소순소득은 기업소의 재생산을 위한 자체충당금과 종업원의 생활비로 배분된다. 재정법에서 국가예산수입을 규율하다가 구체적인 국가예산수입과 관련한 법을 제정한다. 국가예산수입법은 국가로 배분되는 '중앙집중적 순소득'의 계산기준이 여러 차례 수정된다. 계산기준의 변동은 순소득의 계산이 이전과 다르게 복잡해지고 있는 것과 관련이 있어 보인다. 기업소 지표에 의해 생산된 상품은 주로 주문계약과 관련이 있다. 국가지표만 있는 경우에는 기업소의 원가 계산이 상대적으로 용이했고, 따라서 순소득의 계산도 상대적으로 어렵지 않았던 것으로 보인다. 변화된 상황에 맞춰 국가에 집중되어야 할 국가예산수입의 산정방식도 변화하고 최적의 방식을 찾아가는 중간 과정에 있는 것으로 보인다.

제5장에서는 상품의 유통과정과 관련있는 가격제정권과 판매권에 대해 가격법과 사회주의상업법을 검토하였다. 「기업소법」은 '정해진 범위', 즉 기준가격과 허용범위에 기초하여 생산물유통을 자체로 실현하고 원가를 보상하고 확대재생산을 보장할 것을 규율하였다. 판매계약에 있어서도 계획에 기초한 계약 외에 주문계약계을 통해 자체로 가격을 정하고 판매하도록 규율한다. 가격법은 제한된 자료이지만 변화의 진폭이 매우 크다. 기업소의 가격제정권 부여가 가격법 변화의 주 요인으로 작용한다. 국정가격 위주로 규율하는 가격법(1999)는 가격제정과 적용의 절차만이 필요했지만 기업소의 자체가격을 제정하는 가격제정권은 가격법에 가격의 등록과 조종이라는 절차를 추가하였다. 판매권과 관련하여 사회주의상업법을 검토하

였으나 사회주의상업법은 현실을 반영하는 변화를 보여주지 못했다. 자료 입수가 되지 않은 새로 제정된 상품유통법이 현실변화의 반영을 할 것으로 추정되어 판매권에 대한 해석은 사회주의상업법의 검토만으로 매우 제한적이다.

제6장에서는 상품과 노동관련한 품질관리권과 관리기구·로력조절권을 품질감독법과 기구법, 사회주의로동법, 로동보호법을 검토하였다.「기업소법」은 상품과 관련하여 제품개발권과 품질관리권을 규율하고 있다. 제품개발권과 관련하여 '과학기술과 생산이 일체화된 기업', 기술집약형 기업으로 전환을 주문하고, 품질관리권에서 품질제고전략을 강조하고 있다. 또한 국가규격에 대한 엄격한 준수와 상품의 특성을 강조한다. 고전적 사회주의 경제에서는 품질보다는 계획수량 완수에 초점을 맞췄다. 품질제고는 관료와 지도집단의 '레토릭'으로 인식되어 왔다. 조선은 '단번도약'의 경제전략을 수행하기 위해 과학기술을 강조하고 전민과학기술인재화를 주장한다. 이런 경제지도집단의 지도정책에도 현실에서는 변화가 많지 않았던 것으로 보인다. 그러나 상품이 경쟁의 상황에 직면하면서 상품의 질은 기업소지표를 달성하는 데도 필수요소로 작용한 것으로 보인다. 상품은 다양화되고 상표를 통해 상품이 특정되었던 것으로 보인다.

제7장에서는 무역권과 합영·합작권을 무역법, 가공무역법, 외국인투자법, 합영법, 합작법 등의 검토를 통해 살펴보았다. 무역법의 변화를 보면 ①무역회사에만 한정되어 있던 무역권이 영업허가를 받은 기업소로 대폭 확대되었다. ②무역거래의 영역이 기존의 상품무역 위중에서 기술무역, 봉사무역 등으로 영역을 확장하고 규제내용이 상세화 되었다. ③일반수출상품에 적용되었던 수출입물자 허가제와 할당제가 부활되었으나 국가의 중요물자에만 한정되어 실

시하도록 변화되었다. ④수출입독점제한을 실시하고 수출입에 대한 지원을 확대하고 특히 수출원천동원기지 조성을 강조하였다. 이런 변화는 무역의 활성화를 통해 외화수입을 증가시키려는 일반적 요구 외에 기존의 질서, 즉 서류상의 '무역권'만을 통해 실적과 이익을 편취하는 기존의 이해집단에 약화와 '실제적인 무역거래'를 하는 '기업소'의 역할 강화를 의도하는 정책으로 보인다.

표8-1은 기업소의 경영권 요소권리와 연관법에서 필자가 추출한 용어를 요약한 표이다. 엄밀하게 의미상 대립하지 않는 경우도 있지만 「기업소법」의 경영권 하위요소를 부여하면서 이전과 다르게 개념적으로 대립되는 용어가 추가된 것으로 이해했다. 새로운 용어는 새로운 패러다임을 만들 수 있는 계기를 제공한다. 조선의 경제지도집단은 새로운 패러다임을 정규화하기 위한 노력을 진행하고 있을 것으로 추정한다.

기업소의 생산확대를 위해 생산계획 자율성을 증대시키려는 기업소지표의 부여는 기업소 자체 가격과 연관되고, 원가정보의 부족은 순소득 계산의 불투명으로 따라서 '소득'의 의미 전형이 발생하고, 국가예산자금의 부족은 기존 경제당국에서 기업소에 제공하던 생산자금의 부족을 해결하기 위한 방향으로 기존의 보조적 방법이었던 대부와 유휴화폐자금의 활용에 대한 역할을 증대시키며, 자체로 제정한 기업소 가격을 통해 주문계약판매를 통해 판매수입을 증대하려는 「기업소법」의 제·개정 의도는 경제당국의 '통일적 지도와 전략적 관리'로 집약된다.

「기업소법」으로 대표되는 사회주의기업책임관리제는 관련법들의 제·개정 등과 연관하여 파악하면 여전히 실험중으로 보인다. 필자의 독해 결과 사회주의책임관리제는 고전적 사회주의기업관리방법인 '국가의 통일적 지도'에 '전략적 관리'가 더해진 산술적 변화가 아니라 이른바 '대립물의 통일' 상태인 모순을 해결하는 과정인 변증법적 결합으로서 '국가의 통일적 지도와 전략적 관리'가 기업지도 원칙으로 정립해나가는 과정으로, '우리 식 경제관리방법'의 '사회주의책임관리제' 실험의 안정화 과정으로 보인다.

외부관찰자의 시점에서 보면, 이런 두 대립적인 개념의 결합상태가 불안정적 상태로 보일 수도 있다. 그러나 조선의 경제지도집단은 변화된 현실에 조응하면서 전통적 지도방식의 변화를 시도하는 과정에서 '병진'과 '결합'의 서술을 포함하는 정책과 노선의 정립 경험이 있다. 이런 불안정적인 상태를 해결하는 방법의 하나로 경제관련 법에 대한 지속적인 제·개정을 통해 관료주의적 자의성을 줄이고 대중노선을 통한 해결과정으로 이해된다.

표 8-1 기업소의 경영권 요소권리와 관련 용어

분류	기업소법 이전	기업소법 이후	연관법
기업지도원칙	통일적 지도	통일적 지도와 전략적 관리	헌법
계획권	국가계획지표	중앙지표와 기업소지표 (지방지표)	인민경제계획법
재정관리권	순소득 → 번수입	이윤(순소득)과 소득	재정법, 상업은행법, 중앙은행법
	국가예산자금 + 기업소자금 + 대부	국가예산자금 + 기업소자금 + 대부 + 주민유휴화폐자금	
기업소 소득분배	중앙집중적 순소득 + 기업소순소득	중앙집중적 순소득 + 기업소순소득 + 생활비	재정법, 국가예산수입법, 로동정량법, 로동보수법
	국가기업리득금	거래수입금 + 국가기업리익금 → 거래수입금 + 국가기업리득금	
가격제정권	국가제정 가격	국가제정가격 + 기준가격에 기초한 기업소 자체 가격	가격법

판매권	계획에 의한 계약 판매	계획에 의한 계약판매 + 주문계약판매	사회주의상업법, (상품유통법)
품질관리권	국가의 품질감독	국가의 품질감독과 기업소의 품질관리	품질관리법
관리기구 및 로력 조절권	노력조절의 엄격한 제한	기업소 내의 관리기구 조절 강화 기업소 사이의 노력조절 유연화	기구법, 사회주의로동법, 로동보호법
무역권	무역허가권	확대된 무역권	무역법, 가공무역법, (대외경제법)

다음은 법제정과 운영측면에서 「기업소법」과 연관법의 관계에서 나타난 현상을 요약하면, 「기업소법」의 내용이 선행적으로 개정되고 연관법들이 후속적으로 조응하는 현상이 나타났다. 경제정책과 관련한 중요한 변화는 주로 당대회와 관련이 높다. 「기업소법」은 개정시기를 보면 7차 당대회와 8차 당대회의 개최 이전인 2014, 2015년에 1, 2차 개정을 하고 2016년 7차 당대회를 개최한다. 「기업소법」 2차 개정은 8차 당대회 전년도에 개정한다. 로동당의 경제정책을 총결하는 당대회의 후가 아니라 당대회 전에 「기업소법」을 개정하였다. 2회의 경험현상을 일반화하기는 어려우다 현재까지는 「기업소법」을 경제정책의 시범적 요소로 활용하고 있는 것으로 보인다. 「기업소법」의 개정내용은 연관법에서 이후에 조응한다. 연관법들이 「기업소법」의 개정내용에 조응하는 시기는 부문법별로 다르다. 그러나 인민경제계획법, 재정법과 같은 거시경제에 주는 영향이 큰 부문법들은 상대적으로 빠르게 조응하고, 사회주의로동법 등은 상대적으로 늦거나 수정사항에 조응하지 않는다. 이런 시기의 차이는 부문법들간의 규범 충돌이 발생한다. 이러한 규범충돌의 문제 해결방향은 신법 또는 특별법 등의 우선 적용하는 원칙이나 하위 규정의 규율을

통해 해결하는 것으로 추정된다. 조선의 경제지도집단은 그 동안의 법 적용의 결과와 경제정책 수행의 결과에 대한 평가를 통해 2026년 초로 예상되는 조선로동당의 제9차 대회를 전후하여 주요 경제법들을 개정할 가능성이 높다.

이 책의 한계는 여러 가지 측면에서 나타난다. 첫째로, 연구방법 측면에서 보면, 경제관련법 문헌확보에서의 적시성(適時性)에 대한 어려움을 들 수 있다. 「기업소법」의 제정에 대한 인지의 시간 지연뿐만 아니라 조선법률에 대한 유입자체가 갖는 시간 지연이다. 그리고 국가예산수입법이나 가공무역법 등에 대해 조선 당국이 많은 시간 차이를 두고 발표하기 때문에 경제관련법 상호 간의 연관 해석에서 정합성을 해석하는데 어려움이 있다. 또한 공식매체의 보도에는 발표되지만 법조문 형식으로 확보하지 못한 연관법들도 해석을 제한한다. 상품유통법, 대외경제관계 관련법 등이 이에 해당한다. 물론 이는 조선경제연구의 공통적인 한계로 이해된다. 둘째로, 법률의 조문변화에 대해서 보면, 자구의 변화가 담고 있는 미묘한 차이에 대해 민감성 정도에 따라 해석의 방향이 크게 달라지고 있다. 이는 행정절차의 변화 등을 서술하는 내용에서는 해석의 편차가 크지 않지만 사회주의 경제관리와 같은 정치경제학적, 철학적 서술에서 미묘한 차이를 해석하는데는 해석 역량에 크게 의존한다고 본다. 이에 대해서 충분히 독해하지 못한 점이 한계이다. 셋째로, 이 책에서는 경영권의 하위 권리로서 계획권, 재정권과 소득배분, 품질관리권, 관리기구와 노력조절권, 가격제정권, 판매권, 무역과 합영·합작권과 관련 경제법을 독해 대상으로 한정하였다. 따라서 여타 다른 기업소의 경영활동(과학기술발전사업, 기술개건, 기술관리, 동력관리, 재자원화사업, 자재관리, 재산관리, 고정재산의 관리, 종업원생활조건의 보장 등)에 대한 결여「기업소법」에 대한 독해가 한정적이고 자의적일 가능성이 있다. 이에 대한 보완은 추후 추가적인 연구를 통해 또는 다른 연구자의 활동을 통해 해결될 수 있을 것이라는 연구공동체에 대한 믿음으로 갈음하고자 한다.

다음은 2024년 1월 15일에 개최되었던 제14기 제10차 최고인민회의에서 한 김정은 국무위원장의 연설 중에서 남북관계에 대한 북측의 공식입장이다.

> "… 오늘 최고인민회의에서는 근 80년간의 북남관계사에 종지부를 찍고 조선반도에 병존하는 두개 국가를 인정한 기초우에서 우리 공화국의 대남정책을 새롭게 법화하였습니다 … 우리 당과 정부와 인민은 흘러온 력사의 장구한 기간 언제나 동족, 동포라는 관점에서 대범한 포옹력과 꾸준한 인내력, 성의있는 노력을 기울이며 대한민국것들과 조국통일의 대의를 허심탄회하게 론하기도 하였습니다. … 쓰라린 북남관계사가 주는 최종결론은《정권붕괴》와《흡수통일》을 꿈꾸면서 우리 공화국과의 진면대결을 국책으로 하고있고 나날이 패악해지고 오만무례해지는 대결광증속에 동족의식이 거세된 대한민국족속들과는 민족중흥의 길, 통일의 길을 함께 갈수 없다는것입니다. … 북남관계가 더이상 동족관계, 동질관계가 아닌 적대적인 두 국가관계, 전쟁중에 있는 완전한 두 교전국관계라는 현실은 외세의 특등주구집단인 대한민국이 극악하고도 자멸적인 대결망동으로 써놓은 북과 남의 명백한 현주소이며 세상을 향해

거침없이 면사포를 벗겨놓은 조선반도의 실상입니다.(후략)"[01]

이것이 남북관계의 현주소에 대한 북한의 지도집단이 가지고 있는 인식이다. 지난 시기 남북관계가 '대결'적 상황에서 '대화'의 상황으로 바꾸었던 경험은 앞으로도 '적대적 관계'에서 '우호적 관계', 또는 '교류하는 관계'로 다시 바뀔 수 있을 것이라는 막연한 '희망'을 버리지 않게 한다. 다만 '적대적 관계'가 '전쟁하는 관계'로 전환되지 않기를 희망하면서, 동시에 그 '교류하는 관계'가 더 빨리 다가오기를 기대한다. 다가올 '그 시기'에는 북측에 대한 이해가 '지난 거래 시기'보다는 심화된 이해를 통해 상호교류의 깊이와 폭이 확대할 수 있는 준비가 되어 있다면 보다 진전된 '거래'가 가능할 것이라 전망한다.

01 "<공화국의 부흥발전과 인민들의 복리증진을 위한 당면과업에 대하여> 경애하는 김정은 동지께서 조선민주주의인민공화국 최고인민회의 제14기 제10차회의에서 강령적인 시정연설을 하시였다," 『로동신문』, 2024년 1월 16일.

부록

「조선민주주의인민공화국 기업소법」 전문

주체99(2010)년 11월 11일 최고인민회의 상임위원회 정령 제1194호로 채택

주체103(2014)년 11월 5일 최고인민회의 상임위원회 정령 제228호로 수정보충

주체104(2015)년 5월 21일 최고인민회의 상임위원회 정령 제517호로 수정보충

주체109(2020)년 11월 4일 최고인민회의 상임위원회 정령 제457호로 수정보충

제1장 기업소법의 기본

제1조 (기업소법의 사명)

조선민주주의인민공화국 기업소법은 기업소의 조직과 경영활동에서 제도와 질서를 엄격히 세워 사회주의기업관리체계를 공고히 하고 인민경제를 발전시키는데 이바지한다.

제2조 (기업소의 정의)

이 법에서 기업소란 일정한 로력, 설비, 자재, 자금을 가지고 생산 또는 봉사활동을 직접 조직진행하는 경제단위이다.

기업소에는 인민경제계획을 실행하는 생산, 건설, 교통운수, 봉사단위같은것이 속한다.

제3조 (기업소의 조직원칙)

기업소의 조직은 기업소를 신설하거나 축소, 통합, 분리, 변경하는 중요한 사업이다.

국가는 기업소의 조직기준을 바로 정하고 그것을 엄격히 지키도록 한다.

제4조 (기업소의 경영원칙)

기업소의 경영은 객관적경제법칙의 요구에 맞게 경제적공간들을 능숙하게 활용하여 국가에 더 많은 리익을 주기 위한 경제활동이다.

국가는 기업소들이 경영전략, 기업전략을 정확히 세우고 사회주의기업책임관리제를 바로 실시하여 경영활동에서 사회주의원칙을 지키며 기업소를 로력절약형, 에네르기절약형, 원가절약형, 부지절약형으로 전환시켜 최대한의 실리를 내도록 한다.

제5조 (기업소의 물질기술적토대강화원칙)

국가는 인민경제의 규모가 커지고 부문간, 지역간련계가 밀접해지는데 맞게 기업소들에 대한 투자를 계통적으로 늘이며 기업소들에서 생산을 확대하고 경영관리를 개선하여 물질기술적토대를 부단히 강화하도록 한다.

제6조 (경영활동의 주체화, 현대화, 정보화, 과학화원칙)

국가는 기업소들에서 첨단과학기술의 성과를 적극 받아들여 경영활동의 주체화, 현대화, 정보화, 과학화수준을 끊임없이 높여나가도록 한다.

제7조 (김정일애국주의교양원칙)

국가는 김정일애국주의교양을 강화하여 종업원들이 기업소에 대한 애착을 가지고 생산과 관리에서 주인으로서의 책임과 역할을 다하며 절약정신을 체질화한 애국적인 근로자가 되도록 한다.

제8조 (기업소사업에 대한 지도원칙)

기업소에 대한 지도를 강화하는 것은 기업소사업을 개선강화하기 위한 근본담보이다.

국가는 사회주의경제관리원칙에 맞게 기업소에 대한 국가의 통일적지도와 전략적관리를 확고히 보장하면서 기업소가 생산과 경영활동을 원활하게 조직진행해나갈수 있도록 한다.

제9조 (기업소의 합법적권리와 리익보호원칙)

국가는 기업소의 합법적권리와 리익을 보호한다.

제10조 (법의 적용제외대상)

외국투자기업에는 이 법을 적용하지 않는다.

제2장 기업소의 조직

제11조 (기업소의 조직기관)

기업소의 조직은 기업소의 급수와 중요성에 따라 해당 기업소조직기관이 한다.

기업소조직기관에는 내각과 중앙로동행정지도기관, 도(직할시)인민위원회, 시(구역), 군인민위원회, 해당 기관이 속한다.

제12조 (기업소의 조직근거)

기업소의 조직은 국가적조치에 따라 한다.

기관, 기업소, 단체의 요구에 따라 기업소를 조직할수도 있다.

제13조 (기업소조직신청)

기업소를 조직하려는 기관, 기업소, 단체는 신청문건을 만들어 해당 기업소조직기관에 내야 한다.

신청문건에는 기업소명, 조직목적과 근거, 소재지, 급수, 종업원수, 업종과 지표, 규모 같은것을 밝힌다.

제14조 (기업소조직신청문건의 심의와 결과통지)

기업소조직기관은 기업소조직신청문건을 접수한 날부터 30일안으로 그것을 심의하고 승인하거나 부결하는 결정을 하여야 한다.

심의결과는 신청기관, 기업소, 단체에 문건으로 통지한다.

제15조 (기업소의 등록)

새로 조직되는 기업소는 기업소조직이 승인된 날부터 30일안으로 기업소등록신청문건을 해당 사회안전기관의 경유를 받아 인민위원회에 내야 한다. 이 경우 기업소조직승인문건, 건물리용허가문건 같은 필요한 문건을 첨부하여야 한다.

제16조 (기업소등록증의 발급)

기업소등록신청문건을 접수한 인민위원회는 7일안으로 검토하고 해당 기업소를 등록하여야 한다. 이 경우 등록된 기업소에 기업소등록증을 발급하여 준다.

기업소는 등록증을 발급받은 날부터 5일안으로 해당 통계기관의 경유를 받으며 은행기관에 돈자리를 개설하여야 한다.

기업소등록증이 없이 경영활동을 할수 없다.

제17조 (기업소의 변경등록)

기업소는 기업소등록내용을 변경하려는 경우 10일안으로 해당 기업소조직기관의 승인을 받은 다음 기업소변경등록신청문건을 해당 사회안전기관의 경유를 받아 인민위원회에 내여 다시 등록하여야 한다.

기업소변경등록신청문건에는 기업소의 명칭과 주소, 변경리유를 밝히고 해당 기업소조직기관이 승인한 변경승인문건을 첨부한다.

제18조 (기업소의 정리)

기업소조직기관은 국가의 정책과 현실의 요구에 비추어보아 불합리하거나 전망성이 없는 기업소를 정리할수 있다.

기업소정리와 관련한 절차와 방법은 따로 정한데 따른다.

제19조 (기업소등록증의 반납)

기업소는 통합, 분리되거나 기타 사유로 없어졌을 경우 10일안으로 해당 인민위원회에 기업소등록증을 바쳐야 한다. 이 경우 해당 사회안전기관과 통계기관, 은행기관에 알려주어야 한다.

제3장 기업소의 관리기구

제20조 (기업소의 관리일군)

기업소에는 정해진 관리기구에 따라 지배인, 기사장, 부지배인 같은 필요한 관리일군을 둔다.

관리일군은 기업소의 사업을 책임진 지휘성원이다.

제21조 (지배인)

지배인은 기업소를 대표하며 기업소전반사업을 책임진다.

지배인이 없을 경우에는 기사장 또는 정해진 관리일군이 지배인의 사업을 대리한다.

제22조 (기사장)

기사장은 기업소의 계획작성, 생산지도, 기술관리, 품질관리, 설비관리 같은 사업을 책임진다.

기사장은 자기 사업정형을 지배인에게 정상적으로 보고하여야 한다.

제23조 (부지배인)

부지배인은 기업소의 자재공급, 제품판매, 로동행정, 운수, 후방경리 같은 사업을 책임진다.

부지배인은 자기 사업정형을 지배인 또는 지배인이 없을 경우 기사장에게 보고하여야 한다.

제24조 (관리부서)

기업소는 기업관리를 과학적으로, 합리적으로 할수 있게 부서를 꾸리고 사업분담을 구체적으로 하여야 한다.

관리일군은 자기의 직무를 책임적으로 수행하여야 한다.

제25조 (기업소의 사업준칙작성)

기업소는 국가의 통일적인 기업소관리규범에 따라 자체실정에 맞게 사업준칙 같은 것을 작성하고 엄격히 준수하여야 한다.

기업소사업준칙은 사회주의기업책임관리제실시위원회 또는 종업원총회에서 결정한다.

제26조 (기업소의 회의운영)

기업소는 경영활동에서 집체적협의를 강화하고 필요한 대책을 세우기 위하여 행정간부회의, 참모회의, 종업원총회 같은것을 정상적으로 운영하여야 한다.

회의운영절차는 기업소사업준칙으로 정한다.

제27조 (비상설위원회의 조직운영)

기업소는 사회주의기업책임관리제실시위원회를 비롯하여 기업관리에 필요한 비상설위원회를 실정에 맞게 조직하고 정상적으로 운영하여야 한다.

제28조 (기업소의 기구변경)

기업소는 정해진데 따라 기구를 합리적으로 변경할수 있다.

제4장 기업소의 경영

제29조 (기업소의 경영권행사)

기업소의 경영권을 바로 행사하는 것은 사회주의기업책임관리제를 정확히 실시하기위한 중요요구이다.

기업소는 사회주의적소유에 기초한 실제적인 경영권을 가지고 기업활동을 주동적으로, 창발적으로 하여 자기의 임무를 원만히 수행하며 종업원들이 생산과 관리에서 주인으로서의 책임과 역할을 다하도록 하여야 한다.

제30조 (경영전략, 기업전략의 작성)

기업소는 국가의 경제발전전략에 기초하여 과학적이며 합리적인 경영전략, 기업전략을 세우고 그에 따라 경영활동을 진행하여야 한다.

경영전략, 기업전략은 기업소의 로력과 기술장비상태, 원료, 자재의 보장과 리용정형, 련관단위의 경영실태, 과학기술 및 경제발전추세 같은것을 고려하여 기업경영의 목적을 실현하기 위한 전망목표를 규정하고 그 실현의 총적방향과 근본방도를 확정하는 방법으로 세운다.

제31조 (인민경제계획의 실행)

기업소는 계획권을 가지고 객관적 조건과 가능성, 잠재력을 타산하여 과학적이며 현실적인 계획을 세우고 인민경제계획을 일별, 월별, 분기별, 지표별로 어김없이 실행하며 수요가 높은 제품생산을 계획적으로 늘여나가야 한다.

기업소는 지표분담과 주문계약방법, 계획화사업분담에 따라 계획을 정확히 맞물리며 해당 통계기관에 제때에 등록하고 실행하여야 한다.

기업소지표는 기업소가 수요자기관, 기업소, 단체와 주문계약을 맺은데 따라 자체로 계획화하고 실행한다.

제32조 (생산조직 및 생산공정관리)

기업소는 생산조직권을 바로 행사하여 생산조직을 합리적으로 하고 생산공정관리를 짜고들며 종업원들의 창조력을 적극 발동시켜 맡겨진 과제를 어김없이 수행하여야 한다. 이 경우 수요와 공급간의 균형을 보장하는 원칙에서 협동생산조직과 전문화생산조직, 결합화생산조직, 대규모생산조직 같은 여러가지 생산조직형태를 받아들일수 있다.

원료, 자재를 비롯한 필요한 조건을 보장받고도 생산조직을 바로하지 못하여 생산계획을 미달하였을 경우에는 기업소가 책임진다.

제33조 (관리기구와 로력조절)

기업소는 관리기구와 로력조절권을 가지고 로력자원을 합리적으로, 효과적으로 리용하며 기술경제적지표들을 갱신하고 종업원들의 기술기능수준을 높여 로동생산능률을 끊임없이 장성시켜야 한다. 종업원들의 기술기능급수를 사정할 경우에는 국가가 정한 기준에서 정확히 하여야 한다.

기업소는 정해진 표준관리기구와 비생산로력배치기준에 기초하여 자체의 실정에 맞게 관리부서들을 능동적으로 통합, 정리하거나 관리기구정원수를 정하며 개별적일군들의 직능과 책임한계를 명백하게 정해주고 생산부문의 로력비중을 늘여나가야 한다. 로력을 내보내거나 받아들이거나 기업소사이에 주고받을 경우에는 정해진 등록질서를 지켜야 한다.

제34조 (제품개발)

기업소는 제품개발권을 가지고 세계적인 발전추세와 규격화, 표준화의 요구에 맞게 생산확대와 경영관리개선에 이바지하는 새 기술, 새 제품개발전략을 세우고 적극 추진하여 과학기술과 생산이 일체화된 기업, 기술집약형기업으로 전환하여야 한다.

기업소는 새 기술, 새 제품개발을 위한 전문기술개발단위를 실정에 맞게 조직운영하고 필요한 설비, 자재, 자금을 수요대로 보장하며 심의등록된 새 기술, 새 제품을 생산에 제때에 도입하여야 한다.

제35조 (품질관리)

기업소는 품질관리권을 바로 행사하여 선질후량의 원칙에서 자체의 실정에 맞는 품질제고전략을 세우고 생산물의 질과 생산공정의 품질관리수준을 끊임없이 개선하여야 한다.
기업소는 생산판매한 제품의 질과 신뢰성을 일정한 기간 의무적으로 보증하는 사업, 품질인증제도에 맞게 품질관리체계인증과 개별적제품에 대한 품질인증을 받기 위한 사업을 짜고들어야 한다.
제품생산에서 국가규격을 엄격히 지키면서 제품의 구체적인 형태나 색갈 같은 것은 자체로 제정하여 적용할수 있다.

제36조 (인재관리)

기업소는 전민과학기술인재화의 요구에 맞게 인재관리권을 바로 행사하여 높은 창조적자질과 실천능력을 가진 인재들을 기술대학을 비롯한 해당 대학들에 보내여 공부시키는 한편 공장대학과 원격교육망 같은 일하면서 배우는 교육체계와 재교육체계를 통하여 쓸모있는 기술자, 전문가, 기능공들을 체계적으로 양성하여야 한다.
기업소는 과학기술보급실을 잘 꾸리고 운영을 정상화하며 인재를 선발하고 적재적소에 배치하기 위한 사업과 인재의 역할을 높이기 위한 사업을 바로하여야 한다.

제37조 (무역과 합영, 합작)

기업소는 무역과 합영, 합작권을 가지고 가능한 범위에서 대외경제활동을 능동적으로 벌려 생산에 필요한 원료, 자재, 설비를 자체로 해결하면서 설비와 생산기술공정의 현대화를 적극실현하며 수출품생산을 위한 단위를 실정에 맞게 조직하고 세계적으로 경쟁력이 있는 제품을 생산하여야 한다.

제38조 (재정관리)

기업소는 재정관리권을 가지고 재정관리사업을 전망성있게 설계하고 경영활동에 필요한 자금을 주동적으로 마련하며 효과적으로 리용하여야 한다. 이 경우번 자금과 생산물은 정해진 경제계산체계에 정확히 반영하여야 한다.
기업소는 생산자대중의 요구와 현실적조건을 반영하여 재정관리세칙을 잘 만들고 그 집행에서 엄격한 규률을 세워야 한다.
기업소는 생산계획수행정형과 재정관리정형을 결부하여 일생산 및 개정총화를 정상적으로 실속있게 진행하고 그 결과를 제때에 공시하여야 한다.
기업소는 정해진데 따라 부족되는 경영활동자금을 은행으로부터 대부받거나 주민유휴화폐자금을 동원리용할수 있다.

제39조 (생산물의 가격제정 및 판매)

기업소는 정해진 범위안에서 생산물의 가격제정권과 판매권을 가지고 생산물 류통을 자체로 실현하여 원가를 보상하고 생산을 끊임없이 늘여나가야 한다.
기업소가 수요자와 주문계약하여 생산하였거나 자체로 지표를 찾아 생산한 제품은 생산물의 가격을 원가를 보상하고 생산확대를 실현할수 있게 정해진 가격제정원칙과 방법에 따라 구매자의 수요와 합의조건을 고려하여 자체로 정하고 판매할수 있다.
기업소는 정해진데 따라 기업소지표로 생산한 생산물을 수요자기관, 기업소, 단체와 계약을 맺고 직접 거래하며 소비품, 생활필수품, 소농기구와 같은 상품들은 도매기관, 소매기관, 직매점과 직접 계약하고 판매할수 있다.
질이 낮아 체화되거나 퇴송되는 상품에 대하여서는 해당 기업소가 책임진다.

제40조 (종업원들의 책임성과 창조력 발양대책)

기업소는 직장, 작업반, 종업원별 사회주의경쟁을 활발히 조직하고 그 총화와 평가사업을 잘하며 담당책임제를 실정에 맞게 실시하여 모든 종업원들이 주인된 자각을 가지고 설비와 시설물, 건설물을 비롯한 국가재산을 적극 애호관리하며 그 리용률과 생산성을 높이도록 하여야 한다.

제41조 (과학기술발전사업)

기업소는 국가의 과학기술발전방향과 과업, 과학기술발전추세, 기업소의 현실태와 생산발전전망을 깊이 연구분석한데 기초하여 과학기술발전계획을 현실성있게 과학적으로 세우며 기술자, 로동자들의 창조적협조를 강화하고 대중적기술혁신운동을 힘있게 벌려 그것을 어김없이 실행하여야 한다.

발명과 창의고안을 비롯한 기술혁신을 하여 국가에 리익을 준 일군과 종업원에게는 해당한 평가를 한다.

제42조 (기술개건)

기업소는 과학기술과 생산을 밀착시키며 현대적기술에 기초한 자력갱생의 원칙을 구현할수 있게 기술개건목적과 목표, 방향을 제시하고 기술개건사업을 적극적으로 밀고나가야 한다.

기술개건은 그 단계와 대상, 선후차와 방도같은 것은 정확히 정하고 경제적실리가 나게 하여야 한다.

제43조 (기술관리)

기업소는 기술관리를 짜고들어 기술경제적지표를 개선하고 기술공정관리를 기술규정과 표준조작법의 요구대로 하며 과학기술성과의 교류와 공유를 통하여 최신성과들을 생산에 적극 도입하여야 한다.

낡은 기술규정과 표준조작법은 제때에 갱신하여야 한다.

제44조 (동력관리)

기업소는 석탄을 비롯한 연료를 잘 보관하고 효과있게 리용하며 열설비에 대한 기술관리를 짜고들어 연료소비기준을 부단히 낮추고 열효률을 높이며 자연열과 폐열을 효과적으로 리용하여야 한다.

기업소는 정해진 전력소비기준을 지키고 체계적으로 낮추며 교차생산조직에 따르는 전력리용질서와 전력시설관리질서를 엄격히 지켜야 한다.

제45조 (재자원화사업)

기업소는 국가재자원화발전전략에 따라 재자원화계획을 현실성있게 세우고 실행하여야 한다.

기업소는 재처리기술공정과 설비를 현대과학기술의 성과와 환경보호의 요구에 맞게 갖추고 생산과정에 나오는 페기페설물과 수집한 생활오물을 제때에 가공처리하여 새로운 생산자원으로 리용하여야 한다.

제46조 (자재관리)

기업소는 자재를 계획적으로 확보하고 자재소요량을 정확히 타산하여 자재공급계획을 세우며 그에 따라 필요한 자재를 제때에 보장하여 생산을 정상화하여야 한다.

기업소는 자재관리체계를 정연하게 세우고 자재소비기준을 정확히 지키며 자재를 극력 절약하여야 한다.

제47조 (재산실사)

기업소는 기업소재산에 대한 실사를 정해진대로 하여야 한다.

재산실사정형은 제때에 상급기관과 해당 기관에 보고하여야 한다.

제48조 (로동정량의 제정과 적용, 로동보수)

기업소는 국가표준로동정량에 기초하여 자체로 제정한 종합 및 세부로동정량을 해당 로동정량제정기관에 등록하고 적용하며 기술집약형, 로력절약형의 원칙에서 로동정량을 끊임없이 갱신하여야 한다.

기업소는 사회주의분배원칙의 요구에 맞게 사회주의적로동보수제를 정확히 실시하여 로동보수원천을 늘이고 로동보수수준을 체계적으로 높이며 조성된 로동보수원천범위에서 종업원들에게 일한것만큼, 번것만큼 계산지불하여야 한다.

제49조 (로동보호, 사회보험 및 사회보장)

기업소는 종업원들에 대한 로동안전교양과 로동조건보장을 바로하며 로동보호시설을 충분히 갖추고 로동보호사업을 생산에 확고히 앞세워야 한다.

기업소는 국가사회보험 및 사회보장제도를 정확히 실시하여 종업원들에게 국가의 인민적시책이 골고루 차례지도록 하여야 한다.

제50조 (고정재산의 관리)

기업소는 부동산, 설비를 비롯한 고정재산을 빠짐없이 등록하고 그 관리와 리용을 기술적요구에 맞게 하여야 한다.

기업소는 고정재산의 특성과 사용년한을 고려하여 자체로 갱신주기를 정하고 여러 가지 감가상각방법을 적용하여 개건현대화에 필요한 자금을 마련하여야 한다.

남거나 사장되여있는 부동산, 설비를 비롯한 고정재산은 합의가격에 의한 자금담보를 세우고 해당 기관에 등록한 조건에서 다른 기업소에 이관, 임대하며 이 과정에 이루어진 자금은 경영활동에 리용할수 있다.

제51조 (종업원생활조건의 보장)

기업소는 종업원들의 살림집문제, 부식물공급문제, 땔감문제 같은 생활상문제를 책임적으로 풀어주어야 한다.

기업소는 탁아소와 유치원, 어린이병동, 정양소, 료양소같은것을 잘 꾸리고 정상적으로 관리운영하여야 한다.

제52조 (경영총화 및 평가)

기업소는 경영총화를 일별, 순별, 월별, 분기별, 반년별, 년별로 진행하며 경영활동결과를 월마다 종업원들에게 공개하여야 한다.

경영총화에서는 기업소경영활동에서 나타난 성과와 결함, 경험과 교훈을 찾고 직장, 작업반과 일군들의 활동정형을 공정하게 평가하며 기업관리를 개선하고 인민경제계획을 어김없이 실행하기 위한 대책을 세운다.

기업소는 국가로부터 받은 인민경제계획과 재정계획, 가격 같은것을 통계기관에 등록하고 통계장악을 위한 정연한 체계를 세우며 통계기관의 현지확인을 통하여 인민경제계획실행정형을 의무적으로 평가받아야 한다.

제5장 기업소사업에 대한 지도통제

제53조 (기업소사업에 대한 지도)

기업소사업에 대한 지도는 내각의 통일적인 지도밑에 해당 중앙기관, 도(직할시), 시(구역), 군인민위원회가 한다.

내각과 해당 기관은 사회주의원칙을 확고히 견지하면서 우리 식 경제관리방법의 요구에 맞게 기업소사업을 엄격히 장악, 지도하여야 한다.

제54조 (기업소의 경영활동조건보장)

내각과 해당 기관은 기업소가 국가로부터 부여받은 경영권을 바로 행사하여 자기의 책임과 역할을 다할수 있도록 우리 식 경제관리방법을 구현한 규정, 세칙들을 제때에 작성, 시달하며 필요한 조건을 충분히 보장해주어야 한다.

제55조 (경영활동정형의 보고)

기업소는 경영활동에 대하여 해당 상급기관에 정기적으로 보고하여야 한다.

상급기관은 기업소의 경영활동정형을 분석하고 제기되는 문제를 제때에 풀어주어야 한다.

제56조 (기업소사업에 대한 감독통제)

기업소사업에 대한 감독통제는 해당 감독통제기관이 한다.

해당 감독통제기관은 기업소의 경영활동이 사회주의경제관리원칙의 요구에 맞게 진행되도록 감독통제사업을 강화하여야 한다.

제57조 (행정적 또는 형사적책임)

이 법을 어겨 엄중한 결과를 일으킨 기관, 기업소, 단체의 책임있는 일군에게는 정상에 따라 행정적 또는 형사적책임을 지운다.

참고문헌

북한 문헌

김일성·김정일·김정은 문헌

김일성, 『김일성저작선집』 2, 평양: 조선로동당출판사, 1968.
______, 『김일성저작집』 36, 평양: 조선로동당출판사, 1990.
______, 『김일성 전집』 3, 평양: 조선로동당출판사, 1992.
______, 『김일성 전집』 4, 평양: 조선로동당출판사, 1993.
______, 『김일성 전집』 6, 평양: 조선로동당출판사, 1993.
______, 『김일성 전집』 7, 평양: 조선로동당출판사, 1993.
______, 『김일성 전집』 8, 평양: 조선로동당출판사, 1994.
______, 『김일성 전집』 9, 평양: 조선로동당출판사, 1994.
______, 『김일성 전집』 18, 평양: 조선로동당출판사, 1997.
______, 『김일성 전집』 43, 평양: 조선로동당출판사, 2002.
______, 『김일성 전집』 50, 평양: 조선로동당출판사, 2003.
______, 『김일성 전집』 61, 평양: 조선로동당출판사, 2005.
______, 『우리나라의 과학기술을 발전시킬데 대하여』, 평양: 조선로동당출판사, 1986.
______, 『사회주의경제관리문제에 대하여』 1, 평양: 조선로동당출판사, 연도 미상.
김정은, 『신년사』(주체103(2014)년 1월 1일), 평양: 조선로동당출판사, 2014.
______, 『조선로동당 제7차대회에서 한 중앙위원회사업총화보고』, 평양: 조선

로동당출판사, 2016.

______, 『재정은행사업에서 전환을 일으켜 강성국가건설을 힘있게 다그치자: 제3차 전국재정은행일군대회 참가자들에게 보낸 서한, 주체104(2015)년 12월 13일』 평양: 조선로동당출판사, 2015.

김정일, 『김정일 선집』(증보판) 17, 평양: 조선로동당출판사, 2012.

______, 『김정일 선집』(증보판) 22, 평양: 조선로동당출판사, 2013.

______, 『김정일 선집』 5, 평양: 조선로동당출판사, 1995.

______, 『김정일 선집』 10, 평양: 조선로동당출판사, 1997.

______, 『김정일 전집』 53, 평양: 조선로동당출판사, 2023.

단행본

김일성종합대학출판사, 『사회주의기업소재정』(2판), 평양: 김일성종합대학출판사, 1988.

김용기, 전복빈, 『가격제정과 적용』, 평양: 공업출판사, 1981.

김재서, 『주체정치경제학문답』, 평양: 김일성종합대학출판사, 2013.

김전곤, 『정치경제학 해설 6, 독립채산제와 수익성, 원가와 가격』, 평양: 조선로동당출판사, 1960.

두광익, 『가격학』(대학용) 2판, 평양: 김일성종합대학출판사, 2015.

리광삼, 『최고령도자 김정은동지께서 밝히신 전민과학기술인재화에 관한 주체의 리론』, 평양: 사회과학출판사, 2017.

리광원, 『기업소의 사회적책임과 규격화』 평양: 과학기술출판사, 2015.

리성혁·류경삼·박응철, 『합영, 합작부문 일군의 벗』, 평양: 사회과학출판사, 2012.

리창혁·김상학, "조로경제관계의 발전과정과 전망적확대" 『경제학연구론문집』 9, 평양: 사회과학출판사, 2017.

박명길 외, 『경제일군참고수첩』(재판), 평양: 공업출판사, 2014.

박승갑, 『협동농장에서 사회주의기업책임관리제 실시와 실현방도』, 평양: 농업출판사, 2016.

박제동 외, 『지배인의 벗』, 평양: 공업출판사, 2012.

백성일, 『헌법사연구』, 평양: 김일성종합대학출판사, 2016.

이문일 외, 『조선중앙연감』, 평양: 조선중앙통신사, 1950.

우영자, 『조선민주주의인민공화국의 대외경제관계와 그 발전에 관한 연구』, 평양: 과학백과사전종합출판사, 2000.

조선로동당출판사, 『독립채산제와 수익성, 원가와 가격』, 평양: 조선로동당출판사, 1960.

_______________, 『조선로동당력사』(증보판) 1, 평양: 조선로동당출판사, 2018.

_______________, 『조선로동당력사』(증보판) 2, 평양: 조선로동당출판사, 2018.

조선중앙통신사, 『조선중앙년감: 1973년』, 평양: 조선중앙통신사, 1973.

정광영·윤영순, 『기업소재정관리』(재정대학용), 평양: 김일성종합대학출판사, 2015.

정광영 외, 『경제일군들을 위한 재정상식』, 평양: 공업출판사, 2016.

정형엽, 『대외무역발전을 위한 우리 당의 정책』, 평양: 조선로동당출판사, 1959.

쏘련과학원 경제학연구소, 『정치경제학 교과서』, 평양: 조선로동당출판사, 1960.

논문

강남철, "사회주의경제건설에서 법의 역할", 『김일성종합대학학보』(법률학) 2023년 1호.

강명호, "주문계약의 개념과 법적성질", 『정치법률연구』 2016년 1호.

______, "주문계약제도의 기본원칙", 『정치법률연구』 2017년 1호.

국가계획위원회, "조선민주주의인민공화국북반부의 인민경제복구발전을 위한 1948년계획실행총결과 1949~1950년 2개년계획에 관한 법령", 『계획경제 창간호』 평양: 국가계획위원회 출판사, 1949.

고금혁, "현시기 은행기관들을 상업은행화하는데서 나서는 중요한 문제", 『김일성종합대학학보』(철학, 경제) 2016년 4호.

김관국, "유휴화폐자금의 형태", 『경제연구』 2019년 3호.

김광철, "국가재정관리의 본질적내용과 특징", 『경제연구』 2019년 1호.

김경옥, "사회주의기업체들의 확대된 계획권과 생산조직권행사의 중요요구",

『경제연구』 2017년 1호.

김남웅, "기업체지표생산물의 가격제정을 위한 몇가지 타산방법", 『김일성종합대학학보』(경제학) 2022년 제2호.

김미란, "과학기술은 경제강국건설의 기관차", 『로동신문』 2017년 3월 13일.

김명옥, "로동의 권리를 통해 본 공화국 사회주의로동법의 특징", 『김일성종합대학학보』(법률학) 2022년 2호.

김성남, "〈경애하는 원수님의 신년사를 깊이 학습하자〉: 국가경제발전 5개년전략수행의 지름길", 『로동신문』 2017년 1월 14일.

김성옥, "유휴화폐자금과 그 특징", 『경제연구』 1997년 4호.

김양호, "국가의 중앙집권적, 통일적지도를 보장하면서 기업소의 창발성을 발양시키는데서 나서는 중요한 문제", 『김일성종합대학학보』(철학,경제) 2004년 1호.

김영준, "경제개발구의 본질과 특징", 『사회과학원학보』 2016년 1호.

김영홍, "사회주의경제건설에서 법의 역할", 『김일성종합대학학보』(법률학) 2023년 1호.

김이현, "사회주의기업책임관리제를 현실성있게 실시하는데서 나서는 중요한 문제", 『경제연구』 2020년 4호.

김정철, "기업체재정관리사업을 개선하는데서 나서는 중요문제", 『사회과학원학보』 2021년 2호.

김창환, "제품개발권과 품질관리권을 행사하여 기업체의 경쟁력을 더욱 높여나가기 위한 몇가지 방도", 『경제연구』 2017년 1호.

김홍철, "인민경제계획화사업에 대한 법적통제를 강화하는것은 사회주의경제강국건설의 필수적요구", 『정치법률연구』 2012년 4호.

김혜경, "기업체들에 부여된 가격제정권을 활용하는데서 나서는 중요한 요구", 『경제연구』 2020년 1호.

계명국, "제품의 질을 높이기 위한 공장. 기업소들사이의 경쟁평가지표설정에서 나서는 중요한 문제", 『경제연구』 2020년 1호.

남석춘, "사회주의사회에서 상업은행의 자금원천과 그 특징", 『경제연구』 2019년 4호.

두광익, "가격조종에 대한 일반적리해", 『김일성종합대학학보』(철학, 경제) 2015년 2호.
두광익, "기업체들에서의 가격제정방법", 『김일성종합대학학보』(경제학) 2018년 3호.
렴병호, "현시기 경제관리를 합리화하기 위한 경제적공간의 리용", 『경제연구』 2019 2호.
리금별, "〈해설〉 과학기술은 경제강국건설의 기관차", 『민주조선』 2017년 6월 18일.
리동구, "가격의 일원화와 그 실현에서 나서는 몇가지 문제", 『경제연구』 1988년 2호.
리명일, "공화국 인민회의의 강화발전과 그 우월성", 『김일성종합대학학보』(력사, 법학) 2006년 1호.
리준혁, "기업체들에서 품질관리개선의 방법론적문제", 『김일성종합대학학보』(철학, 경제) 2018년 4호.
리영남, "경제에 대한 국가의 통일적지도와 전략적관리를 바로 실현하는데서 나서는 중요요구", 『김일성종합대학학보』(철학, 경제) 2016년 2호.
______, "현시기 인민경제를 활성화하기 위한 경제관리방법을 혁신하는데서 나서는 중요한 문제", 『경제연구』 2019년 3호.
리영수, "사회주의기업책임관리제실시에서 지식경영관리의 특성", 『경제연구』 2020년 3호.
리영애, "우리 나라 국가관리기구의 본질", 『정치법률연구』 2013년 4호.
리일철, "경제개발구의 개념과 주요류형", 『경제연구』 2015년 2호.
리진일, "수출입허가제와 할당제에서 입찰공간을 합리적으로 리용하는데서 나서는 몇가지 문제", 『김일성종합대학학보 경제학』 2025년 제1호.
리철, "국가의 통일적지도를 강화하는것은 현시기 인민경제계획화사업을 개선하는데서 나서는 중요과업", 『경제연구』 2017년 4호.
리학철, "주문계약에 대한 법률적분석", 『김일성종합대학학보』(법률학) 2023년 1호.
리해원, "원가에 기초한 도매가격제정방법의 특성", 『경제연구』 1990년 2호.

리혁, "현시기 기업체관리기구정간화에서 나서는 몇가지 문제", 『김일성종합대학학보』(경제학) 2025년 1호.

림경엽, "경제관리법률관계에서 당사자들이 지니는 권리와 의무", 『정치법률연구』 2007년 3호.

림태성, "사회주의기업체의 재정관리권", 『경제연구』 2016년 1호.

박윤미, "기업체경영활동에 유리한 조건과 환경을 마련하여주는것은 사회주의기업책임관리제가 은을 내도록 하기 위한 중요한 요구", 『사회과학원학보』 2020년 3호.

백순영, "장려금제실시에서 제기되는 원칙적요구", 『경제연구』 1997년 2호.

백성일, "우리 나라 인민민주주의헌법의 강화발전", 『김일성종합대학학보: 력사.법학』, 2004년 3호.

서영수, "현대사회민주주의자들이 설교한 《완전독립채산제》의 반사회주의적 성격", 『경제연구』 2003년 4호.

서영식, "사회주의로동보수제에서 국가와 개인의 리익에 대한 기업소리익작용의 정확한 실현", 『경제연구』 2001년 2호.

송현철, "사회주의경제법칙에 맞게 계획화사업을 개선하는데서 나서는 중요문제", 『경제연구』 2019년 3호.

______, "현시기 기업체들의 경영환경을 개선하는데서 나서는 중요문제", 『사회과학원학보』 2024년 1호.

심은심, "경제관리에서 사회주의원칙을 고수하고 집단주의적방법을 옳게 구현하기 위하여 나서는 몇가지 문제", 『경제연구』 2009년 4호.

윤영순, "사회주의기업체들이 기업관리를 혁신적으로 해나가는데서 나서는 중요문제", 『김일성종합대학학보』(철학, 경제) 2018년 2호.

전학선, "인민경제계획화는 사회주의경제의 전략적관리의 중요수단", 『사회과학원학보』 2021년 2호.

정춘심, "현시기 국제봉사무역에서의 주요변화와 그 요인", 『김일성종합대학학보』(경제학) 2025년 1호.

조광수, "공업기업소들에서 제품의 경쟁력을 높이는것은 경제강국건설의 절실한 요구", 『경제연구』 2016년 1호.

조길현, "인민경제계획화의 본질과 지위에 대하여", 『김일성종합대학학보』(경제학) 2024년 2호.

조용봉, "주문계약의 법적기초", 『법률연구』 2020년 2호.

지영희, "새 기술. 새 제품의 개발은 지식경제시대 공장. 기업소생산조직에서 나서는 중요한 문제", 『경제연구』 2018년 4호.

진정철, "현시기 품질관리개선에서 나서는 중요한 문제", 『김일성종합대학학보』(철학, 경제) 2018년 4호.

채영철, "대학들에서의 첨단기술제품생산기지의 위치와 역할", 『경제연구』 2018년 4호.

최성봉, "전략적경제관리방법의 필요성", 『경제연구』 2016년 1호.

최용남, "재정은행사업에서 전환을 일으키는것은 사회주의강국건설의 중요요구", 『김일성종합대학학보』(철학, 경제) 2018년 2호.

최홍락, "우리 나라는 법이 인민을 지키고 인민이 법을 지키는 참다운 인민의 나라", 『사회과학원학보』 2020년 4호.

한세일, "기업체들에 부여된 가격제정권의 본질적내용과 그 실현에서 나서는 중요요구", 『사회과학원학보』 2017년 4호.

한영철, "김일성-김정일주의에 의하여 밝혀진 재정관리의 기본방향과 자금문제해결방도", 『김일성종합대학학보』(철학, 경제) 2014년 1호.

황철진, "공장. 기업소들에서 두뇌진을 잘 꾸리고 그 역할을 높이기 위한 중요방도", 『경제연구』 2018년 4호.

사전

조선로동당출판사, 『경제학 소사전』, 평양: 조선로동당출판사, 1960.

사회과학원 주체경제학연구소, 『경제사전』 1, 평양: 사회과학출판사, 1970.

______________, 『경제사전』 2, 평양: 사회과학출판사, 1970.

______________, 『경제사전』 1, 평양: 사회과학출판사, 1985.

______________, 『경제사전』 2, 평양: 사회과학출판사, 1985.

사회과학원 사회주의 경제관리연구소, 『재정금융사전』, 평양: 사회과학출판사, 1995.

사회과학원 법학연구소, 『민사법사전』, 평양: 사회안전부출판사, 1997.

『조선대백과사전 프로그람』, 평양: 백과사전출판사, 삼일정보센터, 2001.

조선백과사전편찬위원회, 『광명백과사전』 5 경제, 평양: 백과사전출판사, 2010.

신성준 외, 『현대재정금융사전』, 평양: 사회과학출판사, 2015.

사회과학출판사, 『조선말대사전』(증보판) 1, 평양: 사회과학출판사, 2017.

__________, 『조선말대사전』(증보판) 2, 평양: 사회과학출판사, 2017.

__________, 『조선말대사전』(증보판) 3, 평양: 사회과학출판사, 2017.

__________, 『조선말대사전』(증보판) 4, 평양: 사회과학출판사, 2017.

법전

법률출판사 편, 『조선민주주의인민공화국 법전』, 평양: 법률출판사, 2004.

__________, 『조선민주주의인민공화국 법규집: 외국투자부문』, 평양: 법률출판사, 2005.

__________, 『조선민주주의인민공화국 법전』(대중용), 평양: 법률출판사, 2006.

__________, 『조선민주주의인민공화국 법전』, 평양: 법률출판사, 2012.

__________, 『조선민주주의인민공화국 법전(증보판)』, 평양: 법률출판사, 2016.

보도매체

『로동신문』 각 일자 보도.

『민주조선』 각 일자 보도.

『조선중앙통신』 각 일자 보도.

『조선신보』 각 일자 보도.

기타

『Foreign Trade』

『내나라』

『조선의 무역』

『조선의 오늘』

국내문헌

단행본

김성훈·장원석·유재현, 『민족화해의 첫걸음, 남북경협의 현장』, 서울: 시민의 신문사, 1996.

기획재정부, 『남북한경제용어 비교사전』, 서울: 기획재정부, 2021.

남북교류협력지원협회, 전략물자관리원, 『대북제재 참고 자료집 4.0』, 서울: 남북교류협력지원협회, 2018.

대한무역진흥공사, 『북한』, 서울: 대한무역진흥공사, 1992.

________________, 『북한의 무역제도 및 상사디렉토리』, 서울: 대한무역진흥공사, 1994.

________________, 『북한에는 어떤 무역회사가 있나』, 서울: 대한무역투자진흥공사, 1999.

만연교, 『중국과 북한의 외국인직접투자제도에 관한 비교법적 연구』, 서울: 경희대학교, 2021.

박서화, 『김정은 체제 경제관리와 법: 사회주의기업책임관리제와 기업소법상 경영권』, 서울: 경남대학교 극동문제연구소, 2021.

박후건, 『DPRK의 경제건설과 경제관리체제의 진화』, 서울: 선인, 2019.

서대숙 편, 『북한문헌연구: 문헌과 해제』 제VI권, 서울: 경남대학교 극동문제연구소, 2004.

법제처, 『북한의 합영법제』, 서울: 법제처, 1992.

스탈린 지음, 서중건 옮김, 『스탈린 선집 2 1932-1952』, 서울: 전진, 1990.

야노쉬 코르나이 저, 차문석·박순성 역, 『사회주의 체제의 정치경제학』 1, 파주: 나남, 2019.

양문수, 『북한경제의 구조: 경제개발과 침체의 메커니즘』, 서울: 서울대학교출판문화원, 2001.

양문수 외, 『북한경제 공식문헌 해제』, 세종: 기획재정부, 2024.

유영구, 『김정은의 경제발전전략』 1, 파주: 경인문화사, 2020.

이석기 외, 『김정은 시대 북한 경제개혁 연구: '우리식 경제관리방법'을 중심으로』, 세종: 산업연구원, 2018.

이철, 『북한 대외무역정책과 조직 변화에 관한 연구』, 서울: 북한대학원대학교, 2023.

전영선, 『글과 사진으로 보는 북한의 사회와 문화』, 서울: 경진, 2016.

정경모·최달곤, 『북한법령집』 3권, 서울: 대륙연구소, 1990.

KOTRA, 『북한비즈니스 어떤 회사가 하나』, 서울: KOTRA, 2002.

논문

강희찬, "북한 기업 운영방식 변화에 관한 연구: 사회조정양식(계층제, 시장, 거버넌스) 관점에서", 2018.

권오윤, "노동 동원수단의 변화를 통한 북한 김정일체제의 변화 분석", 『21세기정치학회보』 제15집 1호.

권은민, 『북한 외국인투자법제에 관한 연구: 시기별 변화와 전망』, 창원: 경남대학교 북한대학원, 2011.

극동문제연구소 편, "북한의 무역법", 『극동문제』 233호, 서울: 극동문제연구소, 1998.

김지영, "북한 재정법제의 현황과 전망", 『한양법학』 제32권 제4집, 2021.

박서화, "북한 기업소법상 경영권의 법적 성격", 『북한법연구 24』, 2020.

박준호, "경제위기 이후 북한 재정제도에 대한 연구: 예산수입제도를 중심으로", 북한대학원대학교 박사학위논문, 2020.

박찬홍, "북한의 법제 동향과 기업법제의 개편방향", 『통일정책연구』 제23권 2호, 2014.

박헌목, "북한의 합영법 및 경제 관련 법령의 검토", 『논문집』, 제16권, 1984.

박형준, "북한의 외국인투자 관련법 연구", 『북한학연구』 제9권 제2호, 2013.

박형중, "최근 북한의 경제개혁에 대한 평가와 전망", 『사회연구』 2003년 2호, 2003.

______, “비교사회주의 관점에서 본 ‘실리사회주의’론의 위치와 전망”, 『김정일 정권 10년: 변화와 전망』(통일연구원 학술세미나 자료집), 2004.

박훤일, “북한의 기업소법 제정의 의미”, 『경희법학』 제47권 2호, 2012.

______, “북한의 기업소법과 상업회의소법의 제정 의미와 평가”, 『북한법연구』 제15권, 2013.

박희진, “북한 ‘우리 식 경제관리방법’의 모순과 사회의 혼종”, 『북한학연구』 17권 1호, 2021.

송현욱, “북한 기업의 노동력관리운용제도: 기업소법의 경영권상 노력조절권을 중심으로”, 『홍익법학』 제22권 제2호, 2021.

신현윤, “북한(北韓)의 기업소제도(企業所制度)”, 『법조협회』, 2000.

안석호, “김정은 정권에서의 북한 기업소법 정비 동향”, 『비교법연구』 제19권 2호, 2019.

양문수, “기업을 통해 본 북한의 변화: 최근의 경제정책에 대한 평가를 중심으로”, 『국제지역연구』 제8권 제1호, 2004.

______, “1990년대 이후 북한의 기업지배구조 변화: 제도경제학적 접근”, 『통일정책연구』 15권 1호, 2006.

______, “북한 문헌, 어떻게 읽을 것인가: 『경제연구』의 사례”, 『현대북한연구』 12권 2호, 서울: 북한대학원대학교, 2009.

______, “북한 국영기업의 관리·운영 실태와 평가”, 『캠코리뷰』 제1권 제3호, 2014.

______, “2017년 북한 신년사 경제 분야 분석”, 『IFES현안진단』 제53호, 2017.

______, “김정은 집권 이후 개정 법령을 통해 본 ‘우리식경제관리방법’”, 『통일정책연구』 제26권 2호, 2017.

______, “제재·코로나 시기 제·개정 법령을 통해 본 북한의 경제정책”, 『국가안보와 전략』 제23권 3호, 2023.

양문수·윤인주, “북한 기업의 사실상의 사유화: 수준과 추세에 관한 정량적 분석”, 『통일연구』 20권 2호, 2016.

양문수 외, 『북한경제 공식문헌 해제』, 세종: 기획재정부, 2024.

이무철, “북한의 중앙·지방관계: 경제관리방식을 중심으로”, 2005.

이석기, "북한의 1990년대 경제위기와 기업지배구조의 변화", 『비교경제연구』 제11권 1호, 2004.

이석기 외, 『김정은 시대 북한 경제개혁 연구: '우리식 경제관리방법'을 중심으로』, 세종: 산업연구원, 2018.

이용희, "장마당 활성화가 북한 기업소에 미친 영향: 탈북민의 인식을 바탕으로", 『통일전략』 20권 3호, 2020.

이정희, "북한합영법제정의 배경과 전망", 『논문집』, 대구: 경북대학교, 1984.

이창희, "제7차 조선로동당 대회로 살펴본 북한 경제정책의 변화", 2016.

임을출, "김정은 시대의 기업관리방식과 역할 변화에 관한 연구", 『세계지역연구노총』 제37집 제1호, 2019.

최정욱, "북한의 사유화 현상과 법제 변화: 대부투자, 자산임대 및 무역거래를 중심으로", 『북한법연구』 제32권, 2024.

최효정, "남국한 경제 용어에 대한 언어사회학적 연구", 서울: 동국대학교, 2024.

황주희, "김정은 시대 기업경영 질서 변화에 관한 연구: 법제도를 중심으로", 『한국보훈논총』 제23권 제1호, 2024.

기타

산업연구원, 『북한 산업·기업DB』.

통일부, 『김정은의 공개활동』.

외국문헌

단행본

Kornai, János, *The Socialist System: The Political Economy of Communism,* Princeton, N.J.: Princeton University Press, 1992.

기타

『中华人民共和国公司法: 中华人民共和国主席令(八届第16号)』

『中共中央关于国有企业改革和发展若干重大问题的决定』(1999年9月22日中国共产党第十伍届中央委员会第四次全体会议通过).

“中共中央´国务院关于深化国有企业改革的指导意见”,『新华社北京』, 2015年 9月 13日电.